सौंदर्यशास्त्रीय समीक्षा

वाणी प्रकाशन

नयी दिल्ली-110002

सौंदर्यशास्त्रीय समीक्षा

एस.टी. नरसिंहाचारी

वाणी प्रकाशन
21-ए, दरियागंज, नयी दिल्ली-110002
द्वारा प्रकाशित

प्रथम संस्करण : 2000

मूल्य : 350.00

क्वालिटी प्रिण्टर्स, दिल्ली-110093
द्वारा लेज़र कम्पोज़

शुभम ऑफसेट, दिल्ली-110032
में मुद्रित

SAUNDARYASHASTRIYA SAMEEKSHA
S.T. Narsinghachari

मित्रवर डॉ. राजमल बोरा जी को
सादर समर्पित
जिनके प्रोत्साहन के बिना
इस रुग्ण वार्धक्य में
फिर लेखन-कार्य आरंभ नहीं करता।

एस. टी. नरसिंहाचारी

प्राक्कथन

हिंदी में अन्य आलोचना पद्धतियों के साथ तुलना में सौंदर्यशास्त्रीय आलोचना का विकास उतना पुष्ट नहीं है। सौंदर्यशास्त्र की जटिलता और गहनता इसका कारण हो सकता है। भारतीय काव्यशास्त्र के आधार पर आलोचना का आरंभ करते हुए जहाँ शुक्लजी ने पाश्चात्य वादों का विरोध किया है, काव्य में सौंदर्य के महत्त्व को पहचानते हुए उन्होंने रस के विभाव पक्ष के अंतर्गत ही नहीं, 'कविता क्या है' आदि अन्य निबंधों में सौंदर्य की पृथक् सत्ता को स्वीकार किया है तथा उसके स्वरूप को स्पष्ट करने का प्रयत्न भी हुआ है। लेकिन बाद को शास्त्रीय समीक्षकों ने न इस चर्चा को आगे बढ़ाया है और न उसके आधार पर व्यावहारिक आलोचना प्रस्तुत की गई है। छायावादी आलोचना के साथ सौंदर्य तत्त्व पर स्वतंत्र और अनूदित ग्रंथ प्रकाशित हुए हैं तथा कवियों पर आलोचनात्मक पुस्तकों और शोधपरक प्रबंधों की रचना की गई है। इनमें भारतीय काव्यशास्त्र का ढाँचा अपनाकर रस-अलंकार का निरूपण भी सौंदर्य तत्त्व-दर्शन के अंतर्गत मान लिया गया है। रस-सौंदर्य और अलंकार-सौंदर्य एक ही तत्त्व या पर्यायवाची होने के संबंध में मतभेद स्वाभाविक है। रस और सौंदर्य की अनुभूति में प्रकृतिगत साम्य है, यद्यपि वस्तुनिष्ठ दृष्टि से पहला भावना पर आधारित है जबकि दूसरा रूपाश्रित है। अलंकार का तात्त्विक आधार सौंदर्य अवश्य है, पर अभिव्यक्त रूप में अलंकार-योजना को सौंदर्य की संज्ञा नहीं दी जा सकती। 'सौंदर्य अलंकार' कहने वाले वामन ने सौंदर्य दृष्टि से अलंकार शास्त्र का पल्लवन नहीं किया है। सौंदर्यशास्त्रीय आलोचना के क्षेत्र में मिथकीय (पुरातत्त्व) और शैली-तात्त्विक दृष्टि से आलोचना के कुछ प्रशंसनीय प्रयत्न हुए हैं।

'सूर की सौंदर्य चेतना' के बाद सौंदर्यशास्त्रीय व्यावहारिक आलोचना का यह मेरा दूसरा प्रयत्न है। मैं अपनी सीमाओं से अनभिज्ञ नहीं हूँ। इस कार्य में मैंने अनेक ऐसे प्रश्न और मुद्दे उठाए हैं जिनका कवियों की सौंदर्यदृष्टि के साथ संबंध अवश्य है, लेकिन संबंध-स्थापन में उतना सफल नहीं हो सका हूँ। यह मेरी

प्रतिभा की सीमा है। मैंने कवियों की समीक्षा में कोई मौलिक सौंदर्यशास्त्रीय बात कही है या नहीं, इसका निर्णायक मैं स्वयं नहीं हो सकता। लेकिन इतना अवश्य कहूँगा कि मैंने आलोचना की एक नई दिशा में प्रस्थान अवश्य किया है और ज्ञात तथ्यों का नवीन आख्यान किया है। नई पीढ़ी के समीक्षक मौलिक उद्‌भावनाओं के साथ मेरे कार्य को आगे बढ़ाएँगे तो मुझे प्रसन्नता ही होगी।

मेरे भाषणों, संगोष्ठियों में पढ़े हुए आलेखों, प्रकाशित सामग्री आदि के आधार पर नए रूप में इन लेखों की रचना हुई है। ईमानदारी के साथ मैंने अपना काम किया है, फिर भी कवियों की रचना के विश्लेषण और मूल्यांकन के साथ विद्वानों के मतभेद की संभावना स्वीकार करता हूँ। निर्भीक अपने विचारों के प्रतिपादन में दृष्टि कहीं प्रशंसात्मक है तो कहीं कटु आलोचनात्मक भी।

इस संकलन में प्रथम सैद्धांतिक लेख के अतिरिक्त तेरह कवियों की सौंदर्यशास्त्रीय आलोचना है। वे हिंदी काव्य के चारों कालखंडों और उनकी विभिन्न प्रवृत्तियों के प्रतिनिधि कवि हैं। विद्यापति आदिकाल के, सूर और तुलसी भक्तिकाल के, बिहारी और घनानंद रीतिकाल के, मैथिलीशरण गुप्त आधुनिक काल के द्विवेदी युग के, प्रसाद, पंत, निराला और महादेवी छायावादी युग के, माखनलाल चतुर्वेदी और दिनकर राष्ट्र धारा के तथा अज्ञेय प्रयोगवाद के लब्धप्रतिष्ठ कवि हैं। स्पष्ट ही इस संग्रह में कुछ प्रवृत्तियों के कवि छूट गए हैं। इतना ही नहीं, हिंदी के अनेक महाकवियों की आलोचना भी नहीं हुई है। काल और प्रवृत्ति की दृष्टि से भक्तिकाल की निर्गुण धारा, आधुनिककाल के भारतेंदु युग, प्रगतिवाद और 'नई कविता' के कवि इसमें समाविष्ट नहीं हैं। प्रत्येक कालखंड और प्रवृत्ति में ऐसे और भी अनेक विशेष सौंदर्यदृष्टि संपन्न कवि हैं जिनकी समीक्षा होनी चाहिए थी जैसे कबीर, जायसी, देव, मतिराम, भूषण, पद्‌माकर, मुक्तिबोध आदि। पुस्तक की कलेवर-वृद्धि के भय से कुछ चुने हुए कवियों की ही आलोचना प्रस्तुत की गई है। मेरी किसी विशेष अभिरुचि के कारण इन कवियों का चयन नहीं हुआ है। 'हिंदी काव्य का विकास : सौंदर्यशास्त्रीय विश्लेषण' शीर्षक से एक नई पुस्तक लिख रहा हूँ जिसमें सभी प्रवृत्तियों और इस रचना में छूटे हुए महाकवियों पर विस्तार से विचार करूँगा। तभी हिंदी काव्य में सौंदर्य-चेतना के विकास-परिवर्तन और उसके हेतुभूत तत्त्वों का आकलन हो सकेगा। इस पुस्तक में कवियों की आलोचना की पृष्ठ-संख्या, उनके महत्त्व का द्योतक नहीं है। जो, जैसा मन में आया है लिखता गया हूँ।

मेरे इस प्रयत्न के संबंध में गुण-दोषों के पारखी विद्वानों की सम्मतियाँ शिरोधार्य हैं। वे भविष्य में मेरे लेखन का पथ-प्रदर्शन करेंगे।

एस. टी. नरसिंहाचारी

विषयानुक्रम

काव्य का सौंदर्यशास्त्रीय अनुशीलन

1. सौंदर्यशास्त्रीय शब्द

सौंदर्यशास्त्र अंग्रेजी शब्द ईस्थटिक्स का हिंदी पर्यायवाची है। आजकल इस शब्द से संबंधित अनेक नए शब्दों का प्रयोग हो रहा है। लेकिन उनका अर्थ निश्चयात्मक न होने के कारण अनेक भ्रांतियों की संभावना हो रही है। कुछ समीक्षक ईस्थटिक्स के लिए सौंदर्यबोध शास्त्र का प्रयोग कर रहे हैं। अर्थात् वह शास्त्र जिसके द्वारा काव्य या ललित कलाओं में सौंदर्य का बोध होता है। 'बोध' मन के बौद्धिक ग्रहण का द्योतक शब्द है। उसके द्वारा सौंदर्य संबंधी समस्त पहलुओं की व्यंजना नहीं होती। सौंदर्य के ऐंद्रिय, मानसिक और आत्मिक या आध्यात्मिक तीन पहलू हैं। उसके बोध, संवेगात्मक संवेदना, भावन, कल्पनाशीलता, अनुभूति और अभिव्यंजना के प्रक्रिया संबंधी अनेक धरातल हैं। सौंदर्यशास्त्र ही इन सबको व्यक्त करने वाला व्यापक शब्द है।

सौंदर्यशास्त्र संबंधी कुछ शब्द, उसकी प्रक्रिया या व्यापार को प्रकट करते हैं। (1) सौंदर्यबोध वह वृत्ति है जो जीवन-जगत्, काव्य या कला में सौंदर्य का अवगाहन कराता है। वस्तु और प्रमाता में रागात्मक संबंध स्थापित होने पर ही यह संभव है। सौंदर्यबोध (Aesthetic sense) सर्जक और ग्राहक दोनों में उद्‌बुद्ध होने वाली वृत्ति है। (2) सौंदर्यबोध से मन में भावनाएँ (Feelings), संवेग (Emotions), कल्पना, विचार आदि सम्मिलित रूप में क्रियाशील होकर मन में सौंदर्य चेतना (Aesthetic Consciousness) व्याप्त होती है। मन में सौंदर्य व्याप्त हो जाता है या वह मन पर आक्रांत होकर मन की चेतना को वशीभूत कर लेता है। तब अन्य भाव-विचारों के लिए मन में स्थान नहीं रहता। (3) मन सौंदर्य के वशीभूत होने पर उस सौंदर्य का भावन (Contemplation) होने लगता है। यह सौंदर्य क्या है ? उसकी क्या प्रकृति है ? उसका स्वरूप कैसा है ? आदि का अयत्नज मनन होने लगता है। सौंदर्य का यह मनन आनंदात्मक है। संकल्पात्मक, भावात्मक

और बौद्धिक तीनों प्रक्रियाओं के सामंजस्यपूर्ण और समरसतापूर्ण स्थिति में उत्पन्न यह आनंद लौकिक अर्थ में भावनात्मक व्यापार है या बौद्धिक, यह कहना कठिन है। वैसे मनन शब्द बौद्धिक व्यापार का व्यंजक है, लेकिन सौंदर्य से उत्पन्न आनंद का विश्लेषण करने पर स्पष्ट हो जाता है कि यह केवल बौद्धिक नहीं है। दूसरे उचित शब्दों के अभाव में 'मनन' और 'चेतना' का प्रयोग हो रहा है। भारतीय दर्शन में 'चेतना' या 'चिति' शब्द का अर्थ अत्यंत व्यापक है। इस स्थिति को सौंदर्य भावन कह सकते हैं। (4) सृष्टिगत या कलागत सौंदर्य-दर्शन और मनन के आधार पर सौंदर्य की अवधारणा या भावना (Concept of beauty) निर्धारित होती है। यह कलाकार की दृष्टि पर निर्भर करती है और कथ्य, रूप एवं माध्यम की समष्टि में अभिव्यक्त होती है और उसी के आधार पर ग्राहक उसे समझ पाता है। (5) सौंदर्य को व्यक्त रूप देने वाली सौंदर्यात्मक अभिव्यंजना (Aesthetic Expression) है। कला के माध्यम के अनुसार अभिव्यंजना भिन्न-भिन्न प्रकार की होती है। सफल अभिव्यंजना में सौंदर्य मूर्त्त होकर ग्राहक की अनुभूति और मनन का विषय बनता है। सौंदर्यशास्त्रीय ये शब्द सौंदर्य संबंधी विभिन्न स्थितियों, दशाओं और दिशाओं को द्योतित करते हैं। (6) इस क्रम में अंतिम स्थिति ग्राहक की सौंदर्यानुभूति (Aesthetic Experience) है। जहाँ कलाकार को सौंदर्य-दर्शन और मनन की दशा में यह अनुभूति हो जाती है, ग्राहक को अंत में माध्यम के द्वारा सफल अभिव्यंजना के बाद ही यह संभव है। माध्यम में उसी अभिव्यंजना के द्वारा ग्राहक, कलाकार के सौंदर्य-दर्शन तक पहुँचकर उसके साथ एकात्म हो जाता है।

2. सौंदर्याभिरुचि

अभिरुचि शब्द का अर्थ किसी वस्तु की ओर उन्मुख होकर उसका आस्वादन करना है। सौंदर्य में अभिरुचि उत्पन्न होने के अनेक कारण हो सकते हैं—जन्मजात संस्कार, देशकाल का वातावरण, जीवन की परिस्थितियाँ, कालक्रम में व्यक्ति के अर्जित संस्कार आदि। माता के मुख, वेशभूषा, लालन-पालन, व्यवहार आदि से शिशु के सौंदर्य-संस्कार उत्पन्न होकर कालक्रम में अवस्था के अनुसार विकसित होते हुए सरल से गहन, जटिल और गंभीर होते हैं। प्रकृति और जीवन-जगत् से विकसित सौंदर्य संस्कार ही काव्य और कला में सौंदर्याभिरुचि की आधारभूमि बनते हैं। काव्य-परंपरा, काव्यशास्त्र, कलाओं का परिचय, भावनाशीलता, कल्पनाशीलता आदि सौंदर्याभिरुचि को पुष्ट और प्रौढ़ बनाते हैं। ईस्थटिक्स में अभिरुचि (Taste) शब्द का अर्थ, सौंदर्य के प्रति आकर्षण की भावना (Feeling for beauty) है। लेकिन व्यवहार में और काव्य साहित्य के क्षेत्र में भी साहित्यिक अभिरुचि शब्द का अर्थ अत्यंत व्यापक है। सौंदर्य-संस्कार उसका एक पहलू मात्र है।

साहित्यिक अभिरुचि के पाँच पहलू हैं। (1) दार्शनिक पक्ष है जो आध्यात्मिक

और मानवीय चिंतन के आधार पर उसके स्वरूप और विकास का आख्यान करता है। देश और काल के अनुसार यह आख्यान कुछ न कुछ बदलता रहता है। स्थूल दृष्टि से इस दार्शनिक चिंतन को शाश्वततावादी और परिवर्तनशील दो भेद कर कह सकते हैं। जीवन का सत्य कहाँ तक शाश्वत है और उसमें कौन-सा अंश अपरिवर्तनशील है तथा कौन-सा एवं कितना बदलता है—इस संबंध में मतभेद हो सकता है। आत्मवादी और अनात्मवादी ये विचारधाराएँ वैदिक काल से ही चली आ रही हैं। इतना अवश्य स्वीकार करना पड़ता है कि देश का ही नहीं, युग का भी बहिर्मुखी परिवेश अवश्य बदल जाता है और उसका प्रभाव अंतर्मुखी मानसिकता पर पड़ता है। (2) सौंदर्यशास्त्रीय पक्ष है जो जीवन के साथ-साथ सौंदर्य के महत्त्व का प्रतिपादन करता है। सौंदर्य जीवन, साहित्य और कला में आकर्षण का केंद्र है जिसके बिना जीने की इच्छा ही दुर्बल और समाप्त हो जाती है। सौंदर्य देश, काल और व्यक्ति सापेक्ष है। इसलिए सौंदर्य की अवधारणा और उसकी अनुभूति में अंतर हो जाना स्वाभाविक है। लेकिन जीवन के सत्य की तरह उसके सौंदर्य का भी एक सार्वभौमिक और सार्वकालीन पहलू और प्रतिमान है जिसके आधार पर हमारी साहित्यिक अभिरुचि या सौंदर्य देश-काल-व्यक्ति तक सीमित नहीं रह जाता। यही सौंदर्य का शाश्वत सत्य है। शुद्ध सौंदर्य-दर्शन और अनुभूति, लौकिक, सुख-दुखात्मक और सकाम अनुभूति से भिन्न निर्लिप्त और निष्काम सौंदर्य-भावन से उत्पन्न अनुभूति है। यदि आवश्यक अनुकूल मनःस्थिति हो तो काव्य और कलाओं में ही नहीं, सृष्टि में भी यह अनुभूति संभव है। आध्यात्मिक क्षेत्र में साक्षीभूत, स्थितप्रज्ञ, सिद्धि की अवस्था की तरह सौंदर्य के क्षेत्र में भी लौकिकता से परे चरम स्थिति पर पहुँचा जा सकता है। सौंदर्य के प्रति आकर्षण और कुरूपता के प्रति विकर्षण, मानव मन के स्वाभाविक धर्म हैं। भारतीय काव्यशास्त्र में रसानुभूति के लिए आवश्यक जिन गुण-धर्मों की चर्चा की गई है, वे सौंदर्य-भावन के संबंध में भी लागू हो जाते हैं। इस संदर्भ में भरत मुनि ने 'सुमनस' और 'सामाजिक' शब्दों का, आनंदवर्धन ने 'सहृदय' होने की आवश्यकता का तथा धनंजय ने 'रसिकता' का उल्लेख किया है। ये शब्द अनुकूल मानसिकता, सामाजिक संस्कारिता, हृदय की स्पंदनशीलता और रसज्ञ तन्मयता के द्योतक हैं। उनके बिना रस या सौंदर्य का ग्रहण संभव नहीं है। सौंदर्य का बाह्य परिवेश और अलंकरण कालक्रम में बदलते रहते हैं, लेकिन उसका अंतरंग या सारतत्त्व शाश्वत रूप में ग्राहकों को अपील करता ही रहता है। (3) सांस्कृतिक पक्ष है जो मन की उदात्तता और संस्कारिता के विकास में साहित्यिक अभिरुचि और सौंदर्यानुभूति को औचित्य और सुरुचिपूर्ण बनाए रखता है। सभ्यता से भिन्न संस्कृति मानसिक उन्नयन को द्योतित करती है और मन के ऊर्ध्वगामी प्रसार तथा गुणात्मक मूल्यों का निर्धारक है। (4) मनोवैज्ञानिक पक्ष है जों मानसिक चेतना या चैतन्य, मनोनिवेश, भावनाशीलता, कल्पनाशीलता और

कहीं-कहीं चिंतनशीलता आदि के द्वारा साहित्यिक और सौंदर्यात्मक अभिरुचि की प्रकृति और उसके स्वरूप का निर्धारण करता है। यह अभिरुचि और सौंदर्य दोनों का व्यक्तिपरक पहलू है। इस संदर्भ में स्मरण रखना चाहिए कि अतिबौद्धिकता या विचारशीलता, साहित्यिक अभिरुचि और सौंदर्योन्मुखता को समाप्त कर देती है। (5) सामाजिक पक्ष है जो जीवन की बहिर्मुखी यथार्थता में मनुष्य के सामाजिक संस्कारों का निर्णायक है और जिसके अनुरूप व्यक्ति की अभिरुचि और सौंदर्य भावना होती है। सामाजिक संस्कारों के आधार पर ही अभिरुचि का विकास और सौंदर्य का आस्वादन होता है। सौंदर्य-असौंदर्य की अवधारणा भी सामाजिक मान्यताओं और संस्कारों के आधार पर निर्धारित होती है। सामाजिक संस्कारों की प्रतिकूलता में साहित्य और सौंदर्य के प्रति विमुखता उत्पन्न होती है जो जुगुप्सा की चरम सीमा पर भी ले जा सकती है। साहित्य और सौंदर्य का बहिर्मुखी पहलू होने पर भी उसके प्रतिकूल प्रभाव में सामाजिक पक्ष की महत्त्वपूर्ण भूमिका स्पष्ट हो जाती है। सामाजिक जीवन में ही सांस्कृतिक संस्कारिता और उसके साथ सौंदर्यबोध का जन्म और प्रौढ़ विकास होते हैं। ऐसी स्थिति में बहिर्मुखी सामाजिक पक्ष की उपेक्षा करके अंतर्मुखी सांस्कृतिक चेतना को ही साहित्य और सौंदर्य के क्षेत्रों में अधिक मूल्यवान नहीं माना जा सकता।

साहित्यिक अभिरुचि के दार्शनिक, सौंदर्यशास्त्रीय, सांस्कृतिक, मनोवैज्ञानिक और सामाजिक पहलू एक-दूसरे से समन्वित होकर अपने समष्टि रूप में कलाकार और ग्राहक दोनों की सौंदर्य दृष्टि (Aesthetic Attitude) को निर्धारित करते हैं। राजशेखर ने जिस कारयित्री और भावयित्री प्रतिभा का उल्लेख किया है, दोनों में अंतर केवल सर्जना या सौंदर्य को मूर्त्त रूप देने का है। अन्यथा दोनों की सौंदर्य दृष्टि में कोई तात्त्विक भेद नहीं है।

3. सौंदर्य का स्वरूप

सौंदर्यशास्त्र पाश्चात्य दर्शन का अंग है। सहज ही उसमें दार्शनिक गहनता, जटिलता और उलझन भरी हुई है। इस संदर्भ में यह भी प्रश्न उठता है कि सौंदर्य का दार्शनिक विवेचन, काव्य या कला की व्यावहारिक आलोचना में—उसके विश्लेषण, आख्यान और मूल्यांकन में कहाँ तक उपयोगी सिद्ध हो सकता है। संभवतः इसीलिए साहित्य के क्षेत्र में सौंदर्यशास्त्रीय आलोचनाएँ बहुत कम मिलती हैं।

सौंदर्यशास्त्र के विश्लेषण से उसके स्वरूप के संबंध में तीन दृष्टिकोण मिलते हैं—1. वस्तुनिष्ठ, 2. व्यक्तिनिष्ठ और 3. सापेक्षतावादी-संबंध-निष्ठ। सौंदर्य को वस्तुगत माननेवाले प्लेटो, अरस्तू, वर्क, हीगल, लेस्सिंग, क्रोचे आदि अधिकांश सौंदर्यशास्त्रियों का दृष्टिकोण आध्यात्मिक है। वे सौंदर्य को ईश्वरीय विभूति मानते हैं जिसका कुछ अंश या छाया वस्तु में प्रतिफलित होती है।[1] कुछ दार्शनिक सौंदर्य

को अंततः आध्यात्मिक मानते हुए भी उसे वस्तु के रूप के माध्यम से भाव (Idea) का प्रकाशन मानते हैं, जैसे सुकरात, हीगल आदि।[2] कुछ आचार्य सौंदर्य का संबंध रूप से मानते हैं।[3] रूपगत सौंदर्य का मूल स्रोत प्रकृति है। उसके आधार पर रचित कलाकृति के रूप में व्यवस्था, एकता, सौष्ठव, व्यंजकता, सामंजस्य, अनुपात, रंग-दीप्ति, परिपूर्णता आदि में सौंदर्य माना गया है। अरस्तू, प्लाटिनस, ह्यूम, काडवेल, हर्बर्ट आदि ऐसे आचार्य हैं। कथ्य (Content) और रूप दोनों में आंतरिक संबंध स्थापित करते हुए कालरिज 'सार्थक रूप' में सौंदर्य मानते हैं। इन सबसे भिन्न, सौंदर्य को वस्तुनिष्ठ और रूपगत माननेवाले सौंदर्य के आख्याता क्रोचे हैं। उनके अनुसार सौंदर्य प्रकृतिगत न होकर कलाकार की कल्पना की बिंबात्मक सृष्टि है।[4] वह मानसिक अभिव्यंजना है। तार्किक ज्ञान से भिन्न सहज ज्ञान, कलात्मक सर्जना का आधार है। कला के माध्यम में उस मानसिक अभिव्यंजना को मूर्त्त रूप मिलता है। जीवन-जगत् कला की मूल सामग्री मात्र है। कला की सर्जनात्मक प्रक्रिया में कथ्य और रूप का पार्थक्य संभव नहीं है। कला का मूल्य उसके रूप-सौंदर्य को लेकर है। अन्य किसी प्रकार की सामाजिक-नैतिक मान्यताओं के आधार पर उसका मूल्यांकन नहीं किया जा सकता। सफल या मूर्त्त अभिव्यंजना में ही शुद्ध कलात्मक मूल्य है।

आधुनिककाल में सौंदर्यशास्त्र का अंग न होने पर भी सौंदर्य-चिंतन को विशेष प्रभावित करने वाली तीन विचारधाराएँ हैं—मार्क्सवादी, मनोवैज्ञानिक और वैज्ञानिक। मार्क्सवाद सौंदर्य को सामाजिक चेतना से संबद्ध मानता है। असामाजिक और व्यक्तिवादी चिंतन जिस सौंदर्य की सृष्टि करता है, वह अस्वस्थ मन की प्रतिक्रियावादी और अप्रगतिशील रूप-सौंदर्य-सृष्टि है। वेलन्स्की, काडवेल, प्लेखानोव आदि मार्क्सवादी विचारक हैं। मनोविज्ञान मन के अंतश्चेतन से सौंदर्य का संबंध जोड़ता है। सौंदर्य का व्यक्त रूप इंद्रियगोचर होने पर भी उसका मूल प्रेरणा स्रोत अंतश्चेतन के कुछ विशेष धर्म हैं। फ्रायड के अनुसार अंतश्चेतन का काम, चेतन मन में आकर प्रतीकात्मक, उदात्तीकृत और रूपांतरण की प्रक्रियाओं के द्वारा सौंदर्य का सृजन करता है। लौकिक दृष्टि से देखने पर यह जटिल प्रश्न उत्पन्न होता है कि काम के कारण वस्तु सुंदर प्रतीत होती है या वस्तु के सुंदर होने के कारण काम उत्पन्न होता है। एडलर व्यक्तिगत अंतश्चेतन से ही नहीं, जातिगत या सामूहिक अंतश्चेतन से भी सौंदर्य-भावना का संबंध स्वीकार करते हैं। मानव जाति के लंबे इतिहास में अनेक प्रकार के सौंदर्य संस्कार मानव मन में संचित रहते हैं। व्यक्ति-मन के संस्कारों के साथ मिलकर ये सौंदर्य के परंपरागत संस्कार सौंदर्य के स्वरूप को निर्धारित करते हैं। जंग मनुष्य के व्यक्तित्व को अंतर्मुखी-बहिर्मुखी वर्गों में बाँटकर, दोनों को सहज बोधात्मक, भावनाशील, कल्पनाशील और क्रियाशील उपवर्गों में बाँटते हैं। अंतर्मुखी भावनाशील कल्पनाशील व्यक्तित्व ही सौंदर्य की सृष्टि कर सकता

है। वैज्ञानिक चिंतन सौंदर्य पर नहीं, सृष्टि के रूप पर है। जीवशास्त्र परिणामवाद में जड़ से चेतन और चेतन रूप से मानव विकास की व्याख्या करता है। भौतिकी विज्ञान परमाणु सिद्धांत, विस्फोटवाद, सापेक्षतावाद आदि के द्वारा सृष्टि के रहस्यों का उद्‌घाटन कर रहा है। अन्य विज्ञान भी सृष्टि और मानव के इतिहास के अन्वेषण में संलग्न हैं। विज्ञान का इतनी द्रुत गति से विकास हो रहा है कि रूप और रूपगत सौंदर्य के संबंध में निश्चित रूप से कुछ कहना कठिन है। सौंदर्यशास्त्र अभी सौंदर्य की रहस्यात्मकता का पल्ला पकड़ा हुआ है जबकि विज्ञान सृष्टि के रूप के रहस्योद्‌घाटन में लगा हुआ है। मार्क्सवाद, मनोविज्ञान और विज्ञान की विचारधाराएँ वस्तून्मुख हैं, चाहे वे व्यक्ति को या समाज को केंद्र में रखकर विश्लेषण करें।

व्यक्तिनिष्ठ दृष्टि से सौंदर्य की व्याख्या करने वाले आचार्य कांट, टालस्टाय, रस्किन आदि हैं। जब वस्तु के रूप से एक विशिष्ट अलौकिक अनुभूति प्राप्त होती है, उसे सुंदर की संज्ञा दी जाती है। कांट के अनुसार उस अनुभूति के चार लक्षण हैं–(1) सार्वभौमिक अनुभूति है। मात्रा का वैयक्तिक अंतर होने पर भी सौंदर्य की अनुभूति सार्वजनीन होती है। (2) अनुभूति की तटस्थता या निर्लिप्तता (Disinterestedness) है। यह सौंदर्यानुभूति को लौकिक सुख-दुखात्मक अनुभूति से भिन्न ठहराती है। (3) उद्देश्यहीन सार्थकता (Purposiveness without Purpose) है। इससे ललित कलाओं के सौंदर्य का, प्रयोजन प्रधान उपयोगी कलाओं के सौंदर्य से प्रकृतिगत भेद व्यक्त होता है। (4) इंद्रियों और मन की स्वच्छंद क्रियाशीलता और सामंजस्य से उत्पन्न अनुभूति की एकोन्मुखता, चेतनता और पूर्णता है। कांट रसानुभूति की तरह सौंदर्यानुभूति को लौकिक अनुभूति से परे निरपेक्ष पूर्णता की अनुभूति मानते हैं। टालस्टाय सौंदर्यानुभूति में धार्मिकता को और रस्किन नैतिकता को अधिक महत्त्व देते हैं। दोनों का दृष्टिकोण अपेक्षाकृत अधिक लौकिक और सामाजिक है।

सौंदर्य के संबंध में सापेक्षतावादी अलग्जांडर वस्तु और प्रमाता के बीच संबंध-स्थापन होने पर ही सौंदर्य की अनुभूति संभव मानते हैं। जहाँ दोनों में संबंध-स्थापन नहीं होता, वस्तु की उपेक्षा हो जाती है। वस्तु के सुंदर होने पर भी कभी-कभी इस तरह हो जाता है। यह सदा संभव नहीं है कि चाँद के सौंदर्य के प्रति मन सदा आकृष्ट हो। वह परिस्थितियों, ग्राहक मनःस्थिति आदि पर निर्भर करता है।

पाश्चात्य सौंदर्यशास्त्र के तीन आधार स्तंभ हैं : वस्तु, सौंदर्य और चेतना। वस्तु का रूप नैसर्गिक या मानव निर्मित है। वही सौंदर्य का आधार है। सौंदर्य आध्यात्मिक, मानसिक या ऐंद्रिय रूपगत है। यदि सौंदर्य सृष्टिगत है तो अनुकृति या कल्पना के द्वारा मानव निर्मित कलाकृति में आ जाता है। ऐसी स्थिति में मानव जीवन के सभी पहलुओं में सौंदर्य विद्यमान है। तब सौंदर्य का सर्वव्यापी अस्तित्व

स्वीकार करना ही पड़ता है चाहे उसे आध्यात्मिक कहें, चाहे भौतिक। दूसरी ओर सौंदर्य को सृष्टिगत न मानकर कलाकार की देन के रूप में कल्पना प्रसूत मानने से उसका अस्तित्व केवल मानसिक है। मन के द्वारा वस्तु के आदर्शीकरण में उसका प्रादुर्भाव होता है और मन की विशेष संस्कारिता को ही वह प्रभावित करता है। सौंदर्य की अनुभूति में व्यक्ति-मन की चेतना का विशेष योगदान रहता है। उसकी सजीवता और क्रियाशीलता में ही सौंदर्य की अनुभूति संभव है। अन्यथा मन में वस्तु का ज्ञानात्मक बोध मात्र होता है।

भारत में सौंदर्य चिंतन के किसी व्यवस्थित ग्रंथ की रचना नहीं हुई है। शास्त्र के रूप में उसका विकास नहीं हुआ है। भारतीय आध्यात्मिक दृष्टिकोण उसका एक कारण हो सकता है जिसने प्रधानतः भौतिक सौंदर्य की उपेक्षा की है। लेकिन वैदिक काल से लेकर आज तक सौंदर्य संबंधी स्फुट विचारों का अनेक रूपों में पल्लवन हुआ है। सच्चिदानंद ब्रह्म की जिज्ञासा में आनंद का एक स्रोत उसकी सौंदर्यमयता है। "एक मैं बहुत हो जाऊँ" (एकोहं बहुस्यां) ईश्वर की इस कामना से सृष्टि हुई। कामजन्य विकास के मूल में सौंदर्य का रहस्य छिपा हुआ है। काम संकीर्ण अर्थ में स्त्री-पुरुषों का लैंगिक आकर्षण है। उस आकर्षण में भी संतान की सृष्टि के रूप में नए विकास का सौंदर्य भरा हुआ है। काम के कामनावाले व्यापक अर्थ में ईश्वरीय सृष्टि और मानवीय कला सृष्टि के मूर्त्त सौंदर्य की अवतारणा हुई है। सौंदर्यमय रूप-धारण की सृजन की प्रक्रिया को आगे चलकर शैवागमों में ईश्वरीय विभूति, कामकला कहकर विस्तृत विवेचन हुआ है। काम सौंदर्य का मूर्त्त रूप है तो रति उसका परितोष है। इस तरह सौंदर्य और उसकी अनुभूति की दार्शनिक आनंद-रूपात्मकता सिद्ध होती है। यह वैदिक आनंदवादी विचारधारा का पल्लवन है। दूसरी ओर वैदिक दुखवादी चिंतन ने जैन, बौद्ध, अद्वैत आदि दर्शनों के रूप में सृष्टि-सौंदर्य को नश्वर, माया आदि कहकर उसके अस्तित्व और मूल्य को अस्वीकार किया है। विशिष्टाद्वैत, द्वैत, शुद्धाद्वैत आदि की दृष्टि में ईश्वरीय लीला भूमि के रूप में सृष्टि-सौंदर्य ने आध्यात्मिक रूप धारण किया है।

सौंदर्य-निरूपण का दूसरा स्रोत अलंकार शास्त्र है। इसके विभाव पक्ष, नायक-नायिका भेद, रस विघ्न, काव्य-दोष, अंलकार-सौंदर्य, वक्रोक्ति में कवि-कल्पना की देन, प्रतिभा के द्वारा रमणीयता के नए उन्मेष, शब्दार्थों के सामंजस्य में भावानुरूप शैली, रीति-गुण-सौंदर्य और औचित्य आदि की मीमांसा में सौंदर्य, उदात्तता और कुरूपता के अनेक पहलुओं और धर्मों की ओर संकेत किया गया है।[5] यहाँ दो बातें विशेष ध्यान देने योग्य हैं। शृंगार, करुणा और अद्‌भुत को एक मात्र रस कहनेवाले आचार्यों ने लैंगिक आकर्षण से भिन्न शृंगार की चेतन (Conscious) सौंदर्यानुभूति, दुखद अनुभूति में भी मानवीय संवेदना की सौंदर्यात्मक आनंदानुभूति तथा अद्‌भुतपन के संदर्भ में सौंदर्य की विस्मयकारी अनुभूति की ओर संकेत किया

है। यह विचार-विमर्श सौंदर्य की अनुभूति का ही नहीं, उसके मूल्य का भी प्रतिपादक है। दूसरी बात, रूप गोस्वामी के द्वारा 'उज्ज्वल नीलमणि' में रूप-सौंदर्य की विशेषताओं का उद्घाटन है। अन्य ललित कलाओं के शास्त्रीय विवेचन में भी सौंदर्य की विस्तृत चर्चा है। वास्तु, मूर्ति, चित्र और नाट्य कलाओं में सौंदर्य की मूर्तिमत्ता और संगीत में उसकी आनंदानुभूति की सजीवता का निरूपण किया गया है। इनमें रूप-विधान के अंगांग सौष्ठव और सामंजस्य, निर्माण-कौशल, अनुपात, रंग-दीप्ति, भंगिमा की गतिशील छटा, आरोह-अवरोह आदि सौंदर्य की प्रकृतिगत विशेषताओं और धर्मों का प्रतिपादन हुआ है।

काव्य-साहित्य, सौंदर्य-तत्त्व-विचार का तीसरा स्रोत है। वाल्मीकि, कालिदास, भारवि, माघ, बाणभट्ट आदि अनेक साहित्यकारों ने संदर्भ के अनुसार सौंदर्य का ही नहीं, जुगुप्साजनक कुरूपता पर भी दृष्टि डालते हुए उनकी परिभाषा, स्वरूप, धर्म, मूल्य आदि की ओर संकेत किया है। उन गुण-धर्मों में उल्लेखनीय हैं—नवीन उन्मेष, औचित्यपूर्ण उपनिबंध और सामंजस्य, मानसिक परिकल्पना, राशिभूत अतिशयता, लावण्य, अनलंकृत नैसर्गिकता, शिवत्व, अपूर्वता, जिज्ञासा या उत्सुकता, क्षण-क्षण नित्य नूतनता, वैभव-विलास, मूर्तिमत्ता आदि।[6]

पाश्चात्य दार्शनिकों की तरह भारतीय चिंतकों ने भी सौंदर्य की जीवन-सापेक्षता और कल्पना की भूमिका पर ध्यान दिया है। लेकिन दोनों के विचार में सौंदर्य की सामाजिकता का पहलू उपेक्षित ही रहा है। रस और सौंदर्य को अलौकिक या आध्यात्मिक मानने का यह परिणाम है।

(सौंदर्य के स्वरूप के संबंध में पाश्चात्य एवं भारतीय चिंतन के विस्तृत परिचय के लिए द्रष्टव्य सौंदर्य-तत्त्व निरूपण)

4. सौंदर्य-चेतना का विकास

यदि सौंदर्य को जीवन का शाश्वत सत्य और आध्यात्मिक मानते हैं तो उसमें परिवर्तन और विकास की संभावनाएँ बहुत कम रहती हैं। वह लौकिक और भौतिक है तो जीवन की गतिविधि के साथ-साथ उसका भी बदल जाना अनिवार्य है। लौकिक अर्थ में सौंदर्य के दो पहलू हैं—अंतःसौंदर्य और बाह्यसौंदर्य। पहले को भारतीयों ने लावण्य की संज्ञा दी है। जो मोती की आभा की तरह बाह्य रूप के माध्यम से प्रकट होते हुए उसे उज्ज्वल बना देता है।[7] व्यापक अर्थ में अंतःसौंदर्य मानसिक चेतना की स्पंदनशील क्रियाशीलता से व्यक्त होने वाला धर्म है जो चेतन प्राणियों की ही विशेषता है।[8] लेकिन कलाकार जड़ प्रकृति का मानवीकरण करते हुए, उस पर मानवीय भाव, विचार और क्रियाशीलता का प्रक्षेपण करते हुए उसे चेतन रूप प्रदान करता है। बाह्य रूप इंद्रियों को आकृष्ट करने वाला आकार-प्रकार, रूप-रंग आदि धर्मों पर निर्भर करता है। मानव जीवन में अंतःसौंदर्य धीरे-धीरे परिवर्तित

होता है जबकि बाह्यसौंदर्य द्रुत गति से विकसित होकर बदलता रहता है। जन्म से लेकर मृत्यु तक सौंदर्य का रूप बदलना तथा उसकी ग्रहण क्षमता में विकास-क्षय अनिवार्य है। मन में किसी न किसी रूप में काम या कामना का विद्यमान रहना और अन्य कारणों से उसका दमन या रूपातंरण न होना—सौंदर्य भावन और अनुभूति को बनाए रखते हैं।[9] ये बातें व्यक्ति के जीवन पर ही नहीं, पूरे समाज पर भी लागू होकर सौंदर्यबोध को क्रियाशील, विकासशील और परिवर्तनशील बनाए रखती हैं। यहाँ एक और तथ्य ध्यान देने योग्य है। अंतःसौंदर्य और बाह्यसौंदर्य स्वतंत्र इकाइयाँ न होकर कथ्य और रूप की तरह अभिन्न हैं और एक-दूसरे को प्रभावित करते हैं। कामायनीकार के शब्दों में :

हृदय की अनुकृति बाह्य उदार
एक लंबी काया उन्मुक्त। (श्रद्धा सर्ग)

दोनों के सामंजस्य को प्रकट करता है। परंपरावादी समीक्षक व्यक्तित्व, चरित, भाव-विचार, कर्म आदि को अंतःसौंदर्य मानते हैं। वे अंतःसौंदर्य की आधारभूमि अवश्य हैं लेकिन वे सौंदर्यशास्त्रीय न होकर सामाजिक-नैतिक मान्यताएँ हैं और उन्हीं मान्यताओं के अनुसार उनका मूल्यांकन किया जाता है।

मानव जाति के आदिम काल से सभ्यता और संस्कृति का निरंतर विकास होता आ रहा है। अग्नि का आविष्कार, पशुपालन, कृषि और वस्त्र धारण आदिम सभ्यता के महत्त्वपूर्ण चरण हैं। इनके साथ संस्कृति के विकास में मनुष्य के सौंदर्यबोध का भी जन्म हुआ है। सांस्कृतिक विकास में जो उदार मानसिक चेतना विकसित हुई है उसका एक उल्लेखनीय पहलू सौंदर्य चेतना है। कवि के शब्दों में :

चिर नग्न प्राण उनमें लिपटें
सुंदरता का कुछ बढ़े मान। (कामायनी : ईर्ष्यासर्ग)

सभ्यता मनुष्य की बाह्य संस्कारिता और संस्कृति मानसिक संस्कारिता के द्योतक हैं। मध्यकाल में आकर सभ्यता का यांत्रिक विकास और आधुनिक काल में तकनीकी वैज्ञानिक विकास हुआ है। उसके साथ संस्कृति और तज्जन्य सौंदर्य चेतना का विकास स्वाभाविक है। मानवीय सभ्यता और संस्कृति के इस लंबे इतिहास और उसके तीनों कालों को दृष्टि में रखकर सौंदर्य चेतना के कुछ विशिष्ट धर्म परिलक्षित होते हैं। आदि काल में मनुष्य के प्राकृतिक साहचर्य में सौंदर्य की नैसर्गिकता, स्वच्छंदता और रहस्यमयता परिलक्षित होती है।[10] सामूहिक जीवन से व्यवस्थित सामाजिक जीवन आरंभ होकर मध्यकाल में उसके प्रौढ़ विकास (और एक सीमा तक आबद्ध सामाजिक जीवन) में सौंदर्य सामाजिक आधारभूमि और चेतना से प्रभावित हुआ है।[11] आधुनिक काल में एक ओर तकनीकी वैज्ञानिक

विकास ने सौंदर्य को कृत्रिम नागरिक रूप दिया है तो दूसरी ओर व्यक्तिवादी प्रजातंत्रात्मक जीवन ने उसे वैयक्तिक या व्यक्तित्व सापेक्ष निजता और स्वतंत्रता प्रदान की है। इन युगों में सौंदर्यबोध अपने प्राकृतिक रूप से अलंकरण की ओर, उसमें भी प्राकृतिक अलंकरण से रसायनिक कृत्रिम अलंकरण की ओर अग्रसर होते हुए प्राकृत सौंदर्य को नागरिक सौंदर्य का रूप दिया है। मध्यकाल में नागरिक सौंदर्य कला प्रवीणता का द्योतक था तो आज सौंदर्य नागरिक जीवन की विशेषता मानी जाती है और कृत्रिम प्रसादनों से संवर्द्धित सौंदर्य, नागरिक संस्कृति का प्रतिमान हो गया है। सौंदर्य अपने में कुछ अद्‌भुतपन और विलक्षणता से युक्त होता है।[12] आज निरालापन ही सौंदर्य का पर्यायवाची हो गया है। काव्यगत सौंदर्य चेतना के अनुशीलन में हमें नैसर्गिकता, स्वच्छंदता, रहस्यमयता, सामाजिकता, निजता, स्वतंत्रता की भावना, अद्‌भुतपन आदि जीवन-सापेक्ष धर्मों को ध्यान में रखना चाहिए।

(द्रष्टव्य : सौंदर्य तत्त्व-निरूपण, 1.8 वस्तुनिष्ठ विशेषताएँ और 1.9 स्वरूप विश्लेषण)।

सौंदर्य चेतना के स्वरूप और उसके विकास-परिवर्तन को निर्धारित करने वाले तत्त्व हैं—(1) देश (2) काल (3) काव्य परंपरा (4) काव्य प्रवृत्ति और (5) कलाकार की दृष्टि।

(1) देश की भौगोलिक स्थिति, प्रकृति और जीवन की गतिविधि कलाकार तथा ग्राहक की सौंदर्याभिरुचि को सामान्य रूप से निर्धारित करती हैं। भारतीय काव्याभिरुचि पाश्चात्यों को अत्युक्ति और अतिरंजनापूर्ण लगने का यही कारण है। देशीय सौंदर्य चेतना के भेद, प्रादेशिक विभेद का रूप भी धारण कर सकते हैं। सभी देशों की अभिरुचि में मानवीय संवेदना की सामान्य प्रवृत्ति होने पर भी उसका देशीय परिवेश अपरिचित होकर सौंदर्य चेतना के मर्म तक पहुँचने में बाधक होता है।

(2) कालक्रम में प्रत्येक देश की सौंदर्य चेतना बदलती रहती है। समय के अनुसार नवीन चिंतन के साथ सांस्कृतिक, सामाजिक और राजनीतिक परिस्थितियों में परिवर्तन हो जाता है। पहला सौंदर्य चेतना के आंतरिक स्वरूप को और दूसरा-तीसरा बाह्य स्वरूप को प्रभावित करते हैं। इनके साथ मनुष्य के जीवन-दर्शन की निर्धारक धार्मिक परिस्थितियों और बाहरी साज-सज्जा और शैली को प्रभावित करने वाली सभ्यता की गतिविधि को भी जोड़ सकते हैं। सौंदर्य चेतना का देश और काल की परिस्थितियों के अनुसार परिवर्तन स्वाभाविक है। लेकिन जब देश पर विदेशी आक्रमण होता है और उस पर विदेशी शासन चलने लगता है, तब विदेशियों की सभ्यता और संस्कृति से प्रभावित सौंदर्य चेतना आमूल बदल जाने की संभावनाएँ हैं। भारतीय इतिहास के आदिकाल में मूल निवासी, द्रविड, नाग, आर्य, यवन, अबीर, हूण और शक जातियों के सांस्कृतिक समन्वय से भारतीय संस्कृति का एक रूप

निश्चित हुआ था। उसमें आदिवासी और प्रादेशिक विभिन्नताएँ भी अवश्य थीं। लेकिन धार्मिक-सामाजिक संघर्ष की स्थिति नहीं थी। सौंदर्य चेतना में उच्चवर्गीय, निम्नवर्गीय, लोक सांस्कृतिक और आदिम जातियों की अभिरुचि का अंतर था। मध्यकाल में इस्लामी धर्म, सभ्यता और संस्कृति, भारतीय सामाजिक जीवन का अभिन्न अंग नहीं बन सकीं। दोनों की सौंदर्याभिरुचि और चेतना में बहुत अंतर था। भारतीय संस्कृति और सौंदर्य चेतना पर इस्लाम का न्यूनाधिक प्रभाव अवश्य पड़ा है, विशेषतः उदार सूफी संप्रदाय का। भारतीय और मुस्लिम संस्कृतियों का पूर्ण समन्वय न होने के कारण (दोनों के दृष्टिकोणों में अंतर के कारण यह संभव भी नहीं था।) सौंदर्य चेतना के परिवर्तन में विदेशी भूमिका कम थी। जो परिवर्तन हुए हैं, परिस्थितियों और चिंतनधाराओं के सहज विकास के रूप में। आधुनिक काल में अंग्रेजी शासन स्थापित होने के बाद सौंदर्य चेतना में कालक्रम के अनुसार सौंदर्य चेतना का आमूल परिवर्तन हुआ है। तलवार के बल पर शासन भले ही स्थापित हुआ हो, सांस्कृतिक परिवर्तन पाश्चात्य चिंतन के प्रभाव से सहज रूप में हुआ है। पाश्चात्य चिंतन ने भारतीय सांस्कृतिक-सामाजिक जीवन की गतिविधि और उसकी संकीर्ण रूढ़िवादिता पर नए सिरे से सोचने के लिए विवश किया है। ईसाई धर्म प्रचार और धर्म परिवर्तन का यह परिणाम नहीं था। नई शिक्षा पद्धति में अंग्रेजी के माध्यम से शिक्षित वर्ग और उनके द्वारा एक हद तक आम जनता ने भी भारतीय धर्म, दर्शन, संस्कृति और सामाजिक जीवन को पाश्चात्य चिंतन के आलोक में देख-परखकर उनका आख्यान आरंभ किया है। जहाँ पाश्चात्य प्रभाव ने एक बनावटी कृत्रिम सभ्यता और भारतीयता की उपेक्षा और अवहेलना को भी जन्म दिया है, वहाँ एक नई चेतना का विकास भी आरंभ हुआ है जिससे कालान्तर में आधुनिकता बोध का विकास हुआ है। परंपरा और नवीनता की संक्रांति में प्राचीन भारतीय चिंतन के नए आख्यान ही नहीं हैं मौलिक चिंतन का भी श्रीगणेश आरंभ हुआ है। ये परिस्थितियाँ सौंदर्य चेतना के नए विकास और परिवर्तन में सहायक हुई हैं। मेरे कहने का यह तात्पर्य नहीं है कि आधुनिक चेतना और सौंदर्यबोध केवल पाश्चात्य चिंतन का ऋणी है। ऐसी स्थिति में वह नया विकास न होकर नकल या अनुकरण होता। भारत की बदली हुई परिस्थितियों, जीवन में परिवर्तन और राष्ट्रीय-सांस्कृतिक-धार्मिक आंदोलनों ने नए काव्य और सौंदर्यबोध को जन्म दिया है जिसका एक प्रेरक तत्त्व और प्रभाव पाश्चात्य चिंतन से विकसित मानसिक चेतना तथा उदारता है।

(3) काव्य परंपरा सौंदर्य चेतना का प्रबल निर्धारक तत्त्व ही नहीं, कभी-कभी उसके विकास-परिवर्तन में बाधक भी है। भारतीय वाङ्मय की परंपरा कम से कम पाँच हजार वर्ष प्राचीन है और शुद्ध काव्य-परंपरा दो हजार वर्ष। उनकी परिपाटी को छोड़कर नए का उन्मेष उतना सरल कार्य नहीं है। आधुनिककाल तक परिस्थितियों

के अनुरूप उस परंपरा की परिधि को व्यापक बनाने और उसमें स्वच्छंदता लाने के अनेक प्रयत्न हुए हैं। भारत में धार्मिक और सामाजिक परंपराएँ इतनी रूढ़ और बद्धमूल हैं कि उनको तोड़ने के प्रयत्न और आंदोलन कभी पूरे सफल नहीं हुए हैं। इनसे प्रभावित काव्य परंपरा की भी वही स्थिति रही है। आधुनिक काल में आकर छायावाद ने काव्य-परंपरा से भिन्न, स्वच्छंदता ले आने का प्रथम प्रयत्न किया है। उसके बाद आधुनिकता बोध के साथ विकसित नई प्रवृतियाँ, काव्य रूढ़ियों को तोड़ने में पूरी तरह सफल हुई हैं। परंपरागत सौंदर्य चेतना का आमूल परिवर्तन हो गया है।

(4) काल की परिस्थितियों के अनुसार प्रत्येक काल खंड में एक या अधिक काव्य प्रवृत्तियों का विकास होता है। काव्य-परंपरा से आमूल भिन्न न होने पर भी नया दृष्टिकोण, जीवन-दर्शन, वस्तु, भावोन्मेष और अभिव्यंजना-शिल्प को लेकर उनका विशिष्ट स्वतंत्र रूप होता है। प्रत्येक युग की प्रवृत्ति, काव्य में कुछ न कुछ नवीनता लाकर नई सौंदर्य चेतना का आभास देने का प्रयत्न करती है। युग बदलने पर काव्य प्रवृत्ति और सौंदर्य चेतना बदल जाती हैं।

(5) कवि जहाँ परंपरा, युग की परिस्थिति और काव्य-प्रवृत्ति से बँधा और प्रभावित होता है, उसका निजी दृष्टिकोण, जीवन-दर्शन और मूल्यबोध, प्रतिभा, कल्पना, भावना, अनुभूति और सौंदर्यबोध, अपनी रचना में एक नई सौंदर्य चेतना का विकास करते हैं। उस नवीन सौंदर्य सृष्टि में ही कवि अपनी सर्जना को सार्थक मानता है। काव्य-परंपरा से प्रभावित ग्राहकों की साहित्यिक अभिरुचि, नवीन काव्य-प्रवृत्ति और कवि की नवीन कल्पना को या तो स्वीकार नहीं करता या समझ नहीं पाता प्रायः समीक्षक इस नए का विरोध करते हैं और कवि समीक्षक होकर अपनी रचन की मार्मिकता को बोधगम्य बनाने का प्रयत्न करता है। छायावादी और प्रयोगवादी नए कवियों ने ऐसा ही किया है। इसलिए वर्ड्सवर्थ ने कहा है कि प्रत्येक कवि को अपनी रचना के आस्वादन के लिए आवश्यक साहित्यिक अभिरुचि की सृष्टि स्वयं कर लेनी चाहिए। सौंदर्य चेतना और उसमें नवीन परिवर्तन ऐसे गहन विषय हैं जिनके बोध और अनुभूति के लिए ग्राहकों में अनुकूल मनोभूमि चाहिए।

5. सौंदर्यशास्त्रीय आलोचना

सौंदर्यशास्त्रीय आलोचना पर विचार करने के पूर्व उसके ऐतिहासिक संदर्भ को समझना आवश्यक है। ग्रीक के प्राचीन काव्य-नाटकों की प्रवृत्ति क्लासिकल थी जिसमें काव्य-वस्तु की गरिमा, मर्यादा, औचित्य और संतुलित जीवन-मूल्यों पर बल देते हुए तद्नुसार सुगठित रूप-विधान एवं भाषिक-संरचना आवश्यक माना जाता था। उनके आधार पर अरिस्टाटिल के काव्यशास्त्र की रचना हुई है जिसमें काव्य-नाटकों के नियमों एवं लक्षणों का निरूपण किया गया है। मध्ययुग में उन्हीं कृतियों का

अनुकरण और नियमों का पालन होता था तथा उसी काव्यशास्त्र के आधार पर आलोचना होती थी। शेक्सपियर की तरह उन नियमों और लक्षणों का पालन न करनेवालों की कटु समीक्षा की जाती थी। इस क्लासिकल और नियोक्लासिकल प्रवृत्तियों की प्रतिक्रिया में रोमांटिक प्रवृत्ति का विकास हुआ है। उसके मूल में काव्य-परंपरा और उसके नियमों के प्रति विद्रोह, स्वच्छंदता का आग्रह, दार्शनिक चिंतन के क्षेत्र में उदारतावाद और मानवतावाद तथा औद्योगिक क्रांति से विकसित नई चेतना क्रियाशील थीं। रोमांटिक प्रवृत्ति में काव्य वस्तु (सब्जेक्ट मैटर) के मूल्यों की अस्वीकृति के साथ रूपायन में कथ्य (कंटेंट) के नए मूल्यों के ही महत्त्व का प्रतिपादन, रूप-संरचना में नियम पालन की उपेक्षा करके कल्पनाजन्य नए सौंदर्य का आग्रह होने लगा है। काव्य-कला जीवन की अनुकृति के स्थान पर कल्पना की नई सर्जना मानी जाने लगी है। इस तरह पहली बार आलोचना के क्षेत्र में कल्पना और सौंदर्य की चर्चा आरंभ हुई है। रोमांटिक प्रवृत्ति से एक हद तक प्रभावित छायावाद, भारतीय आध्यात्मिक, सांस्कृतिक और राष्ट्रीय चेतना के साथ समन्वित होकर एक व्यापक काव्यांदोलन के रूप में विकसित हुआ है। परंपरावादी रसवादी क्लासिकल समीक्षकों ने नई मान्यताओं का विरोध किया है। शुक्ल जी ने सिद्धांततः कल्पना और सौंदर्य के महत्त्व को स्वीकार करते हुए भी अपनी विश्लेषणात्मक दृष्टि के कारण (आलंबन, भाव और कर्म सौंदर्य पर विचार के बावजूद) कलापक्ष में अप्रस्तुत-विधायनी रूप में ही उनकी चर्चा की है। डॉ. देवराज ने 'छायावाद का पतन' में रोमांटिक और छायावादी युगों की परिस्थितियों की भिन्नता, अनुकरण की प्रवृत्ति तथा कल्पना के अतिरेक के कारण छायावाद को शीघ्र समाप्त माना है। इनके विपरीत छायावादी कवि-समीक्षक प्रसाद और महादेवी वर्मा ने छायावादी नवीन सौंदर्य-चेतना का विश्लेषण और निरूपण किया है। उसका चरम विकसित रूप वाजपेयी जी के 'हिंदी साहित्य : बीसवीं शताब्दी' में मिलता है जहाँ समीक्षक ने नवीन सौंदर्य-चेतना के प्रेरणास्रोतों, नए रूपात्मक, भावात्मक और वैचारिक विशेषताओं तथा अनुभूति एवं अभिव्यक्ति की उपलब्धियों का विवेचन किया है। शुक्ल जी की आलोचना और इतिहास के बाद यह महत्त्वपूर्ण मौलिक ग्रंथ है, यद्यपि इसे डॉ. रामकुमार वर्मा आदि कुछ समीक्षकों ने उसे वैज्ञानिक दृष्टि से तटस्थ न मानकर 'वैयक्तिक रुचि और पक्षपात' से पूर्ण कहा है। हिंदी में आलोचना के विकास के साथ-साथ भारतीय काव्यशास्त्र, पाश्चात्य काव्यशास्त्र और पाश्चात्य दर्शन शास्त्र के अंग, सौंदर्यशास्त्र के ग्रंथों का अनुवाद, उन पर विचार-विमर्श तथा सौंदर्यशास्त्र पर मौलिक पुस्तकें लिखी जाने लगी हैं। सौंदर्यशास्त्र में सौंदर्य, उदात्तता और कुरूपता के विविध पहलुओं तथा सौंदर्यानुभूति का तात्त्विक चिंतन, व्यावहारिक आलोचना के क्षेत्र में अधिक उपयोगी नहीं है। काव्य की समीक्षा उसका आधार लेकर विश्लेषण और मूल्यांकन करना उतना आसान काम भी नहीं है। डॉ. कुमार विमल ने

स्वच्छंदतावादी और सौंदर्यशास्त्रीय मान्यताओं एवं उपकरणों को लेकर 'सौंदर्य के तत्त्व' शीर्षक से छायावाद का जो विवेचन किया है, उससे सौंदर्यशास्त्रीय व्यावहारिक आलोचना का व्यवस्थित आरंभ कह सकते हैं।

हिंदी में आलोचना का आरंभ रसवादी सैद्धांतिक दृष्टि से हुआ है। शुक्ल जी ने ऐतिहासिक, मनोवैज्ञानिक और सामाजिक आयामों को जोड़कर उसे व्यापक और गहरा रूप देने का प्रयत्न किया है। लेकिन उनके अनुयायियों में शुक्ल जी की सी प्रतिभा के अभाव में वैसी मौलिकता दिखाई नहीं देती। बाद को अनेक आलोचना-पद्धतियों का विकास हुआ है। काव्य-साहित्य के आधारभूत जीवन के जितने पहलू हैं उतनी ही आलोचना-पद्धतियाँ हो सकती हैं। कुछ वर्गों में बाँटकर उनकी उपलब्धियों और सीमाओं का आकलन कर सकते हैं। (1) शुद्ध साहित्यिक, रसवादी या कलावादी आलोचना है जो अपने में स्वतंत्र इकाई, अन्य शास्त्रों की तरह स्वतंत्र, अनन्य परतंत्र और आनंदात्मक मानती है। जीवन निरपेक्ष होने पर उसका काव्य साहित्य-शास्त्रीय आधार तथा मूल्यांकन सही नहीं हो सकता। (2) नवीन काव्य-साहित्य के आधार पर उनसे संबद्ध आलोचना है जिनके हिंदी में दो ही उदाहरण, रोमांटिक-स्वच्छंदतावादी और प्रयोगवादी हैं जो उन प्रवृत्तियों के आख्यान में तो सफल हैं, लेकिन प्रवृत्ति की जो सीमाएँ और दुर्बलताएँ हैं, आलोचना की भी हो जाती हैं। (3) ऐतिहासिक आलोचना है जो युगीन परिस्थितियों का आकलन ही नहीं, रचनात्मक प्रवृत्तियों के साथ उनका आंतरिक संबंध भी जोड़ सकती है। शुक्ल जी अपने इतिहास और आलोचना के आरंभ में ऐतिहासिक परिस्थितियों की पृष्ठभूमि देते थे और उन्होंने एक हद तक काव्य-साहित्य की प्रवृत्तियों के साथ उनके संबंध की ओर संकेत भी किया है। लेकिन इस क्षेत्र की गहराई में जाने के प्रयत्न बहुत कम हुए हैं। (4) सामाजिक, समाजशास्त्रीय और प्रगतिवादी आलोचना-पद्धतियाँ हैं जिनकी दृष्टि समाज-केंद्रित होने पर भी मूल्य-दृष्टि और दृष्टिकोण अलग-अलग हैं। तथाकथित समाजशास्त्रीय आलोचना उसकी मान्यताओं के आधार पर न होकर सामाजिक दृष्टि के आधार पर है। प्रगतिवादी आलोचना सैद्धांतिक आधार पर करने पर भी साहित्यिक दृष्टिकोण के साथ सामंजस्य स्थापित कर लेने में पूर्ण सफल नहीं हो सकी है। (5) मनोवैज्ञानिक और वैज्ञानिक आलोचना पद्धतियों में पहले का आरंभ इलाचंद्र जोशी ने किया है, पर उसका विकास अधिक नहीं हो पाया है। मनोवैज्ञानिक सिद्धांतों के आधार पर व्यावहारिक और प्रायोगिक समीक्षा की अनेक संभावनाएँ हैं। वैज्ञानिक आलोचना विकासवादी, जीवशास्त्रीय, भौतिकी आदि के किसी सिद्धांत पर न होकर वैज्ञानिक पद्धति में तथ्यात्मक, व्यक्ति-मानस-निरपेक्ष और तटस्थ या मूल्यांकन रहित की जाती है। विचारणीय है कि इस तथ्यात्मक आख्यान के द्वारा काव्य-साहित्य का तात्त्विक अंतर्दर्शन कहाँ तक हो पाता है। दूसरी ओर आलोच्य विषय, या रचना के चयन में ही मूल्यांकन

का भाव अंतर्निहित है। (6) सांस्कृतिक-मानवतावादी आलोचना आचार्य हजारी प्रसाद द्विवेदी ने आरंभ की है। उस परिधि में आलोचनात्मक ग्रंथों का प्रणयन अधिक न होने पर भी अन्य आलोचना-पद्धतियों पर उसका प्रभाव स्पष्ट परिलक्षित होता है। (7) शैली तात्त्विक, संरचनात्मक और रूपात्मक आलोचना-पद्धतियाँ विकास के पथ पर हैं। (8) सौंदर्यशास्त्रीय व्यावहारिक आलोचना अभी आरंभिक दशा में है। इस क्षेत्र में दर्शन, पुरातत्त्व, मिथक, स्वच्छदंतावाद आदि की सहायता ली जा रही है। इस आलोचना-पद्धति में वस्तु, कथ्य और रूप तीनों विभागों के समन्वय को दृष्टि में रखकर समष्टि रूप में सौंदर्य की अवधारणा का विचार होना चाहिए।

प्रायः काव्यशास्त्रीय आलोचना में रस, अलंकार आदि का निरूपण करने में सौंदर्य शब्द का प्रयोग प्रशंसात्मक मूल्यांकन मात्र है। काव्यशास्त्रीय पहलुओं के मूल में सौंदर्य का अन्वेषण और काव्य की सौंदर्य-चेतना का निरूपण दोनों आलोचना-पद्धतियों का समन्वय है। अंततः काव्यशास्त्रीय कोटियाँ अपने में स्वयं मूल्य की निर्धारक नहीं हैं। उसके लिए मनोवैज्ञानिकता, सामाजिकता, सौंदर्य-चेतना आदि किसी न किसी पहलू का आधार ग्रहण करना पड़ता है। पाश्चात्य कलावाद, सौंदर्यवाद, अभिव्यंजनावाद (जिनका दृष्टिकोण अंततोगत्वा एक ही है।) आदि का विरोध करने वाले आचार्य रामचंद्र शुक्ल ने अनजाने ही रस-अलंकार की काव्यशास्त्रीय आलोचना की परिपाटी में सौंदर्यात्मक मूल्यों को ग्रहण करके आलोच्य विषय का आख्यान किया है। यह विभाव पक्ष के सौंदर्य दर्शन और अलंकार योजना में अंतर्लीन सौंदर्यात्मकता के पक्षों में ही नहीं, भाव सौंदर्य और कर्म सौंदर्य की चर्चाओं में भी दिखाई देता है। (द्रष्टव्य आचार्य रामचंद्र शुक्ल : साहित्यिक अभिरुचि और रस संवेदना, सौंदर्य दृष्टि।)

शुद्ध सौंदर्यशास्त्रीय आलोचना में (1) जीवन-जगत् के अनुशीलन में विकसित सौंदर्यबोध, (2) उस बोध के आधार पर मानसिक प्रक्रियाओं के द्वारा सौंदर्य भावन, (3) उस भावन से उत्पन्न सौंदर्य चेतना, (4) उस चेतना के आलोक में सौंदर्य की अवधारणा का निर्धारण, (5) इन सब के आधार पर माध्यम में सौंदर्यात्मक अभिव्यंजना और (6) अभिव्यंजना की मूर्त्तता के द्वारा सौंदर्यानुभूति—ये छः आधार स्तंभ हैं। चिंतन के ये विषय स्पष्ट ही सूक्ष्म अंतर के साथ सौंदर्य निरूपण के अमूर्त्त विभेद हैं। किसी कवि या काव्य की आलोचना में उनकी पहचान और ग्राहकों या पाठकों के लिए उनको बोधगम्य बनाना, सौंदर्यशास्त्रीय आलोचना का लक्ष्य है। इनके स्पष्टीकरण के लिए प्रत्येक पहलू का वर्गीकरण आवश्यक है। इस कार्य में सौंदर्यशास्त्रीय आलोचना, अन्य आलोचना पद्धतियों की स्थूल रूपरेखा और वर्गीकरण स्वीकार करती है, विशेषतः काव्यशास्त्रीय। लेकिन स्मरण रखना चाहिए कि उन पद्धतियों की मान्यताएँ और उनके आधार पर मूल्यांकन, सौंदर्यशास्त्रीय आलोचना के लिए स्वीकार्य नहीं है। सूर की आलोचना में (द्रष्टव्य : सूर की सौंदर्य

चेतना) मैंने (1) सौंदर्यबोध के निर्धारक तत्त्वों के रूप में जीवन-दर्शन, परिस्थितियों और व्यक्तित्व को ग्रहण किया है। (2) काव्य-वस्तु में सौंदर्य-निरूपण की संभावनाओं पर विचार किया है। (3) विभाव पक्ष में रूप-सौंदर्य के चित्रांकन की विशेषताओं का आख्यान किया है। (4) भाव पक्ष के अंतर्गत भाव विचारों और क्रिया-कलापों का विश्लेषण-वर्गीकरण न करके भाव-कर्म-गत सौंदर्य और उनके सम्मूर्त्तन से अनुभूत होनेवाले सौंदर्य पर ही ध्यान केंद्रित किया है। भाव पक्ष श्रीकृष्ण की लीलाएँ हैं। लीला स्वयं एक अलौकिक और अद्भुत सौंदर्य का पर्यायवाची है। (5) कलात्मक अभिव्यंजना में सौंदर्य को व्यक्त और मूर्त्त रूप देने की प्रक्रियाओं और पद्धतियों की ओर संकेत किया है। (6) सौंदर्यानुभूति पात्रों और पाठकों की अपूर्व अनुभूति के विविध पहलुओं का व्यंजक है। उपसंहार में सौंदर्य संबंधी शेष पहलुओं और उसके महत्त्व का प्रतिपादन है। इसे मैं सौंदर्यशास्त्रीय आलोचना का आदर्श रूप नहीं मानता। उसमें सौंदर्य संबंधी कुछ ध्यातव्य धारणाएँ छूट गई हैं। अमूर्त्त को मूर्त्त बनाने में कठिनाइयाँ उपस्थित होने पर कुछ पहलुओं पर विचार नहीं किया गया है। पहले सौंदर्यशास्त्रीय आलोचना के जिन छः आधार स्तंभों का उल्लेख हुआ है, उन्हीं को लेकर समीक्षा होनी चाहिए।

पाश्चात्य दार्शनिकों ने उपयोगी कलाओं से भिन्न ललित कलाओं में वास्तु, मूर्ति, चित्र, संगीत और काव्य का ही उल्लेख किया है। वास्तुकला आवास योग्य होने के कारण उपयोगी और ललित कलाओं के बीच मानी गई है। नाटक, नाट्य और अभिनय एकाधिक-कला-मिश्रित ललित कलाएँ हैं। ललित कला की विशेषता स्थूल भौतिक सुख देने की उपयोगिता से परे उद्देश्यहीन सौंदर्य की सार्थकता की अनुभूति देने में है। यह अनुभूति वास्तु, मूर्ति और चित्रकलाओं में नेत्रेंद्रिय के द्वारा तथा संगीत और काव्य में श्रवणेंद्रिय के द्वारा होती है। अभिव्यंजना के माध्यम भिन्न-भिन्न होने के कारण पहले वर्ग की ललित कलाओं में रूप सौंदर्य अधिक मूर्त्त और भाव-व्यंजना सूक्ष्म-सांकेतिक होती है तो दूसरे वर्ग की ललित कलाओं में भाव-व्यंजना अधिक सजीव और सफल तथा रूप-सौंदर्य-निरूपण सांकेतिक होता है।[13] भारतीय शास्त्रीय दृष्टि में काव्य विद्या और अन्य सभी कलाओं को उपविद्या की संज्ञा दी गई है। इसका कारण कलाओं में भाव-व्यंजना की सीमाएँ हैं। यहाँ उपयोगी और ललित कलाओं का अंतर नहीं किया गया है। भारतीय चिंतन का पल्लवन करते हुए आचार्य रामचंद्र शुक्ल और आचार्य विश्वनाथ प्रसाद मिश्र ने अन्य ललित कलाओं में कौशल-जन्य रूप सौंदर्य और काव्य में प्रतिभा-जन्य भाव या रस की अनुभूति को प्रधान माना है।[14] लेकिन दोनों में रूप और भाव के निरूपण का प्रयत्न होता है। दोनों में सफल कलाकृति की रचना के लिए प्रतिभा और कल्पना की आवश्यकता है। केवल कौशल और अभ्यास के बल पर कोई श्रेष्ठ कलाकार नहीं हो सकता। रूपाश्रित सौंदर्यानुभूति और भावाश्रित रसानुभूति का अंतर न समझने

पर अनेक उलझनें पैदा हो जाती हैं।

इस संदर्भ में एक और बात पर भी ध्यान देना चाहिए। पाश्चात्य आचार्यों ने केवल काव्य को ललित कलाओं के अंतर्गत स्वीकार किया है, साहित्य की अन्य विधाओं को नहीं। काव्य की अभिव्यंजना में रूप का ताना-बाना सघन होकर सौंदर्य मूर्त्त हो उठता है। उस मूर्त्त सौंदर्य की अनुभूति ही शुद्ध सौंदर्यानुभूति है। शब्द-विन्यास के अर्थ से व्यंजित भाव-विचारों की सामाजिक-नैतिक अनुभूति और उसके मूल्यों के प्रभाव को कांट ने आनुषंगिक अनुभूति कहा है जो रूप की सौंदर्यानुभूति से भिन्न है।[15] साहित्य की अन्य विधाओं में कविता के समान रूप की सघनता नहीं होती। वहाँ विधा के तांत्रिक विधान और रचना में विशिष्ट शिल्प की ही प्रधानता होती है। नाटक, उपन्यास, कहानी, निबंध आदि की रचना का एक तंत्र या टेकनिक होता है। प्रत्येक की उपविधा में भी जैसे मनोवैज्ञानिक उपन्यास, ललित निबंध आदि में तंत्र विधान बदलकर कुछ नया रूप धारण करता है। फिर उस विधा या उपविधा की एक विशेष रचना में शिल्प विशिष्ट हो जाता है। प्रसाद की भावात्मक कहानियों में एक कहानी का शिल्प-विधान, दृष्टि-कथ्य-संरचना के संश्लेषण में दूसरे से भिन्न प्रतीत होता है। इस तरह काव्य-साहित्य में रूप के तीन अर्थ हो जाते हैं–1. सौंदर्यमय (ईस्थटिक) रूप, 2. तांत्रिक या टेकनिकल रूप और 3. शिल्पपरक रूप। कविता में भी एक विधा के रूप में तांत्रिक पद्धति, महाकाव्य गीतिकाव्य आदि उपविधाओं में उसका भिन्न-भिन्न विधान और एक विशेष गीति या खंडकाव्य में विशिष्ट शिल्प परिलक्षित होते हैं। लेकिन किसी कविता का वास्तविक मूल्य उसके ईस्थटिक रूप सौंदर्य को लेकर है। टेकनिक और शिल्प के द्वारा व्यंजित गद्य-साहित्य के कथ्य का अपना सांस्कृतिक, सामाजिक और मानवीय मूल्य होता है। युगानुरूप इस कथ्य को पाठक सौंदर्येतर जीवन-मूल्यों के कारण स्वीकार करता है और अनुरूप सांस्कृतिक, सामाजिक और मानवीय स्पंदनशीलता में आनंद की अनुभूति प्राप्त करता है। गद्य की विधाओं में भी कुछ विशिष्ट स्थलों पर रूप की सघन अभिव्यंजना होने पर ईस्थटिक सौंदर्य की अनुभूति संभव है। ईस्थटिक अर्थ में रूप-सौंदर्य को ग्रहण करने के कारण इस रचना में हिंदी कवियों की सौंदर्य-चेतना पर ही विचार किया जा रहा है।

संदर्भ संकेत :

1. If anything is beautiful, it is beautiful for no other reason that it partakes of absolute beauty.
   Plato-Dictionary of World literature by J T Shipley, p.36.

(यदि कोई वस्तु सुंदर है तो उसका कारण पूर्ण सौंदर्य का अंश होने के कारण है।)

2. Beauty is the shining of the idea through matter Hegal—What is art by Tolstoy, p.100.
(वस्तु के माध्यम से भाव का उज्ज्वल प्रकाशन सौंदर्य है।)
3. Beauty is only in the form and not in the material and this must be so as it is the form alone that can enter our apprehension. Platinus—A History of Aesthetic by Bernard Bosanquet, p.115.
(सौंदर्य वस्तु में नहीं, रूप में ही है क्योंकि वही हमारे बोध में प्रविष्ट होता है।)
4. The beautiful is not a physical fact, beauty does not belong to things, it belongs to the human aesthetic activity and this a mental or spiritual fact. Wildon Carr—Philosophy of Croce, p.104.
(सौंदर्य भौतिक तथ्य नहीं है, वह वस्तु का धर्म नहीं है, वह मानवीय सौंदर्यात्मक क्रियाशीलता है और यह एक मानसिक या आत्मिक तथ्य है।)
5. रूप-सौंदर्य की ये काव्यशास्त्रीय परिभाषाएँ विशेष ध्यान देने योग्य हैं—
अंगान्य भूषितान्येव केनचिद् भूवणादिना।
येन भूषितवद् भांति तद् रूपमिति कथ्यते।।
(अभूषित अंग, कभी-कभी भूषण युक्त होकर, आभूषित लगते हैं तब उसे रूप कहते हैं।)
अंग प्रत्यंगकानां यः सन्निवेशो यथोचितम्।
संश्लिष्ट सन्निबंधः स्यात् तत् सौंदर्यमितीर्यते।।
(यथोचित जो अंगांगों का सन्निवेश और उनका संश्लिष्ट सन्निबंध होता है, उसे सौंदर्य कहते हैं।)
रूप गोस्वामी—उज्ज्वल नीलमणि, उद्दीपन प्रकरण, श्लोक 23 और 29।
6. (क) कालिदास : कुमार संभवः
सर्वोपमाद्रव्य समुच्चयेन यथाप्रदेशं विनिवेशितेन।
सा निर्मिता विश्व सृजा प्रयत्नादेवास्य सौंदर्य दिदृक्षयेव। (1-49)
(सभी उपमान की वस्तुओं का संग्रह करके, यथास्थान उनको रखकर, वह प्रयत्नपूर्वक सौंदर्य को एक स्थान देखने की इच्छा से ब्रह्म से निर्मित हुई सौंदर्य की अपूर्वता, रूप की व्यवस्था और मूर्तिमत्ता की ओर संकेत।)
(ख) प्रियेषु सौभाग्य फलाहि चारुता। (5-1)
(सौंदर्य प्रियों से प्राप्त सौभाग्य का फल है। सौभाग्यवती के सौंदर्य की दीप्ति।)
(ग) निनिंद रूपं हृदयेन पार्वती। (5-1)
(पार्वती ने अपने प्रिय को आकृष्ट न कर सकनेवाले रूप-सौंदर्य की निंदा की। सौंदर्य और शिव का संबंध।)
(घ) कालिदास : अभिज्ञान शाकुंतल
चित्रे निवेश्य परिकल्पित सत्वयोगा
रूपोच्चयेन मनसा विधिना कृतानु। (2-9)
(सात्विक भाव से चित्र में रूप की योजना करके विधि ने उसकी मानसिक परिकल्पना की। सौंदर्य की सात्विकता और मानसिक कल्पना।)
(ङ) तथापि तस्या लावण्यं रेखया किंचिदन्वितम्। (6-14)
(रेखा से उसका लावण्य किंचित् व्यंजित हुआ। अंतःसौंदर्य, लावण्य का अंश मात्र बाह्य रूप में व्यक्त हो पाता है।)

(च) सर्वावस्थासु रमणीयत्वम् आकृति विशेषाणाम्। (1-18)
(सभी अवस्थाओं में आकृति रमणीय होती है। सौंदर्य की वस्तुनिष्ठता और सार्वजनीन अनुभूति।)
(छ) भारवि : किरातार्जुनीय
न रम्य महार्य मपेक्षते गुणम्। (4-23)
(रम्य के लिए प्रसादनों की आवश्यकता नहीं है। सौंदर्य की नैसर्गिक छटा।)
(ज) माघ : शिशुपाल वध
क्षणे-क्षणे यन्नवतामुपैति तदेव रूपं रमणीयतायाः। (8-17)
(क्षण-क्षण जो नवीन लगता है वही रमणीय का रूप है। सौंदर्य की नवीनता, अद्‌भुतपन और गतिशील स्पंदनता एवं सजीवता की व्यंजना।)

7. रूप गोस्वामी : उज्ज्वल नीलमणि, उद्दीपन प्रकरण
मुक्ताफलेषु छायायास्तरलत्व मिवान्तरा।
प्रतिभाति यदंगेषु तल्लावण्य मिवोच्यते।। (श्लोक-26)
(मुक्ताफल की कांति की तरह जब आंतरिक तरलता से अंग चमक उठते हैं, उसे लावण्य कहते हैं। अंतःसौंदर्य की दीप्ति।)

8. जयंशकर प्रसाद : कामायनी, लज्जा सर्ग
उज्ज्वल बरदान चेतना का
सौंदर्य जिसे सब कहते हैं। (पृ. 83)

9. Will Durant : Mansions of Philosophy.
A thing is beautiful first of all, because it is desired...we desired originally because it is beautiful, but we consider it beautiful because we desire it. (p.286)
(अभिलाषा होने के कारण सबसे पहले कोई वस्तु सुंदर लगती है।... उसके सुंदर होने के कारण मूलतः उसकी अभिलाषा करते हैं, लेकिन हम उसे सुंदर इसलिए मानते हैं कि हम उसकी अभिलाषा करते हैं।)

10. (क) कुसुमदेव : दृष्टांत कलिका शतक
स्वभाव सुंदरं वस्तु न संस्कार मपेक्षते। (श्लोक-49)
(स्वभाव से सुंदर वस्तु के संस्कार की आवश्यकता नहीं है। संस्कार सौंदर्यवर्धन ही नहीं करता उसे कभी-कभी कृत्रिम भी बना देता है।)
(ख) कालिदास : अभिज्ञान शाकुंतल
किमिव हि मधुराणां मंडनं नाकृतीनाम्। (1-20)
(मधुर या सुंदर रूप के अलंकरण की क्या आवश्यकता है। सहज रूप में ही वस्तु सुंदर है। अननुकूल परिवेश में भी सौंदर्य दीप्त हो उठता है।)
(ग) हेमचंद्र के काव्यानुशासन के अनुसार भट्टतौत का कहना है कि नव-नव उन्मेष करनेवाली ही सच्ची प्रतिभा है। (पृ. 4) काव्य में प्रतिभा के द्वारा सौंदर्य का नया उन्मेष होता है। यह काव्य-परंपरा से भिन्न स्वच्छंद सौंदर्य है। इसीलिए मम्मट ने अपने 'काव्य प्रकाश' के प्रथम उल्लास में कहा है कि काव्य 'नियतिकृत नियम रहित' है। (श्लोक-1) नियमबद्ध रचना में सच्चा सौंदर्य नहीं हो सकता।
(घ) सौंदर्य स्वयं रहस्यमय है। बोधगम्य न होने में उसकी रहस्यात्मकता बढ़ जाती है–
सौंदर्यमयी चंचल कृतियाँ
बनकर रहस्य हैं नाच रहीं। (प्रसाद : कामायनी, काम सर्ग, पृ. 57)
कौशल यह कोमल कितना है
सुषमा दुर्भेद्य बनेगी क्या ? (वही, पृ. 66)

(ङ) Some of the greatest and most overwhelming creations of art are still unsolved riddles to our understanding...we admire then, we feel overwhelmed, but are not able to say what they represent to us. Some go to the extent of saying that this state of intellectual bewilderment is a necessary condition when a work of art has to achieve its greatest effects.

Frued : collected papers Vol IV, The moses of Michaelangelo, translated by Alex Strechey, p.257-258.

(सर्वश्रेष्ठ और विभ्रांत करनेवाली कुछ कलाकृतियाँ अब भी हमारे लिए अबोधगम्य पहेलियाँ हैं। ...हम उनकी प्रशंसा करते हैं और वशीभूत हो जाते हैं। लेकिन कह नहीं सकते कि हमारे लिए उनकी क्या सार्थकता है। कुछ यहाँ तक कहते हैं कि बौद्धिक विभ्रम की यह स्थिति, कलाकृति की महती प्रभाव सृष्टि के लिए एक आवश्यक शर्त है।)

11. सामाजिक चेतना और व्यवस्था, आरंभ से लेकर आधुनिक काल तक विकसित होती आई है जिसकी चरम सीमा मार्क्सवाद में परिलक्षित होती है जो सामाजिक चेतना से ही सौंदर्य को संबद्ध मानता है। इसके विपरीत सौंदर्य की व्यक्तिवादी चेतना प्रतिक्रियावादी और अप्रगतिशील है–The enjoyment of a work of art is enjoyment of the dipiction advantegeous to the kind. G.L Plekhanov : Art and Social life, p.11. किसी कलाकृति से आनंद की अनुभूति, उसकी जाति की प्रगतिशीलता के चित्रण की आनंदानुभूति है।

12. सौंदर्य के अद्‌भुतपन की चरम स्थिति भगवान के विराट रूप में है।

तच्च संस्मृत्य संस्मृत्यरूप मत्यद्‌भुतं हरेः।
विस्मयो मे महान्राजन्हृष्यामि च पुनः पुनः।। (भगवद्‌गीता : 18-77)

(हरि के अत्यद्‌भुत रूप का बार-बार स्मरण करके मन में विस्मय और आनंद का अनुभव होता है।)

13. Scot James : The making of literature, p. 185-187.

14. (क) आचार्य रामचंद्र शुक्ल : रस मीमांसा, पृ. 98-99.

(ख) आचार्य विश्वनाथ प्रसाद मिश्र : वाङमय-विमर्श, पृ. 166-174

15. (A) S Korner : Kant, p. 188.

(B) Bernard Bosanquet : A History of Aesthetics, p. 270.

विद्यापति

1. प्रस्तावना

विद्यापति आदिकाल में ही नहीं पूरे मध्यकाल में उन इने-गिने महाकवियों में हैं जिनकी दृष्टि प्रधानतः जीवन-जगत् के सौंदर्य पर केंद्रित है। सामाजिक भक्तिकाव्य धारा से भिन्न इस दरबारी काव्यधारा की रचना में भाव तल्लीनता भक्तिकाव्य से कम नहीं है। दूसरी ओर दरबारी काव्य रचना से तुलना करते हैं तो उसकी काम वासना प्रेरित शृंगारिकता और अभिव्यंजना की उतनी प्रधानता नहीं है। विद्यापति ने दरबारी कवि के रूप में शृंगार रस और चमत्कारी अद्‌भुतपन को अवश्य अभिव्यक्त किया है। लेकिन वे सौंदर्य-सापेक्ष हैं। उनकी भावव्यंजना उसी के रंग में रँगी हुई है। उस सौंदर्यात्मकता के कारण काव्याभिव्यंजना भी रीतिबद्ध या लीक पीटने वाली न होकर उसमें नवीन सौंदर्यबोध का आभास मिल जाता है।

प्रश्न उठता है कि ऐसे कवि को इतिहास और आलोचना के दोनों क्षेत्रों में उचित स्थान क्यों नहीं मिला है। ऐसा लगता है कि सामाजिक और दरबारी काव्यधाराओं की भाव-व्यंजना पर केंद्रित समीक्षकों की साहित्यिक अभिरुचि की सीमाओं ने सौंदर्य दृष्टि के महत्त्व पर ध्यान नहीं दिया है और दोनों धाराओं के मध्यस्थ कवि पर चलते ढंग से विचार किया है। शुक्ल जी ने अपने इतिहास में गीतगोविंद की परंपरा में माधुर्य का कवि कहकर एक वाक्य में मूल्यांकन किया है। दरबारी काव्य परंपरा और रीतिकाव्य के समीक्षकों ने अपने तुलनात्मक अनुशीलन और मूल्यांकन में या तो विद्यापति की उपेक्षा की है या उनके साथ न्याय नहीं किया है। काव्य रीति या परिपाटी के घेरे से बाहर सौंदर्यमय रचना करनेवाले इस महाकवि को उचित परिपार्श्व में परखने का प्रयत्न नहीं किया गया है। इस दृष्टि के प्रतिनिधि रूप में डॉ. नगेंद्र के द्वारा देव और विद्यापति की तुलना ली जा सकती है। विद्यापति की काव्य-प्रवृत्ति का उचित विश्लेषण और मूल्यांकन करनेवाले इतिहासकार-आलोचक डॉ. रामकुमार वर्मा हैं। इस कार्य को आगे बढ़ाने के प्रयत्न

भी बहुत कम हुए हैं। बिहार में लोक साहित्य के समान विद्यापति के पदों का प्रचार इस बात का प्रमाण है कि उनमें अलंकृत दरबारी रचनाओं से अधिक सहृदयता, सौंदर्य और भार-तरलता है जो लोक-मानस को प्रभावित कर सकती हैं।

2. सौंदर्यबोध

विद्यापति के सौंदर्यबोध के प्रेरणास्रोतों और निर्धारक तत्त्वों को तीन वर्गों में बाँट सकते हैं—वे दरबारी परंपरा, काव्यशास्त्रीय परिपाटी और व्यक्तित्व एवं जीवन-दर्शन हैं।

(1) विद्यापति परंपरागत कृष्णलीला वर्णन से प्रभावित हैं। उसमें जयदेव के गीतगोविंद का अनुसरण करते हुए उन्होंने कृष्णलीला काव्य में ऐसा माधुर्य भर दिया है कि वे हिंदी और बांग्ला के वैष्णव भक्त कवियों के लिए मार्ग प्रदर्शक बने हैं। प्रत्यक्ष कृष्ण-भक्त कवि न होने पर भी सौंदर्य, प्रेम और माधुर्य को परंपरा से लेकर उसमें नए सौंदर्य के उन्मेष का प्रयत्न किया है।

(2) विद्यापति दरबारी कवि हैं जिन्होंने राजसभाओं के वैभव-विलास, शृंगार-भावना, सौंदर्यदृष्टि और नागरिक कोमल-सुकुमार-चेतना, कला-विनोद और चमत्कार से प्रेरणा ग्रहण की है। इन सबको उन्होंने अपने ढंग से नया रूप दिया है। ऐतिहासिक दृष्टि से देखने पर स्पष्ट हो जाता है कि विद्यापति के द्वारा नवीन सौंदर्य के उन्मेष का प्रयत्न ही दरबारी काव्य परंपरा की सभी विशेषताओं में नई चेतना और स्फूर्ति का मूल कारण है। उनकी नागरिक सौंदर्य-भावना की तुलना रीतिकालीन दरबारी कवियों में केवल बिहारी से की जा सकती है, लेकिन बिहारी की सौंदर्य-भावना में विद्यापति की तरह अनुभूति की तरलता की अपेक्षा चमत्कार-प्रदर्शन की मात्रा अधिक दिखाई देती है।

(3) नियमबद्धता, काव्यरीति या परिपाटी के निर्वाह और काव्यशास्त्रीयता में नवीन सौंदर्य के उन्मेष की गुंजाइश कम रहती है। स्वच्छंदता में ही रचना के नए मार्गों में प्रस्थान और नया सौंदर्योन्मीलन संभव है। विद्यापति ने काव्य रूढ़ियों को बिलकुल छोड़ दिया हो, ऐसी बात नहीं है। परंपरा की परिधि में ही उन्होंने अपनी प्रतिभा और कल्पना के बल पर नवीन सौंदर्य का पथ प्रशस्त किया है। काव्य-वस्तु के ग्रहण, रूप-वर्णन और भाव-व्यंजना तीनों में उन्होंने रीतिबद्ध ऊहात्मकता और अतिशयोक्ति से भिन्न, स्वाभाविकता और स्वच्छंदता को अपनाया है। अभिव्यंजना में प्राकृतिक अप्रस्तुतों की योजना से भी इस बात की पुष्टि होती है। इस संदर्भ में उल्लेखनीय विशेषता कवि का सौंदर्यवादी दृष्टिकोण है। राधाकृष्ण के रूप वर्णन और प्रेम लीलाओं में यह बात सर्वत्र दृष्टिगोचर होती है। विद्यापति के लिए सारा जीवन सौंदर्यमय है जैसा कि राधा के इस रूप वर्णन में व्यंजित है—

जहाँ-जहाँ पग-जुग धरई। तहिं तहिं सरोरुह झरई।
जहाँ-जहाँ झलकत अंग। तहिं तहिं बिजुरि तरंग।।

(4) पंच देवोपासक ब्राह्मण परिवार में जन्म लेकर वैदिक संप्रदाय का अनुसरण न कर दरबारी वातावरण में जीवन बितानेवाले विद्यापति की जीवनी और व्यक्तित्व की जानकारी बहुत कम है जिसने उसकी रचना को प्रभावित किया है। उनके पदों से पता चलता है कि वे प्रधानतः शैव थे और अन्य अनेक देवी-देवताओं की स्तुति की है। उनकी रचना एक हद तक ही इस भक्ति से प्रभावित हुई है। उनका जीवन-दर्शन और रचना-धर्मिता प्रधानतः राधाकृष्ण के प्रसंगों में प्रतिबिंबित है। जीवन के प्रति उनका दृष्टिकोण आनंदवादी है। आनंद की अनुभूति ही जीवन का लक्ष्य है। उसकी आधारभूमि, सौंदर्य और उसके आकर्षण से विकसित प्रेम का माधुर्य है। सौंदर्य का उत्कर्ष, यौवन की प्रथम अवस्था या नव यौवन में है। इसीलिए कवि ने वयस्संधि से नव यौवन के विकास तक के जीवन को काव्यवस्तु के रूप में स्वीकार किया है। इसमें सौंदर्य और प्रेम की प्रौढ़-गंभीर परिणति का अभाव है तो ताजगी स्फूर्ति और अनुभूति की तीव्रता अवश्य है। डॉ. रामकुमार वर्मा के शब्दों में 'आनंद ही उसका उद्देश्य है और सौंदर्य ही उसका कार्य-कलाप। यौवन ही से जीवन का विकास है। अंग्रेजी कवि बाइरन के समान विद्यापति का भी यही सिद्धांत है कि यौवन के दिन ही गौरव के दिन हैं।'[1]

3. काव्यवस्तु

अपभ्रंश या अवहट्ठ की रचनाओं को छोड़कर मैथिली पदावली की काव्यवस्तु को तीन भागों में विभाजित कर सकते हैं।

(1) राधाकृष्ण की प्रेम लीला के पद हैं जिनमें भागवत के श्रीकृष्ण की लीलाओं की ओर संकेत एकाध स्थान पर ही मिलता है। राधाकृष्ण परस्पर सौंदर्य से आकृष्ट सामान्य नायक-नायिका लगते हैं। लेकिन यह सौंदर्य और प्रेम इतना अपूर्व है कि कवि के शब्दों में 'ऐसन रस नहिं पाओब आरा'।

(2) नचारी के पद हैं जिनमें शिव-पार्वती के विवाह के प्रसंग हैं। लौकिक व्यवहार में सामाजिक मर्यादा, पारस्परिक योग्यता, रस्म-रिवाज आदि के विरुद्ध इस विवाह में शृंगार रसाभास, हास्य और भक्ति के सामंजस्य में कवि ने एक अपूर्व सौंदर्य की सृष्टि की है–

जोगिया एक हम देखलौं गे माई।
अनहद रूप कहलौं नहिं जाई।।

....

जाहि जोगिया लै रहलि भवानी।
मन आनलि वर कोन गुन जानी।।

(3) भक्ति परक पद जिनमें स्तुति, प्रार्थना और विनय के भावों की व्यंजना है। यहाँ भी आराध्य के रूप, अनुभूति की तीव्रता और अभिव्यक्ति की मूर्त्तता द्रष्टव्य है–

साँझक बेरि सेवकाई मंगइत हेरइत तुअ पद लाजे।

विद्यापति की प्रतिभा ने काव्यवस्तु को सौंदर्यात्मक रूप में ढाला है। उनकी कल्पना ने काव्य परंपरा को नए रूप-रंग में प्रस्तुत किया है। किसी कवि की मौलिकता इस बात में है कि वह वस्तु को काव्यात्मक मूल्य या सौंदर्य के संस्पर्श से कैसे और कितना उज्ज्वल बना सका है। कविता में मौलिकता की तीन दिशाएँ हैं : नवीन उद्भावना, नवीन दृष्टि एवं अनुभूति तथा नवीन रूप-विधान। वस्तुगत नवीन उद्भावना, शिव-पार्वती विवाह, वयस्संधि आदि कुछ ही प्रसंगों में दिखाई देती है। परंपरागत वस्तु और भाव-विचारों को लेकर नवीन सौंदर्योन्मेष में ही विद्यापति की प्रतिभा परिलक्षित होती है। रूप-योजना के क्षेत्र में भी कवि ने अनेक नए प्रयोग किए हैं। विद्यापति के काव्य का मूल्य वस्तु का नहीं, वस्तुगत सौंदर्य की विविध छवियों का है।

4. रूप-सौंदर्य

विद्यापति की पदावली में रूप-सौंदर्य की इतनी अधिक विशेषताओं की व्यंजना है कि विस्तार के भय से उनका दिग्दर्शन मात्र किया जा रहा है। प्रथम तीन वस्तून्मुख विशेषताएँ हैं–

(1) वयस्संधि में रूप एवं चेष्टा-व्यापार के विकास और परिवर्तन का सौंदर्य है जिसमें काम के प्रादुर्भाव को छोड़कर भावानुभूति का विस्तार नहीं किया गया है। बाल्यावस्था और यौवनावस्था के मध्यस्थ समय का इतना अद्भुत और चमत्कारी वर्णन और किसी कवि ने नहीं किया है–'चरन चपल गति लोचन लेल।' 'खने खने दिसन छटा छुट हास। खने खने अधर आगे गहु बास।'

(2) नव यौवन की दीप्ति और सौंदर्य है 'कि अरे ! नव जौवन अभिरामा।'

(3) मध्यकालीन कवियों के लिए प्रकृति-सौंदर्य उद्दीपन, पृष्ठभूमि, वातावरण या मानव-भाव-सापेक्ष है। श्रीकृष्ण की लीलाओं के संदर्भ में प्रकृति-सौंदर्य की विशेष सार्थकता है जिसकी रमणीय अभिव्यक्ति विद्यापति की रचना में मिलती है–'अभिनव कोमल सुंदर पात। सबारे बने जनि पहिरल रात।' 'नाचहु रे तरुनि तजहु लाज।।'

(4) विद्यापति ने अंगांग सौंदर्य का ही नहीं, समष्टि रूप के सौंदर्य का भी वर्णन किया है। यह प्रस्तुत के समन्वय द्वारा नहीं, अप्रस्तुतों में संबंधस्थापन से भी हुआ है–

'जोरि भुज जुग मोरि बेढ़ल ततहिं बदल सुछंद।
दाम चंपक काम पूजल जइसे सारद चंद।।'

इस संश्लिष्ट योजना में कल्पना का योग भी ध्यातव्य है।

(5) हाव-भावों और चेष्टा-व्यापारों से सौंदर्य में सजीवता आ जाती है–

'गेलिलि' कामिनि गजहुँ गामिनि विहसि पलटि निहारि।
इंद्रजालक कुसुमसायक कुहकि भेल बर नारि।

(6) यह सौंदर्य नैसर्गिक है, पर उसमें कला की संस्कारिता भी है। कला नैसर्गिक सौंदर्य को उद्दीप्त-उज्ज्वल रूप में प्रस्तुत करती है–'सहजहि आनन सुंदर रे भौंह सुरेखलि आँखि।'

(7) जीवन और कला में सरलता या तो सौंदर्य रहित स्थिति है या उसमें सौंदर्य की गहनता नहीं है। समृद्धि और अतिशयता, सौंदर्य की आधारभूमि है–

चाँद सार लए मुख घटना करु लोचन चकित चकोरे।
अमिय धोय आँचर धनि पोंछलि दह दिसि भेल उँजोरे।।
सपनहुँ रूप वचन एक भाखिए मुख सों दुरिकरु चीरे।
तोहर बदन समचान होअथि नहिं जाइओं जतन बिहि देला।।

अतिशयता स्वाभाविक हाव-भाव या चेष्टा के बिना कोरी काल्पनिकता हो जाती है।

(8) इस अतिशयता का एक रूप, अमूर्त्त सौंदर्य को साकार बनाकर आँखों के सामने प्रत्यक्ष देखने की अभिलाषा है–

कतेक जतन बिहि आनि समारल देखन नयन सरूपे।।
चाँद सार लए मुख घटना करु लोचन चकित चकोरे।।
अंगहि अंग अनंग मुरछायल हेरए पड़ए अधीर।
मनमथ कोटि मथन करू जे जन हेरि महि मधि गीर।
कत कत लखिमी चरन तल नेओछए रंगिनि हेरि विभोर।।
सुधामुखि के बिहि निरमिल बाला।
अपरूप रूप मनोभव मंगल त्रिभुवन विजयी माला।।

इस रूप-वर्णन में चार-पाँच बातें ध्यान देने योग्य हैं–(क) सौंदर्य नेत्रेंद्रिय का विषय है जो ऐंद्रिय और रूपाश्रित है। (ख) यह त्रिभुवन विजयी सौंदर्य है जिसकी समता और कोई नहीं कर सकता। (ग) संसार का समस्त सौंदर्य और लावण्य इस रूप में समाया हुआ है। बार-बार प्रयत्न करके स्वयं ब्रह्म ही ऐसे सौंदर्य की सृष्टि कर सकता है। उस सौंदर्य को देखकर संसार में सौंदर्य के प्राकृतिक प्रतीक विस्मित और चकित हैं। (घ) सौंदर्य के देवी-देवता लक्ष्मी और कामदेव भी उसके साथ तुलनीय नहीं हैं। (ङ) उस सौंदर्य को मूर्त्त रूप देने में अपने को असफल कवि, अनुभूति और प्रभाव के माध्यम से उसकी व्यंजना कर रहा है। गोचर कलाओं की तरह गतिशील

कलाओं में, कविता में रूप का सम्मूर्त्तन सरल नहीं है।

(9) विद्यापति ने अप्रस्तुतों के द्वारा रूप-सौंदर्य को मूर्त्त बनाने के अतिरिक्त अनेक स्थानों पर उस सौंदर्य को अलौकिक, अद्‌भुत, अनिर्वचनीय, अपूर्व, कौतुक आदि कहकर उसके प्रभाव को व्यक्त किया है–

ऐ सखि पेखल एक अपरूप। सुनइत मानबि सपन-सरूप।। (अपूर्वता)
जत देखल तत कहए न पारिअ।। (अनिर्वचनीयता)
भनई विद्यापति अद्‌भुत कौतुक ई सब वचन सरूपे।।
(अद्‌भुतपन और कुतूहलजनक रूप)
देख देख राधा अपार।। (अनंतता और अपूर्वता)
अमिय धोय आँचर धनि पोंछलि दह दिसि भेल उँजोरे।।
(प्रभाव की अपूर्वता)

(10) विद्यापति ने प्राकृतिक अप्रस्तुतों के अतिरिक्त सामाजिक प्रसंगों को भी लेकर हास्य और वाक्-चातुर्य के साथ नवीन उद्‌भावनाओं के द्वारा नए सौंदर्य की सृष्टि की है। चोरी का प्रसंग :

अंबर बदन झपावह गोरी। राजा सुनइछिअ चाँदक चोरी।।
× × ×
कतए नुकाएब चाँदक चोर। जतहि नुकाएब ततहिं उजोर।।

इस संदर्भ में नचारी के पद भी द्रष्टव्य हैं।

विद्यापति ने गोचर रूपसौंदर्य का ही निरूपण करते हुए उसे कल्पना के द्वारा इतना रंगीन बनाया है कि वह ऐंद्रिय होते हुए भी अतींद्रिय या अलौकिक-सा प्रतीत होता है। वास्तव में वह कमनीयता की ही कला है। प्रधानतः स्थितिशील सौंदर्य पर ध्यान केंद्रित होने पर भी कवि ने गतिशीलता की सजीवता को अनेक स्थानों पर अंकित किया है।

5. भाव-सौंदर्य

रूप-सौंदर्य निरूपण की तुलना में विद्यापति की भाव-व्यंजना का क्षेत्र सीमित है। रूप-वर्णन में भी उन्होंने अंतश्चेतना के सजीव सौंदर्य या लावण्य की अपेक्षा बहिर्मुखी अपूर्व राग-रंग को अधिक व्यंजित किया है। सौंदर्यानुभूति के अतिरिक्त भावाभिव्यक्ति प्रेम, हास्य-विनोद और भक्ति-भावना संबंधी है। डॉ. रामकुमार वर्मा के अनुसार विद्यापति ने अंतर्जगत् का उतना हृदयग्राही वर्णन नहीं किया है जितना बाह्यजगत् का।[2] परिधि सीमित होने पर भी उनकी भाव-व्यंजना में तीव्रता, विस्मय की भावना, तन्मयता, विनोद-प्रियता, आत्म-समर्पण आदि उसे मार्मिक बनाते हैं।

(1) हिंदी में विद्यापति ही एक ऐसे कवि हैं जिन्होंने पूर्वराग का इतना विस्तार किया है। वयस्संधि से काव्यारंभ इस पूर्वराग की भूमिका है। सखियाँ राधा के उभरते नवयौवन की ओर श्रीकृष्ण का ध्यान आकृष्ट करती हैं। पूर्वराग पाश्चात्य काव्य की विशेषता है। प्रेम पूर्वराग से आरंभ होकर संयोग या विवाह में समाप्त हो जाता है। भारतीय काव्य में पूर्वराग की ओर संकेत मात्र होता है। उसमें संयोग और उसके बाद वियोग या विरह में प्रेम की प्रौढ़ परिणति अभिव्यक्त होती है। संयोग के अभाव में पूर्वराग अधिक रोमांटिक, कल्पनाशील, तीव्र संवेदनशील और मादक लगता है। मन में अभिलाषा जागती है–

सुरपति पाए लोचन माँगओं गरुड माँगओं पाँखि।
नंदक नंदन हौं देखि आबओं मन मनोरथ राखि।।

राधाकृष्ण का प्रेम परंपरा-प्रसिद्ध रूप में साहचर्य-जन्य है। भक्त कवियों ने साहचर्य का विस्तार न करने पर भी प्रेम को सात्विक-आध्यात्मिक रूप दिया है। रीतिकालीन कवियों ने उसे लौकिक श्रृंगार का व्यंजक बना दिया है। इन दोनों से भिन्न विद्यापति ने आकस्मिक भेंट से प्रथम वीक्षण में उत्पन्न पूर्वराग का उद्वेगातिरेक के रूप में वर्णन किया है।

सामर सुंदर ए बाट आएत तें मोरि लागलि आँखि।।
ततहि धाओल दुहु लोचन रे जतहि गेलि बर नारि।।

पथ में आते-जाते यह समागम पूर्वराग को सहज स्वाभाविक बनाता है।

(2) सौंदर्य के आकर्षण पर आधारित प्रेम-भावना में यौवन की आशा-आकांक्षा की ही प्रधानता है–

सरसिज बिनु सर सर बिनु सरसिज की सरसिज बिनु सूरे।
जौवन बिनु तन तन बिनु जौवन की जीवन पिय दूरे।।

वियोग में भी यौवनकालीन संयोग की ही सहज आकांक्षा है–

जब हम बाला परिहरि गेला। किए दोस किए गुन बुझइ न भेला।
जब हम तरुनि बुझब रस-वास। हेन जन नहि मोर काहे पिया पास।।

(3) यौवनकालीन प्रेम के माधुर्य के अनुरूप प्रकृति का, विशेषतः वसंत का वर्णन है। यह मानव-भाव-सापेक्ष प्रकृति की शोभा की अनुभूति है–

लता तरुवर मंडप जीति। निरमल ससिधर धबलिय भीति।।
पउँअ नाल अइपन भेल। रात परीहन पल्लव देल।।

देखह माइ हे मन चित लाय। वसंत बिबाहा कानन भलि आय।।
मधुकर रमनी मंगल गाब। दुजबर कोकिल मंत्र पढ़ाब।।

विद्यापति ने कल्पना और अप्रस्तुत-योजना के द्वारा भाव-व्यंजना को मूर्त्त और सौंदर्यमय बनाने का प्रयत्न किया है। उसमें एक ओर सुकुमारता, कोमलता और माधुर्य है तो दूसरी ओर भोग-विलास की प्रवृत्ति है जो रतिक्रीड़ा और परकीया की भावना में व्यक्त हुई है।

(4) अनेक अवसरों पर विरह-वर्णन के काव्य-परंपरा-निर्वाह में कल्पना और चमत्कार के द्वारा भाव-व्यंजना को रमणीय बनाने का प्रयत्न किया गया है। तर्क के आधार पर मन्मथ का यह उपालंभ है—

मनमथ तोहे की कहब अनेक।
दिठि अपराध परान पए पीडसि ते तुअ कौन विवेक।।
दाहिनि नयन पिसुन गन बारल परिजन बामहि आध।
आध नयन कोने जब हरि पेखल तै भेल अति परमाद।।
पुर बाहिर पथ करत गतागत के नहि हेरत कान।
तोहर कुसुम सर कतहु न संचर हमर हृदय पंचबान।।

(5) भाव-व्यंजना के दार्शनिक (जीवन-दर्शन) सामाजिक, मनोवैज्ञानिक और सौंदर्यशास्त्रीय चार आयाम हैं। विद्यापति की दृष्टि प्रधानतः चौथे पर है। तीसरे को इस रूप में ग्रहण किया गया है कि भावात्मक चेतना और रमणीयता कृत्रिम और काल्पनिक न हो। कहीं-कहीं दूसरे के आधार पर भी भावनाओं को लोकजीवन का संस्पर्श दिया गया है जैसे बिदाई के इस सामाजिक प्रसंग में—

सुंदर चललिहु पहु घर ना। चहु दिसि सखि सब कर धर ना।।

या लोक-विश्वास के आधार पर नायिका की इस भावना में—

मोरा रे अंगनमा चनन केरि गछिआ, ताहि चढ़ि कुरूरय काग रे।
सोने चोंच बाँधि देब तोंय बायस जओं पिया आओत आज रे।।

नचारी के पदों में शिव-पार्वती-विवाह के प्रसंग भी सामाजिक संदर्भ में ही प्रस्तुत किए गए हैं। वर की योग्यता, लौकिक-सामाजिक मान्यताओं के विरुद्ध होने के कारण शृंगार-रसाभास और हास्य की सृष्टि होती है। इस संदर्भ में मातृ-हृदय की वेदना और सखियों के कथन की अत्यंत मार्मिक व्यंजना हुई है। वचन-विदग्धता भी द्रष्टव्य है—

आगे माई महन उमत वर लैल हिमगिरि देखि देखि लगइछ रंग।
महन उमत वर छड़ओ न चढ़इक जौ घोड़ रंग रंग जंग।।

× × ×

भूत पिसच अनेक दल साजल सिर सों बहि गेल गंग।
भनन विद्यापति सुन ए मनाइनि थिकाह दिगंबर अंग।।

(6) विद्यापति का भाव-क्षेत्र सीमित और उसमें कल्पना की क्रियाशीलता अधिक होने पर भी उसमें स्पंदनशीलता और तन्मयता की कमी नहीं है। राधाकृष्ण का प्रेम, सौंदर्य के बाह्य आकर्षण से ऊपर उठकर कहीं-कहीं भावात्मक तन्मयता, एकाग्रता और अनन्यता की अद्वैत पराकाष्ठा पर पहुँच गया है–

अनुखन माधव माधव सुमरइत सुंदरि भेलि मघाई।
ओ निज भाव सुभावहि बिसरल अपने गुन लुबुधाई।।
माधव, अपरुब तोहर सिनेह।
अपने बिरह अपन तनु जरजर जिबइत भेलि संदेह।।....

6. अभिव्यंजना-सौंदर्य

कवि की प्रतिभा के अनुसार कविता में अभिव्यंजना-सौंदर्य के अनेक स्रोत, साधन और पद्धतियाँ हो सकती हैं, जिनकी ओर यहाँ संकेत मात्र किया जा रहा है। विद्यापति की सौंदर्य दृष्टि ने अद्भुत और रंगीन सौंदर्यसृष्टि के लिए कुछ उपयुक्त साधनों को अपनाया है।

(1) सर्जनात्मक शक्ति कल्पना है जो नए भाव विचारों के उन्मेष के अतिरिक्त उनको मूर्त्त रूप भी प्रदान करती है। अप्रस्तुत-विधायिनी कल्पना (जिसे प्रायः कल्पना की संज्ञा दी जाती है।) उसका एक पहलू मात्र है। कल्पना का कार्य कथ्य में रंग भरकर तथ्य को काव्यात्मक रूप देना है। कल्पना के द्वारा नवीन भावोन्मेष–

मन करे तहाँ उड़ि जाइअ जहाँ हरि पाइब रे। (अभिलाषा)

एक ही भाव की विविध रूपों में कल्पना :

चिकुर गरए जल धारा। जनि मुख-ससि डर रोअए अँधारा।।
चिकुर गरए जल धारा। मेह बरसि जनु मोतिम हारा।।
केस निंगारइत बह जल धारा। चमर गरए जनि मोतिम हारा।।

वयस्संधि में विकास-परिवर्तन का सौंदर्य :

स्रवन क पथ दुहु लोचन लेल। वचनक चातुरि लहु-लहु हास।।

कल्पना द्वारा मूर्त्तता समस्त रचना में सौंदर्य को साकार बनाने वाला धर्म है। लेकिन कुछ स्थानों पर वह अधिक सजीव रूप लेता है–

इंगित नयन तरंगित रे बाम भंओह भेल भंग।

(2) प्रतीकों और बिंबों की अपेक्षा (जो प्रधानतः आधुनिक कविता की विशेषताएँ हैं।) विद्यापति ने भारतीय काव्य परंपरा की चित्रांकन पद्धति का अधिक प्रयोग किया है–

पंकज मधु पिबि मधुकर रे उड़ए पसारल पांखि।।
मधुप मातल उड़ए न पारए तइओ पसारए पांखि।।

कवि ने परंपरागत अप्रस्तुतों को लेकर उनके योग या संबंध-स्थापन से जो चित्रांकन किया है, वह नवीन और अद्भुत है ही, उससे प्रस्तुत का भी समन्वित रूप सामने आ जाता है–

कमल जुगल पर चाँदक माला। तापर उपजल तरुन तमाला।।
तापर बेढ़लि बिजुरि लता। कालिन्दी तट धीरे चलि जाता।।

(3) विद्यापति ने परंपरागत प्राकृतिक और सामाजिक अप्रस्तुतों में कुछ परिवर्तन के साथ नए प्रयोग के अतिरिक्त उनमें संबंध-स्थापन के द्वारा नवीन सौंदर्य सृष्टि का प्रयत्न भी किया है। इस तरह प्रस्तुत का समष्टि रूप भी व्यक्त होता है–

गिरिवर-गरुअ पयोधर परसित गिम गज मोतिक हारा।
काम कंबु भरि कनक संभु परि ढारत सुरसरि धारा।

अप्रस्तुत-विधान में एक और विशेषता रूपकातिशयोक्ति और अतिशयोक्ति का प्रयोग है। दोनों चमत्कार प्रधान हैं। इस चमत्कार के द्वारा विद्यापति ने रूप के अद्भुतपन और अतिशयता को व्यंजित किया है। पहले इनके अनेक उदाहरण, दूसरे संदर्भों में, दिए गए हैं।

(4) अलंकार संप्रदाय में ऐसे अनेक अलंकारों का निरूपण हुआ है जो अप्रस्तुत योजना पर आधारित नहीं हैं, लेकिन काव्य-सौंदर्य-वर्धक हैं। वाणी-विन्यास या रचना-विधान द्वारा रमणीयता बढ़ानेवाली इस पद्धति को आगे बढ़ाते हुए विद्यापति ने कुछ नए प्रयोग किए हैं। रूप वर्णन और भाव-व्यंजना दोनों में विशेषतः वयस्संधि के प्रसंगों में–संबंध में असंबंध और असंबंध में संबंध स्थापन के द्वारा सौंदर्यात्मक चमत्कार उत्पन्न किया है–

चरन चपल गति लोचन पाव। लोचन क धैरज पदतल जाव।।

इसी सिलसिले में कवि के विलक्षण कथन, वचन-वक्रता, विनोदात्मक वाणी, शब्दार्थगत हास्यात्मकता, वाग्वैदग्ध्य (Wit) आदि हैं। आगे चलकर भ्रमर गीतों और रीतिकालीन उक्ति-वैचित्र्य में उनका बहुत प्रसार हुआ है। एक-दो उदाहरण–

चिकुर निकर तम-सम, पुनु आनन पुनिम ससी।
नयन पंकज के पतिआ ओत एक ठाम रहु बसी।।
तिन बान मदन तेजल तिन भुवने अवधि रहल दओ बाने।
विधि बड दारुन बधए रसिक जन सोंपल तोहर नयाने।।

द्वंद्व या संघर्ष के द्वारा भी सौंदर्य को चमत्कारी रूप दिया जा सकता है–

सैसव जौवन दरसन भेल। दुहु दल बले दंद परि गेल।।
माइ हे सीत बसंत विवाद। कओन विचारब जय अवसाद।।

विद्यापति ने विरोध और विरोधाभास का जो विस्तृत प्रयोग किया है, उसका लक्ष्य भी चमत्कार के द्वारा सौंदर्य की ओर संकेत करना है।

(5) अभिव्यंजना के क्षेत्र में विद्यापति की और एक उपलब्धि पदरचना का प्रयोग है। पद या गीतिकाव्य लोकसाहित्य का रूप है। विद्यापति के पूर्व देशी भाषा-साहित्य के क्षेत्र में उसका कुछ प्रयोग अवश्य हुआ होगा, लेकिन उन्होंने आधुनिक भाषा में उसे एक महत्त्वपूर्ण कविता का रूप बनाया है और उसे पाठ्य काव्य से भिन्न रूप में ढाला है। उनके पदों में काव्यात्मक गुणधर्मों के साथ लोकगीतों की भावात्मकता तथा अभिव्यंजना की सरलता, ऋजुता, तीव्रता, सच्चाई, निजता आदि का समन्वय हुआ है। उन्होंने लोकगीतों की प्रत्यक्ष संबोधन शैली को भी अपनाया है। इसीलिए विद्यापति के पदों का मिथिला में लोकगीतों के समान प्रचार है। पद रचना का तांत्रिक-विधान ईस्थटिक रूपसौंदर्य का प्राथमिक रूप अवश्य है, पर अभिव्यंजना-पद्धति के रूप में उसके ऐतिहासिक और साहित्यिक महत्त्व को अस्वीकार नहीं किया जा सकता।

7. सौंदर्यानुभूति

विद्यापति की दृष्टि में सौंदर्य ऐंद्रिय रूपाश्रित है। सहज ही सौंदर्यानुभूति व्यक्तिनिष्ठ और ऐंद्रिय है। कवि ने राधा और कृष्ण के उभयनिष्ठ रूप में उसकी व्यंजना की है। सौंदर्य की रंगीन छटा नेत्रेंद्रिय को ही विशेष आकृष्ट करती है और बार-बार दर्शन से भी मन तृप्त नहीं होता–"जनम अवधि हम रूप निहारल नयन न तिरपित भेल।" इस अतृप्ति में ही सौंदर्यानुभूति का रहस्य छिपा हुआ है। सुंदर वस्तु नित्य नवीन रूप धारण करती है जिससे दर्शक का मन कभी तृप्त नहीं होता। जहाँ एकाध बार के दर्शन से मन ऊब जाता है और बार-बार नवीन आकर्षण का अनुभव नहीं

होता वहाँ सच्चा सौंदर्य नहीं है।

सौंदर्यानुभूति की प्रथम स्थिति सुंदर वस्तु की ओर आकर्षण है–

सामर सुंदर ए बाट आएल तें मोरि लागलि आँखि।
ततहि धाओल दुहु लोचन रे जतहि गेल बर नारि।।

द्वितीय स्थिति बार-बार दर्शन की व्याकुलता और उसके लिए प्रयत्न है–

मन करे तहाँ उड़ि जाइअ जहाँ हरि पाइल रें।।
रूप लागि मन धाओल रे।।

तृतीय स्थिति दर्शन में अद्‌भुतपन और विस्मय की अनुभूति है–

जत देखल तत कहए न पारिअ।।
भनइ विद्यापति अद्‌भुत कौतुक ई सब वचन सरूपे।।

कवि प्रत्यक्ष-दर्शन और अनुभूति के बल पर इस सौंदर्य और सौंदर्यानुभूति को सत्य मानकर पाठकों के मन में विश्वास उत्पन्न करना चाहता है। इस अनुभूति में अत्युक्ति या अतिशयोक्ति नहीं है। चतुर्थ स्थिति सौंदर्यानुभूति की रहस्यमयता है। सौंदर्य रहस्यमय है तो उसकी अनुभूति भी सहज ही रहस्यात्मक है। मनोवैज्ञानिक अभी उस अनुभूति की प्रक्रिया को स्पष्ट करने में पूरे सफल नहीं हुए हैं। उस अनुभूति को सत्य कहने या मानने से ही उस पर विश्वास नहीं होता। लोग उसे कल्पना या सपना समझते हैं। राधा कहती है–

ए सखि पेखलि एक अपरूप। सुनइत मानबि सपन-सरूपं।।

स्वप्न की पूरी सार्थकता बोधगम्य न होकर वह रहस्यमय रह जाती है। प्रत्यक्ष अनुभूति ही सौंदर्यानुभूति की सत्यता का प्रमाण है।

सौंदर्यानुभूति के समस्त ऐंद्रिय पहलू और सौंदर्य की अवधारणा, राधा के इस कथन से स्पष्ट हो जाते हैं–

सखि कि पूछसि अनुभव मोय।
से हो पिरित अनुराग बखानिए तिल तिल नूतन होय।।
जनम अवधि हम रूप निहारल नयन न तिरपित भेल।
से हो मधुबोल स्रवनहि सुनत श्रुति मथ परस न भेल।
कत मधु जामिनि रभस गमाओल न बूझल कइसन केल।
लाख-लाख जुग हिय हिय राखल तइओ हिय जुडल न गेल।
कत विदगध जन रस अनुमोदई अनुभव काहु न पेख।
विद्यापति कह प्रान जुड़ाएत लाखे न मिलल एक।

विद्यापति के काव्य में रूप-सौंदर्य, प्रेम-भावना, लीला-व्यापार और सौंदर्यानुभूति का आख्यान करने वाले मार्मिक पद हैं।

8. निष्कर्ष

मध्यकालीन हिंदी काव्य-साधना में विद्यापति उन इने-गिने कवियों में हैं जिनकी दृष्टि प्रधानतः सौंदर्यवादी है। उनकी प्रेम-भावना ऐंद्रिय सौंदर्य पर आधारित है और आनंदानुभूति उसकी परिणति है। वे सौंदर्य की रंगीन छटा और उसकी बहिर्मुखी ऐंद्रिय सौंदर्यानुभूति के मधुर गायक हैं। दरबारी कवि होने के कारण उन्हें रीतिबद्ध कवियों की श्रेणी में बिठाना उचित नहीं है। उनके आलंकारिक रचना-विधान में चमत्कार साधन मात्र है, साध्य सौंदर्य-संवेदना है। उनके पदों में भाव-तन्मयता, भक्तिकाव्य के समकक्ष है तो दूसरी ओर रीतिबद्ध काव्य के समान शिल्प की बारीकियों और चमत्कार पर कवि का ध्यान केंद्रित नहीं है। विद्यापति के काव्य की आंतरिक प्रकृति और प्रवृत्ति रीतिबद्ध काव्य की अपेक्षा भक्तिकाव्य से अधिक मिलती-जुलती है। जीवन-दर्शन और मूल्यवादी दृष्टि से विद्यापति जीवन में आनंद को सर्वोपरि स्थान देते हैं। उसके बिना जीवन व्यर्थ है। श्रीकृष्ण के सौंदर्य से आकृष्ट, उसके संयोग में असफल राधा कहती है–

कि मोरा जीवन कि मोरा जौवन कि मोरा चतुरपने।

विद्यापति के नचारी के पदों में कुरूपता की एक झलक मिल जाती है। लेकिन यह वास्तविक कुरूपता नहीं है जो सौंदर्य-कुरूपता के लौकिक द्वंद्व का एक अपरिहार्य पहलू है। कवि की आनंदवादी दृष्टि में कुरूपता के लिए कोई स्थान नहीं है। माता मेना और सखियों की दृष्टि में शिव का रूप लौकिक अर्थ में कुरूप लग सकता है, पर पार्वती के लिए वह 'अनहद' या अनंत रूप है जो सौंदर्य के आकर्षण से भरा है और भक्ति-भावना का साधन है। शैव-भक्तों ने लौकिक कुरूपता को, साधना में अनंत-दर्शन का माध्यम बना लिया है। लेकिन पार्वती की तरह तथाकथित कुरूपता में असीम को देख सकने के लिए चेतन मन और संस्कारिता या पात्रता चाहिए। विद्यापति की सौंदर्य दृष्टि ने कुरूपता को भी सौंदर्य का रूप और मूल्य प्रदान किया है।

संदर्भ संकेत :

1. डॉ. रामकुमार वर्मा, हिंदी साहित्य का आलोचनात्मक इतिहास, पृ. 508
2. डॉ. रामकुमार वर्मा, हिंदी साहित्य का आलोचनात्मक इतिहास, पृ. 50

सूरदास

1. प्रस्तावना

भारतीय आध्यात्मिक चेतना और संस्कृति को महाकवि सूर ने ऐसे अंतर्मुखी चरम धरातल पर पहुँचा दिया है और काव्यात्मक अभिव्यंजना में वे इस तरह अंतर्लीन हो गए हैं कि उनकी रचना में काव्येतर मूल्यों का अलग आभास कम मिलता है। इस शुद्ध काव्य में सौंदर्य और रस का जो सघन ताना-बाना बुना गया है, उसका किसी एक बिंदु को लेकर सही मूल्यांकन नहीं किया जा सकता।

रससिद्ध महाकवि के रूप में आख्यात और प्रतिष्ठित सूर की रचना-धर्मिता को विविध कोणों से देखना और परखना आवश्यक है। उनके काव्य को रसमय बनाने वाला तत्त्व उनकी आध्यात्मिक भावना है, सांस्कृतिक चेतना है या सौंदर्यात्मक तन्मयता है—यह कहना कठिन है। कवि की मूलभूत समस्त आध्यात्मिक, सांस्कृतिक और सामाजिक प्रेरणाओं ने रचनात्मक प्रक्रिया में सौंदर्यात्मक रूप धारण किया है। श्रीकृष्ण सौंदर्य के अवतार हैं—उनका रूप और लीला-माधुर्य, सौंदर्यानुभूति में तन्मय करके अद्वैत की अनुभूति कराने वाला है। उनकी लीलाओं में उमड़ता भाव-सागर सौंदर्यबोध के माध्यम से ही रसप्लावित कर देता है।

कवि की सौंदर्य-चेतना ही रस-संवेदना को निर्धारित करती है। सूर के काव्य की अथाह रसात्मकता का आधार उनका अनंत, अपूर्व और गहरा सौंदर्य-दर्शन है। सूर ने श्रीकृष्ण के रूप और लीलाओं में सौंदर्य का साक्षात्कार कर लिया है और उसके उद्वेलन में रस का सागर उमड़ पड़ा है।

अब तक सूर का, वात्सल्य और शृंगार के अद्वितीय कवि के रूप में, कोमल, मधुर और वेदनामय अनंत भाव-जगत् के सूक्ष्म पारखी कवि के रूप में मूल्यांकन होता आया है। शुक्ल जी की आलोचना के प्रभाव के कारण काव्यवस्तु और भाव-क्षेत्र की सीमाओं का भी उल्लेख किया जा रहा है। सूर की काव्यवस्तु और भाव-व्यंजना को मधुर-भक्ति और सौंदर्य-चेतना के संदर्भ में देखना आवश्यक है। तभी कवि

के लक्ष्य और उसकी रचनात्मक प्रवृत्ति के साथ न्याय हो सकता है। सूर ने सौंदर्य को ईश्वरीय अलौकिक विभूति मानते हुए अवतार के रूप में उसे मानवीय संदर्भ में प्रस्तुत किया है। लेकिन इस अवतरण में भी वह अद्‌भुत, विस्मयकारी और अलौकिक लगता है। उसी सौंदर्य की छाया में वस्तु, रूप, भाव और अभिव्यंजना की प्राणवत्ता और आभा है।

सूर के संदर्भ में सबसे अधिक विवादास्पद विषय, उनका तुलनात्मक मूल्यांकन है। शुक्ल जी ने अपने समय के बिहारी-देव की तुलनात्मक श्रेष्ठता के विवाद को समाप्त करके सूर और तुलसी की पारस्परिक महानता का नया प्रश्न उठाया है। उनकी दृष्टि में सूर का काव्य-क्षेत्र वात्सल्य और श्रृंगार तक सीमित है। कवि ने श्रीकृष्ण के दुष्ट-संहारक रूप को छोड़कर केवल लोकरंजक रूप को ग्रहण किया है। तुलसी की काव्य वस्तु के विस्तार, कोमल और उग्र दोनों प्रकार के अनंत भाव-प्रसार, प्रचलित सभी काव्य-पद्धतियों या शैलियों में रचना, प्रबंध-कौशल, ब्रज और अवधी दोनों भाषाओं पर अधिकार तथा आनंद की सिद्धावस्था से साधनावस्था की श्रेष्ठता को लेकर तुलसी को हिंदी के सर्वश्रेष्ठ कवि घोषित किया है। भारतीय दर्शन और भक्ति, साधना से आनंद की सिद्धावस्था को जीवन का चरम लक्ष्य मानते हैं। साधना और कर्म-जगत्, लौकिक जीवन के पहलू हैं जिसका मूल्य आध्यात्मिक आनंद के धरातल पर ले जाने में है। वस्तु और भाव का विस्तार अपने में स्वयं काव्यात्मक या सौंदर्यशास्त्रीय मूल्य नहीं है। शेष बिंदु केवल शिल्प या टेकनिक से संबंधित हैं और काव्योत्कर्ष के निर्धारक नहीं हैं।

इस संदर्भ में काव्योत्कर्ष और महत्त्व का अंतर समझना आवश्यक है। काव्य का सौंदर्य या उसका उत्कर्ष कवि के भावों की गहराई, उनका प्रसारगामी विस्तार या व्यापकता और उनकी मूर्त्त कलात्मक अभिव्यंजना पर निर्भर करता है। काव्य का महत्त्व व्यापक लोक-मानस और सामाजिक चेतना को पहचान कर उसके अनुरूप काव्य-रचना करते हुए जन-मानस को प्रभावित करने में है। यह काव्य के माध्यम से प्रचार या प्रोपेगंडा न होकर जाति, समय और समाज की नस को पहचान कर उसे काव्यात्मक रूप देते हुए जाति या समाज में नई स्फूर्ति, उत्साह, शक्ति और चेतना का संचार करने का प्रयत्न है। इस तरह जन-मानस से प्रेरणा लेकर उसे व्यापक रूप में प्रभावित करने वाले काव्य प्राचीन काल में संस्कृत रामायण, महाभारत और भागवत हैं। मध्यकाल में एक मात्र रचना तुलसी की है, विशेषतः रामचरित मानस।

काव्याभिव्यक्ति के चार प्रधान आयाम हैं—दार्शनिक (जीवन-दर्शन) मनोवैज्ञानिक, सामाजिक और सौंदर्यशास्त्रीय। सूर के काव्य का सामाजिक पक्ष; पारिवारिक, ग्रामीण और गोचारण जीवन तक सीमित है। दार्शनिक शुद्धाद्वैत और पुष्टिमार्गीय चेतना काव्य-रचना में अंतर्लीन है। शेष दोनों में सूर की प्रतिभा से

तुलनीय हिंदी में और कोई कवि नहीं है। इसके विपरीत तुलसी की रचना-धर्मिता में दार्शनिक और सामाजिक पहलुओं की प्रबलता है। धार्मिक उपदेश और प्रचार के प्रसंगों को छोड़ दें, तो उनका काव्य सात्विक धर्म की ज्योति से प्रोज्वल हो उठा है। उनकी सामाजिक चेतना सभी वर्गों के समष्टि रूप को लेकर समग्र और संतुलित है। वेद और लोक की परंपराओं का समन्वय करते हुए तुलसी ने नागरिक जीवन की संस्कारिता के साथ लोक-जीवन—विशेषतः सामान्य प्रजा, ग्रामीण जनता और तथाकथित निम्न वर्गों एवं आदिम वासियों—की नैसर्गिकता, स्वच्छंदता और भोलेपन को समान सम्मान और महत्त्व दिया है। काव्य के दोनों पहलुओं के योग में रचना मर्यादा, औचित्य और मूल्य-संतुलन का क्लासिकल उदाहरण बन गई है। शेष दोनों आयामों में तुलसी का काव्य दुर्बल हो ऐसी बात नहीं है। उनमें उल्लेखनीय राम और हनुमान की शक्ति की अनंत क्रियाशीलता से उदात्तता की सृष्टि है। इसे व्यापक अर्थ में सामाजिक पहलू का ही अंश कह सकते हैं। क्योंकि शक्ति का यह संचार, कर्म का साधन और दुष्ट-संहार के लिए है।

सूर और तुलसी का जीवन-दर्शन और दृष्टिकोण भिन्न हैं। तद्नुसार उनकी रचना-धर्मिता और काव्य-प्रवृत्ति में अंतर है। दोनों की काव्याभिव्यक्ति के आयाम भी समान नहीं हैं। एक सौंदर्य के कवि हैं तो दूसरे उदात्तता या गरिमा के। एक की रचना में काव्योत्कर्ष की प्रधानता है तो दूसरे का महत्त्व अद्वितीय है। ऐसी स्थिति में दोनों की तुलना और श्रेष्ठता का निर्णय अनुचित और असंगत प्रतीत होता है।

2. सौंदर्य के निर्धारक तत्त्व

किसी कवि का सौंदर्यबोध युग की परिस्थितियों, सामयिक जीवन, उसके जीवन-दर्शन, व्यक्तित्व और प्रतिभा पर निर्भर करता है। सूर के समय की राजनीतिक परिस्थिति विदेशी शासन और धार्मिक अत्याचारों से उत्पन्न निराशा और उदासी की थी। धार्मिक, सांस्कृतिक और सामाजिक गतिविधि भी रूढ़ परंपरावादी रूप में ह्रासोन्मुख थी। इन परिस्थितियों के साथ सूर के सौंदर्यबोध के संबंध को निषेधात्मक कह सकते हैं। उन्होंने संवेदनशील कवि हृदय को एक धक्का देकर अंतर्मुखी बनाया है। क्योंकि राष्ट्रीय और सामाजिक जीवन में परिवर्तन लाने की शक्ति हिंदू जाति में शेष नहीं रह गई है। अपनी अस्मिता बनाए रखने के लिए अंतर्मुखी होकर मन के भावना-लोक में आत्मशक्ति का संचार ही एकमात्र उपाय था। कोई आक्रमणकारी उस आत्मशक्ति-संपन्न अस्मिता पर प्रहार नहीं कर सकता। तुलसी जैसे एकाध कवि ने ही सामाजिक संगठन और कर्मण्यता पर बल दिया है।

सूर तथा अन्य भक्त कवियों की रचनाधर्मिता को प्रभावित करने वाला विधायक पक्ष मध्ययुगीन व्यापक भक्ति-आंदोलन है। उसने वर्ण-वर्गों की धार्मिक-सांप्रदायिक

रूढ़ियों को तोड़कर सामाजिक-सांस्कृतिक जीवन में एक नवीन स्फूर्ति, उत्साह और चेतना भरने का प्रयत्न किया है। यह आंदोलन केवल आध्यात्मिक न होकर जीवन के सभी पहलुओं को छूनेवाला है। उसने हिंदी भक्ति काव्य को ऐसा स्वच्छंदतावादी रूप दिया है जिसमें सामाजिक, काव्याशास्त्रीय और काव्य-परंपरा के नियम चरमरा उठे और एक नए सौंदर्यबोध का विकास संचित हो सका। भक्ति की चरम सीमा भाव-तन्मयता है तो सूर उन इने-गिने भक्त कवियों में हैं जिन्होंने भक्ति-आंदोलन की नई चेतना में उसकी अंतिम सीमा पर पहुँचकर भक्ति की आत्मा में प्रविष्ट हो सके। यह अंतर्मुखी भक्ति-भाव-तन्मयता उनकी रचना की मूल प्रेरणा है और उसी में उन्हें आध्यात्मिक सौंदर्य का साक्षात्कार हुआ है। सूर की दृष्टि भक्ति-आंदोलन के बहिर्मुखी पहलुओं पर न होकर शुद्ध भक्ति-साधना पर थी। इसलिए जीवन के सामाजिक पहलू की उपेक्षा हुई है और श्रीकृष्ण की लीलाओं के पारिवारिक जीवन-संबंध, ग्रामीण समष्टि जीवन एवं स्नेह, चरवाहा जीवन-पद्धति तथा लोक-संस्कृति एवं त्यौहार आदि अंशों को ग्रहण किया गया है जो अंतर्मुखी मधुर भक्ति-भावना को पुष्ट करने वाले हैं। भक्ति-आंदोलन की प्रेरणा में सूर ने सर्वाधिक स्वच्छंदतावादी कवि होकर काव्याभिव्यंजना को नया रूप दिया है, काव्यशास्त्रीय परिधि का उल्लंघन करके रस-संवेदना को गहराई दी है, रूप-भाव-निरूपण का अनंत विकास-प्रसार किया है और नए सौंदर्यबोध का विकास किया है। इस कार्य में उनके काव्य ने अंतर्मुखी, स्वच्छंद, भावनाशील और नैसर्गिक रूप प्राप्त किया है। काव्य-रचना को उच्चवर्गीय नागरिक परिवेश से दूर जन-मानस के संपर्क में ले आकर सूर के सौंदर्यबोध को नैसर्गिक रूप देने में भक्ति-आंदोलन की पहली भूमिका है।

सूर के सौंदर्यबोध को प्रभावित करने वाला दूसरा विधायक तत्त्व वल्लभाचार्य का दार्शनिक शुद्धत्ताद्वैत सिद्धांत और पुष्टिमार्ग है। कवि की रचना में कहीं उनका प्रत्यक्ष उल्लेख नहीं है। सूर सच्चे अर्थ में कवि हैं, दार्शनिक नहीं हैं। लेकिन शुद्धाद्वैत जगत् को माया नहीं मानता और अवतार की लीला को नित्य मानता है। श्रीकृष्ण की कृपा से भक्ति की पुष्टि होकर लीला में अपूर्व, अनंत सौंदर्य का दर्शन होता है। इस विचारधारा के प्रभाव से सूर ने अवतार की मानवीय लीला में अद्भुत सौंदर्य भर दिया है और उस सौंदर्य को नित्य या शाश्वत सत्य का रूप दिया है। सूर के शब्दों में 'सूर श्याम संग सब सुख सुंदर, सुंदर भक्त हेतु अवतार' है। वल्लभ संप्रदाय में लोक-मर्यादा और वेद-मर्यादा का निषेध है। तभी भक्ति-भावना लौकिक बंधनों से मुक्त हो सकती है। दूसरे शब्दों में सूर के काव्य में जानबूझकर लौकिक सामाजिक दृष्टि की उपेक्षा की गई है। सूर की सौंदर्य-भावना और प्रेम की उन्मुक्तता का यही कारण है। उनका सौंदर्यबोध लौकिक प्रपंच, भेदभाव और संघर्ष से दूर मानसिक भावना और कल्पना में सौंदर्य का अन्वेषण करने वाला है।

वल्लभाचार्य से दीक्षा और कालक्रम में अंधत्व को छोड़कर सूर के जीवन के संबंध में कुछ निश्चित नहीं कहा जा सकता। इसलिए उनके व्यक्तित्व का अनुमान रचना के अंतःसाक्ष्य के आधार पर ही हो सकता है। वे अंतर्मुखी, संवेदनशील, भावात्मक, कल्पनाशील, स्वभाव से मृदु या कोमल और वाद-विवाद से दूर, सरल सात्विक संत लगते हैं। उनके सौंदर्यबोध और काव्य-प्रवृत्ति में ये विशेषताएँ लौकिक जीवन और व्यक्तित्व से ही प्रविष्ट हुई होंगी। सूर के भ्रमरगीत में वाद-विवाद और विरोध तार्किक न होकर गोपिकाओं के भावात्मक हृदयोद्‌गार हैं। 'सूरदास आदि भक्त कवियों में कहीं विरोध की ध्वनि नहीं है, वे अगर किसी बात को अनुचित समझेंगे तो अत्यंत मृदुभाषा में उसकी उपेक्षा पर जोर देंगे। यह उपेक्षा भी वे सीधे नहीं कहेंगे।' इसी में सूर के सौंदर्यबोध की कोमलता और माधुर्य का रहस्य छिपा है।

सूर का जीवन-दर्शन या दृष्टिकोण आनंदवादी है, जो भारतीय दार्शनिक परंपरा की प्रधान विचारधारा है। इस आनंद के तीनों धरातलों--ऐंद्रिय, मानसिक और आध्यात्मिक की समष्टि में सूर की सर्जना हुई है। अन्य अवतारों की तुलना में श्रीकृष्ण सोलहों कलाओं के अवतार हैं। उनके जीवन के अनेकानेक पहलुओं में सौंदर्य और प्रेम प्रधान हैं जो आनंद के मूल स्रोत हैं। उन्हीं को लेकर रचना करते हुए सूर स्वयं आनंद तन्मय थे, उसी से श्रोताओं या पाठकों को आनंद-विभोर कर दिया है।

प्रतिभा सर्जनात्मक शक्ति है जो रचना को सौंदर्यमय और रसमय बनाकर उसे काव्यत्व प्रदान करती है। नव-नव उन्मेषशालिनी प्रतिभा नवीन प्रसंगों की उद्‌भावना ही नहीं करती, नवीन भावोद्‌भावना भी करती है। इस क्षेत्र में सूर से तुलनीय और कोई कवि नहीं है। उनकी प्रतिभा ने परंपरा को भी अनुभूति-तरल बनाकर ऐसे नवीन रूप में ढाला है कि पाठक उसके सौंदर्य पर मुग्ध हो जाता है। पाश्चात्य समीक्षकों ने सर्जनात्मक शक्ति को कल्पना की संज्ञा दी है जो कवि के भावों को मूर्त्त रूप प्रदान करता है। इस सम्मूर्त्तन में ही सौंदर्य की अनुभूति होती है। यह भाव का प्रत्यक्ष इंद्रिय गोचर या मानसिक रूप हो सकता है। अथवा अप्रस्तुतों, प्रतीकों आदि का सहारा लेकर अभिव्यक्त रूप। काव्य-रचना में सूर की कल्पना का कार्य बहुमुखी है। प्रतिभा ने जिस वस्तु या भाव का उन्मेष किया है, कल्पना ने उसमें रंग भरा है। सूर की कल्पना ने अपनी रचना में परंपरा से भिन्न, भावना और अभिव्यंजना दोनों में सौंदर्य की नवीन रंगीन छटा व्यंजित की है। कल्पना की ऊँची उड़ान में, अप्रस्तुतों की लड़ियाँ गूँथने में तथा एक ही विषय या बात को लेकर भिन्न-भिन्न प्रकार की कल्पनाओं में सूर के सौंदर्यबोध का परिचय मिलता है। प्रस्तुत के निरूपण में भी स्मरण, अनुमान, प्रत्यभिज्ञा, सादृश्य, विरोध आदि अनेक प्रक्रियाओं के द्वारा कल्पना ने सौंदर्य को मूर्त्त किया है। सर्वत्र अनूठापन, अद्‌भुतपन या चमत्कार की अनुभूति होती है जो सूर की कल्पना द्वारा विकसित

सौंदर्यबोध की विशेषता है। सूर की रचनाशक्ति सिद्ध करती है कि अद्भुतपन ही सौंदर्य और रस का सारतत्त्व है। नारायण दीक्षित के शब्दों में 'रसे सारश्चमत्कारः' सार्थक होता है। लेकिन यह चमत्कार अभिव्यंजना-शैली की विशेषता न होकर वस्तु, रूप और भाव पर आधारित अनुभूति का विषय है। सूर की रचना में भावना और कल्पना ने सहवर्तिनी होकर एक-दूसरे को उत्तेजित करते हुए कवि के सौंदर्यबोध में अद्भुतपन की सृष्टि की है। काव्य के आध्यात्मिक होने के कारण यह अद्भुतपन स्वाभाविक लगता है।

सूर के सौंदर्यबोध की विशेषताएँ उसकी नैसर्गिकता, स्वच्छंदता, कल्पनाशीलता और रंगीन छटा का अद्भुतपन हैं। वे बाह्य परिस्थितियों, भक्ति-आंदोलन, पुष्टिमार्ग और काव्य-परंपरा से न्यूनाधिक प्रभावित अवश्य हैं। लेकिन वे अपने मानसिक जगत् में स्वतंत्र विहार करने वाले कवि हैं जो किसी तरह के नियमों और सिद्धांतों से बँधे नहीं हैं। वे मम्मट के 'नियतिकृत नियम रहितां' के प्रत्यक्ष उदाहरण हैं। उनके सौंदर्यबोध ने सभी स्रोतों से सामग्री और प्रेरणा लेते हुए भी अपने भावनालोक में उन सबको गलाकर, मिलाकर अपने नवीन सौंदर्यबोध और चेतना का विकास कर लिया है। किसी दार्शनिक या सामाजिक सिद्धांत से बँधी हुई रचना काव्योत्कर्ष के ऊँचे धरातल का स्पर्श नहीं कर सकती। सूर की रचना-धर्मिता किसी सिद्धांत या पूर्वनिश्चित धारणा पर हावी नहीं है। उनका सौंदर्यबोध उन्मुक्त है।

3. काव्यवस्तु और सौंदर्य

सूर की रचना का प्रधान आधार भागवत है। इसके अतिरिक्त हरिवंश, पद्मभूषण, वायुपुराण, देवी भागवत आदि से भी सूर की काव्यवस्तु के कुछ अंश मिलते-जुलते हैं। सूर ने श्रीकृष्ण की लीलाओं का भक्तिपरक रूप में गायन किया है। लेकिन आजकल इन लीलाओं का मिथकीय अर्थ किया जा रहा है।[1] अन्यथा चीरहरण, गोवर्धन-धारण, कालियामर्दन आदि प्रसंग वर्तमान भारतीय संस्कृति के विकास के पहले उन्मुक्त समाज की विशेषताएँ हो जाते हैं। दूसरी ओर इन प्रसंगों का आध्यात्मिक अर्थ भी किया जा रहा है।

भागवत में निरूपित श्रीकृष्ण की मधुर लीलाओं को सूर की कल्पना ने एक अपूर्व सौंदर्यात्मक रूप में ढाला है। उसमें श्रीकृष्ण के लोकरक्षक रूप को भुला दिया गया है। भागवत से भिन्न सूर की रसपरिकल्पना में एक ओर शुद्ध मधुर भक्ति का रूप सामने आया है तो दूसरी ओर मधुर भक्ति में अंतर्लीन सौंदर्य-चेतना की अभिव्यक्ति हुई है। आराध्य के रूप, उनकी लीलाओं और आश्रय की अनुभूति में व्याप्त यह सौंदर्य-चेतना सूर की रचना-धर्मिता की केंद्रीय भावना है।

शुक्ल जी का आक्षेप है कि कृष्ण भक्त कवियों ने श्रद्धा या पूज्य भाव की उपेक्षा करके कृष्ण के लोकरक्षक और धर्म-संस्थापक रूप को भुला दिया है। 'कृष्ण

के जिस मधुर रूप को लेकर ये भक्त कवि चले हैं, वह हास-विलास की तरंगों से परिपूर्ण अनंत सौंदर्य का समुद्र है। उस सार्वभौम प्रेमालंबन के सम्मुख मनुष्य का हृदय निराले प्रेमलोक में फूला-फूला फिरता है। अतः इन कृष्ण भक्त कवियों के संबंध में यह कह देना आवश्यक है कि ये रंग में मस्त रहने वाले जीव थे, तुलसीदास जी के समान लोक-संग्रह का भाव इनमें न था।'[2] शुक्ल जी के इस आक्षेप के संबंध में तीन विवादास्पद प्रश्न उठते हैं–(1) आध्यात्मिक साधना में मधुरभक्ति-मार्ग और कर्म-मार्ग में कौन श्रेष्ठ है ? (2) भक्ति और धर्म में से कौन मन या आत्मा को उच्चतम धरातल पर पहुँचा सकते हैं ? तथा (3) जीवन का लक्ष्य आनंद है या धर्म-कर्म की साधना है। प्राचीन दार्शनिक और आध्यात्मिक दृष्टि से भिन्न शुक्ल जी ने पौराणिक अवतारवादी दृष्टि से प्रभावित होकर लौकिक दृष्टि से दास्य-भक्ति, धर्म और कर्म को महत्त्व दिया है।

सूर की काव्यवस्तु ही सौंदर्यमय है। श्रीकृष्ण के रूप और उनकी लीलाओं के सौंदर्य और उसके माधुर्य की अनुभूति कराना ही सूर के काव्य का लक्ष्य है। श्रीकृष्ण की जीवन लीला के सौंदर्येतर प्रसंगों के कीर्तन में उनका मन ज्यादा रमा नहीं है या आनंदवादी दृष्टि के अनुरूप न होने के कारण केवल चलते ढंग से उनका वर्णन किया गया है। शिशु-रूप से लेकर यौवन के प्रादुर्भाव या किशोरावस्था तक आलंबन के रूप में श्रीकृष्ण के सौंदर्य और उसके प्रभाव को, भावपक्ष के अंतर्गत राग के माधुर्य को व्यक्त किया गया है। यशोदा, राधा, गोपिकाएँ और ग्वाल बाल सब श्रीकृष्ण के प्रति अनुराग में इस तरह डूब गए हैं कि विभाव के स्मरण मात्र से वे पुलकित हो जाते हैं, आलंबन का सौंदर्य कहीं उनकी अनुभूति के माध्यम से सामने प्रत्यक्ष होता है तो कहीं अनुभूति में अंतर्भुक्त होकर उसका आभास मात्र मिल जाता है।

नवीन प्रसंगों की उद्भावना और लीलाओं की लोक-सांस्कृतिक पृष्ठभूमि, सूर की सौंदर्य दृष्टि की नवीनता और मौलिकता को बढ़ाने वाली हैं। कवि का लीला-वर्णन समग्र, व्याप्त और विशद है। श्रीकृष्ण का सोना-जागना, उठना-बैठना, खाना-पीना रूठना-मिलना, हँसना-रोना आदि जीवन के समस्त भाव-विचार और क्रियाकलाप उनमें समाविष्ट हैं। भागवत की अनेकानेक लीलाओं के अतिरिक्त गोचारण और राधाकृष्ण संबंधी अनेक लीलाएँ जोड़ी गई हैं जो सूर की मौलिक कल्पनाएँ हैं। लोक-जीवन, रस्म-रिवाज, पर्व-त्यौहार और लोक-संस्कृति के आधार पर भी नवीन लीला-वर्णन हुआ है जैसे अन्नप्राशन, वर्षगाँठ, कर्ण-छेदन, फाग-होली मनाना आदि। नेत्र और मुरली को लेकर अद्‌भुत सौंदर्यात्मक प्रसंगों की उद्‌भावनाएँ हैं। प्रत्येक लीला का अनेक रूपों में, अनेक कोणों से वर्णन हुआ है। इस तरह का विशद वर्णन प्रत्येक लीला का है ही, प्रत्येक पद में प्रसंग का विशद पल्लवन भी हुआ है। लीला-वर्णन में सूर की तन्मयता; उनकी भक्ति-भावना की सच्चाई, तीव्रता, गहराई

और अनन्यता को व्यक्त करती है। उसमें पात्रों की ही नहीं, कवि की भी माधुर्यानुभूति, भाव-विह्वलता और हर्षातिरेक प्रकट होते हैं।

लीलाओं में व्यंजित प्रधान भाव माधुर्य है जो वात्सल्य, सख्य और प्रेमपरक तीन रूपों में है। इन लीलाओं के निरूपण में रचना वस्तुनिष्ठ न होकर आत्माभिव्यंजक है। कवि लीलाओं के गायन से संतुष्ट न होकर पद की अंतिम पंक्ति में अपनी भक्ति-भावना प्रकट करता है—कभी लीला वर्णन से भिन्न प्रत्यक्ष रूप में और कभी 'सूर-श्याम' कहकर। लीलाओं के माधुर्य में कवि की सहृदयता, भाव-प्रबलता, कल्पनाशीलता, रचना की विदग्धता और सौंदर्य-भावना प्रकट होती है। यह माधुर्य कवि की आत्माभिव्यक्ति है, उसका कलात्मक व्यक्तित्व है। इस माधुर्य में उन्मुक्त भाव-प्रसार हुआ है जो सूर की भक्ति-भावना के अनुरूप काव्य-प्रवृत्ति है। सारांश यह है कि लीला सूर की काव्यवस्तु है जिसमें कवि की भावात्मक आत्माभिव्यक्ति हुई है।

सूर-सागर में लीलेतर भावात्मक पद तथा श्रीकृष्णावतार से संबंधित कथात्मक और वर्णनात्मक प्रसंग भी मिलते हैं जिनके भावात्मक या इतिवृत्तात्मक प्रसार में सूर के काव्य की आत्मा अभिव्यक्त नहीं है। लीला-कीर्तन से भिन्न काव्यवस्तु विनय के दास्य-भक्ति प्रधान पद भी हैं, जो पुष्टि मार्ग में दीक्षित होने के पहले लिखे गए हैं। उनके कुछ पदों में काव्योत्कर्ष के बावजूद उनमें न सूर की आत्मा की गूँज है और न परवर्ती काव्य के समान सौंदर्य का साक्षात्कार है। सूर-सागर में रामायण-प्रसंग और सुदामा-चरित्र में दास्य और सख्य भक्ति का भावात्मक निरूपण हुआ है। ये भी सूर की प्रधान काव्य-प्रवृत्ति के अनुरूप नहीं हैं। सूर सारावली और साहित्य लहरी सूर की अन्य दो रचनाएँ हैं जिनकी काव्य-प्रवृत्ति को देखते हुए डॉ. ब्रजेश्वर वर्मा प्रामाणिक ग्रंथ नहीं मानते। दोनों दृष्टिकूट-पद-शैली में निगूढ़ और सांकेतिक हैं। पहले में शृंगार लीला के नाम पर काम क्रीड़ा का वर्णन है। दूसरे में रस, अलंकार और नायिका-भेद के निरूपण के कारण उसे प्रथम रीतिबद्ध ग्रंथ कह सकते हैं। सौंदर्यशास्त्रीय दृष्टि से उन पर विचार करना व्यर्थ है। यदि ये दोनों ग्रंथ सूर की प्रामाणिक रचनाएँ हैं तो उस समय प्रचलित दृष्टिकूट-रचना-पद्धति और धर्म के क्षेत्र में ह्रासोन्मुखता का आरंभ, इस प्रकार की अभिव्यंजना के कारण हो सकते हैं। यदि स्वीकार कर लें कि कृष्णभक्ति-काव्य में कहीं-कहीं उद्दाम वासना की अभिव्यक्ति हुई है और बाद को रीतिबद्ध काव्य में राधाकृष्ण के बहाने वासनामय शृंगार को प्रश्रय मिला है, इससे सात्विक धरातल पर कृष्ण भक्ति की, विशेषतः सूर की अंतर्मुखी साधना और काव्य-रचना के उदात्त धरातल की महानता में कोई अंतर नहीं पड़ता। जैसा कि शुक्ल जी कहते हैं सूर की काव्यवस्तु भक्ति, वात्सल्य सख्य और प्रेम के माधुर्यपूर्ण प्रसंगों तक अवश्य सीमित है। उसका कारण सूर का आनंदवादी जीवन-दर्शन, सांस्कृतिक चेतना, अंतर्मुखी भक्ति भावना और

सौंदर्य-दृष्टि है। अंतर्मुखी भक्ति भावना की चरम स्थिति पर, सूक्ष्म, मानसिक या आत्मिक धरातल पर सौंदर्य का उद्घाटन करनेवाले कवि की चेतना, बहिर्मुखी जीवन के वैविध्य और कर्म-जगत् की ओर उन्मुख नहीं हो सकती। सूर और तुलसी के दृष्टि-भेद और सौंदर्य-चेतना में अंतर को समझे बिना सूर की सर्जना के साथ न्याय नहीं हो सकता। उन्हें भुलाकर सूर की काव्यवस्तु की सीमाओं पर आक्षेप व्यर्थ है।

4. रूप-सौंदर्य

सूर-सागर में रूप-सौंदर्य का इतने विस्तार के साथ वर्णन किया गया है कि यहाँ उसका संक्षेप में दिग्दर्शन मात्र करेंगे। सूर के शब्दों में श्रीकृष्ण सौंदर्य के मूर्त अवतार हैं–'सूर श्याम संग सब सुख सुंदर, सुंदर भक्त हेतु अवतार' श्याम सुंदर ही नहीं सारा वृंदावन और उसके निवासी भी सुंदर हैं :

सुंदर श्याम सखा सब सुंदर, सुंदर वेष धरे गोपाल।
सुंदर पथ, सुंदर गति आवत सुंदर मुरली सबद रसाल।
सुंदर लोग सकल ब्रज सुंदर सुंदर हलधर सुंदर चाल।
सुंदर बचन विलोकनि सुंदर सुंदर गुन सुंदर वनमाल।
सुंदर गोप गाइ अति सुंदर सुंदर गनि सब करति विचार।
सूर श्याम संग सब सुख सुंदर सुंदर भक्त हेतु अवतार।

कवि वृंदावन की इस सर्वतोन्मुखी सुंदरता के द्वारा व्यापकता की ओर ही नहीं, उसकी अलौकिकता और नित्यता की ओर भी संकेत कर रहे हैं। पुष्टि मार्ग में श्रीकृष्ण की लीलाओं को नित्य और शाश्वत मानते हैं। इस सौंदर्य, लीला और प्रेम में तन्मय होकर सूर अपनी अभिलाषा प्रकट करते हैं–

दुर्लभ जन्म, दुर्लभ वृंदावन, दुर्लभ प्रेम-तरंग।
ना जानिए कब ह्वै है श्याम तुम्हारो संग।

श्रीकृष्ण का सौंदर्य अनंत है, इसलिए गोपिकाएँ उसका पार नहीं कर पातीं–

देखो भाई सुंदरता का सागर।
× × ×
देखि सुरूप सकल गोपीजन रहीं निहारि निहारि।
तदृपि 'तूर' तर सकीं न सोभा रही प्रेम पचि हारि।

सुंदरता की अनंतता का कारण रूप की क्षण-क्षण परिवर्तनशीलता है–

सखी री ! सुंदरता को रंग।
छिन छिन माँह परत छबि ओरे कमल नयन के अंग।।

श्याम सों काहे की पहचानि।
निमिष निमिष वह रूप न वह छबि रति कीजै जिय जानि।

क्षण-क्षण नित्य नवीन रूप धारण करने वाला ही सच्चा सौंदर्य है–

क्षणे-क्षणे यन्नवतामुपैति तदैव रूपं रमणीयतायाः।

सूर सौंदर्य की अपूर्वता, विलक्षणता, अद्भुतपन और अतिशयता में उसकी अलौकिकता की व्यंजना करते हैं। ऐंद्रिय रूप के आकर्षण में भी वे सौंदर्य की अलौकिकता को कभी भूलने नहीं देते क्योंकि वही उनके काव्य का प्रतिपाद्य है। लेकिन वह अलौकिकता केवल आध्यात्मिक न होकर लौकिक सौंदर्य की अतिशयता के द्वारा ही सांकेतिक रूप में अभिव्यक्त होती है। श्रीकृष्ण के सौंदर्य से प्रभावित गोपिका के इस पछतावे को देखिए–

विधुना चूक परी मैं जानी।
आजु गुबिदहिं देखि देखि हौं, यहै समुझै पछितानी।।
रचि-पचि सोचि, सँवारि सकल अंग चतुर चतुराई ठानी।
दृष्टि न दई रोम-रोमनि-प्रति इतनिहिं कला नसानी।
कहा करौं, अति सुख, द्वै नैना, उमँगि चलत पल पानी।
सूर सुमेरु समाई कहाँ लौं, बुधि-बासनी पुरानी।

श्रीकृष्ण के सौंदर्य को देखने-समझने के लिए दो नेत्र और सामान्य बुद्धि पर्याप्त नहीं है–यह कथन लौकिक दृष्टि से सौंदर्य की अतिशयता का व्यंजक है तो दूसरी ओर इंद्रियों और बुद्धि से परे विराट रूप-सौंदर्य को भी व्यक्त करता है। आचार्य नंददुलारे वाजपेयी के अनुसार मानवीय प्रसंगों में ही अलौकिकता का आभास देना सूर की विशेषता है।

सूर ने परंपरागत नख-शिख वर्णन को अपनाकर भी उसमें नवीन सौंदर्य भर दिया है। इस सफलता के अनेक कारण हैं। (1) रूप-सौंदर्य के समष्टि प्रभाव पर उनका ध्यान था। (2) अंगांग वर्णन में अनुभूति की तरलता थी। (3) अप्रस्तुतों को दृश्य रूप में अंकित करते हुए उनमें नया सौंदर्य भरने का प्रयत्न किया गया है। (4) सूर की कल्पना ने प्रस्तुत और अप्रस्तुत दोनों में सौंदर्य के नए पहलुओं और नई सूक्ष्म छायाओं का निरूपण किया है। (5) कवि ने बाह्यसौंदर्य और अंतःसौंदर्य या लावण्य दोनों पहलुओं की व्यंजना करते हुए रूप-सौंदर्य को आलोक-मंडल या दीप्ति (ग्लो) से परिवेष्टित किया है।

(क) बाल कृष्ण : पुष्टिमार्गीय परंपरा के अनुसार सूर ने बाल गोपाल का विस्तार से वर्णन किया है। उसके रूप, चेष्टाओं और लीलाओं की स्वाभाविकता

कवि की सौंदर्य-भावना को मानवीय सार्वभौमिकता और निष्काम दृष्टि प्रदान करती है। संतान के प्रति यह अनुराग भारतीय पारिवारिक संस्कृति की विशेषता है। यौवन के सौंदर्योन्मेष से भिन्न, वात्सल्य का सौंदर्य आश्रय के मन में किसी भी स्थिति में वासना को उत्तेजित नहीं करता। माता यशोदा श्रीकृष्ण की बालचेष्टाओं पर साधारणीकृत रूप में इस तरह मुग्ध हो जाती है कि उसका क्रुद्ध रूप भी सौंदर्यानुभूति का विषय हो जाता है–

मोहन को मुख रिस समेत लखि जसुमति सुनि-सुनि रीझै।

उसके मन में शिशु-क्रीड़ा और बाललीलाओं की अनंत अभिलाषाएँ जाग उठती हैं। यहाँ पर सूर की सौंदर्य भावना ने मानवीय ही नहीं, सामाजिक रूप भी धारण किया है। वात्सल्य के आलंबन का सारा सौंदर्य पारिवारिक और सामाजिक संबंध सूत्रों और भावनाओं पर आधारित है। शिशु-सुलभ चेष्टाओं ने श्रीकृष्ण के रूप सौंदर्य को जो गतिशीलता प्रदान की है, उसके कारण रूप का आकर्षण अत्यंत बढ़ गया है। शिशु रूप का यह स्वाभाविक सौंदर्य है–

सोभित कर नवनीत लिए।
घुटरन चलत रेनु तन मंडित मुख दधि लेप किए।

शिशु रूप की क्रियाशीलता में मातृ-हृदय का हर्षोल्लास भी दर्शनीय है–

सिखवत चलन जसोदा मैया।
अरबरार कर पानि गहावत डगमगाइ धरती धरै पैया।।
चलत देखि जसुमति सुख पावै।
ठुमकि-ठुमकि धरती पर रेंगत जननिहिं खेल दिखावै।।

इस सौंदर्य को देख गोपिकाएँ स्तब्ध रह जाती हैं–

हरि को बाल रूप अनूप।
निरखि रहि ब्रजनारि इकटक अंग-अंग प्रतिरूप।

चेष्टा-व्यापार या क्रियाशीलता, स्थितिशील रूप को गतिशील सौंदर्य प्रदान करती है तो भावात्मक स्पंदनशीलता उसे सजीव बना देती है। श्रीकृष्ण के भोले स्वभाव का सौंदर्य उसके वचनों और शिकायतों से प्रकट होता है तो राग-द्वेष और भय-क्रोध की भावात्मक प्रतिक्रिया में बाल रूप, वात्सल्य को उद्दीप्त करके और प्यारा हो जाता है–

मैया कबहिं बढ़ैगी चोटी। (स्पर्धा)
यह ले अपनी लकुटि कमरिया बहुतहि नाच नचायो। (क्रोध)

भावनाओं के साथ-साथ बालकृष्ण का कपट, ढिठाई, बालचातुर्य आदि भी लीला-मानुष के सौंदर्य का वर्धन करते हैं। श्रीकृष्ण एक ओर भोला-भाला है तो दूसरी ओर नटखट भी–

मैया मैं नहिं माखन खायो।
ख्याल परै ये सब सखा सबै मिलि, मेरै मुख लपटायो।
देख तू ही छींके पर भाजन, ऊँचै धरि लटकायौ।
हौं जू कहत नान्हें कर अपने, मैं कैसे कर पायौ।
मुख दधि पोंछि, बुद्धि एक कीन्हीं, दोना पोंछि दुरायौ।
डारि साँटि, मुसुकाई जसोदा, स्यामहिं कंठ लगायौ।

बालकृष्ण के रूप और उनकी लीलाओं में अनंत सौंदर्य और माधुर्य भरा हुआ है तो माता-पिता ही नहीं, पूरा ग्रामीण समाज उस पर मुग्ध है, उसे देखकर अपने को भूल जाते हैं और उनके मन में हर्षोल्लास छा जाता है–

सूर हरि की निरखि सोभा निमिष तजत न मात।।
अति आनंद बढ़्यो गोकुल में उपमा कही न जाइ।।
सूरदास धनि नंद की धरनी देखत नैन सिराई।।
सूरदास छवि निहारि चकित रहीं घोषनारि।।

सूर के बालकृष्ण के रूप-सौंदर्य-वर्णन में कुछ मनोवैज्ञानिक विशेषताएँ ध्यान देने योग्य हैं : (1) शिशु रूप में अंतर्मुखी अंतस्थ भाव-लोक में तल्लीन बाल कृष्ण का यह रूप है जो मनोवैज्ञानिक बाल-मानस, भावना और चेष्टा-व्यापार को प्रकट करता है–

कर पग गहि अँगूठा मुख मेलत।
प्रभु पौढ़े पालने अकेले, हरषि-हरषि अपने रंग खेलत।।
हरि अपनैं आँगन कछु गावत।
तनक-तनक चरननि सों नाचत मन ही मनहिं रिसावत।

इस क्रिया-व्यापार में अज्ञात मानसलोक का अनावरण है। (2) फ्रायड का कहना है कि बाल्यावस्था में ही काम भाव अचेतन में छिपा रहता है और बीच-बीच में संकेतात्मक या प्रतीकात्मक रूप में प्रकट होता रहता है। गोपिकाएँ बाल कृष्ण में ही यौवन की छवि देखती हैं–

लरिकाई में जोबन की छवि देखौं लोचन सुंदर भरि-भरि।

× × ×

आँगन डोलत मत गयंद मनु राखति सखि नर भुज लतिका भरि।
सूर स्याम सब समय महा सुख देत लाल पावति सब नारि।।

सूर के बाल कृष्ण तीनों लोकों के सौंदर्य को अपने में समेटे हुए हैं–

सुंदरता तिहुं लोक की, जसुमति ब्रज आनी।।

इस सौंदर्य के समष्टि प्रभाव को कवि ने यशोदा और गोपिकाओं की चेष्टाओं और क्रियाकलापों के माध्यम से व्यक्त किया है। आलंबन का सौंदर्य, अनुभूति और प्रभाव के द्वारा ही सजीव रूप धारण करता है–

बलि गई बाल रूप मुरारि।

× × ×

सूर सूर नर सबै मोहे निरखि यह अनुहारि।

यह हर्ष पूरे गोकुल का है जो आध्यात्मिक और सामाजिक दोनों दृष्टियों से सार्वजनीन अनुभूति का व्यंजक है–

माई आजु बौ बधाइ बाजै मंदिर महम के।
फूले फिरैं गोपी ग्वाल ठहर-ठहर के।।

(ख) किशोर छवि : सूर ने राधाकृष्ण के किशोर रूप के सौंदर्य का ही प्रधानतः वर्णन किया है–

"नवल किशोर नबल नागरिया। आज बन राजत जुगल किशोर।"

किशोरावस्था के सौंदर्य के तीव्र आकर्षण और प्रेम में एक-दूसरे में तल्लीन होकर दोनों प्रेमी अद्वैत की स्थिति पर पहुँच जाते हैं–

राधा माधव भेंट भई।
राधा माधव, माधव राधा, कीट भृंग गति ह्वैं जु गई।
माधव राधा के रंग राचे, राधा माधव रंग रई।।

किशोर श्रीकृष्ण की मुद्रा त्रिभंगी है। उस रूप में बाह्यसौंदर्य के साथ माधुर्य और लावण्य का सामंजस्य है। उस मुद्रा में शोभा, विलास आदि का भी योग रहता है। उस त्रिभंगी रूप को देखकर गोपिकाएँ कहती हैं–

निरखि सखि सुंदरता की सींवा।
अधर अनूप मुरलिका राजति, लहकि रहति अध ग्रीवा।

यह रूप उनके मन में इस तरह चुभ गया है कि कोशिश करने पर भी नहीं निकलता–

अब कैसहु निकसित नहिं, उधो तिरछे ह्वै जो अड़े।

रासक्रीड़ा लीलाओं में सबसे महत्त्वपूर्ण अंश है। 'कालिंदी के कूल पर शरत की चाँदनी में होनवाले रास की शोभा का क्या कहना है, जिसे देखने के लिए सारे देवता आकर इकट्ठा हो जाते थे। सूर ने एक न्यारे प्रेमलोक की आनंद छटा अपने बंद नेत्रों से देखी है।'[3] रासक्रीड़ा में सूर ने श्रीकृष्ण को नटवर की संज्ञा दी है। उस नृत्य का सौंदर्य शारीरिक मुद्राओं या भंगिमाओं में नहीं है, बल्कि उनको सजीव बनानेवाली भावनाओं में है। रासक्रीड़ा में नटवर की भावमय भंगिमाओं का रमणीय अंकन हुआ है–

नृत्यत स्याम नाना रंग।
मुकुट लटकति, भृकुटि मटकनि धरे नटवर अंग।
× × ×
कबहुँ नृत्यत नारि गति पर कबहुँ नृत्यत आपु।
सूर के प्रभु रसिक के मनि रच्यो रास प्रतापु।

इस रास के सौंदर्य के समभागी सब धन्य हैं : ब्रज-लोग, ब्रजबाला, बंशीवट, जमुनातट, लता-तमाल :

सब तैं तैं धन्य बृंदावन, जहाँ कृष्ण कौ बास।
धनि-धनि सूरदास के स्वामी, अद्भुत राच्यो रास।।

बालकृष्ण की तरह किशोर कृष्ण के अंग-प्रत्यंग में मोहक सौंदर्य भरा है। 'लोको भिन्न रुचिः' के अनुसार गोपिकाएँ उनके विभिन्न अंगों में सौंदर्य देखती हैं और उस पर अपना तन-मन न्यौछावर करने के लिए तैयार हो जाती हैं–

तरुनि निरखि हरि प्रति अंग।
कोउ निरखि नख इंदु भूलि, कोउ चरन जुग रंग।
कोउ निरखि नूपुर रही थकि, कोउ निरखि जुग जानु।
कोउ निरखि जुग जंघ सोभा करति मन अनुमान।
कोउ निरखि कटि पीत कछनी मेखला रुचिकारि।
कोउ निरखि हृदय नाभि की छवि डार्यो तन-मन वारि।

गोपिकाओं का यह भिन्न-भिन्न अंगों का सौंदर्य-दर्शन वास्तव में भिन्न कोणों से सूर के द्वारा श्रीकृष्ण के सौंदर्य का अनुशीलन है।

सूर ने किशोर कृष्ण के सौंदर्य का राधा और गोपिकाओं पर प्रभाव को अनेक

रूपों में व्यंजित किया है। श्रीकृष्ण के अनंत सौंदर्य का अनंत प्रभाव स्वाभाविक ही है–

> सुंदर मुख की बलि बलि जाऊँ।
> लावननिधि-गुननिधि-सोभानिधि निरखि-निरखि सब गाऊँ।।
> स्याम निधि वर मोतिन माला बिथकित भई निरखि ब्रज बाला।
> स्रबन थके सुनि बयन रसाला, नैन थके दरसन नंदलाला।।

नेत्र और मुरली पर अनेक अद्‌भुत बचनवक्रता से युक्त भावपूर्ण उक्तियाँ हैं जिनमें आलंबन के सौंदर्य के साथ आश्रय की अनुभूति मिली हुई है या आश्रय की अनुभूति के माध्यम से ही आलंबन के सौंदर्य की ओर संकेत किया गया है। श्रीकृष्ण के नेत्रों से आकृष्ट गोपिकाएँ कहती हैं कि 'चंचल चपल अनेरे' नेत्रों की इस ओछेपन की बानी बचपन से ही विकसित हुई है–

> जाकी जैसी बानि परी री।
> कोउ कोटि करै नहीं छूटे, जो जिहिं घरनी धरी री।

इसलिए वे अपने नेत्रों को ही दोष देती हैं–

> देखि सखि, लोचन फिरत न फेर।
> मेरे नैननि हीं सब दोष।।

मुरली-वादन के प्रभाव के लिए गोपिकाएँ मुरली को ही दोष देती हैं। उनका उलाहना आलंबन के अद्‌भुत सौंदर्य का द्योतक है। मुरली के मानवीकरण में उसके अपूर्व सौंदर्य या स्वर-माधुर्य के साथ भाव-व्यंजना के विविध प्रकार के अवसर प्राप्त हुए हैं–

> मुरली तऊ गोपालहिं भावति।
> सुन री सखी ! जदपि नंदनंदनि नाना भाँति नचावति।
> × × ×
> भृकुटी कुटिल, कोप नासाँपुट, हम पर कोपि कुपावति।

मुरली का स्वर सुनते ही गोपिकाएँ घर का काम-काज ही नहीं, कुल-मर्यादा भी छोड़कर दौड़ पड़ी हैं–

> जबहिं वन मुरली स्रवन परी।
> चकित भई गोपकन्या सब, काम-काज बिसरी।
> कुल मर्जाद, वेद की आज्ञा, नैंकहूँ नहीं डरी।

रासक्रीड़ा की तरह मुरली-वादन का भी श्रीकृष्ण की लीलाओं में महत्त्वपूर्ण स्थान है जिनका प्रभाव जड़-चेतन समस्त सृष्टि पर है। सौंदर्य और उसके प्रभाव की यह चरम स्थिति है। जब प्रकृति का स्वभाव ही बदल जाता है–

जब हरि मुरली नाद प्रकास्यौ।
जंगम जड़, थावरचर कीन्हें, पाहन जलज विकास्यौ।
स्वर्ग-पतल दसौं दिसि पूरन, ध्वनि आच्छादित कीन्हौं।।

प्रसंग के अनुसार राधा और गोपिकाओं के सौंदर्य को भी आलंबन के रूप में वर्णन किया गया है। राधा का मोहक रूप–

मोहिनी मोहन की प्यारी।
रूप उदधि मधि के बिधि, हठि पचि रची जुबती यह न्यारी।
× × ×
जहँ तहँ दृष्टि परति रहि उरझति, भरि नहिं जाति निहारी।
सूरदास प्रभु रस-बस कीन्हैं अंग-अंग सुकुमारी।

सूर ने आलंबन के सहज सौंदर्य का वर्णन करते हुए भी मध्यकालीन प्रवृत्ति के अनुरूप अलंकृत रूप-सौंदर्य का भी विस्तार के साथ वर्णन किया है। श्रीकृष्ण स्वयं राधा का शृंगार करते हैं जो हृदय की कोमल प्रेम भावना का व्यंजक है–

एक दिवस हरि अपने हाथन कर्णफूल पहिराए।
× × ×
बेनी सुभग गुही कर आपने हाथन चरनन जाबक दीनों।

राधा-कृष्ण का एक-दूसरे के प्रति आकर्षण और भावयोग में अद्वैत की स्थिति स्वाभाविक है, लेकिन स्त्री-पुरुष के एक-दूसरे का वेष धारण केवल प्रेम का आकर्षण नहीं है। वह एक विशेष और विलक्षण मनोवैज्ञानिक स्थिति है जिसके मूल में मनोविश्लेषक काम संबंधी अनेक वृत्तियों का संश्लेषण देखते हैं। राधा कृष्ण का वेष धारण करती है–

स्याम तनु प्रिया भूषन बिराजै।
कनक-मनि-मुकुट कुंडल स्रवन माल अधर मुरली धरै अधिक छाजै।।

अलंकरण के द्वारा समस्त इंद्रिय उत्तेजित होकर मन में सौंदर्यानुभूति को तीव्र स्पंदनशील और सजीव बनाती हैं। 'जहाँ तक स्थूल रूप वर्णन का संबंध है उनमें भी ये रंग भरते हैं, ध्वनि भरते हैं, गंध भरते हैं और स्वाद भी देते हैं। इस प्रकार समस्त इंद्रियों के द्वारों से प्रवेश करके मन के भीतर छिपे हुए प्राण-तत्त्व

और चैतन्य को झकझोरते हैं। इसी में इनकी योजना की सफलता है।'[4]

(ग) **प्रकृति और कला सौंदर्य :** रूप-सौंदर्य के अंतर्गत मानवीय सौंदर्य के अतिरिक्त प्राकृतिक तथा ललित एवं उपयोगी कलाओं के सौंदर्य पर भी संक्षेप में विचार करना आवश्यक है। मध्यकालीन काव्य में प्रकृति प्रायः उपेक्षित ही रही है और सूर इसके अपवाद नहीं हैं। लेकिन श्रीकृष्ण की लीलाभूमि के रूप में सूर ने वृंदावन की प्रकृति को काफी महत्त्व दिया है और उसे लीलाओं का अभिन्न अंग बनाया है। सूर के काव्य में ब्रज-प्रकृति पात्रों के जीवन का, उनके व्यक्तित्व का और उनके भाव-प्रसार का केंद्र हो गया है। उसका सौंदर्य आध्यात्मिक भक्ति-साधना का अंग भी बन गया है। कवि ने उस प्रकृति में आनंद तन्मय होकर उसका यशोगान किया है–

कहाँ सुख ब्रज कौ सौ संसार।
कहाँ सुखद वंशीवट जमुना, यह मन सदा विचार।
कहाँ वन धाम, कहाँ राधा संग, कहाँ संग ब्रजनाथ।
कहाँ रस रास बीच अंतर सुख, कहाँ नारि तन ताम।
कहाँ लता तरु-तरु प्रति बूझनि, कुंज-कुंज नव धाम।
कहाँ बिरह सुख बिन गोपिन संग सूर स्याम मन काम।

सूर ने आलंबन, उद्दीपन, संवेदनशील और पृष्ठभूमि चार रूपों या पद्धतियों में प्रकृति का वर्णन किया है। सभी रूपों में उनकी दृष्टि सौंदर्य और आनंद पर है। मधुर लीलाओं के गायन के संदर्भ में यह दृष्टि उपयुक्त, औचित्यपूर्ण तथा मानवीय एवं प्राकृतिक तत्त्वों में सामंजस्य स्थापित करनेवाली है। चाहे जिस रूप में हो, सूर का प्रकृति-वर्णन मानव भाव-सापेक्ष है और उसी भाव-सापेक्षता में प्रकृति के सौंदर्य का उन्मेष होता है। संवेदनशील रूप में प्रकृति-वर्णन इसका प्रमाण है। प्रकृति कृष्ण, राधा और गोपिकाओं की लीलाओं में भाग लेती है, उनके सुख-दुखात्मक स्थितियों में स्पंदित होती है, और परिस्थितियों के अनुसार उसमें आनंद या वेदना छा जाती है। श्रीकृष्ण के सौंदर्य और मुरली वादन पर मुग्ध प्रकृति–

बिहरत कुंजनि कुंज बिहारी।
पिक सुक विहंग, पवन थकि थिर रहे तान अलापत जब गिरिधारी।।
मोहन जा दिन बनहिं न जात।
ता दिन पसु-पच्छी, द्रुम-बेली, बिनु देखे अकुलात।
देखत रूप निधान नैन भरि, तातैं नहिं आघात।।

सूर सागर में ललित कलाओं का विशेषतः वास्तु, चित्र, मुरली वादन, संगीत और नृत्य का प्रस्तुत और अप्रस्तुत दोनों रूपों में वर्णन हुआ है। लेकिन उनके

सौंदर्य, लालित्य, माधुर्य आदि का सम्मूर्त्तन करते हुए उनके रहस्योद्घाटन का प्रयत्न बहुंत कम किया गया है। श्रीकृष्ण की लीलाओं की पृष्ठभूमि के रूप में वे उनके सौंदर्य और माधुर्य को बढ़ाती हैं। मानवीय सौंदर्य, प्रकृति सौंदर्य और कलागत सौंदर्य–तीनों के सामंजस्य में सौंदर्य अलौकिक लगता है या अलौकिक आध्यात्मिक सौंदर्य की पुष्टि होती है। कलाओं के वर्णन में भी उनके प्रभाव के माध्यम से ही सौंदर्य की व्यंजना हुई है। श्रीकृष्ण की मधुर वाणी भी लीलाओं में ललित कलाओं के धरातल पर पहुँच गई है। चित्रांकन और वाणी का प्रभाव–

मैं सब लिखि सोभा जु बनाई।
सजल जलद तन, बसन कनक रुचि, उर बहु दाम रूराई।
× × ×
जानत ही यह लोल लेख करि, ऐसहि दिन बिरमाई।
सूरदास मृदु वचन कौं, अति आतुर अकुलाई।।

सूर संगीत कला के मर्मज्ञ कलाकार हैं जिन्होंने विभिन्न राग-रागिनियों में पद-रचना की है और संगीत कला के विकास में उनका महत्त्वपूर्ण योगदान रहा है। मुरली वादन की कुछ चर्चा पहले हो चुकी है। सूर की वाद्य कला में उसका प्रभाव सर्वाधिक है–

जब हरि मुरली अधर धरत।
थिर चर, चर थिर, पवन चकित रहै, जमुना जल न बहत।।

मुरली वादन से समतुल्य महत्त्वपूर्ण नृत्य कला है। रासक्रीड़ा उसका एक लोक या जनपदीय रूप है। यह सामूहिक नृत्यकला है। श्रीकृष्ण की लीलाओं में रासक्रीड़ा का एक महत्त्वपूर्ण स्थान है, माधुर्य की दृष्टि से भी और आध्यात्मिक दृष्टि से भी। उसमें वेशभूषा, अलंकरण, गति, लय, गीतिगायन, वाद्यगायन, हाव-भाव, चेष्टा-व्यापार तथा भाव-व्यंजना–सभी का अपूर्व सामंजस्य है। उसमें नेत्रानंद और श्रवणानंद का समन्वय है। रासक्रीड़ा में सौंदर्य और रस का सागर उमड़ पड़ा है–'रस समुद्र मानों उछलति भयो सुंदरता की खानि।'

सूर-सागर में प्राचीन एवं मध्यकालीन मानव निर्मित उपयोगी वस्तु समुदाय के सौंदर्य की ओर भी अनेक संकेत मिलते हैं। यहाँ उपयोगी कलाओं का सौंदर्य है। मनुष्य उपयोगी वस्तुओं को भी केवल उपयोगिता को ही दृष्टि में न रखकर उन्हें सुंदर रूप देने का प्रयत्न भी करता है। सूर के द्वारा वर्णित कुछ वस्तुएँ प्राकृतिक उपादानों से अलंकृत और सुंदर हैं तो कुछ सभ्यता के अन्य साधनों से। कवि ने गोपसमाज के मनोरंजन के साधनों का वर्णन किया है जैसे गीत-गायन, मुरली-वादन, लोक-नृत्य आदि। उनमें और स्वतंत्र रूप से भी रंगीन वस्त्र, आभूषण, विविध प्रकार

के प्रसाधन आदि की चर्चा है। सोलह शृंगार में प्राकृतिक और कृत्रिम दोनों प्रकार की वस्तुओं का उपयोग होता है। उपवन, झूले, पालने आदि के सौंदर्य का भी वर्णन है। घर-बार और घर की वस्तुओं का फूल-पत्तों और रंगों से अलंकरण होता था। पर्व-त्यौहारों में यह प्रवृत्ति अधिक होती थी। यशोदा अपने शिशु के लिए सुंदर पालना बनवाना चाहती है–

पालनौ अति सुंदर गढ़ि ल्याउ रे बढ़ैया।
सीतल चंदन कराउ, धरि खराद रंग लाउ।
विविध चौकरी बनाउ, धार रे बनैया।...

(घ) रूप-सौंदर्य की अवधारणा के कुछ विशिष्ट बिंदु : (1) सौंदर्य सगुन साकार रूप का ही धर्म है। रूपाश्रित सौंदर्य आश्रय में प्रेम का विकास करता है। सूर की अवतारवादी दृष्टि में इसी भावना का पल्लवन है–

गोविंद तेरो सरूप निगम नेति गावै।
भक्ति के बस स्याम सुंदर देह धरे आवै।
जोगी जन ध्यान धरैं, सपनेहुँ नहिं पावै।।

सूर ससीम रूप में ही सौंदर्य की अनंतता देखते हैं तो दूसरी ओर सृष्टि के कण-कण में भी सौंदर्य और माधुर्य का अनुभव करते हैं। पहला रूपगत सौंदर्य की अनंतता है और दूसरा अनंत रूपों और भंगिमाओं में सौंदर्य का दर्शन है–

नैननि निरखि स्याम स्वरूप।
रह्यौ घट-घट व्यापि सोई, जोति रूप अनूप।।

(2) सौंदर्य प्रायः रूप की नैसर्गिकता, स्वच्छंदता, रहस्यमयता और असाधारणता में माना जाता है। सूर का सौंदर्यवर्णन अलंकृत रूप का है जो सौंदर्य की अतिशयता का द्योतक है। उसकी नैसर्गिकता की व्यंजना प्राकृतिक अप्रस्तुत-योजना के द्वारा हुई है। रूप के प्रत्यक्ष वर्णन की अपेक्षा भाव-चेष्टा-व्यापारों में रूप की स्पंदनशीलता के वर्णन में सहज सौंदर्य का गतिशील, भाषात्मक और उन्मुक्त स्वरूप सामने आता है। किशोरावस्था की चंचलता और तीव्र भावात्मक संवेदना, रूप-सौंदर्य की स्वच्छंदता का प्रधान कारण है–

नवल किशोर नवल नागरिया।
अपनी भुजा स्याम भुजा ऊपर, स्याम भुजा अपनै उर धरिया।
क्रीड़ा करत तमाल-तरुन-तर, स्यामा स्याम उमंगि रस भरिया।।

श्रीकृष्ण के सहज मानवीय रूप का वर्णन करनेवाले कवि की रचना में

रहस्यमयता और असाधारणता वस्तु रूप या भावगत धर्म नहीं है। अद्‌भुत और अपूर्व विशेषणों का प्रयोग करते हुए कवि उनकी प्रतीति कराता है। कल्पना, अतिशयता और अत्युक्ति सौंदर्य की रहस्यमयता और असाधारणता के साधक तत्त्व हैं। अवतारवादी आध्यात्मिक दृष्टि उनके हेतुभूत नहीं है।

(3) यथार्थ के किसी न किसी रूप में आधार के बिना सौंदर्य वायवी और काल्पनिक हो जाता है। नव यौवन का सौंदर्य और प्रेम कवि की सौंदर्य-भावना को वायवी नहीं होने देते। श्रीकृष्ण की लीलाओं में सौंदर्य-दर्शन और प्रेम एक अर्थ में ऐकांतिक हैं तो दूसरे अर्थ में सामूहिक भी। उनके प्रति वात्सल्य और प्रेम समष्टिगत हैं। उन भावों की अनुभूति में दूसरे के भाग्य के प्रति कुछ ईर्ष्या अवश्य होती है, लेकिन जलन नहीं। श्रीकृष्ण के जन्म से आनंद विभोर गाँव का यह समष्टि रूप है—

आजु नंद के द्वारे भीर।
इक आवत इक जात बिदा ह्वै इक ठाढ़े मंदिर के तीर।।

गोचारण-जीवन सौंदर्य को यथार्थ की ठोस आधारभूमि देता है। उसमें सौंदर्य की अनंत झाँकियाँ प्रस्तुत की गई हैं। राधा के लिए कृष्ण गाय का दोहन कर रहे हैं तो—

हाथ धेनु-थन, नयन तिया-सन, छीर छाँटि छल छोरे।

और राधा शिकायत करती है—

इत चितवत उत धार चलावत, यहै सिखायौ मैया।

(4) नेत्र-गोचर रूप-सौंदर्य को वाणी में मूर्त्त करना सरल काम नहीं है। वह 'गूँगे का गुड़' है जिसकी अनुभूति होती है, पर अभिव्यक्ति नहीं। श्रीकृष्ण के नेत्रों का सौंदर्य अपूर्व है तो आश्रय की अनुभूति में आशा-आकांक्षा, लालसा-निराशा, असंतुष्टि-अनुराग की अनंत भावनाओं का विशेष वाग्वैदग्ध्य के साथ अभिव्यक्ति है। इस अनिर्वचनीय और अनुभववेद्य सौंदर्य और उसकी अनुभूति को कवि ने चित्रांकन, अप्रस्तुतों और व्यंजना के द्वारा मूर्त्त रूप दिया है। पता नहीं कृष्ण का यह सौंदर्य कहाँ है—

ऐसी दसा भई री इनकी स्याम रूप में मगन रये री।
सूरदास प्रभु अनगित सोभा ना जानौं केहि अंग छये री।

हरि की अनंत शोभा सीमित नेत्र और मन में कितना समाती है—

सूर सिंधु की बूँद भई मिलि मति गति दृष्टि हमारी।

(5) रूप-सौंदर्य-निरूपण में संपूर्णता, अनंतता और नवीनता—ये तीन विशेषताएँ सूर की सौंदर्य संबंधी अवधारणा, उसके स्वरूप और उसकी प्रकृति को स्पष्ट करती हैं। भगवान के अवतारों में श्रीकृष्ण ही एकमात्र सौंदर्य के अवतार हैं। उनकी अनंत विभूतियों में सौंदर्य एक प्रधान विभूति है। ईश्वरीय सौंदर्य होने के कारण वह परिपूर्ण है और सारी सृष्टि को सौंदर्यमय बनाता है—''सूर स्याम संग सब सुख सुंदर, सुंदर भक्त हेतु अवतार।'' सौंदर्य और उसका प्रभाव दोनों मिलकर ही पूर्ण सौंदर्य को प्रकट करते हैं। सूर ने श्रीकृष्ण के सौंदर्य को यशोदा, राधा और गोपिकाओं के माध्यम से ही व्यक्त किया है। सौंदर्य की दूसरी विशेषता अनंतता को कवि ने वस्तुनिष्ठ रूप में सागर मानकर और व्यक्तिनिष्ठ रूप में विभिन्न आश्रयों के सात्विक अनुभवों के द्वारा निरूपित किया है। समुद्र की तरह श्रीकृष्ण की शोभा तरल है, उज्ज्वल है और उमड़कर सारे जगत् को प्लावित कर देती है। 'देखो माई सुंदरता का सागर', 'सोभा सिंधु न अंत रही री' आदि अनेक उदाहरण पहले दिए जा चुके हैं। सौंदर्य की तीसरी विशेषता नवीनता में वस्तु का रूप तो बदलता नहीं है, लेकिन उसमें निहित सौंदर्य के कारण वह क्षण-क्षण नया लगता है। अंग-संचालन, नेत्र, मुस्कुराहट, मुरलीवादन आदि में जो चंचलता, परिवर्तनशीलता और स्वर-भेद है उनके कारण सौंदर्य में सजीवता की अनुभूति होती है और वह नित्य नवीन लगता है। सूर ने सौंदर्य की परिवर्तनशीलता, उसे पहचानने में कठिनाई और नवीनता का अनेक रूपों में वर्णन किया है—

मोहन माई री हठ करि मनहि हारत।
अंग अंग प्रति और और गति छिनु छिनु अति ही छबि जु धरत।

(6) सूर ने सौंदर्य संबंधी अनेक शब्दों का प्रयोग किया है जो स्थूल दृष्टि से पर्यायवाची लगते हैं, लेकिन वास्तव में वे सौंदर्य के कुछ विशेष पहलुओं को द्योतित करते हैं। 'सुंदरता' का व्युत्पत्ति-अर्थ नेत्रों को सुख देने वाला है। 'रूप' 'सुरूप' और 'रंग' शब्द सौंदर्य की वस्तुनिष्ठता को प्रकट करते हैं। 'सुभग' और 'सुषमा' व्यक्त बाह्य रूप में किसी अंग में या विभिन्न अंगों में अनुपातपूर्ण सौष्ठव के व्यंजक हैं। व्यक्त बाह्य रूप के अन्य धर्म 'शोभा' 'आभा' 'दुति' और 'लोल' शब्दों के द्वारा अभिव्यंजित हैं। ये अंग-संचालन, कांति, चंचलता आदि को प्रकट करते हैं। इनमें 'आभा' और 'दुति' अंतःसौंदर्य या लावण्य की बाहरी अभिव्यक्ति के लिए भी प्रयुक्त हुए हैं। 'छवि' समष्टि रूप या अंग विशेष का सुंदर दृश्य या उसकी एक झाँकी है। 'लावण्य' और 'ललित' क्रमशः अंतःसौंदर्य की उज्ज्वलता और कोमलता को सूचित करते हैं। सौंदर्यानुभूति को ध्वनित करनेवाले शब्द 'कमनीय' 'माधुरी' 'चारु' और 'रुचि' हैं जिनमें सौंदर्य की कामना, मधुर रसमय अनुभूति, आकर्षण और रूप की ओर उन्मुखता अंतर्निहित है। माधुर्य सौंदर्य का व्यक्तिनिष्ठ

ही नहीं वस्तुनिष्ठ धर्म भी हो सकता है। 'मन मोहन' 'मनोहर', 'सलोना', 'सुघराई' और 'मंजुल' रूप सौंदर्य के प्रशंसात्मक शब्द हैं। ये सौंदर्य के प्रभाव, आकर्षण, मनोनिवेश, सौष्ठव आदि भावों की व्यंजना करते हैं। सलोना और सुघराई हिंदी के शब्द हैं जो लक्षणा द्वारा सौंदर्य की व्यंजना करते हैं। नवल, मोहन, छबीला आदि विशेषणों तथा राजत, विराजत, लसत आदि क्रियाओं के द्वारा भी सूर ने मोहकता, ताजगी, रंग, आलोक, शोभा आदि गुणों का प्रकाशन किया है।

(7) सूर को मधुर भक्ति, वात्सल्य और शृंगार के कवि माननेवाले समीक्षकों ने तीनों के मूलभूत तत्त्व सौंदर्य की उपेक्षा की है। यह सौंदर्य लौकिक 'रूप-लिप्सा' न होकर अंततः आध्यात्मिक है। आचार्य हजारी प्रसाद द्विवेदी अपने इतिहास में वात्सल्य और शृंगार को भी केवल लौकिक भावाश्रित नहीं मानते। गोपिकाओं की उक्ति 'लरिकाई को प्रेम कहौ अलि कैसे छूटै' के आधार पर श्रीकृष्ण और राधा एवं गोपिकाओं के प्रेम को साहचर्य जन्य मानना उचित नहीं है। राधाकृष्ण एक-दूसरे के सौंदर्य से आकृष्ट हैं–'सूर स्याम देखत ही रीझे, नैन नैन मिलि परी ठगोरी।' सौंदर्य के आकर्षण से उत्पन्न इस प्रेम और शृंगार लीला में आध्यात्मिकता अंतर्निहित है। अन्यथा वह उन्मुक्त समाज की प्रेम लीला होगी। 'ब्रज भाषा का कवि, तथापि सूरदास, ठोस रूप के उपासक हैं, इस रूपावरण के पीछे कहीं भी तुरीय-अरूप सत्ता की ओर इशारा नहीं किया गया है, तथापि भक्त कवि की व्याकुलता उसके पीछे किसी न किसी रूप में रह गई है।'[5] यहाँ दो बातें ध्यातव्य हैं–श्रीकृष्ण की लीलाओं में सौंदर्य तत्त्व की प्रधानता और उसके प्रति प्रेम में आध्यात्मिक व्याकुलता। सूर-सागर में विरह का जो सागर उमड़ पड़ा है, वह साधारण लौकिक वियोग नहीं है। जहाँ तक श्रीकृष्ण और राधा एवं गोपिकाओं का प्रेम है वह न रूप-लिप्सा के कारण है और न साहचर्यजन्य। उसे आकस्मिक भेंट में प्रथम वीक्षण से उत्पन्न रोमांटिक प्रेम कहना भी उचित नहीं है। वह अलौकिक और अपूर्व सौंदर्यजन्य अंतर्मुखी भावना का परिणाम है।

लौकिक दृष्टि से वात्सल्य के संबंध में कोई मतभेद नहीं हो सकता। शृंगार के संबंध में कहीं-कहीं वासना की झलक मिलती है। मुख्य आक्षेप, संयोग शृंगार को बाह्यार्थ निरूपक और विरह को अंतर्वृत्ति निरूपक कहकर मूल्यांकन करने पर है। इस तरह के विचार को शुक्ल जी भी स्वयं स्वीकार करते हैं–'सूर का संयोग वर्णन एक क्षणिक घटना नहीं है, प्रेम-संगीत-मय जीवन की एक गहरी चलती धारा है, जिसमें अवगाहन करने वाले को दिव्य माधुर्य के अतिरिक्त और कहीं कुछ नहीं दिखाई पड़ता। राधा-कृष्ण के रंग-रहस्य के इतने प्रकार के चित्र सामने आते हैं कि सूर का हृदय प्रेम की नाना उमंगों का अक्षय भंडार प्रतीत होता है। प्रेमोदय काल की विनोदवृत्ति और हृदय प्रेरित भावों की छटा चारों ओर छलक पड़ती है।'[6] सूर के काव्य के संबंध में सभी भ्रांतियों का मूल कारण, उनकी रचना-धर्मिता का

मूल तत्त्व सौंदर्य और उसके अव्यक्त आध्यात्मिक आधार की उपेक्षा है। शुक्ल जी के ही शब्दों में 'बाल्यकाल और यौवन काल कितने मनोहर हैं ! उनके बीच की मनोरम परिस्थितियों के विशद चित्रण द्वारा सूरदास जी ने जीवन की जो रमणीयता सामने रखी, उससे गिरे हृदय नाच उठे।'[7]

सूर के काव्य में सौंदर्य का मूर्त्त साक्षात्कार ही नहीं होता, उससे कहीं अधिक सौंदर्य-दर्शन की व्याकुलता है।

5. भाव और चेष्टा-व्यापार सौंदर्य

(क) भाव सौंदर्य : कृष्ण भक्ति में वात्सल्य, सख्य और मधुर तीनों प्रकार की भक्ति-भावना अंततः प्रेमपूला है। सूर ने जीवन और काव्य में प्रेम-भावना को ही एकमात्र लक्ष्य माना है। उस प्रेम-भावना का साधन सौंदर्य और सिद्धि आनंद है। यह प्रेम, सौंदर्य और आनंद शाश्वत आध्यात्मिक सत्य हैं। काव्य के संदर्भ में ये सहज मानवीय रूप में प्रस्तुत किए गए हैं। प्रेम का आधार, सौंदर्य राधा और गोपिकाओं के तन-मन को खींच लेता है—'प्रेम विवस सब ग्वालि भई' 'यहाँ ध्यान देने की बात है कि प्रेमवश ही श्रीकृष्ण गोवर्धन-धारण और दावानल-निवारण करते हैं। ये कर्म लोक-समाज-रक्षक रूप में नहीं हैं। यहाँ साध्य कर्म नहीं, प्रेम है। गोपिकाओं के इस सहज प्रेम-निरूपण में अन्य मूल्यों का निराकरण हो गया है। पुष्टिमार्गीय प्रेम लौकिक बंधनों को स्वीकार नहीं करता। चीरहरण, मुरली-वादन, रासक्रीड़ा आदि प्रसंग लोक लज्जा और सामाजिक मर्यादा को छिन्न-छिन्न कर देते हैं। सूर की भाव-व्यंजना, सौंदर्य और प्रेम से संबद्ध है। उन भावनाओं में कोमलता और वेदना को छोड़कर उग्र और परुष भावनाओं के लिए कोई गुंजाइश नहीं है।

सौंदर्य का आकर्षण भाव-व्यंजना का आधार है तो आश्रय की भावनाएँ आलंबन के रूप-सौंदर्य को द्विगुणित करती हैं। दोनों के ताने-बाने में भाव और चेष्टा-व्यापार-गत सौंदर्य का गतिशील आकर्षण ही अधिक है। लीला का माधुर्य उसी पर आधारित है। माखन-चोरी का प्रसंग लीजिए—

> चोरी करत कान्ह धरि पाए।
> निसि बासर मोहि सतायो अब हरि हाथहिं आए।
> × × ×
> तेरी सौं मैं नेकु न खायो सखा गए सब खाई।
> मुख तन चितैं विहँसि हरि दीन्हों रिस तब गई बुझाइ।
> लियो स्याम उर लाइ ग्वालिनी सूरदास बलि जाइ।

यहाँ चोरी करते पकड़ने का हर्ष, अत्याचार पर रोष, कृष्ण के भोलेपन का बहाना, मजबूरी में उसका हँस देना, गोपिका के मन में अव्यक्त प्रेम का प्रकाशन—भावों

का यह गुंफन सन्निवेश को अपूर्व सौंदर्य और माधुर्य से भर देता है।

आलंबन की कोमल भावनाएँ ही नहीं, कभी-कभी क्रोध, खीझ आदि उग्र या अननुरंजनकारी भावनाएँ भी प्रेम के कारण आश्रय के लिए आकर्षक और आनंददायी बन जाती हैं। श्रीकृष्ण क्रोध में कहते हैं—

यह ले अपनी लकुटि कमरिया बहुतहिं नाच नचायौ।।

और यशोदा को श्रीकृष्ण का वह क्रोध भरा मुँह प्यारा-प्यारा ही लगता है।—

मोहन को मुख रिस समेत लखि, जसुमति सुनि-सुनि रीझै।

खीझ में भाव-सौंदर्य का उत्कर्ष देखिए—

खीजत जात माखन खात।
अरुन लोचन भौंह टेढ़ी बार-बार जँभात।

× × ×

सूर हरि की निरखि सोभा निमिष तजत न मात।

एक, सूर के द्वारा वर्णित भावनाओं में कोमल भाव स्वयं संवेद्य और सुखात्मक हैं। दूसरी वे वेदनामयी भावनाएँ दुखात्मक हैं, पर प्रेम संबंधी होने के कारण पूर्ण रूप से विकर्षात्मक नहीं हैं। तीसरी उग्र भावनाएँ दुखात्मक और मन में तीव्र प्रकंपन उत्पन्न करने वाली हैं। पहली अपनी प्रकृति के कारण सौंदर्यात्मक हैं तो दूसरी और तीसरी में कवि की दृष्टि और भावगत मूल्य-व्यवस्था के कारण सौंदर्य की अनुभूति होती है। कवि ने तीनों प्रकार की भाव-व्यंजना को मूर्त रूप प्रदान किया है। इस सम्मूर्त्तन के कारण भी भावनाएँ संवेद्य और सौंदर्यमय बनती हैं। सम्मूर्त्तन या कलात्मक अभिव्यंजना में सूर की अपूर्व सफलता और उसके विविध पहलुओं पर आगे विचार किया जाएगा।

भावों के अंतस्थ और बाह्य रूप-विधान के सौंदर्यशास्त्रीय गुण धर्मों में पहला उनका अद्भुतपन है। कृष्ण के बाल मनोभाव मानवीय और नैसर्गिक हैं। लेकिन मातृ हृदय उनमें एक अद्भुतपन देखता है और उसे दिखाने के लिए बाबा को बुलाती है। राधा और गोपिकाओं की भी वही मनःस्थिति है। प्रेम की भावना संवेगात्मक है, संयोग में जिसका परितोष होता है। राधा और गोपिकाएँ, कृष्ण के प्रेम-भाव में विस्मय-विमुग्ध हो जाती हैं। ऐसा लगता है कि कवि के लिए बालभाव और प्रेमभाव की ये लीलाएँ अद्भुत कौतुक हैं। चाँद के लिए बालकृष्ण का हठ—

मेरो माई ऐसो हठी बाल गोविंदा।
अपने कर गहि गगन बतावत खेलन को माँगे चंदा।

बासन में जल धर्‌यो जसोदा हरि कों आनि दिखावै।
रुदन करत ढूँढ़त नहीं पावत चंदा धरनि क्यों आवै।

प्रेम में राधाकृष्ण की अद्वैत स्थिति–

राधा स्याम सनेहिनी हरि राधा नेही।
राधा हरिकें तन बसैं हरि राधा देही।
राधा हरिके नैनमें हरि राधा के नैननि।

गोपिकाओं की प्रेमानुभूति–

जौं देखों तो प्रीति करीं री।
संगहि रहीं फिरै निसि बासर चित ते नेंकु बिसरीं री।
× × ×
सूर स्याम लोचन भरि देखों कैंसें इतनी साध भरौं री।

मनोभावों की व्यंजना में अद्‌भुत विलक्षणता है। यह केवल शैलीगत न होकर भावगत है। छेड़-छाड़, हास-परिहास और व्यंग्य-विनोद में यह अद्‌भुतपन कोमल भावनाओं के साथ मिलकर अभिव्यक्त होता है। माखन चोरी के प्रसंग में श्रीकृष्ण अद्‌भुत भोलेपन के साथ सफाइयाँ देता है–

मैं जान्यौ यह मेरे घर है, तो सीधे मैं आयो।
देखत ही गोरस में चींटी काढ़न कौ करि नायौ।

अद्‌भुत लीलाओं, सन्निवेशों और मनोभावों के बीच हृदय की कोमलता, आशा-आकांक्षा और मधुर स्वप्नों का उन्मेष होता रहता है। वात्सल्य और प्रेम दोनों संदर्भों में आलंबन के रूप-सौंदर्य और मनोभाव व्यंजित हैं, लेकिन उनसे अधिक विस्तार आश्रय की भावनाओं का है। यह छोटी-मोटी बातों से लेकर गंभीर विषयों में भी व्याप्त है। यशोदा के मातृहृदय की अभिलाषा–

जसुमति मन अभिलाष करै।
कब मेरो लाल घुटुरुवन रेंगै, कब धरनी पग द्वैक धरै।

प्रसंग के अनुसार सूर ने विविध कोमल भावनाओं में नैसर्गिकता, स्वच्छंदता और उदात्तता का समावेश किया है जिससे भाव सौंदर्यात्मक और ग्राह्य हो सका है।

सूर-सागर में सौंदर्य और प्रेम का सागर उमड़ता है तो भ्रमरगीत प्रसंग में वेदना का सागर सारे वृंदावन को डुबा देता है। उस वेदना के प्रसंग में सौंदर्य की चर्चा करना विरोधाभास-सा लगता है। स्थूल अर्थ में वहाँ सौंदर्य नहीं है, लेकिन

हृदय को झंकृत करने वाली वेदना में मानवीय संवेदना का मूल्य उसमें अंतर्निहित है। वेदना की विवृत्ति में बीच-बीच में पाठक के मन को सांत्वना (रिलीफ) देने वाले अनेक तत्त्व हैं—पुरानी स्मृतियों का स्मरण, प्रेमानुभूति की विह्वलता, प्रियतम के प्रति शुभकानाएँ और उद्धव के साथ हास-परिहास और व्यंग्य। वेदना और हास विरोधी भावों के रूप में एक-दूसरे को प्रभावित करते हुए दूसरे की जड़ काटने का प्रयत्न करते हैं। एक आँख से रोना और एक आँख से हँसना, काव्य में दोनों भावों को एक-दूसरे के परिपार्श्व पूर्व में रखना, पात्र और पाठक दोनों को कुछ सांत्वना देता है। एक निस्पृहता का विकास होकर मनुष्य अपने को भूल जाता है और वेदना परिहास में अंतर्लीन हो जाती है। उद्धव पर वाग्वैदग्ध्य के बाण और बीच-बीच में श्रीकृष्ण पर व्यंग्य, गोपिकाओं की वेदना को दूसरी दिशाओं में बदलकर वेदना पर एक हलका परदा डाल देते हैं—

> हम सों कहत कौन की बातें ?
> सुनि ऊधो, हम समुझति नाहिं, फिर बूझति हैं तातें।।
> निर्गुन कौन देश को वासी ?
> मधुकर ! हँसि समुझाइ, सौंह दैं बूझति साँच न हाँसी।।
> ऊधो भली करी तुम आए।
> ये बातें कहिं-कहिं दुख में ब्रज के लोग हँसाए।।

वेदना और विनोद का, गंभीरता और हलकेपन का यह सम्मिश्रण; एक विचारणीय, अनुभूति की मनोवैज्ञानिक उलझन है।

(ख) चेष्टा-व्यापार गत सौंदर्य : सूर ने मनुष्य की सामाजिक चेतना से वैयक्तिक साधना और मानवीय चेतना को अधिक महत्त्व देने के कारण उसके बहिर्मुखी महान् क्रियाकलापों के स्थान पर सहज चेष्टा-व्यापारों को प्रमुखता देकर अपने काव्य में वर्णन किया है। इन चेष्टा-व्यापारों से रूप गतिशील और भावनाएँ सजीव होकर सौंदर्य का नया उन्मेष हुआ है। 'बाल वर्णन के समय अपने आराध्य को अलौकिक समझते हुए भी उन्हें इतने सहज स्वाभाविक रूप में अवतरित करते हैं कि वे हमारे नेत्रों के समक्ष हँसते-मुस्कराते हुए, घुटनों के बल चलते हुए, उठ-उठ कर गिरते हुए, इधर-उधर दौड़ते हुए, साथियों से झगड़ते हुए, माँ से झूठी शिकायत करते हुए किसी चंचल बालक की छवि सजीव रूप में उपस्थित हो जाती है।'[8] शुक्ल जी के शब्दों में 'बाल चेष्टा के स्वाभाविक मनोहर चित्रों का इतना बड़ा भंडार और कहीं नहीं है। जितना बड़ा सूर-सागर में है।'[9] अपने ही प्रतिबिंब को पकड़ने की चेष्टा का रमणीय चित्र—

किलकत कान्ह घुटुरुवनि आवत।
मनिमय कनक नंद कैं आँगन मुख प्रतिबिंब पकरिबै धावत।

बाल-चेष्टाओं की तुलना में प्रेम-चेष्टा-व्यापार अपूर्व माधुर्य और सौंदर्य से भरे होने पर भी ऐकांतिक और आसाधारण लगते हैं। गार्हस्थ्य जीवन और सामाजिक मर्यादा से दूर होना, इसका कारण हो सकता है। चीरहरण, पनघट-लीला, कुंज-विहार, रासक्रीड़ा आदि प्रसंग एक ओर प्रेम की स्वच्छंदता और उन्मुक्तता को द्योतित करते हैं तो दूसरी ओर ऐकांतिक ही नहीं, विलक्षण भी लगते हैं। वे वर्तमान भारतीय संस्कृति के पहले लोक-सांस्कृतिक जीवन के अंग हो सकते हैं और बाद को उन पर आध्यात्मिक प्रतीकत्व का आरोप किया गया होगा।

पनघट में कृष्ण के व्यवहार में छेड़-छाड़ के बीच विरोध के साथ प्रेम की भी व्यंजना है। गोपिकाएँ कृष्ण के अत्याचार की निंदा करती हैं–

जमुना जल कोउ भरन न पावै।
आपुन बैठ्यो कदम डारि चढ़ि गारी दै दै सबनि बुलावै।
काहू की गगरी गहि फोरे काहू सिर तैं नीर ढरावै।
× × ×
सूर स्याम अति करत अचगरी कैसेहुँ काहू हाथ न आवै।

इस विपरीत व्यवहार और अत्याचार में भी कृष्ण के प्रति गोपिकाओं के मन में प्रेम-भावना ही है–'मन बच कम स्याम सुंदर तजि और न जानतिं आना।' विलक्षण व्यवहार और विलक्षण मनःस्थिति है।

रासक्रीड़ा में श्रीकृष्ण की लीला विलक्षण है ही, नृत्यरत गोपिकाओं के हाव-भावों, अनुभावों और चेष्टा-व्यापारों में आत्म-विस्मृत करनेवाला अद्भुत माधुर्य और सौंदर्य भरा है–

गति सुगध नृत्यति ब्रज नारि।
हाव भाव नैननि सैननि दै रिसवति गिरिधर धारि।
पग-पग पटकि भुजनि लटकावति फूँदा करति अनूप।
चंचल चलत झूमक अंचल अद्भुत है वह रूप।
× × ×
फूल खसत सिर तें भये न्यारे सुभग स्वाति सुत मानो।

चेष्टा-व्यापार, वात्सल्य और प्रेम दोनों क्षेत्रों में, संयोगकालीन होने के कारण मधुर और आस्वाद्य हैं। वियोगदशा में यह क्रियाशीलता स्तब्धता में परिणत हो जाती है और रूप, भाव एवं स्थिति या गतिविधि के दूसरे प्रकार के चित्र सामने आते हैं।

सौंदर्य और प्रेम : सौंदर्य और प्रेम सूर की भक्ति और रचना-धर्मिता के केंद्र बिंदु हैं। दोनों मानवीय धरातल पर ऐंद्रिय और मानसिक हैं तो भक्तिपरक धरातल पर आध्यात्मिक हैं। लेकिन उनकी आध्यात्मिकता की ओर संकेत मात्र मिलते हैं, उनका अभिव्यक्त स्वरूप ऐंद्रिय और मानसिक ही है। सूर की दृष्टि में प्रेम सौंदर्य पर आधारित है। इसीलिए कवि ने श्रीकृष्ण के सौंदर्य का इतने विस्तार के साथ वर्णन किया है। उस सौंदर्य पर सारी प्रकृति मुग्ध है—'वन, उपवन, सरिता सब मोहै।' गोपिकाओं की यह स्थिति है—

जब तैं बदन निहार्‌यौ।
ता दिन तैं मन अटक्यों, बहुत करी निकरै न निकार्‌यो।

उस सौंदर्य में राधा का तन-मन पंगु हो जाता है—

राधा निरखि भूली अंग।
नंद नंदन रूप पर गति मति भई तनु पंगु।

प्रेम वैयक्तिक है। आकर्षण का कारण श्रीकृष्ण के सौंदर्य की अपूर्वता, अनंतता और वैशिष्ट्य है तो दूसरी ओर वह व्यक्ति की वैयक्तिक अभिरुचि का विषय है—

ऊधो मन माने की बात।
× × ×
सूरदास जाको मन जासों सोई ताहि सुहात।

नारी अपने रूप-सौंदर्य की सार्थकता प्रियतम को प्रसन्न करने में मानती है जो प्रियतम को रिझा नहीं सकता, वह व्यर्थ है—

सोइ अति सुलच्छनि नारी, रीझै जाहि भावतौ जी को।

सूर ने प्रेम में ऐंद्रिय मधुर अनुभूति, मानसिक विह्वलता और आनंदानुभूति के अतिरिक्त उसके स्वरूप, महत्त्व और आदर्श की ओर भी संकेत किया है। उसके बिना जीवन नीरस और शुष्क है। भ्रमरगीत ज्ञान, योग आदि के साथ तुलना में प्रेम की रसमयता का प्रतिपादक है—

अँखियाँ हरि दरसन की भूखीं।
कैसे रहे रूप-रस-रांची ये बतियाँ सुनि रूखीं।।
नेह न होई पुरानो रे अलि।
दिन-दिन बढ़त नीर नलिनी ज्यौं, स्याम रंग में नैन रहे अलि।।
स्याम रंग रांची ब्रजनारी, और रंग सब दीने डारी।।

विद्यापति की तरह सूर ने राधा के प्रेम को अद्वैत की स्थिति पर पहुँचा दिया है–

राधा माधव भेंट भई।
राधा माधव माधव राधा कीट भृंग गति ह्वै जु गई।।
राधा माधव के रंग राँचे राधा माधव रंग रई।
राधा माधव प्रीति निरंतर रसना करि सो कहि न गई।
विहँसि कह्यो हम तुम नहिं अंतर कहिकै उन उन ब्रज पठई।
सूरदास प्रभु राधा माधव बन बिहार, नित नई नई।

लौकिक दृष्टि से प्रेम की एकनिष्ठता में वियोग बाधाजनक नहीं है। कुरुक्षेत्र के बाद राधाकृष्ण के प्रेम की अलौकिक आध्यात्मिकता का रूप सामने आता है। उस प्रेम में संयोग-वियोग की द्वैत भावना नहीं है। प्रेम ही जीवन का लक्ष्य है। वह आत्मा-परमात्मा का है और जन्म-जन्मांतर से चला आ रहा है। वह विवाह पर आधारित लौकिक प्रेम नहीं है–

सखी री नाहिंन नई सगाई।
सुनि राधिके तोंहि माधव सों प्रीति सदा चलि आई।

सूर-सारावली और साहित्य-लहरी पर ही नहीं सूर-सागर के कुछ पदों में भी प्रेम के नाम पर काम क्रीड़ा का वर्णन है। यह उस समय धार्मिक संप्रदायों में शृंगारी काम-साधना और काव्य-परंपरा का प्रभाव हो सकता है। सूर की प्रेम-भावना पर दूसरा आक्षेप उसकी लोक-विमुख ऐकांतिकता का है। शुक्ल जी का कहना है कि 'श्रद्धा और प्रेम के योग का नाम भक्ति है।'[10] श्रद्धा ने तुलसी की काव्य-साधना को लोकधर्म और कर्म-सौंदर्य की ओर उन्मुख किया है जिसमें शुक्ल जी की अभिरुचि है और जिसे वे लौकिक दृष्टि से जीवन का शिवम् मानते हैं। प्रेम-भावना लौकिक द्वंद्वों से परे भक्ति के चरम धरातल पर पहुँचा देती है। वहाँ लोक-धर्म और कर्म-कर्तव्य का प्रश्न ही नहीं उठता–

प्रेम प्रेम तैं होइ प्रेम तें पारहि पाइयै।
प्रेम बंध्यो संसार प्रेम परमारथ लहियै।
साँचौ निहचै प्रेम कौं जीवन्मुक्ति रसाल
एकै निहचै प्रेम को जनै मिलै गोपाल।।

यह आध्यात्मिक प्रेम है जिसकी प्रतीक राधा है–

जब राधा तब ही मुख माधौ-माधौ रटत रहै।
जब माधो ह्वै जान सकल तन, राधा बिरह दहै।

प्रेम की इस अनन्यता को देखकर उद्धव अपने ज्ञान योग को भूलकर स्तब्ध और मौन रह जाते हैं–

पूरन प्रेम देखि गोपिन को मधुकर मौन रह्यौ।।

निष्कर्ष : सूर की भाव-व्यंजना के दो प्रधान आयाम हैं–मनोवैज्ञानिकता और सौंदर्यात्मकता। मानव-मन की भावनाओं और अंतर्दशाओं के निरूपण में सूर की मनोवैज्ञानिकता की समता शायद ही दूसरा कवि कर सकता है। जैसा कि भ्रमरगीतसार की भूमिका में शुक्ल जी ने सिद्ध किया है, सूर ने ऐसी मनोवृत्तियों का निरूपण किया है जिनका मनोविज्ञान में नामकरण भी नहीं हुआ है।[11] संसार में सौंदर्य को विविध कोणों से देखकर उनका चित्रांकन करनेवाले कवियों का अभाव नहीं है। लेकिन एक साथ, एकत्र सौंदर्य की अपूर्वता, व्यापकता और गहराई का जो निरूपण सूर ने किया है, वैसा करनेवाले कवि इने-गिने ही हैं।

वास्तव में सूर अंतर्जगत् या भावजगत् के कवि हैं, बहिर्जगत् या कर्मजगत् के नहीं। उनका रूप-भाव-निरूपण ऐंद्रिय होते हुए भी भाव और अनुभूति सापेक्ष है। सूर के काव्य में कर्मजगत् के छूट जाने से उनके काव्योत्कर्ष में कोई कमी नहीं आती, लेकिन काव्य का महत्त्व घट जाता है। उत्कर्ष या प्रतिभा सौंदर्यशास्त्रीय धर्म या मूल्य है जबकि महत्त्व सामाजिक मूल्य है। रचना के सौंदर्यशास्त्रीय मूल्य और सामाजिक सार्थकता या उपादेयता के मूल्य में अंतर करना चाहिए। तब सूर और तुलसी की श्रेष्ठता को लेकर शुक्ल जी ने जो विवाद खड़ा किया है, उसका अपने आप समाधान हो जाता है।

सूर के भाव-सौंदर्य के अनुशीलन और मूल्यांकन में उसके धरातल पर भी ध्यान देना चाहिए। उसके ऐंद्रिय, मानसिक और आध्यात्मिक आयाम हैं ही, उसकी मूलभूत चेतना द्वंद्वातीत है। इसी द्वंद्वातीत धरातल पर उन्होंने सौंदर्य और प्रेम की व्यंजना की है। काव्य-रचना में सूर के सामने सुंदर-कुरूप, सत्य-असत्य और अच्छे-बुरे के लौकिक द्वंद्व नहीं हैं। द्वंद्वों से परे की स्थिति शुद्ध आनंदात्मक है।

6. कलात्मक अभिव्यंजना

रूप-वर्णन और भाव-व्यंजना की तरह सूर की कलात्मक अभिव्यंजना की सभी दिशाओं का इस लेख में निरूपण संभव नहीं है। जीवन-जगत् के रूपगत, भावगत और कर्मगत सौंदर्यात्मक मूल्य की अनुभूति तब तक नहीं होती जब तक कवि उनको मूर्त्त रूप प्रदान नहीं करता। कवि की अभिव्यंजना या कलात्मक चेतना उसके सौंदर्यबोध पर निर्भर करती है। नैसर्गिकता या स्वाभाविकता, स्वच्छंदता, भावनाशीलता और कल्पनाशीलता सूर के सौंदर्यबोध के आधारभूत तत्त्व, उनकी कलात्मक अभिव्यंजना की भी विशेषताएँ हैं। इनकी भाषिक अभिव्यक्ति दो रूपों में हुई है–

(1) प्रत्यक्ष, सीधी और ऋणु है और (2) भाव की अधिक तीव्रता में वाग्वैदग्ध्य, वचनवक्रता और व्यंग्य के साथ। भ्रमरगीतों में दूसरे का प्रयोग भावमूलक होने के कारण केवल चमत्कारी न होकर काव्य-गुण-संपन्न है, यह धारणा गलत है। भाव और उसकी भाषिक अभिव्यंजना को अलग नहीं कर सकते। गोपिकाओं की वेदना की तीव्रता उस वचनवक्रता में ही अभिव्यक्त हो सकती है, अन्यथा नहीं। उस वचनवक्रता में भाव-स्फुरण की गहराई ही नहीं, उसकी अनेक दिशाएँ भी व्यंजित और मूर्त्त हो सकी हैं। सूर की कलात्मक चेतना वैयक्तिक, विशिष्ट, सर्जनाशील और सौंदर्यात्मक है जो प्रसंग के अनुसार विभिन्न रूपों में प्रकट हुई है।

भाषिक अभिव्यंजना के दो प्रकार्य हैं–सौंदर्य को मूर्त्त करना और उसका संप्रेषण। शुद्ध कलावादी दूसरे प्रयोजन को स्वीकार नहीं करते, लेकिन उसके अभाव में कला की सर्जना व्यर्थ हो जाती है। सहजता या स्वाभाविकता के अतिरिक्त, इन कार्यों में सूर की भाषा के अन्य गुण-धर्म हैं प्रवाहशीलता, माधुर्य, प्रसाद, गांभीर्य आदि, जो संदर्भ के अनुसार प्रयुक्त हुए हैं। ये गुण शब्द-चयन, शब्द-स्वरूप और उनके विन्यास पर निर्भर करते हैं–

मधुकर काके मीत भए।
दिवस चारि की प्रीति सगाई रस ले अनत गए।।
प्रेम विवस सब ग्लालि भई।
उरहन देन चलीं जसुमति कों मन मोहन के रूप रई।

वाक्य विन्यास गद्य का सा है। लेकिन प्रत्येक में भाव का प्रवाह 'अनत गए' और 'रूप रई' के द्वारा चरमसीमा पर पहुँच कर तीव्र रूप धारण करता है। उदाहरणों में उलाहने और प्रेम का विरोध भी दर्शनीय है। पहले में 'प्रीति' मानसिक है और दूसरे में 'प्रेम' रंगीन है जो क्रमशः कोमलता और माधुर्य को व्यंजित करते हैं। सूर की भाषिक अभिव्यंजना में उनकी वर्णनात्मक प्रतिभा तीन रूपों में प्रकट हुई है।

(1) सूर के सैकड़ों पदों की टेक में ही उनकी उक्ति-गठन की चुस्ती देखी जा सकती है–अपने स्वारथ के सब कोऊ, काहे को गोपीनाथ कहावत, ऊधो मन माने की बात, प्रीति करि दीन्ही गरे छुरी, ऊधो मन भए न दस बीस आदि। इनमें लोकोक्ति की सी अनुभूति और गंभीरता है। कभी-कभी एक ही सार्थक शब्द के प्रयोग से उक्ति में अपूर्व सौंदर्य आ गया है–'लोचन-जल कागद मिलि कै ह्वै गई **स्याम स्याम** की पाति, हरि कहे के **अंतर्यामी**' आदि में।

(2) सूर की भाषा की व्यंजकता काव्यशास्त्रीय लक्षणा और व्यंजना की परिधि को भी पार करके व्यंजना के अर्थ से दूसरा अर्थ प्रकट करती है। यह पात्रों के मन की वास्तविक भावना को गुप्त रखने के कारण है। इस व्यंजकता में चित्रात्मकता

का भी योग है–'अँखियाँ हरि दरसन की भूखीं, नैना नैननि माँझ समाने' आदि में। 'कवि की भाषा का उत्कर्ष देखना है तो देखना चाहिए कि वह कितने कम शब्दों में, कितनी छोटी सीमा में बैठकर, किस असीम की ओर इशारा कर सकता है।'[12] व्यक्त में ही अव्यक्त की ओर संकेत में ही नहीं, व्यक्त के विरोधी स्वरों में भी अभिव्यंजना का सौंदर्य अपूर्व है। गोपिकाओं का यह आक्षेप देखिए जिसमें प्रेम की भी ध्वनि है–

मानत काहु न करत अचगरी, गागर धरि जल भुइँ ढरकावत।
सूर स्याम कौं माता-पिता दोउ ऐसे ढंग आपुनहिं पढ़ावत...

सूर की अभिव्यंजना में ध्वनि चित्रों ने भी सौंदर्य को मूर्त्त रूप प्रदान किया है। मेघों का गर्जन और चपला की चमक–

गगन मेघ घहरात थहरात गात।
चपला चमचमाती चमकि नभ भहरात...।

(3) भाषिक अभिव्यंजना में सौंदर्य की व्यंजना की महती भूमिका वचनवक्रता की है जिसमें उसके विविध रूपों की अर्थवत्ता और गहराई अन्यत्र दुर्लभ है। इस वचनवक्रता में भावों की सूक्ष्म व्यंजना हुई है। माखन-चोरी, पनघट पर छेड़-छाड़ मुरली-माधुरी, गोपिका-नेत्र वर्णन और भ्रमरगीत, प्रधान प्रसंग हैं जिनमें वचन-विदग्धता अधिक खुलकर सामने आई है। वचनवक्रता के विविध रूप सबसे अधिक भ्रमरगीतों में दिखाई देते हैं। एक ओर उद्धव के उपदेश को व्यर्थ कहती हैं–'कत श्रम करत, सुनत कों ह्याँ हैं ? होत ज्यों वन को रोयो' तो दूसरी ओर अपनी वेदना को भाग्य समझकर आत्मसमाधान कर लेती हैं–'हम हमरो जियो बैठो यह पद होनी होउ सो होऊ'। भ्रमरगीतों की वचनवक्रता को स्थूल रूप से चार वर्गों में बाँट सकते हैं–1. वाग्वैदग्ध्य, 2. हास-परिहास, 3. उपालंभ और 4. व्यंग्य।

(1) वाग्वैदग्ध्य शब्द-प्रयोग और उसके अर्थ पर निर्भर शुद्ध आह्लादकारी है–

मोहन माँगयो अपनो रूप।
या ब्रज बसत अंचै तुम बैठी, ता बिनु तहाँ निरूप।।

(2) किसी विशेष परिस्थिति में समाज, वर्ग या व्यक्ति के रूप, गुण-धर्म, भाव-विचार आदि को लेकर हास-परिहास होता है। उद्धव की निर्गुण-निराकार की चर्चा को सुन गोपियाँ परिहास करती हैं–

हमसों कहत कौन की बातें।
सुनि, ऊधो ! हम समझति नाहिं, फिर बूझति हैं तातें।।

(3) अनुचित गुण-धर्म और व्यवहार को लेकर उपालंभ होता है—

ऊधो ! जान्यो ज्ञान तिहारो।

× × ×

हम सब अयानी, एक सयानी कुबजा सों मन मान्यो ?

(4) उपालंभ में व्यंग्य अंतर्निहित रहता है। लेकिन जब वह स्पष्ट सामने आ जाता है, व्यंग्य करनेवाले के मन की कटुता और वाणी का तीखापन खुलकर व्यक्त होता है और व्यंग्य के लक्ष्य को चुभता है—

वह मथुरा काजर की कोठरी जे आवहिं ते कारे।
तुम कारे, सफलक सुत कारे, कारे धूप भँवारे।

सौंदर्य को साकार रूप देने में कवि सादृश्य, साहचर्य, विरोध आदि अनेक मनोवैज्ञानिक आधारों और पद्धतियों को ग्रहण करते हैं जिनसे रूप-भाव-कर्म का निरूपण प्रभावोत्पादक होता है। साकार और निराकार को लेकर विरोधमूलक सौंदर्य की व्यंजना—

रेख न रूप, बरन जाके नहिं ताको हमें बतावत।
अपनी कहौ, दरस वैसे को तुम कबहुँ हौ पावत ?

कल्पना रूप-भाव-कर्म को मूर्त्त रूप देनेवाली ही नहीं है, उन क्षेत्रों में नवीन उद्‌भावना का सौंदर्य भरनेवाली भी है। नवीन प्रसंगों की उद्‌भावना में सूर की मौलिकता की काफी प्रशंसा की गई है। वास्तव में ये प्रसंग इतिवृत्तात्मक न होकर रूप-सौंदर्य और भावोन्मेष में नवीनता और मौलिकता की व्यंजक कल्पना की उद्‌भावनाएँ हैं। जहाँ बाल रूप-भाव-चेष्टाव्यापार के प्रसंगों में नई उद्‌भावनाएँ अत्यंत स्वाभाविक हैं, वहाँ प्रेम के प्रसंगों में कल्पना की नई रंगीन छटा दिखाई देती है—

अद्‌भुत कौतुक देख सखी री वृंदावन नभ होड़ परी।
उत घन उदित सहित सौदामिनी, इतहिं मुदित राधिका हरी।
उत बग पांति सु इतहिं स्वाति-सुत-दाम बिलास सुदेश खरी।

सूर की कल्पना में जीवन की यथार्थता आधार मात्र है। उस यथार्थ की जमीन से उड़कर वह आदर्श सौंदर्य और भाव लोकों में विहार करने लगती है। यह जीवन की यथार्थता नहीं है तो उसका सौंदर्यमय रूप अवश्य है। सौंदर्य जीवन का सत्य है, अर्द्धसत्य है अथवा असत्य या भ्रांति है—यह विवादास्पद प्रश्न है। सूर की कल्पना में वस्तु-जगत् के समान भाव-जगत् भी सौंदर्यमय है और उसी सौंदर्यमयता में भाव का सत्य निहित है। रूप-सौंदर्य पर आधारित प्रेम क्या सत्य और स्थायी है, चार कोस दूर पर रहनेवाले प्रियतम के वियोग में गोपिकाओं की अपार वेदना क्या असंगत

नहीं है—ये प्रश्न यथार्थवादी दृष्टि में ही उठते हैं। कल्पना के सौंदर्य से अभिभूत मन, रूप और प्रेम के प्रश्नों को भाववादी दृष्टि से देखता है। सूर की कल्पना में सौंदर्य और भाव की अनुभूति जुड़ी हुई है और दोनों के संश्लिष्ट-समष्टि रूप में ही मूल्यांकन होना चाहिए। सूर की रचना में कल्पना, सौंदर्य और भावना की आध्यात्मिकता के पहलू को भी भुला नहीं सकते।

कल्पना का एक दूसरा कार्य अप्रस्तुत-विधायिनी है, अर्थात् सम्मूर्त्तन के लिए अप्रस्तुत-योजना, चित्रांकन, प्रतीक-विधान और बिंब-सृष्टि करनेवाला है। सूर के अप्रस्तुतों में व्यापकता और वैविध्य दोनों दिखाई देते हैं। जीवन-जगत् के प्रकृति के कोने-कोने से असंख्य उपमान जोड़े गए हैं। वैविध्य की दृष्टि से सूर के अप्रस्तुतों को प्राकृतिक, पौराणिक, खगोलिक, सामाजिक और लोक-व्यावहारिक पाँच वर्गों में बाँट सकते हैं। रूप-सौंदर्य-निरूपण में सम्मूर्त्तन के लिए प्राकृतिक अप्रस्तुतों का प्रयोग किया गया है। शेष का लक्ष्य प्रधानतः भावानुभूति की तीव्र-व्यंजना और भाव-संक्रमण हैं। इस तरह सूर के अप्रस्तुतों के द्वारा रूप-सौंदर्य का सम्मूर्त्तन, भाव का उत्कर्ष और संप्रेषण—तीनों कार्य संपन्न हो गए हैं। 'यद्यपि उपमान अधिकतर साहित्य-प्रसद्धि और परंपरागत ही हैं, पर स्वकल्पित नए-नए उपमानों की भी कमी नहीं है। कहीं-कहीं तो जो प्रसिद्ध उपमान भी लिए गए हैं, वे प्रसंग के बीच बड़ी ही अनूठी उद्भावना के साथ बैठाए गए हैं।'[13] दो-तीन उदाहरण—

कनक भूमि पर कर पग छाया यह इक उपमा राजति।
प्रतिकर प्रतिपद, प्रतिमनि वसुधा कमल बैठकी साजति।

(नवीन कल्पना)

परंपरागत अप्रस्तुत में नवीन अनुभूति का योग—

नैना नैननि माँझ समाने।
टारे टरत न इक पल मधुकर उसमें अरुझाने।।

गोकुल में गोपिकाओं की वेदना और मथुरा में श्रीकृष्ण के आनंद की परंपरागत अप्रस्तुतों से मार्मिक व्यंजना—

सागर कूल मीन तरफत है, हुलसि होत जल पीन।।

सूर ने चित्रकला के तीनों रूपों का सजीव चित्रांकन किया है। (1) व्यक्ति का चित्र अपूर्व सौंदर्य से भरा है—कृष्ण और राधा का वर्णन। (2) पृष्ठभूमि पर व्यक्ति का चित्र—जमना तट, उपवन आदि में कृष्ण का अंकन। (3) व्यक्तियों के समूह का दृश्यांकन—रासक्रीड़ा। ये चित्र रूप के ही नहीं, भाव और चेष्टा-व्यापार के भी हैं जिससे चित्रांकन में गतिशीलता भी आई है। वियोग में श्रीकृष्ण के रूप,

भावों और चेष्टाओं का भावात्मक चित्रांकन—

कहुँ मुरली, कहुँ लकुट मनोहर, कहुँ पट कहुँ चंद्रिका मोर।
खन बूड़त खन ही खन उछरत, बिरह सिंधु कै मरै सकोर।
प्रेम सलिल भी ज्यों पीरौ पट, कर्‍यो निचोरत अंचल छोर।
फुरै न बचन, नैन नहिं उधरत, मानहुँ कमल भरे बिन भोर।।

सूर ने प्रस्तुत और अप्रस्तुत दोनों संदर्भों में रंग-योजना के द्वारा रूप-सौंदर्य में उज्ज्वलता, कांति और चकाचौंध उत्पन्न की है जो चित्रकला का विशेष धर्म है। श्रीकृष्ण के श्याम शरीर पर पीतांबर है तो गोरी राधा नील वस्त्र पहनी हुई है। दोनों के संयोग में कवि ने रंगीन छटाएँ दिखाई हैं। नेत्र वर्णन में तीन रंगों की अपूर्व शोभा—

अरुन स्वेत सित झलक पलक प्रति को बरनै उपमाई।
मनु सुरसति गंगा जमुना मिलि आश्रम कीन्हौ आई।।

होली आदि पर्वों में रंग-बिरंगे चित्रों की योजना की गई है।

चित्रांकन की तरह बिंब-योजना के द्वारा भी सूर ने रूप और भाव को मूर्त्तता प्रदान की है। उनके बिंबों की विशेषता भौतिक गोचर कथ्य को मानसिक भाव-व्यंजक रूप देने में है। वेदना के आँसुओं का भावात्मक बिंब—

राखि छबि दुराई हिरदै में तिनको हिय भरि ढारत।

हार-जीत न जाननेवाले कृष्ण के बाल-भाव का गोपों के शब्दों में बिंबांकन जो खिसाना, बलकना और रिसाना तीन क्रियाओं के द्वारा मूर्त्त हुआ है—

सखा कहत हैं स्याम खिसाने।
आपुहु आपु बलकि भये ठाढ़े अब तुम कहा रिसाने।।

मध्यकाल में अप्रस्तुतों और चित्रांकन का ही बहुत प्रयोग हुआ है, सूर और कुछ रीतिकालीन कवियों में ही बिंब-प्रयोग दिखाई देता है जो आधुनिक काव्य की विशेषता है।

सूर के प्रतीकों को चार वर्गों में विभाजित किया जा सकता है—(1) लीला के पदों से संबंधित धार्मिक-दार्शनिक प्रतीक, (2) दास्यभक्तिपरक आत्म-निवेदन में प्रयुक्त दार्शनिक प्रतीक, (3) दृष्टिकूट पदों की विशिष्ट शैली में आयोजित प्रतीक और (4) रूप-सौंदर्य और भाव-योजना में व्यंजक कलात्मक प्रतीक। प्रथम दोनों में सौंदर्य दृष्टि आंशिक है। तीसरे में चमत्कार की प्रधानता है। चौथे में ही सौंदर्यानुभूति के द्वारा काव्यत्व का उत्कर्ष है। कालेपन में श्रीकृष्ण के लिए मधुप का प्रयोग—

मधुप तुम देखियत हो अति कारे।
कालिंदी तट पार बसत हौ सुनियत स्याम सखा रे।।

निष्ठुर प्रेम की जाति के प्रतीकों की अलग पंक्ति–

मधुकर कह कारे की न्यति।
ज्यों जल मीन, कमल मधुपनि कीछिन नहिं प्रीति खटाति।
कोकिल कपट कुटिल बायस छबि फिर नहिं उहिं बन जाति।।

यहाँ ध्यान देने की बात है कि सूर ने हर्षातिरेक में या तीव्र वेदना की अनुभूति में ही प्रतीकों का प्रयोग किया है।

मध्यकालीन कवियों में सूर की सबसे बड़ी विशेषता नाटकीय दृश्यांकन है जिसका प्रयोग प्रधानतः बाललीलाओं के प्रसंगों में हुआ है और जिसका सौंदर्य अपूर्व है। एक उदाहरण–

मैया मोंहि दाऊ बहुत खिजायौ।
मोंसो कहत मोल कौ लीनों तोहिं जसुमति कब जायो।
कहाँ कहौं एहि रिस के मारे खेलन हौं नहिं जातु।
× × ×
चुटकी दै दै हँसत ग्वाल सब सिखै देत ललवीर।
× × ×
सूर स्याम मोहि गोधन की सौं हौं माता तू पूत।

बाल लीला की एक घटना सन्निवेश के रूप में प्रस्तुत है। श्रीकृष्ण, बलभद्र, ग्वाल बाल और यशोदा पात्र हैं जिनके मनोभावों और क्रिया-चेष्टाओं का निरूपण है। भावों में अंतर्द्वंद्व और चेष्टा-व्यापारों में संघर्ष है। श्रीकृष्ण और यशोदा के संवाद में मानसिक और शारीरिक प्रतिक्रियाओं की व्यंजना भी है। भावों के उत्थान-पतन के बाद यशोदा के आश्वासन में नाटकीय चरमसीमा पर सन्निवेश समाप्त हो जाता है। सन्निवेश, शिकायत, भाव-व्यंजना और प्रतिक्रिया तथा पात्रों के व्यवहार में स्वाभाविकता और यथार्थता का योग, नाटकीय वास्तविकता का भ्रम उत्पन्न करता है। और गहराई में जाकर विचार करें तो प्रसंग के मूल में एक अव्यक्त मानसिक द्वंद्व की भी झलक मिल जाती है–माता और पुत्र दोनों के अंतर्मन में जहाँ एक ओर जन्म संबंधी रहस्य की व्याकुलता है तो दूसरी ओर पालन-पोषण एवं साहचर्य जन्य अनंत अनुराग है। इन सारी विशेषताओं के साथ नाटक का एक दृश्य आँखों के सामने प्रस्तुत हो जाता है।

सूर की रचना प्रधानतः गीतिकाव्य के रूप में है। उसकी सभी विशेषताओं

के सफल निर्वाह के साथ कवि ने उसमें लय-माधुर्य भर दिया है। पद रचना में यह लय तीन रूपों में दिखाई देती है—(1) काव्य और संगीत के समन्वय में लय माधुर्य है। सभी पद भावानुरूप राग-रागिनियों में ढाले गए हैं। (2) छंद-योजना में लय-माधुर्य है। (3) शब्द-संरचना या शैली में लय-माधुर्य है। सूर का लीला-कीर्तन प्रत्यक्ष-अप्रत्यक्ष कवि की आत्माभिव्यक्ति होने के कारण उनके गीतिकाव्य को प्रगीत काव्य कहना उचित है। प्रत्येक पद में पात्रों का नहीं, सूर की आत्मा का स्वर गूँज उठता है।

अपने में पूर्ण प्रत्येक पद को पाठ्य काव्य से भिन्न प्रगीत मुक्तक भी कह सकते हैं। शुक्ल जी ने मुक्तक से प्रबंध की श्रेष्ठता का प्रतिपादन करने के बाद सूर-सागर में घटना एवं सन्निवेशों की योजना, पात्रों के चरित्र-चित्रण, मार्मिक स्थलों की पहचान के साथ रस-व्यंजना, पात्रानुकूल भाषा और संवाद, तथा वस्तु-वर्णन-वैविध्य आदि के आधार पर आचार्य नंददुलारे वाजपेयी आदि कुछ समीक्षकों ने उसे प्रबंध सिद्ध करने का प्रयत्न भी किया है। लेकिन कथानक में कारण-कार्य शृंखला के अभाव तथा प्रसंगों एवं भावों की पुनरावृत्ति में उसे आंशिक रूप में ही प्रबंध के लक्षणों से युक्त रचना मान सकते हैं।[14] डॉ. ब्रजेश्वर वर्मा अपने गुरु के आदेशानुसार लीला-गायन करनेवाले सूर की लीलाओं के अंश को गीतिप्रबंध मानते हैं। 'सूरदास मूलतः श्रीकृष्ण लीला के गायक ऐसे महाकवि हैं जिनके पद-समूहों, प्रसंगवर्णनों और लीला रूपी खंड कथानकों में एक ऐसी अन्विति और एकसूत्रता पाई जाती है जो उनके काव्य को एक कथा-प्रबंध-मूलक गीति महाकाव्य के रूप की असंदिग्ध अनुभूति कराती है।'[15] सूर-सागर के प्रबंधत्व के संबंध में जिन त्रुटियों की ओर संकेत किया गया है, वे गीति-प्रबंध पर भी लागू हो जाती हैं। वास्तव में मुक्तक से प्रबंध की श्रेष्ठता का विचार ही गलत है। सौंदर्यशास्त्रीय दृष्टि से रचना का उत्कर्ष उसमें निहित सौंदर्यतत्त्व की गरिमा पर निर्भर करता है, बाह्य रूप के आकार-प्रकार पर नहीं। अन्यथा प्रबंधकार जायसी, सूर से श्रेष्ठ सिद्ध होते हैं। इस तरह का मूल्यांकन करने की हिम्मत शुक्ल जी ने भी नहीं की है। जायसी-ग्रंथावली की भूमिका में विद्यापति आदि मुक्तककारों से तुलना करते हुए शुक्ल जी ने सूर से तुलना छोड़ दी है।

सूर भावनाशील और कल्पनाशील कवि ही नहीं सफल कलाकार भी हैं। चित्रकला और संगीतकला ने उनकी रचना को मूर्त्त और माधुर्य पूर्ण रूप दिया है। भाषिक अभिव्यंजना में उनके वाणी विन्यास की अनंत भंगिमाएँ हैं। आधुनिक काल में पाठकों की अभिरुचि में परिवर्तन के साथ काव्य का सौंदर्यबोध भी बहुत बदल गया है। वह प्राचीन एवं मध्यकालीन आदर्शोन्मुखता, अतिरंजना और अत्युक्ति से यथार्थोन्मुखता, सहजता और स्वाभाविकता की ओर उन्मुख होता जा रहा है। सूर के सौंदर्यबोध में आदर्शवादिता और यथार्थता, रंगीन छटा और सहजता, अतिशयता

और स्वाभाविकता का ऐसा संतुलन और सामंजस्य स्थापित किया गया है कि सूर का काव्य-सौंदर्य, प्राचीन तथा नवीन दोनों प्रकार की साहित्यिक अभिरुचियों को समान रूप से अपील करता है।

7. सौंदर्यानुभूति

वस्तुनिष्ठ रूप-भाव सौंदर्य-वर्णन की तरह सौंदर्यानुभूति की व्यंजना में भी सूर की समता करने वाला कोई मध्यकालीन या आधुनिक कवि नहीं है। श्रीकृष्ण सौंदर्य के अनंत सागर हैं तो सहज ही उसकी अनंत रमणीयता में आश्रय भाव-विह्वल हो जाता है–

> जब तें सुंदर बदन निहार्‌यो।
> ता दिन तैं मन अटक्यो, बहुत करी निकरै न निकार्‌यौ।।

श्रीकृष्ण के इस सौंदर्य और अनुभूति के माधुर्य को देखकर ही 'मधुराष्टकम्' में उनके गुरु वल्लभाचार्य ने कहा है–

> अधरं मधुरं वदनं मधुरं नयनं मधुरं हसितं मधुरं।
> हृदयं मधुरं गमनं मधुरं मधुराधिपते रखियं मधुरं।

सौंदर्य और उसकी अनुभूति को अलग करना उतना सरल काम नहीं है। गोचर सौंदर्य इंद्रियों के माध्यम से मानसिक सौंदर्यानुभूति में परिणत हो जाती है। सूर ने बाह्यसौंदर्य की रंगीन छटा की अनुभूति को प्रधानता दी है जिससे राधा और गोपिकाओं की आँखें कभी तृप्त होती दिखाई नहीं देतीं। लेकिन कवि ने साथ ही उस सौंदर्य की मानसिक अनुभूति को भी सुख, हर्ष, उल्लास, आनंद आदि के द्वारा व्यक्त किया है। आलंबन और आश्रय, बहिर्मुखी और अन्तर्मुखी सौंदर्य-भावना की समन्वित और सामंजस्यपूर्ण गतिविधि को सूर ने सामने रखा है। प्रेम में अनुभूति का पलड़ा अधिक भारी हो गया है। कुछ उदाहरण–

> निरखि निरखि वह रूप मनोहर, नैन बहुत सुख पावहिं।।
> मोहन बदन विलोकत अँखियन उपजत है अनुराग।।
> ऊधो अँखियाँ अति अनुरागी।
> इकटक मग जोवति अरु रोवति, भूलेहुँ पलक न लागीं।।

प्रसाद जी के शब्दों में सौंदर्य और उसकी अनुभूति की यह स्थिति है–आँखों की प्रतिष्ठा रूप में है और रूप ग्रहण का सामर्थ्य, उसकी स्थिति हृदय में है।[16]

सौंदर्य की तरह सौंदर्यानुभूति में भी अद्‌भुतपन और अपूर्वता है। 'बलि बलि जाऊँ' 'गिरा पंग' आदि प्रयोग उस अनुभूति में विस्मय, अद्‌भुतपन, अपूर्वता आदि

के व्यंजक हैं–

जौं देखौ तौ प्रीति करौं री।
× × ×
सूर स्याम लोचन भरि देखों कैसे इतनी साध भरौं री।।
सूरदास कछु कहत न आवै भई गिरा गति पंग।।

राधा और गोपिकाओं की सौंदर्यानुभूति में भावना और कल्पना का मधुर योग है। संवेगात्मक अनुभूति में तरह-तरह की भावनाएँ उठती हैं। उनसे कल्पना उत्तेजित होकर भावों में रंग भर जाता है। प्रेम में राधा और गोपिकाओं की ऐसी ही मनःस्थिति है–

तरुनी स्याम रस मतवारी।
प्रथम जौवन-रस चढ़ायौं, अतिहि भई खुमारी।

सौंदर्य की अनंत छटा के साथ ग्रहण और अनुभूति की भिन्नता भी दर्शनीय है–

जाकी जैसी बरनि परी री।
कोऊ कोटि करै नहीं छूटै, जो जिहि धरनि धरी री।।
ऊधो, मन माने की बात।
× × ×
सूरदास जाकों मन जासौं सोई ताहि सुहात।।
सूर रोम प्रति लोचन देत्यो देखत बनत गुपाल।।

नेत्रों की सीमा में भी गोपिकाएँ अनिर्वचनीय और अपूर्व सौंदर्य का अनुभव करती हैं–

रस समुद्र मानों उछलित भयो सुंदरता की खानि।
सूरदास प्रभु रीझ चकित भये कहत न कछु बखानि।

प्रेम की वेदना में–

रोम रोम ह्वै नैन गए री।
ज्यों जलधर परबत पर बरसत, बूँद-बूँद ह्वै निचरि द्रुए री।।

सूर ने सौंदर्यानुभूति के ऐंद्रिय, मानसिक और आध्यात्मिक तीनों पहलुओं की अभिव्यक्ति की है, यद्यपि मानवीय अवतार के संदर्भ में तीसरे की ओर बीच-बीच में संकेत मात्र मिलते हैं। ऐंद्रिय प्रभाव और अनुभूति की व्यंजना–

जो जहिं अंग सो तहाँ भुलानी, सूरस्याम गति कहू न जानी।।
तृप्त न मानत पिबत कमल मुख सुंदरता मधु ऐन।
दिन अरु रैनि दृष्टि रसना रस निमिष न मानत चैन।।

सौंदर्यानुभूति में मानसिक भाव-तन्मयता की स्थिति–

गोरस को निज नाम भुलायो।
लेहु लेहु कोऊ गोपालहिं गलिनि गलिनि यह सोर `लगायो।।

भाव तन्मयता चरमस्थिति पर अद्वैत आध्यात्मिक अनुभूति का स्पर्श करती है–

जब राधा तब मुख माधो माधो रटत रहै।
जब माधव ह्वै जात सकल तन राधा बिरह दहै।

प्रेम में श्रीकृष्ण भी कहते हैं–'विहँसि कह्यो हम तुम नहीं अंतर।' यह सूर की आध्यात्मिक विचारधारा का आधार है।

सौंदर्यानुभूति के उन तीन पहलुओं के अंतर्गत विभिन्न स्थितियों, अवस्थाओं और गतिविधियों का विस्तार के साथ वर्णन किया गया है। उनमें एक क्रम विकास भी दिखाई देता है। (1) रूप के प्रति आकर्षण है–

मैं मन बहुत भाँति समुझायौ।
कहाँ करों दरसन रस अंटक्यो...

पैर प्रियतम को छोड़कर घर की ओर नहीं चलते–

चलन चहति पग चलति न घर को।
छाँड़त बनत नहीं कैसे हूँ मोहन सुंदर वर को।

रूप माधुरी का यह आकर्षण है। उसमें भी सूर ने आलंबन और आश्रय दोनों के नेत्रों पर पता नहीं कितनी अनूठी उक्तियाँ कही हैं। नेत्र के बाद अधिक आकर्षण मुरली-माधुरी का है जो श्रवणेंद्रिय की अनुभूति का व्यंजक है।

(2) आकर्षण के बाद कुतूहल और अभिलाषा की भावनाएँ जागती हैं। रूप का अद्भुतपन कुतूहल का कारण है–

आनंद भरे करत कौतूहल प्रेम मगन नर नारी।
हुलसत हँसत करत किलकारी मन अभिलाषा बढ़ावै।

उम्र के साथ विकसित चेष्टा-व्यापार अभिलाषा को बढ़ाते हैं।

(3) फिर सौंदर्य की पहचान और अनुभूति मन को विस्मय-विमुग्ध करती है–

रस समुद्र मानौं उछलति भयौ सुंदरता की खानि।
सूरदास रीझि चकित भये कहत न कछू बखानि।
मुख छवि कहौं कहाँ लागि माई।।

(4) दर्शन से अतृप्त मन की व्याकुलता चौथी अवस्था है–

सूर रोम रोम प्रति लोचन देत्यो देखत बनत गुपाल।।
इकटक नेकु नहीं कहुँ टारत तृप्ति न होत अघात।।

(5) ऐंद्रिय अनुभूति क्रमशः भावमय और मानसिक हो जाती है। मन में प्रेम के साथ विविध भावनाओं का विकास हो जाता है। लेकिन सूर ने इस स्थिति में प्रेम के विकास के साथ, मन को व्याकुल उद्विग्न बनानेवाले रूप में चित्रित किया है–

जौ देखों तो प्रीति करौं री।
संगहि रहौ फिरौं निसि बासर चिततें नेंकु न हीं बिसरौं री।।
सूर हरि की निरखि सोभा भई मनसा एंग।

(6) यद्यपि भ्रमरगीतों में वेदना का सागर उमड़ पड़ा है, बाल और किशोर अवस्था में संयोग लीलाओं के प्रसंग में आनंद की ही अभिव्यक्ति है जो सौंदर्यानुभूति की अंतिम स्थिति है–

प्रात समय मोहन मुख निरखत, कोटि-चंद्र-छवि पाई।
अति आनंद बढ़ौ गोकुल मैं, उपमा कही न जाई।

यह आनंद सार्वजनीन है जिसमें सारा गोकुल समभागी है। प्रेम में भी गोपिकाएँ, श्रीकृष्ण के किसी एक से मिलने के भाग्य की प्रशंसा करती हैं, उनमें ईर्ष्या की भावना व्यक्त नहीं होती। सूर ने सौंदर्यानुभूति को अनेक कोणों से चित्रित किया है जिनमें अत्यंत सूक्ष्म भावनाएँ और स्थितियाँ व्यंजित हुई हैं। उन सबका विवरण यहाँ संभव नहीं है।

कवि और पात्रों की सौंदर्यानुभूति, आध्यात्मिक, अनन्य और अपूर्व है। कवि के शब्दों में–

गोविंद तेरो सरूप निगम नेति गावै।
भक्ति के बस स्याम सुंदर देह धरे आवै
× × ×
सूरदास प्रेमकथा सबहीं तें न्यारी।।
जिन आँखिन में तव रूप बस्यो,

तिन आँखिन सौं अब देखिए का।।

सूर के भाव को प्रतिध्वनित करती गोपिकाएँ कहती हैं—

मन में रह्यो नाहिन ठौर।
नंदनंदन अछत कैसे आनियै उर और।
चलत चितवत दिवस जागत स्वप्न सोबत राति।
हृदय तें वह मदन मूरति छिन न इत उत जाति।।

वियोग-वेदना में गोपिकाएँ सौंदर्य-दर्शन में ही अपने जन्म को सार्थक मानती हैं। उनके शब्दों में 'पूरनता इन नैननि पूरे', 'सकल लोक सूनो लागत है बिनु देखें वह रूप' और 'नैननि उहै रूप जो देखों तो ऊधो, यह जीवन जग को साँच सुफल करि देखौं।' इस अनुभूति में कवि और पात्रों का ही नहीं, पाठक का भी पूर्ण भावयोग या भाव-तादात्म्य हो जाता है।

8. उदात्तता और कुरूपता

मूर्त्तिमान सौंदर्य के कवि सूर की समीक्षा में 'उदात्तता' की चर्चा कुछ असंगत और विरोधाभास-सा लग सकता है। लेकिन सूर की रचना का भावात्मक धरातल इतना व्यापक, गहरा और अपूर्व है कि समीक्षक या पाठक सहज ही उसे उदात्त या गरिमामय कहते हैं। सूर ने अवतार पुरुष की लौकिक लीला में ही एकनिष्ठता, अनन्यता, तन्मयता, तीव्रता, गंभीरता, सार्वभौमिकता सा सार्वजनीनता के बल पर अलौकिकता का आभास दिया है। संयोग-लीलाओं में हर्षातिरेक, वियोग में मातृ-हृदय की वेदना और गोकुल छोड़ने पर भ्रमरगीतों में गोपिकाओं की अनंत व्यथा, रचना के चरम भावोत्कर्ष को सूचित करती हैं। लेकिन सौंदर्यशास्त्रीय अर्थ में उदात्त की सृष्टि के लिए कथ्य और उनकी भाषिक-संरचना में रूप की अनंतता, भाव की शक्तिमत्ता, ओजस्विता और तीव्रता तथा कर्म-जगत् के अनंत प्रसार एवं परिणाम की जो बिंबात्मक अभिव्यक्ति की आवश्यकता है वह सूर की रचना में नहीं है।

वास्तव में ऐसी उदात्तता, सूर की रचनाधर्मिता नहीं है। वे अंतर्मुखी अपने सौंदर्य और प्रेम के भावलोक में तन्मय होकर कल्पनालोक की रमणीय सृष्टि में स्वयं और पाठकों को विहार करने-कराने वाले कवि हैं। इसका मुख्य कारण सूर का आध्यात्मिक जीवन-दर्शन या दृष्टिकोण है जो वल्लभाचार्य के शुद्धाद्वैत और पुष्टिमार्ग से प्रभावित है। श्रीकृष्ण सौंदर्य और प्रेम के अवतार हैं। वे नित्य और शाश्वत हैं। आत्मा का गोकुलवास ही जीवन का लक्ष्य है। श्रीकृष्ण की लीलाओं में आनंद तन्मय होना ही लौकिक जीवन की साधना का ध्येय है। यह आनंदवादी जीवन-दर्शन सौंदर्य-सृष्टि से ही मिलता-जुलता है और सौंदर्य का ही उन्मेष करता

है, 'उदात्त' की सृष्टि नहीं कर सकता। सौंदर्य से आनंद की अनुभूति होती है जबकि उदात्तता में महानता, दूरी, भय, आतंक, त्रास, अल्पता आदि भावनाएँ जगती हैं, यद्यपि उसके मूल में मन को रमानेवाले सौंदर्य की भावना अवश्य रहती है। अन्यथा उदात्तता संवेद्य और आस्वाद्य नहीं हो सकती। यदि भारतीय आध्यात्मिक चेतना में सूक्ष्मोदात्त की नई परिकल्पना को स्वीकार करते हैं तो भी सूर द्वारा श्रीकृष्ण की मानवीय लौकिक लीलाओं के गायन में उसकी अभिव्यक्ति की संभावना नहीं है जैसे कबीर की आध्यात्मिक-साधना की अभिव्यंजना में है।

सूर-सागर में कुछ ऐसे सन्निवेश हैं जिनमें उदात्त का आभास मिल जाता है—अवतारवादी चर्चा में रूप की अनंतता और रूपगत अनंत आलोकमयता (नैननि निरखि स्याम स्वरूप। रह्यो घट-घट व्यापि सोई जोति रूप अनूप...), श्रीकृष्ण अँगूठा चूसते समय (उछरत सिंधु, धराधर काँपत, कमठ पीठ अकुलाइ...), माटी खाने की शिकायत पर जब श्रीकृष्ण मुँह खोलते हैं तो (अखिल ब्रह्मांड खंड की महिमा दिखराई मुख माँहि...), उलूखल-बंधन के प्रसंग में यमलार्जुन निपात का दृश्य (तरु दोउ धरनि गिरे भहराइ। जर सहित अहराइ कै आघत शब्द सुनाइ...) गोवर्धन धारण के समय उमड़ते बादलों का चित्र (बादर बहु उमड़ि-उमड़ि बरसत ब्रज आए चढ़ि कारे। धौरे धूसरे धारे अति ही जल), वर्षा ऋतु का दूसरा वर्णन (गर्जत घन प्रलय काल गोकुल भयो अंधकार, चकृत ग्वालबाल घहरत नभ करत चहल।) और दावानल का रूप (भहरात झहरात, दावानल आयौ। घेरि चहुँ ओर करि सोर अंदोर बन, धरनि आकास चहुँ पास छायौ...) ये उद्धरण आध्यात्मिक चेतना के नहीं, अवतारी लीलाओं से संबंधित हैं। इस उदात्त-सृष्टि में सूर ने रूप की अनंतता और शक्ति के वेग को व्यंजित किया है। ये दर्शक या पाठक के मन में उदात्तानुभूति के अनुरूप महानता, विस्मय, व्याकुलता, भय, आतंक आदि भावात्मक प्रतिक्रियाएँ उत्पन्न करते हैं तथा प्रसंग के समष्टि रूप में आकर्षण या रमणीयता की सूक्ष्म व्यंजना करते हैं।

सूर की सौंदर्य और आनंदवादी दृष्टि में कुरूपता के लिए कोई स्थान नहीं है। राक्षसों के विकराल रूप, चेष्टाओं और क्रियाकलापों पर उन्होंने ध्यान नहीं दिया है। लौकिक दृष्टि से कुरूपता, सौंदर्य का विपरीत तत्त्व है। सौंदर्य और आनंद को आध्यात्मिक दृष्टि से नित्य और शाश्वत मानने वाले कवि ने उनको सुख-दुख, सत्य-असत्य, शिव-अशिव, सुंदर-कुरूप आदि लौकिक द्वंद्वों से परे माना है। कुरूपता का मूल्य जीवन में निषेधात्मक नहीं है—अर्थात् वह विरोध या निरोध का विषय नहीं है। दूसरी ओर आधुनिक कविता की तरह वह जीवन का विधायक मूल्य भी नहीं है—उस पर अन्य मानवीय मूल्यों का आरोप करके उसे ग्राह्य और संवेद्य रूप नहीं दिया गया है। सृष्टि के कण-कण में व्याप्त भगवान के अस्तित्व और उसकी लीला देखनेवाले कवि की दृष्टि और मन में कुरूपता की भावना ही नहीं उठ सकती। सृष्टि पूर्णकाम की कमनीय कला है। कुरूप, परिवर्तन, नाश, विलयन आदि लीला

में ही अंतर्लीन हैं। उनको लौकिक दृष्टि से देखा नहीं जा सकता। लीला पर ध्यान-केंद्रित कवि सूर को सर्वत्र सौंदर्य ही दिखाई देता है। उनकी द्वंद्वातीत सौंदर्य-भावना सर्वत्र आध्यात्मिक न लगने पर भी—मानवीय लीला के रूप में व्यक्त होने पर भी—मूलतः निष्काम निर्लिप्त और पूर्णता का द्योतक है। पूर्ण से ही पूर्ण का विकास होता है।

भ्रमरगीत में कुब्जा पर व्यंग्य करनेवाली गोपिकाओं की भावना लौकिक है। वास्तव में कुब्जा प्रसंग इस बात का प्रमाण है कि भाववादी धरातल पर कुरूपता समाप्त हो जाती है और वह सौंदर्य में परिणत हो जाता है। श्रीकृष्ण का कुब्जा को सौंदर्य प्रदान करना एक आध्यात्मिक प्रतीक है। सूर के सौंदर्य-जगत् में कुरूप कुछ नहीं है। बाह्य रूप की कुरूपता द्वंद्वातीत भाव-जगत् में रमणीय प्रतीत होती है। कुब्जा की भक्ति एवं प्रेम भावना तथा गोपिकाओं के ईर्ष्या-प्रेरित व्यंग्य के अतिरिक्त इस प्रसंग में कुब्जा का सुंदर रूप में परिवर्तन भी एक मुख्य बिंदु है—

कुबरी नारि सुंदरी कीन्हीं।
भाव में बास बिनु भाव न पाइए जानि हिरदै हेत मानि लीन्हीं।।
हौं तो दासी कंसराइ की, देखो मनहिं बिचारी।
फलन माँझ ज्यों करुई तोमरी, रहत धुरे पर डारी।
अब तो हाथ परी जंत्री के, बाधन दाग दुलारी।
तनु तैं टेढी सब कोइ जानत, परस भई अधिकारी।
सूरदास स्वामी करुनामय, अपने हाथ सँवारी।।
छुअत अटपट चाल गई मिटि।।

भक्त यह प्रभु की महिमा मानेंगे कि स्पर्शमात्र से रूप बदल गया है। कुब्जा का बाह्य रूप अनेक यंत्रणाओं के बाद बदलकर अवश्य सुंदर हो गया है। लेकिन उसका भावमय होना, माधुर्य की अनुभूति और हृदय वीणा का बज उठना उसके अंतःसौंदर्य को प्रकट करते हैं और उसी रूप में कुरूप भावात्मक सौंदर्य प्राप्त करता है।

सूर की सौंदर्य दृष्टि आध्यात्मिक और भावात्मक आदर्शवाद पर प्रतिष्ठित है। इसीलिए एक ओर प्रधानतः कर्म-जगत् की शक्तिमत्ता और ओजस्विता पर आधारित उदात्तता की उपेक्षा की गई है तो दूसरी ओर जीवन में कुरूपता के अस्तित्व और उसके प्रभाव को स्वीकार नहीं किया गया है।

9. मूल्यांकन

सूर के मूल्यांकन के संदर्भ में कुछ बातों पर विशेष ध्यान देना आवश्यक है। (1) मध्यकाल में मुसलमानों की चढ़ाइयों में पराजित, उनके अत्याचारों से पीड़ित और बल प्रयोग से धर्म परिवर्तन के कारण निराश हिंदू जनता के लिए भक्ति-आंदोलन,

आशा और आस्था की एक आलोक किरण के रूप में सामने आया है। लेकिन संतों के ज्ञान, सूफियों के प्रेम और रामभक्ति के धर्म-कर्म से हिंदू जाति के जीवन में कोई परिवर्तन नहीं हो सका है। विदेशी आक्रमण की शक्ति का सामना करना संभव नहीं था। ऐसी स्थिति में कृष्ण भक्ति ने हिंदू जाति को सौंदर्य और प्रेम के मानसिक जगत् में ले जाकर अपनी अस्मिता और संस्कृति की रक्षा का मार्ग प्रशस्त किया है। शक्ति मानसिक-लोक पर बल प्रयोग नहीं कर सकता। उत्तर भारत में अन्य संप्रदायों की अपेक्षा कृष्ण भक्ति का विशेष प्रचार, उसके कार्य की सफलता का प्रमाण है। श्रीकृष्ण की लीलाओं का परिपार्श्व ग्रामीण जीवन, गोचारण जीवन और लोक संस्कृति है। इस वातावरण में सूर लोगों को मन के अंतर्मुखी कल्पनालोकों में ले जाकर सौंदर्य और प्रेम के द्वारा अपनी अस्मिता और सांस्कृतिक परंपरा की रक्षा करते हुए समाज में नए जीवन की स्फूर्ति और उत्साह भरने में सफल हुए हैं। 'सूर ने समाज की कोमल भावनाओं को ऐसे सौंदर्य की ओर उन्मुख किया जो उसका संस्कार और परिष्कार कर उसे संजीवनी शक्ति प्रदान कर सकता था। अतः सूर का सौंदर्यबोध अपने युग में एक सांस्कृतिक क्रांति को जन्म देने वाला है जिसका सही मूल्यांकन अब तक नहीं हो पाया है।'[17]

(2) सूर के लिए सारा जीवन-जगत् सौंदर्यमय है। जीवन के कोने-कोने में झाँककर, अव्यक्त सौंदर्य को कल्पना के द्वारा देखते हुए उन्होंने पता नहीं जीवन की कितनी परिस्थितियों और सन्निवेशों में सौंदर्य को ढूँढ़ निकाला है और उस सौंदर्य की अनुभूति से जीवन को माधुर्यमय और आनंदमय बना दिया है। इसमें श्रीकृष्ण का मोहक रूप और मधुर लीलाओं ने आवश्यक सामग्री दी है और अनेक अवसर प्रदान किए हैं। कला सृष्टिगत सौंदर्य को रूप में समेटकर, कसकर उसे अधिक प्रभविष्णु (स्ट्राइकिंग) बना देती है। सूर ने मानवीय सौंदर्य को सृष्टिगत नैसर्गिक सौंदर्य से अधिक आभामय, चकाचौंध उत्पन्न करनेवाला बना दिया है। जीवन का यह सौंदर्य सूर के काव्य पर हावी हो गया है। जो सुंदर नहीं है, सूर की दृष्टि में उसका कोई मूल्य नहीं है और न ही उसे कवि की रचना में स्थान है। 'उसे सभी स्वीकार करते हैं कि प्रेम सूरदास के काव्य का केंद्रीय भाव है। सौंदर्य प्रेम के लिए आधार प्रस्तुत करता है। अतः सौंदर्य सूर के काव्य का सर्वस्व है।'[18] सूर के शब्दों में 'सुंदर स्याम...सूर स्याम सब संग सुख सुंदर' है तथा 'प्रेम बंध्यौ संसार...साँचौ निहचै प्रेम को जीवनमुक्ति रसाल।' भारतीय आध्यात्मिक दृष्टि में ईश्वरीय सौंदर्य अमूर्त्त है जिसे सूर ने सगुण-साकार रूप दिया है जो उतना ही दिव्य है—'स्याम सुंदर देह धरे आवै' तथा 'सुंदरता तिहुँ लोक की, जसुमति ब्रज आनी।' 'कुछ अलौकिक प्रसंगों को छोड़कर सूर ने मानवीय रूप-सौंदर्य का ही अंकन किया है और उस लौकिकता में ही अलौकिकता की ओर संकेत है। आचार्य नंददुलारे वाजपेयी का अभिमत है कि सूर ने श्रीकृष्ण के रूप और उनकी लीलाओं को विस्मयकारी

अद्भुत रूप में चित्रित करते हुए लौकिकता में ही अलौकिकता का दर्शन कराया है।'[19] जीवन में केंद्र स्थान और लौकिकता-अलौकिकता का सामंजस्य, सौंदर्य के प्रति सूर के दृष्टिकोण की विशेषता है।

(3) सूर-सागर में रूप-वर्णन, भाव-व्यंजना और अनुभूति की तीनों दिशाओं का जो सौंदर्य-निरूपण किया गया है, वह इन पंक्तियों में मूर्त्त हो उठा है–

सोभा सिंधु न अंत रही री।
नंद भवन भर पूरि उमंग चलि, ब्रज की वीथिनि फिरत बहीं री।।

कवि ने सौंदर्य के वस्तुनिष्ठ वर्णन से कहीं अधिक व्यक्तिनिष्ठ भावात्मक रूप में–आश्रय की अनुभूति और उसके तन-मन पर प्रभाव के माध्यम से उसकी व्यंजना की है, या अप्रस्तुत योजना के द्वारा रूप और भाव के सम्मूर्त्तन का प्रयत्न किया है। इससे कवि के मन को संतोष नहीं होता और वह घोषित करता है कि संसार के समस्त प्रसिद्ध सौंदर्यमय प्राकृतिक और पौराणिक उपमान, प्रस्तुत के सौंदर्य के समान नहीं हैं। अंततः वह कल्पना का ही सहारा लेकर सौंदर्य का गतिशील एवं भावात्मक चित्रांकन करता है। सौंदर्य के तीव्र आकर्षण, उसके पार पाने की असमर्थता, अनिर्वचनीयता और अविस्मरणीयता को यों व्यक्त करता है–

सोभा सिंधु अंग अंगन प्रति, बरनत नाहिं न और री।
जिन देखौं मन भयो तितहि कौं मनौ भेउ भरै कौ चोर री।
स्याम रूप अवगाहि सिंधु तैं पार होत चढ़ि डोंगनि केरैं।
अंग-अंग प्रति रूप माधुरी उर तें नहीं बिसरैं।।

सूर ने बहिर्जगत् और अंतर्जगत् दोनों का चित्रण किया है। लेकिन बाल-मनोभावों और भ्रमरगीत में वियोगजन्य मनःस्थिति एवं भावनाओं की व्यंजना के कारण सूर प्रायः अंतर्जगत् के भावनाशील कवि माने जाते हैं। सूर के रूप-भाव-सौंदर्य समतुल्य उनकी कलात्मक अभिव्यंजना की प्रौढ़ता है। प्रत्येक पद रूप-प्रतिमा या भाव-भंगिमा के रूप में है। उनके सौंदर्यबोध में नैसर्गिकता एवं स्वच्छंदता तथा कल्पनाशीलता का संतुलन है जो रूप-विधान को कृत्रिमता, नियमबद्धता और काल्पनिकता की अतिवादिता से बचाता है। सूर की कलात्मक अभिव्यंजना के बहुमुखी आयामों की ओर पहले संकेत किया जा चुका है।

(4) सूर की दृष्टि में सौंदर्य, प्रेम और भक्ति में घनिष्ठ संबंध ही नहीं, वे एक-दूसरे पर आधारित और एक-दूसरे को पुष्ट करनेवाले भी हैं। श्रीकृष्ण के अपूर्व सौंदर्य से ही राधा और गोपिकाओं के मन में प्रेम का प्रादुर्भाव होता है–'मदन मोहन बिलोकत अँखियन उपजत है अनुराग।' यह ऐंद्रिय आकर्षण मानसिक रूप धारण करता है–'जब तैं सुंदर बदन निहार्‌यो। ता दिन तैं मधुकर मन अटक्‌यो,

बहुत करी निकरै न निकार्यौ।' यह मानसिक प्रेम पूर्ण आत्मसमर्पण की तल्लीनता में मधुर भक्ति का रूप ग्रहण करता है। सौंदर्य की प्रतिष्ठा नेत्र में, प्रेम की एकनिष्ठ भावानुभूति मन में और पूर्ण आत्मसमर्पण की मधुर भक्ति-भावना का आनंद आत्मा में है। सूर के सौंदर्य, प्रेम और भक्ति, ऐंद्रिय, मानसिक, आध्यात्मिक धरातलों पर इस तरह घुल-मिल गए हैं कि न उन विषयों को अलग किया जा सकता है और न उनकी अनुभूति के पहलुओं को। राधाकृष्ण का प्रेम—'जन्म जन्म जुग जुग यह लीला प्यारी जानि लई।' कवि कहता है कि—'मन में रह्यो नाहिंन ठौर' और 'जिन आँखिन मैं तव रूप बस्यौ, तिन आँखिन सों अब देखिए का।' प्रेममूलक भक्ति के द्वारा ही मुक्ति या अद्वैतसिद्धि होती है—प्रेम भक्ति बिनु मुक्ति न होई। लौकिक सौंदर्य और प्रेम, आदर्शीकरण की प्रक्रिया में आध्यात्मिक मधुर भक्ति में परिणत हो जाते हैं। अद्भुतपन, अपूर्वता, अनन्यता, एकनिष्ठता, अलौकिकता आदि ऐसे धर्म में जो सौंदर्य, प्रेम और भक्ति में समान रूप से दिखाई देते हैं और तीनों को एकसूत्रता में बाँधते हैं।

(5) सौंदर्य (और सौंदर्यानुभूति) के संबंध में शिक्षित लोगों के मन में भी यह भ्रांत धारणा है कि वह मनुष्य को कर्म-जगत् से विमुख करके कल्पनालोक में पहुँचा देता है। वास्तव में सौंदर्यबोध मनुष्य की उदात्त संस्कारिता और संस्कृति का द्योतक है। जीवन में उच्चतम आनंद की प्राप्ति का एक मुख्य साधन सौंदर्य है। उसे माया घोषित करके धार्मिक दृष्टि से जीवन की समस्या सुलझ नहीं सकती। क्योंकि वही जीवन में आकर्षण उत्पन्न करता है तथा मनुष्य की भावात्मक स्पंदनशीलता और क्रियाशीलता को प्रेरणा देता है। उसके उदात्त रूप की अनुभूति आध्यात्मिक होती है। सूर के जीवन-दर्शन का यही सारतत्त्व है। अंग्रेजी कवि क्राउनिंग ने कहा है कि यदि जीवन में सौंदर्य प्राप्त हुआ है और कुछ नहीं, ईश्वर की सृष्टि में सर्वश्रेष्ठ मिल गया है। वाल्टर पीटर के शब्दों में सौंदर्यानुभूति की गहराई और व्यापकता के अधिकाधिक विकास के अनुपात में हमारी शिक्षा-दीक्षा पूर्ण या समग्र होती है। सूर ने स्पष्ट घोषित किया है कि श्रीकृष्ण के सौंदर्य-दर्शन के बाद देखने के लिए और कुछ नहीं रह गया है—'सूर स्याम एकौ पल या सुख का सत कल्प जिए,' 'नयननि वहै रूप जो देखौं। तौ ऊधो यह जीवन जग को साँचु सफल करि लेखौं।' तथा 'कहाँ सुख ब्रज कौ सौ संसार।' वृंदावन जीवन को चरितार्थ बनाकर आनंद देनेवाले सौंदर्य का प्रतीक है।

(6) सूर-सागर में सौंदर्य की अनंत विशेषताओं और धर्मों का उद्घाटन हुआ है, लेकिन कहीं उसका सैद्धांतिक विचार नहीं किया गया है। सूर ने धर्म, दर्शन, सौंदर्य आदि जीवन के किसी पहलू के संबंध में अपने विचारों को सामने नहीं रखा है तथा अपनी भक्ति और कवि-कर्म में ही तल्लीन रह गए हैं। सूर की सौंदर्य संबंधी अवधारणा उनकी रचना के आधार पर ही संभव है। मानवीय अवतार के

रूप में संवेदना, नैसर्गिकता और स्वच्छंदता उसकी आधारभूमि है। आध्यात्मिक मधुर भक्ति ने उसमें अद्‌भुतपन, अपूर्वता, अनंतता और गहराई भरी है। जीवन की यथार्थता का आधार मात्र लेकर कल्पना ने उसे रंग दिया है जिससे उसकी छटा और आभा निराली हो गई है। अंततः यह सौंदर्य, ऐंद्रियता और मानसिकता के धरातलों से ऊपर उठकर आध्यात्मिक परिपूर्णता के रूप में लक्षित होता है। व्यावहारिक दृष्टि से सौंदर्य को वस्तुनिष्ठ और व्यक्ति-अनुभूति-निष्ठ दोनों रूपों में प्रस्तुत किया गया है। लेकिन आश्रय की अनुभूति और कवि की आत्माभिव्यक्ति के रूप में प्रधानतः निरूपित सौंदर्य अधिक आभामयी हो गया है। आश्रय की अनुभूति के अतिरिक्त आलंबन के सौंदर्य को उसके मन पर प्रभाव की व्यंजना तरल भावात्मक बनाती है। सौंदर्य की सभी विशेषताएँ मिलकर पाठक और पात्र के मन को विस्मय विमुग्ध करनेवाला इंद्रजाल या मोहिनी रूप धारण करती है—

> हरिमुख किधौं मोहिनी माई।
> बोलत वचन मंत्र सो लागत गति मति जाति भुलाई।

व्यक्तिनिष्ठ आश्रय की सौंदर्यानुभूति में आकर्षण, भाव-तल्लीनता, कल्पना की क्रियाशीलता, लौकिकता से मुक्ति, व्यापक प्रभाव, आनंद आदि अनेक भावनाओं का गुंफन हुआ है—

> क्रम-क्रम कर इक अंग निहारति पलक और ताकों नहिं जानौं।
> पुनि लोचन ठहराइ निहारति निमिष भेटि वह छवि अनुमानौं।
> औरे भाव और कुछ सोभा कहौं सखी कैसे उर आनौं।
> छिनु-छिनु अंग-अंग छवि अगिनित पुनि देखौं फिर कै हठ ठानौं।।

सूर की दृष्टि में यह सौंदर्य अनिर्वचनीय है और उसका रहस्य बोधगम्य नहीं है—'बुद्धि विवेक बल पार न पावत।' क्षण-क्षण श्रीकृष्ण के सौंदर्य को देखनेवाली यशोदा कहती हैं—'सूर सिंधु की बूंद भई मिलि मति गति दृष्टि हमारी।' मैकेलेजलों की कला के संबंध में विचार करते हुए फ्रायड का कहना है कि अंततः सौंदर्य का रहस्य बोध का नहीं, अनुभूति का विषय है। श्रीकृष्ण के सौंदर्य से चकित-भ्रमित पात्र सोचते हैं कि वह यथार्थ है, भ्रम है या अनुमान है। यहाँ तक कि राधा को गोपिकाओं की बात पर विश्वास नहीं है—'तुम देखे मैं नहीं पत्यानी।' निष्कर्ष रूप में सूर का सौंदर्य-भावन प्रधानतः अंतर्मुखी और अंतस्थ या आत्मस्थ है। इस अंतर्मुखी अंतस्थ भावना में सत्य और शिव, सौंदर्य में अंतर्लीन हो जाते हैं।

सूर की सौंदर्य की अवधारणा सार्वभौमिक है। वह जाति, वर्ग, धर्म, समाज और संस्कृति के भेदभावों तथा तज्जन्य संस्कारों की सीमाओं को पार कर सबके आलंबन और अनुभूति का विषय हो जाता है। उस सौंदर्य के आनंद में सब समभागी हैं। उसकी सार्वजनीनता सामान्य मानवीय संवेदना के आधार पर आश्रित है।

संदर्भ संकेत :

1. आचार्य हजारी प्रसाद द्विवेदी, सूर-साहित्य, पृ. 49-50
2. आचार्य रामचंद्र शुक्ल, हिंदी साहित्य का इतिहास, पृ. 184
3. वही, पृ. 192
4. परेश, सूरदास की लालित्य-योजना, पृ. 123
5. आचार्य हजारी प्रसाद द्विवेदी, सूर-साहित्य, पृ. 126
6. आचार्य रामचंद्र शुक्ल, सूरदास, पृ. 175-176
7. वही, पृ. 158
8. गणपतिचंद्र गुप्त, हिंदी साहित्य का वैज्ञानिक इतिहास, पृ. 298
9. आचार्य रामचंद्र शुक्ल, हिंदी साहित्य का इतिहास, पृ. 170
10. आचार्य रामचंद्र शुक्ल, चिंतामणि-1, पृ. 32
11. सं. आचार्य रामचंद्र शुक्ल, भ्रमरगीतसार, भूमिका, पृ. 3
12. आचार्य हजारी प्रसाद द्विवेदी, सूर-साहित्य, पृ. 163
13. आचार्य रामचंद्र शुक्ल, सूरदास, पृ. 162
14. वही, पृ. 197-198
15. सं. ब्रजेश्वर वर्मा, सूरसागर, भूमिका, पृ. 25
16. जयशंकर प्रसाद, काव्य और कला तथा अन्य निबंध, पृ. 34-35
17. सं. त्रिभुवन सिंह, सूर : संदर्भ और समीक्षा, त्रिभुवन सिंह : सूर का युगबोध और उनकी सौंदर्य दृष्टि, पृ. 245
18. वही, पृ. 240
19. आचार्य नंददुलारे वाजपेयी, महाकवि सूरदास, पृ. 147

तुलसीदास

1. प्रस्तावना

शुद्ध सौंदर्यवादी या कलावादी दृष्टि से तुलसी के काव्य का मूल्यांकन करते समय बहुत सावधानी बरतनी चाहिए। उन्होंने सौंदर्यशास्त्र की परिधि और उसके मूल्यों को ऐसा व्यापक रूप दिया है कि संकीर्ण दृष्टि से उनके काव्य के बहुत से अंश सौंदर्यशास्त्र के बाहर की वस्तु लगते हैं। ऐसा प्रतीत होता है कि वे शुद्ध सर्जनाशील काव्य के स्थान पर धर्म-दर्शन, राजनीतिक-सामाजिक जीवन, सांस्कृतिक-मानवीय कर्तव्यों की चर्चा कर रहे हैं। लेकिन उन सब को काव्य सर्जना का रूप देना उनकी विशिष्टता है। तुलसी का जीवन-पट और जीवन-मूल्य अत्यंत व्यापक है, जिनको शुद्ध सौंदर्यशास्त्रीय मूल्यों के आधार पर परखा नहीं जा सकता। संस्कृत रामायण, महाभारत की तरह भारतीय जीवन के सर्वस्व को उन्होंने काव्य रूप में ढाला है। मानस के साथ तुलना में दोनों का अंतर इतना ही है कि वे धर्म और मानवता की ओर झुके हैं जबकि तुलसी का मानस जीवन के सभी पहलुओं को अंततः आध्यात्मिक महानता के धरातल पर पहुँचा देनेवाला है। कांट सौंदर्यशास्त्रीय मूल्यों से भिन्न इतर सामाजिक मूल्यों की अनुभूति को लौकिक जीवन-सापेक्ष मूल्यानुभूति मानते हैं। ऋषि-तुल्य कवि की सर्जना में यह द्वंद्वात्मक अंतर नहीं रह जाता। सौंदर्यपरक और सौंदर्येतर सामाजिक मूल्य गल-मिलकर, द्वंद्वातीत, भेदभाव से परे आध्यात्मिक चेतना के सौंदर्य में एकीभूत हो जाते हैं। लौकिक दृष्टि से हम निश्चित कह सकते हैं कि रूप-भाव-सौंदर्य-निरूपण में सूर का काव्य जिस उत्कर्ष पर पहुँचा है, वह तुलसी की रचना से बहुत आगे बढ़ा हुआ है। लेकिन उस मापदंड से तुलसी के काव्य का मूल्यांकन उचित नहीं है। धार्मिक, राजनीतिक और सामाजिक दृष्टि से तुलसी के काव्य का—विशेषतः मानस का, अनेक रूपों में उपयोग कर लिया जा रहा है। इस उपयोगिता से काव्य के उत्कर्ष का कोई संबंध नहीं है। तुलसी की महानता इस बात में है कि कवि की दृष्टि इस स्थूल उपयोगितावाद पर नहीं

है। वे जीवन के सभी पहलुओं में सौंदर्य और उदात्तता भरकर रचना को लौकिक महानता से धार्मिक-दार्शनिक-आध्यात्मिक स्तर पर ले जाते हैं तथा ग्राहक मन उस धरातल पर अल्पताओं, सीमाओं और विधि-निषेधों से मुक्त जीवन की व्यापकता एवं गहराई का अनुभव करने लगता है।

तुलसी की काव्य-साधना को अपने युग की सापेक्षता में देखना चाहिए। एक ओर मुसलमानों के शासन में हिंदुओं पर अनेक अत्याचार हो रहे थे तो दूसरी ओर भारत की सच्ची धर्मनिष्ठता समाप्त हो गई थी, समाज विभक्त और कटुता से पूर्ण था। मुसलमानों के शासन के साथ राजनीतिक संघर्ष करने के पहले हिंदू समाज में एकता और समरसता स्थापित करने के अतिरिक्त धर्म-संस्थापन के साथ उसमें आत्मविश्वास, उत्साह और शक्ति का विकास आवश्यक था। तुलसी ने उस महान् कार्य के दायित्व को अपने ऊपर ले लिया था। युग की परिस्थितियों में यह कोई मामूली सरल कार्य नहीं था। इस कार्य को राजनीतिक-सामाजिक रूप में संपन्न करना संघर्ष का कारण बनता। काव्य-सर्जना के माध्यम से इस कार्य की साधना को उठाकर तुलसी ने धर्म के घेरे में काव्य-सौंदर्य, रस और आनंद की अनुभूति के द्वारा एक अद्भुत घटना को घटित किया था। कवितावली का कलियुग वर्णन और मानस के धार्मिक प्रसंग, युग की गतिविधि और तुलसी की साधना के महत्त्व को प्रकट करते हैं। भारत के मध्यकालीन इतिहास में कोई धार्मिक, राजनीतिक या साहित्यकार नहीं हुआ है जिसने ऐसा प्रयत्न किया है और उसमें पर्याप्त सफलता प्राप्त की है। तुलसी के द्वारा और उनके बाद उत्तर भारत में शक्ति के प्रतीक हनुमान के मंदिरों की स्थापना और उस आँगन में व्यायामशालाओं की व्यवस्था ऐसे व्यापक रूप में हुई है कि निर्वीर्य जाति में मानसिक और शारीरिक शक्ति का विकास हो।

भारत के इतिहास में इस महान् कार्य के कारण तुलसीदास को लोकनायक कहते हैं और वे ही मध्यकाल में एकमात्र ऐसे महापुरुष थे। लोकनायक के रूप में उन्होंने तत्कालीन राष्ट्रीय जीवन के धार्मिक, सांस्कृतिक और सामाजिक पहलुओं को विशेष प्रभावित किया है। लेकिन उनका यह महत्त्व साहित्येतर मूल्यों का प्रतिपादक मात्र नहीं है। कवि की लोक कल्याणकारी चेतना ने उनकी सर्जनाशील भावना को अनुप्राणित किया है। दूसरे शब्दों में उनकी साहित्यिक प्रेरणा एवं चेतना तथा रचनात्मक प्रवृत्ति—लोकनायक की भावना से अभिन्न थीं। इस बात की उपेक्षा करने से प्रतिभा और महत्त्व का अलगाव होकर कवि के साथ न्याय नहीं हो सकता। दूसरी ओर कवि की कलात्मक सौंदर्य-भावना को समझने में भी कठिनाई होगी। तुलसी की सौंदर्य-भावना को जन-मानस के सौंदर्यबोध की सापेक्षता में ही देखना चाहिए। जन-मानस की सरलता और तरलता से सजीवता प्राप्त करने के कारण ही तुलसी की सौंदर्य-भावना सच्चे अर्थ में सार्वभौमिक हो सकी है। तुलसी के काव्य

की सार्वजनीनता और सार्वकालीनता का मूल आधार, उनकी सौंदर्यभावना की जन-मानस-सापेक्ष सरलता है। अर्थात् उनका लोकनायकत्व उनके काव्य की दिशा और प्रवृत्ति का निर्धारक है।

पाश्चात्य आचार्य इलियड और ओडेस्सी को वीररस प्रधान सहज एपिक (नेचुरल एपिक) कहते हैं जो एक विशेष कवि के द्वारा रचित होकर कालक्रम में नए अंशों से जुड़कर वृहत् आकार के बनते हैं और जिनकी रचना प्राचीन काल में ही संभव है। परवर्ती मध्यकालीन एपिक कलात्मक एपिक कहलाते हैं ऐसे पैरडैज लास्ट। रामायण-महाभारत भारत के प्राचीन एपिक हैं जो केवल वीरकाव्य न होकर जीवन के सभी पहलुओं का संतुलित प्रतिपादन करते हैं। परवर्ती भक्तिमार्गी पुराणकाव्य या कलात्मक महाकाव्यों की; व्यापकता, गहराई, जनमानस प्रतिबिंबन की दृष्टि से उन प्राचीन एपिकों के साथ तुलना नहीं की जा सकती है। जन-मानस को प्रतिबिंबित करने वाला, अशिक्षित-शिक्षित समस्त वर्गों को अपील करनेवाला, तथा व्यापक समाज के जिह्वाग्र पर गूँजनेवाला मध्यकालीन भारत में एकमात्र एपिक मानस है। तुलसी ने मध्यकाल में एपिक रचित होना असंभव कहनेवाले पाश्चात्य आचार्यों के कथन को गलत सिद्ध किया है। सहज एपिक का सौंदर्य बहुमुखी और बहुस्तरीय होता है। इलियट और कालिदास की दृष्टि में–'नाटकम् भिन्न रुचोर्जनस्य बहुधाप्येकं समाराधनम्' है। सहज एपिक के प्रभाव की दिशाएँ भी इस कथन को चरितार्थ करने वाली हैं। उसका काव्योत्कर्ष और महत्त्व, जीवन के बहुमुखी आयामों पर आधारित है। उसमें रूप-सौंदर्य, भाव-सौंदर्य और कर्म-सौंदर्य–व्यापक धर्म, दर्शन, संस्कृति, सामाजिक-भावना तथा व्यक्ति-मानस की जीवंत चेतनता की परिधि में सामान्य काव्य-सौंदर्य या रस से बहुत ऊपर उठा देनेवाला है।

2. सौंदर्यबोध के निर्धारक तत्त्व

भक्तिकाल के अन्य कवियों की तरह युग की परिस्थितियों और दृष्टि ने तुलसी को भी प्रभावित किया है, यद्यपि उनका व्यक्तित्व और कृतित्व अन्यों से काफी भिन्न था। तुलसी के सौंदर्यबोध को प्रभावित करने वाले निम्नांकित तत्त्व उल्लेखनीय हैं। (अ) विदेशी शासन में राजनीतिक परतंत्रता ने कवि को स्वतंत्रता की ओर उन्मुख किया है जो शासन की कठोरता में भारतीय आध्यात्मिकता, धर्म, संस्कृति लोक-जीवन आदि का परिवर्तित रूप धारण करता है। (आ) सामाजिक रूढ़ परंपराओं और कठोर नियमबद्धता ने नए जीवन के आग्रह को पुष्ट किया है। (इ) इन दोनों तत्त्वों को बल देनेवाला व्यापक भक्ति-आंदोलन है जिन्होंने जीवन के हर एक पहलू और दिशा को प्रभावित करते हुए उच्च और निम्न दोनों वर्गों में नई चेतना और जागृति उत्पन्न की है। उसने प्रचलित समस्त सामाजिक रूढ़ियों को तोड़कर स्वतंत्रता के साथ स्वच्छंदता की प्रवृत्ति का भी विकास किया है। दोनों ने काव्य-रचना की

गतिविधि को आमूल परिवर्तित किया है। (ई) भक्ति-आंदोलन ने काव्य को दरबारी संस्कृति, शृंगार-भावना, सौंदर्यदृष्टि और चमत्कार से मुक्त करके लोक-जीवन की सहजता और नैसर्गिकता का विकास किया है। मध्यकाल में प्रकृति और प्राकृतिक जीवन से कट जाने पर भी तुलसी का काव्य स्वाभाविक लोक-जीवन की स्पंदनशीलता के कारण वर्ग-भेदों को पार करके व्यापक समाज का कंठहार हो सका है। (उ) भक्ति-आंदोलन और लोक-जीवन-सापेक्ष दृष्टि ने रचनात्मक प्रवृत्ति को आध्यात्मिक उदात्तता और जीवंतता प्रदान की है। स्वतंत्रता और स्वच्छंदता की भावनाओं ने काव्य-परंपरा और परिपाटी से भिन्न एक नवीन सौंदर्यबोध को जन्म दिया है जिसमें काव्यशास्त्रीय रस-व्यवस्था की परिधि व्यापक ही नहीं हुई है, उसकी सीमाओं को तोड़कर नई मौलिकता, भाव-तन्मयता और कल्पनाशीलता का विकास संभव हो सका है। काव्य में गीतितत्त्व और आत्माभिव्यक्ति प्रधान प्रगीत तत्त्व को प्रमुख स्थान मिला है।

तुलसी के सौंदर्यबोध के निर्धारक भक्तिकालीन इन सामान्य विशेषताओं के अतिरिक्त कुछ ऐसे संदर्भ और प्रेरणा-स्रोत हैं जिन्होंने उनकी सौंदर्य-चेतना को एक विशिष्ट रूप में ढाला है। (1) इनमें पहला तुलसी का गंभीर व्यक्तित्व है जिसमें अंतर्मुखी भावनाशीलता, चिंतनशीलता और मानसिक चेतनता के साथ बहिर्मुखी क्रियाशीलता, कर्म की ओर प्रवृत्ति तथा लोक-मंगल की दृष्टि का अपूर्व सामंजस्य स्थापित हुआ है। इसके कारण तुलसी का सौंदर्यबोध भक्तिकालीन अन्य कवियों से भिन्न हो गया है। निराला जी ने अपने काव्य 'तुलसीदास' में युग की परिस्थितियों, तुलसी की मानसिकता, उसमें परिवर्तन और अंततः उनके व्यक्तित्व की प्रौढ़ता की ओर मार्मिक संकेत किया है जो उनकी रचना-धर्मिता और सौंदर्यबोध को स्पष्ट करता है। (2) 'निगमागमसम्मतं यद्रामायणे निगदितं क्वचिदन्यतोप' कहनेवाले तुलसी वेद-शास्त्र-काव्य पारंगत ही नहीं थे, बल्कि युग की परिस्थितियों को देखते हुए अपना एक विशिष्ट जीवन-दर्शन और जीवन के प्रति दृष्टिकोण को लेकर अवतरित हुए हैं। यह जीवन-दर्शन और दृष्टिकोण, अध्ययन, मनन और चिंतन से विकसित उनके व्यक्तित्व का अंग है जिसे उनके सौंदर्यबोध की प्रकृति, प्रवृत्ति और परिधि के आधार पर अनुमान लगा सकते हैं। (3) तुलसी के व्यक्तित्व और समन्वयशील जीवन-दर्शन की अभिव्यक्ति केवल रामभक्ति के माध्यम से ही संभव है और सहज ही कवि ने रामकाव्य का चयन किया है। तुलसी की कृष्ण गीतावली में तुलसी का मस्तिष्क और हृदय उस तरह का उन्मेष नहीं पा सका है। (4) तुलसी के इस व्यक्तित्व और सौंदर्यबोध के मूल में उनकी पत्नी रत्नावली के व्यक्तित्व और चरित्र की क्रियाशीलता का हाथ स्पष्ट है। वे अपनी पत्नी के रूप-सौंदर्य पर मोहांध रूप में आसक्त थे, उसके वियोग में ससुराल दौड़ जाने पर पत्नी द्वारा इस काम-वासना के धिक्कार से आत्म-मंथन में लग गए और उससे

प्राप्त ज्ञान के आलोक में घर छोड़कर संसार के कर्म-जगत् में, उसके कल्याण के लिए कदम आगे बढ़ाया। इस परिवर्तन में हम मोह की बहिर्मुखी प्रवृत्ति से आत्म-मंथन की अंतर्मुखी चिंतनशीलता तथा उस अंतर्मुखी मंथन से नवीन मंगलमय बहिर्मुखी कर्म-जगत् की ओर प्रस्थान देखते हैं। इस परिवर्तन को फ्रायड के शब्दों में काम के प्रतीकात्मक भाव का अन्य रूप-ग्रहण और उदात्तीकरण की स्थिति कह सकते हैं।

भक्ति-आंदोलन के प्रभाव से भक्तिकाव्य में जिस स्वच्छंदतावादी प्रवृत्ति का विकास हुआ है, उससे कुछ पहलुओं में भिन्न तुलसी की रचना-धर्मिता है। (1) संस्कृत के प्राचीन धर्म, दर्शन, शास्त्र, काव्य एवं काव्यशास्त्र के अपार ज्ञान और उनकी स्वस्थ परंपराओं से अभिज्ञ तुलसी कभी पूर्ण रूप से स्वच्छंदतावादी नहीं हो सकते। उनके काव्यों में स्वच्छंदतावादी और क्लासिकल प्रवृत्तियों का उचित सामंजस्य और संतुलन है। लूकास आदि अनेक पाश्चात्य समीक्षक इस संतुलन में ही काव्य का उत्कर्ष मानते हैं। सौंदर्य, प्रेम, करुणा, मानवीय संवेदना आदि कुछ व्यक्तिगत जीवन-मूल्यों को ही वरीयता देनेवाली स्वच्छंदतावादी प्रवृत्ति है तो सामाजिक दृष्टि से जीवन-मूल्यों का स्थान निर्धारित करनेवाली क्लासिकल प्रवृत्ति है। क्लासिकल दृष्टि का संतुलन; वस्तु-विधान, भाव-व्यंजना और कलात्मक अभिव्यक्ति तीनों में दिखाई देता है। औचित्य और गांभीर्य के साथ रूप की सुनिश्चित योजना उसकी विशेषता है। सीता-राम के सात्विक सौंदर्य और प्रेम पर मुग्ध होकर कवि कभी-कभी भावुक स्वच्छंदतावादी हो जाता है। लेकिन किसी भी प्रसंग में क्लासिकल मर्यादा का उल्लंघन नहीं हुआ है। तुलसी की काव्य-साधना और सौंदर्य-चेतना में आध्यात्मिक-लौकिक, नागरिक-ग्रामीण, वैयक्तिक-सामाजिक आदि सभी प्रकार की द्वंद्वात्मक स्थितियों का सामंजस्य स्थापित हुआ है। साधना के क्रम में कवि लौकिक-भौतिक सौंदर्य-चेतना के धरातल से अलौकिक-आध्यात्मिक धरातल पर ले जाता है। काव्य दृष्टि से तुलसी की धर्म-साधना की यह आध्यात्मिक सौंदर्यात्मक परिणति है। तुलसी का काव्य वैदिक अर्थ में पूर्णता का काव्य है--पूर्ण से पूर्ण निःसृत होता है और एक-दूसरे से मिलकर अनंत पूर्ण का रूप धारण करता है। (2) तुलसी के काव्य की दूसरी विशेषता वेद और लोक के विधि-विधान तथा रीति-नीति के समन्वय पर बल है जिसका अनेक संदर्भों में संकेत किया गया है। मध्यकाल तक वेदों और शास्त्रों के नियमों का पालन नाममात्र का रह गया है या वर्ग विशेष तक सीमित था। लोक-जीवन में अनेक नए रस्म-रिवाजों का विकास हो गया था जिनका विवाह आदि संस्कारों में पालन होता था। धर्म लोक-जीवन-निरपेक्ष होकर केवल शास्त्रों के आधार पर जीवित नहीं रह सका। ऐसी स्थिति में जीवन, धर्म और काव्य निष्प्राण, स्पंदनहीन हो जाते हैं। इसी को दृष्टि में रखकर तुलसी ने वेद और लोक दोनों की मर्यादाओं के समन्वय और सामंजस्यपूर्ण पालन का आग्रह

किया है। सौंदर्यशास्त्रीय दृष्टि से किसी वर्ग विशेष का धार्मिक, शास्त्रीय या नागरिक संस्कृति; धार्मिकता या शास्त्रीय नियम-पालन, सौंदर्य को जितना ही सुसंस्कृत, उदात्त और नियमबद्ध एवं सौष्ठवपूर्ण रूप प्रदान करें, उसमें जीवन की जीवंतता या स्पंदनशीलता नहीं होती। उसके लिए सौंदर्य को लोक-जीवन का संस्पर्श चाहिए। तुलसी का सौंदर्यबोध धार्मिक परिधि में जीवन की स्वस्थ चेतना से सजीव और उदात्त है।

3. काव्यवस्तु और सौंदर्य

रामायण की गाथा ऐसी है जिसमें मानव जीवन के वैयक्तिक, पारिवारिक, धार्मिक, आध्यात्मिक, सांस्कृतिक, राजनीतिक और सामाजिक समस्त पहलुओं की अभिव्यक्ति की अनेक संभावनाएँ हैं। तुलसी ने इन सभी पहलुओं का चित्रण ही नहीं किया है, उनका आदर्शीकरण करते हुए ऐसी रचना की है जिनमें सौंदर्यात्मक मूल्यों से रहित वस्तु के पहलुओं में भी सौंदर्य या उदात्तता की कुछ न कुछ अनुभूति मिलती है। मानस को महाकाव्य की अपेक्षा पुराणकाव्य माननेवाले समीक्षकों की संख्या कम नहीं है। पौराणिक काव्य की धार्मिक चेतना को सौंदर्य-शास्त्रीय मूल्य-संपन्न बनाने का श्रेय भारतीय साहित्य में केवल तुलसी को है। जीवन की प्रवृत्ति और निवृत्ति दोनों ने मानस में रमणीय रूप धारण किया है। काव्य-प्रवृत्तियों की दृष्टि से तुलसी की रचनाओं को धर्म, भक्ति, नीति और सामाजिक कर्म संबंधी चार वर्गों में बाँट सकते हैं। वैयक्तिक भक्ति साधना या आत्म-निवेदन का काव्य केवल विनय पत्रिका है जिसमें भावाभिव्यक्ति, भक्तिकालीन अन्य कवियों से मिलती-जुलती है। उसके काव्योत्कर्ष की प्रशंसा के बावजूद शुक्ल जी ने तुलसी को सामाजिक दृष्टि के कर्ममार्गी मानते हुए उसी पहलू को उभारा है। वास्तव में भारतीय आध्यात्मिक साधना में भक्ति-मार्ग वैयक्तिक आत्मोन्नति का ही पथ है। पापी का उद्धार और दुष्ट संहार भगवान की लीला के अंग हैं जिनका भक्त की साधना के साथ संबंध अप्रत्यक्ष है। युग की परिस्थितियों और आवश्यकताओं को देखते हुए तुलसी ने सामाजिक दृष्टि, धर्म या कर्तव्य और कर्म-मार्ग को अधिक महत्त्व दिया है। लेकिन उसी पर बल देने से भक्त-शिरोमणि तुलसी की रचना-धर्मिता के साथ पूरा न्याय नहीं हो सकता। जो हो, तुलसी ने अपनी काव्य-वस्तु के चारों पहलुओं की अभिव्यंजना में विषयगत मूल्यों के साथ सौंदर्य-दृष्टि और मूल्यों का ध्यान अवश्य रखा है। अन्यथा मानस जैसी महोत्तम कृति केवल उपदेशात्मक रचना हो जाती।

सूर ने श्रीकृष्ण की केवल मधुर लीलाओं को अपनी काव्यवस्तु के रूप में ग्रहण करके सौंदर्य और प्रेम के माध्यम से भक्ति-भावना को आध्यात्मिक आनंदानुभूति की अद्वैत स्थिति पर पहुँचा दिया है। यह भक्ति-मार्ग का चरम लक्ष्य है। दूसरी ओर तुलसी ने संपूर्ण राम-चरित को लेकर कर्मयोग का प्रतिपादन किया है। सौंदर्य

और प्रेम वैयक्तिक भावनाएँ हैं जिनका लक्ष्य आराध्य के साथ एकात्म होने में आनंदानुभूति है। श्रीराम की कठोर साधना में तुलसी ने समाजोन्मुख कर्म-कर्तव्य के महत्त्व को प्रस्तुत किया है। शुक्ल जी के अनुसार पहली मंगल की सिद्धावस्था है और दूसरी साधनावस्था है। मूलतः भक्ति-आंदोलन और भक्ति-काव्य, आध्यात्मिक और वैयक्तिक साधना पर बल देनेवाले हैं। आचार्य हजारी प्रसाद द्विवेदी सूर के वात्सल्य और शृंगार को शुद्ध लौकिक नहीं मानते। शुक्ल जी की धार्मिक-सामाजिक दृष्टि ने भक्ति को सामाजिक परिपार्श्व में देखने का प्रयत्न किया है। वैयक्तिक साधना को उन्होंने काव्य का विषय स्वीकार नहीं किया है। उनकी सौंदर्य-दृष्टि, धर्म और कर्म के सौंदर्य में ही तल्लीन हो सकी है, जो तुलसी के काव्य का प्रतिपाद्य है। वे लोक-मंगल की सिद्धावस्था के आनंद से लोक-मंगल की साधनावस्था के कर्म-निरूपण में काव्योत्कर्ष मानते हैं। सहज ही सूर के मधुर लीला-वर्णन से तुलसी के काव्य में जीवन के बहुमुखी कर्म-विस्तार में काव्योत्कर्ष माना गया है।

शुक्ल जी के अनुसार 'हृदय के कोमल और कठोर, मधुर और तीक्ष्ण दो पक्ष हैं और बराबर रहेंगे। काव्य कला की पूरी रमणीयता इन दोनों पक्षों के बीच मंगल या सौंदर्य के विकास में दिखाई देती है।'[1] यह विधान काव्य में लोक-मंगल की साधनावस्था के निरूपण में ही संभव है जैसे तुलसी के काव्य में। शुक्ल जी का लौकिक द्वंद्वात्मक दृष्टिकोण, साधना की मनःस्थिति का ही आग्रही है। लेकिन भारतीय आध्यात्मिक दृष्टिकोण, साधना से सिद्धि की मनोदशा को ही महत्त्वपूर्ण मानता है। साधनावस्था में कवि की सर्जना अपेक्षाकृत निम्न धरातल पर होती है। सिद्धावस्था में वह सूक्ष्म, मानसिक एवं आध्यात्मिक धरातल पर होती है। काव्य में साधना या सिद्धि की अभिरुचि और पारस्परिक वरीयता, कवि और पाठक की मनोदशा पर निर्भर करती है। युग की परिस्थितियों को देखते हुए तुलसी ने अपने काव्य में सौंदर्य और प्रेम की अपेक्षा शील, चरित्र, कर्म और कर्तव्य को अधिक महत्त्व देकर नई चेतना के विकास का प्रयत्न किया है। इसीलिए उनकी काव्य-वस्तु का चयन सूर से भिन्न प्रकार का हो गया है। केवल साधनावस्था और सिद्धावस्था के आधार पर कवि और काव्य के महत्त्व का निर्णय किया जा सकता है, काव्योत्कर्ष का नहीं।

स्वच्छंदतावादी भावात्मक भक्ति-काव्य में तुलसी ने अपना एक विशिष्ट मार्ग बना लिया है जिसमें वैयक्तिकता के साथ सामाजिकता का और भावात्मकता के साथ वस्तून्मुखता का समन्वय हुआ है। कवितावली के आरंभिक कांडों में—अरण्यवास तक—स्वच्छंदतावादी रोमांटिक भावना मिलती है। परवर्ती कांडों में तीव्र भावावेश के साथ वस्तुनिष्ठता का भी योग है। विनय पत्रिका में वैयक्तिक भक्ति-साधना है तो मानस में वस्तून्मुखता के बावजूद भाव-तरल प्रसंग भी मिल जाते हैं। धर्म, दर्शन और भक्ति की गरिमा में सात्विक सौंदर्य के फूल भी खिल उठे हैं। मानस

को चरितकाव्य, महाकाव्य, पुराणकाव्य या लोक-मंगल की साधनावस्था का प्रबंध काव्य कहने वाले भूल जाते हैं कि अंततः मानस भी तुलसी के भक्त हृदय की उतनी ही आत्माभिव्यक्ति है जितनी विनय पत्रिका है। यह वैयक्तिक भक्ति-भावना कथात्मक रूप धारण करने में रामचंद्र जी के शील और धर्म-कर्म के आचरण में समाजोन्मुख रूप धारण करती है। गीता की तरह मानस ज्ञान, योग और भक्ति के साथ-साथ कर्म-मार्ग का भी प्रतिपादक है। संक्षेप में मानस भारत के धर्म और संस्कृति का समग्र और समन्वयशील काव्य है। उसमें वस्तुनिष्ठता, सामाजिकता, कर्मयोग या साधना आदि को ही देखना एकांगी दृष्टिकोण का परिणाम है।

तुलसी के काव्य को केवल धर्म-कर्म की रचना कहना उचित नहीं है। उनकी काव्य-वस्तु की व्यापकता में जीवन के अन्य पहलुओं के साथ धार्मिक-भावना और कर्म-साधना ने भी सौंदर्यात्मक रूप धारण किया है। भक्ति-आंदोलन की चेतना ने संत, सूफी, कृष्ण-भक्ति और राम-भक्ति की कृतियों में एक नए सौंदर्य का उन्मेष किया है। उसी में उनकी मूल्यवत्ता है। भक्ति की विभिन्न धाराओं ने अपने-अपने ढंग से, अपनी दृष्टि के अनुसार काव्य-वस्तु का ग्रहण करके उसमें सौंदर्य भर दिया है। "सौंदर्य और कुरूप काव्य में बस ये ही दो पक्ष हैं। भला-बुरा, शुभ-अशुभ, पाप-पुण्य, मंगल-अमंगल, उपयोगी-अनुपयोगी—ये सब शब्द काव्य-क्षेत्र के बाहर के हैं। वे नीति, धर्म, व्यवहार, अर्थशास्त्र आदि के शब्द हैं। शुद्ध काव्य-क्षेत्र में न कोई बात भली कही जाती है न बुरी, न शुभ, न अशुभ, न उपयोगी, न अनुपयोगी। सब बातें केवल दो रूप में दिखाई देती हैं—सुंदर और असुंदर।"[2] तुलसी की काव्यवस्तु के संबंध में धार्मिक, नैतिक आदि विशेषणों का प्रयोग करते समय शुक्ल जी के उपर्युक्त कथन को ध्यान में रखकर देखना चाहिए कि तुलसी की प्रतिभा ने धर्म-कर्म को किस तरह सौंदर्यात्मक मूल्य प्रदान किया है।

4. रूप-सौंदर्य

तुलसी की दार्शनिक दृष्टि में श्री रामचंद्रजी पूर्ण ब्रह्म हैं। अवतारी रूप में राम और सीता, भगवान और उनकी श्री या शोभा के प्रतीक हैं तथा उनकी लीलाएँ मानव जीवन के आदर्श को प्रस्तुत करने वाली हैं। रूप-सौंदर्य उस आदर्श मानव जीवन का एक पहलू मात्र है। उससे अधिक महत्त्वपूर्ण पहलू शील और शक्ति के हैं जो पतनोन्मुख भारतीय जीवन का उद्धार करके युग की आवश्यकताओं की पूर्ति करनेवाले हैं। ऐसी स्थिति में रूप-सौंदर्य-वर्णन का विस्तार न होना स्वाभाविक है। जो वर्णन हुआ है, पारिवारिक परिधि में भारतीय दांपत्य जीवन के आदर्श रूप की व्यंजना के लिए है।

तुलसी की रूप-सौंदर्य-भावना अवतारी मानवीय-रूप में आध्यात्मिकता से कहीं अधिक लौकिकता की ओर झुकी हुई है। उनका आराध्य लीला मानुष ही न होकर

दुष्ट-संहारक और सज्जन-समाज का उद्धारक भी है। तुलसी ने राम में सौंदर्य, शील और शक्ति का समन्वित रूप दिखाया है। उनका रूप-सौंदर्य-निरूपण शक्ति से अनुप्राणित और शील से अनुशासित है। श्री रामचंद्र जी का सौंदर्य केवल रूपगत नहीं है। पौरुष और शक्ति ने रूप को वह ओजस्विता प्रदान की है कि उनका धनुषधारी रूप ही मन में अंकित हो जाता है–

नीलांबुज श्यामल कोमलाङ्गं, सीता समारोपित वाम भागम्।
पाणौ महासायक चारुचापं, नमामि रामं रघुवंशनाथम्।

दूसरी ओर उनकी रूप-सौंदर्य की भावना शील और सामाजिक मर्यादा के प्रभाव से सात्विक हो उठी है। शक्ति की अनंतता और शील की चरम सात्विकता ने तुलसी की रूप-सौंदर्य-दृष्टि को उदात्त धरातल पर पहुँचा दिया है। मध्यकालीन हिंदी काव्य में पारिवारिक भावना, नैतिक चेतना और सामाजिक मर्यादा के परिपार्श्व में रूप-सौंदर्य की ऐसी सात्विक छटा अन्यत्र दुर्लभ है। इस रूप-सौंदर्य-वर्णन में स्वच्छंदतावादी भावना के साथ क्लासिकल औचित्य एवं संतुलन का अपूर्व समन्वय हुआ है।

प्रकृति के साहचर्य से कटे हुए मध्यकालीन काव्य में उसके सौंदर्य का मार्मिक निरूपण बहुत कम कवियों ने किया है। तुलसी भी उसके अपवाद नहीं हैं। प्रबंध-काव्य के रूप में मानस में और कहीं-कहीं अन्यत्र प्रकृति-वर्णन काव्य-लक्षणों की पूर्ति के रूप में हैं। प्रकृतिनिरूपण, वातावरण की सृष्टि या शृंगार के उद्दीपन के रूप में काव्य-परंपरा का निर्वाह करने के लिए है जिसमें सौंदर्य दृष्टि प्रधान नहीं है। इस दिशा में सूर ने श्रीकृष्ण की लीला भूमि के प्रकृति-सौंदर्य का अपेक्षाकृत अधिक सजीव चित्रांकन किया है। तुलसी के सांकेतिक प्रकृति वर्णन के दो प्रतिनिधि वर्णन प्रस्तुत हैं–

लागे विटप मनोहर नाना। बरन बरन बर बेलि बिताना।।
नव पल्लव फल सुमन सुहाए। निज संपति सुर रुख लजाए।।
चातक कोकिल कीर चकोरा। कूजत बिहग नटत कल मोरा।।
x x x (मानस)
घन घमंड नभ गरजत घोरा। प्रिया हीन डरपत मन मोरा।।
दामिनि दमक रहत घन माहीं। खल के प्रीति जथा थिर नाहीं।।
(मानस)

प्रथम वर्णन बालकांड के वन वाटिका प्रसंग से है और दूसरा किष्किंधा कांड में सीता के वियोग में वर्षाकाल से राम के मन पर प्रभाव का है। स्पष्ट ही कवि ने प्रकृति को वातावरण, उद्दीपन या नीति-उपदेशक रूप में देखा है।

मानवीय रूप-सौंदर्य-वर्णन एक तरह से आराध्यों के प्रति श्रद्धांजलि है। इसीलिए तुलसी ने सीता के अंगांग-सौष्ठव का विस्तार के साथ निरूपण नहीं किया है। प्रबंध-काव्य परंपरा का अनुसरण करते हुए एक ही स्थान पर नख-शिख की रूप-योजना की गई है—श्रीराम और सीता के प्रथम समागम के पूर्वराग के प्रसंग में। कवि की विनम्र दृष्टि प्रायः आराध्या के चरण-कमलों के सौंदर्य पर है। जब आँख उठाकर देखते हैं तो मुख-कमल की कांति पर है। दोनों के बीच में आँखों की चंचलता और कटाक्ष के सौंदर्य की झलक मिलती है जो पूर्णतया भारतीय मर्यादाबद्ध रूप में है। कहीं भी वासना को उत्तेजित करनेवाली सौंदर्य की व्यंजना नहीं है। कथा के प्रसंगों में वस्तून्मुख दृष्टि रखनेवाले कवि ने रूप-सौंदर्य का बहिर्मुखी यथातथ्य वर्णन नहीं किया है। वह सांकेतिक, प्रभावमूलक, अनुभूति-तरल और गतिशील रूप में है। स्थितिशील रूप में कोमलता और सुकुमारता की उपेक्षा भी नहीं की गई है जो नारी के रूप-सौंदर्य की शारीरिक विशेषता है। वास्तव में लावण्य की कांति ही रूप सौंदर्य का मूल स्रोत है जो रूप को ही आकर्षक नहीं बनाता, बल्कि अपने परिसर को भी प्रभावित करता है।

तुलसी का रूप-वर्णन रूढ़ परंपरागत रूप में है। सीता के वियोग में उसके अंगांग सौंदर्य के समान लताओं और पक्षियों से (जो उपमान हैं।) जब श्री रामचंद्रजी सीता का पता पूछते हैं, वहाँ भी परंपरा-निर्वाह के अतिरिक्त किसी नए सौंदर्य की झलक नहीं मिलती।

> पूछत चले लता तरु पाती।
> हे खग मृग हे मधुकर श्रेनी। तुम्ह देखी सीता मृगनैनी।।
> खंजन सुक कपोत मृग मीना। मधुप निकर कोकिला प्रवीना।।
> (मानस)

कवि ने नायिका से कहीं अधिक नायक के रूप-सौंदर्य और उसके प्रभाव का वर्णन किया है जो तुलसी के आदर्श नायक की परिकल्पना के उद्देश्य के अनुरूप है—

> सोभा सींवँ सुभग दोउ बीरा। नील पील जलजाभ सरीरा।
> मोर पंख सिर सोहत नीके। गुच्छ बीच बिच कुसुम कली के।।
> (मानस)
>
> × × ×
>
> जिन्ह निज रूप मोहिनी डारी। कीन्हे स्वबस नगर नर नारी।।
> बरनत छवि जहँ तहँ सब लोगू। अवसि देखि अहिं देखन जोगू।।
> (मानस)

नगरवासियों पर ही नहीं, ग्राम-वधुओं और आदिम अरण्यवासियों के मन पर

भी राम के सौंदर्य का अपूर्व प्रभाव है।

सीता जी का सौंदर्य-वर्णन केवल रूढ़ रूप में ही न होकर बीच-बीच में उसकी सुकुमारता और कोमलता के, बाह्य और आंतरिक सौंदर्य के मार्मिक रूप की व्यंजना भी हुई है। बाह्य रूप और आंतरिक लावण्य की ज्योति की समष्टि की यह अभिव्यक्ति है–

सुंदरता कहुँ सुंदर करई। छबि गृहँ दीपसिखा जनु बरई।।

(मानस)

जब सौंदर्य मर्यादा और सात्विकता से युक्त होता है तो उसके प्रभाव की मार्मिकता बढ़ जाती है–

पूछति ग्रामवधू सिय सों, कहौ, साँवरे से सखि रावरे को है ?
सुनि सुंदर बैन सुधारस साने, सयानी है जानकी जानी भली।
तिरछे करि नैन दै सैन तिन्हैं, समुझाई कछू मुसकाई चली।

उत्तर में सांकेतिक व्यंजना सौंदर्य को बढ़ानेवाली है।

श्री रामचंद्र जी के रूप-सौंदर्य वर्णन को साधारण नायक के रूप-वर्णन की दृष्टि से नहीं देखना चाहिए। वे सच्चिदानंद स्वरूप पूर्ण ब्रह्म हैं। इसलिए उनके रूप में आदर्शीकरण की पराकाष्ठा है। सामान्यतः पुरुष का आकर्षण उसकी शक्ति और तेजस्विता पर निर्भर करता है। व्यक्तित्व और चरित्र उस आकर्षण को बढ़ा देते हैं। पूर्ण ब्रह्म के रूप में श्री रामचंद्र जी के रूप में सौंदर्य, शील और शक्ति का समन्वित रूप सामने आता है। व्यक्तित्व और चरित्र की सात्विकता तथा पूरे समाज और समस्त सृष्टि को अपनी दृष्टि में समेट लेने की व्यापकता एवं गहराई, नायक के आकर्षण को पूर्णता प्रदान करती है। फिर भी प्रश्न उठता है कि कवि ने नायक श्री रामचंद्र जी के सौंदर्य की ओर क्यों संकेत किया है ? सौंदर्यानुभूति का पर्यवसान आनंद में होता है। परब्रह्म की समस्त विभूतियों की समन्वित अनुभूति भी आनंद ही है। या यों कहें कि ईश्वर की भारतीय परिकल्पना आनंद रूप में है। इसीलिए तुलसी ने कहा है कि श्री रामचंद्र जी का रूप त्रिभुवन लजावन हार है। उनकी रूप-कल्पना के एक-दो और उदाहरण देख लें। श्री रामचंद्र जी का लता गुल्म में प्रत्यक्ष होना ही अवतारी रूप में है–

निकसे जनु जुग विमल बिधु जलद पटल बिलगाइ। (मानस)

और उन्हें देखकर सीता जी की सखियाँ–

देखि रूप लोचन ललचाने। हरषे जनु निज निधि पहिचाने।।

(मानस)

सीताराम के वन-गमन में ग्राम-वधुओं की स्थिति—

> रामहिं देखि एक अनुरागे। चितवत चले जाहिं संग लागे।।
> एक नयन मग छवि उर आनी। होहिं सिथिल तन मन बर बानी।।
>
> (मानस)

श्री रामचंद्र जी के तीनों भाइयों में रूप-सौंदर्य से कहीं अधिक उनकी शक्तिमत्ता और तेजस्विता है। उनके व्यक्तित्व और चरित्र में वही सात्विकता है। उनके पुरुषोचित रूप में भावविचारों की प्रवृत्ति, सेवा, धर्म, भक्ति, आदि को लेकर रूप और व्यक्तित्व भिन्न-भिन्न दिशाओं में ढले हुए हैं। विभिन्न संदर्भों में लक्ष्मण का क्रोध, उनके व्यक्तित्व को प्रखर रूप देता है। लेकिन यह क्रोध तामसी न होकर सात्विकी होने के कारण—धर्मबद्ध होने के कारण—उसका रूप और प्रभाव विकर्षण उत्पन्न नहीं करता। श्री रामचंद्र जी के दलीय नेता या भक्त-हनुमान, सुग्रीव, जाम्बवान आदि को भी सात्विक रूप में तेजस्वी पुरुष मात्र कह सकते हैं। विपक्षी वर्ग में रावण, इंद्रजित आदि में रूप-सौंदर्य का अभाव नहीं है। उनमें भी प्रखर तेजस्विता, शक्तिमत्ता, प्रौढ़ व्यक्तित्व और पौरुष का पुरुषोचित रूप-धर्म हैं। लेकिन वे तामसी वृत्ति से संचारित या आच्छादित हैं। इसलिए उनके रूप-वर्णन में सौंदर्योत्कर्ष की अनुभूति नहीं होती। सात्विक रूप-सौंदर्य ग्राहक-मन को ऊर्ध्वगामी बनाकर आनंद तन्मय कर देता है। इसी दृष्टि से तुलसी ने श्री रामचंद्र जी के सौंदर्य के प्रभाव की ओर कई संकेत किए हैं।

तुलसी की रूप-सौंदर्य-दृष्टि ऐंद्रिय न होकर मानसिक अवश्य है, पर वह मन की भावना और कल्पना से नहीं, नैतिक-सामाजिक चेतना से परिचालित है। भक्ति-आंदोलन में समान आध्यात्मिक-दृष्टि की प्रेरणा के बावजूद सूर की सौंदर्य-दृष्टि अंतर्मुखी है जबकि तुलसी की बहिर्मुखी। एक की स्वच्छंदतावादी और व्यक्तिनिष्ठ है तो दूसरे की अपेक्षाकृत अधिक क्लासिकल और वस्तुनिष्ठ।

5. भाव-सौंदर्य और कर्म-सौंदर्य

(क) भाव-सौंदर्य : भाव शब्द का भावना (फीलिंग), संवेग (एमोशन) और चिंतन या विचार (आइडिया) तीनों अर्थों में प्रयोग किया जाता है। भारतीय रस-सिद्धांत और पाश्चात्य रोमांटिक प्रवृत्ति में प्रथम दो अर्थों को ही स्वीकार किया गया है। काव्य के भाव-जगत् में भावनाओं और संवेगों के अतिरिक्त अन्य प्रकार की मानसिक प्रतिक्रियाएँ भी हो सकती हैं। इसीलिए रसगंगाधरकार ने रस के स्थान पर रमणीयता को महत्त्व देकर रमणीय अर्थ प्रतिपादक शब्द को काव्य कहा है। चिंतनशील, दार्शनिक या सामाजिक प्रेरणा सूत्रों से प्रभावित कवि की रचना में अनेक भाव-विचारों का प्रतिपादन अनुभूतिमूलक न होने पर भी रमणीय या सौंदर्यात्मक हो सकता है।

तुलसी ऐसे मनीषी महाकवि हैं जिन्होंने जीवन के समस्त पहलुओं को ध्यान में रखकर रचना की है। उसमें धर्म, दर्शन, संस्कृति और सामाजिक चेतना, भाव पक्ष की सीमित परिधि को लाँघकर चिंतनशील धरातल पर भी भाव को रमणीय रूप देते हैं। इसमें कोई संदेह नहीं है कि भाव का रागात्मक मनोवैज्ञानिक पहलू ग्राहक मन को तीव्र रूप में स्पंदित करता है। लेकिन काव्य का प्रयोजन इस भावात्मक स्पंदनशीलता से ऊपर वैचारिक चेतना-लोक में भी ले जाकर नव जीवन का पथ प्रशस्त करना भी है। तुलसी ने भाव पक्ष के अंतर्गत यह महान् कार्य करने का प्रयत्न किया है। दूसरी ओर उनकी सामाजिक दृष्टि ने भावों की संवेगात्मक तीव्रता को औचित्यपूर्ण और मर्यादाबद्ध रूप में संयमित रखा है। धर्म, संस्कृति आदि की चिंतनशीलता भी मूलतः हार्दिक अनुभूति से प्रेरित होने पर ही ग्राह्य, संवेद्य और सौंदर्यमय (या उदात्त) बनती है। अन्यथा वह केवल प्रचार या प्रोपगेण्डा हो जाती है। उदाहरण के रूप में मानस के राम-भरत-मिलन को ले सकते हैं जिसमें धर्म की अपूर्व ज्योति प्रज्वलित हो उठी है। शुक्ल जी के शब्दों में 'चित्रकूट में राम और भरत का जो मिलन हुआ है, वह शील और शील का, स्नेह और स्नेह का, नीति और नीति का मिलन है। इस मिलन में संघटित उत्कर्ष की दिव्य प्रभा देखने योग्य है।'[3] चित्रकूट में उपस्थित 'समाज के प्रभाव से चित्रकूट की रमणीयता में पवित्रता भी मिल गई। उस समाज के भीतर नीति, स्नेह, शील, विनय, त्याग आदि के संघर्ष से जो धर्म ज्योति फूटी, उससे आसपास का सारा प्रदेश जगमगा उठा—उसकी मधुर स्मृति से आज भी वहाँ की वनस्थली परम पवित्र है। चित्रकूट की उस सभा की कार्रवाई क्या थी, धर्म के एक-एक अंग की पूर्ण और मनोहर अभिव्यक्ति थी। रामचरितमानस में वह सभा एक आध्यात्मिक घटना है। धर्म के इतने स्वरूपों की एक साथ योजना, हृदय की इतनी उदात्त वृत्तियों की एक साथ उद्‌भावना तुलसी के ही विशाल 'मानस' में संभव थी।'[4] धर्म के स्वरूप की यह व्याख्या, शुक्ल जी के भावपूर्ण हृदय के साथ-साथ तुलसी की भाव-व्यंजना की व्यापकता और गहराई को भी व्यक्त करती है।

सामाजिक मर्यादा, सामाजिक संबंधों में औचित्य-निर्वाह, सामाजिक व्यवहार में धर्मबद्धता, पारिवारिक जीवन में सात्विक रागात्मकता, लोक जीवन में सात्विक स्नेह, जीवन में मूल्य-संतुलन की गरिमा, भक्ति की अनन्यता और उदात्तता—संक्षेप में धार्मिक, पारिवारिक, सामाजिक और सांस्कृतिक परिवेश में भाव-सौंदर्य की भव्यता, तुलसी के काव्य की सौंदर्यशास्त्रीय विशेषताएँ हैं। ऐसा लगता है कि तुलसी ने भारतीय धर्म, भक्ति और संस्कृति को भावात्मक रूप दिया है। क्लासिकल कवि होने के नाते भक्तिकाल के अन्य कवियों की अपेक्षा तुलसी की भाव-व्यंजना में स्वच्छंदता, नैसर्गिकता, भाव-तरलता, मानवीय-संवेदना आदि पहलू अपेक्षाकृत अधिक संयमित हैं। अरण्यवास में सीता और राम के प्रेम-प्रसंगों में या ग्राम-वधुओं के

हास-विनोदमय प्रश्नों में भी तुलसी ने अपनी भावनाशीलता को भारतीय सांस्कृतिक परिधि में ही स्वच्छंद प्रसार दिखाया है। तुलसी ने भक्ति-आंदोलन के प्रभाव में तथाकथित उच्चवर्गीय सामाजिक-सांस्कृतिक परिवेश को चीरकर मानवीय-भावना, मानव-मन और जीवन के प्राकृत रूप को सामने रखकर संस्कृत सौंदर्य से परे प्राकृत सौंदर्य की अभिव्यक्ति की है। परंपरागत रूढ़ धर्म के स्थान पर सच्चे भारतीय धर्म की परिधि में यह महान् कार्य संपन्न हुआ है। तुलसी की भाव-व्यंजना वस्तु-सापेक्ष या वस्तुनिष्ठ है जिससे वस्तु के माध्यम से या उसकी सापेक्षता में भाव की औचित्यपूर्ण और संतुलित अनुभूति हो जाती है।

तुलसी के इसी आदर्श को ध्यान में रखकर शुक्ल जी ने काव्य में भाव पक्ष की अपेक्षा विभाव पक्ष को अधिक महत्त्व दिया है और केवल भाव प्रधान उर्दू शायरी और छायावाद का विरोध किया है। 'अपनी अनुभूति या संवेदना का लंबा-चौड़ा ब्यौरा पेश करने की अपेक्षा उन तथ्यों या वस्तुओं को पाठक की कल्पना में ठीक-ठीक पहुँचा देना जिन्होंने वह अनुभूति या संवेदना जगाई है, कवि के लिए हम अधिक आवश्यक समझते हैं। सहृदय या भावुक पाठक अपनी अनुभूति का पथ बहुत कुछ आप से आप निकाल लेते हैं।[5] हमने देखा है कि तुलसी ने रूप वर्णन से भाव-व्यंजना को ज्यादा महत्त्व दिया है। उनकी भाव-व्यंजना भक्तिकाल की अन्य कवियों की तुलना में अधिक वस्तुनिष्ठ होने पर भी मानस को छोड़कर अन्य श्रेष्ठ रचनाओं में आलंबन से अधिक भाव-व्यंजना का ही विस्तार है। इस प्रसंग में हमें यह नहीं भूलना चाहिए कि कविता मूलतः आत्माभिव्यक्ति है और कवि की आत्मानुभूति में रंगकर ही आलंबन या वस्तु की भाव प्रतिमा प्रस्तुत की जाती है।

'भाव भेद रस भेद अपारा' कहनेवाले कवि ने अपनी रचनाओं में उस कथन की सत्यता को सिद्ध कर दिया है। तुलसी के पहले ही वात्सल्य और भक्ति को रस की संज्ञा प्राप्त हो चुकी है। उन्होंने भाव-व्यंजना में अनंत वैविध्य ही प्रकट नहीं किया है, अनेक भावों को सात्विकता की चरमसीमा पर ले जाकर रसत्व प्रदान किया है। शिष्ट सामाजिक जीवन और लोक-जीवन दोनों से ये भाव ग्रहण किए गए हैं। भाव-व्यंजना में केवल परंपरा का निर्वाह न करके उसमें नया 'रस' भर दिया है जो जीवन के साथ गहरे संस्पर्श से प्राप्त हो सका है। तुलसी की मौलिकता या नवीन उद्‌भावनाएँ, नए प्रसंगों की कल्पना में नहीं, नया जीवन-रस प्रदान करने में है। दास्य भक्ति, लोक-जीवन, निम्नवर्गीय जीवन के केवट, शबरी आदि के प्रसंगों में भावों की अनन्य तन्मयता दिखाई देती है। तुलसी के भाव-वैविध्य का कारण परंपरागत राम की कथा नहीं है। शुक्ल जी के शब्दों में प्रबंधकार के रूप में मार्मिक प्रसंगों को चुनकर उनका भावपूर्ण आख्यान करने में है।[6] सौंदर्यशास्त्रीय दृष्टि से उन भावों के उत्कर्ष में कवि की प्रतिभा प्रकट होती है। सामान्य दृष्टि से राम की कहानी सौंदर्याश्रित प्रेम, पारिवारिक संबंधों में रागात्मिकता और वीरता की गाथा

है। उसे तुलसी ने भाव-विस्तार और प्रसार के साथ लोक-मानस का कंठहार बना दिया है।

भाव-व्यंजना के चार आयाम हैं—जीवन-दर्शन की गहराई, मनोवैज्ञानिकता, सामाजिकता और सौंदर्यात्मकता। चारों के सामंजस्य में ही भाव का उत्कर्ष होकर वह सौंदर्य से आलोकित हो उठता है। हिंदी में तुलसी ही एकमात्र कवि हैं जिन्होंने चारों आयामों का ध्यान ही नहीं रखा है, बल्कि उनमें समन्वय स्थापित करके एक सूत्रता में गूँथा है। धर्म के प्रसंगों में दर्शन की ही नहीं, अन्य आयामों की भी झलक मिल जाती है। यहाँ तक कि प्रेम के प्रसंगों में भी चारों का आभास मिल जाता है। विश्लेषणात्मक दृष्टि से समीक्षक धार्मिक प्रसंगों में दर्शन की, पात्रों की भावनाओं और अंतर्द्वंद्व में मनोवैज्ञानिकता की, विभिन्न प्रसंगों के दृष्टिकोण में सामाजिकता की तथा रूप-भाव-कर्म के निरूपण में सौंदर्य की प्रधानता मानते हैं। आयाम जो हो, भाव की मूर्त्त व्यंजना में ही उसका सौंदर्य है।

(ख) **कर्म सौंदर्य :** अनेक समीक्षक रामायण को वीर काव्य मानते हैं। प्रेम और धर्म के कुछ प्रसंगों को छोड़कर मुख्य कथा, राम की वीरता की ही कहानी है। लेकिन अवतारवादी दृष्टि से श्री रामचंद्र जी की कहानी को लीला, भक्ति-साधना और सज्जन-संरक्षण एवं दुष्ट-संहार मानने वाली तीन विचारधाराएँ भी दिखाई देती हैं। आत्माभिव्यक्ति प्रधान 'विनय पत्रिका' में भक्ति-भावना केंद्र बिंदु है। तुलसी की अन्य रचनाओं को—विशेषतः मानस को—तीसरी कोटि का कर्म-प्रधान काव्य मानते हैं। 'स्वान्तः स्तमश्शान्तये' के साथ 'स्वान्तः सुखाय' को भी तुलसी ने मानस का लक्ष्य माना है। ऐसी स्थिति में वह भक्त कवि की आत्माभिव्यक्ति भी है। जो हो, युग की परिस्थितियों के कारण तुलसी ने ज्ञान, योग और भक्ति की अपेक्षा धर्म-कर्म को ज्यादा महत्त्व दिया है। इस कर्म के सौंदर्य का विश्लेषण करके उसके आधारभूत तत्त्व की छानबीन, सौंदर्यशास्त्रीय दृष्टि से आवश्यक है। केवल पाप-पुण्य और अच्छे-बुरे के आधार पर कर्म के सौंदर्य का निर्धारण नहीं हो सकता। धर्म उसका आधार है। धर्म का अर्थ मजहब या रेलिजियन नहीं है। उसकी व्युत्पत्ति 'धर' धातु से मानते हैं तो जो शाश्वत सत्य है वह धर्म है। यदि 'धार' धातु से उसका निष्पादन करते हैं तो धर्म जीवन को धारण करने वाला अर्थात् जीवन का आधारभूत तत्त्व है। तब धर्माश्रित कर्म, अपने प्रति, परिवार के प्रति, समाज के प्रति, देश के प्रति, मानवता के प्रति—एक शब्द में समस्त जड़-चेतन के प्रति कर्तव्य का निर्वाह करना है। सौंदर्य धर्मबद्ध है तो 'सुंदर पाप' के आकर्षण में सच्चा सौंदर्य नहीं हो सकता। प्रतिनायक पूर्ण रूप से खलनायक ही हो, उसके कर्मों में धर्म का अंश भी न हो, ऐसा संभव नहीं है। धर्माधर्म के तानेबाने में कर्म का सौंदर्य बीच-बीच में कहीं भी हो सकता है। रावण या इंद्रजित को नायक बनाकर उसके कर्मों में नए मूल्यों को दिखाते हुए सौंदर्य-सृष्टि हो सकती है। लेकिन श्री रामचंद्र

जी को अवतार मानने वाले तुलसी ने उन्हीं के कर्मों में पूर्ण सौंदर्य को व्यक्त किया है। इस धर्मबद्ध कर्म-सौंदर्य में सत्य और शिव अंतर्भुक्त हैं।

मानव जीवन में कर्म और उसके सौंदर्य का प्रतिपादन दूसरी दृष्टि से भी किया जा सकता है। कामायनीकार ने ज्ञान, कर्म और भाव में तीसरे को प्रधान माना है। लेकिन भावना कर्म की प्रेरणा देती है और ज्ञान उसकी सफलता का निर्धारक है। पर सत्कर्म के लिए भावना या श्रद्धा का सात्विक होना और ज्ञान का अहंकार रहित पूर्ण होना आवश्यक है। इसीलिए धर्म में सात्विक श्रद्धा और पूर्ण ज्ञान पर बल दिया जाता है। सात्विक भाव-प्रेरित और पूर्ण-ज्ञान-युक्त धर्म-कर्म की साधना में सौंदर्य दीप्त हो उठता है। इसीलिए तुलसी ने मानस में बार-बार सात्विक श्रद्धा और ज्ञानयोग की चर्चा की है। दोनों की साधना में साधारण जनता की कठिनाई को देखते-जानते हुए उन्होंने वेद और लोक दोनों की नीति-रीति को समान महत्त्व दिया है।

इस संसार में भगवान के अवतार के समस्त क्रियाकलापों और कर्म को केवल लीला माननेवाले, उसमें आनंद विभोर होकर लीला-कीर्तन करते हैं। अन्य पहलुओं के साथ अवतार के दुष्टक-संहारक कर्म भी आनंद का स्रोत है। दास्य, वात्सल्य, सख्य, मधुर आदि सभी प्रकार की भक्ति-भावना में आनंदमय तन्मयता ही अंतिम लक्ष्य है।

इस तरह किसी भी दृष्टि से आराध्य के क्रियाकलापों और कर्म के द्वारा भक्त को अपूर्व आध्यात्मिक या सात्विक आनंद मिलता है। सौंदर्यानुभूति की अंतिम परिणति भी आनंद है। तुलसी ने अपने आराध्य श्री रामचंद्र जी की लीला, भक्ति और कर्म तीनों की ओर संकेत किया है, यद्यपि बल तीसरे पर दिया गया है। राजनीतिक परिस्थितियों, सामाजिक-व्यवस्था और नई चेतना के विकास के लिए यह आवश्यक था। श्री रामचंद्र जी को सौंदर्य, शील और शक्ति के समन्वित रूप को सामने रखते हुए भी शक्ति के द्वारा कर्म के व्यापक स्वरूप को इस तरह का प्रसारगामी रूप दिया गया है कि वह सौंदर्य का पर्यायवाची हो गया है।

कर्म-सौंदर्य के मूल में शील और शक्ति क्रियाशील हैं। सात्विकता को भी उनके साथ जोड़ सकते हैं। अन्यथा वीरता के साथ रौद्र, भयानक और बीभत्स आनंददायी सौंदर्य की सृष्टि नहीं कर सकते। यह केवल मूर्त्त अभिव्यंजना का परिणाम नहीं है, बल्कि ग्राह्य मूल्य-व्यवस्था की आस्वाद्यता के कारण है। श्री रामचंद्र जी शक्ति के स्रोत हैं, लेकिन तुलसी ने हनुमान को उस शक्ति की अभिव्यक्ति का प्रतीक बनाकर अपूर्व कर्म-सौंदर्य की सृष्टि की है। अन्यथा लंकाकांड के उन भयानक दृश्यों का—विशेषतः कवितावली में—चित्रांकन ग्राह्य नहीं हो सकता।

6. कलात्मक अभिव्यंजना

तुलसी की महान् प्रतिभा और महत्त्व के बावजूद मानस में संस्कृत के पुराणों की तरह स्थान-स्थान पर धार्मिक प्रवचन मिलते हैं। कवितावली के उत्तर कांड में कलियुग वर्णन तत्कालीन जीवन की गतिविधि की व्यंजना है। इनको किसी भी अर्थ में कलात्मक नहीं कह सकते। तुलसी को हिंदी के सर्वश्रेष्ठ कवि घोषित करने वाले शुक्ल जी स्वयं स्वीकार करते हैं कि रामचरित मानस में तुलसी केवल कवि के रूप में ही नहीं, उपदेशक के रूप में भी सामने आते हैं।[7] पात्रों के मुँह से कराए जाने पर भी 'वे उपदेश के लिए ही हैं।'[8] लेकिन इस संदर्भ में यह भी स्मरण रखना है कि ये उपदेश धार्मिक हीन होकर सामाजिक भी हैं और नवीन सामाजिक-व्यवस्था के निर्माण में उनकी भूमिका तुलसी के महत्त्व को प्रकट करती है, जैसे जाति-भेद के संबंध में यह कथन है–

जाति पाँति कुल धर्म बड़ाई। धन बल परिजन गुन चतुराई।।
भगति हीन नर सोहइ कैसा। बिनु जल बारिद देखिअ जैसा।
(मानस)

अवतार की लीलाओं के संबंध में आधुनिक युग की शंकाओं के समाधान भी मानस में प्रस्तुत हैं जैसे सीता के वियोग में राम का विलाप–

पूरन काम राम सुख रासी। मनुज चरित कर अज अविनाशी।।
(मानस)

इन उपदेशों के बीच में सूक्तियों की मौक्तिक माला गूँथी गई है जिसमें कुछ परंपरागत हैं तो कुछ कवि की प्रतिभा की देन हैं–

सूर समर करनी करहिं कहि न जनावहिं आपु।। (मानस)
सपनें होइ भिखारि नृप रंकु नाकपति होइ।
जागें लाभु न हानि कछु तिमि प्रपंच जियं जोइ।। (मानस)

मानस में प्रत्येक पंक्ति या उनका संबद्ध समूह, सुगठित और चुस्त होकर अर्थ गौरव से पूर्ण सूक्ति लगती है। सौंदर्य-दृष्टि से इनका विशेष मूल्य न आँकने पर भी उन्हें सौंदर्य रहित भी नहीं कहा जा सकता।

सूर की तरह तुलसी कलावादी न होने पर भी वे काव्य को कलात्मक चेतना की परिधि में ही जीवन-सापेक्ष उपयोगितावादी मानते हैं। सूर की दृष्टि जीवन के सौंदर्य और माधुर्य पर है तो तुलसी ने मानव जीवन के व्यापक और समग्र चित्र प्रस्तुत करने का प्रयत्न किया है जिसमें सौंदर्य और माधुर्य एक पहलू मात्र है।

किसी कवि की कलात्मक चेतना और अभिव्यंजना, उसकी दृष्टि, वस्तु और अनुभूति पर निर्भर करती है। तुलसी की कलात्मक अभिव्यंजना और भाषा-शैली अत्यंत प्रौढ़ और मँजी हुई है। सूर ने काव्योचित भाषा-शैली का विकास किया है तो तुलसी ने उसे परिष्कृत और उदात्त बनाया है। ऐतिहासिक दृष्टि से यह विकासक्रम स्वाभाविक है ही, विषय-वस्तु के अनुरूप भी है। क्योंकि सूर सौंदर्य के और तुलसी उदात्त के कवि हैं। तुलसी के चित्रांकन की व्यापकता एवं गतिशीलता, रूप-विधान का औचित्य तथा भाषा-शैली में लय, गति, प्रवाहशीलता एवं गंभीरता, मानव जीवन की गरिमा के शाब्दिक-निर्वाह की पूर्ण सफलता के परिचायक हैं। मानस की भाषिक अभिव्यंजना में सरलता और अर्थ-गौरव युक्त प्रौढ़ता की जो एक साथ अनुभूति होती है, वह क्लासिकल एपिक शैली की भव्यता का प्रमाण है। तुलसी की सर्जना में प्रौढ़, स्वच्छंद भाव-तरलता और सौंदर्यात्मकता की अभिव्यक्ति न हुई हो, ऐसी बात नहीं है। कवितावली में अरण्य कांड तक सौंदर्य के अपूर्व रमणीय दृश्य मिल जाते हैं जो कवि की मर्यादाबद्धता में और आकर्षक लगते हैं। कवितावली की भाषा-शैली में काव्योचित निखार है तो 'विनय पत्रिका' की कलात्मक अभिव्यंजना तथा भाषा-शैली में दास्य भक्ति के अनुरूप सूक्ष्म उदात्तता, परिष्कार की प्रौढ़ता और सांस्कृतिक उन्नयन है। क्रोचे के शब्दों में कवि की कल्पना के अनुसार उसकी काव्याभिव्यंजना विशिष्ट होती है। परंपरा और शास्त्रीयता के ढाँचे में ढली हुई काव्याभिव्यक्ति ही सामान्योन्मुख होती है। तुलसी ने कलात्मक अभिव्यंजना में अपना जो मार्ग अपनाया है और उसका प्रौढ़ विकास किया है, उसका अनुकरण नहीं किया जा सकता। इसीलिए तुलसी काव्य के क्षेत्र में अकेले खड़े हैं। काव्य-परंपरा और काव्यशास्त्र का ज्ञाता होकर भी, संदर्भ के अनुसार उनका सार ग्रहण करते हुए भी, तुलसी ने वह सब अपनी कलात्मक चेतना में इस तरह आत्मगत कर लिया है कि उसके अलग अस्तित्व का आभास नहीं होता। कवि की प्रतिभा परंपरा में नए फूल खिलाने में है।

कल्पना कवि के कथ्य की सम्मूर्तन करनेवाली शक्ति है जो रचना को काव्यत्व प्रदान करती है। सूर की स्वच्छंदतावादी रचना में कल्पना का अत्यंत रंगीन प्रसार दिखाई देता है जिससे उनका काव्य मूर्त्त सौंदर्य से भरपूर है। उनके साथ तुलना में क्लासिकल कवि तुलसी की कल्पना कथ्य के अनुरूप संयत है, पर सशक्त एवं सजीव। सूर से भिन्न तुलसी ने कोमल और उग्र दोनों प्रकार की भावनाओं को कलात्मक रूप दिया है। सौंदर्य से शक्ति की ओर अधिक उन्मुख तुलसी की कल्पना ने तेजस्वी रूप की ही अधिक अभिव्यक्ति की है। कोमल कल्पना—

राम को रूप निहारत जानकि, कंकन के नग की परछाहीं।
तातें सबै सुधि भूलि गई, कर टेक रही, पल डारत नाहीं।

(कवितावली)

व्यापक और उग्र भाव की कल्पना–

डिंगति उर्वि अति गुर्वि, सर्व पब्बै समुद्र सर।
ब्याल बधिर तेहि काल, विकल दिगपाल चरावर।।
दिग्गद लरखरत, परत दसकंठ मुक्ख भर।
सुर बिमान हिमभानु संघटित होत परस्पर।।
चौंके विरंचि संकर सहित, कोल कमठ अहि कलमल्यौ।
ब्रह्मांड खंड कियो चंड धुनि जबहि राम सिवधनु दल्यौ।।

(कवितावली)

मध्यकालीन काव्य में मानसिक बिम्ब-विधान की अपेक्षा बहिर्मुखी चित्रांकन शैली का प्रयोग करके काव्याभिव्यंजना को रमणीय रूप दिया गया है। ये चित्र कहीं सावयव दृश्य के रूप में विस्तार के साथ अंकित हुए हैं तो कहीं संक्षिप्त वस्तुचित्र प्रस्तुत किए गए हैं। चित्रकला के साथ काव्य का संबंध अत्यंत प्राचीन काल से चला आ रहा है। चित्रांकन काव्यगत रूप और भाव के सौंदर्य को आँखों के सामने प्रत्यक्ष गोचर रूप देता है। धार्मिक और नैतिक प्रसंगों को छोड़कर अन्यत्र अनेकानेक अवसरों पर तुलसी ने सावयव दृश्य-विधान और संक्षिप्त रेखाचित्रों का प्रयोग किया है जिसके दो उदाहरण प्रस्तुत हैं। दृश्य चित्र–

जल को गए लक्खन, हैं लरिका, पिय, छाँह धरीक ह्वै ठाढ़े।
पोंछि पसेउ बयारि करौं, अरु पाएँ पखारिहौं भू-भुरि डाढ़े।।

(कवितावली)

रेखाचित्र–

गोरो गुमान भरो यह, कौसिक, छोटो सौ ढोटो है काको ?

(कवितावली)

तुलसी की अप्रस्तुत योजना को पाँच वर्गों में विभाजित कर सकते हैं– 1. प्राकृतिक, 2. मिथक या पौराणिक, 3. धार्मिक-दार्शनिक, 4. नैतिक और 5. सामाजिक। पहले का प्रयोग रूप-वर्णन और प्रेम के प्रसंगों में हुआ है, जिसका लक्ष्य सौंदर्य की व्यंजना या सौंदर्य वर्धन है। दूसरे की योजना शक्ति की अनंतता तथा उसके भयानक रौद्र एवं बीभत्स रूप द्योतित करने के लिए है, जिससे उदात्तता की सृष्टि की गई है। शेष तीन भाव को स्पष्ट करने के उद्देश्य से प्रयुक्त हैं जिनमें प्रसाद गुण की प्रधानता है। केवल प्रथम दोनों का मूल्य सौंदर्यशास्त्रीय है। शेष तीन कवि के उद्देश्य की पूर्ति करनेवाले हैं। तुलसी की दृष्टि काव्य-रचना से अधिक लोक-मानस को प्रभावित करने पर है। इसलिए अलंकार-योजना में अद्भुतपन,

अपूर्वता, विरोध, चमत्कार आदि के साथ अनुभूतिमूलक भाव-व्यंजना के द्वारा सौंदर्य-सृष्टि का प्रयत्न नहीं हुआ है। लेकिन रसवादी शुक्ल जी अलंकार-प्रयोग की मूलभूत सौंदर्य-चेतना को भुलवाकर कहते हैं : 'अलंकारों की योजना उन्होंने ऐसे मार्मिक ढंग से की है कि वे सर्वत्र भावों या तथ्यों की व्यंजना को प्रस्फुटित करते हुए पाए जाते हैं, अपनी अलग चमक-दमक दिखाते हुए नहीं।'[9] पर अलंकार विधान का प्रयोजन भावों का स्पष्टीकरण नहीं है। वामन का कहना है कि 'सौंदर्यमलंकारः।'

सौंदर्य-दृष्टि से भाषा-प्रयोग का एक महत्त्वपूर्ण पहलू लक्षण और व्यंजना के द्वारा काव्य-सौंदर्य का उत्कर्ष है। तुलसी की भाषा सीधे हृदय को प्रभावित करने वाली है। मुहावरे, लोकोक्तियाँ, उदाहरण, दृष्टांत आदि उस प्रभाव को बढ़ाते हैं। तुलसी की भाषा की व्यंजकता प्रधानतः इन्हीं पर आधारित है। कुछ काव्यात्मक प्रसंगों में कवि ने लक्षणा-व्यंजना का भी मार्मिक प्रयोग किया है, विशेषतः मुहावरों का आधार लेकर। कुछ उदाहरण : (1) श्री रामचंद्र जी के सौंदर्य वर्णन करने के लिए 'गिरा अनयन नयन बिनु बानी।' (मानस), (2) लक्ष्मण के शब्दों में श्री रामचंद्र जी ने शिव धनुष को पुराना समझा है—'देखा राम नयन के भोरे।' (मानस), (3) लक्ष्मण के अनुसार परशुराम का बार-बार कुल्हाड़ी दिखाना 'चहत उड़ावन फूँकि पहारू।' (मानस)।

तुलसी को हिंदी के सर्वश्रेष्ठ कवि सिद्ध करने के प्रयत्न में शुक्ल जी ने तुलसी का ब्रज और अवधी दोनों भाषाओं पर अधिकार, प्रचलित समस्त रचना-शैलियों या पद्धतियों में निपुणता (छप्पय, गीत, कवित्त-सवैया, दोहा और चौपाई-दोहा रूप विधान) तथा मानस के प्रबंध कौशल की चर्चा की है। जैसा कि पहले कहा जा चुका है; काव्य रूप के शिल्प या टेकनिक का अपना सौंदर्यात्मक मूल्य अवश्य है, पर वह प्रविधि संबंधी है। सौंदर्यशास्त्री उसे भाव के सम्मूर्त्तन का सौंदर्य स्वीकार नहीं करते। अनेक कोणों से मानस के महत्त्व और तुलसी की प्रतिभा के संबंध में दो मत नहीं हो सकते। लेकिन मानस पुराणकाव्य है, महाकाव्य है, चरितकाव्य है—इसका निर्णय करना कठिन है। प्रबंध कहकर शुक्ल जी ने अपने को इन विवादों से बचा लिया है।

7. उदात्तता

तुलसी का धार्मिक-आध्यात्मिक जीवन-दर्शन व्यापक अर्थ में उनकी समस्त रचना को गरिमामय और उदात्त धरातल पर पहुँचाने वाला है। लेकिन सौंदर्यशास्त्रीय अर्थ में उनके सारे कृतित्व को उदात्त नहीं कह सकते। सौंदर्यशास्त्र के अनुसार रूप की अनंतता, शक्तिमत्ता, ओजस्विता, वेग आदि की अतिशयता, अनुरूप शाब्दिक अभिव्यंजना में उदात्त कहलाती है। हिंदी के कुछ समीक्षकों ने भारतीय आध्यात्मिक

चिंतन एवं अनुभूति को ध्यान में रखकर सूक्ष्मोदात्त और विस्तारोदात्त की भी परिकल्पना की है। उदात्तानुभूति में महानता, श्रद्धा, विस्मय, त्रास, क्रोध, भय आदि भावनाओं का एक साथ अनुभव होता है। इस सौंदर्यशास्त्रीय दृष्टि से तुलसी की रचनाओं के कुछ अंशों को ही उदात्त कह सकते हैं। हिंदी साहित्य के इतिहास में पहली बार उदात्तता की सृष्टि करने वाले तुलसी की काव्यवस्तु की विशेषताओं का आकलन करने के बाद ही आलोच्य विषय पर विचार करना उचित है।

उदात्त सृष्टि की दृष्टि से भक्ति-काव्य में विशेष महत्त्वपूर्ण राम-भक्ति-काव्य है। उसके प्रतिनिधि कवि तुलसी अपने प्रौढ़ चिंतनशील व्यक्तित्व, प्रतिभा और विराट कल्पना के बल पर राम काव्य को उदात्तता की चरम सीमा पर ले जाने में सफल हुए हैं। उनकी कल्पना ने रूप-सौंदर्य, प्रेम और शील के प्रसंगों को मर्यादा और औचित्य के गंभीर निर्वाह के द्वारा गरिमामय आदर्श रूप प्रदान किया है तो उनकी अद्भुत प्रतिभा ने शक्ति की अनंतता को अलौकिक धरातल पर पहुँचाकर सौंदर्यशास्त्रीय उदात्तता की सर्जना की है। भारतीय दांपत्य जीवन की मंगलमय पवित्रता और सामाजिक जीवन की कर्तव्यनिष्ठ धार्मिकता से तुलसी ने मानों समग्र भारतीय जीवन को ही ऊँचा उठा दिया है। इस गरिमा का मूल कारण तुलसी का दृष्टिकोण है। उनके अनुसार काव्य का परम प्रयोजन आध्यात्मिकता का प्रतिपादन है। इसलिए वे कहते हैं–

कीन्हें प्राकृत जन गुन गाना। सिर धुनि गिरा लागि पछिताना।।
(मानस)

काव्य की सार्थकता उदात्त ईश्वरीय आलंबन ग्रहण करने में है। जहाँ भक्ति की अन्य धाराओं और उनके प्रतिनिधि कवियों ने अपने आराध्य के जीवन और व्यक्तित्व के कुछ विशेष पहलुओं तक ही अपनी दृष्टि को सीमित रखा है, तुलसी ने अपने नायक श्री रामचंद्र जी को पूर्ण ब्रह्म के रूप में प्रतिष्ठित किया है। इतना ही नहीं, उनकी अलौकिकता की ओर आध्यात्मिक संकेतों से संतुष्ट न होकर अवतारी लौकिक जीवन में उनको उतारने का पूरा-पूरा प्रयत्न किया है। इस तरह तुलसी के काव्य की गरिमा जहाँ एक ओर लौकिक है, वहाँ दूसरी ओर अपनी गरिमा की व्यापकता और गहराई के बल पर अलौकिक हो जाती है। उदात्त की सृष्टि के लिए नायक के चरित्र और जीवन की जैसी परिकल्पना होनी चाहिए, वह तुलसी के राम में पूर्ण रूप से विद्यमान है। यह उदात्तता या गरिमा नायक के जीवन के प्रेम, वीरता, धार्मिकता आदि किसी एक पहलू को लेकर नहीं, सभी पहलुओं से संबंधित है। सत्, चित् और आनंदमय पूर्ण ब्रह्म के अवतार के रूप में तुलसी के राम लौकिक धरातल पर शील, शक्ति और सौंदर्य के शाश्वत स्रोत हो गए हैं। आलंबन की ये विभूतियाँ जीवन में उदात्तता या गरिमा की सृष्टि करती हैं।

श्री रामचंद्र जी का सौंदर्य त्रिभुवन लजावन हार है। उनका शील लोक में आचार की गरिमा का प्रतिपादक है। उनकी शक्ति दुष्ट-संहार और शिष्ट-रक्षण के द्वारा लोकरक्षक, पालक और रंजक रूप धारण करती है।

तुलसी के दृष्टिकोण और नायक की परिकल्पना के इस परिपार्श्व में तुलसी के काव्य में सौंदर्यशास्त्रीय उदात्तता की सृष्टि और उसके स्वरूप को देखना चाहिए। तुलसी ने रूप-सौंदर्य पर विशेष ध्यान नहीं दिया है। उसके प्रभाव की व्यंजना से संतुष्ट रह गए हैं। शील की गरिमा का निरूपण हर एक प्रसंग में अवश्य हुआ है। लेकिन वह समाज के सामने आचरण और व्यवहार का आदर्श रखने के लिए है; काव्य-दृष्टि से नहीं। ईश्वर के मानवीय रूप में शक्ति के अनंत संचार और जीवन में उसके व्यापक प्रसार की कलात्मक काव्याभिव्यक्ति के कारण ही, उससे संबद्ध प्रसंगों में उदात्तता की अपूर्व सृष्टि हुई है। श्री रामचंद्र जी शक्ति के मूल स्रोत हैं तो हनुमान उस शक्ति के प्रतीक हैं। इसलिए उनके कार्यों के वर्णन में उदात्तता का सर्वाधिक स्फुरण हुआ है। कवितावली में लंकादाह का प्रसंग इसका उज्ज्वल उदाहरण है—

लाइ लाइ आगि भागे बाल-जाल जहाँ तहाँ
    लघु ह्वै निबुकि गिरि मेरु तें विसाल भों।
कौतुकी कपीस कूदि कनक कंगूरा चढ़ि
    रावन भवन जाइ ठाढ़ो तेहि काल भों।
तुलसी विराज्यो व्योम बालधी पसारि भारी
    देखे हहरात यह काल में कराल भों।
तेज को निधान मानो कोटिक कृसानु भानु
    नख बिकराल, मुख तैसो रिस लाल भों।।
बालधी बिसाल बिकराल ज्वाल-जाल मानों,
    लंक लीलिबो को काल रसना पसारी है।
कैंधों ब्योम बीथिका भरे हैं भूरि धूमकेतु,
    बीर रस बीर तरबारी सी उघारी है।
तुलसी सुरेस चाप, कैंधों दामिनी कलाप,
    कैंधों चली मेरु तें कृसानु सरि भारी है।
देखे जातुधान जातुधानी अकुलानी कहैं
    कानन उजार्‌यो अब नगर प्रजारी हैं। (कवितावली)

इस प्रसंग में आलंबन हनुमान के मन में उत्साह और शक्ति की अनंत क्रियाशीलता के साथ-साथ उनसे निष्पन्न रूप की विराटता की ओर भी संकेत किया गया है। उनके कार्य के मूल में क्रोध की तीव्रता है तो उसकी परिणति में भय

और आतंक का व्यापक प्रसार। इस तरह भाव-व्यंजना में तीव्रता, ओजस्विता और आवेग का पूरा निर्वाह हुआ है। प्रभाव के विस्तार की ओर संकेत करनेवाली गतिशील अभिव्यंजना शैली भी उदात्त वस्तु के अनुरूप ही है। कवि ने उदात्त शैली की सृष्टि के लिए मिथक और पौराणिक सामग्री का भी उपयोग कर लिया है। हनुमान की अपार शक्तिमत्ता प्रतिद्वंद्वी राक्षसों को भी विस्मय-विमूढ़ कर देनेवाली है।

आराध्य और उनके अनुचरों की शक्तिमत्ता हृदय में श्रद्धा उत्पन्न करती है। यह तुलसी की दास्य भक्ति का आधार है। उसमें एक ओर आराध्य की महानता का प्रतिपादन होता है तो दूसरी ओर भक्त की अल्पता का। उदात्तानुभूति के विश्लेषण में इसका संकेत किया गया है कि उदात्त के दर्शन में पहले अपनी ससीमता का बोध होता है और फिर मन आलंबन की असीमता की ओर अग्रसर होता है। यह ससीमता और असीमता मिली-जुली होती हैं और परस्पर बोधकारी रूप में एक-दूसरे को प्रभावित करती रहती हैं। आलंबन की असीमता आश्रय की सीमाओं का बोध कराती है तो आश्रय की ससीमता दूसरे की महानता की ओर ध्यान आकृष्ट करती है। इस कारण दास्य भक्ति में उदात्त की अनुभूति की सर्वाधिक संभावनाएँ हैं।

तुलसी ने अल्पता-महानता के द्वंद्व से ऊपर उठकर श्रद्धा-भक्ति को उदात्त की ऐसी चरम सीमा पर पहुँचा दिया है कि मन विह्वल हो जाता है जैसे शबरी, केवट आदि प्रसंगों में–

माँगी नाव न केवट आना। कहइ तुम्हार मरमु मैं जाना।।
चरन कमल रज कहुँ सबु कहई। मानुष करनि मूरि कछु अहई।।
छुअत सिला भइ नारि सुहाई। पाहन तें न काठ कठिनाई।।
तरनिउ मुनि धरनी होइ जाई। बाट परइ मोरि नाव उड़ाई।।
एहिं प्रतिपालउँ सब परिवारू। नहिं जानउँ कछु अउर कबारू।
जौं प्रभु पार अवसि गा चहहू। मोहि पद पदुम पखारन कहहू।।

यह प्रसंग इस बात का प्रमाण है कि उदात्तता में उत्साह, क्रोध, भय, त्रास आदि भावनाओं के अतिरिक्त सौंदर्य का आकर्षण भी विद्यमान रहता है। भक्ति-भावना के साथ हास के योग में तुलसी ने उदात्त और सौंदर्य में सामंजस्य स्थापित किया है।

जहाँ मधुर भक्ति आध्यात्मिक ऊँचाई पर ले जाकर सूक्ष्मोदात्त की अनुभूति देती है, दास्य भक्ति विस्तारोदात्त की। हिंदी काव्य के क्षेत्र में उदात्तता के सर्वश्रेष्ठ कवि तुलसी, भूषण और निराला हैं। शेष कवियों की रचना में कहीं-कहीं उसकी एक झलक मात्र मिलती है।

8. सौंदर्य की अवधारणा

तुलसी की दृष्टि रूप के आकर्षण और तज्जन्य प्रेम पर नहीं, धर्म-कर्म और उनसे संबद्ध भावनाओं पर अधिक केंद्रित है। इस बात को ध्यान में रखकर ही तुलसी की सौंदर्य दृष्टि को समझना चाहिए। सूर की तरह वे रूप-सौंदर्य और प्रेम के कवि नहीं हैं। वन वाटिका में सीता का नख-शिख वर्णन या अयोध्या कांड में सीता के विरह में उनके अंगांग सौंदर्य के उपमान लता-पेड़ों और पक्षियों से उसका अनुसंधान करने के लिए श्री रामचंद्र जी की प्रश्नावली रूढ़ काव्य-परंपरा का निर्वाह मात्र है। उनमें रूप-सौंदर्य की कोई नई दीप्ति नहीं मिलती। रूप-सौंदर्य की ओर तुलसी के वास्तविक संकेत सीता राम के सौंदर्य के प्रभाव की व्यंजना में है। यह प्रभाव अनुभूति तरल और अत्यंत व्यापक है तथा बहुआयामी है–

करहु सुफल सबके नयन सुंदर बदन देखाई।
निरखि सहज सुंदर दोउ भाई। होहि सुफल लोचन फल पाई।।
राम लखन सिय रूप निहारी। पाइ नयन फल होहिं सुखारी।
बरनि न जाइ मनोहर जोरी। सोभा बहुत थोरि मति मोरी।।

(मानस)

सीताराम के सौंदर्य का प्रभाव नागरिक और ग्रामीण, सुसंस्कृत और आदिवासी सभी पर है। स्वयं कवि उस सौंदर्य पर मुग्ध है। यहाँ पर कवि ने बाह्यसौंदर्य को नेत्रेंद्रिय का विषय माना है। अंतःसौंदर्य या लावण्य दीपशिखा की तरह मन में प्रोज्वल होकर समग्र रूप को आलोकमय और शोभामय बना देता है। यही नहीं, वह अपने परिसर को सौंदर्यमय या दीप्त बना देता है। सच्चा सौंदर्य वही है जो स्वयं सुंदर होने के साथ दूसरों को भी सुंदर बना देता है। सीता के सौंदर्य के संबंध में कवि कहते हैं–

सुंदरता कहुँ सुंदर करई। छवि गृहँ दीप शिखा जनु बरई।।

(मानस)

कालिदास ने इंदुमती को 'संचरणी दीपशिखा' कहकर गतिशील दीप्त सौंदर्य को मूर्त्त रूप दिया है तो तुलसी ने उनसे बहुत आगे बढ़कर सीता के सौंदर्य को सौंदर्य का तात्त्विक आधार बनाया है। इस तरह के सौंदर्य-निरूपण की ओर सहज ही कवि का ध्यान नहीं है।

सौंदर्यजन्य प्रेम में सूर की तरह स्वच्छंद कल्पना का प्रसार और विहार नहीं है। तुलसी ने धर्मबद्ध दांपत्य की परिधि में मंगलमय प्रेम को अभिव्यक्त किया है। पर उसमें अपूर्व सुकुमारता, कोमलता और माधुर्य भरा हुआ है जैसा कि कवितावली

के अरण्य कांड के प्रसंगों में देखते हैं। कोमल भावनाओं की इस व्यंजना में तुलसी मानों भावुक और रोमांटिक हो गए हैं। सौंदर्य और प्रेम के वर्णन में कवि ने कहीं भी मर्यादा का उल्लंघन नहीं होने दिया है। भारतीय पारिवारिक जीवन की रागात्मकता तुलसी की रचनाओं में मूर्त्त हो उठी है। व्यापक अर्थ में स्नेह और प्रेम की कोमल भावनाओं की–कहीं-कहीं अंतर्लीन श्रद्धा भक्ति के साथ अभिव्यंजना ग्रामवधू वार्ता, केवट-प्रसंग और निषाद के भरत के विरुद्ध युद्ध के प्रयत्नों में भी देख सकते हैं। इन सबमें ग्रामीण आदिम जातीय मानस की स्वाभाविकता भी जुड़ी हुई है।

अनेक संदर्भों में धर्म की ज्योति प्रस्फुटित होने में; क्रोध, त्रास, आतंक, जुगुप्सा आदि भावों के व्यापक प्रसार में तथा उत्साह के साथ कर्म-व्यापार की अपार क्रियाशीलता में भाव एवं कर्म-सौंदर्य ने साकार रूप धारण किया है। इनमें भावों की उदात्तता के उत्कर्ष पर भी पहले विचार हो चुका है। इन सबको देखते हुए ऐसा लगता है कि तुलसी रूप-सौंदर्य के नहीं, भाव-कर्म-सौंदर्य और उसकी उदात्तता के कवि हैं। उनकी सौंदर्य संबंधी अवधारणा में इस बात का ध्यान रखना आवश्यक है। सूर के रूप-प्रेम-वर्णन में उनके सौंदर्य-भावन के साथ तुलसी की तुलना अनुचित ही नहीं, अनावश्यक विवाद का विषय हो जाती है। प्रकृति और मात्रा में दोनों की सौंदर्य की अवधारणा भिन्न जातीय है।

सूर और तुलसी दोनों भक्त कवि हैं, लेकिन उनके जीवन-दर्शन और साधना-मार्ग अलग-अलग हैं। शुद्धाद्वैती सूर की रचना में द्वंद्वों का प्रश्न नहीं उठता। सौंदर्य और कुरूपता की द्वैत भावना के स्थान पर कवि ने सर्वत्र एक ही सौंदर्य का दर्शन किया है। तुलसी की दार्शनिक दृष्टि से अद्वैतमार्गी हो सकते हैं पर उन्होंने भक्ति और कर्म का जो साधना-मार्ग अपनाया है, वह द्वैत द्वंद्वात्मक दृष्टि को पुष्ट करने वाला है। सूर अवतार की मानवीय लीला में आध्यात्मिक सौंदर्य का दर्शन कराते हैं। तुलसी की सौंदर्य-भावना शुद्ध धार्मिक-आध्यात्मिक है। सिया-राम-मय सब जग मानने वाला कवि लौकिक सौंदर्य की ओर उन्मुख नहीं हो सकता। शुक्ल जी तुलसी को 'आनंद की साधनावस्था' के कवि कह सकते हैं, लेकिन साधक धर्म-कर्म का अंतिम लक्ष्य लौकिक नहीं है।

तुलसी ने धर्मबद्ध सौंदर्य के विरोधी तत्त्व के रूप में कुरूपता का विस्तार के साथ वर्णन किया है। कुरूपता से जुगुप्सा, क्रोध, भय, त्रास आदि भावनाओं का मानव मन में संचार होता है। तुलसी के मानस और कवितावली में सुंदरकांड और लंकाकांड में कुरूपता और उससे उत्पन्न भावनाओं के अनेक सुंदर उदाहरण मिल जाते हैं। कवि ने लंकादाह का भयानक चित्र इस तरह खींचा है–

> लागि-लागि आगि, भागि-भागि चले जहाँ-तहाँ,
> धीय को न माय, बाप पूत न संभार हीं

छूटे बार बसन उघारे धूम धुंध अंध,
कहैं बारे बूढ़े बारि बारि बार बार हीं।।
हय हिनहिनात भागे जात, घहरात गज,
भारी भीर ठेल पेलि रौंदि खौंदि डारहीं।
नाम ले चिलात बिललात अकुलात अति
तात तात, तौंसियत भोंसियत झारहीं।। (कवितावली)

युद्ध की जुगुप्साजनक विभीषिका का भी उतना ही सजीव वर्णन किया गया है–

ओझारी की झोरी काँधे, आंतनि की सेल्ही बाँधे
मुंड के कमंडलु, खपर किए कोरि कै।
जोगिनी सुटुंग झुंड झुंड बनी तापसी सी,
तीर तीर बैठीं सो समर सरि खोरि कै।।
सोनित सों सानि सानि गुदा खात सतुआ से,
प्रेत एक पियत बहोरि घोरि घोरि कै।
तुलसी बैताल भूत साथ लिए भूतनाथ,
हेरि हेरि हँसत हैं हाथ हाथ जोरि कै।। (कवितावली)

तुलसी ने कुरूपता में जुगुप्सा के साथ हास्य मिलाकर उसके प्रभाव को बढ़ाने के अतिरिक्त उसे संवेद्य भी बनाया है। भय और जुगुप्सा की अनुभूति के द्वारा कवि ने आराध्य के प्रति श्रद्धा और उसकी शक्ति पर प्रगाढ़ विश्वास उत्पन्न किया है। इससे कुरूपता भी ग्राह्य रूप धारण कर सकी है।

तुलसी ने जीवन के आध्यात्मिक पहलू के साथ लौकिक सौंदर्य-कुरूपता, अच्छाई-बुराई, सत्य-असत्य आदि द्वंद्वों के अस्तित्व को स्वीकार किया है, यद्यपि आदर्शवादी दृष्टि से दूसरे पर पहले की विजय दिखाई गई है। क्योंकि सौंदर्य, अच्छाई और सत्य ईश्वरीय विभूतियाँ हैं। तुलसी ने कुरूपता को निषेधात्मक ही नहीं, विधायक अवमूल्य माना है। इसलिए असत्य और बुराई के साथ उसे संबद्ध करके जीवन में उसके परिहार का मार्ग प्रशस्त किया है। यह परिहार सत्य-धर्माश्रित सौंदर्य के विकास प्रसार पर आधारित है। कुरूपता तापसी और राजसी है। उसका संबंध असुरों से है। सात्विक धर्म से संबंध होने पर वह सत्य या धर्म की शक्ति का द्योतक है। ईश्वरीय अनंत शक्ति ने दुष्ट संहार के साथ जो विभीषिका उत्पन्न की है वह जुगुप्साजनक नहीं, आनंददायी है। क्योंकि धर्म संबद्धता में कुरूपता का मूल्य-परिवर्तन हो गया है। तुलसी ने कुरूपता को एक ओर द्वंद्व का परिहार्य निषेधात्मक मूल्य माना है तो दूसरी ओर ईश्वरीय लीला में उसे आदर्श रूप भी दिया है। राक्षसों की दीनदशा के वर्णन में कुरूपता की ओर जो संकेत है, वह हनुमान के माध्यम से

ईश्वरीय लीला के उत्कर्ष को प्रकट करता है–

लपट कराल, ज्वालाजाल माल दहूँ दिसि,
धूम अकुलाने पहिचाने कौन काहि रे ?
पानी को ललात, बिललात, जरे गात जात,
परे पाइमाल जात, भ्रात ! तू निबाहि रे।।
प्रिया तू पराहि, नाथ नाथ ! हू पराहि, बाप
बाप, तू पराहि, पूत पूत, तू पराहि रे।
तुलसी बिलोकि लोग व्याकुल बिहाल कहें
लेहि दससीस अब बीस नख चाहि रे।। (कवितावली)

यहाँ पर कुरूपता जीवन का मूल्य न होकर अन्य मूल्यों का साधन मात्र है। अपनी शुद्ध आदर्शवादी दृष्टि के अनुसार तुलसी ने कुरूपता को जीवन का स्वतंत्र मूल्य न मानकर धार्मिक और सामाजिक मूल्यों का साधन बनाया है। हिंदी के मध्यकालीन कवियों में विद्यापति और तुलसी ही ऐसे कवि हुए हैं जिन्होंने जीवन-जगत् की कुरूपता पर दृष्टि डाली है और अपनी दृष्टि से उसका आदर्शीकरण किया है।

तुलसी की समन्वयवादी चेतना में लौकिक और अलौकिक का पूरा सामंजस्य हो गया है। भक्ति कवि होने के नाते उन्होंने धार्मिकता और आध्यात्मिकता से परिचालित होकर तद्नुरूप जीवन में ईश्वरीय शक्ति, उदात्त भाव-स्फुरण और कर्म-सौंदर्य की प्रतिष्ठा की है। इस विराट ईश्वरीय भावना में कुरूपता, बुराई और असत्य भस्मीभूत होकर सौंदर्य अनंत ओजस्वी रूप में आलोकित हो उठा है। रामकथा को माध्यम बनाकर लौकिक सामाजिक जीवन की गहराई में पैठकर लौकिक भावों और कर्म को आध्यात्मिक धरातल पर पहुँचा दिया है। जन-जीवन के उन्नायक के रूप में उन्होंने लौकिक सामाजिक चेतना का परिष्कार करके उसका आदर्शीकरण करते हुए जीवन के नए सौंदर्य का उन्मेष किया है। उसमें जड़ता, भोग-विलास या निष्क्रियता के लिए कोई स्थान नहीं है। वह सौंदर्य मध्याह्नकालीन सूर्य के समान तेजोमय, प्रचंड और शक्तिशाली है। तुलसी की सौंदर्य दृष्टि में सरलता, सात्विकता और संस्कारिता ने प्रौढ़ रूप धारण करके उदात्तता की सृष्टि की है। उनकी रचना में आध्यात्मिकता ने लौकिक जीवन में उदात्त सौंदर्य भर दिया है या लौकिक जीवन की धार्मिक चेतना, संस्कृति और सामाजिक-समरसता ने अलौकिक आध्यात्मिक सौंदर्य की सृष्टि की है, यह कहना कठिन है।

संदर्भ संकेत :

1. आचार्य रामचंद्र शुक्ल : चिंतामणि-1, पृ. 221
2. वही, पृ. 167
3. आचार्य रामचंद्र शुक्ल : गोस्वामी तुलसीदास, पृ. 71
4. वही, पृ. 72-73
5. आचार्य रामचंद्र शुक्ल : चिंतामणि-2, पृ. 111
6. आचार्य रामचंद्र शुक्ल : हिंदी साहित्य का इतिहास, पृ. 159
7. वही, पृ. 161
8. वही, पृ. 162
9. वही, पृ. 163

बिहारी

1. प्रस्तावना

सौंदर्यवादी दृष्टि से बिहारी, देव और पद्माकर तीनों रीतिबद्ध कवियों में से किसी एक का प्रतिनिधि रूप में चयन आसान काम नहीं है। रसवादी शुक्ल जी के अनुसार बिहारी के छोटे आकार के दोहों में 'रस की छींटों' की ही अनुभूति होती है। 'भावों का आभ्यंतर प्रवाह' नहीं। 'मार्मिक प्रभाव का विचार करें तो देव और पद्माकर के कवित्त-सवैयों का सा गूँजनेवाला प्रभाव बिहारी के दोहों का नहीं पड़ता।'[1] भाव-तन्मयता रूप के विस्तार पर नहीं, उसकी मार्मिक व्यंजना पर निर्भर करती है। वे ही शुक्ल जी पद्माकर की समीक्षा में कहते हैं कि 'ऐसा नवीन मूर्त्ति विधान करनेवाली कल्पना बिहारी को छोड़ और किसी कवि में नहीं पाई जाती।'[2] रूप और भाव की सौंदर्यात्मक मूर्तिमत्ता को ही ध्यान में रखकर बिहारी का चयन हुआ है। इस संदर्भ में कथ्य और रूप पर ही नहीं, सौंदर्य के संबंध में भी बिहारी की अवधारणा और विचारों पर ध्यान रखना चाहिए।

बिहारी के सौंदर्यबोध के प्रेरणा-स्रोत अन्य रीतिबद्ध कवियों के प्रेरणा-सूत्रों के समान ही हैं, एक काव्य-रचना के संस्कृत-प्राकृत आधारभूत काव्यों को छोड़कर। काव्य के लक्षण-ग्रंथ की रचना न करने पर भी बिहारी-सतसई लक्ष्य ग्रंथ ही है और रचना-विधान रीतिबद्ध ही है। काव्यरीति या रचना-विधान के लक्षण ग्रंथों के प्रणयन के कारण ही नहीं, उनका अनुसरण करते हुए एक विशेष काव्य-परिपाटी को अपनाने के कारण भी इस काल को रीतिकाल की संज्ञा मिली है। बिहारी के सौंदर्यबोध का प्रथम निर्धारक तत्त्व, शिक्षित नागरिक सौंदर्य-भावना है जिसने नागरिक सुकुमारता और कोमलता में ही सौंदर्य देखा है। इस प्रकार की रचना में जन-जीवन, जनता की चित्तवृत्ति, निम्नवर्गीय यथार्थ-जीवन की गति को ढूँढ़ने का प्रयत्न व्यर्थ है। द्वितीय प्रेरणा दरबारी अभिरुचि से है जो सौंदर्य और काम-वासना की शृंगारी प्रवृत्ति और रसिकता की ओर उन्मुख है। तृतीय प्रेरणा, मुसलिम शासकों के आश्रय

में फारसी काव्य-रचना है जिसमें सौंदर्य और प्रेम का चमत्कारपूर्ण उक्त-गठन की प्रधानता हैं। फारसी काव्य नायिका प्रधान है जिसमें उसके अतिशय सौंदर्य और उसकी ओर पुरुष के तीव्र आकर्षण की व्यंजना मिलती है। यहाँ तक कि आध्यात्मिक सूफीकाव्य में भी परमात्मा नायिका है जिसकी ओर आकृष्ट होकर आत्मा रूपी पुरुष असह्य वेदना का अनुभव करता है। बिहारी ने फारसी काव्य के टक्कर की सौंदर्यमय और चमत्कारी रचना का प्रयत्न किया है। चतुर्थ प्रेरणा, मुसलिम दरबारों की वैभव-विलास पूर्ण वातावरण की है। बिहारी और अन्य रीतिबद्ध कवियों की रचना में राजनीतिक, धार्मिक, सांस्कृतिक या सामाजिक परिस्थितियों के प्रभाव का अन्वेषण व्यर्थ है। पंचम प्रेरणा, काव्यशास्त्र से है जिसमें प्रधानतः श्रृंगार रस, नायिका-भेद, अलंकार आदि पर विचार हुआ है। इनसे कवि के कथ्य और अभिव्यक्ति को प्रचुर सामग्री मिली है। षष्ठम प्ररेणा, राधाकृष्ण की प्रेम-लीलाएँ हैं। कवि ने भागवत के श्रीकृष्ण की लीलाओं की ओर संकेत भी नहीं किया है। श्रृंगार-वर्णन के लिए यह राधाकृष्ण के स्मरण का बहाना मात्र है। राधाकृष्ण की लीलाओं में भक्तिकाव्य की परंपरा का अनुसरण भी नहीं है। बिहारी-सतसई में भक्ति और वैराग्य के कुछ दोहे अवश्य मिल जाते हैं जो परवर्ती रचनाकाल के हो सकते हैं। सप्तम प्रधान प्रेरणा-स्रोत, 'गाथा सप्तशती' और 'आर्या सप्तशती' है जिनसे भावों को लेकर काट-छाँटकर बिहारी ने उनको एक नया सौंदर्यमय और चमत्कारपूर्ण रूप प्रदान किया है। आधार-भूत काव्यों में नागरिक ही नहीं, प्राकृत जन-जीवन की गाथाएँ भी हैं, जबकि बिहारी की रचना में केवल नागरिक जीवन प्रतिबिंबित है। अष्टम, कवि की बैयक्तिक प्रतिभा है। बिहारी के जीवन-दर्शन, दृष्टिकोण, जीवन और व्यक्तित्व की कोई विशेष जानकारी प्राप्त नहीं है। अंतस्साक्ष्य के आधार पर ही उन्हें सौंदर्य-दृष्टि-संपन्न प्रतिभाशाली कवि कह रहे हैं। वास्तव में बिहारी या अन्य रीतिबद्ध कवियों में प्रतिभा और कल्पना की कमी नहीं है। लेकिन सामयिक रचनात्मक वातावरण ने रीति या परिपाटी में उनके द्वारा नवीन सौंदर्योन्मेष का अवसर नहीं दिया है। रीतिमुक्त कवि ही इस दिशा में अपेक्षाकृत अधिक सफल हो सके हैं।

2. रूप-सौंदर्य

बिहारी ने रूप-सौंदर्य का जो निरूपण किया है वह परंपरागत रूप में नहीं है। नखसिख वर्णन और समष्टि रूप की योजना का अभाव, परंपरा-निर्वाह और सौंदर्य दृष्टि में ससीमता का द्योतक अवश्य है। लेकिन अंगांग सौंदर्य को प्रचलित और प्रसिद्ध उपमानों के द्वारा सांकेतिक रूप में सूचित करने की परंपरा को उन्होंने नहीं अपनाया है। नई कल्पना, अनुभूति की तरलता, प्रभाव की व्यंजना, व्यापक प्रसार, व्यंजनागर्भिता, चमत्कार के द्वारा अद्भुतपन की सृष्टि आदि कुछ ऐसी विशेषताएँ हैं जो बिहारी के रूप-सौंदर्य के निरूपण को अन्य रीतिबद्ध कवियों के रूप-वर्णन से अलग कर

देती हैं। चमत्कार के संबंध में यह स्वीकार करना पड़ता है कि जहाँ उससे सौंदर्य की अपूर्वता प्रकट हुई है, वहाँ अनेक अवसरों पर सौंदर्य से उक्ति-चमत्कार प्रधान हो गया है। भावप्रेरित और भाव-व्यंजक होने पर चमत्कार से सौंदर्य उत्पन्न होता है या उसका उत्कर्ष होता है। अन्यथा जैसा शुक्ल जी कहते हैं, चमत्कार केवल कुतूहल का विषय होकर उससे काव्य के स्थान पर सूक्ति की रचना हो जाती है। बिहारी के रूप-सौंदर्य-वर्णन के ये विशेष प्रयोग द्रष्टव्य हैं।

(1) बिहारी की दृष्टि में सौंदर्य नेत्रेंद्रिय का विषय है। लेकिन वे रूप-सौंदर्य की ऐंद्रिय अनुभूति की ओर ध्यान आकृष्ट न करके व्यंजना-गर्भित रूप में उसे हमारी आँखों के सामने प्रस्तुत करते हैं। उस संक्षिप्त रूप में मन झकझोर उठता है, बेसाँस होकर विस्मय चकित हो जाता है। रूप-सौंदर्य में एक डुबकी लगाने से ही यह संपन्न हो जाता है। भाव-विभोर होने के लिए धाराप्रवाह में कुछ देर तक बह जाना आवश्यक नहीं है। आनंददायी रूप का यह स्वरूप है–

रूप रिझावनहार वह ये नैना रिझवार।

यह शोभा का भार है जो नेत्र ढोने में असमर्थ भी है। 'सोभा के ही भार' को देखने के लिए दो नेत्र पर्याप्त नहीं हैं।

चहियत जुगल किशोर सखि लोचन जुगल अनेक।।

यह अलंकारों की नहीं, अंगों की सहज शोभा है–

नहिं सोभा को साज ये, कहि बे को ही अंग।।

रीतिकालीन नायिकाएँ सोलह शृंगारों में सौंदर्यमय हैं, लेकिन बिहारी का नायिका-सौंदर्य अपने सहज नैसर्गिक रूप में आकृष्ट करता है–

बेंदी भाल तंजोल मुख सीस सिलसिले बार।
दृग आंजे राजै खरी एही सहज सिंगार।।

यह सौंदर्य ससीम नेत्रों में समानेवाला होकर भी असीम लगता है। अपने अनंत प्रभाव में मनबसे रूप का सौंदर्य अनंत संसार में प्रतिबिंबित होकर चकित कर देता है–

मोहन-मूरति स्याम की अति अद्भुत गति जोय।
बसति सुचित अंतर तऊ प्रतिबिंबित जग होय।।

इस नेत्र पर्व की सृष्टि में कवि ने आधुनिक कवियों की तरह न मानसिक बिंबों का आधार लिया है और न मध्यकालीन अप्रस्तुत-योजना की सहायता ली है। कथन

या व्यंजना की यह विशेषता है।

(2) आश्चर्य की बात है कि एक रीतिबद्ध कवि का ध्यान सहज सौंदर्य की ओर ही नहीं, उन्मुक्त रूप के सौंदर्य पर भी गया है। इस सौंदर्य का प्रभाव अपूर्व है—

वह चितवनि औरे कछू जिहिं बस होत सुजान।।

बालों का खुला रूप मन को खींचता है तो उनके बँधे रूप का भी अपना आकर्षण है—

छुटे छुटावैं जगत् तें सटकारे सुकुमार।
मन बाँधत बेनी बाँधे नील छबीले बार।।

नायक के सौंदर्य-दर्शन की उत्कट अभिलाषा में अलंकृत-अनलंकृत राह-कुराह दौड़ पड़नेवाली नायिका की रूप-छटा स्वयं दर्शनीय है—

नाच अचानक ही उठे बिन पावस बन मोर।
गनत न मन पथ अपथ लखि बिथुरे सुथरे बार।।

(3) बिहारी ने नायक-नायिका के अंगों के वर्णन के माध्यम से ही सौंदर्य की विशेषताओं का उद्‌घाटन किया है। अंगों का वह सौंदर्य प्रत्यक्ष-अप्रत्यक्ष समष्टि रूप का धर्म प्रतीत होता हे। रूप-सौंदर्य की प्राथमिक विशेषता उसकी आलोकमयता या कांति है। नायिका 'दीप सिखा सी देह' को लेकर अपूर्व चमकती है। कालिदास और तुलसी ने भी दीपशिखा से सौंदर्य की तुलना की है। इसमें ज्योति के समान अंतःसौंदर्य की ओर संकेत भी है जो बहिर्मुखी प्रसार में देह की कांति का रूप धारण करता है। वस्त्रों में छिपी कांति बाहर प्रकट होने में स्वयं वस्त्रों की पहचान कठिन हो जाती है—

भई जु तन छबि बसन मिलि बसी सकै सुन बैन।
अंग ओप आंगी दुरी, आंगी अंग दुरै न।।

इसी तरह अंगों की कांति में आभूषणों की चमक मुश्किल से पहचानी जा सकती है—

अंग-अंग प्रतिबिंब परि दरपन से सब गात।
दुहरे तिहरे चौहरे, भूषण जाने जात।।

(4) बिहारी ने रंगों के सम्मेलन से अपूर्व सौंदर्य की सृष्टि की है। उस सम्मेलन में नए रंग की छटा है। उसमें चित्रकला के रंग-सम्मेलन से रूप के प्रभाव की

व्यंजना का अनुसरण किया गया है। अभिव्यक्ति की शैली की दृष्टि से बिहारी ने चित्रांकन, बिंबविधान, अप्रस्तुत-योजना और व्यंजना को अपनाया है। गोरी राधा के रंग के प्रभाव से नए रंग का उन्मीलन–

जा तन की झाँई परे स्याम हरित दुति होय।।

अप्रस्तुत योजना से सौंदर्य सृष्टि–

मनो नीलमणि सैल पर आतप पर्यौ प्रभात।

एक और अप्रस्तुत कल्पना के अद्भुतपन का उदाहरण देखिए।
लाल अधर पर सफेद, काले, लाल रंग के नेत्र की छटा से–

हरित बंस की बाँसुरी इंद्र धनुष सी होत।।

दुरंगी ताने-बाने से नायिका के रंग का आकर्षण बढ़ जाता है। वस्त्रों और यौवन-ज्योति से 'दुरंग देह दुति होति।' कहीं-कहीं रंग के आकर्षण की प्रवाहशीलता या चूने का व्यंजक रूप दिया गया है। चलने में दबाव से पैरों का तलवा रंग चू रहा है। यह सौंदर्य की सुकुमारता और कोमलता का द्योतक है।

चुवत सुरंग रंग सो मनो बिछुवन के भार।।

(5) बिहारी के दोहों में उक्ति-चमत्कार बहुत अधिक है। रूप-सौंदर्य-वर्णन में यह चमत्कार कुछ स्थानों पर सौंदर्य की किसी विशेषता को सूचित करता है जैसे निम्नलिखित दोहे में मुख की नित्य उज्ज्वलता को–

पत्रा ही तिथि पाइए वा घर के चहुँ पास।
नित प्रति पून्सोई रहै आनन-ओप-उजास।।

सौंदर्य से अधिक चमत्कार की ओर पाठकों के ध्यान को आकृष्ट करनेवाले दोहों की भी कमी नहीं है–

कहत सबै बेंदी दिए आंक दस गुनो होत।
तिय लिलार बेंदी दिए अगनित बढ़त उदोत।।

(6) नेत्र के लिए आकर्षक बाह्य सौंदर्य का निरूपण करने वाले कवि ने अंतःसौंदर्य या लावण्य का वर्णन बहुत कम किया है। एक उदाहरण–

झलकत बाहिर भरि मनो तिय हिय को अनुराग।।

बिहारी ने रूप वर्णन में मानसिक बिंबों की अपेक्षा चित्रांकन, बहिर्मुखी

मूर्त्तिकरण, कल्पना, प्रत्यक्ष प्रस्तुत के निरूपण एवं अप्रस्तुत-योजना के साथ कथन और व्यंजना का अधिक सहारा लिया है।

3. भाव-सौंदर्य

किसी कवि की भाव-व्यंजना का मूल्यांकन करते समय परंपरा-निर्वाह और नियोक्लासिकल रीतिबद्धता को छोड़कर नए भावोन्मेष के आधार पर करना चाहिए। बिहारी के दोहों में परंपरा-निर्वाह और रीतिबद्धता समकालीन अन्य शृंगारी कवियों की रचना से कम नहीं है। लेकिन वे और पद्माकर ऐसे कवि हैं जिन्होंने अपनी प्रतिभा के बल पर पर्याप्त नवीन भावोन्मेष का प्रयत्न किया है। पहले ने सौंदर्य के प्रभाव, अद्भुतपन, संकेत और व्यंजकता का और दूसरे ने पर्व-त्यौहारों के जनरंजक हर्षोल्लास का सहारा लिया है। दोनों में सौंदर्यदृष्टि-संपन्न भावों का सम्मूर्त्तन मिलता है। शुक्ल जी ने बिहारी की कल्पना के माधुर्य और समाहार शक्ति को स्वीकार करते हुए भी[3] अनेक स्थलों पर उनकी क्लिष्ट कल्पना पर आक्षेप किया है, जिसे समझने के लिए प्रसंग का आक्षेप करना पड़ता है।[4] प्रसंगों को लेकर टीकाकारों ने बिहारी के दोहों की खींचातानी बहुत की है। लेकिन प्रसंग या वस्तु के परिपार्श्व में ही मुक्तक की भाव-व्यंजना का सही अर्थ समझा जा सकता है। प्रसंगों के अनर्थ को छोड़कर सीधे भाव-ग्रहण का प्रयत्न करते हैं तो भी उसकी व्यंजकता रमणीय ही लगती है। शुक्ल जी के ही उदाहरण में, 'सबै संदेसे कहि कह्यो मुसकाहट मैं मौन' प्रेम की अव्यक्त मनोहर व्यंजना है। उस संक्षिप्त अव्यक्त रूप में पाठकों की कल्पना क्रियाशील होती है।

बिहारी के दोहों में नवीन भाव-व्यंजना और सम्मूर्त्तन, प्रेम-भावना, हाव-भावों की योजना, चेष्टा-व्यापार-वर्णन, अनुभावों और संचारी भावों के क्षेत्र में विशेष दिखाई देता है। (1) ऐंद्रिय रूप के आकर्षण से उत्पन्न होने पर भी प्रेम भावना में मन उज्ज्वल हो उठता है–

ज्यों-ज्यों बूड़ै स्याम रंग त्यौं-त्यौं उज्ज्वल होय।

उस प्रेम की पराकाष्ठा भृंग-कीट न्याय के अनुसार प्रेमी के ध्यान में तन्मय होकर अपने को उसी रूप में समझना है–'भृंगी कीट लौं जिन वहई ह्वै जाहि।' और भी अनेक रूपों में प्रेम-भावना की मार्मिक व्यंजना है। मन में बसा हुआ प्रियतम का रूप आँखों में दिखाई दे रहा है–

चित उनकी मूरति बसी चितवन माँहि लखाय।।

नायिका दर्पण में अपने प्रतिबिंब को देखकर, प्रेम में अपने को प्रियतम समझकर अपने ही प्रतिबिंब पर रीझती है–

पिय के ध्यान गही गहौ, रही वही ह्वै नारि।
आपु आपुही आरसी लखि रीझति रिझवारि।।

(2) हाव-भावों का सजीव सम्मूर्त्तन–

बतरस लालच लाल की मुरली धरी लुकाइ।
सौंह करैं, भौंहनि हँसै, देन कहै, नटि जाइ।।
नासा मोरि, नचाई दृग, करी कका की सौंह।
काँटे सी कसकै हिए, गड़ी कँटीली भौंह।

एक-एक दोहे में एक साथ अनेक हावों की योजना है। पहले में सबकी उन्नति से गतिशील बिंब की सृष्टि हुई है। दूसरे में बिंबों का गुंफन और गहरे प्रभाव की व्यंजना है।

(3) हाव यौवन में सहज भाव हैं जबकि चेष्टा-व्यापार यत्नज हैं। उनमें नायक-नायिका के प्रेम-व्यंजक-क्रिया-व्यापारों का रंजक रूप प्रस्तुत हो जाता है–

भौंह उचै आँचरु उलटि मौर मोरि मुँह मोरि।
नीठि नीठि भीतर गई दीठि दीठि सों जोरि।।
कहत नटत रीझत खिझात मिलत खिलत लजियात।
भरे भौंन में करत हैं नैनन ही सों बात।

पहले दोहे में अनेक चेष्टाओं की योजना से किसी तरह आँख से आँख मिलाकर भाव-व्यंजना की बिंब सृष्टि है। दूसरे दोहे में अनेक चेष्टाओं से बिंब गतिशील रूप धारण करता है। लोगों से भरे भवन में गुप्त रीति से नेत्रों का संवाद अत्यंत मार्मिक है।

(4) अनुभाव भाव की अनुभूति में कायिक स्थिति को प्रकट करते हैं। उस स्थिति के प्रेरक भाव की व्यंजना से अनुभाव मर्मस्पर्शी और रमणीय बनता है। लज्जा में नायिका की स्थिति है–'देखत बनै न देखते, बिन देखे अकुलाहि।' बिहारी ने काव्यशास्त्रीय परंपरा के अनुसरण में यथेष्ट परिवर्तन करते हुए भावों को नए रूप में ढाला है। निम्नलिखित दोहे में सखी से नायिका के प्रश्नों का ताँता उसके कुतूहल और आतुरता के साथ मानसिक उद्वेग को भी प्रकट करता है। प्रश्नों की इस बौछार में नायिका का भावमय चित्र सामने आता है–

फिरि फिर बूझति कहि कहा, कह्यौ साँवरे गात।
कहा करत देखे कहा, अली भली क्यौं बात।

यह प्रश्न-परंपरा शेक्सपियर के नाटक 'याज यू लैक-इट' में रोजीलैंड के प्रश्नों की

वर्षा का स्मरण दिलाती है।

(5) 'शृंगार की संचारी भावों की व्यंजना भी ऐसी मर्मस्पर्शिनी है कि कुछ दोहे सहृदयों के मुँह से बार-बार सुने जाते हैं। इस स्मरण में कैसी गंभीर तन्मयता है'[5]—

सघन कुंज, छाया, सुखद, सीतल मंद समीर।
मन ह्वै जात अजौं वहै, वा जमुना के तीर।

परंपरागत रूप में षट्ऋतु-वर्णन, संयोग, वियोग आदि का वर्णन कहीं भावमूलक चमत्कार के साथ सौंदर्यात्मक है तो अनेक अवसरों पर केवल चमत्कार प्रदर्शन मात्र हो गया है। मध्यकाल में प्रकृति, सौंदर्य की प्रतीक न होकर केवल शृंगार का उद्दीपन है। संयोग की कुछ उक्तियों में मार्मिक चित्रांकन है—

लखि लखि अँखियन अधखुलन, आँग मोरि अंगराय।
आधिक उठि लेटत लटकि, आलस भरी जँभाय।

लज्जा और अभिलाषा के भाव-संघर्ष का रूप—

छुटै न लाज न लालचौ त्यौं लखि नैहर के गेह।
सटपटात लोचन खरे भरे सकोच सनेह।।

वियोग में 'नीर भरे नित प्रति रहैं तऊ न प्यास बुझाय।' चमत्कार की प्रधानता होने पर भाव के बिंब में मार्मिकता नहीं है—

छाले परिबे के डरन सकै न हाथ छुवाइ।
झझकति हियैं गुलाब कै झवाँ झवावति पाइ।।

शुद्ध चमत्कारी दोहों को छोड़कर, भाव-व्यंजना को बिहारी ने सम्मूर्त्तन चित्रांकन, अप्रस्तुत-योजना, व्यंजकता, उक्ति-गठन, चमत्कार और अद्भुतपन के माध्यम से सौंदर्यात्मक रूप प्रदान किया है।

4. अभिव्यंजना-सौंदर्य

रूप-वर्णन और भाव-व्यंजना में दिए गए उदाहरण स्वयं अभिव्यंजना के सौंदर्य को व्यक्त करनेवाले हैं। इतर प्रकार के भाव-विचारों की अभिव्यंजना-पद्धति और उसके सौंदर्य का निरूपण भी देखना आवश्यक है। रूप-सौंदर्य और प्रेम-भाव की व्यंजना के अतिरिक्त कथ्य की अन्य दिशाएँ हैं—नीति की सूक्तियाँ, भक्ति-भावना, अन्योक्तियाँ और व्यंग्य तथा जीवन के विविध व्यापक अनुभव। इनमें कहीं-कहीं सौंदर्य की एक झलक मिल जाती है। शुक्ल जी सूक्तियों को काव्य क्षेत्र से बाहर

मानते हैं। लेकिन जीवन के बहुमुखी आयामों में वस्तु की तथ्यात्मकता, भावात्मक अनुभूति तथा आध्यात्मिक एवं लौकिक चिंतनशीलता तीनों समाविष्ट हो जाते हैं और रस गंगाधरकार के शब्दों में रमणीयता से सब में काव्यत्व की प्रतीति होती है। काव्य की रमणीयता या सौंदर्य की अनेक पद्धतियों में बिहारी ने अपने समय की साहित्यिक-कलात्मक परिस्थितियों के अनुरूप कुछ पद्धतियों को अपनाकर अपनी सौंदर्य दृष्टि से उन्हें चरम उत्कर्ष पर पहुँचा दिया है।

(1) बिंबों के आधार पर सम्मूर्त्तन है जिससे रूप या भाव इंद्रियगोचर होता है। बिहारी ने सूक्ष्म एवं मानसिक बिंबों की अपेक्षा बहिर्मुखी वस्तून्मुख, चेष्टागत और क्रियाशील बिंबों की रचना की है जो उनकी ऐंद्रिय सौंदर्य दृष्टि के अनुरूप है। बिंब प्रधानतः स्थितिशील है, यद्यपि कुछ स्थानों पर गतिशील बिंबों की संरचना भी हुई है। दूसरे का एक उदाहरण—

सटपटाति सी ससिमुखी, मुख घूँघट ढाँकि।
पावक झरसी झमकि कै, गई झरोखे झाँकि।।

(2) चित्रांकन है जिसमें वस्तु के विविध अंगों में सामंजस्य स्थापित किया जाता है या दृश्य के समान वस्तु-समुदाय में संबंध स्थापित करके उनकी अन्विति होती है। बिहारी के समय मोगल और राजपूतानी चित्रकला की बहुत उन्नति हुई है और उसका प्रचार भी हुआ है। उनमें भाव-व्यंजना के अतिरिक्त रूप की रंगीन छटा और वस्तून्मुखता भी दर्शनीय है। बिहारी की रचना पर इन सब विशेषताओं का प्रभाव स्वाभाविक है। रूप-सौंदर्य और प्रेम-भाव का वस्तून्मुख निरूपण, रंगों का सम्मिश्रण एवं छटा, संश्लिष्ट और सुसमन्वित रचना-विधान बिहारी के छोटे-दोहों में भी अनेक रूपों में अभिव्यक्त हुआ है। एक पूरे प्रसंग का चित्र—

ललन-चलन सुनि पलन में अँसुवा झलके आइ।
भई लखाइ न सखिन्ह हू झूठे हू जमुहाइ।।

(3) अप्रस्तुत-योजना है जिसके मूलतत्त्व साम्य, वैषम्य, अत्युक्ति, संबंध-असंबंध-स्थापन, तर्क-न्याय, शृंखला या क्रम, विकास-परिवर्तन आदि हैं। पहला साहचर्य के आधार पर और शेष सब विरोध या चमत्कार के सहारे सौंदर्य-वर्धन करते हैं। बिहारी ने सौंदर्य निरूपण में पहले का आधार लिया है तो उक्ति-गठन में शेष तत्त्वों का। दूसरे के एक-दो उदाहरण :

करे चाह सौं चुटकि कैं खरे उड़ौहैं मीन।
लाज नवाए तरफरत करत खूँद सी नैन।।
तंत्रीनाद कवित्त रस, सरस राग रति रंग।

अनबूड़े बूड़े, तिरे जे बूड़े सब अंग।

(4) चमत्कार, वैचित्र्य या विलक्षणता है जिसके लिए बिहारी अत्यंत प्रसिद्ध भी हैं और कुछ समीक्षकों की दृष्टि में भाव-प्रेरित न होने पर वह कविता नहीं, शब्द-वैचित्र्य-प्रधान सूक्ति मात्र है। कविता को केवल भावानुभूति या रस की दृष्टि से देखने पर उसकी परिधि संकुचित हो जाती है। बहुत-सी कविता मन को रमानेवाली, प्रेरणादायी और विचारोत्तेजक होने पर भी कविता नहीं रह जाती। चमत्कार अद्भुतपन की सृष्टि करता है। साहित्यदर्पणकार की तरह शृंगार और करुणा को ही नहीं, अद्भुत को भी एकमात्र रस न मानने पर भी, काव्य और कला के मूल में विस्मयकारी अद्भुतपन की अनुभूति को अस्वीकार नहीं किया जा सकता। बिहारी के उक्ति चमत्कार के कुछ मार्मिक उदाहरण–

कहिहै सब तेरो हियो, मेरे हिय की बात।
जो आँखिन सब देखिए, आँख न देखी जाहि।।
लोने मुख डीठि न लागै मो कहि दीनो ईठि।
दूनो ह्वै लागत लगी दिए दिठौना दीठि।।

'कनक-कनक तें सौ गुनी मादकता अधिकाय' आदि अनेक दोहों में भाव से कहीं अधिक शाब्दिक वैचित्र्य की प्रधानता है, इसमें कोई संदेह नहीं है।

(5) बिहारी की चमत्कारी उक्तियों में अन्योक्तियाँ, व्यंग्य और व्यंजक रचनाएँ भी हैं। पहला सौंदर्य दृष्टि के अभाव में उपदेशात्मक होने की गुंजाइश है। दूसरे में विरोध पर आक्षेप कवि का व्यक्तिगत या पात्रों के व्यवहार के प्रति खरे वचनों का रूप लेता है। यहाँ सौंदर्य का निषेधात्मक मूल्य है। व्यंजक रचना में ध्वनि की रमणीयता है। कहा जाता है कि अपनी छोटी रानी के प्रेम में आत्मविस्मृत महाराज जयसिंह को चेताने के लिए बिहारी ने यह दोहा लिख भेजा था–

नहिं पराग नहिं मधुर मधु, नहिं विकास यह काल।
अली कली ही सों बँध्यो, आगे कौन हवाल।।

कुल मिलाकर हम कह सकते हैं कि बिहारी के दोहों में कल्पना की अपूर्वता के साथ सहजता भी मिली हुई है। अभिव्यंजना में अनुभूति की तरलता और तन्मयता न होने पर भी सौंदर्य की मूर्त्तता है। चमत्कार में विलक्षणता ही नहीं, अपूर्व सौंदर्य की चेतना भी है।

(6) रचना-विधान के अंतर्गत विधा और उसके विशिष्ट रूप पर भी विचार करना आवश्यक है। बिहारी ने मुक्तक काव्य परंपरा में दोहा पद्धति को चरम उत्कर्ष पर पहुँचा दिया है "जिस कवि में कल्पना की समाहारशक्ति के साथ भाषा की

समासशक्ति जितनी ही अधिक होगी उतना ही वह मुक्तक की रचना में सफल होगा। यह क्षमता बिहारी में पूर्ण रूप से विद्यमान थी। इसी से वे दोहे ऐसे छोटे छंद में इतना रस भर सके हैं।"[6] बिहारी के विशिष्ट रचना शिल्प के संबंध में प्रसिद्ध है कि उन्होंने–'गागर में सागर' भर दिया है। उनके दोहों के रूप और प्रभाव को परंपरा में प्रचलित यह दोहा स्पष्ट कर देता है।

सतसैया के दोहरे ज्यों नावक के तीर।
देखन में छोटे लगैं बेधैं सकल सरीर।।
(पाठान्तर : घाव करैं गंभीर)

जैसा कहा जा चुका है, विधा का तंत्र और कवि की रचना का विशिष्ट रूप, अभिव्यंजना-सौंदर्य के दो प्राथमिक रूप हैं।

5. सौंदर्य दृष्टि

बिहारी ने सौंदर्यानुभूति की विशेषताओं का उद्‌घाटन बिल्कुल नहीं किया है। उसके प्रभाव पर अनेक अनूठी उक्तियाँ अवश्य मिलती हैं। लेकिन उन्होंने रूपजन्य प्रेम के विस्तार प्रसार को भी नहीं दिखाया है जैसे रीतिमुक्त स्वच्छंद प्रेम के कवियों ने किया है। उनकी दृष्टि ऐंद्रिय रूप पर ही केंद्रित रही। उसमें भी उन्होंने उन विशेषताओं पर ज्यादा बल दिया है जो नेत्रेंद्रिय को आकृष्ट करती हैं। ऐसा लगता है कि बिहारी की सौंदर्य दृष्टि वस्तून्मुख है और उन्होंने उसकी ऐंद्रियता, माधुर्य और अपूर्वता पर ही अधिक ध्यान रखा है। नायिका 'शोभा के भार' से दबी हुई है। शोभा या सौंदर्य अलंकरण का नहीं, अंगों का ही सहज धर्म है–'एही सहज सिंगार' है। उस सरल रूप में ही अनंत माधुर्य भरा हुआ है–

कितो मिठास दयो दई, इते सलोने रूप।।

सौंदर्य क्षण-क्षण नित्य नवीन रूप धारण करता है। वह क्षण-क्षण नवीन रूप में नेत्रों की पकड़ में नहीं आता। यह दर्शक और नायक की ही बात नहीं है, चित्रकार भी सौंदर्य की इस परिवर्तनशीलता में उसका रूपांकन नहीं कर पाता और हार बैठता है–

लिखन बैठि जाकी छबिहि गहि गहि गरब गरूर।
भये न केते जगत् के चतुर चितेरे कूर।।

रूप-सौंदर्य की चर्चा में नेत्रों के लिए विशेष आकर्षक, आनंदमय और नैसर्गिक छटा के सामने अलंकरण-आभूषणों की व्यर्थता, रूप की छटा और रूप की अपूर्वता का सोदाहरण विश्लेषण किया गया है। ये सब रूप-सौंदर्य की वस्तून्मुखता के द्योतक हैं।

सौंदर्य के प्रभाव के निरूपण में बिहारी ने उसके आकर्षण, उस आकर्षण में मन का रूप-वशीभूत होना, उज्ज्वलता, दर्शन की लालसा और उसके अभाव में व्याकुलता को व्यक्त किया है। संसार में पता नहीं कितना सौंदर्य भरा हुआ है, पर वह सौंदर्य कुछ अलग ही है, प्रियतम जिसके वश में हो जाते हैं–

वह चितवनि औरे कछू, जिहि बस होत सुजार।।

सौंदर्य की उज्ज्वलता देखकर दर्शक का नेत्र भी चमक उठता है–

जाकी उजराई लखे आँख ऊजरी होत।।

दर्शन से ही नेत्र और मन की लालसा तृप्त होती है–

सगुन सलोने रूप की जुति चख तृषा बुझाय।

दर्शन के अभाव में मन की आकुलता–

मो दृग लागे रूप दृगन लगी अति चटपटी।।

सौंदर्य के आकर्षण में प्रेम उत्पन्न होना है–

दृग अरुझत, टूटत कुटुम, दई चतुर चित प्रीति।
परति गाँठ दुरजन हिए, दई नई यह रीति।।

प्रेम में वियोग होने पर संयोग की लीलाओं के स्थान की स्मृति में समय कटता है। क्षण-क्षण उस सौंदर्य और लीलाओं का माधुर्य आँखों में झलक उठता है–

उनहूँ बिन छिन गहि रहत दृगनि अजहुँ वह ठौर।।

बिहारी के दोहों में सौंदर्य और उसके प्रभाव की व्यंजना अनुभूति मूलक नहीं है। उनकी बहिर्मुखी वस्तून्मुख प्रस्तुति में भाव-तरल प्रतिमा आँखों के सामने नहीं आती। लेकिन बिहारी मानते हैं कि सौंदर्य के संबंध में अभिरुचि की समय और व्यक्ति सापेक्ष भिन्नता हो सकती है–

समै समै सुंदर सबै रूप कुरूप न कोय।
मन की रुचि जेती जितै, तित तेती रुचि होय।।

यह सौंदर्य की व्यक्तिनिष्ठ धारणा नहीं है। सौंदर्य और अभिरुचि पर्यायवाची शब्द नहीं है। अभिरुचि के सौंदर्यशास्त्रीय, मनोवैज्ञानिक और सामाजिक संस्कारों के अनुसार सौंदर्य का ग्रहण होता है। इसलिए बिहारी की सौंदर्य दृष्टि को वस्तुनिष्ठ, लौकिक और ऐंद्रिय रूपाश्रित मानना ही उचित है।

संदर्भ संकेत :

1. आचार्य रामचंद्र शुक्ल : हिंदी साहित्य का इतिहास, पृ. 279
2. वही, पृ. 340
3. वही, पृ. 275
4. वही, पृ. 276
5. वही, पृ. 277
6. वही, पृ. 275

घनानंद

1. प्रस्तावना

रीतिमुक्त धारा में ही नहीं, पूरे रीतिकाल में घनानंद की प्रतिभा की समता करनेवाला महाकवि कोई दूसरा नहीं है। रीतिबद्ध कवि बहिर्मुखी रूप और भावों के निरूपण में संलग्न थे। बिहारी की सौंदर्य दृष्टि की और पद्माकर के भाव-सम्मूर्त्तन की, रीतिकाल में अपने ढंग की नवीन विशेषताएँ हो सकती हैं, लेकिन घनानंद की भावात्मक तीव्रता, एकोन्मुखता और तन्मयता की गहराई के सामने उनका अधिक मूल्य नहीं आँका जा सकता। रीतिबद्ध अन्य कवि राधाकृष्ण की लीलाओं में बाह्यार्थ निरूपक चेष्टा-व्यापार-वर्णन करते रहे हैं। रीतिकाल में घनानंद और अन्य रीतिमुक्त कवियों की रचना को रीतिबद्ध काव्य से अलग करनेवाला प्रधान तत्त्व, अंतर्मुखी-बहिर्मुखी दोनों दिशाओं में उनकी स्वच्छंदता है। उनकी रचना काव्य-परंपरा और लक्षण ग्रंथों की परिपाटी के बाहर की वस्तु है। रस-अलंकार की परिधि को पार करके स्वच्छंदता का प्रथम आभास भक्तिकाव्य में मिलता है तो उसका विकसित द्वितीय चरण रीतिमुक्त काव्य में। सहज ही दोनों में सौंदर्य के नए उन्मेष का प्रयत्न दिखाई देता है। घनानंद ने संयोग-वियोग के शृंगार रस के शब्दों को छोड़कर और किसी प्रकार का काव्यशास्त्रीय नियमों का अनुसरण नहीं किया है। काव्यशास्त्र के आधार पर आलोचना करने वाले खींचातानी करके घनानंद के काव्य में काव्यशास्त्रीय लक्षणों को ढूँढ़ निकाल सकते हैं, लेकिन उससे कवि की प्रतिभा और नवीन सौंदर्य चेतना के साथ न्याय नहीं हो सकता और एक ध्यान देने योग्य बात यह है कि रीतिबद्ध कवियों ने शृंगार रस का वर्णन किया है। जबकि रीतिमुक्त कवियों ने, विशेषतः घनानंद ने प्रेम-भावना की व्यंजना की है। यह दोनों के जीवनदर्शन और दृष्टिकोण का अंतर करता है। घनानंद की अंतर्वृत्ति-निरूपण की प्रवृत्ति की सूर के साथ तुलना की जा सकती है। दोनों की रचना में प्रेम-भावना की तीव्रता, एकाग्रता और तन्मयता मिलती है। लेकिन दूसरे की कविता में रूप-सौंदर्य और भाव-जगत्

का अनंत प्रसारमय सागर उमड़ पड़ता है जबकि पहले का धाराप्रवाह सीमित और एकोन्मुख है। शुक्ल जी ने कुछ लाक्षणिक प्रयोगों के आधार पर घनानंद की तुलना आधुनिक छायावादी कवियों से की है।[1] लेकिन लाक्षणिकता नहीं, विरोधमूलक वचनवक्रता घनानंद के अभिव्यंजना-सौंदर्य का प्रधान तत्त्व है। दूसरी ओर, छायावाद ने लाक्षणिक प्रयोगों से कहीं अधिक बिंबों, प्रतीकों और प्रभावमूलक अप्रस्तुत योजना को लेकर नए सौंदर्यबोध की सृष्टि की है जो घनानंद की रचनाधर्मिता से भिन्न है। उनके प्रेम और वेदना का भाव-वेग और तीव्रता छायावाद में कहाँ है?

घनानंद की काव्यवस्तु राधाकृष्ण का प्रेम है। उन्होंने नायक-नायिका को काव्य परंपरा से लिया है, लेकिन उनके लीला-वर्णन को नहीं। उनकी प्रेमभावना निजी जीवन का उदात्तीकृत रूप हो सकता है। घनानंद के जीवन और व्यक्तित्व के संबंध में अन्य मध्यकालीन कवियों की तरह अधिक जानकारी प्राप्त नहीं है। कहा जाता है कि 'सुजान' से उसका विशेष प्रेम था। बादशाह मुहम्मद शाह ने उन्हें दिल्ली से बाहर चले जाने का आदेश दिया और साजन ने उनका साथ नहीं दिया तो वे वृंदावन जाकर रहने लगे और निंबार्क संप्रदाय में दीक्षित हुए। उनकी रचना में सांप्रदायिकता और मधुर भक्ति की झलक बिल्कुल नहीं मिलती। अपने आराध्य राधाकृष्ण की आवास भूमि वृंदावन से उनका अनुराग अवश्य था जिसके संबंध में वे कहते हैं–

अद्भुत अभूत महिमंडन, परे तें परें, जीवन को लाहु हा हा क्यों न ताहि लहि रे।।

सुजान से वियोग और जीवन में असफलता एवं निराशा उनके 'प्रेम की पीर' के कारण हो सकते हैं जिसे उन्होंने सुजान श्रीकृष्ण के प्रेम में रूप में परिवर्तित करके संयोग की संभावना के अभाव में वेदना रूप में व्यक्त किया है। यह प्रेम जीवन-सापेक्ष है। जीवन के रस से सिंचा हुआ है। रीतिबद्ध कवियों के सौंदर्य और शृंगार-भावना की तरह इसे भी उच्चवर्गीय कह सकते हैं लेकिन उसमें वर्गीय संस्कार प्रतिफलित नहीं हैं। हृद्गत यह प्रेम-भावना सामान्य नैसर्गिक भाव भूमि पर ही प्रतिबिंबित है, पर उसकी गहराई एवं गंभीरता साधारण जनता का नहीं, सहृदयों की ही भावना का विषय है। कुछ समीक्षकों ने इस 'प्रेम की पीर' में सूफी संप्रदाय का भाव देखा है।[2] लेकिन सूफियों की आध्यात्मिक वेदना में मिलन के लिए कोई स्थान नहीं है जबकि घनानंद की वेदना में मिलन का तड़पन भी मिला हुआ है। रीतिमुक्त काव्यधारा के सौंदर्यबोध के इस नए विकास के मूल में और क्या-क्या प्रेरणा स्रोत क्रियाशील हैं, इसका अभी अनुसंधान करना है।

2. रूप-सौंदर्य

वस्तून्मुख दृष्टि से कविता में भाव पक्ष से अधिक विभाव पक्ष का निरूपण महत्त्वपूर्ण

मानने वाले शुक्ल जी ने स्वीकार किया है कि 'कविता इनकी भाव पक्ष प्रधान है। कोरे विभाव पक्ष का चित्रण इनमें कम मिलता है। जहाँ रूप-छटा का वर्णन इन्होंने किया भी है वहाँ उसके प्रभाव का ही वर्णन मुख्य है।'[3] जहाँ कवि प्रेम में आत्मविभोर या तन्मय रहता है, प्रियतम का रूप मन में ही अंकित रहता है और उसके वियोग में वेदना उमड़ पड़ती है। सूफी कवि प्रकृति में प्रियतमा ईश्वर का आभास देखते हैं जबकि घनानंद का प्रियतम या प्रेयसी उनकी भावना का अंग है। एक में मन का बहिर्मुखी प्रक्षेपण है और दूसरे में स्थूल रूप, मन का अंग बन जाता है या वस्तु-जगत् का मन में अंतर्मुखी प्रक्षेपण होता है। इसीलिए रूप-सौंदर्य से उसके प्रभाव की व्यंजना अधिक महत्त्वपूर्ण हो गई है। प्रियतम और प्रेयसी की अभिन्न भावात्मक एकता इस तरह है—

मूरति सिंगार की उजारी छवि आछी भांति,
दीठि लालसा के लोयननि लै लै आंजि हौं।
रति-रसना-संवाद पाँवडे पुनीतकारी पाय,
चूमि कैं कपोलनि सौं माँजि हौं।
जान प्यारे प्रान अंग-अंग-रुचि-रंगनि में,
बोरि सब अंगन अनंग सुख भांज हौं।
कब घन-आनंद ढरौ ही बानि देखें,
सुधा-हेन मन-घट दरकनि सुठि राँजि हौं।

इस भावना में श्रीकृष्ण "छवि को सदन मोद मंदित हैं।" हाव-भावों के साथ वे—

लोचन दुराय कछू मृदु मुसकाय,
नेह भीनी बतियानि लड़काय बतराय हौ।

प्रेयसी के रूप की ओर भी कुछ वस्तून्मुख संकेत मिल जाते हैं। वह भी 'छवि को सदन' है और 'रूप उजिआरे' है। उससे सौंदर्य चू पड़ता है—

अंग-अंग तरंग उठै दुति की, परि है मानो रूप अबै घर च्वै।

हाव-भावों के साथ उसका रूप—

लोचनि लपेटि चितवनि भेदभाय भरी
लसति ललित लोल चखतिर छवि मैं।

रूप-सौंदर्य के प्रभाव का वर्णन भी प्रेम की भावानुभूति के माध्यम से ही हुआ है। ऐसा लगता है कि रूप नेत्र के द्वारा जाकर मन में बस गया है। रूप का प्रभाव

अपूर्व और अनिर्वचनीय है जिसे मन की भावना से अलग पहचानना कठिन कार्य है। रूप के प्रभाव की तीन-चार विशेषताएँ द्रष्टव्य हैं।

(1) नेत्रों पर दुखदायी प्रभाव है जो रूप की अनन्यता को प्रकट करता है–

अँखियाँ दुखियनि कुबानि परी, न कहुँ लगैं, कौन घरी सु लगी।

(2) रूप-दर्शन जन्य वेदना में भी दर्शन की व्याकुलता सदा बनी रहती है–

मोहन-सोहन जोहन की लागियै रहै आँखिन के उर आरति।
नैनन में लागैं जाय सुकरे जो बीच या बस ह्वै जीव धीर होत लोट-पोट है।

(3) रूप-दर्शन से मन अशांत और मति भ्रष्ट है–

रोम रोम पूरि पीर-व्याकुल शरीर महा घूमै मति गति–आसैं प्यास की न टोट है।
मति दौरि थकी, न लहै ठिकठौर, अमोही के मोह-मिठास ठगी।

(4) मति भ्रष्ट स्थिति की पराकाष्ठा उन्माद है जो कवि के शब्दों में 'रूप बावरो' है।

3. भाव-सौंदर्य

घनानंद की भाव-व्यंजना का सौंदर्य, अनुभूति की तीव्रता और उसके अनुरूप शाब्दिक अभिव्यक्ति में है। भावना की नैसर्गिकता, स्वच्छंदता, सच्चाई, गतिवेग आदि उसे सौंदर्यात्मक बनाते हैं। मध्यकाल में घनानंद की भावात्मक तीव्रता की तुलना केवल सूर से की जा सकती है, पर उसमें सूर का अनंत भाव प्रसार नहीं है। भारतीय काव्यशास्त्र की शब्दावली को अपनाकर शुक्ल जी घनानंद के संयोग और वियोग वर्णन के संबंध में कहते हैं कि अंतर्वृत्ति निरूपक उनकी रचना में 'संयोग का भी कहीं-कहीं बाह्य वर्णन मिलता है, पर उसमें प्रधानता बाहरी व्यापारों या चेष्टाओं की नहीं है, हृदय के उल्लास और लीनता की ही है।'[4] घनानंद का वियोग वर्णन भी अधिकतर अंतर्वृत्ति निरूपक है, बाह्यार्थ निरूपक नहीं।...उनकी 'मौन मधि पुकार' है।[5] अंतर्वृत्ति की यह चर्चा काव्यशास्त्रीय परंपरा की नहीं, आलोचना पर मनोविज्ञान के प्रभाव को प्रकट करती है। विरह की अंतर्दशाओं की व्यंजना में अंतःसौंदर्य की झलक मिलती है। वेदना में घनानंद की पुकार सीधा आर्तनाद है–

सलोने स्याम प्यारे क्यों न आऔ। दरस प्यासी मरैं तिनकौं जिवावौ।
कहा हौ जू, कहाँ हौ जू कहा हौ। लगे ये प्रान तुम सों हैं जहाँ हौ।

जब वेदना की तीव्रता बढ़ जाती है तो उसमें गहनता और जटिलता आ जाती है और अभिव्यक्ति में भी उसका प्रतिफलन होता है। तब ऐसा लगता है कि घनानंद रूप-भाव के व्यक्त रूप को छोड़कर सौंदर्य की गहराई में पैठ रहे हैं।

जो 'भावना भेद स्वरूप को ठानै' वही कवि भावों की उन्मुक्तता और स्वच्छंदता में नवीन सौंदर्योन्मेष कर सकता है। घनानंद के इस स्वच्छंद भाव जगत् पर उनके व्यक्तित्व और प्रेम की छाप पड़ी है। भाव मनोवैज्ञानिक दृष्टि से सामान्य ही होते हैं, पर प्रतिभाशाली कवि भाव के सामान्य रूप को विशिष्ट रूप में ढालकर सौंदर्यात्मक मूल्य प्रदान करता है। कुछ उदाहरण देखेंगे।

(1) प्रियतम के प्रति आकर्षण ऐसा है देखे-अनदेखे वेदना ही है। इस अनोखी भावना में–

> अनोखी हिलग दैया बिछुरै तौ मिल्यौ चाहै,
> मिलेहु मैं मारै जारै खरक बिछोह की।
> × × ×
> देखें अनदेखें वहीं अटक्यौ आनंदघन,
> ऐसी गति कहौ कहा चुंबक औ लौह की।

(2) वियोग में रूप का स्मरण और वेदना–

> आनंद की निधि जगमगति छबीली बाल,
> अंगनि अनंग-रंग दुरि-मुरि जानि मैं।
> ह्वै मुसक्यानि, ह्वै मृदु बतरानि,
> ह्वै लड़कीली बानि आनि उर मैं आरति है।

(3) वियोग में दर्शन या मिलने की लालसा भी अनोखी आग बन जाती है– 'अनोखी आगि लागि रही चाह की।' यही चाह सौंदर्य, भावना और प्रेम का आधारभूत तत्त्व है।

(4) विविध रूप, भाव-भंगिमाएँ, विलक्षणता, अपूर्वता, अद्भुतपन, वैविध्य आदि घनानंद की अनंत वेदना की विशेषताएँ हैं। सौंदर्य-साधक इन धर्मों के कारण वेदना की विवृत्ति में भी माधुर्य भर गया है। वेदना के गीत या छंद मधुरतम होने का यही कारण है। वैविध्यपूर्ण कुछ उदाहरण :

> बिछुरें मिलें मीन-पतंग-दसा मो जिय की गति को परसैं।
> सौं सुधि मों हिय मैं घन आनंद सालति क्यौ हूँ कढ़ै न कढाई।
> नित ही अँखियाँ उघरी बरसैं।
> जीवन मरन मीथ बिना बन्यौ आउ हाय कौन विधि रची नेही की रहनि है।

या मन की जु दसा घनानंद जीव की जीवनि जान ही जानै।
दुख को बखान करिबे कौं रसना कैं होति, ऐपै कहूँ बाको मुख देखन न पाइयै।

(5) असह्य वेदना में प्रेमी का व्यंग्य या उलाहना स्वाभाविक है। पाठक को उसमें वेदना के साथ विनोद, माधुर्य और आनंद की अनुभूति होती है। श्रीकृष्ण को संबोधित करके प्रेमिका का आक्षेप–

कान्ह परे बहुतायत में, इकलैन की वेदन जानौ कहा तुम ?
× × ×
आरतिवंत पपीहन को घन आनंद जू। पहिचानौ कहा तुम ?

पवन से कहती है–

जान उजियारे गुन-भारे अति मोहि प्यारे।
अब ह्वै अमोही बैठे पीठि पहिचानि दै।
बिरह-बिथा की मूरि आँखिन में राखौं पूरि।
धूरि तिन्ह पाँयन की हा हा। नैकु आनि दै।

उलाहना और आक्षेप से वेदना चरम स्थिति पर पहुँच जाती है।

(6) हिंदी के कुछ समीक्षकों ने सूक्ष्मता, अनंतता, शक्तिमत्ता आदि के आधार पर उदात्तता का वर्गीकरण किया है। स्थूल से सूक्ष्म आध्यात्मिकता की ओर प्रवृत्त संत कवियों के रहस्यवाद को सूक्ष्मोदात्त कहा गया है। लौकिक धरातल पर घनानंद की अंतर्मुखी भावात्मकता में–विशेषतः वेदना की विवृत्ति में–सूक्ष्म भावना, तीव्रता और गहराई मिलती है। प्रेम की एकनिष्ठता और अनन्यता ने भावना के मानसिक स्तर को और ऊँचा उठाया है। इस अर्थ में घनानंद के कुछ छंदों में भाव व्यंजना को सौंदर्यात्मक नहीं, उदात्त कह सकते हैं। लेकिन सौंदर्यशास्त्र की परंपरा में आध्यात्मिक या मानसिक सूक्ष्मोदात्त की चर्चा कहीं नहीं मिलती। सौंदर्यशास्त्र को भारतीय काव्य-परंपरा के संदर्भ में देखते हुए सूक्ष्मोदात्त की परिकल्पना की गई है।

4. प्रेम-दर्शन

भक्त कवियों की मधुर भक्ति में प्रेम-भावना केंद्रीय बिंदु है। वह आध्यात्मिक प्रेम है। उनके संप्रदाय और दार्शनिक विचारधाराएँ भिन्न हो सकती हैं। लेकिन सब में प्रेम की एकोन्मुखता, अनन्यता और तन्मयता सामान्य धर्म हैं। प्रेम की साधना में अनेक कठिनाइयाँ हैं। आराध्य प्रियतम भगवान होने के कारण प्रेम में संयोग की अपेक्षा वियोग की प्रधानता है जिसने कुछ कवियों की रचना में तीव्र वेदना

का रूप ग्रहण किया है। कुछ समीक्षकों का अभिमत है कि यह प्रेम-भावना और वेदना, सूफी संप्रदाय की प्रेम और वेदना की प्रधानता से एक हद तक प्रभावित है। घनानंद के प्रेमदर्शन पर भी ये सारी बातें लागू हो जाती हैं। प्रेम के ये सारे गुणधर्म उनकी रचना में मिल जाते हैं। दोनों में अंतर केवल प्रेम की आध्यात्मिकता और लौकिकता को लेकर है। राधाकृष्ण को नायक-नायिका के रूप में ग्रहण करने के कारण घनानंद की रचना में कहीं-कहीं भक्ति-भावना और प्रेम की आध्यात्मिकता की भी झलक मिल जाती है। काव्यशास्त्र में और भाषा के व्यवहार में शृंगार के रूढ़ार्थ को देखते हुए घनानंद आदि रीतिमुक्त कवियों की रचना को शृंगार प्रधान कहना उचित नहीं है। शृंगार के साथ ऐंद्रियता और रसिकता की भावनाएँ संबद्ध हैं। घनानंद की प्रेम भावना इनसे सर्वदा मुक्त है और प्रेम के ऊँचे आदर्शों से परिचालित है। प्रेम के स्वरूप, आदर्श और मान्यताओं को देखते हुए घनानंद की प्रेम-भावना को प्रेम-दर्शन की संज्ञा देना उचित ही है। इसी दार्शनिक दृष्टि ने सूर और घनानंद के सौंदर्यबोध और सौंदर्यचेतना को एक ऊँचे धरातल पर पहुँचा दिया है। घनानंद की रचना में ऐंद्रिय सौंदर्य के आकर्षण एवं अनुभूति तथा रतिक्रीड़ाओं के लिए स्थान नहीं है। इस 'प्रेम की पीर' में प्रेमी का आर्तनाद है। 'सुजान' चाहे प्रेयसी हो या श्रीकृष्ण, घनानंद की रचना में सामाजिक मर्यादाओं से परे स्वच्छंद प्रेम, एक की ही ओर उस प्रेम की उन्मुखता, अन्यों की उपेक्षा संसार की भी उस प्रेम में तन्मयता और दर्शन के अभाव में व्याकुलता और वेदना, प्रेम के स्वर को एक विशिष्टता और अपूर्व भावात्मक सौंदर्य प्रदान करती हैं। घनानंद के द्वारा परंपरागत अप्रस्तुतों का प्रतीकों के रूप में नवीन प्रयोग उस प्रेम-दर्शन की विशेषताओं के व्यंजक हैं। घनानंद की प्रेमभावना के कुछ उदाहरण दिए जा रहे हैं।

(1) प्रियतम के रूप की स्मृति है–'सुधि सब भांतिन सों बेसुधि करति है।'

(2) 'प्रेम की अनिर्वचनीयता का आभास घनानंद ने विरोधाभासों के द्वारा दिया है।'[6] उक्ति वैचित्र्य और मौन-ग्रहण में भी कहीं-कहीं उसकी व्यंजना है–'नैननि काननि बीच बसे घन-आनंद मौन बसात तू देखि लै।'

(3) प्रेम की अनन्यता का यह रूप है–

घन आनंद प्यारे सुजान सुनौ, इत एक तें दूसरो आँक नहीं।
तुम कौन सी पाटी पढ़े हो लला, मन लेहु पै देहु छटाँक नहीं।

(4) प्रेम भावना का विषय है, बुद्धि का नहीं। अनुभूति के द्वारा प्रेम हृदयगत होता है, मस्तिष्क या मति के द्वारा उसे समझा नहीं जा सकता। इसलिए कवि ने प्रेम को 'पटरानी' और बुद्धि को दासी कहा है–

रीझि सुजान सची पटरानी बनी बुद्धि बाबरी ह्वै करि दासी।

(5) घनानंद ने प्रेम की अनंतता का अपूर्व वर्णन किया है जिसका सौंदर्य अद्‌भुत है। राधाकृष्ण प्रेम के अनंत सागर में विवस हैं। उसके एक कण में तीनों लोकों का प्रेम समा गया है। उस कण का मन में मंथन करके घनानंद-सुजान ने उसे ग्रहण किया है–

प्रेम को महोदधि अपार हरि कै विचार बापुरोह हरि बारही तें फिरि
आयो है।
ताही एक रस ह्वै बिबस अवगाहैं दोऊ नेही हरि-राधा जिन्हैं
देखें सरसायौ है।
ताकी कोउ तरल तरंग-संग छूट्‌यौ कन पूरि लोक लोकनि उमगि
उफनायौ है।
सोई घनआनंद सुजान लागि हेतु होत ऐसे मथि मन पै सरूप ठहरायौ
है।

पता नहीं, प्रेम संबंधी कितनी अन्य सौंदर्यात्मक विशेषताएँ घनानंद की रचना में मिल जाती हैं।

5. अभिव्यंजना-सौंदर्य

घनानंद की अभिव्यंजना के संबंध में दो कथनों पर विशेष ध्यान देना है–(1) 'सुछंद सदा रहै' और 'हिय आँखिन नेह की पीर तकी।' इनसे घनानंद की अभिव्यंजना की स्वच्छंदता और भावात्मक प्रेरणा व्यक्त होती है। रीतिबद्ध कवियों की तरह घनानंद की रचना में उक्ति गठन के चमत्कार की कमी नहीं है। लेकिन उपर्युक्त विशेषताएँ घनानंद को रीतिबद्ध कवियों से अलग कर देती हैं और उनकी रचना में मूर्त्त सौंदर्याभिव्यक्ति के कारणभूत तत्त्व हैं।

(1) घनानंद की अभिव्यंजना की पहली विशेषता उक्ति-गठन की कसावट, चुस्ती और मूर्त्तता है। भाव-प्रेरित ही नहीं, भाव-व्यंजक होने के कारण पाठक का ध्यान उक्ति के चमत्कार पर नहीं भावना पर केंद्रित रहता है और चमत्कार का अद्‌भुतपन भाव-सौंदर्यवर्धक बन जाता है। जब कवि की मानसिकता और उसमें शब्दातीत भाव-तीव्रता को रूप देना कठिन हो जाता है तो उसे भाषिक संरचना पर निर्भर रहना पड़ता है और उक्ति-गठन उस रूपायन का एक पहलू है। एक-दो उदाहरण देखिए–

मौन हू सों देखि हौं कितेक पन पालिहौ जू
कूक-भरी मूकता बुलाय आप बोलि है।
कहिए सु कहा, अब मौन भली, नहीं खोवते जो हमैं पावते।।

(2) उक्ति-गठन के संदर्भ में विशेष आकर्षक धर्म हैं—विरोध, विरोधाभास और वचनवक्रता हैं। ये अलंकार नहीं, अलंकार्य संबंधी हैं। कवि की भाव-व्यंजना के ये माध्यम हैं। इनके बिना भाव का स्वरूप और उसकी अनुभूति की तीव्रता की अभिव्यक्ति असंभव है। 'कहने की आवश्यकता नहीं कि कवि की उक्ति ने वक्रमय हृदय के वेग के कारण पकड़ा है।'[7] विरोध का उदाहरण—

उजरनि बसी है हमारी अँखियानि देखौ, सुबस सुदेस जहाँ रावरे बसत हौ।

विरोधाभास—

आँखें जौं न देखैं तो कहा है कछु देखति यैं।

वचन-वक्रता—

हौं घनआनंद जीवन मूल दई कित प्यासनि मारत मोही।
हीन यह जल मीन अधीन कहा कछू को अकुलानि समानै।
नीर सनेही को लाय कलंक निरास ह्वै कायर त्यागत प्रानै।
प्रीति की रीति सु क्यों समुझै जड़ मीत के पानि परै कों प्रमानैं।
या मन की जु दसा घन आनंद जीव की जीवनि जान ही जानैं।

(3) घनानंद के अभिव्यंजना-सौंदर्य में प्रतीकों की महत्त्वपूर्ण भूमिका है। मध्यकाल में सूर आदि कवियों का प्रतीक-प्रयोग रूढ़ रूप में धार्मिक या सामाजिक है। आधुनिक काल के छायावादी युग में आकर ही प्रतीकों का मनोवैज्ञानिक और भावनापरक प्रयोग आरंभ हुआ है। घनानंद ने परंपरागत अप्रस्तुतों को लेकर उनमें नवीन अनुभूतिमूलक प्रतीकत्व भरकर उन्हें भाव-व्यंजक रूप दिया है। खींचातानी करके इन प्रतीकों के प्रयोग को उपमा, रूपक आदि अलंकार सिद्ध किया जा सकता है। लेकिन प्राचीन एवं मध्यकालीन किसी कवि के अप्रस्तुत-विधान में घनानंद के प्रतीकों की सी व्यंजकता नहीं है। प्रतीकों का सौंदर्य उनकी व्यंजना-गर्भिता में है और उनकी सार्थकता नवीन भाव-स्फुरण में है। घनानंद के प्रतीक प्रधानतः प्रेम और वेदना संबंधी हैं और गौणतः अन्य भावों से संबंधित हैं। (अ) प्रेम संबंधी प्रतीक : चातक, कोकिल, मछली, मूरि (जड़), डुग्गी, चकोर, पपीहा, नदी, कमल, स्वाती आदि हैं। (आ) विरह-वेदना के प्रतीक : मेह, वर्षा, अमावस्या, आग, दीप की बत्ती, बिषाद-बेलि, बबंडर में पत्ता, प्राण पखेरू उड़ जाना, कुम्हार का आँबाँ, बहेलिया और प्राण-पक्षी, विरह का फाग और होली, विरह नागिन का विष, कुम्हार के चक्र की तरह चक्कर काटना आदि हैं। स्पष्ट ही इन प्रतीकों से प्रेम या विरह की एक भावना की नहीं, उनकी अनेक दशा-अंतर्दशाओं की व्यंजना हुई है। (इ) अन्य भावों की प्रतीकात्मक अभिव्यक्ति में कुछ उल्लेखनीय : लोह-चुंबक (आकर्षण),

काँटा (बाधा), ढिंढोरा (प्रचार), गरमी (प्यास), नलिन (नेत्र का सौंदर्य), भँवरे (प्यास), सूर्य और चाँद का प्रियव्रत (एकोन्मुखता-दृढ़ता), कल्लोल (चाह), प्रवाह में तिनका (बह जाना), नेह नदी में कागद नाव (डूब जाना), आदि हैं। इन सबमें अप्रस्तुतों के अतिरिक्त मुहावरों का भी आधार लिया गया है।

(4) घनानंद के भाषा-प्रयोग में गतिशीलता, व्यंजकता और लाक्षणिकता उल्लेखनीय विशेषताएँ हैं जिन्होंने सम्मूर्त्तन को सजीव बनाया है। "जब आवश्यकता होती थी तब ये उसे (भाषा को) बंधी प्रणाली पर से हटाकर अपनी नई प्रणाली पर ले जाते थे। भाषा की पूर्व अर्जित शक्ति से ही काम न चलाकर इन्होंने उसे अपनी ओर से नई शक्ति प्रदान की है। घनानंद जी उन विरले कवियों में हैं जो भाषा की व्यंजकता बढ़ाते हैं। अपनी भावनाओं के अनूठे रूप-रंग की व्यंजना के लिए भाषा का ऐसा बेधड़क प्रयोग करने वाला हिंदी के पुराने कवियों में दूसरा नहीं हुआ।[8] काव्यशास्त्रीय अर्थ में यह व्यंजना-शक्ति भले ही न हो, नवीन अर्थ-स्फुरण में भाषा का यह प्रयोग व्यंजक अवश्य है। आधुनिक छायावादी कविता को दृष्टि में रखकर शुक्ल जी ने घनानंद के लाक्षणिक प्रयोगों को आवश्यकता से अधिक महत्त्व दिया है। लेकिन छायावाद की तरह न उनका बहुल प्रयोग है और न वे सूक्ष्म भाव-व्यंजक तथा सौंदर्यमय हैं।

घनानंद की भाषा में प्रवाहशीलता और सार्थक विशेषणों एवं संज्ञाओं के साथ भाव को आँखों के सामने प्रस्तुत करने की शक्ति है जिसमें अभिव्यक्ति का सीधापन या ऋजुता भी द्रष्टव्य है–

पर कारज देह को धारे फिरौ पर जन्य जथरथ ह्वै दरसौ।
निधि नीर सुधा के समान करौ, सब ही विधि सुंदरता सरसौ।।
घन आनंद जीवन दायक हौ, कबौ मेरियौ पीर हिए परसौ।
कबहूँ वा बिसासी सुजान के आँगन मौ अँसुवान को लै बरसौ।

सीधे-सादे कथन में कितना 'अर्थ गौरव' भरा है। कहीं-कहीं व्यंजना की निगूढ़ता भी दिखाई देती है जैसे इस उक्ति में–

मो गति बूझि परै तब ही जब होहु धरीकहु आप ते न्यारे।।

संयोग-वियोग न जाननेवाला प्रियतम आप अपने से पृथक् होने पर ही प्रिया की वेदना को समझ सकते हैं। लाक्षणिक प्रयोगों की विलक्षण व्यंजना भी देखिए–

उघरो जग, छाय रहे घनआनंद चातक ज्यों तकिए अब तौ।।
अरसानि गही वह बानि कछू, सरसानि सों आनि निहोरत है।

लाक्षणिक प्रयोगों में वेदना और सौंदर्य दोनों का प्रतिफलन है।

(5) पूरे छंद में चित्रांकन-शैली का प्रयोग कुछ ही स्थानों पर हुआ है। छंद की प्रत्येक पंक्ति में भाव की किसी एक विशेषता का निरूपण करते हुए उनकी अन्विति में भाव का रूप खड़ा किया गया है। जब नायक नायिका की ओर मुड़कर, देखकर चला गया तो नायिका का मन नाली में पानी की तरह उसकी ओर ढल पड़ा। कटि पर बल देकर उस प्रवाह में (सौंदर्य में) डूबने से अपने को बचाकर नायक चला गया और नायिका वेदना में कराहती रही। इस गतिशीलता का समग्र चित्र मन में खड़ा रह गया है–

> निसि द्यौस खरी उर माँझ अरी छवि रंग-भरी मुरि चाहन् की।
> तकि मोरनि त्यों चख ढोरि रहैं, ढरियो हिय ढोरनि बाहनि की।
> चट दै कटि पै बट प्रान गए गति सों मति में अवगाहनि की।
> घन आनंद जान लख्यो जब तें जक लागियै मोहि कराहनि की।

अप्रस्तुत सहित और रहित अलंकार-योजना घनानंद के रचना विधान की विशेषताओं में इस तरह अंतर्लीन हो गई है कि उसकी अलग पहचान नहीं होती। घनानंद ने मुक्तक काव्य परंपरा में रीतिकालीन अधिकांश कवियों की तरह कवित्त-सवैया रचना-पद्धति को अपनाया है जिसमें भाव के विस्तार की गुंजाइश है। उन्होंने कवित्त नहीं बनाया, कवित्त ने उन्हें बनाया है। अर्थात् कवित्त में ब्रजभाषा के धाराप्रवाह ने कवि के मन की भावनाओं को अंतःप्रेरित नैसर्गिक रूप दिया है। अन्य कवियों की जड़ित शब्द-संरचना से भिन्न घनानंद की स्वच्छंद और उन्मुक्त रचनात्मक धाराप्रवाह है। इसीलिए कवि ने कहा है कि 'लोग हैं लागि कवित्त बनावत मोहिं तौ मेरे कवित्त बनावत।'

6. सौंदर्य-दृष्टि

अंतर्मुखी भावनाओं और मानसिक अनुभूति के कवि के संबंध में कहा गया है कि "सुंदरतानि के भेद कों जानें।" निश्चय ही यह भावनाओं की सूक्ष्म अंतर्दशाओं के सौंदर्य के उद्घाटन की प्रतिभा को सूचित करता है। भाव-सौंदर्य और प्रेम-निरूपण में इस ओर संकेत किया गया है। अपनी अभिरुचि के अनुसार कोई कवि, रूप-भाव-कर्म के इंद्रिय गोचर सौंदर्य की ओर आकृष्ट होता है तो कोई और ऐंद्रिय गोचरता के स्थान पर उनके मानसिक बिंबों को प्रस्तुत करता है। सौंदर्य के बहिर्मुखी और अंतर्मुखी–ऐंद्रिय और मानसिक अवधारणाएँ सापेक्ष हैं और किसी भी कवि की रचना में एक ही पहलू की अभिव्यक्ति नहीं होती। घनानंद के संबंध में भी यह बात लागू होती है। लेकिन उन्होंने बहिर्मुखी रूप-सौंदर्य का विस्तार नहीं किया है। बाह्य-सौंदर्य घनानंद में भावना, प्रेम और वेदना में प्रेरक तत्त्व है और उनमें अंतर्लीन होकर व्यक्त हुआ है। लौकिक धरातल पर प्रेम-भावना का कवि रूप-सौंदर्य

के आकर्षण की उपेक्षा नहीं कर सकता। वह उसकी भावना का अंग है जब भाव-जगत् अंगी है। इस बात की सत्यता को न भूलते हुए घनानंद की सौंदर्य-दृष्टि की कुछ विशेषताओं का निरूपण किया जा रहा है।

(1) नेत्र बार-बार रूप-दर्शन चाहते हैं। उसके लिए और कोई स्थान नहीं है—

डीठ कौं और कहूँ नहिं ठौर फिरी दृग रावरे रूप की दोही।

(2) नेत्र गोचर रूप-सौंदर्य नित्य नवीन रूप धारण करता है। बार-बार दर्शन करने पर भी नए-नए रूप में दिखाई पड़ने के कारण रूप-सौंदर्य का आकर्षण कभी कम नहीं होता—

रावरे रूप की रीति अनूप, नए-नए लागत ज्यौं-ज्यौं निहारियै।

(3) रूप-दर्शन की लालसा कभी तृप्त नहीं होती। वह उभय पक्ष है—नायिका को नायक के सौंदर्य दर्शन की प्यास है तो सहृदय पाठक को भी वही प्यास लगी है।

सौंदर्य का उभयनिष्ठ पक्ष इस अर्थ में भी है कि सौंदर्य वस्तुगत और व्यक्तिगत भी है—

त्यौं इन आँखिन बानि अनोखी, अघानि कहूँ नहिं आनि निहारियौ।।
प्यारी अनियारी रुचि रखवारी ओट है।।

(4) सौंदर्य-दर्शन एक 'मनोवैज्ञानिक दूरी' पर निर्भर करता है। न अत्यंत समीप होने पर सौंदर्य की अनुभूति होती है, न अत्यंत दूर होने पर। काव्य भाषा में सौंदर्य-दर्शन होने पर भी ऐसा लगता है कि कुछ न देखा है और न कुछ पाया है—

हाथ साथ लग्यौ मैं समीप न कहूँ लहै।।

(5) जिस तरह आध्यात्मिक क्षेत्र में प्रकृति या स्वप्न में ईश्वर के दर्शन होने पर भी उनकी पहचान कठिन है, उसी तरह रूप-सौंदर्य की पहचान सरल काम नहीं है—

पहचानै हरि कौन मो से अनपहचान की।।

अभिज्ञा के लिए पात्रता की आवश्यकता की ओर भी संकेत है।

(6) रूप-सौंदर्य आलंबनगत है या आश्रयगत है—यह कहना कठिन है। रूप और नेत्र के साथ संबंध-स्थापन में ही सौंदर्य की अनुभूति होती है—

रूप की चरित है अनंदघन जान प्यारी अकिधौं।
विचित्रताई मौं चित चितेरे की।।

अंत में घनानंद की रचना की सभी विशेषताओं पर एक साथ ध्यान दें जिनको एक सहृदय ने इस तरह व्यक्त किया है–

नेही महा, ब्रजभाषा-प्रवीन और सुंदरताहु के भेद को जानै।
योग वियोग की रीति में कोविद, भावना-भेद स्वरूप को ठानै।।
चाह के रंग में भी ज्यो हियो, बिछरें मिले प्रीतम सांति न मानै।
भाषा-प्रवीन, सुछंद सदा रहै जो घनजू के कवित्त बखानै।

इस प्रशंसा में तीन बातें विशेष महत्त्वपूर्ण हैं– (1) स्वच्छंदता रचना का आधारभूत तत्त्व है। (2) उसी के कारण भाव-जगत् और प्रेम-भावना में नवीन उन्मेष दिखाई देता है। (3) उसी स्वच्छंदता में भाषिक संरचना के नए प्रयोग हुए हैं। घनानंद ने स्वच्छंद प्रवृत्ति के कारण सुंदरता के भेदों को पहचान कर नवीन भाव-सौंदर्य और उसकी अभिव्यंजना में नए सौंदर्यबोध का उन्मेष किया है।

संदर्भ संकेत :

1. आचार्य रामचंद्र शुक्ल : हिंदी साहित्य का इतिहास, पृ. 372
2. आचार्य रामचंद्र शुक्ल : चिंतामणि-2, पृ. 111
3. आचार्य रामचंद्र शुक्ल : हिंदी साहित्य का इतिहास, पृ. 370
4. वही, पृ. 370
5. वही, पृ. 371
6. वही, पृ. 371
7. वही, पृ. 373
8. वही, पृ. 371

मैथिलीशरण गुप्त

1. भारतीय परंपरा और गुप्त जी की सौंदर्य दृष्टि

भारतीय सौंदर्य दृष्टि आध्यात्मिक है। परिपूर्णता में ही सौंदर्य है। वह ईश्वरीय विभूति है। लेकिन भारतीय आध्यात्मिक चिंतन में लौकिक जीवन की उपेक्षा नहीं की गई है। सरल और सात्विक कर्ममय जीवन में सौंदर्य की अनुभूति और साधना के द्वारा आध्यात्मिक सौंदर्य के धरातल पर पहुँचकर भावयोग-भारतीय सौंदर्य दृष्टि की विशेषता है। भारतीय काव्य-परंपरा इसी सौंदर्य दृष्टि से परिचालित है। इसके विपरीत पाश्चात्य दृष्टि और संस्कृति से प्रभावित आधुनिक चिंतन, सर्जना और सौंदर्य दृष्टि जीवन-जगत् के लौकिक सौंदर्यात्मक पहलू को ही सत्य मानकर चल रही है।

गुप्त जी के काव्य में सौंदर्य की भारतीय परिकल्पना का प्रतिफलन हुआ है। उनके अधिकांश काव्य रामायण, महाभारत और अन्य पुराणों के आधार पर रचे गए हैं। उनमें भारतीय संस्कृति और उस संस्कृति में विकसित सौंदर्य-चेतना को बोधगम्य रूप दिया गया है। गुप्त जी ने भारतीय सांस्कृतिक परिवेश में सौंदर्य की आदर्श भारतीय अवधारणा को सामने रखने का प्रयत्न किया है। उनके पात्रों के जीवन में मानवीय धरातल पर वही सरल और सात्विक सौंदर्य झलकता है और काव्य के अंत तक जाकर पात्र पूर्ण मानवता को प्राप्त करते हुए, पूर्ण सौंदर्य का द्योतन करने लगते हैं। कवि के आराध्य राम-सीता की परिकल्पना में ही नहीं, वात्सल्यमयी यशोधरा, विरहिणी उर्मिला आदि के जीवन में भी सौंदर्य के लौकिक और आध्यात्मिक पहलू समन्वित होकर सामने आते हैं। आधुनिक जीवन से संबद्ध रचनाओं में केवल लौकिक जीवन के सरल-सात्विक सौंदर्य का आग्रह मिलता है।

प्रकृति-वैभव और पूर्ण सौंदर्य पर दृष्टि के कारण भारतीय काव्य-परंपरा में सौंदर्य-निरूपण वैभवपूर्ण, अतिरंजित, कल्पनाशील, आदर्शमय अेर उदात्तीकृत हो गया है। गुप्त जी के काव्य में परंपरा के अनुरूप, सौंदर्य की प्राकृत स्थिति और आदर्शीकरण के बीच, प्राकृतिक, आध्यात्मिक, अलंकृत सभी प्रकार की झाँकियाँ प्रस्तुत हैं। द्विवेदी

युग में रीति काव्य की प्रतिक्रिया के कारण विकसित नैतिक दृष्टि की प्रधानता के बावजूद गुप्त जी का सौंदर्यबोध अतिशयतापूर्ण और काल्पनिक प्रतीत होता है। प्राकृत और यथार्थ भाव-भूमि पर विकसित सौंदर्य-भावना का नया रूप कुछ ही स्थानों पर सामने आता है। गुप्त जी की सौंदर्य दृष्टि के विकास में संस्कृत काव्य की उदात्तता, भक्ति काव्य की स्वच्छंदता और रीतिकाव्य की अलंकृत प्रवृत्ति तीनों का योगदान रहा है।

2. युग-परिवेश और गुप्त जी की सौंदर्य दृष्टि

गुप्त जी का समय राष्ट्रीय जागरण का आरंभिक काल था। 'भारत-भारती' में अतीत, वर्तमान और भविष्य पर विचार-विमर्श इस ओर संकेत करता है। भारत का अतीत सांस्कृतिक गरिमा से युक्त था और द्विवेदी युग के प्रतिनिधि कवि के रूप में गुप्त जी उस गरिमा का वर्तमान और भविष्य में अवतरण चाहते थे। इस प्रवृत्ति ने पुनरुत्थानवादी दृष्टि को जन्म दिया है। गुप्त जी के काव्य के संदर्भ में प्राचीन भारतीय दृष्टि की स्वीकृति, पौराणिक वस्तु का ग्रहण, संस्कृत के काव्यों की भाव-व्यंजना का अनुसरण और संस्कृत के ढाँचे में खड़ी बोली काव्य भाषा के विकास का प्रयत्न—ये चारों तत्त्व पुनरुत्थानवादी हैं। 'भारत-भारती' में वर्तमान दुर्दशा पर वेदना की अभिव्यक्ति धार्मिक-सामाजिक सुधारवादी विचारधारा से प्रेरित है। स्वतंत्रता और स्वाधीनता की भावना का पूर्ण विकास न होने के कारण राजनीतिक चेतना सुधारवादी है। गुप्त जी के परवर्ती काव्यों में ही राजनीतिक पूर्ण जागरण से विकसित चेतना की अभिव्यक्ति मिलती है। 'भारत-भारती' में भारत के भविष्य के जो सुंदर स्वप्न अंकित किए गए हैं वे नव-विकसित राष्ट्रीय जागरण को अवश्य द्योतित करते हैं। लेकिन ठोस यथार्थ चेतना की आधार-भूमि के अभाव में नव जागरण की स्फूर्ति और उल्लास, काव्य-सर्जना को अधिक प्रभावित नहीं कर सके। पुनरुत्थानवादी और सुधारवादी दृष्टियों को अपना कर पूर्ण रूप से नवीन सौंदर्य सृष्टि नहीं हो सकती। काव्य-रचना नियोक्लासिकल परिधि में नवीनता का आभास मात्र देता है।

गुप्त जी के जीवन-दर्शन और काव्य-प्रवृत्ति में परंपरा और आधुनिकता के समन्वय का प्रयत्न मिलता है। डॉ. गणपतिचंद्र गुप्त ने उनकी काव्य-साधना को भारतीय परिवेश में आदर्शवादी प्रबंध-परंपरा में माना है।[1] स्वयं कवि के शब्दों में—

> परिवर्तन ही यदि उन्नति है तो हम बढ़ते ही जाते हैं,
> किंतु मुझे तो सीधे सच्चे पूर्व-भाव ही भाते हैं। (पंचवटी)

गुप्त जी गाँधीवाद की सामाजिक मर्यादा, नैतिक चेतना और आचरण की शुद्धता से प्रभावित कवि हैं। उनके वस्तु-पल्लवन और पात्र-परिकल्पना में इन्हीं

पहलुओं का विशेष ध्यान रखा गया है। परिणामतः उनकी कविता इतिवृत्तात्मक और गद्यवत् हो गई है जिसकी शुक्ल जी ने शिकायत की है।[2] नैतिक आदर्शवाद के घटाटोप में सौंदर्य-सृष्टि के लिए आवश्यक प्रेमानुभूति, मानवीय संवेदना और जीवन का आनंदोल्लास व्यक्त नहीं हो सकते। इन विशेषताओं के साथ गुप्त जी की सौंदर्य दृष्टि का अभाव केवल पारिवारिक जीवन की अभिव्यक्ति में मिलता है।

द्विवेदी युग में काव्य-परंपरा को आगे बढ़ाते हुए आधुनिक संदर्भ में नई सौंदर्य दृष्टि के विकास की पृष्ठभूमि तैयार हुई है। इस कार्य में सर्वाधिक श्रेय गुप्त जी को मिलना चाहिए। उन्होंने काव्य को नवीन वस्तु, भाव-विचार, रूप और भाषा-शैली दी है, भले ही उनके सामंजस्य से नवीन सौंदर्य दृष्टि का पूर्ण उन्मेष न कर सके हों।

3. गुप्त जी का व्यक्तित्व और सौंदर्य दृष्टि

गुप्त जी के कलात्मक व्यक्तित्व और काव्य-चेतना के निर्माण में जन्म और पारिवारिक परिवेश की महत्त्वपूर्ण भूमिका है। उनका जन्म भक्त वैश्य परिवार में हुआ है। वर्ण-व्यवस्था में वैश्य धार्मिक, अपनी परंपराओं और संस्कारों का यथाविधि पालन करने वाले हैं। क्लासिकल और नियोक्लासिकल सौंदर्य-भावना की ओर गुप्त जी की उन्मुखता का यह एक प्रबल कारण है। संयुक्त पारिवारिक जीवन ने उनके व्यक्तित्व और काव्य को परंपरागत भारतीय पारिवारिक संबंधों के माधुर्य से भर दिया है। इस संबंध में हमें इस बात को भी नहीं भूलना चाहिए कि भारतीय संस्कृति पारिवारिक संस्कृति है जो वाल्मीकि रामायण-काल से उसी ढाँचे में ढलकर शताब्दियों से चली आ रही है। भारतीय धर्म साधना का आधार भी गृहस्थ जीवन ही है। कवि के शब्दों में–

होता है कृत कृत्य सहज बहु-जन गृही। (साकेत)

और

सांसारिकता में मिलती है यहाँ निराली निस्पृहता। (पंचवटी)

डॉ. नगेंद्र कहते है–'जिसने गुप्त जी के काव्यों का एक बार भी अध्ययन किया है वह अवश्य ही मान लेगा कि उनको गृहस्थ जीवन के चित्र खींचने में अद्वितीय सफलता मिली है। यह युग राष्ट्रीयता का होने के कारण लोग उनकी राष्ट्रीयता को लेकर उड़े, अन्यथा उनकी प्रधान विशेषता गृहस्थ जीवन के सुख-दुख की व्यंजना ही है। यह बात कहते हुए मेरे सम्मुख चिरगाँव के राम-भक्त गुप्त परिवार का वह स्नेहस्निग्ध ममत्वपूर्ण जीवन उपस्थित हो जाता है। वह पारिवारिक जीवन कितना सरल, कितना स्वस्थ और कितना पूर्ण है। उस वातावरण में रहने वाले का गार्हस्थ्य मर्मस्पर्शी होना स्वाभाविक है।'[3] सहज ही गार्हस्थ्य जीवन के कवि

की सौंदर्य दृष्टि सरल, स्वस्थ और सात्विक होती है।

गुप्त जी परंपरावादी हैं–सही और स्वस्थ अर्थ में। परंपरा की परिधि में उन्होंने गाँधीवाद सहित अपने युग की समस्त नवीन चिंतन धाराओं को स्वीकार किया है। यह स्वीकृति भारतीय परंपरा को व्यापक और आधुनिक संदर्भ में गतिशील बनाने वाली है। गुप्त जी भारतीय संस्कृति के आख्याता और उसी में जीवन का सच्चा सौंदर्य देखने वाले कवि हैं।

गुप्त जी का जीवन और उससे विकसित लौकिक व्यक्तित्व अत्यंत सरल, सीधा और मृदु-स्वभाव का है। उनकी काव्यवस्तु, पात्र-परिकल्पना और भाव-व्यंजना में उनकी व्यक्तित्व की ऋजुता और मृदुता झलक उठी है। उनके व्यक्तित्व और सौंदर्यबोध में परंपरा और आधुनिकता के द्वंद्व में उत्पन्न, परवर्ती काव्यधाराओं की मानसिक जटिलता और उलझन नहीं है। गुप्त जी के लौकिक व्यक्तित्व की तरह उनकी सौंदर्य चेतना भी टेढ़े उतार-चढ़ावों से रहित सरल रेखा में गतिशील और विकासशील है।

4. गुप्त जी की काव्य-साधना का विकास और सौंदर्यबोध

भाषा परिमार्जन और कलात्मक अभिव्यंजना की दृष्टि से शुक्ल जी ने गुप्त जी के काव्यों को तीन वर्गों में बाँटा है : (अ) 'भारत-भारती' तक की आरंभिक रचनाएँ जो गद्यवत्, रूखी और इतिवृत्तात्मक लगती हैं, (आ) 'भारत-भारती' से 'वैतालिक' तक दूसरी अवस्था की रचनाएँ जिनमें कुछ सरसता और कोमलता आई है और (इ) परवर्ती तीसरी अवस्था की रचनाएँ जिनमें गुप्त जी का कुछ झुकाव प्रगीत मुक्तकों और अभिव्यंजना के लाक्षणिक वैचित्र्य की ओर भी हो गया है। शुक्ल जी का आक्षेप है, 'कुछ ऊबड़-खाबड़ और अव्यवहृत संस्कृत शब्दों की ठोकरें कहीं-कहीं, विशेषतः छोटे छंदों के चरणांत में अब भी लगती हैं।'[4] ऐतिहासिक कारणों से युगीन परिस्थितियों और काव्य भाषा के रूप में खड़ी बोली का परिमार्जन-काल होने के कारण–सांस्कृतिक और पारिवारिक परिवेश में गुप्त जी की सौंदर्य-भावन के सम्मूर्त्तन की कुछ सीमाएँ रह गई हैं। लेकिन कालक्रम में उनकी सौंदर्य-चेतना का स्वच्छंद प्रसार होता गया है। उनकी परिमार्जित सौंदर्य दृष्टि का प्रथम आभास 'पंचवटी' में मिलता है। 'साकेत' में उसका निखरा हुआ रूप सामने आता है। प्रबंध रचना में अधिकाधिक स्वच्छंदता के साथ गुप्त जी की सौंदर्य-चेतना का यह विकास जुड़ा हुआ है। सौंदर्य-चेतना के स्वच्छंद प्रसार को दृष्टि में रखकर गुप्त जी की काव्य-साधना को 'साकेत' के पूर्व और पश्चात् दो वर्गों में विभाजित कर सकते हैं।

'रंग में भंग' से गुप्त जी की प्रबंध-रचना आरंभ होती है। नवीन प्रसंगों और सन्निवेशों की कल्पना के साथ उनका प्रबंध-रचना विधान उत्तरोत्तर अधिक स्वच्छंद होता गया है। आरंभकालीन रचना होने पर भी 'भारत-भारती' ने कथात्मक परंपरा

को तोड़कर प्रबंध को एक नवीन भावात्मक-वैचारिक रूप दिया है जिसने परवर्ती काव्य-धाराओं में प्रांजल प्रौढ़ रूप प्राप्त किया है। कवि अपनी लेखनी से कहते हैं–

स्वच्छंदता से कर तुझे करने पड़े प्रस्ताव जो,
जग जाय तेरी नोक से सोए हुए हों भाव जो।

(भारत-भारती)

'पंचवटी' में आकर एकांत प्रकृति की गोदी में मानव-मन और जीवन का स्वच्छंद प्रसार होता दिखाई देता है। वहाँ एकांत-भाव से शांत प्रकृति का नया रूप झलकता है–

मिली हमें है कितनी कोमल, कितनी बड़ी प्रकृति की गोद।

(पंचवटी)

'साकेत' तक आकर कवि की भावना अत्यंत व्यापक हो गई है। आस्था और विश्वास के साथ कवि सोचता है कि राम चाहे ईश्वर हो चाहे मानव, वे समस्त सृष्टि में रमे हुए हैं। इसी आस्था के कारण कवि कहता है–

"राम तुम्हारा वृत्त स्वयं ही काव्य है।" (साकेत–मुखपृष्ठ)

जब कवि का मन राम में रमता है तो राम कथा एक नए रूप में उसके सामने खुलती है। आगे चलकर कवि की यह स्वच्छंदवृत्ति चरम उत्कर्ष पर पहुँचती है। वह राम कथा के पीछे उर्मिला और बुद्ध कथा के पीछे यशोधरा के आँसुओं को ही नहीं देखता, मानव जीवन एक नए रूप में आलोकित होकर जीवन की गाथा को आर्द्र कर देता है। इसीलिए कवि कहते हैं–

अबला जीवन, हाय ! तुम्हारी यही कहानी–
आँचल में है दूध और आँखों में पानी। (यशोधरा–मुखपृष्ठ)

गुप्त जी की प्रतिभा धीरे-धीरे बहिर्जगत् से अंतर्जगत् की ओर उन्मुख होती गई है और कवि जीवन की गहराई में पैठ कर मन के सूक्ष्म स्तरों को छूते हुए नए सौंदर्य का उद्घाटन करता गया है।

5. जीवन-जगत् का सौंदर्य

ऐतिहासिक संदर्भों के कारण गुप्त जी के काव्य में जीवन-जगत् के सौंदर्यात्मक पहलू का निरूपण उतना नहीं हुआ है, जितना राजनीतिक, सामाजिक, पारिवारिक, सांस्कृतिक और राष्ट्रीय पहलुओं का। आंदोलन, सुधार, परिवर्तन और नव जागरण के युग में कवि की दृष्टि सौंदर्य की अपेक्षा जीवन के अन्य मूल्यों की ओर उन्मुख

हुई है। गुप्त जी ने जीवन-जगत् के सौंदर्यात्मक पक्ष की बिलकुल उपेक्षा की हो, ऐसी बात नहीं है। सांस्कृतिक-पारिवारिक कुछ विशेष दिशाओं में ही गुप्त जी की सौंदर्यदृष्टि का प्रसार हुआ है।

प्रबंधकार होने के नाते गुप्त जी के कवि ने बहिर्जगत् में ही सौंदर्य देखा है। वह भाव-विचारों का नहीं, उनसे प्रेरित कर्म-जगत् का सौंदर्य है। वीरता, त्याग, आत्म-बलिदान, धर्म, सामाजिक-पारिवारिक मर्यादा, नैतिकता, आचरण की शुद्धता आदि आदर्शों पर बल देते हुए कर्म में सौंदर्य का अन्वेषण हुआ है। उनके काव्य में भारतीय परंपरा की परिधि में ही सही, कर्म के सात्विक सौंदर्य की झलक मिल जाती है। विशेषतः गार्हस्थ्य जीवन के माधुर्य में, गार्हस्थ्य परिवेश के करुण, उन प्रसंगों में वे भारतीय मध्य वर्ग के जीवन की यथार्थता को पकड़ते हुए जीवन के उल्लास और वेदना को मूर्त्त कर सके हैं।

अंतर्जगत् निरूपण में गुप्त जी की अपनी सीमाएँ हैं। उनकी वस्तुनिष्ठ प्रबंध-रचना में भाव-विचारों की व्यंजना अंतर्मुखी न होकर बहिर्मुखी है। वे भाव-विचार, वस्तु और पात्र सापेक्ष हैं। सौंदर्य, वस्तु के माध्यम से पात्रों के व्यक्तित्व में आस्था, आत्मबल और आत्म विश्वास के रूप में भरा है। उन्हीं के कारण उनका व्यक्तित्व तेजोमय होता है और वे जीवन में सफल होते हैं। वियोग और वेदना के प्रसंगों में दीनता के बावजूद उनका व्यक्तित्व दुर्बल नहीं होता। व्यक्तित्व के समान प्रखर और सशक्त उनका चरित्र है। वे वीर पुरुष और नारी हैं, भले ही उनकी वीरता सदा युद्ध और संघर्ष संबंधी न हो। उनकी वीरता संयम और सात्विकता में है जो दृढ़ संकल्प और आत्मबल का द्योतक है। इसलिए आचार्य नंददुलारे वाजपेयी का यह कथन कि 'साकेत' प्रेम काव्य है, वीर काव्य नहीं, एक सीमा तक ही उचित लगता है।[5] काव्यशास्त्रीय दृष्टि से भी वीर रस के चार भेद हैं। वास्तव में वीरता आत्मबल संपन्न व्यक्ति का उत्साह के साथ कार्यरत होने में है।

गुप्त जी के काव्यों में मानस-विश्लेषण मनोवैज्ञानिक और दार्शनिक नहीं है। उनमें जीवन की गतिविधि से पात्रों के मन में उत्पन्न सामान्य प्रतिक्रियाओं का ही अंकन किया गया है। उसका आकर्षण सामाजिक सामान्योन्मुखता में है। व्यक्तित्व की दृढ़ता, चरित्र की महानता और मानसिक अनुभूति की स्वाभाविकता, गुप्त जी की पात्र-परिकल्पना की ऐसी विशेषताएँ हैं जो उनकी कलात्मक सौंदर्य चेतना को एक विशिष्ट रूप प्रदान करती हैं।

गुप्त जी के काव्यों में वर्ण्य के अंतर्गत आलंबन के रूप में प्रकृति और मानवीय रूप का जो वर्णन किया गया है, उसके आधार पर उनकी सौंदर्य दृष्टि का और स्पष्ट अवगाहन हो सकता है। गुप्त जी ने प्रकृति-सौंदर्य के प्रति आकर्षण और अनुराग अवश्य प्रकट किया है लेकिन वह आकर्षण और अनुराग प्रकृति में प्रतिफलित होकर उसे भावतरल नहीं बनाता। जहाँ प्रकृति का, कवि या पात्र के

साथ सामंजस्य स्थापित हुआ है, वहाँ सौंदर्य की कुछ गहरी अनुभूति की व्यंजना मिलती है। कहीं-कहीं प्रकृति और मानवीय रूप की समन्वित भावना में सौंदर्य का अद्भुतपन प्रकट होता है–

> कुछ कुछ अरुण, सुनहली कुछ कुछ प्राची की अब भूषा थी,
> पंचवटी की कुटी खोलकर खड़ी स्वयं क्या ऊषा थी। (पंचवटी)

गुप्त जी का मानवीय रूप-सौंदर्य-निरूपण, नैतिक दृष्टि के कारण पारिवारिक परिधि को पार नहीं कर सका है। उन्होंने नारी को सामाजिक क्षेत्र में ले आकर उसके रूप-सौंदर्य को स्वच्छंदता और सामाजिकता से अन्वित करने का प्रयत्न अवश्य किया है, लेकिन परंपरागत निषेधों से उत्पन्न मानसिक प्रतिबंधों के कारण उस प्रयास में उनको आंशिक सफलता ही मिली है। गुप्त जी की सौंदर्य दृष्टि कुलवधू के सात्विक, रागमय और सेवामय रूप में, पारिवारिक संबंधों के माधुर्य में तथा जीवन के आदर्शात्मक सांस्कृतिक संदर्भों में अधिक प्रसरित और निखरी है।

6. काव्याभिव्यंजना का सौंदर्य

कवि का सौंदर्यबोध वस्तु, वस्तुगत भाव और रूप तीनों को समान रूप से प्रभावित करते हुए रचना को एक सौंदर्यात्मक मूल्य प्रदान करता है। गुप्त जी की काव्याभिव्यंजना को पूर्ण रूप से सफल नहीं मान सकते। युग-परिवेश में प्रयोजनमूलक दृष्टि ने सौंदर्य दृष्टि को अप्रधान बना दिया है, परंपरा के प्रभाव में सौंदर्य का स्वच्छंद उन्मेष नहीं हो सका है और द्विवेदी युग में खड़ी बोली काव्य भाषा के रूप में परिमार्जित नहीं थी। फलतः गुप्त जी की अभिव्यंजना अनेक स्थानों पर इतिवृत्तात्मक और गद्यवत् हो गई है। वर्ड्सवर्थ की तरह कविता में व्यावहारिक भाषा का प्रयोग किया जा सकता है, लेकिन उसकी व्यवस्था काव्योचित या काव्य-गुण-संपन्न होनी चाहिए।

गुप्त जी की सफलता सौंदर्यात्मक मूर्त्त भावाभिव्यंजना में नहीं, रूप-विधान में है। वे आधुनिक काल के सर्वश्रेष्ठ प्रबंधकार कवि हैं। भारतीय काव्यशास्त्र के आचार्यों और शुक्ल जी ने सफल प्रबंध काव्य के जिन गुण-धर्मों का उल्लेख किया है, गुप्त जी के प्रबंध उनसे बहुत आगे हैं।[6] वस्तु की सुसंबद्ध योजना, मार्मिक प्रसंगों की पहचान और उनका विस्तार, औचित्यपूर्ण भाव-व्यंजना, चरित्र चित्रण के अंतर्गत पात्रों का मानस-विश्लेषण, नाटकीय संवाद, रोचक कथा-कथन-पद्धति और उसकी गतिशीलता, वस्तु-व्यापार वर्णन का वैविध्य, पात्रोचित भाषा का प्रयोग आदि विशेषताएँ गुप्त जी के प्रबंध-रचना-कौशल को प्रकट करती हैं। उन्होंने प्रकथनात्मक और वर्णनात्मक प्रबंध को नाटकीय तत्त्वों से समन्वित करके नया रूप दिया है। पात्रों के निज मानस-विश्लेषण के द्वारा चरित्रांकन को विश्वसनीय

और प्रभावोत्पादक बनाया है। 'साकेत' के अष्टम सर्ग में कैकेयी का पश्चात्ताप और यशोधरा के स्वगत ध्यातव्य हैं। इस संदर्भ में पात्रों के आत्मावलोकन का अन्य पात्रों पर प्रभाव भी द्रष्टव्य है।

प्रबंध के क्षेत्र में गुप्त जी ने नए प्रयोग भी किए हैं। यह प्रधानतः पात्रों के चरित्र में नवीनता को रेखांकित करने के लिए है। 'यशोधरा' की भूमिका में कवि कहते हैं–'लो कविता, लो गीत, लो नाटक और लो गद्य-पद्य, तुकांत-अतुकांत सभी कुछ।'[7] 'द्वापर' में कथा की शृंखलाबद्ध योजना के स्थान पर पात्रों के व्यक्तित्व और मानस का विश्लेषण है। उसके मूल में कवि और पात्र दोनों की मनःस्थिति की द्वंद्वात्मक मनोवैज्ञानिक व्यंजना है। 'जिस परिस्थिति में यह पुस्तक लिखी गई है, वह लेखक के जीवन में बहुत ही संकल्प-विकल्प पूर्ण रही है। क्या जानें, इसी कारण से यह नाम आ गया अथवा अन्य किसी कारण से। यह भी द्वापर-संदेह की ही बात है।'[8] 'साकेत' के बाद रचित इन दोनों काव्यों में वस्तु का महत्त्व क्रमशः घटता गया है।

7. निष्कर्ष

हिंदी काव्य-चेतना और सौंदर्य-चेतना के विकास में गुप्त जी की सौंदर्य दृष्टि एक महत्त्वपूर्ण ऐतिहासिक कड़ी है। उनके काव्य में प्राचीनता से आधुनिकता की ओर प्रस्थान, हिंदी काव्य और गुप्त जी के सौंदर्यबोध के विकास का द्योतक है। यह सही है कि उनका काव्य सच्चे अर्थ में आधुनिक भावबोध का व्यंजक नहीं है और न उनका सौंदर्यबोध आधुनिक संदर्भों में विकसित चेतना को पूर्ण रूप से व्यक्त करता है। यह उनकी युग की सीमा है।

गुप्त जी ने सामाजिक, नैतिक-मर्यादा से अनुशासित सांस्कृतिक जीवन में, विशेषतः पारिवारिक जीवन में सौंदर्य देखा है। यह सौंदर्य शुष्क जीवन को मधुर और सरस बनानेवाला है। यह सौंदर्य-दर्शन सरल और सात्विक है। उसमें मानव मन को उलझा देने वाली जटिलता नहीं है। इस कारण उस दर्शन में गहराई और गहनता का अभाव है तो दूसरी ओर उसमें कटुता और कुरूपता भी नहीं है। गुप्त जी की काव्य-साधना का अनुशीलन करते हैं तो उनका सौंदर्यबोध विकसित और प्रौढ़ नहीं लगता। खड़ी बोली काव्य की साधनावस्था में यह संभव ही नहीं था। द्विवेदी युग की स्थूल प्रयोजनमूलक और इतिवृत्तात्मक काव्य-साधना की अंतिम अवस्था तक जाते-जाते, उनकी रचना में नवीन सौंदर्य दृष्टि का उन्मेष होता दिखाई देता है। काव्य के सांस्कृतिक और गार्हस्थ्य संदर्भों में इसकी झलक मिलती है। गुप्त जी के समय और उसके बाद चलनेवाली इतिवृत्तात्मक प्रबंध काव्य-परंपरा में इसी सौंदर्य चेतना का विकास-प्रसार हुआ है।

छायावाद ने आधुनिक काव्य को एक भावात्मक कल्पनाशील सौंदर्य दृष्टि

दी है, प्रगतिवाद ने सामाजिक और यथार्थोन्मुख सौंदर्य दृष्टि दी है और नई कविता ने एक सूक्ष्म संवेदनशील सौंदर्य दृष्टि दी है तो गुप्त जी ने उसे मध्यवर्गीय सांस्कृतिक-पारिवारिक चेतना में विकसित सात्विक और मधुर सौंदर्य दृष्टि दी है। आधुनिकता के विकास के बावजूद भारतीय गार्हस्थ्य जीवन इतना परिवर्तित नहीं हो गया है कि गुप्त जी की सौंदर्य दृष्टि आज प्रासंगिक न रह गई हो।

(कई वर्ष पहले लिखित इस लेख में प्रधानतः गुप्त जी की सौंदर्य दृष्टि तथा उनके सौंदर्यबोध के प्रेरक एवं निर्धारक तत्त्वों पर ही विचार किया गया है। उनकी सौंदर्य-चेतना, अभिव्यंजना और अनुभूति के सौंदर्यशास्त्रीय पहलुओं का विश्लेषण नहीं हुआ है। नैतिक द्विवेदी युग में सौंदर्य दृष्टि प्रधान न होने के कारण उन पर विचार-विमर्श व्यर्थ की खींचातानी होगी।

इस संदर्भ में एक और बात कहनी है। पुस्तक के आरंभ में रूप-सौंदर्य के तीन पहलुओं की ओर संकेत किया गया है। उनमें से एक, प्रबंध की रूप-योजना या रचना-तंत्र में गुप्त जी की सफलता और ऐतिहासिक महत्त्व को सब स्वीकार करते हैं। लेकिन उनका प्रबंधात्मक रचना-विधान घटनाओं और सन्निवेशों पर आधारित है और इसलिए स्थूल है। गतिवेग के बिना यह विधान प्रभावशाली नहीं होता। परवर्ती प्रबंध रचना, भावात्मक, मनोवैज्ञानिक और वैचारिक प्रेरणा सूत्रों को लेकर अधिक सूक्ष्म और सौंदर्यात्मक है। दूसरे पहलू, किसी रचना के विशिष्ट रूप-सौंदर्य को लेकर गुप्त जी की रचनाओं में उल्लेखनीय साकेत, यशोधरा और द्वापर हैं। पहले में साकेत को केंद्र बनाकर सारी रामकथा की घटनाओं को उसकी परिधि में खींचने का प्रयत्न नया प्रयत्न हो सकता है, लेकिन कथा की गतिशीलता और प्रवाहशीलता कुंठित हो गई है। शेष दोनों में पात्रों की मानसिकता के विश्लेषण, उस आधार पर कथा की प्रगति के कारण प्रबंध के विशिष्ट रूप में ही नहीं, भावोन्मेष में भी अधिक मूर्त्त सौंदर्य की झलक मिलती है।)

संदर्भ संकेत :

1. डॉ. गणपति चंद्र गुप्त : हिंदी साहित्य का वैज्ञानिक इतिहास, पृ. 653
2. आचार्य रामचंद्र शुक्ल : हिंदी साहित्य का इतिहास, पृ. 674 और 687
3. डॉ. नगेंद्र : साकेत : एक अध्ययन, पृ. 25
4. आचार्य रामचंद्र शुक्ल : हिंदी साहित्य का इतिहास, पृ. 687
5. आचार्य नंददुलारे वाजपेयी : हिंदी साहित्य : बीसवीं शताब्दी, पृ. 42-43
6. आचार्य रामचंद्र शुक्ल : हिंदी साहित्य का इतिहास, पृ. 259-260
7. मैथिलीशरण गुप्त : यशोधरा–'शुल्क', पृ. 4
8. मैथिलीशरण गुप्त : द्वापर–'निवेदन', पृ. 5

जयशंकर प्रसाद

1. प्रस्तावना

प्रसाद जी के काव्य में ही नहीं, उनके समस्त साहित्य में 'जीवन का लक्ष्य सौंदर्य है।'[1] यह उनकी आनंदवादी जीवन दृष्टि का प्रतिपादक सिद्धांत है। आनंद के स्रोत सौंदर्य, प्रेम और करुणा हैं। प्रेम सौंदर्य के आकर्षण का सहज परिणाम है। करुणा मानवीय स्पंदनशीलता है। सौंदर्य और प्रेम मानस-मन को स्पंदनशील बनाकर उसके व्यापक प्रसार और सारी सृष्टि के साथ रागात्मक संबंध स्थापित करके करुणा के रूप में मन को द्रवीभूत करते हैं।

आँसू, लहर और कामायनी केवल तीन श्रेष्ठ रचनाओं के आधार पर प्रसाद जी छायावादी युग के ही नहीं, आधुनिक काल के सर्वश्रेष्ठ कवि के रूप में विख्यात हो गए हैं। आँसू के प्रकाशन के साथ ही काव्य-जगत् में छायावाद को मान्यता और प्रतिष्ठा प्राप्त हुई है। 'प्रसाद जी की यह पहली काव्य रचना है जिसने बहुत लोगों को आकर्षित किया है।'[2] लहर में छायावादी भावभूमि का विस्तार है। कामायनी अंतर्मुखी महाकाव्य होने पर भी उसका जीवन पर अत्यंत व्यापक और जीवन की मूलभूत मनोवृत्तियों और प्रवृत्तियों का अत्यंत सूक्ष्म निरूपण करनेवाली रचना है। निराला जी की ओजस्विता प्रसाद जी में नहीं है। यह कवि के व्यक्तित्व और रचनात्मक प्रवृत्ति की सीमा है। इस बात को भूल जावें तो, स्फुट रूप में महाकाव्योचित धर्मों और उदात्तता के बावजूद निराला जी सुसमन्वित और व्यवस्थित रूप में, अपनी अपूर्व प्रतिभा के बल पर महाकाव्य की चरम सीमा पर पहुँच नहीं सके। जीवन की असफलताओं में उनका व्यक्तित्व खंडित रूपों में ही सामने आया है। काव्य के क्षेत्र में ही नहीं, अन्य विधाओं में भी सफल रचना करनेवाले प्रसाद जी की प्रतिभा सर्वतोमुखी है। सभी विधाओं में उनकी रचनाधर्मिता समन्वित एकरूपता में सामने आई है–सौंदर्यात्मक भारतीय आनंदवाद और उसके परिवेश के रूप में भारतीय संस्कृति की गौरव गाथा। इस प्रस्तावना में एक और बात भी

अविस्मरणीय है। रीतिकाल की ऐंद्रिय शृंगार-विलास और द्विवेदी युग की शुष्क नैतिकता की प्रतिक्रिया के रूप में छायावाद के विकसित होने पर भी प्रसाद जी ने रीतिकाल और भारतेंदु युग में भी प्रचलित शृंगार-परंपरा के माधुर्य को (कामकला को छोड़कर) ग्रहण किया है। उनकी रचनात्मकता भारतेंदु युग के अंत से आरंभ होती है।

प्रसाद जी के सौंदर्यबोध में योग देनेवाली छायावाद की सामान्य प्रवृत्तियाँ हैं—अंतर्मुखता, वेदना, स्वच्छंदता और स्वतंत्रता। अंग्रेजी शासन में वाणी पर प्रतिबंध और दमन ने कवियों को अंतर्मुखी बनाया है। स्वतंत्रता के लिए राजनीतिक संघर्ष में असफलता ने उनमें कुंठा, वेदना और पीड़ा का विकास किया है। धार्मिक और सामाजिक रूढ़ियों और अंध-विश्वासों से—मनुष्य को बाँधनेवाले नियमों से मुक्ति की भावना ने स्वच्छंदता का आग्रह उत्पन्न किया है। पारिवारिक और वैयक्तिक जीवन में मर्यादा के रूढ़ बंधनों और प्रेम एवं स्पंदनशीलता से रहित सारहीन जीवन ने स्वेच्छा और स्वतंत्रता की भावनाओं को प्रेरित किया है। इन प्रतिकूल परिस्थितियों से उत्पन्न निषेधात्मक प्रेरणाओं के अतिरिक्त छायावादी सौंदर्यबोध पर दो विधायक प्रभाव भी दिखाई देते हैं। एक, पाश्चात्य रोमांटिक काव्य का वस्तु, भाव और अभिव्यंजना-प्रद्धति पर प्रभाव है। दो, अंग्रेजी माध्यम से और भारत के मनीषियों से विकसित नवीन चिंतन और जागरण का प्रभाव है। प्राकृतिक जीवन, उदारतावाद, मानवतावाद, व्यक्ति-स्वतंत्रता की भावना आदि नव जागरण के नए विचार इसमें सम्मिलित हैं।

छायावादी कवियों के विशिष्ट अपने सौंदर्यबोध पर विचार करते हैं तो उसमें विभिन्न प्रेरणाओं और प्रभावों के कारण, व्यक्तिगत अभिरुचि को लेकर तथा जीवन एवं व्यक्तित्व के आधार पर अंतर दिखाई देता है। पंत जी शुद्ध रोमांटिक कवि हैं। प्रसाद जी, निराला जी और महादेवी जी भारतीय दर्शन और संस्कृति को अपने-अपने ढंग से देखकर अपनी अभिरुचि के अनुरूप उनकी कुछ विशेषताओं और पहलुओं से प्रभावित हुए हैं। प्रसाद जी की दार्शनिक विचारधारा आनंदवादी है जो आध्यात्मिक और लौकिक दोनों धरातलों का स्पर्श करती है। (देखिए : 'काव्य और कला तथा अन्य निबंध' में आर्यों की आनंदवादी और विवेकवादी विचारधाराओं का प्रतिपादन।) आध्यात्मिक आनंद का आधार समरसता है और लौकिक आनंद की नींव सौंदर्य है। इसके अतिरिक्त प्रसाद जी जीवन के प्रति आध्यात्मिक दृष्टिकोण, सृष्टि के संबंध में रहस्यवादी जिज्ञासा, शैवागमों के प्रवृत्तिमूलक अद्वैतवाद तथा बौद्ध-दर्शन की करुणा एवं मानवीय संवेदना से भी प्रभावित हुए हैं। भारतीय सभ्यता, संस्कृति और इतिहास के प्रति, उसके उच्चतम, गौरवमय विकास के प्रति, प्रसाद जी के मन में अपार श्रद्धा है जो उनकी आध्यात्मिक चेतना का भी अंग बन गया है। पाश्चात्य उदारतावादी, मानवतावादी और व्यक्तिवादी दार्शनिक चिंतन तथा साहित्यिक

प्रवृत्तियों के रूप में उनके विकास से भी प्रसाद जी प्रभावित हुए हैं। यद्यपि ये स्वतंत्र साहित्यिक प्रवृत्तियाँ हैं, प्रसाद-साहित्य की प्रधान अंतर्मुखी स्वच्छंदतावादी रोमांटिक प्रवृत्ति में इस तरह घुल-मिल गए हैं कि उनके अलग अस्तित्व का आभास नहीं मिलता। प्रसाद के काव्य-साहित्य पर प्रभाव की अंतिम कड़ी उनका जीवन और व्यक्तित्व है। भारतीय, धर्म, दर्शन, साधना और संस्कृति के प्राचीनतम केन्द्र काशी में उनके जीवन ने उनकी दार्शनिक-सांस्कृतिक दृष्टि की पुष्टि की है। परंपरा के प्रति श्रद्धामय वैश्यवर्ण में जन्म और जीवन ने (स्वच्छंदता के आग्रह के बावजूद) परंपरा की मर्यादा का उल्लंघन होने नहीं दिया है। यात्राओं से विमुख, अपने पारिवारिक और व्यावसायिक जीवन में संलग्न व्यक्तित्व, अंतर्मुखी और कल्पनाशील हो गया है। (उन्होंने अपने जीवन काल में केवल एक बार पुरी की यात्रा की है।) पारिवारिक जीवन के दुखों ने उन्हें संवेदनशील बनाया है और प्रेम के आदर्शीकरण की ओर उन्मुख किया है। कवि के रूप में वे अत्यंत भावनाशील और कल्पनाशील थे। कुल मिलाकर प्रसाद के सौंदर्यबोध के विकास में योग देनेवाला उनका व्यक्तित्व, जुंग के शब्दों में अंतर्मुखी भावनाशील और कल्पनाशील प्रकार या वर्ग का है।

सौंदर्य केवल कल्पना की सृष्टि नहीं है। उस स्थिति में काव्य जीवन-स्पंदन रहित और निष्प्राण हो जाता है। कवि के सौंदर्यबोध के विकास में प्रत्यक्ष-अप्रत्यक्ष जीवन के अनेक तत्त्वों का योगदान रहता है जिनकी ओर ऊपर संकेत किया गया है। उन तत्त्वों के आधार पर काव्य का मूल्यांकन नहीं होता, लेकिन वे सर्जनाशीलता के अंग हैं। उदाहरण के लिए वस्त्रों का आविष्कार सभ्यता का पहलू है। पर उसके साथ संस्कृति और सौंदर्य भी संबद्ध हैं–

किरणों सी तू बुन ले उज्ज्वल
मेरे मधु जीवन का प्रभात,
जिसमें सौंदर्य प्रकृति सरल
ढंक दे प्रकाश से नवल गात।। (कामायनी–ईर्ष्या सर्ग)
चिर नग्न प्राण उनमें लिपटें
सुंदरता का कुछ बढ़े मान।। (कामायनी–ईर्ष्या सर्ग)

शुक्ल जी ने अपने इतिहास में प्रसाद जी के काव्य में 'मधुचर्या के अतिरेक'[3] पर आक्षेप किया है। खेद की बात है कि इतिहास-रचना के बाद ही गुरुदेव आचार्य केशवप्रसाद मिश्र जी ने कामायनी का भाष्य करते हुए मधु शब्द का सही अर्थ स्पष्ट किया है। वेदों में व्यापक अर्थ में मधु शब्द का बहुल प्रयोग हुआ है। 'भूमा वै सुखं नाल्पे सुखमस्ति' को कामायनीकार ने श्रद्धा सर्ग में 'भूमा का मधुमय दान' कहा है। वेदों के अनुसार मधु या माधुर्य सृष्टि के कण-कण में–कोमल एवं उग्र रूपों और भावों में–सर्वत्र व्याप्त है। वह जीवन की धारा है जो प्रचंड तेजोमय सूर्य

से भी प्रभावित होती है। वेदों में मधु शब्द संदर्भ के अनुसार अनेकार्थी भी हैं। आध्यात्मिक और लौकिक दोनों अर्थों में माधुर्य जीवन और सौंदर्य का प्राणतत्त्व है। अनेक पाश्चात्य सौंदर्यशास्त्र के आचार्यों ने स्वीकार किया है कि उदात्त में भय, त्रास, दूरी आदि की अनुभूति के साथ सौंदर्य की स्थिति भी आवश्यक है। अन्यथा उदात्त से आनंद की अनुभूति संभव नहीं है। कुरूपता में भी उसकी स्वीकृति के लिए निषेधात्मक या विधायक रूप में सौंदर्य की मूल्य-स्थिति आवश्यक है। प्रसाद के काव्य में ही नहीं, उनके समस्त साहित्य में सौंदर्य के प्राणतत्त्व के रूप में माधुर्य का प्रतिपादन हुआ है।

2. काव्यवस्तु

छायावाद पर प्रधान आक्षेप वस्तु के वैविध्य का अभाव है। अंतर्मुखी काव्य में बहिर्मुखी काव्य की तरह वस्तु प्रमुख न होकर भाव के साधन के रूप में उसका आभास मात्र मिलता है। अभिव्यंजना वस्तून्मुख न होने के कारण यह आलोचना उचित नहीं है। प्रसाद जी के काव्य के संदर्भ में देखते हैं तो वस्तु से भाव की प्रधानता स्पष्ट परिलक्षित होती है। कामायनी में कथा, भावों की सूत्रबद्धता स्थापित करनेवाली नाम मात्र की है। लहर की ऐतिहासिक कविताओं में अभिव्यक्त भाव छायावादी सौंदर्य, प्रेम और वेदना से भिन्न प्रकार के हो सकते हैं। लेकिन उनमें भी वस्तु की अपेक्षा भाव की ही प्रधानता है। प्रश्न उठता है कि कविता में वस्तु और भाव में से किसका अधिक महत्त्व है ? विधा की दृष्टि से कविता की प्रकृति भावनाशील और कल्पनाशील है। प्राचीन प्रबंधों में कथावस्तु की तथा नवीन प्रबंधों एवं मुक्तक कविताओं में भावना और चिंतन या वैचारिकता की प्रधानता है। छायावाद में ही नहीं भक्तिकाव्य और रीतिकाव्य के अनेक पद और मुक्तक केवल भाव-व्यंजक हैं। काव्य या छोटी कविता में अन्विति कथात्मक, वैचारिक या भावात्मक किसी भी प्रकार की हो सकती है। आँसू जैसे शुद्ध भावना-प्रधान काव्य में भी भावात्मक अन्विति और भाव-प्रसार में एक मनोवैज्ञानिक परिणति दिखाई देती है। प्रसाद की छोटी प्रगीत कविताओं में केंद्रीय भाव की आरंभ में व्यंजना करके या उसे ध्यान में रखकर भावों का समन्वित गुंफन होता है। कथा के बावजूद कामायनी की अन्विति मनोवैज्ञानिक और दार्शनिक है जिसके कारण ही हिंदी के महाकाव्यों में उसका वैशिष्ट्य और महत्त्व है।

प्रसाद जी के काव्य के संबंध में वस्तु, वस्तून्मुखता और यथार्थता के प्रश्न अवश्य उठते हैं। उनके अभाव या वैविध्य न होने के कारण कविता का अवमूल्यांकन उचित नहीं है। बहिर्मुखी प्रसार ही काव्य के मूल्यांकन की कसौटी नहीं है। इसी कारण शुक्ल जी ने सूर के काव्योत्कर्ष की तुलना में तुलसी को श्रेष्ठ घोषित किया है। पाश्चात्य रोमांटिक कविता के संबंध में बहुत कम समीक्षकों ने वस्तु के प्रश्न

को उठाया है। क्लासिकल प्रवृत्ति वस्तु-प्रधान है तो रोमांटिक प्रवृत्ति भाव-प्रधान है। वास्तविक प्रश्न आदर्श और यथार्थ, यथार्थ और कल्पना तथा जीवन-मूल्यों के पारस्परिक महत्त्व को लेकर है। आदर्शवाद मानसिक संकल्प और व्यक्ति-मन की शक्ति को महत्त्व देता है। जो भौतिक परिस्थितियों को मनोनुकूल अनुशासित करता है। यथार्थवाद जीवन को परिस्थितियों से परिचालित मानता है। प्रसाद जी ने भारतीय आत्मवादी दृष्टि या आदर्शवाद को स्वीकार किया है जिसमें वस्तु या परिस्थिति की अपेक्षा मन, जीवन का केंद्र बिंदु है। यथार्थ और कल्पना के द्वंद्व को लेते हैं तो पहले का सत्य, जीवन की वास्तविकता में ही प्राप्त हो सकता है और तथ्यों पर आधारित उस सत्य को ही प्रामाणिक मान सकते हैं। सामयिक परिस्थितियों के कारण, जैसा कि महादेवी जी ने कहा है, छायावादी कवियों ने कल्पनालोक में जीवन के सत्य को ढूँढ़ने का प्रयत्न किया है। इस प्रयत्न में प्रसाद जी के काव्य में आदर्शवादी तात्त्विक सत्य का प्रतिपादन भले ही हुआ हो, उसकी आधारभूमि भावुक कल्पना हो गई है। इसीलिए उनके काव्य में कल्पनाशीलता का आधिक्य हो गया है। यह प्रत्यक्ष वस्तु या भाव के स्थान पर अप्रस्तुत की अभिव्यक्ति नहीं है। मन की कल्पना की क्रियाशीलता में सत्य का भावात्मक अन्वेषण है। इस प्रयत्न में भावों या भावनाओं से भी अधिक अनेक स्थानों पर कल्पना की सृष्टि दिखाई देती है। इस तरह न वस्तुगत तथ्याश्रित सत्य का उद्‌घाटन होता है और न भावगत तात्त्विक सत्य का। कल्पना अत्यंत मनोहारिणी होती है, पर भाव से संश्लिष्ट और समन्वित रूप में। कुछ स्थलों को छोड़कर प्रसाद जी के काव्य में भाव और कल्पना की अन्विति औचित्यपूर्ण ही है। जो दुर्बलता है वह छायावादी प्रवृत्ति की है। पाश्चात्य रोमांटिक काव्य की तरह छायावाद में कल्पना और भावना का ऐसा संश्लिष्ट रूप नहीं है जो भावावेश की तीव्रता को व्यंजित करे। जीवन-मूल्यों की समस्या जटिल है। वह क्लासिकल सामाजिक व्यवस्था, औचित्य और मर्यादा के साथ रोमांटिक व्यक्तिनिष्ठ सौंदर्य और प्रेम के संघर्ष की है। कवि की जीवन दृष्टि और अभिरुचि के अनुसार इन मूलभूत मूल्यों से किसी एक का चयन होता है। प्रसाद जी के जीवन-दर्शन में सौंदर्य और आनंद के महत्त्व की ओर संकेत किया जा चुका है। उनकी दृष्टि व्यक्तिवादी अवश्य है लेकिन उन्होंने क्लासिकल औचित्य और मर्यादा का उल्लंघन नहीं किया है। परंपरा के औचित्य और महत्त्व से वे अभिज्ञ थे।

प्रसाद के काव्य में वस्तु के वैविध्य की अपेक्षा भाव-क्षेत्र की व्यापकता और गहराई पर विचार करना चाहिए। स्थूल दृष्टि से देखने पर काव्यवस्तु भारतीय दर्शन, बौद्ध-धर्म, इतिहास, प्रकृति-सौंदर्य, मानवीय रूप-सौंदर्य, प्रेम और वेदना, जीवन के सुख-दुख, मानवीय संवेदना, करुणा, काम-वासना, राष्ट्रीय-भावना, जीवन में सुख-शांति और आनंद कह सकते हैं। प्रथम तीन वस्तु की पृष्ठभूमि हैं। शेष सब, प्रसंग के अनुसार वस्तुगत भाव या भावनाएँ हैं। इनमें अतीत की गौरव-गाथा, वर्तमान की

दुर्दशा और भविष्य के स्वप्न या कल्पना-लोकों की ओर संकेत हैं। इस संदर्भ में ध्यान देने की बात है कि दो-चार कहानियों को छोड़कर अतीत के अंतर्गत मुसलिम युग की पृष्ठभूमि नहीं है। उन कहानियों में भी प्रेम, विलासिता और संघर्ष की अभिव्यक्ति है। शायद प्रसाद जी की दृष्टि में इस्लाम ने भारतीय दर्शन, संस्कृति और मानवीय महानता में उल्लेखनीय योगदान नहीं दिया है। भाव-व्यंजना के संदर्भ में इस बात को भी नहीं भूलना है कि कवि ने इन भावों की अनेक सूक्ष्म अंतर्दशाओं का निरूपण किया है। कामायनी में आध्यात्मिक चिंतन और साधना, सभ्यता और संस्कृति के विकास, मानव-मन के मनोवैज्ञानिक विश्लेषण, सृष्टि के विकास की आध्यात्मिक और कुछ वैज्ञानिक सिद्धांतों के द्वारा व्याख्या, मानव-जीवन के सुख-दुख, यांत्रिक कर्म-जगत्, सामाजिक व्यवस्था और संघर्ष, व्यक्ति-स्वतंत्रता, जीवन में सौंदर्य, प्रेम और आनंद, मानवीय स्पंदनशीलता और जड़-चेतन समस्त सृष्टि के साथ समरसता आदि सभी जीवन के पहलुओं का निरूपण किया गया है। वस्तु और वस्तुगत वैविध्य को देखते हुए प्रसाद जी के काव्य को प्रधानतः रोमांटिक और मानवतावादी तथा आंशिक रूप में यथार्थवादी और क्लासिकल कह सकते हैं। प्रसाद के काव्य-साहित्य की केंद्रीय भावना सौंदर्य और आनंद है तो उन चार वादों ने सौंदर्य चेतना को क्रमशः रंगीन छटा, स्पंदनशीलता, सजीवता और उदात्तता प्रदान की हैं। प्रसाद जी की सौंदर्य दृष्टि की प्रबलता ने कभी-कभी कल्पना लोक या यूटोपिया की सृष्टि की है तो आध्यात्मिक आनंदवाद ने जीवन की समस्याओं का आदर्शवादी दार्शनिक समाधान प्रस्तुत किया है। यह पलायनवाद नहीं है तो यथार्थ जीवन का वास्तविक समाधान भी नहीं है।

3. रूप-सौंदर्य

(क) प्रकृति-सौंदर्य : प्रसाद जी के काव्य-साहित्य में प्रकृति और मानव जीवन इस तरह घुल-मिल गए हैं कि एक को दूसरे से अलग करना संभव नहीं है। मानवीकरण के द्वारा प्रकृति पर मानवीय धर्मों का आरोप किया गया है तो मानवीय रूप पर प्राकृतिक सहज धर्मों का। मनुष्य, प्रकृति की गोद में पहुँच कर सुख, शांति और आनंद पाना चाहता है तो दूसरी ओर प्रकृति मनुष्य की सहचरी होकर उसके सुख-दुखों में समभागी होती है। प्रसाद जी का प्रकृति-वर्णन मानव-जीवन सापेक्ष है। प्रसाद जी के काव्य-साहित्य में मानव जीवन से संबद्ध प्रकृति के चार रूपों का उल्लेख किया गया है। (1) वन्य प्रकृति है जिसमें प्राचीन ऋषियों का जीवन व्यतीत हुआ था और जिसमें आज भी वनवासियों का जीवन बीतता है। (2) सुसंस्कृत प्रकृति है जिसकी ओर मध्यवर्गीय सामाजिक जीवन में संलग्न मनुष्य आकृष्ट होते हैं। वाटिकाएँ, प्राकृतिक दृश्य, नौका-विहार आदि नागरिक जीवन को प्रकृति से जोड़ते हैं। (3) आश्रम प्रकृति है जो वन्य और संस्कृत रूपों का संधिस्थल है जो भारतीय

धर्म, दर्शन और संस्कृति की साधना भूमि है। और (4) एकांत रमणीय प्रकृति है जो मनुष्य को सामाजिक संघर्षों से मुक्त, सौंदर्य, प्रेम और आनंद की अनुभूति देती है। कवि कहता है–

"ले चल मेरे नाविक धीरे-धीरे...तज कोलाहल की अवनी रे।"

यहाँ प्रकृति-सौंदर्य के साथ नैसर्गिकता, आकर्षण, धर्म-दर्शन, संस्कृति, सुख-शांति और आनंद एक साथ इतने भावों का संबद्ध रूप विशेष ध्यातव्य है। प्रसाद जी ने मानव जीवन पर प्रकृति के व्यापक प्रभाव की ओर अनेक संकेत किए हैं। प्रकृति के सौंदर्य का यह प्रभाव व्यक्तिनिष्ठ है। उसके व्यक्तित्व, चरित्र और दृष्टि के अनुसार प्राकृतिक सौंदर्यानुभूति का स्वरूप बदल जाता है। कामायनी के वासना सर्ग में प्रकृति की रमणीयता को देखकर मनु की वासना उत्तेजित हो जाती है जबकि कामायनी उसका शांत, निश्चल आस्वादन करती है। प्रकृति-सौंदर्य के महत्त्व की उपेक्षा करके शुक्ल जी ने अपने इतिहास में छायावादी प्रकृति वर्णन में वस्तून्मुखता के अभाव और अप्रस्तुत के द्वारा प्रस्तुत की व्यंजना की शिकायत की है जो उचित नहीं है। वे छायावाद को प्रधानतः एक अभिव्यंजना-शैली मात्र मानते हैं जिसके कारण ये आक्षेप हुए हैं।

मनुष्य और प्रकृति के साहचर्य के संबंध में प्रसाद जी की दृष्टि की एक और विशेषता पर ध्यान देना आवश्यक है। प्राचीनकाल में दोनों के बीच साहचर्य का संबंध था, वह मध्यकाल में समाप्त हो गया और फिर आधुनिक छायावादी युग में उसकी प्रतिष्ठा का प्रयत्न हुआ है। (यह दूसरी बात है कि आधुनिक यंत्र-युग की सभ्यता में यह प्रयत्न असफल हो गया है।) आज मनुष्य प्रकृति-सौंदर्य से स्पंदित होने के बदले विज्ञान और तकनीकी उन्नति की सहायता से उस पर आधिपत्य प्राप्त करने का प्रयत्न कर रहा है। प्राकृतिक संपदा से लाभान्वित होकर जीवन के भौतिक विकास का प्रयत्न करना अनुचित नहीं है। विज्ञान के बल पर प्रकृति को वश में करके मनुष्य सभ्यता और संस्कृति की दिशा में आगे बढ़ता जा रहा है। मनु के शासन में प्रजा कहती है–

आज न पशु हैं हम या गूँगे काननचारी। (कामायनी : संघर्ष सर्ग)

लेकिन अधिक यांत्रिकता में मनुष्य अपनी प्राकृत शक्ति खो देता है और जीवन में नैसर्गिकता और सहज सौंदर्यबोध समाप्त हो जाता है। मनु के विरुद्ध विद्रोह करती हुई प्रजा कहती है–

प्रकृति शक्ति तुमने यंत्रों से सब की छीनी।
शोषण कर जीवनी बना दी जर्जर झीनी। (कामायनी : संघर्ष सर्ग)

अप्रस्तुत प्रकृति-सौंदर्य के द्वारा प्रस्तुत कामायनी के सौंदर्य की ओर इस तरह संकेत किया गया है कि दोनों में कोई अंतर ही नहीं रह गया है–

कुसुम कानन अंचल में मंद पवन प्रेरित सौरभ साकार।
रचित परमाणु पराग शरीर खड़ा हो ले मधु का आधार।।
और पड़ती हो उस पर शुभ्र नवल मधुराका मन की साध।
हँसी का पद विह्वल प्रतिबिंब मधुर खेला सदृश अबाध।।

यह रमणीय पृष्ठभूमि पर कुसुम के सौंदर्य का चित्र है। इसमें प्रकृति-सौंदर्य संबंधी अनेक विशेषताओं का एक साथ उल्लेख हुआ है–कोमलता (कुसुम), नैसर्गिकता (कानन-अंचल), गतिशीलता (मंद पवन प्रेरित), आकर्षण और मूर्त्तिमत्ता (सौरभ साकार), सूक्ष्म लावण्य (परमाणु पराग), माधुर्य (मधु का आधार), उज्ज्वलता (मधुराका), कमनीयता (मन की साध), मादकता (हँसी का प्रतिबिंब) और माधुर्य का क्रीड़ामय प्रवाह (मधुर खेला अबाध)। इनमें प्राकृतिक और मानवीय सौंदर्य के धर्मों का गुंफन है। इस वर्णन को मानवीकरण के साथ प्रकृति-सौंदर्य-निरूपण कह सकते हैं। दूसरी ओर प्राकृतिक शोभा के समस्त गुण-धर्मों का मानवीय रूप पर प्रक्षेपण है।

इस प्रस्तावना के बाद प्रसाद के काव्य में प्रकृति-सौंदर्य की कुछ प्रमुख विशेषताओं पर विचार करेंगे।

(1) प्रकृतिगत चेतना का सौंदर्य छायावादी प्रवृत्ति के तीनों रूपों में अभिव्यक्त हुआ है।

(क) शैवागमों के अनुसार ईश्वरीय चिति के द्वारा अभिराम सृष्टि का उन्मीलन हुआ है जिसमें सब अनुरक्त होते हैं–

कर रही लीलामय आनंद, महाचिति सजग हुई सी व्यक्त,
विश्व का उन्मीलन अभिराम, इसी में सब होते अनुरक्त।
(कामायनी : श्रद्धा सर्ग)

प्रकृति का व्यापक रूप ही सृष्टि है।

(ख) सहचरी के रूप में प्रकृति मनुष्य के सुख-दुखों में स्पंदित होती है–

सृष्टि हँसने लगी आँखों में खिला अनुराग,
राग रंजित चंद्रिका थी, उड़ा सुमन पराग। (कामायनी : वासना सर्ग)

मानव और प्रकृति के इस भाव योग में कामायनी मंदाकिनी से पूछती है–

जीवन में सुख अधिक या कि दुख, मंदाकिनि कुछ बोलोगी ?
(कामायनी : स्वप्नसर्ग)

(ग) आलंकारिक रूप में प्रकृति पर मानवीय भावनाओं और चेष्टाओं का आरोप करके प्रकृति के सौंदर्य का सर्वत्र सजीव वर्णन किया गया है। यह पाश्चात्य मानवीकरण अलंकार है। रात का नायिका के रूप में यह वर्णन है–

विकल खिलखिलाती है तू ? इतनी हँसी व्यर्थ न बिखेर,
तुहिन कणों, फेनिल लहरों में, मच जावेगी फिर अंधेर।

(कामायनी : आशा सर्ग)

(2) प्रकृति और मानव जीवन दोनों में माधुर्य, सौंदर्य का प्रधान धर्म है। दोनों में यौवन के विकास में यह माधुर्य भरा रहता है और वह आकर्षण का कारण है। माधुर्य का वस्तुनिष्ठ स्वरूप और अनुभूति दोनों ऐंद्रिय हैं। माधुर्य के अतिरेक में मानव-मन मादकता का अनुभव करता है। इसीलिए कुछ संदर्भों में माधुर्य और मादकता से उन्माद मूर्छा और शराब की सी मस्ती की व्यंजना की गई है। माधुर्य के सौंदर्य और प्रभाव के उदाहरण–

क्षण भर में सब परिवर्तित, अणु अणु ये विश्व कमल के,
पिंगल पराग से मचले, आनंद सुधा रस छलके।

(कामायनी : आनंद सर्ग)

विस्मृति है, मादकता है, मूर्छना भरी है मन में,
कल्पना रही, सपना था, मुरली बजती निर्जन में। (आँसू)

(3) नैसर्गिकता प्रकृति-सौंदर्य का सहज धर्म है। वह संस्कारिता और कृत्रिमता का व्यतिरेक है। संस्कारिता कभी-कभी नैसर्गिक सौंदर्य को अपने कटे-छटे रूप में अधिक प्रमुख या स्ट्राइकिंग रूप में सामने रखती है। प्रसाद साहित्य में वाटिकाओं, लतागुल्मों आदि का पर्याप्त वर्णन है। कामायनी अपने पुत्र के लिए–

उस गुफा समीप पुआलों की छाजन छोटी सी शांति-पुंज...
उसमें था झूला पड़ा हुआ बेत सी लता का सुरुचिपूर्ण।

(कामायनी : ईर्ष्या सर्ग)

नैसर्गिकता के सहज सौंदर्य के कारण छायावादी सभी कवियों ने मानवीय रूप का नैसर्गिक रूप में वर्णन किया है। मानवीय रूप की यह विशेषता प्रकृति की ऋणी है। प्रसाद-काव्य के समस्त प्रकृति-सौंदर्य वर्णन में नैसर्गिकता सर्वत्र दिखाई देती है। अनेक स्थानों पर वह अन्य धर्मों के साथ मिलकर व्यक्त हुई है। सैद्धांतिक रूप में कवि कहते हैं–

उस नैसर्गिक सुरभिपूर्ण, उस रूपवती का क्या कहना,

जिसे कि प्रकृति मालिनी बनकर अपने हाथ सजाती है। (प्रेम पथिक)

(4) स्वच्छंदता का अर्थ नियमों से न बँधना या उनसे परे होना है। सामाजिक मान्यताओं और नियमों से अनुशासित मानवीय रूप और जीवन के संबंध में स्वच्छंदता सार्थक शब्द है। प्रकृति के संदर्भ में उसे या तो वन्य प्रकृति की विशेषता कह सकते हैं या वह प्रकृति का—पेड़-पौधे आदि का, प्रतिबंध रहित विकास और प्रसार है। मम्मट ने काव्य को 'नियति कृत नियम रहितां, अनन्य परतंत्रां' कहकर प्रतिभा के स्वच्छंद उन्मेष में ही काव्योत्कर्ष माना है। प्रकृति की शोभा भी ईश्वरीय या मानवीय नियमों या प्रतिमानों से परे अपने अस्तित्व के सहज प्रकाशन और विकास-प्रसार में है—

नव कोमल आलोक बिखरता हिम संसृति पर भर अनुराग,
सित सरोज पर क्रीड़ा करता जैसे मधुमय पिंग पराग।

(कामायनी : आशा सर्ग)

कामायनी के आशा और आनंद सर्गों में प्रकृति के नव विकास और स्वच्छंद रूप का विस्तार से वर्णन है।

(5) सौंदर्य का एक मुख्य धर्म रहस्यमयता है जो वस्तुनिष्ठ और व्यक्ति-अनुभूति-निष्ठ भी है। सृष्टि और प्रकृति की रहस्यमयता के प्रति जिज्ञासा स्वाभाविक है। दार्शनिक प्राचीन काल से ही और वैज्ञानिक आधुनिक काल में उस रहस्य को स्पष्ट करने के प्रयत्न में लगे हुए हैं। रहस्य का जितना ज्ञान प्राप्त होता है, उससे अधिक नए रहस्य सामने आ रहे हैं। कवि के सामने रहस्यमयता के कारण प्रकृति में सौंदर्य के प्रकाशन और उसके आकर्षण का प्रश्न है। रहस्यमयता रूप के अव्यक्त, आच्छादित या ध्वनिपूर्ण होने में है। प्रकृति की अनंतता और उसमें व्याप्त व्यक्ताव्यक्त ईश्वरीय चिति के कारण वह रहस्यमय हो जाती है। मनु प्रकृति को देखकर अनुभव करते हैं—

सौंदर्यमयी चंचल कृतियाँ बनकर रहस्य हैं नाच रही।

(कामायनी : काम सर्ग)

वास्तव में सौंदर्य की उज्ज्वल आलोकमयता में ही उसका रहस्य छिपा हुआ है। लेकिन जब आलोक ही मूर्त्त रूप धारण करता है तो आँखों के सामने परदा पड़ जाता है। मनु आकाश के रहस्यमय रूप को देखकर कहते हैं—

ओ नील आवरण जगती के, दुर्बोध न तू ही है इतना,
अवगुण्ठन होता आँखों का, आलोक रूप बनता जितना।

(कामायनी : काम सर्ग)

"सौंदर्य सदैव एक रहस्य है, अतएव जहाँ जितनी ही सुंदरता होगी, वहाँ उतनी ही अस्पष्टता रहेगी।"[4]

(6) अपूर्वता, अद्‌भुतपन, विलक्षणता आदि सौंदर्य की ऐसी विशेषताएँ हैं जो व्यक्तिनिष्ठ अनुभूति के आधार पर वस्तुनिष्ठ समझे जाते हैं। सौंदर्य की अनुभूति मानव-मन की भावना और कल्पना के अनुसार होती है। बौद्धिक क्रियाशीलता की प्रबलता में सौंदर्य की अनुभूति नहीं होती। जब किसी वस्तु के सौंदर्य की भावनाशील और कल्पनाशील अनुभूति अन्य वस्तुओं की अनुभूति से अतुलनीय और निराली लगती है, अभीष्ट वस्तु पर उस अनुभूति का प्रक्षेपण करते हुए उसे अद्‌भुत आदि कहते हैं। कभी-कभी वस्तुनिष्ठ रूप में भी सौंदर्य अद्‌भुत लग सकता है जो तुलनात्मक मानसिक प्रक्रिया का परिणाम है। विलक्षणता और विचित्रता, मानसिक विकृति या कुतूहल का विषय होने के कारण भी हो सकती है। रहस्यमयता की तरह विस्मयकारी अद्‌भुतपन भी किसी न किसी मात्रा में सभी वस्तुओं के सौंदर्य में अवश्य होता है या ऐसी अनुभूति प्राप्त करते हैं। सौंदर्य के धर्मों के विशेष प्रसार और व्यापकता में अद्‌भुतपन होता है। विशेष आलोकमयता, अपूर्व सुगंध, वायु-प्रसार, तीव्र गतिशीलता आदि से उत्पन्न अनुभूति, मन को निश्चेतन कर देती है। चारों ओर व्याप्त प्रकृति-सौंदर्य को देखकर मनु अनुभव करते हैं—

सौरभ से दिगंत पूरित था अंतरिक्ष आलोक अधीर।
सब में एक अचेतन गति थी जिससे पिछड़ा रहे समीर।।

(कामायनी : काम सर्ग)

(7) शुक्ल जी का आक्षेप है कि छायावादी कवि जीवन के कोमल-मधुर पक्ष की ओर ही उन्मुख थे, उन्होंने उसके उग्र पक्ष की उपेक्षा की है। यह कवि के व्यक्तित्व, उसकी अभिरुचि और जीवन-दर्शन पर निर्भर करता है। प्रसाद जी मितभाषी, अंतर्मुखी या आत्मलीन, दौड़-धूप से दूर, भावनाशील-कल्पनाशील गंभीर प्रकृति के व्यक्ति थे। सहज ही उनकी अभिरुचि विषमता और संघर्ष से विमुख थी। उनके व्यक्तिवादी जीवन-दर्शन में सौंदर्य, द्वंद्वातीत समरसता, आध्यात्मिक साधना और आनंद प्रधान बिंदु हैं। यदि हम कोमलता और उग्रता को द्वंद्वात्मक मानते हैं तो प्रसाद जी लौकिक धरातल पर कोमल-मधुर को और आध्यात्मिक धरातल पर द्वंद्वातीत स्थिति को महत्त्व देते हैं। उग्रता का संबंध कर्म-जगत् के क्रोध, विरोध और संघर्ष से है। भारतीय जीवन-दृष्टि में वानप्रस्थ के साथ व्यक्ति कर्म-जगत् से निर्लिप्त जीवन और एकांतवास की ओर अग्रसर होता है। इसीलिए मनु ने श्रद्धा पुत्र (श्रद्धामय) मानव को इड़ा (बुद्धि) के हाथों में सौंपकर बुद्धि के बल पर श्रद्धायुक्त जीवन के कर्म पथ पर आगे बढ़ने का संदेश देकर स्वयं श्रद्धा के साथ (सहयोग में) आध्यात्मिक साधना की ओर प्रस्थान करते हैं। सौंदर्यशास्त्रीय दृष्टि से कोमल-उग्र लौकिक जीवन में

सौंदर्य-कुरूपता का द्वंद्व है। मानव-जीवन का लक्ष्य इस द्वंद्वात्मक दृष्टि से परे सृष्टि में केवल सौंदर्य और आनंद का दर्शन है। कामायनीकार ने जल-प्रलय और प्रजा के साथ मनु के संघर्ष में तथा कहीं-कहीं राष्ट्रीय एवं सामाजिक प्रसंगों में उग्र प्रकृति का वर्णन किया है। स्वयं शुक्ल जी ने स्वीकार किया है कि प्रलय में 'प्रकृति के ध्वंसकारी भीषण रूपवेग का भी अत्यंत व्यापक परिधि के बीच चित्रण हुआ है।'[5]

(8) प्रसाद जी ने प्रलय, मृत्यु, विध्वंस, शिव ताण्डव, प्राकृतिक रहस्यवाद, सृष्टि में चिति के अनंत प्रसार, आनंद आदि का विस्तृत और व्यापक चित्रण किया है। इस प्रसारगामी व्यापक प्रकृति चित्रण और उससे उत्पन्न विविध भावों और प्रभाव के निरूपण में आध्यात्मिक और सांस्कृतिक विस्तार, औन्नत्य और गरिमा है। डॉ. नगेंद्र इसे सौंदर्यशास्त्रीय दृष्टि से उदात्त मानते हैं–प्रसाद जी ने 'यद्यपि प्रकृति के सुंदर रूप का ही अंकन अधिक किया है, परंतु उनका सुंदर विराट भी है। उनके चित्रों में विस्तार है, व्यापकता है और गौरव-गरिमा की भावना है।'[6] उदात्तता की आधारभूमि विषयगत अनंतता, गरिमा, ओजस्विता, शक्तिमत्ता और वेग है। इनमें से कुछ दिशाओं की ओर न्यूनाधिक मात्रा में प्रसार, प्रसाद जी के काव्य में अवश्य दिखाई देता है। लेकिन उदात्त-सृष्टि के लिए आवश्यक शाब्दिक अभिव्यंजना प्रसाद जी के प्रकृति-चित्रण में नहीं है, जैसा पंत जी के 'परिवर्तन', निराला जी की 'राम की शक्ति पूजा', 'तुलसीदास' आदि में है। प्रसाद जी की कोमल-कांत-पदावली और मधुर कल्पना उदात्त की अभिव्यंजना में बाधक है। जल प्रलय के बीच कवि की स्मृतिजन्य कल्पना है–

> देव कामिनी के नयनों से जहाँ नील नलिनों की सृष्टि
> होती थी, अब वहाँ हो रही प्रलयकारिणी भीषण वृष्टि।
>
> (कामायनी : चिंता सर्ग)

(9) प्रसाद जी ने प्रकृति के रूप-सौंदर्य का स्थितिशील और गतिशील दोनों रूपों में वर्णन किया है और दोनों संश्लिष्ट भी है। प्रकृति की सहज गतिशीलता वायु-संचालित, जल की प्रवाहशीलता आदि रूप में सीमित है–

> लहरी कूल चूमने चलकर
> उठती गिरती सी रुक रुक कर
> सृजन करती छवि गति-विधि में। (लहर)

प्रकृति की गतिशीलता की इस सहज सीमा का उल्लंघन करके प्रकृति के मानवीकरण द्वारा उसमें भावात्मक स्पंदनशीलता और चेष्टा-व्यापारों की सजीव गतिशीलता प्रदर्शित की गई है। चाहे जिस रूप में प्रकृति का वर्णन किया गया हो, प्रभावमूलक व्यंजना में सौंदर्य अत्यंत सजीव हो उठता है। मानवीकरण के द्वारा

प्रकृति के गतिशील सौंदर्य-वर्णन और उसका प्रभाव—

ब्रीड़ा है यह चंचल कितनी विभ्रम से घूँघट खींच रही,
छिपने पर स्वयं मृदुल कर से क्यों मेरी आँखें मींच रही।
(कामायनी : कामसर्ग)

(10) दार्शनिक दृष्टि से सृष्टि या प्रकृति में ईश्वरीय चिति शाश्वत सत्य है तो उसका बाह्य रूप परिवर्तनशील है। इस परिवर्तनशीलता में प्रकृति नित्य नूतन रूप धारण करती है। परिवर्तन में नवीन रूप का सौंदर्य आनंद देता है। अद्वैत से भिन्न प्रवृत्तिमूलक शैवागमों में सृष्टि-सौंदर्य में ईश्वरीय झलक, मनुष्य को आध्यात्मिक साधना की ओर उन्मुख करती है। इसलिए परिवर्तन में प्रकृति का सौंदर्य असत्य या मिथ्या नहीं है। कामायनी मनु को नव जीवन में प्रवृत्ति का संदेश देती हुई प्रकृति का उदाहरण देती है—

पुरातनता का यह निर्मोक सहन करती न प्रकृति पल एक,
नित्य नूतनता का आनंद किए हैं परिवर्तन में टेक।।
(कामायनी : श्रद्धा सर्ग)

भारतीय दर्शन के अनुसार नटराज के तांडव में सृष्टि और संहार की प्रक्रिया निरंतर चलती रहती है। इसलिए सृष्टि का अंत या मानव जीवन में मृत्यु शाश्वत समाप्ति के सूचक नहीं हैं। उनमें ही नए सृजन या जीवन का रहस्य छिपा है। अर्थात् सृष्टि में जीवन और सौंदर्य का विकास होता रहता है। चिंताग्रस्त मनु मृत्यु को संबोधित करते हुए कहते हैं—

छिपी सृष्टि के कण कण में तू, यह सुंदर रहस्य है नित्य।।
(कामायनी : चिंता सर्ग)

प्रसाद जी के प्रकृति-सौंदर्य-निरूपण के मुख्य बिंदु हैं—चेतना, माधुर्य, नैसर्गिकता, रहस्यमयता और व्यापकता। उनकी अभिव्यंजना-पद्धति अनुभूतिमूलक, भावनाशील, प्रभाव-निरूपक और कल्पना की क्रीड़ा से रंगीन है। छायावादी कवियों में प्रसाद जी ने अनेक कोणों से प्रकृति-सौंदर्य को उभारा है। "मानव जीवन की सापेक्षता में प्रकृति के व्यापक चित्र को प्रस्तुत करते हुए, उसकी दार्शनिक सत्ता और सार्थकता की ओर संकेत करते हुए, जीवन और प्रकृति की अभिन्न समष्टि का रूप दर्शानेवाले प्रसाद जी के साहित्य में प्रकृति को जो महत्त्व मिला है, वह हिंदी साहित्य में कहीं अन्यत्र नहीं मिलेगा। उन्होंने प्रकृति की सार्थकता की व्यंजना ही की हो और उसके रूप-सौंदर्य की छवि को न उभारा हो, यह बात नहीं है। प्रकृति के रूप को उन्होंने जिस दृष्टि से उभारा हैं, उसके कारण प्रायः समीक्षकों

को यह भ्रांति हो गई है कि वे प्रकृति के माध्यम से मानवीय सौंदर्य और मानवीय भावनाओं को ही अभिव्यंजित करने का प्रयत्न कर रहे हैं।"[7]

(ख) मानवीय रूप-सौंदर्य : मानवीय रूप-सौंदर्य की प्रधान विशेषताएँ हैं– चेतनता या सहज सजीवता, माधुर्य, मादकता, असीम प्रभाव और आनंदमयता या हर्षोल्लास। इनके कारण सौंदर्य के आकर्षण, अनुभूति और प्रभाव की अनंत संभावनाएँ हो जाती हैं जिनकी प्रसाद जी ने सफल अभिव्यंजना की है। उनके काव्य-साहित्य में ऐंद्रिय, मानसिक और आध्यात्मिक तीनों धरातलों पर मानवीय सौंदर्य की अपूर्व सृष्टि की गई है। प्रथम दोनों में मूर्तिमान सौंदर्य अधिक आकर्षक और मन को प्रभावित करने वाला है। कामायनी का वर्णन करते हुए कवि कहते हैं--

उषा की पहली लेखा कांत माधुरी से भीगी भर मोद
मद भरी उठे सलज्ज भोर की तारक द्युति की गोद।।

(कामायनी : श्रद्धा सर्ग)

उसमें ऐंद्रिय सौंदर्य की कोमलता, माधुर्य, हर्षोल्लास, मादकता, लज्जा, आलोकमयता और स्वेद का सजीव चित्रांकन है। प्रभाव के माध्यम से सौंदर्य की मानसिक अवधारणा का रूप–

पश्चिम जलधि में,
मेरी लहरीली नीली अलकावली समान
लहरें उठती थीं मानों चूमने को मुझको,
और साँस लेता था समीर मुझे छूकर। (लहर : प्रलय की छाया)

ऐंद्रिय सौंदर्य में प्राण फूँककर कवि ने उसे मानसिक-स्पंदनशील बनाया है।

प्रकृति-सौंदर्य और मानवीय-सौंदर्य एक-दूसरे के पूरक हैं। प्रकृति का मानवीकरण करते हुए उस पर मानवीय भावों का आरोप किया गया है तो मानवीय सौंदर्य में प्रकृतिगत स्वाभाविकता, नैसर्गिकता और स्वच्छंदता दर्शाया गया है। चाहे प्रकृति वर्णन हो या मानवीय रूप वर्णन हो, दोनों की संश्लिष्ट योजना की गई है। ऊपर 'ऊषा की पहली लेखा कांत...' में प्रकृति-सौंदर्य मानवीय सौंदर्य का व्यंजक ही नहीं, उसके नैसर्गिक रूप को बढ़ानेवाला भी है। पहले उद्धृत छंद 'कुसुम कानन अंचल में...' मानवीय रूप में प्राकृतिक धर्मों के साथ प्रकृति में मानवीय धर्मों और स्पंदन का भी द्योतक है।

सौंदर्य के संदर्भ में मानवीय रूप का अर्थ प्रधानतः नारी रूप का ही है। अंग्रेजी में नारी सौंदर्य के लिए ही 'ब्यूटी' शब्द का प्रयोग होता है। पुरुष के रूप को 'हैंडसम' कहते हैं। जिसका अर्थ आकार-प्रकार, डील-डौल, अंगांग संघठन और शारीरिक पुष्टि का आकर्षण है। भारतीय परंपरा में आकार की पुष्टि के साथ

शक्तिमत्ता और ओजस्विता भी पुरुष के आकर्षण के कारण हैं। मनु का रूप-वर्णन इस तरह है–

अवयव की दृढ़ मांस-पेशियाँ, ऊर्जस्वित था वीर्य्य अपार,
स्फीत शिराएँ, स्वस्थ रक्त का होता था जिनमें संचार।
(कामायनी : चिंता सर्ग)

मनु और अन्य छायावादी नायकों का व्यक्तित्व ओजस्वी और पौरुषमय होने पर भी उनमें मानसिक दुर्बलता भी दिखाई देती है। उसके कारण अहं, स्वार्थ, ईर्ष्या, वासना, क्रोध आदि तामसी भावनाएँ हैं। नायिका नारी ही उनके मन का संशोधन करके जीवन-पथ पर आगे बढ़ने की प्रेरणा देती है। पुरुष में संकल्पबल और कर्मठता की कमी नहीं है, लेकिन उनका हाथ पकड़कर उन्हें क्रियाशील बनानेवाली या उनमें नई शक्ति का संचार करनेवाली नायिका नारी है। नारी शक्ति की प्रतीक है। पुरुष का उत्थान-पतन उस शक्ति के हाथ में है। प्रसाद जी के गद्य-साहित्य के नायकों में एक प्रेम की कोमल दुर्बलता को छोड़ दें तो वे आदर्श नायक के रूप में व्यक्तित्व की प्रौढ़ता और चरित्र की दृढ़ता के साथ कर्मयोगी लगते हैं। मानसिक दुर्बलता में कहीं-कहीं नायक पुरुष में अपने स्वभाव के विरुद्ध नारी की सी कोमलता दिखाई देती है। श्रद्धा के मधुर वचनों को चिंताग्रस्त मनु मुख झुकाकर सुनते हैं–

"किए मुख नीचा कमल समान" (कामायनी : श्रद्धा सर्ग)

कमल की कोमलता नारी का उपमान है। इसके विपरीत कामायनीकार ने श्रद्धा के वर्णन में उसकी सूर्य से तुलना की है–

आह ! वह मुख !...अरुण रवि मंडल उनको भेद दिखाई देता हो
छवि धाम।
(कामायनी : श्रद्धा सर्ग)

प्रकृति की ओर पुनः प्रस्थान और मानव-जीवन में प्रकृति की भूमिका की स्वीकृति के बावजूद प्रसाद जी ने नारी-रूप को ही सौंदर्य का प्रतिमान माना है। उनकी परिभाषा के अनुसार सौंदर्य चेतना का उज्ज्वल वरदान है। चेतना मानव-मन का सहज धर्म है। जीवन की विषमता और कठोरता से मुक्त नारी के कोमल-मधुर रूप में चेतना का सौंदर्य अधिक सजीव रूप में व्यक्त होता है। सृष्टि और मानव-जीवन के विकास का केंद्र बिंदु नारी ही है। चिति के द्वारा सृष्टि का उन्मीलन होता है और नारी, जीवन में पुरुष की प्रेरणा शक्ति और जननी है।

उपन्यासों और कुछ कहानियों को छोड़कर प्रसाद-साहित्य में सामाजिक परिपार्श्व में नारी-रूप की प्रस्तुति कहीं नहीं है। काव्य में नारी के रूप-सौंदर्य को

तीन वर्गों में विभाजित कर सकते हैं—(1) सात्विक रूप सौंदर्य जिसका उदाहरण कामायनी है। 'आँसू' का प्रियतम भी सूफी संप्रदाय के प्रभाव से नायिका रूप में है जिसके संबंध में कवि कहते हैं—"उस पावन तन की शोभा आलोक मधुर थी ऐसी।" (2) तामसी-राजसी रूप-सौंदर्य है जो अपूर्व-अद्भुत होते हुए भी मानव-जीवन में पतन का कारण है। रूप-गर्व, आत्म-रूप-रति, वासना और महत्त्वाकांक्षा से प्रेरित यह रूप-सौंदर्य है जिसका उदाहरण 'प्रलय की छाया' की नायिका कमला है। (3) इन दोनों से भिन्न प्रति नायिका या दूसरी नायिका इड़ा का रूप-सौंदर्य है। प्रसाद जी ने आरंभ में इड़ा को व्यवसायात्मिका बुद्धि के रूप में चित्रित किया है जो तामसी रूप है। लेकिन बाद को मानव को इड़ा के ही हाथों में सौंपकर मनु-कामायनी आध्यात्मिक साधना की ओर प्रस्थान करते हैं तथा कवि ने जीवन के रहस्य का उद्घाटन करते हुए भावलोक, कर्मलोक और ज्ञानलोक के समन्वय पर बल दिया है। इड़ा ही ज्ञान लोक की प्रतीक है। इन सबको ध्यान में रखकर 'बिखरीं अलकें ज्यों तर्क जान' (कामायनी : इड़ा सर्ग) कहनेवाले कवि ने इड़ा के रूप-सौंदर्य (और ज्ञान-विकास) का इस तरह रमणीय वर्णन किया है—उसमें 'जड़ता का कुछ भास नहीं' है। (कामायनी : स्वप्न सर्ग) और 'अरे कौन आलोकमयी स्मिति चेतनता आई यह हैमवती छाया।' (कामायनी : इड़ा सर्ग) वह अंधकार को दूर करनेवाली आलोक किरन है—

> वह सुंदर आलोक किरन सी हृदय भेदिनी दृष्टि लिए,
> जिधर देखती, खुल जाते हैं तम से जो पथ बंद किए।
>
> (कामायनी : स्वप्न सर्ग)

व्यक्तित्व और चरित्र, शक्ति का संचार, नारी के रूप-सौंदर्य को दीप्त, चेतन या सजीव और ओजस्वी बनाते हैं। स्वभावतः और शारीरिक गठन की दृष्टि से कोमल नारी लज्जावश कहती है कि "सब अंग मोम से बनते हैं, कोमलता में बल खाती हूँ।" (कामायनी : लज्जा सर्ग) लेकिन उसमें व्यक्तित्व और चरित्र की दृढ़ता (या संकल्प बल और चेतनता) के कारण कवि ने उसके सौंदर्य की तुलना सूर्य और ज्वालामुखी की ज्वाला से की है। (कामायनी : श्रद्धा सर्ग) लेकिन जब पुरुष अपने अहं और शारीरिक बल या शक्ति के कारण नारी की उपेक्षा करता है तो श्रद्धामयी नारी के सहयोग के अभाव में जीवन संघर्षमय और अशांत हो जाता है। इसीलिए काम ने मनु को चेतावनी दी है—

> मनु ! तुम श्रद्धा को गए भूल।
> उस पूर्ण आत्म-विश्वासमयी को उड़ा दिया था समझ तूल...
> तुम भूल गए पुरुषत्व-मोह में, कुछ सत्ता है नारी की।
>
> (कामायनी : इड़ा सर्ग)

इस सामान्य विवेचन के बाद मानवीय रूप-सौंदर्य की कुछ प्रमुख विशेषताओं का संक्षेप में विचार करेंगे—

(1) प्रथम बाह्य और आंतरिक सौंदर्य है। बाह्य-सौंदर्य आकृति संबंधी है—समष्टि रूप का आकर्षण, अंग-सौष्ठव, अंगों में सामंजस्य, रंग-दीप्ति आदि हैं। बाह्य रूप के सौंदर्य को केवल रंग से कोई संबंध नहीं है। कहानियों की अनेक नायिकाएँ श्याम वर्ण की हैं। लेकिन उस श्यामलता में एक दीप्ति या आलोक है। कामायनी के बाह्य रूप का आकर्षण इस प्रकार है—

नयन का इंद्रजाल अभिराम;
कुसुम वैभव में लता समान, चंद्रिका से लिपटा घनश्याम।
(कामायनी : श्रद्धा सर्ग)

बाह्य रूप के सौंदर्य का पूर्ण उन्मेष यौवन में होता है। अंतःसौंदर्य मानसिक स्पंदनशीलता में है जिसका प्रतिफलन अंग-संचालन, चेष्टा-व्यापार और तरल भाव-व्यंजक अवयवों में होता है। जैसे मुख की कांति, अधरों के हास और आँखों की चमक में। प्रसाद जी उसे उज्ज्वल ज्योतिर्मय मानते हैं—

या कि नव इंद्रनील लघु श्रृंग फोड़कर धधक रही हो कांत
एक लघु ज्वालामुखी अचेत माधवी रजनी में अश्रांत।
(कामायनी : श्रद्धा सर्ग)

इसमें नव, लघु, कांत, अचेत और माधवी रजनी शब्द ध्यान देने योग्य हैं जो सौंदर्य को ज्वालामुखी के समान प्रचंड न बनाकर रमणीय या कमनीय रूप देते हैं। यह आंतरिक ज्वाला शरीर को फोड़कर बाहर प्रकाशित होती है। तब बाह्य रूप निर्जीव या मरा-मरा सा नहीं लगता। अनेक अवसरों पर शरीर के अंगांग सौष्ठव में कोई कमी न होने पर भी प्राणमयी धारा, दीपक की ज्योत, सूर्य के आलोक के बिना अंतःसौंदर्य व्यक्त नहीं होता। 'जिसमें बहती हो विद्युत की प्रणमयी धारा' (लज्जा सर्ग), 'दीपक के स्वर में दिमती सी' (लज्जा सर्ग), 'उनको भेद दिखाई देता हो रवि मंडल छवि धाम' (श्रद्धा सर्ग), 'आँखों का पानी' में मर्यादाबद्ध सौंदर्य की अभिव्यक्ति है। यह तरल सौंदर्य आंतरिक अनुभूति का ही परिणाम है, लेकिन सहज संकोच के साथ। (लज्जा सर्ग) बाह्यसौंदर्य और अंतःसौंदर्य के सामंजस्य में ही सौंदर्य की पूर्णता है—

हृदय की अनुकृति बाह्य उदार, एक लंबी काया उन्मुक्त।
(कामायनी : श्रद्धा सर्ग)

शारीरिक गठन की सीमा और बद्धता में उन्मुक्तता या स्वच्छंदता मिली हुई है।

स्पंदनशील मन के अनुरूप बाह्य आकर में उदारता या रूप-सौंदर्य का प्रसार है। आंतरिक और बाह्य एकरूपता महान् आत्माओं के रूप की विशेषता है। प्रसाद जी के नारी रूप-वर्णन में प्रायः बाह्यसौंदर्य और अंतःसौंदर्य की मिली-जुली एक साथ अभिव्यंजना है, भले ही सर्वत्र दोनों का सामंजस्य न हुआ हो।

(2) कोमलता और माधुर्य बाह्य रूप सौंदर्य के धर्म और लावण्य आंतरिक सौंदर्य माने जाते हैं। कोमलता अंगों में स्पष्ट दीखती है जबकि माधुर्य, सौंदर्य-दर्शन में दर्शक की मधुर अनुभूति का शरीर के विविध अंगों पर प्रक्षेपण है। वास्तव में इन दोनों को मानसिक चेतना के अंग भी कह सकते हैं। ये उच्चवर्गीय नारी सौंदर्य की विशेषताएँ हैं।

कोमलता : सब अंग मोम से बनते हैं, कोमलता में बल खाती हूँ।
(कामायनी : लज्जा सर्ग)
माधुर्य : उषा की पहली लेखा कांत, माधुरी से भीगी भर मोद।
(कामायनी : श्रद्धा सर्ग)

लावण्य मोती की आभा की तरह अंतर से बाहर शरीर में प्रकट होने वाली कांति है। उससे शरीर चमक उठता ही है, उसमें कोमलता की मृदुता और सुकुमारता की शोभा या नाजुकपन भी आ जाते हैं। भारतीय दृष्टि में लावण्य सौंदर्य की चरमसीमा है और सौंदर्य को कमनीय बनाता है–

लावण्य शैल राई सा, जिस पर बारी बलिहारी
उस कमनीयता कला की, सुषमा भी प्यारी-प्यारी। (आँसू)

(3) मानवीय रूप-सौंदर्य में स्थितिशीलता और गतिशीलता का अंतर करना आसान काम नहीं है। एक तरह से मानवीय रूप-वर्णन और ध्यान या योग की मुद्रा में मनुष्य के रूप को स्थितिशील कह सकते हैं। मूर्तिकला की तरह अंगों के सौष्ठव और सामंजस्य तथा रंग तक ही मानवीय रूप की स्थितिशीलता सीमित है। स्वभावतः जीवित प्राणी गतिशील है। कहीं-कहीं शारीरिक दृष्टि से वह क्रियाशील नहीं है तो उसका मन कल्पनाशील, भावनाशील और चिंतनशील रूप में स्पंदित होता रहता है। इसलिए प्रकृति की तरह मनुष्य का स्थितिशील वर्णन बहुत कम मिलता है। प्रसाद जी के काव्य में भी शारीरिक वर्णन के साथ स्पंदनशीलता या क्रियाशीलता मिलकर संश्लिष्ट रूप में ही वर्णन किया गया है–

बिजली माला पहने फिर मुसक्याता था आँगन में
हाँ कौन बरस जाता था रस बूँद हमारे मन में। (आँसू)

यही नहीं, गतिशीलता में भावात्मक स्पंदन, चेष्टा-व्यापार और क्रियाशीलता का प्रभाव

भी रूप-सौंदर्य-वर्णन का अंग बन जाता है–

कामना कला की विकसी, कमनीय मूर्ति बन तेरी
खिंचती है हृदय पटल पर अभिलाषा बनकर मेरी। (आँसू)

(4) नैसर्गिकता और स्वच्छंदता प्रकृति-सौंदर्य के धर्म हैं। मध्यकाल में अलंकरण सौंदर्यवर्धक माना जाता था। आधुनिक काल में प्रकृति की ओर पुनः प्रस्थान और मध्यकालीन सामाजिक रूढ़ियों को तोड़ने के प्रयत्न में मानवीय रूप को भी नैसर्गिक और उन्मुक्त प्रस्तुत किया गया है। अन्य छायावादी कवियों की तरह प्रसाद जी ने भी प्रस्तुत मानवीय रूप की नैसर्गिकता के अतिरिक्त अप्रस्तुत-विधान में प्राकृतिक वस्तु-समुदाय और दृश्यों के द्वारा भी उसकी व्यंजना की है। प्रभाव साम्य के आधार पर अप्रस्तुत-योजना के द्वारा नैसर्गिकता की भावना अधिक मर्मस्पर्शी है। अनेक स्थानों पर कवि ने प्रस्तुत का वर्णन ही न करके अप्रस्तुत चित्रांकन के द्वारा नैसर्गिक सौंदर्य को संकेत रूप में अभिव्यक्त किया है। प्रत्येक मानवीय रूप-वर्णन में नैसर्गिकता का पहलू भी अंतर्लीन है।

निराला जी की तरह प्रसाद जी सामाजिक परंपराओं और रूढ़ियों के विरोधी नहीं हैं। उनकी दृष्टि में स्वच्छंदता का अर्थ बंधनों से मुक्ति, स्व-इच्छा या अपने भाव विचारों के अनुसार व्यवहार की स्वतंत्रता और जीवन के प्रत्येक पहलू में प्रतिबंध रहित मानसिक स्वतंत्रता है। प्रसाद जी ने सामाजिक-पारिवारिक मर्यादा से आबद्ध कुलवधू नारी रूप का चित्रण 'तितली' और कुछ कहानियों में ही किया है। काव्य के नारी पात्रों का रूप-सौंदर्य सँवारा हुआ न होकर स्वच्छंद है। कामायनी के लज्जा सर्ग में लज्जा की भावना कुलवधू की सामाजिक भावना नहीं है। पुरुष (मनु) के प्रेम-निवेदन से कामायनी के नारी-रूप में उत्पन्न लज्जा, रूप-सौंदर्य को शालीनता और गौरव की महिमा से युक्त, दीप्त बनाती है। प्रसाद जी की नायिकाएँ प्रकृति के प्रति प्रेम के साथ उसकी गोद में पली हुई हैं। इसलिए सहज ही उनके रूप में सामाजिक संकोच के स्थान पर प्राकृतिक स्वच्छंदता है। सामाजिक, पारिवारिक और काव्यशास्त्रीय नियमों में परिमित न होकर रूप-सौंदर्य का मुक्त चित्रांकन–

स्मित बन जाती है तरल हँसी, नयनों में भरकर बाँकपना।
प्रत्यक्ष देखती हूँ सब जो, वह बनता जाता है सपना।
(कामायनी : लज्जा सर्ग)

(5) प्राकृतिक और मानवीय दोनों रूपों में रहस्यमयता और अद्‌भुतपन सौंदर्य के वस्तुनिष्ठ और दर्शक-अनुभूतिनिष्ठ धर्म हैं जो उसके आकर्षण को बढ़ा देते हैं। सृष्टि और प्रकृति की अनंतता और उनका स्वरूप, पूर्ण रूप से ज्ञात न होने के कारण उनकी रहस्यमयता स्वाभाविक है। मानवीय रूप ससीम और नेत्रेंद्रिय गोचर

है। फिर भी नारी का सौंदर्य रहस्यमय उलझन बना हुआ है। उस सौंदर्य के रहस्य का पता नहीं चलता। ऐसा लगता है कि दर्शक-मन ससीम में असीम सौंदर्य देखता है। लेकिन कवि कहते हैं कि मन भी असीम है उसकी कल्पना शक्ति की कोई सीमा नहीं है–

माना कि रूप-सीमा है, सुंदर तब चिर यौवन में
पर समा गए थे मेरे मन के निस्सीम गगन में। (आँसू)

प्रसाद जी की सभी नायिकाओं के सौंदर्य में कुछ न कुछ रहस्यमयता है। उसका आधार रूप का अद्‌भुतपन, असाधारणता, विलक्षणता, कुतूहलजनक होना, आच्छादन, और अनंत व्यंजकता है। असाधारणता, सृष्टि या प्रकृति पर मानवीय रूप के प्रभाव के द्वारा व्यंजित है–

हँसती अनंग बालिकाएँ अंतरिक्ष में
मेरी उस क्रीड़ा के अभिषेक में
नत शिर देख मुझे (लहर : प्रलय की छाया)

रूप की विलक्षणता गुंडा, छोटा जादूगर, नीरा आदि कहानियों में ज्यादा है। काव्य में आध्यात्मिक साधना या सृष्टि के विकास के संदर्भ में दो-चार संकेत मात्र मिलते हैं। लेकिन यह असाधारणता और विलक्षणता, सामान्य से भिन्न होने पर भी, मानसिक विकृति नहीं है। इसलिए यह सौंदर्याभिरुचि कुरुचि का उदाहरण नहीं है। रूप का आच्छादन मन में दर्शन का कुतूहल जगाता है–

शशि मुख पर घूँघट डाले, अंचल में दीप छिपाए
जीवन की गोधूली में, कौतूहल से तुम आए। (आँसू)

आच्छादन में रूप-सौंदर्य व्यक्ताव्यक्त होकर जिज्ञासा जगाते हुए सौंदर्य का आकर्षण भी बढ़ जाता है।

छाया नट छवि-परदे में सम्मोहन वेणु बजाता
संध्या-कुहुकिनि-अंचल में कौतुक अपना कर जाता। (आँसू)

प्रसाद जी के रूप-वर्णन में सौंदर्य की अनंत व्यंजना और ध्वनि है जिसकी अनेक संभावनाएँ हैं। उससे सौंदर्य के स्वरूप और आकर्षण ही नहीं, उसके सूक्ष्म छाया-भेदों का उद्‌घाटन भी हो जाता है।

अद्‌भुतपन रहस्य की सृष्टि करती ही है, स्वयं वह सौंदर्य का एक महत्त्वपूर्ण पहलू है। अपूर्वता, विस्मय और अद्‌भुपतन, सौंदर्य के आधार हैं और उसकी नित्य नवीन रूप की अनुभूति कराती हैं। रस के स्थायी भावों में विस्मय की तरह अद्‌भुतपन

सौंदर्य की आनंदानुभूति का कारण है। वैभव-विलास-लीला की अतिशयता तथा आलोकमयता से रूप-सौंदर्य अद्भुत लगता है तथा दर्शक के मन में विस्मय का भाव जागता है—

वह नयन महोत्सव का प्रतीक अम्लान नलिन की नव माला
सुषमा का मंडल सुस्मित सा बिखराता संसृति पर सुराग।
(कामायनी : इड़ा सर्ग)

नयन का इंद्रजाल अभिराम, कुसुम वैभव में लता समान।
(कामायनी : श्रद्धा सर्ग)

अब इंद्रजाल सी आभा तुम छोड़ गए हो आकर। (आँसू)
चंचला स्नान कर आवे चंद्रिका पर्व में जैसी।
उस पावन तन की शोभा आलोक मधुर भी ऐसी।

(6) प्रसाद जी ने ससीम रूप में अनंत सौंदर्य भरकर उसकी कमनीयता और आकर्षण शक्ति को बढ़ाया है—

उस कमनीयता कला की सुषमा थी प्यारी-प्यारी। (आँसू)

कमलावती में—

कमनीयता थी जो समस्त गुजरात की
हुई एकत्र इस मेरी अंगलतिका में। (लहर : प्रलय की छाया)

कामायनी चुंबक के आकर्षण से पूर्ण जड़ लोहे में भी आकर्षण शक्ति उत्पन्न करती है। वह जड़-चेतन की गाँठ ही नहीं, जड़-चेतन समस्त सृष्टि को अपनी मुस्कुराहट से सौंदर्यमय बनाती है। (आनंद सर्ग) मन में स्फूर्ति और उत्साह भरने में ही सौंदर्य की सार्थकता है। उसका प्रभाव जितना व्यापक और समस्त सृष्टि में प्रसारगामी होता वह सौंदर्य उतना ही प्रभविष्णु (स्ट्राइकिंग) होता है। 'प्रलय की छाया' में कमलावती के सौंदर्य से समीर साँस लेता है—उसमें प्राणों का नया स्पंदन होता है। उसके अपूर्व सौंदर्य के अभिनंदन में स्वर्ग की अप्सराएँ भी नृत्य निरत होती हैं। सौंदर्य के लिए प्राणी अपने प्राणों को भी त्यागने के लिए तैयार है—

उस पर बलिहारी चकोर अंगारे चुगता है। (आँसू)

प्रसाद जी ने सौंदर्य और उसके प्रभाव की व्यंजना में नख-शिख परंपरा को छोड़कर समष्टि रूप का ही वर्णन किया है। अंगों का स्वतंत्र सौंदर्य-निरूपण मुख, नेत्र और अधरों पर हास का है जो पारदर्शी या हृदय की भावना को व्यक्त करने की क्षमता के कारण सौंदर्य-भाव-व्यंजक है। उनका वर्णन भी अनुभूति-प्रभावमूलक

चित्रांकन शैली में है।

(7) जहाँ रूप-सौंदर्य सात्विक न होकर वासना को उत्तेजित करने वाला है, उससे व्यक्ति का पतन होकर जीवन विषादांत हो जाता है। इसीलिए कमलावती के सौंदर्य के संबंध में कवि कहते हैं—

नारी यह रूप तेरा जीवित अभिशाप है
जिसमें पवित्रता की छाया भी पड़ी नहीं।
× × ×
पुण्य ज्योति हीन कलुषित सौंदर्य का—
गिरता नक्षत्र नीचे कालिमा की धारा-सा
असफल सृष्टि होती—
प्रलय की छाया में। (लहर : प्रलय की छाया)

(8) प्रकृति को जीवन-सापेक्ष और जीवन को प्रकृति-सापेक्ष प्रस्तुत करते हुए प्रसाद जी ने दोनों के जो सामंजस्यपूर्ण रूप की व्यंजना की है, उसमें एक नवीन सौंदर्य का उन्मेष हुआ है। संध्या की लालिमा में मानव मन का अनुराग फैलकर फिर वह उषा की आलोक किरण का रूप धारण करता है—

मेरा अनुराग फैलने दो नभ के अभिनव कलरव में,
जाकर सूनेपन के तम में बन किरन कभी आ जाना। (लहर)

प्रियतम के जीवन-गीत से यह पृथ्वी, प्रेम और आनंद का प्रतीक वृंदावन बन जाएगा जहाँ प्रकृति और श्रीकृष्ण—गोपिकाओं की प्रेममय लीलाएँ घुल-मिल गई हैं—

जग की सजल कालिमा रजनी में मुख चंद्र दिखा जाओ,
प्रेम-वेणु की स्वर लहरी में जीवन-गीत सुना जाओ।
× × ×
स्नेहालिंगन की लतिकाओं की झुरमुट छा जाने दो।
जीवन-धन इस जले जगत् को वृंदावन बन जाने दो। (लहर)

नैसर्गिक प्रकृति-सौंदर्य और भाव-सापेक्ष मानवीय सौंदर्य के रूप को एक-दूसरे से अलग नहीं किया जा सकता।

4. भाव और कर्म-सौंदर्य

(क) भाव-सौंदर्य : प्रसाद जी के काव्य में रूप-सौंदर्य की तरह भाव-सौंदर्य की भी सामान्य विशेषताएँ सौंदर्य-प्रियता, प्रेम और वेदना, एकांत प्रेम, रहस्यात्मकता तथा माधुर्य-मादकता हैं जिनका अंतर्मुखी, भावात्मक और कल्पनाशील चित्रांकन

हुआ है। जीवन के इस कोमल पहलू के निरूपण की प्रवृत्ति पर छायावाद के अन्य कवियों की तरह प्रसाद जी पर भी यह आक्षेप किया गया है कि उनके काव्य में वैविध्य नहीं है। यदि स्थूल दृष्टि को छोड़कर ध्यान से अनुशीलन करें तो भाव-जगत् के विविध पहलुओं की ओर–दार्शनिक-आध्यात्मिक, अज्ञात-रहस्यात्मक, सामाजिक-पारिवारिक, सभ्यता-संस्कृति संबंधी और वैयक्तिक दिशाओं की ओर कामायनी में संकेत अवश्य मिल जाते हैं। कुछ का विस्तार हुआ है तो कुछ संक्षिप्त रूप में है। 'लहर' की ऐतिहासिक और अन्य कुछ कविताओं में राष्ट्रीय, मानवतावादी और नैतिक भावनाओं की भी व्यंजना अवश्य मिल जाती है। अंतर इतना ही है कि रोमांटिक भावनाओं की तरह ये भी अंतर्मुखी रूप में प्रस्तुत की गई हैं और कुछ भावों के निरूपण में उतनी रमणीयता नहीं है। भाव-वैविध्य की कमी के कारणों पर आगे कर्म-सौंदर्य के संदर्भ में विचार किया जाएगा। जो कवि कहता है–

अखिल की लघुता आई बन, समय का सुंदर बातायन
देखने को अदृष्ट नर्तन। (लहर)

भावक्षेत्र के संबंध में उसका दृष्टिकोण संकुचित नहीं होगा।

प्रसाद जी केवल भाव-सौंदर्य के ही कवि हों, ऐसी बात नहीं है। प्रियतम जहाँ ज्ञात ही नहीं, अज्ञात भी होता है, सौंदर्य के साथ सत्य और शिव का संबंध हो जाना अनिवार्य है–

तुम सत्य रहे चिर सुंदर ! मेरे इस मिथ्या जग के
थे केवल जीवन संगी, कल्याण कलित इस मग के। (आँसू)

सामाजिक-राजनीतिक संदर्भ में सौंदर्य के साथ शिव का संबंध निरूपण 'प्रलय की छाया' में भी है। 'पवित्रता की छाया' रहित कमलावती का 'कलुषित सौंदर्य' उनके जीवन में ही नहीं राजनीतिक-सामाजिक परिस्थितियों में भी प्रलय की सृष्टि करता है। प्रसाद जी की 'मधुचर्या' के विरोध के बावजूद शुक्ल जी की सहृदय रसज्ञता, 'आँसू' जैसे शुद्ध रोमांटिक काव्य के मूल्यांकन में स्वीकार करती है–'अभिव्यंजना की प्रगल्भता और विचित्रता के भीतर प्रेम-वेदना की दिव्य विभूति का, विश्व में उसके मंगलमय प्रभाव का, सुख और दुःख दोनों को अपनाने की उसकी अपार शक्ति का और उसकी छाया में सौंदर्य और मंगल के संगम का भी आभास पाया जाता है।'[8]

प्रसाद जी के काव्यों में भाव-व्यंजना कोरी कल्पना न होकर जीवन-सापेक्ष है। मानसिक अंतर्द्वंद्व और संघर्ष में भाव-भूमि, जीवन की यथार्थता को सूचित करती है। 'कामायनी' के मनु और 'प्रलय की छाया' की कमलावती के जीवन में उसकी झलक मिल जाती है–

जिए फिर क्यों न सब अपनी ही आशा में ?
बंदिनी हुई मैं अबला थी,
प्राणों का लोभ उन्हें फिर क्यों न बचा सका ?
प्रेम कहाँ मेरा था ? और मुझमें भी कैसे कहूँ शुद्ध प्रेम था।

प्रसाद जी ने बुद्ध के जीवन-दर्शन में ही नहीं, अन्यत्र भी मानवीय संवेदना की रमणीय अभिव्यक्ति की है–

जगती की मंगलमयी ऊषा बन, करुणा उस दिन आई थी।
जिसके नव गैरिक अंचल की प्राची में भरी ललाई थी। (लहर)
दुःख की पिछली रजनी बीच विकसता सुख का नवल प्रभात,
एक परदा यह झीना नील, छिपाए हैं जिसमें सुख गात।
(कामायनी : श्रद्धा सर्ग)

प्रसाद जी के काव्य में वेदना केवल प्रेम संबंधी नहीं है। कवि ने जीवन के दुख की तीव्रता और व्यापकता को भी अभिव्यक्त किया है। यह वेदना या दुख जीवन के लौकिक और आध्यात्मिक दोनों पहलुओं से संबंधित है।

दुख सुख के दोनों डग भरता बहन कर रहा गात,
जीवन का दिन पथ चलने में कर देता तू रात,
तू बढ़ जाता अरे अकिंचन, छोड़ करुण स्वर अपना,
सोने वाले जगकर देखें अपने सुख का सपना।

जहाँ रोमांटिक 'आँसू' में वेदना प्रेम में वियोग की है, 'लहर' और 'कामायनी' में उसने जीवन के सुख-दुख का रूप लिया है। प्रसाद जी की भाव-व्यंजना पर इस सामान्य विचार के बाद कुछ विशिष्ट धर्मों या पहलुओं को देखेंगे जिनके कारण भावों में अपूर्व सौंदर्य भर गया है।

(1) यह कहा जा चुका है कि उग्र भावनाओं का निरूपण कामायनी के प्रलय वर्णन और संघर्ष में हुआ है। भाषा में कहीं-कहीं ओजस्विता की कमी के बावजूद भावनाओं में प्रचंडता और वेग के साथ प्रसार की भी व्यंजना है।

उधर गरजती सिंधु लहरियाँ, कुटिल काल के जालों सी,
चली आ रहीं फेन उगलतीं फन फैलाए व्यालों सी।
धँसती धरा, धधकती ज्वाला, ज्वालामुखियों के निश्वास,
और संकुचित क्रमशः उसके अवयव का होता था ह्रास।

(2) भावों में कोमलता, सुकुमारता, नैसर्गिकता और स्वच्छंदता की छायावादी

सौंदर्यात्मक प्रवृत्तियाँ भी मिल जाती हैं।

(3) भावनाओं की अनुभूति मानसिक होती है तो उसकी बहिर्मुखी अभिव्यक्ति ऐंद्रिय होती है। दोनों के सम्मिलित रूप में ही भावना का स्वरूप खड़ा होता है। इन दोनों के उदाहरण पहले दिए जा चुके हैं।

(4) रोमांटिक और रहस्यवादी कविताओं में कवि का प्रियतम अज्ञात है। 'आँसू' का नायक (नायिका रूप में भी वर्णन मिलता है जो सूफी प्रभाव है।) 'छवि परदे में सम्मोहन वेणु बजाता है'। 'लहर' में भी तीन-चार रहस्यवादी रचनाएँ हैं। इनमें तुम और मैं के अस्तित्व या प्रतीकात्मकता का प्रश्न उतना महत्त्वपूर्ण नहीं है जितना दोनों का अनंत संयोग है—

तुम हो कौन और मैं क्या हूँ? इसमें क्या है धरा, सुनो।
मानस-जलधि रहे चिर चुंबित, मेरे क्षितिज! उदार बनो।। (लहर)

'हे सागर संगम अरुण नील' आदि कुछ प्राकृतिक कविताओं का भी रहस्यवादी अर्थ लगाया जा सकता है। प्रसाद जी का रहस्यवाद न पंत जी की तरह प्राकृतिक, न निराला जी की तरह आध्यात्मिक और न महादेवी जी की तरह मधुर है। प्रसाद जी ने प्राकृतिक आध्यात्मिक और प्रेम-माधुर्यपूर्ण तीनों रूपों को यथा संदर्भ अपनाकर अपने रहस्यवाद को सौंदर्य और आनंद पर आधारित करके अहं का इदम् के साथ समन्वय दिखाया है। प्रसाद जी के अनुसार रहस्यवाद में 'अपरोक्ष अनुभूति समरसता तथा प्राकृतिक सौंदर्य के द्वारा अहं का इदम् से समन्वय करने का सुंदर प्रयत्न है।'[9]

(5) माधुर्य और मादकता प्रसाद जी के काव्य की वह प्रधान विशेषता है जिस पर शुक्ल जी ने आक्षेप किया है। माधुर्य सौंदर्य का आधारभूत तत्त्व है। मादकता लाक्षणिक अर्थ में सौंदर्य के प्रभाव और अनुभूति को आत्म-केंद्रित रूप में प्रस्तुत करके लौकिक संसार की वेदना को मानव-मन से दूर कर देनेवाली है। 'रस' में भी 'सद्यः परनिवृत्ति' और अलौकिकता है। रोमांटिक काव्य आँसू में यह माधुर्य और मादकता कुछ स्थानों पर सूफी प्रभाव के कारण विह्वलता, स्वप्नलोकों में संचार करनेवाली, मूर्छा या बेहोशी की स्थिति पर पहुँच गई है। लेकिन उस काव्य में मानवीय संवेदना की अभिव्यक्ति और काव्यान्त में जीवन-जगत् की कल्याण कामना भी है। भारतीय विरह-वर्णन में भी मूर्छा और मरण की ओर संकेत मिल जाते हैं। लेकिन वे शारीरिक अवस्था के द्योतक हैं जबकि 'आँसू' में वे सौंदर्य और उसके प्रभाव की भावात्मक पराकाष्ठा के द्योतक हैं। अपनी अभिरुचि के अनुसार और परंपरा एवं नवीनता की ओर उन्मुखता के कारण, दोनों के पारस्परिक काव्योत्कर्ष के संबंध में मतभेद हो सकता है। आँसू के परवर्ती काव्य लहर और कामायनी में माधुर्य और मादकता की भावनाएँ संयमित ही नहीं, सहजता और स्वाभाविकता के साथ

प्रकृति के माध्यम से अभिव्यक्त हुई हैं।

(6) प्रकृति या मानवीय रूप से उत्पन्न प्रेम-भावना में स्वच्छंदता, आनंद और वेदना प्रधान भाव हैं। प्रकृति की चेतना या चिति से—

पशु हो कि पाषाण सब में नृत्य का नया छंद
एक आलिंगन बुलाता सभी को सानंद। (कामायनी : वासना सर्ग)
सृष्टि हँसने लगी आँखों में खिला अनुराग। (कामायनी : वासना सर्ग)
संध्या की मिलन प्रतीक्षा कह चलती कुछ मनमानी
ऊषा की रक्त निराशा कर देती अंत कहानी। (आँसू)

प्रसाद के काव्य में प्रेम-भावना सामाजिक-पारिवारिक परिपार्श्व से असंपृक्त ऐकांतिक अनुराग है। कामायनी में मनु और श्रद्धा के गांधर्व विवाह की ओर भी संकेत नहीं है। 'प्रलय की छाया' में कमलावती महत्त्वाकांक्षा से प्रेरित स्वच्छंद रनिवास बदलती रहती है। उसका प्रेम रूप गर्व से आत्मरति (Narcissim) की सीमा पर पहुँच गई है—

पागल हुई मैं अपनी ही मृदुगंध से—
कस्तूरी मृग जैसी। (लहर : प्रलय की छाया)

केवल कामायनी में श्रद्धा के पुत्र के प्रति वात्सल्य और लालन-पालन में पारिवारिक जीवन की एक झलक मिल जाती है। अन्य छायावादी कवियों की तरह प्रसाद जी ने भी प्रेम-भावना को सामाजिक-पारिवारिक बंधनों से मुक्त स्वच्छंद रूप को ही सामने रखा है।

(7) कामायनी को छोड़कर अन्य काव्यों में भाव-वैविध्य उतना अधिक नहीं है तो भावों के प्रसार और व्यापकता से उसकी पूर्ति हो गई है। वास्तव में भाव-सौंदर्य का मापदंड भावों की संख्या नहीं, उसका प्रसार और व्यापकता है जो भाव का गतिशील चित्रांकन करती है। भाव, रूप की तरह नेत्रेंद्रिय का विषय न होकर मन का ग्राह्य विषय है। भाव के व्यापक प्रसार का चित्र या बिंब उसकी ग्राह्यता में सहायक और उसे सौंदर्यात्मक एवं संवेद्यात्मक बनाता है। भाव प्रसार के उदाहरण—

कल्पना अखिल जीवन की, किरनों से दृग तारा की
अभिषेक करे प्रतिनिधि बन, आलोकमयी धारा की। (आँसू)
सूने नभ में स्वर तरंग का फैलाकर मधु पारावार,
नक्षत्रों से जब प्रकाश की रश्मि खेलने आती है
तब कमलों की सी तब संध्या क्यों उदास हो जाती है ? (लहर)

(8) रूप-सौंदर्य की तरह भाव-व्यंजना भी व्यक्तित्व-चरित्र सापेक्ष है। इस

विषय में कवि और पात्र दोनों का व्यक्तित्व, भाव की मनोवैज्ञानिक प्रकृति को—उसके उद्‌भव, प्रसार और अनुभूति को निर्धारित करता है। यह स्वयं विस्तृत अध्ययन का विषय है। भावों की प्रकृति के चार पहलू हैं—दार्शनिक (जीवन-दर्शन) मनोवैज्ञानिक, सामाजिक और सौंदर्यशास्त्रीय। गद्य-साहित्य को छोड़ दें तो तीसरा पहलू काव्य में उभरकर आया ही नहीं है। पहले और चौथे पहलुओं की अन्यत्र काफी चर्चा हो गई है। दूसरा मनोवैज्ञानिक पहलू कामायनी के पूर्वार्द्ध की आधारभूमि है और उत्तरार्द्ध में दर्शन का पल्लवन है। चिंता से लेकर ईर्ष्या तक भावों का मनोवैज्ञानिक निरूपण सौंदर्य के रमणीय परिधान में है। सूर की भाव-व्यंजना की मनोवैज्ञानिकता के साथ प्रसाद जी तुलना करते हैं तो एक विशेष अंतर दिखाई देता है। सूर की काव्यात्मक रमणीय भाव-व्यंजना में मनोवैज्ञानिकता अंतर्लीन है। पता नहीं, मनोविज्ञान में भी अज्ञात कितनी मनोवृत्तियों और मनोभावनाओं को सूर ने अपने सौंदर्यमय भावनिरूपण में व्यक्त किया है। इसके विपरीत कामायनी में मनोवैज्ञानिक भाव-व्यंजना प्रधान है और उसे सौंदर्यात्मक रूप दिया गया है। सूर की प्रतिभा ने जीवन का अनुशीलन करते हुए भावों के मनोवैज्ञानिक पहलू को अपने आप व्यक्त किया है। प्रसाद जी के समय तक मनोविज्ञान का पर्याप्त विकास हो गया था जिसका आधार लेकर उन्होंने रचना की है। इस कारण कामायनी के भाव-निरूपण, काव्य सौंदर्य से भी अधिक मनोवैज्ञानिक, प्रमुख रूप में सामने आया है। प्रसाद जी की इस भाव-व्यंजना के संबंध में महत्त्वपूर्ण बात यह है कि वे शृंगार या अन्य किसी रस के संचारी भाव नहीं हैं। उनका संबंध जीवन की सहज वृत्तियों से है। अर्थात् वे जीवन की चिंता, आशा, श्रद्धा, काम, वासना, लज्जा और ईर्ष्या हैं जो जीवन के प्रेरणा सूत्र हैं और समग्र जीवन को प्रभावित करते हुए उसकी गतिविधि को परिवर्तित करते हैं। प्रत्येक भाव के सभी पहलुओं का कवि ने ध्यान रखा है। (अ) मूल वृत्ति (आ) सुख-दुखात्मक प्रकृति (इ) मानसिक अनुभूति (ई) संचारी या संबद्ध भाव (उ) ऐंद्रिय अभिव्यक्ति (ऊ) क्रियाशील प्रवृत्ति की प्रेरणा और (ऋ) जीवन में सार्थकता या महत्त्व। इस मनोवैज्ञानिकता और रमणीयता दोनों को देखते हुए शुक्ल जी ने लिखा है कि 'इन वृत्तियों की आभ्यंतर प्रेरणाओं और बाह्य प्रवृत्तियों को बड़ी मार्मिकता से परखकर इनके स्वरूपों की नराकार उद्‌भावना की गई है।'[10] उदाहरण के रूप में केवल एक भावना का विश्लेषण पर्याप्त है। (अ) आशा की मूल वृत्ति, आस्था और विश्वास है जिनके बिना मनुष्य में जीने की इच्छा समाप्त हो जाती है। प्राकृतिक और जीवन संबंधी प्रतिकूल परिस्थितियों की 'चिंता' पर विचार करने में उसका विकास होता है और 'आशा' के विकास के बाद 'श्रद्धा' या विश्वास उत्पन्न होता है। ('मैं हूँ—मैं रहूँ।') (आ) आशा सुखात्मक भावना है। लेकिन विश्वास के अभाव में वह मन में माधुर्य और व्याकुलता दोनों उत्पन्न करती है। निराशा में वह स्पृहणीय है, स्पंदनशील मन में व्यक्ताव्यक्त रूप में प्रकट होकर

मन को जीवन के स्वप्नलोकों में पहुँचा देती है और उसमें नए प्राण फूँक देती है। ('अधीर, स्पृहणीय, मधुर जागरण, सदय हृदय, झिलमिल, मधुर स्वप्न, प्राण समीर।') (इ) आशा की अनुभूति मन को चेतन या स्पंदनशील बनाकर मन और जीवन में नया सौंदर्य और जागरण भर देती है। ('छविमान-मधुर जागरण'।) (ई) आशा से संबद्ध भाव अभिलाषा, उत्साह और जीवन की इच्छा है। जब आशा के विश्वास के साथ जुड़ने पर काम या वासना आदि अनेक भावनाओं का मन में संचार होता है। ('शीतल दाह, शुभ उत्साह, जीवन की पुकार।') (उ) आशा की ऐंद्रिय अभिव्यक्ति सात्विक और कायिक अनुभावों के रूप में होती है। कवि ने पूरे सर्ग में आशा की मानसिक और ऐंद्रिय अभिव्यक्ति की ओर अनेक संकेत किए हैं। ('स्मिति की लहरें–मधुमय तान'।) (ऊ) आशा जीवन में क्रियाशील प्रवृत्ति का आधार है। कर्म से जीवन का विकास होता है और अधिक उत्साह के साथ मनुष्य जीवन की लीला में लालसा के साथ प्रवृत्त होता है। ('विकासमयी, विलासमयी, लालसा की ओर संकेत।') (ऋ) आशा के बिना जीवन-यापन और नवीन चिंतन संभव नहीं है। जीवन के विकास और उसके संबंध में समस्त दार्शनिक चिंतन आशावादी-निराशावादी दृष्टिकोणों पर निर्भर करता है। पहला ही मानवीय सभ्यता और संस्कृति तथा उसके विभिन्न पहलुओं का आधार है। आशा कर्म की प्रेरणा देकर जीवन को अग्रसर करता है। चिंताग्रस्त मनु आशा का उदय होने पर यज्ञ कार्य आरंभ करके प्राकृतिक शक्तियों और ईश्वर को अनुकूल और प्रसन्न करने का प्रयत्न करते हैं। आशा जीवन की लालसा उत्पन्न करके उसका लक्ष्य निर्धारित करती है–

> तो फिर क्या मैं जिऊँ और भी,
> जीकर क्या करना होगा ? (कामायनी : आशा सर्ग)

(ख) कर्म-सौंदर्य : (1) यह मानी हुई बात है कि छायावाद में प्रायः जीवन की यथार्थता, उसकी सामाजिकता और कर्म-जगत् की ओर प्रवृत्ति की उपेक्षा की गई है। प्रसाद की काव्य-प्रवृत्ति को समझने के लिए उसके कारणों पर विचार करना आवश्यक है। पाश्चात्य रोमांटिक काव्य में धर्म और समाज के कठोर शासन के विरुद्ध व्यक्ति की स्वतंत्रता के लिए आग्रह और विरोह की प्रवृत्ति दिखाई देती है। भारत के संदर्भ में स्वतंत्रता-संग्राम में दमन और चिंतन पर प्रतिबंधों के कारण उन प्रवृत्तियों पर और बल दिया गया है। (2) छायावादी युग तक विज्ञान की उन्नति ने रागात्मकावृत्ति की उपेक्षा करके बुद्धिवाद का समर्थन किया है। उस पर अनतोले फ्रांस के विचार द्रष्टव्य हैं।[11] इन राजनीतिक, धार्मिक और सामाजिक परिस्थितियों ने और वैयक्तिक अभिरुचि ने प्रसाद जी को अंतुर्मखी और भावनाशील बनाया है। (3) एक ओर राष्ट्रीय धारा के कवि स्वतंत्रता के लिए संघर्ष और क्रांति का

संदेश दे रहे थे, उस कार्य में असफलता ने प्रसाद जी को पहले निराशा की ओर ले जाकर फिर उस स्थिति में कवि को एकांत प्रकृति, स्वप्नलोक और यूटोपिया में शांति दी। (4) भारतीय दर्शन, धर्म और संस्कृति पर अपार श्रद्धा ने जीवन के प्रति अपनी एकांगी प्रवृत्ति का आदर्शीकरण करते हुए उसकी परिधि में ही यथार्थता, सामाजिकता और सात्विक श्रद्धामय कर्म को स्वीकार किया है। कामायनी की शक्तिमत्ता और दुर्बलता दोनों की यही कहानी है।

प्रसाद जी ने जीवन में कर्म के महत्त्व को स्वीकार नहीं किया हो, ऐसी बात नहीं है। कर्म की प्रेरणा देनेवाला रागात्मक भाव है और उसमें सफलता बुद्धि या ज्ञान से काम लेने में है। इसीलिए कवि ने रहस्य सर्ग में भाव, ज्ञान और कर्म लोकों का समन्वय किया है। वही जीवन में आनंद पाने का मार्ग है। आरंभ में इड़ा का परिचय देते हुए कवि ने कहा है–

> था एक हाथ में कर्म कलश वसुधा-जीवन-रस-सार लिए।
> दूसरा विचारों के नभ को था मधुर अभय अवलंब दिए।।
>
> (कामायनी : इड़ा सर्ग)

वह आगे मनु से कहती है–

> हाँ तुम ही हो अपना सहाय।
> जो बुद्धि कहे उसे न मानकर फिर नर किसकी शरण में जाय ?
> यह प्रकृति परम रमणीय अखिल ऐश्वर्य भरी शोधक-विहीन।
> तुम उसका पटल खोलने में परिकट कसकर बन कर्मलीन।
>
> (कामायनी : इड़ा सर्ग)

प्रकृति पर विजय पाने की साधना में संलग्न बुद्धि या इड़ा का यह भव्य रूप है। मनु और इड़ा के सहयोग में सामाजिक व्यवस्था बनी और मनुष्य कर्म के पथ पर आगे बढ़ने में असफल हो गया तो उसका कारण मनु और इड़ा दोनों हैं। काम के शब्दों में मनु तुम श्रद्धा को गए भूल।...समरसता है संबंध बनी अधिकार और अधिकारी की। (कामायनी : इड़ा सर्ग) मनु अहं और महत्त्वाकांक्षा के कारण यह स्वीकार करने के लिए तैयार नहीं हैं कि–

> नियामक नियम न माने
> तो फिर सब कुछ नष्ट हुआ सा निश्चय जाने
>
> (कामायनी : संघर्ष सर्ग)

दूसरी ओर सामाजिक वर्ग है–

श्रम भाग वर्ग बन गया जिन्हें अपने बल का गर्व है उन्हें।

× × ×

अधिकार न सीमा में रहते, पावस-निर्झर से बहते।

(कामायनी : दर्शन सर्ग)

दोनों के बीच कामायनी में इड़ा की शिकायत करती है—'सिर चढ़ रही, पाया न हृदय, तू विकल कर रही है अभिनय।' (कामायनी : दर्शन सर्ग) यदि इड़ा बुद्धि या ज्ञान का प्रतीक है तो हृदय पाने का प्रश्न ही नहीं उठता। दूसरी ओर प्रसाद जी ने अपनी नायिका जो श्रद्धा या भाव की प्रतीक है उसे चेतनामयी भी घोषित किया है (कामायनी का आमुख देखिए) जो प्रतीक-निर्वाह की दृष्टि से गलत है। मनुष्य को चेतना प्रदान करने वाली बुद्धि या ज्ञान है, भाव नहीं। कामायनी के पुत्र मानव को इड़ा के हाथों में सौंपते हुए वह श्रद्धा और बुद्धि के सहयोग के साथ जीवन के सात्विक कर्म पथ पर आगे बढ़ने को कहती है जो कवि का कर्म-संदेश है।

यह तर्कमयी तू श्रद्धामय, तू मननशील कर कर्म अभय,
इसका तू सब संताप निचय, हर ले, हो मानव भाग्य उदय,
सब की समरसता का प्रचार, मेरे सुत ! सुन माँ की पुकार !

यह दूसरी पीढ़ी की कहानी है।

कामायनी और मनु आध्यात्मिक साधना करने हिमालय में चले जाते हैं। इस भारतीय आध्यात्मिक साधना को कर्मविमुख या पलायनवाद कहना उचित नहीं है। भारतीयों ने जीवन में साधना के चार मार्गों को स्वीकार किया है—ज्ञान, योग, कर्म और भक्ति। अपने लक्ष्य और अभिरुचि के अनुसार किसी भी मार्ग को अपनाया जा सकता है। प्रवृत्ति-मार्ग निवृत्ति-मार्ग से श्रेष्ठ है, यह कहना उचित नहीं है। व्यक्ति की दृष्टि, अवस्था और आश्रम के अनुसार चयन होता है। प्रसाद के काव्य में पलायनवादी संकेत अवश्य मिलते हैं। दुखमय संसार के प्रति भावनाशील कवि की यह प्रतिक्रिया है। 'आँसू' में रोमांटिक कल्पनालोकों की सृष्टि है। 'लहर' में कवि संघर्ष और दुख के संसार को छोड़कर प्रकृति की एकांत, प्रेममय, शांत और आनंदमय गोद में पहुँचना चाहता है—

'ले चल वहाँ भुलावा देकर मेरे नाविक धीरे-धीरे
जिस निर्जन में सागर लहरी अंबर के कानों में गहरी
निश्चल प्रेम कथा कहती हो तज कोलाहल की अवनी रे।

कवि चाहते हैं कि दिन के संघर्षमय कर्मों और अभावों के बाद रात में सुखद स्वप्नों

का अंत न हो–

वक्षस्थल में जो छिपे हुए
सोते हों हृदय अभाव लिए
उनके स्वप्नों का हो न प्रात। (लहर)

'कामायनी' के काम सर्ग में रात का मद-विह्वल वर्णन भी मानव मन को बेहोश करके सौंदर्य लोक में पहुँचाने वाला है। इन सबको कर्म मार्ग के समर्थक, जीवन से पलायन मानते हैं जबकि जीवन का लक्ष्य शांति और आनंद माननेवाले सौंदर्य के स्वप्नों का समर्थन करते हैं, कम से कम जीवन की संध्या में।

लहर की ऐतिहासिक कविताओं में राष्ट्रीय, धार्मिक और सामाजिक संदर्भों में कर्म-जगत् को कुछ विस्तार मिला है। लेकिन काव्य दृष्टि से कर्म-सौंदर्य का उन्मीलन भावना और कल्पना प्रेरित रूप में ही है, बहिर्मुखी संघर्ष के विस्तार में नहीं है। यह कवि की अभिरुचि की सीमा है।

5. अभिव्यंजना-सौंदर्य

छायावादी अभिव्यंजना-पद्धति, उसके सौंदर्य और मुख्य कवियों पर इतना विचार-विमर्श हो चुका है कि प्रसाद के अभिव्यंजना-सौंदर्य की संक्षेप में समीक्षा करेंगे। पंत जी का अभिव्यंजना-सौंदर्य, सीमित प्रकृति-सौंदर्य और प्रेम के क्षेत्र में कोमल भावनाओं की अभिव्यक्ति में है। निराला जी ने कोमल-उग्र-आध्यात्मिक सभी दिशाओं में ओजस्वी या शक्तिशाली कल्पना को लेकर वस्तु और भावना को अपने अभीष्ट रूप में ढाला है। महादेवी जी की काव्य-कल्पना रहस्यवादी वस्तु और भावनाओं के अनुरूप अनंत वैभव और दार्शनिक चिंतन से अनुप्राणित है। प्रसाद जी की कल्पना ने भावुक और भावनाशील दोनों दृष्टियों से प्रधानतः सौंदर्य, प्रेम, जीवन के सुख-दुख और आध्यात्मिक चिंतन के क्षेत्रों में नवीन दिशा में प्रस्थान का सफल प्रयत्न किया है। (कहीं-कहीं असफल)

छायावादी अभिव्यंजना-सौंदर्य के पाँच प्रधान तत्त्व हैं–कल्पना, बिंब, प्रतीक, चित्रांकन और अप्रस्तुत योजना। ये एक-दूसरे से इस तरह घुलमिल गए हैं कि प्रत्येक उद्धरण में एकाधिक तत्त्व मिल जाते हैं। इनके संबंध में प्रसाद जी की कला की विशेषताओं को देखेंगे। यहाँ प्रसाद जी के ही दो उद्धरण प्रासंगिक हैं : (1) 'सूक्ष्म आभ्यंतर भावों के व्यवहार में प्रचलित पद योजना असफल रह जाती है। उसके लिए नवीन शैली, तथा वाक्य विन्यास आवश्यक हैं।'[12] (2) 'अपने भीतर से मोती के पानी की तरह अन्तःस्पर्श करके भाव समर्पण करने वाली अभिव्यक्ति कांतिमती होती है।'[13] प्रसाद जी के काव्य में भाव माधुर्य, अभिव्यंजना में पारदर्शी कांतिमयी उज्ज्वलता है।

(क) कल्पना : पंत जी की कल्पना अंतर्मुखी सूक्ष्म, कोमल और सात्विक है। निराला जी की कल्पना अंतर्मुखी होने के साथ-साथ मानसिक हर्षोल्लास और ओजस्विता से. भरी है। और अवसर के अनुसार बहिर्मुखी भी है। भावना की आध्यात्मिकता के बावजूद महादेवी की कल्पना प्रतीकात्मक और अप्रस्तुत-माध्यम में बहिर्मुखता की ओर कुछ अधिक उन्मुख है। प्रसाद जी की कल्पना अंतर्मुखी मादकता और भाषिक अभिव्यक्ति में माधुर्य और आनंद से अपूर्ण है। कुछ उदाहरण–

(1) रंगीन छटा का माधुर्य : 'रंगों ने जिनसे खेला हो ऐसे वह फूलों की डाली।' (कामायनी : श्रद्धा सर्ग)

(2) कमलावती के आलक्तक लाल चरणों में नूपुरों के घुल-मिल जाने की कल्पना :

जैसे अंतरिक्ष की अरुणिमा
पी रही दिगंत व्यापी संध्या-संगीत को। (लहर : प्रलय की छाया)

संध्या का नवीन रूप में मधुर वर्णन और पीने की क्रिया की मादक व्यंजना द्रष्टव्य है।

(3) अप्रस्तुतों का न्यूनतम सहारा लेकर लाक्षणिक प्रयोगों के द्वारा भी कल्पना ने मूर्त्त ऐंद्रिय रूप विधान किया है–'गिर रहीं पलकें, झुकी थी नासिका की नोक ...भरा गद्‌गद बोल।' (कामायनी : वासना सर्ग)

(ख) बिंब-विधान : प्रसाद जी ने प्रकृति का मानवीकरण करते हुए नायिका के हाव-भावों, चेष्टा-व्यापारों और क्रिया-कलापों के अनेक गतिशील सुंदर बिंबों की सृष्टि की है। दूसरी ओर नारी की स्थितिशील रूप की मुद्राओं और गतिशील रूप की अंग-भंगिमाओं के बिंबांकन की कमी भी नहीं है। ये सब स्थूल, ऐंद्रिय और विशद बिंब हैं। पंत जी की तरह सूक्ष्म, संक्षिप्त और मानसिक बिंब अपेक्षाकृत कम मिलते हैं। वसंतोत्सव के क्रियालापों और हर्ष-उल्लास को लेकर सृष्टि के वैज्ञानिक संश्लेषण की यह बिंबात्मक अभिव्यक्ति है–

कुंकुम का चूर्ण उड़ने से मिलने को गले ललकते से,
अंतरिक्ष के मधु-उत्सव के विद्युत कण मिले झलकते से।
(कामायनी : काम सर्ग)

यौवन में रूप के अहं के कारण जब कमलावती का पतन हो जाता है तब शैशव की अबोध स्फूर्ति और आनंद दूर जाकर उसका परिहास करने का सूक्ष्म बिंब–

नृत्यशीला शैशव की स्फूर्तियाँ
दौड़कर दूर जा खड़ी हँसने लगीं। (लहर : प्रलय की छाया)

बिंब की गतिशीलता और अनेक क्रियाओं की व्यंजना द्रष्टव्य है। यह छोटा-सा बिंब, कमलावती की कहानी और उसके चरित्र में एक मनोवैज्ञानिक संबंध सूत्र भी स्थापित करता है।

(ग) **प्रतीक प्रयोग :** प्रसाद जी ने भावानुभूति की व्यापकता, गहराई और तीव्रता की अभिव्यक्ति के लिए प्रतीकों का प्रयोग किया है जो भाव को मूर्त्त और प्रभावोत्पादक बनाते हैं। उनके काव्य में प्रतीकों की अपेक्षा बिंब-योजना और चित्रात्मक अप्रस्तुत-विधान अधिक मिलता है। लेकिन जो प्रतीक-प्रयोग हुए हैं वे अत्यंत सार्थक हैं। हृदय की वेदना, क्षोभ, तड़प, टीस, अंधकार और शून्यता की प्रतीकात्मक अभिव्यक्ति–

झंझा झकोर गर्जन है, बिजली है, नीरदमाला।
पाकर इस शून्य हृदय को, सब ने आ डेरा डाला।। (आँसू)

बुद्धदेव के प्रभाव से कठोर भी द्रवीभूत होकर आँसू बहाने लगे–

काँटों ने भी पहना मोती। (लहर)

अप्रस्तुतों और लाक्षणिक प्रयोगों को मिलाकर लहर के प्रभाव की प्रतीकात्मक व्यंजना–

उठ उठ री लघु लघु लोल लहर।
करुणा की नव अंगड़ाई सी, मलयानिल की परछाईं सी,
इस सूखे तट पर छिटक छहर।। (लहर)

शुष्क जीवन को सरस बनाने की सुंदर प्रतीक-योजना है। कामायनी के पात्र ही प्रतीक नहीं, पूरी कथा मनोवैज्ञानिक और आध्यात्मिक प्रतीकात्मकता के आधार पर विकसित है।

(घ) **चित्रांकन :** पहले प्रकृति और मानवीय रूप के चित्रांकन की कुछ चर्चा हो चुकी है। भाव-प्रतिमा या भाव का चित्रांकन पर भी ध्यान देना है। वास्तव में सभी ललित कलाओं में संगीत और चित्रकला का प्रभाव कविता पर सबसे ज्यादा है। पंत जी एक-दो विशेषणों और क्रियाओं के द्वारा व्यंजक और संक्षिप्त चित्र खींचते हैं। प्रसाद जी वस्तु या रूप के विविध पहलुओं का समन्वित और संश्लिष्ट विस्तृत चित्र प्रस्तुत करते हैं। यह कभी-कभी दृश्य का रूप धारण करता है–

छूने में हिचक, देखने में पलकें आँखों पर झुकती हैं,
कलरव परिहास भरी गूँजें अधरों पर सहसा रुकती हैं।

(ङ) **अप्रस्तुत योजना :** जैसा शुक्ल जी ने पहली बार स्पष्ट किया है, छायावादी अप्रस्तुत योजना, रूप-साम्य और गुण-साम्य के आधार पर नहीं, प्रभाव-साम्य को दृष्टि में रखकर हुई है। अप्रस्तुत-विधान के मूल में सादृश्य, साहचर्य और विरोध

की मनोवैज्ञानिक भावनाएँ सक्रिय रहती हैं। ये अप्रस्तुत केवल वस्तु या रूप के प्रभाव के व्यंजक न होकर अपनी योजना में एक बिंब या चित्र का समन्वित रूप भी ध्वनित करते हैं। इससे कथ्य का प्रभाव और सौंदर्य दोनों बढ़ जाते हैं। सभी विशेषताओं का निरूपक एक उदाहरण–

और उस मुख पर वह मुसकान !
रक्त किसलय पर ले विश्राम
अरुण की एक किरण अम्लान
अधिक अलसाई हो अभिराम।

प्रभाव और सौंदर्य के अतिरेक, प्रस्तुत-अप्रस्तुत का सादृश्य, अप्रस्तुत का समग्र समन्वित चित्र और अलसाई नायिका का अभिराम बिंब भी सूचित हैं।

(च) लक्षणा-व्यंजना : प्रसाद जी के काव्यों के विशेषतः कामायनी के, बहुत प्रसिद्ध हो जाने के बाद भारतीय काव्यशास्त्र के आचार्यों ने उनमें लक्षणा, व्यंजना और ध्वनि के उदाहरण ढूँढ़कर उन्हें श्रेष्ठ काव्य सिद्ध करने के प्रयत्न किए हैं। वे भूल गए हैं कि प्रसाद जी प्राचीन ध्वनि-संप्रदाय के कवि नहीं थे। स्वयं शुक्ल जी ने स्वीकार किया है कि 'प्रसाद की रचनाओं में शब्दों के लाक्षणिक वैचित्र्य उतने नहीं हैं जितने साम्य की दूरारूढ़ भावना के।'[14] वास्तविक बात यह है कि प्रसाद जी के प्रस्तुत के प्रत्यक्ष कथनों में लक्षणा, व्यंजना या ध्वनि के उदाहरण कम मिलते हैं। प्रतीकों, बिंबों, चित्रांकन और अप्रस्तुतों के अर्थ और व्यंजना की विविध संभावनाओं को समझने में शब्द-शक्तियों का सहारा लेना पड़ता है या कल्पना या मानसिक वृत्तियों का आधार ग्रहण करना है। अन्यथा काव्य का सौंदर्य-बोध नहीं होता–

पतझड़ था, झाड़ खड़े थे सूखे से फुलवारी में।
किसलय दल कुसुम बिछाकर आए तुम इस क्यारी में।। (आँसू)

प्रतीकों के द्वारा पहली पंक्ति में उदासी और दूसरी पंक्ति में सरसता और समवेदना की अभिव्यक्ति लक्षणा के आधार पर ही समझी जा सकती है। पूरे छंद में प्रतीकात्मक रूप में प्रियतम के आगमन से जीवन में आनंद की व्यंजना है। 'लहर' से अप्रस्तुत के द्वारा व्यंजना का उदाहरण–

उठ उठ, गिर गिर, फिर फिर आती,
पद चिह्न बना जाती,
सिकता की रेखाएँ उभार,
चर जाती अपनी तरल सिहर। (लहर)

जीवन में आनंद के आवागमन, उसके प्रभाव और उसकी स्मृति में मधुर अनुभूति तथा व्यक्तिगत एवं समग्र जीवन में उस आनंद के कुछ देर तक ठहर जाने की सरल और मधुर अभिलाषा की व्यंजना है। कमलावती (लहर : प्रलय की छाया) कामायनी आदि पात्रों के बिंबात्मक सौंदर्य-वर्णन की विशेषताओं को भी लक्षणा-व्यंजना (या कल्पना शक्ति) के द्वारा ही ग्रहण कर पाते हैं।

(छ) **भाषा-शैली** : अंग्रेजी रोमांटिक काव्याभिव्यंजना का प्रत्यक्ष प्रभाव प्रसाद जी की रचना पर बहुत कम पड़ा है। संस्कृत कोमल-कांत-पदावली के प्रयोग में उसके बंगला भावानुवाद का प्रसाद जी ने अनुसरण किया है। उसकी 'जो गूँज प्रसाद जी के मन में समाई वह बराबर बनी रही।'[15] उनके प्रकथनात्मक, वर्णनात्मक, भावात्मक, वैचारिक आदि सभी शैलियों में उनकी माधुर्यपूर्ण भाषा काव्योचित और चित्रमयी है। शुक्ल जी के शब्दों में, (जो उनकी प्रथम प्रसिद्ध छायावादी रचना 'आँसू' के संबंध में कहा गया है) 'बड़ी रंजन-कारिणी कल्पना' 'व्यंजक चित्रों का बड़ा ही अनूठा विन्यास' तथा 'अभिव्यंजना की प्रगल्भता' और 'विचित्रता'[16] उनकी शैली की मार्मिक विशेषताएँ हैं जिनकी चर्चा पहले की गई है।

(ज) **काव्य-रूप** : आरंभिक रचनाओं को छोड़ दें तो छायावादी प्रवृत्ति में गीतिकाव्य-संकलन, 'झरना' है, 'आँसू' अंतर्मुखी भाव-प्रसार का प्रबंध है, 'लहर' के प्रथम भाग में (बुद्ध के प्रति श्रद्धांजलियों को छोड़कर) आत्मकेंद्रित प्रगीत हैं, द्वितीयार्थ की कविताएँ अतुकांत ब्लैंक वर्स हैं जिनमें इतिवृत्तात्मकता और भावात्मकता का अपूर्व सामंजस्य है। उनकी राष्ट्रीय, बौद्ध-दार्शनिक तथा रूप गर्व एवं पतन की इन कविताओं की भावनाओं की मनोवैज्ञानिक गहराई, प्रसार और भाव-परिवर्तन में कामायनी की काव्य-प्रवृत्ति का बीजार्पण दिखाई देता है। इसी मनोवैज्ञानिक आधार पर कामायनी का जीवन-दर्शन खड़ा है—आरंभ में भाव-प्रसार के रूप में और बाद को आध्यात्मिक चिंतन के रूप में। 'कामायनी' हिंदी का एकमात्र अंतर्मुखी भावात्मक महाकाव्य है। उसके पहले महाकाव्यों की परंपरा इतिवृत्तोन्मुख थी। रामायण-महाभारत में निरूपित जीवन पट की व्यापकता और जीवन-दर्शन की गहराई परवर्ती महाकाव्यों में कम होती गई है। हिंदी में महाकाव्य की संज्ञा पाने योग्य केवल 'मानस' रह गया है। इसलिए शुक्ल जी हिंदी के कथात्मक काव्यों को प्रबंध ही कहते आए हैं और आचार्य विश्वनाथ प्रसाद मिश्र जी ने सूफी प्रेम काव्यों के लिए 'एकार्थ निरूपक' महाकाव्य का नाम दिया है जिसमें जीवन-चित्रण और दर्शन केवल काम या प्रेम पर आधारित था। आधुनिक काल में आकर महाकाव्यों की परिधि विस्तृत और परिवर्तित होती गई है जिसकी चरमसीमा 'कामायनी' है। वह एक साथ ही (1) जल-प्रलय के बाद मनुष्य की सभ्यता और संस्कृति के विकास का इतिहास है, (2) मन की श्रद्धा-बुद्धि का मिथक है, (3) मानव मन के भाव प्रसार और विकास तथा उसकी उन्नति-अवनति का विश्लेषण है, (4) व्यक्ति और समाज के संघर्ष

की कथा है, (5) मानवीय धर्म, संवेदना और कर्तव्य का बोध करानेवाली कहानी है और (6) भारतीय आध्यात्मिक साधना, चिंतन और दर्शन को हिमालय के आनंदमय चरम शिखर पर ले जानेवाली गाथा है। सात्विक सौंदर्य, प्रेम और करुणा के द्वारा यह आनंद लौकिक और आध्यात्मिक दोनों धरातलों पर प्राप्त किया जा सकता है। सौंदर्यशास्त्र काव्य-रूप की इस गहराई और व्यापकता का केवल टेक्निकल मूल्य स्वीकार करता है। लेकिन सौंदर्य के प्रसार और विकास के सूत्र, इस अंतर्मुखी और मनोवैज्ञानिक गहराई और व्यापकता से गुंथकर एक संबद्ध सुसमन्वित और विराट सौंदर्य के स्वरूप को उपस्थित करते हैं तो उसके सौंदर्यशास्त्रीय मूल्य को अस्वीकार नहीं किया जा सकता।

6. सौंदर्यानुभूति

छायावादी कवियों में परंपरा और संप्रदाय के प्रति सर्वाधिक निष्ठा रखने वाले प्रसाद जी ने रस-व्यंजना की उपेक्षा नहीं की है। लेकिन अपनी आधुनिक दृष्टि और आनंदवादी विचारधारा के अनुरूप भावक्षेत्र के विस्तार के साथ सौंदर्य और उसकी अनुभूति की अभिव्यक्ति को विशेष महत्त्व दिया है जो आनंदानुभूति का एक प्रधान स्रोत है। इस आनंदवादी दृष्टि और किसी एक रस की प्रधानता के अभाव में डॉ. नगेंद्र ने कामायनी का प्रधान रस आनंद माना है जो सभी रसों और भावों की अंतिम परिणति है। प्रसाद जी की आनंदवादी विचारधारा उनके जीवन-दर्शन की आधारभूमि है। सौंदर्यजन्य आनंद की अभिव्यंजना को कवि ने उसकी अनुभूति और प्रभाव के माध्यम से अभिव्यक्त किया है।

प्रसाद-साहित्य में सौंदर्यानुभूति पर इतने विस्तार से विचार किया गया है कि यहाँ केवल संक्षेप में उसकी ओर संकेत किया जा रहा है। सौंदर्य की अनुभूति के लिए व्यक्ति या पात्र के व्यक्तित्व की अंतर्मुखी भावनाशीलता और कल्पनाशीलता प्राथमिक आवश्यकता है। सौंदर्य वस्तुनिष्ठ होने पर भी व्यक्ति की पात्रता पर आधारित सौंदर्यानुभूति व्यक्तिनिष्ठ हो जाती है। वस्तुनिष्ठता और व्यक्तिनिष्ठता का समन्वय करते हुए स्वयं कवि कहते हैं–"आँखों की प्रतिष्ठा रूप में है और रूप ग्रहण का सामर्थ्य, उसकी स्थिति, हृदय में है।"[17] "ग्रीस द्वारा प्रचलित सौंदर्यानुभूति बाह्य को, मूर्त्त को, विशेषता देकर उसकी सीमाओं में ही उसे पूर्ण बनाने की चेष्टा करती है और भारतीय विचारधारा ज्ञानात्मक होने के कारण मूर्त्त और अमूर्त्त का भेद हटाते हुए, बाह्य एवं आभ्यंतर का एकीकरण करने का प्रयत्न करती है।"[18] यहाँ पर रूप की बहिर्मुखी अनुभूति और उसकी अंतर्मुखी भावना के समन्वय में ही सौंदर्यानुभूति की पूर्णता का प्रतिपादन हुआ है।

सौंदर्यानुभूति में पता नहीं मन की कितनी दशाएँ हो जाती हैं जिनमें से कुछ प्रमुख दशाओं की ओर प्रसाद जी ने इस तरह संकेत किया है।

(1) पहली रूप के प्रति आकर्षण है :

मैं अपलक इन नयनों से निरखा करता उस छवि को। (आँसू)
प्रतिमा में सजीवता सी बस गई सुछवि आँखों में। (आँसू)

(2) दूसरी सौंदर्य के अंतर्दर्शन या उसके रहस्य को जानने की जिज्ञासा या कुतूहल है--

सौंदर्यमयी चंचल कृतियाँ बनकर रहस्य हैं नाच रहीं
(कामायनी : काम सर्ग)

(3) तीसरी सौंदर्य से मन स्पंदनशील, तन्मय और विस्मय-विमुग्ध होने की स्थिति है :

बिजनी माला पहने फिर मुसक्याता था आँगन में
हाँ, कौन बरस जाता था रस बूँद हमारे मन में ? (आँसू)
माना कि रूप सीमा है सुंदर, तब चिर यौवन में
पर समा गए थे, मेरे मन के निस्सीम गगन में। (आँसू)

(4) चौथी दशा में सौंदर्य के इस गहरे प्रभाव से मन में अपार वेदना और बार-बार दर्शन की अभिलाषा उठती है--

प्यासी मछली सी आँखें थीं विकल रूप के जल में। (आँसू)
मादकता से आए तुम, संज्ञा से चले गए थे
हम व्याकुल पड़े विलखते थे, उतरे हुए नशे से। (आँसू)
विभाव मतवाली प्रकृति का आवरण वह नील,...
बिखराती है, तामरस सुंदर चरण के प्रांत। (कामायनी : वासना सर्ग)

(5) सौंदर्य दर्शन की ऐंद्रिय व्याकुलता के बाद मन धीरे-धीरे शांत होकर सात्विक स्थिति में पहुँचकर स्वप्नलोकों में विहार करने लगता है और उसमें मधुर अभिलाषाएँ जागती हैं जो पाँचवीं दशा है--

चलो तो इस कौमुदी में देख आवें आज,
प्रकृति का यह स्वप्न शासन... (कामायनी : वासना सर्ग)
जिसमें अनंत अभिलाषा के सपने सब जगते रहते हैं।
(कामायनी : लज्जा सर्ग)

(6) छठवीं सौंदर्य-दर्शन की चरमस्थिति आनंद है। लौकिक धरातल पर इस स्थिति में सुख-दुख से परे शांत निश्चल अनुभूति होती है जिसमें पाँचों इंद्रियों

की क्रियाशीलता सामंजस्यपूर्ण होती है–

चेतना लहर न उठेगी जीवन समुद्र थिर होगा। (आँसू)

आध्यात्मिक धरातल पर यह आनंद द्वंद्वातीत स्थिति है। नटराज के नृत्य की तरह सारी सृष्टि आनंदमय हो जाती है–

नर्तन में निरत, प्रकृति गलकर, उस कांति सिंधु में घुल-मिलकर
अपना स्वरूप धरती सुंदर, कमनीय बना था भीषणतर।
(कामायनी : दर्शन सर्ग)

समरस थे जड़ या चेतन, सुंदर साकार बना था,
चेतनता एक विलसती, आनंद अखंड बना था।।
(कामायनी : आनंद सर्ग)

प्रसाद जी ने सौंदर्यानुभूति की और अनेक दशाओं और अंतर्दशाओं की अभिव्यंजना की है जिनको अध्याय के विस्तार के भय से छोड़ दिया जा रहा है। लेकिन आलोच्य विषय के कुछ ऐसे महत्त्वपूर्ण पहलू हैं जिनका उल्लेख आवश्यक है।

(1) जहाँ सौंदर्यानुभूति के लिए वस्तु और ग्राहक का भावात्मक संबंध आवश्यक है, अनुभूति में दोनों के बीच 'मनोवैज्ञानिक दूरी' आकर्षण को बढ़ा देती है। जैसे–

स्वर का मधु निःस्वन रंध्रों में, जैसे कुछ दूर बजे बंसी।
(कामायनी : काम सर्ग)

(2) रहस्यात्मकता सौंदर्य का वस्तुनिष्ठ और अनुभूतिमूलक दोनों पहलुओं का धर्म है।

छायातर छवि-परदे में सम्मोहन वेणु बजाता। (आँसू)
मेरी आँखों को रोक वहीं आगे बढ़ने में जाँच रहीं।
(कामायनी : काम सर्ग)

(3) इस रहस्यात्मकता के कारण सौंदर्य की अनुभूति में मन इस तरह उलझ जाता है जिस उलझन को दूर करके सौंदर्य की स्पष्ट और बोधगम्य अनुभूति संभव नहीं है। श्रद्धा के द्वारा सात्विक स्थिति में ही उस चरम सौंदर्य का रहस्य अनुभूत होता है। अन्यथा–

उलझन प्राणों के धागों की, सुलझन का समझूँ मान तुम्हें।
(कामायनी : काम सर्ग)

(4) सौंदर्यानुभूति में एकोन्मुखता, व्यापकता और पूर्णता एक अलौकिक

अनुभूति देते हुए मन को चमत्कृत करते हुए, उसमें एक अद्‌भुतपन भरते हुए अपूर्व आभा से भर देती है–

अब इंद्र धनुष सी आभा तुम छोड़ गए हो जाकर। (आँसू)

(5) सौंदर्यानुभूति में कठोर हृदय भी द्रवीभूत होकर कोमल बन जाता है। सौंदर्य में जलता हुआ हृदय भी सहर्ष इस जलन में ही आनंद का अनुभव करता है–

सौंदर्य सुधा बलिहारी चुगता चकोर अंगारे। (आँसू)

(6) इस अपूर्व प्रभाव के कारण सौंदर्य जड़ को चेतन या असुंदर को सुंदर बना देता है। समस्त प्रकृति सौंदर्य के साहचर्य में सुंदर बन जाती है। सारी सृष्टि फूलों की पंखुड़ियों से सौंदर्य का अभिनंदन करती, उसके प्रभाव और महत्त्व को स्वीकार करती है–

कुटिल कुंतल से बनाती काल माया जाल,
नीलिमा से नयन की रचती तमिस्रा माल।।
फूलों की कोमल पंखुड़ियाँ बिखरें जिसके अभिनंदन में।
(कामायनी : लज्जा सर्ग)

(7) सौंदर्य के इस प्रभाव को दृष्टि में रखकर ही प्रसाद जी ने कुटीरों, आश्रमों, एकांत प्रकृति, रात के मादक रूप आदि का वर्णन किया है। 'ले चल वहाँ भुलावा देकर' कहनेवाले प्रसाद जी को सौंदर्यवादी नहीं, सामाजिक संघर्षों से दूर एकांत प्रकृति की गोद में, हिमालयों में ले जानेवाले पलायनवादी कवि कहनेवाले समीक्षकों का अभाव भी नहीं है। कवि ने अवश्य ही स्वप्नलोकों और आदर्शलोकों (यूटोपिया) की सृष्टि की है। लेकिन वे सौंदर्य लोक मनुष्य को नवीन स्फूर्ति और शक्ति प्रदान करनेवाले हैं।

(8) प्रसाद जी ने अपनी रचनाओं में सौंदर्यानुभूति के ऐंद्रिय, मानसिक और आध्यात्मिक तीनों धरातलों की रमणीय काव्यात्मक व्यंजना की है। पाश्चात्य काव्य से भिन्न, सौंदर्य और उसकी अनुभूति की आध्यात्मिक परिणति, भारतीय दार्शनिक दृष्टि और परंपरा के अनुरूप है। उनके अंतिम महाकाव्य कामायनी में सौंदर्यानुभूति क्रमशः ऐंद्रिय से मानसिक और उससे अद्वैत की स्थिति पर पहुँच गई है। ऐंद्रिय धरातल पर सौंदर्य-दर्शन और लीला–

मादक भी मोहमयी थी मन बहलाने की क्रीड़ा। (आँसू)

मानसिक धरातल पर सौंदर्य की अनुभूति, हृदय को अनंत रूप में आकर्षणमय,

स्पंदनशील और शांति प्रदायनी प्रतीत होती है। कामायनी के रूप-सौंदर्य से प्रभावित मनु कहते हैं कि–

कौन हो तुम विश्व माया कुहक सी साकार,
प्राण सत्ता के मनोहर भेद सी सुकुमार !
हृदय जिसकी कांत छाया में लिए निश्वास,
थके पथिक समान करता व्यजन ग्लानि विनाश।
(कामायनी : वासना सर्ग)

आध्यात्मिक धरातल पर रूप-कुरूप का द्वंद्व समाप्त होकर, भेदभावों से परे, पुरुष और प्रकृति का या अहं का इदम् के साथ समन्वय होकर, सारी सृष्टि ईश्वरीय महाचिति की अभिव्यक्ति के रूप में प्रतीत होती है जिसमें मनुष्य अखंड आनंद का अनुभव करता है–

कर रही लीलामय आनंद, महाचिति सजग हुई सी व्यक्त
विश्व का उन्मीलन अभिराम, इसी में सब होते अनुरक्त।
(कामायनी : श्रद्धा सर्ग)

7. सौंदर्य की अवधारणा

हिंदी-साहित्य में प्रसाद जी एकमात्र कवि हैं जिन्होंने सौंदर्य की परिभाषा देकर उसके विविध पहलुओं का बिंबात्मक, चित्रात्मक या प्रतीकात्मक रूप में तात्त्विक निरूपण किया है। अपनी रचनाओं में प्राकृतिक, मानवीय और भाव-व्यंजक प्रस्तुतीकरण को उस परिभाषा और पहलुओं के अनुरूप सजीव रूप दिया है। इस तरह उनके साहित्य में सिद्धांत और व्यवहार की सामंजस्यपूर्ण अन्विति लक्षित होती है।

लज्जा सर्ग में लज्जा कामायनी को समझाती है कि वह रति की प्रतिकृति है जो पुरुष के आकर्षण में विह्वल नारी को शालीनता सिखाती है, मतवाली सुंदरता के पग में नूपुर सी लिपट मनाती है, कपोलों, आँखों और अलकों में मन की मरोर बनकर जगाती है, कानों को मसलकर चंचल किशोर सुंदरता की रखवाली करती है तथा ठोकर जो लगनेवाली है उसको धीरे से समझाती है। इससे तीन बातें स्पष्ट होती हैं–सौंदर्य और उसके प्रति संसार का आकर्षण, रूप-सौंदर्य में आत्मोत्कर्ष और पतन की संभावना (कामायनी और 'प्रलय की छाया' की कमलावती) और सौंदर्य के साथ शालीनता, मर्यादा और शिवत्व का संबंध। इस भूमिका पर ही सौंदर्य का तात्त्विक स्वरूप समझा जा सकता है।

सौंदर्य चेतना का उज्ज्वल वरदान है। वरदान के रूप में वह मानव जीवन का कल्याण करता है। उज्ज्वलता बाह्य ऐंद्रिय रूप के आकर्षण को प्रकट करती

है। लेकिन बाह्य सौंदर्य का मूल उत्स मन की चेतना है। प्रसाद जी की दृष्टि में सौंदर्य की अवधारणा मानसिक और वस्तुनिष्ठ है। मन की स्पंदनशीलता के अभाव में बाह्य रूप या अंगांग-सौष्ठव निर्जीव लगता है। चेतना शब्द में सौंदर्य की आध्यात्मिकता की ओर भी संकेत है। ईश्वरीय महाचिति (या चेतना) के द्वारा ही सृष्टि का अभिराम उन्मीलन हुआ है। (श्रद्धा सर्ग) जीवन में प्रवृत्ति का मूल आधार सौंदर्य है। कर्म की प्रेरणा, ज्ञान की आलोकमयता और भाव की मधुर स्पंदनशीलता, किसी न किसी रूप में सौंदर्य से संबद्ध हैं या उसका आधार ग्रहण करती हैं। कवि की वस्तुनिष्ठ परिभाषा में व्यक्तिनिष्ठ अनुभूति की ओर संकेत केवल प्रभाव की व्यंजना के रूप में है। उसकी अनुभूति में अनंत अभिलाषा के सपने जगते रहते हैं। इससे सौंदर्यानुभूति में कमनीयता, माधुर्य और रहस्यमयता की व्यंजना होती है। ये धर्म मानसिक प्रक्षेपण से वस्तुनिष्ठ धर्म भी बन जाते हैं। साथ ही कवि ने सपने शब्द के द्वारा सौंदर्य और उसकी अनुभूति की अपूर्वता या अद्भुतपन को भी व्यक्त किया है।

सौंदर्य का मूल तत्त्व मन की स्पंदनशीलता या प्राणमयी धारा है। ऊँचे शिखरों से प्रवाहित धारा में अंतर्निहित विद्युत शक्ति की तरह सौंदर्य में मन की चेतना की शक्तिमत्ता अदृश्य क्रियाशील रहती है। धारा की शक्ति कल्लोल-कोलाहल के रूप में बाहर प्रकट होती है तो सौंदर्य का स्पंदन भावों की लहरों के रूप में प्रकट होता है। प्राणशक्ति और भावों की क्रियाशीलता सौंदर्य को उन्मादकारी रूप प्रदान करती है या दर्शन के मन को सौंदर्यानुभूति में उन्मत्त कर देती है। उन्माद, सौंदर्य और उसकी अनुभूति की चरमसीमा या स्थिति है।

सौंदर्य उन्मत्त कर देनेवाला होने पर भी कल्याणकारी या मंगलमय है। उसमें सुहागिन के कुंकुम की शोभा, दीप्ति और आत्माभिमान, आत्मसम्मान या गर्व भरा है। उषा की लालिमा की तरह उसमें नए आलोक की चमक बिखर उठती है। मन में और बाहर, दीप्ति का सामंजस्य, सौंदर्य को उज्ज्वल ही नहीं बनाता, बल्कि उसमें अस्मिता का गर्व प्रकाशित करता है। सुहागिन के सुहाग के अभिमान में उसका सारा चेष्टा-व्यापार इठलाता सा दिखाई देता है। पग-पग पर उसका सौंदर्य और उसके मूल में शालीनता व्यक्त होती है। उसके द्वारा घर में और चारों ओर, हरा-भरा एक ऐसी प्रसन्नता और हर्ष का वातावरण छा जाता है जो रूपनिष्ठ धर्म ही नहीं, परिसर में भी व्याप्त सा लगकर सौंदर्य को व्यक्ति या दर्शकनिष्ठ बना देता है। इतना दीप्त होने पर भी सुहागिन का सौंदर्य भोला-भाला या सात्विक और मंगलमय है जो दर्शकों में वासना को उत्तेजित करनेवाला नहीं है। मांग में कुंकुम की शोभा, उसकी मूल आंतरिक भावना और उसकी मंगलमयता को भुलवाकर बहिर्मुखी ऐंद्रिय सौंदर्य के आकर्षण और प्रलोभन में पड़ने पर वस्तु या प्राणी तथा ग्राहक दोनों का पतन हो जाता है।

सौंदर्य नेत्रों का कल्याण है—नेत्रों के लिए महापर्व और इंद्रजाल बनकर उन्हें अपने आकर्षण से चरितार्थ करनेवाला है। खिले हुए फूल के समान नेत्र का महोत्सव इंद्रियों के माध्यम से मन को माधुर्य से भर देता है। आकर्षण, विकास और माधुर्य तीनों विशेषताएँ, ऐंद्रिय और मानसिक परितोष और आनंद देनेवाले सौंदर्य और सौंदर्यानुभूति के धर्म हैं। प्राकृतिक और मानवीय अनंत वैभव में खुलनेवाले सौंदर्य का उन्मेष, अपने विकास या पूर्ण यौवन में मोहमयी एवं माधुर्यमयी होकर अनंत आनंद का कारण बनता है।

सौंदर्य दर्शक की आँखों को आकृष्ट करके, उनमें एक रमणीय रूप धारण करके अमूर्त्त भाव को मूर्त्त बनाता है। सौंदर्य की भावना की मूर्त्तता नेत्रों का ऋणी है। वस्तु के रूप या आकार में जो सौंदर्य है, उसे नेत्र ही ग्रहण करते हों, ऐसी बात नहीं है, व्यक्तिनिष्ठ नेत्र की अनुभूति, रूपगत अव्यक्त सौंदर्य को साँचे में ढालकर एक निर्दिष्ट और सुनिश्चित व्यक्त रूप देती है। तभी सौंदर्य का भावन और अनुभूति संभव है। इस तरह नेत्र सौंदर्य का माध्यम मात्र न होकर उसकी सृष्टि में सहायक तत्त्व है। नेत्रों के सौंदर्य-भावन में नस-नस में एक मूर्छना गूँज उठती है और मन मचल उठता है। यह ऐंद्रिय सौंदर्यानुभूति की पराकाष्ठा है जो तीव्रतम ही नहीं सर्वतोमुखी रूप में तन-मन को प्रभावित करती है।

पहाड़ों की घाटी में नीलम के समान काले बादल छाकर उसे श्यामल, आर्द्र और रस या जलमय बनाते हैं। उसी तरह सौंदर्य आँखों में भरकर उसे और श्यामल तरल और रसार्द्र बनाता है। वह आँखों का पानी अर्थात् सजीवता है। घाटी में व्याप्त बादलों में बिजली की कौंध या आलोकमय चमक ही नहीं, चकाचौंध भी उत्पन्न होती है। सौंदर्य की कौंध आँखों को चमकीला बनाती है और अचानक उसकी कौंध से आँखें अद्‌भुतपन से चकित हो जाती हैं। सौंदर्य के प्रभाव में श्यामल चमक, तरलता, रसार्द्रता, आलोकमयता और अद्‌भुतपन की ओर संकेत है जो पहले नेत्रेंद्रिय पर अपूर्व प्रभाव डालकर उसे स्वयं सौंदर्यमय बनाकर मन को स्पंदित और रसमय बना देते हैं।

सौंदर्य में बसंतकालीन भावों का कोलाहल है—विविध भावों का मधुर स्पंदन और हर्षोल्लास है। उसमें गौधूलि के समय स्नेह और प्रेम के साथ घर की ओर लौटने वाले प्राणियों की ममता है। सौंदर्य की अनुभूति में लक्ष्य वस्तु के प्रति अपनेपन की भावना जागती है। प्रातःकाल में जिस तरह नई जागृति और आनंद छा जाते हें, उसी तरह सौंदर्य में नव जागरण और हर्ष अंतर्निहित हैं। वे वस्तुनिष्ठ धर्म हैं और दर्शक व्यक्ति के मन में उनका संचार भी होता है। सौंदर्य में मध्याह्नकालीन सूर्य की आलोकमयता, तेज और तप्त करने की प्रचंड शक्तिमत्ता भी है। कवि सौंदर्य में भावनाओं के वैविध्य की ओर संकेत करना चाहते हैं। भावकलरव, हर्ष, प्रेम, स्नेह, जागरण, आनंद, आलोक, तेज और शक्तिमत्ता-सौंदर्य की अनुभूति में

भावनाओं के संचार की कुछ दिशाएँ हैं।

अचानक आसमान में चंद्रोदय देखकर मन हर्षातिरेक में चकित हो जाता है और मन में अनेक भावों का एक साथ स्फुरण होता है। ऐसा लगता है कि इस तरह प्रकट होने में चाँद स्वयं चकित है। जैसे एक क्षण के लिए नायिका घर से बाहर निकलने में वह स्वयं विस्मित है और दर्शक भी चकित है जब वस्तु और ग्राहक मन में एक विशिष्ट कल्पनाशील एवं भावनाशील संबंध स्थापित होता है, सहसा सौंदर्य की अनुभूति होती है, उस सौंदर्य से मन चकित हो जाता है और हृदय में अनेक भावों का एक साथ अद्‌भुत संचार होने लगता है। सौंदर्य में मन को चकित करने का अद्‌भुतपन है और उसकी अनुभूति में मन भावों की लहरों में तिरता है। सौंदर्य, सृष्टि का अद्‌भुत चमत्कार है जो विस्मय विमुग्ध कर देता है।

सारी सृष्टि सौंदर्य के अभिनंदन में फूलों की कोमल पंखुड़ियाँ बिखराती है। सौंदर्य सार्वजनीन अनुभूति और अभिनंदन का विषय है और ग्राहक मन कोमल भावों के साथ सौंदर्य को स्वीकार करता है। समस्त मानवता सात्विक मन के साथ कुंकुम-चंदन में मकरंद का माधुर्य मिलाकर सौंदर्य का स्वागत करती है। सौंदर्य की अनुभूति में माधुर्य के साथ कल्याणकारी सात्विक भावना मिली रहती है। यह स्वागत मानव जीवन में सौंदर्य के मूल्य और महत्त्व का सूचक है। कोमल किसलय-मर्मर सौंदर्य का जयघोष सुनाता है। सात्विक सौंदर्य जीवन की सारी दिशाओं, उसके सभी पहलुओं तथा समस्त मानसिक क्रियाशीलता एवं बहिर्मुखी क्रियाशीलता या कर्म-जगत् को प्रभावित करता है। सौंदर्य की अनुभूति में सुख-दुख की द्वंद्वात्मक स्थिति में समरसता स्थापित होकर मन में आनंद का उत्सव-उत्साह अनुभूत होता है। आध्यात्मिक साधना के अन्य मार्गों की तरह सौंदर्य भी मन को द्वंद्वों से परे आनंद के धरातल पर पहुँचा देता है।

लज्जा सर्ग में इस सौंदर्य-तत्त्व-निरूपण के अतिरिक्त प्रसाद जी ने अपनी रचनाओं में सौंदर्य संबंधी अनेक विशेषताओं की ओर भी संकेत किया है। ये कुछ सैद्धांतिक रूप में अभिव्यक्त हैं तो कुछ रचनात्मक सौंदर्य के द्वारा व्यंजित हैं। इनकी कुछ चर्चा पहले अन्य संदर्भों में हो चुकी है। यहाँ संक्षेप में सौंदर्यात्मक कुछ नए धर्मों और समस्याओं का उल्लेख करेंगे। (1) सौंदर्य वस्तुनिष्ठ और व्यक्तिनिष्ठ दोनों रूपों में रहस्यमय है जिसके कारण वह बुद्धि का बोधगम्य नहीं है। सौंदर्य आँखों में चकाचौंध उत्पन्न करनेवाले आलोक-मंडल (ग्लो) से परिवेष्टित होता है। वस्तुगत या उसे परिवेष्टित आलोक के कारण ही सौंदर्य के मूल उत्स को पहचानना (प्रत्यभिज्ञा) कठिन है। (2) विकसित व्यक्तित्व की दृढ़ता में मन के स्पंदनशील ऊँचे धरातल पर ही सच्ची सौंदर्यानुभूति संभव है। अन्यथा वह अनुभूति गहरी नहीं होती। (3) सौंदर्य और प्रेम में घनिष्ठ संबंध है। वे एक-दूसरे को प्रभावित

करते हुए दोनों को रंगीन रूप और उनकी अनुभूति को गहराई और उदात्तता प्रदान करते हैं। अहं, सुंदर वस्तु पर अपने अधिकार की लालसा और ईर्ष्या, सौंदर्य से प्रेम के बदले वासना को जन्म देती हैं। वासना को उत्तेजित करनेवाले सौंदर्य को प्रसाद जी ने 'सुंदर पाप' कहा है। (4) जब रूप वर्ग का अतिरेक हो जाता है तो मनुष्य का पतन हो जाता है। (प्रलय की छाया) दूसरी ओर अपने रूप-सौंदर्य पर आप मुग्ध हो जाने पर इस आत्मरति (नर्कासिजम) में भी मनुष्य का कल्याण नहीं है। (गुलाम कहानी) (5) सच्चे सौंदर्य में बाह्य रूप और आंतरिक भावना की सामंजस्यपूर्ण स्थिति होती है। (काव्य और कला निबंध) इसीलिए कला में केवल बाह्य रूप के आकर्षण से रस को महत्त्वपूर्ण माना गया है। (कला कहानी) (6) मानव जीवन में सौंदर्य की प्रेरणा के अनेक रूप हैं। वह रचनात्मकता का एक प्रमुख स्रोत है–

> मैं अपलक इन नयनों से निरखा करता उस छवि को
> प्रतिभा डाली भर लाता कर देता दान सुकवि को।

नारी सौंदर्य पुरुष के लिए प्रेरणाप्रद और शक्तिदायिनी है ही, उसके मोह में व्यक्तियों और जातियों में अनादिकाल से संघर्ष होता आया है। (7) सौंदर्य की महत्त्वपूर्ण प्रेरणा नव-जीवन-दान में है। वह जड़ में भी (जड़ चेतना की गाँठ वही) स्फूर्ति भरकर उसे चेतन बना देता है। मन में कोमल भावनाओं का स्पंदन होने लगता है जैसे चम्पा को देखकर जलदस्यु बुद्धगुप्त अनुभव करता है। (आकाशदीप कहानी) जीवन में प्रवृत्ति का मार्ग प्रशस्त करने वाला सौंदर्य ही है। (8) मानव जीवन में सौंदर्य की भूमिका की ओर कामायनी में अनेक संकेत मिलते हैं। जीवन में पशुपालन, कृषि, वस्तु धारण आदि सभ्यता के विभिन्न चरणों के साथ मन की चेतना का प्रसार और परिष्कार भी हुआ है। इस सांस्कृतिक चेतना के विकास में ही मनुष्य ने वस्तु की उपयोगिता के साथ उसके सौंदर्य पर भी ध्यान देना आरंभ किया है। उसने सृष्टिगत सौंदर्य को ही नहीं देखा है, मानव निर्मित वस्तु समुदाय को सुंदर रूप भी दिया है। उसके भाव-परिष्कार में भी सौंदर्य की झलक मिल जाती है। (9) सौंदर्य केवल वस्तु का रूपगत ही न रहकर, भावलोक और कर्म-जगत् में उसके प्रसार से जीवन में सौंदर्य का व्यापक महत्त्व सूचित होता है। मनुष्य ने जीवन में आदर्शीकरण का प्रयत्न करते हुए सौंदर्य को भी आदर्शमय, परिपूर्ण और उदात्त रूप प्रदान किया है। इस उदात्त धरातल पर सौंदर्य के साथ सत्य और शिव संबद्ध हो जाते हैं। कुछ चिंतकों की दृष्टि में तीनों अभिन्न और आध्यात्मिक बन जाते हैं।

हिंदी-काव्य में सूर और प्रसाद जी ही ऐसे महाकवि हैं जिन्होंने सौंदर्य और सौंदर्यानुभूति का इतना समग्र, व्यापक, गहरा और उदात्त निरूपण किया है।

संदर्भ संकेत :

1. जयशंकर प्रसाद : एक घूँट, पृ. 19
2. आचार्य रामचंद्र शुक्ल : हिंदी साहित्य का इतिहास, पृ. 761
3. वही, पृ. 775
4. इंदु (पत्रिका), जनवरी 1927
5. आचार्य रामचंद्र शुक्ल : हिंदी साहित्य का इतिहास, पृ. 776
6. सं. गुलाबराय : प्रसाद जी की कला, नगेंद्र : प्रसाद जी की कविता, पृ. 30
7. एस. टी. नरसिंहाचारी–प्रसाद की कहानियाँ : प्रवृत्तिमूलक विश्लेषण, पृ. 115
8. आचार्य रामचंद्र शुक्ल : हिंदी साहित्य का इतिहास, पृ. 761
9. जयशंकर प्रसाद ग्रंथावली, खंड-4, रहस्यवाद, पृ. 490
10. आचार्य रामचंद्र शुक्ल : हिंदी साहित्य का इतिहास, पृ. 776
11. वही, पृ. 774-775
12. जयशंकर प्रसाद : काव्य और कला तथा अन्य निबंध, पृ. 122
13. वही, पृ. 126
14. आचार्य रामचंद्र शुक्ल : हिंदी साहित्य का इतिहास, पृ. 751
15. वही, पृ. 259
16. वही, पृ. 761
17. जयशंकर प्रसाद : काव्य और कला तथा अन्य निबंध, पृ. 34-35
18. वही, पृ. 36

सुमित्रानंदन पंत

1. प्रस्तावना

कवि पंत जी की रचना छायावादी, प्रगतिवादी, आध्यात्मिक और समन्वयवादी चार रूपों में विभक्त की जा सकती है। मानसिक अंतर्मुखता से भौतिक बहिर्मुखता, उससे आत्मिक अंतर्मुखता की सूक्ष्मता तथा अंत में अंतर्मुखता-बहिर्मुखता का सामंजस्य जो कविता के सोपानों के रूप में परिलक्षित होते हैं, उनको कवि की मानसिकता और सर्जनाशीलता का सहज विकास नहीं माना जा सकता। विभिन्न प्रेरणा स्रोतों और परिस्थितियों के प्रभाव में रचनात्मक प्रवृत्ति बदलती गई है। साहित्य के इतिहास में कवि के रूप में उनका कालजयी शाश्वत स्थान छायावादी रचना के आधार पर ही होगा। छायावादी प्रवृत्ति में भी 'वीणा' से लेकर 'गुंजन' तक उनकी रचना-धर्मिता का एक स्वाभाविक विकासक्रम दिखाई देता है—यह कल्पना और अभिव्यंजना के अद्भुत सौंदर्य-विधान तक ही सीमित नहीं है जो भावानुरूप और संयमित हुआ है। वैयक्तिक सौंदर्य, प्रेम और वेदना का भाव-क्षेत्र भी प्रसारगामी होकर जीवन की परिवर्तनशीला, सुख-दुख और मानवीय संवेदना की ओर अग्रसर हुआ है। 'पल्लव के उपरांत गुंजन में हम पंत जी को जगत् और जीवन के प्राकृत क्षेत्र के भीतर और बढ़ते हुए पाते हैं।'[1] 'गुंजन में हम कवि का जीवनक्षेत्र के भीतर अधिक प्रवेश ही नहीं, उसकी काव्यशैली को भी अधिक संयत और व्यवस्थित पाते हैं।'[2] काव्यवस्तु का यह भावात्मक प्रसार, वैयक्तिकता से जीवन-सापेक्षता की ओर, सहज ही नहीं मनोवैज्ञानिक भी है जो कवि की दृष्टि की परिणति का द्योतक है। इस प्रसार में भी सौंदर्य का ही उन्मेष परिलक्षित होता है—

यह शैशव का सरल हास है
सहसा उर से है आ जाता।
वह ऊषा का नव विकास है
जो रस को है रजत बनाता। (गुंजन)

'गुंजन' में नौका विहार, एकतारा आदि कविताएँ शुद्ध छायावादी कल्पना और भावना के उदाहरण हैं। छायावाद की परवर्ती प्रवृत्तियों में दृष्टि और विचारधारा के बदलने के बावजूद भी पहले की सौंदर्य-भावना कई स्थानों पर दिखाई देती है–

सुंदरता का आलोक स्रोत
है फूट पड़ा मेरे मन में
जिससे नव जीवन का प्रभात
होगा फिर जग के आँगन में। (युगांत)

प्रस्तुत लेख की सीमा छायावादी पंत जी हैं। शुक्ल जी ने इतिहास में अपनी आलोचना द्वारा यह भ्रांति फैलाई है कि छायावादी कवियों में केवल पंत जी ने ही आलंबन के रूप में प्रकृति-सौंदर्य का वस्तुनिष्ठ वर्णन किया है। 'छायावाद के भीतर माने जाने वाले सब कवियों में प्रकृति के साथ सीधा प्रेम-संबंध पंत जी का ही दिखाई पड़ता है। प्रकृति के अत्यंत रमणीय खंड के बीच उनके हृदय ने रूप-रंग पकड़ा है।'[3] पंत जी की कविताओं में आधे वस्तुनिष्ठ न होकर प्रकृति के सौंदर्य की अनुभूति और प्रभाव को व्यथित करते हैं। स्वयं शुक्ल जी ने स्वीकार किया है कि 'उनकी एक बड़ी विशेषता है प्रकृति के सुंदर रूपों की आह्लादमयी अनुभूति।'[4] 'सौंदर्य का आह्लाद उनकी कल्पना को उत्तेजित करके ऐसे अप्रस्तुत रूपों की योजना में प्रवृत्त करता है जिनसे प्रस्तुत रूपों की सौंदर्यानुभूति के प्रसार के लिए अनेक मार्ग खुल जाते है।''[5] पंत जी के साथ तुलना में प्रसाद जी और निराला जी का प्रकृति-चित्रण अधिक अनुभूतिमूलक और प्रभाव-व्यंजक अवश्य है। लेकिन शब्दों के माध्यम से रूप-निरूपण अनुभूति और प्रभाव की व्यंजना के द्वारा ही अधिक मर्मस्पर्शी होता है। इस संदर्भ में यह भी स्मरण रखना है कि अंतर्मुखी रोमांटिक कवि सारी सृष्टि को आत्मसात करके उसे केंद्र में रखकर अपनी अनुभूति को अभिव्यक्त करता है, बहिर्मुखी होकर वस्तु-व्यंजना नहीं करता। उस अनुभूति में प्रकृति, मानवीय रूप या वस्तु-जगत् भी अंतर्मुखी रूप में ही अभिव्यक्त होता है। घनानंद आदि रीतिमुक्त अंतर्मुखी कवियों ने प्रेमी की ओर इसी तरह संकेत किया है, आलंबन के रूप में प्रत्यक्ष वर्णन बहुत कम किया गया है। क्लासिकल अभिरुचि के शुक्ल जी का आलंबन की वस्तुनिष्ठता की ओर उन्मुख होना स्वाभाविक है। प्रकृति-प्रेम की दृष्टि से देखें तो पंत जी से कहीं अधिक तीव्रता, स्पंदनशीलता, सजीवता और सूक्ष्म चेतना का निरूपण निराला जी के प्रकृति-वर्णन में मिलता है।

प्रत्येक महाकवि की रचना की अपनी विशिष्ट दिशा होती है। छायावादी कवियों में पंत जी सौंदर्य, प्रेम और संवेदना के शुद्ध रोमांटिक कवि हैं। प्रसाद जी और निराला जी की तरह दार्शनिक, आध्यात्मिक, सांस्कृतिक, मानवीय, सामाजिक आदि आयाम रोमांटिक भावना के साथ जुड़े नहीं हैं। पंत जी का छायावादी जीवन पट

सीमित है, पर उसमें उन्होंने अपना मार्ग बना लिया है। उनकी कल्पना ने भाषा को चित्रात्मक बनाकर उस परिधि में प्रकृति को ही नहीं, मानवीय-रूप और भाव-व्यंजना को कोमलता, सुकुमारता, मसृणता, रंगीन छटा और सात्विकता प्रदान की है जो अन्य कवियों में कहीं-कहीं ही देखने को मिलती है। पंत जी पाठकों को कल्पना के ऐसे सौंदर्य-लोक में पहुँचा देते हैं जहाँ सौंदर्येतर के लिए स्थान नहीं है। कहीं दूसरे पहलू या परिवर्तन की झलक मिल जाती है तो वह प्रत्यक्ष-अप्रत्यक्ष सौंदर्य के मूल्य की पुष्टि करनेवाली होती है। पंत जी का सौंदर्य-लोक भी अन्य छायावादी कवियों के भावन से भिन्न है। जिस पर आगे विचार होगा।

पंत जी के सौंदर्यबोध पर देशकाल की परिस्थितियों का वैसा गहरा प्रभाव नहीं पड़ा है जैसा प्रसाद जी, निराला जी और महादेवी पर परवर्ती तीनों कवियों ने अपने-अपने ढंग से प्राचीन दार्शनिक-आध्यात्मिक चेतना, उसके नवीन आख्यान, अंग्रेजी-साहित्य के संपर्क में नवीन मानवतावादी, उदारतावादी एवं व्यक्तिवादी स्वतंत्र एवं उन्मुक्त चिंतन तथा भारतीय राष्ट्रीय चेतना, जागरण एवं स्वतंत्र-चिंतन की अनेक दिशाओं और ऐतिहासिक प्रेरणासूत्रों को ग्रहण करते हुए अपने सौंदर्यबोध की परिधि को व्यापक, रोमांटिक सीमाओं से मुक्त स्वतंत्रता तथा रूढ़ परंपरा के प्रति विद्रोही तीव्र और गहरा रूप दिया है। पंत की कविता में कहीं-कहीं वैदिक विश्वबंधुत्व की भावना, सृष्टि एवं प्रकृति के प्रति उपनिषदों की रहस्यात्मक जिज्ञासा, अपने सौंदर्य-प्रेम में सारे विश्व को समेटने की चेतना, उनकी परवर्ती रचना में जग की अनित्यता, परिवर्तनशीलता, जीवन के सुख-दुखों एवं पीड़ा के प्रति संकेत तथा मानवीय संवेदना की झलक आदि की अभिव्यक्ति उनकी काव्यवस्तु को ही नहीं, सौंदर्यबोध को भी एक सीमा तक व्यापकता और गहराई अवश्य देती है। लेकिन वे प्रायः सौंदर्य के कल्पनालोकों में ही विहार करते रहे हैं जो मोहक होते हुए भी सीमित परिधि में उनके सौंदर्यबोध को बाँध दिया है। शायद इसीलिए पंत जी में आमूल विचार परिवर्तन हुआ है और छायावादी मोहभंग भी। पंत जी का विचार-परिवर्तन सिद्धांतों के प्रभाव से है जब कि निराला जी का छायावादी प्रवृत्ति से यथार्थवाद की ओर प्रस्थान भारतीय परिस्थितियों की विषमता की गहरी अनुभूति से है। पंत जी के सौंदर्यबोध की व्यापकता और गहराई संबंधी सीमाएँ हो सकती हैं, लेकिन उनकी कल्पना ने सौंदर्यबोध की अनेक ऐसी छायाओं का उद्‌घाटन किया है या उन्हें व्यंजना-गर्भित रूप में प्रकट किया है जिनकी क्षमता अन्य छायावादी कवि कम कर सके हैं। प्रत्येक विशेषण, विशेष्य और क्रिया नए सौंदर्य से आपूर्ण है जिसे समझने के लिए सहृदयता के साथ गहरी पैठ भी चाहिए। शुद्ध सौंदर्यवादी रोमांटिक कवि की रचना में ही यह संभव है। प्रसाद जी व्यावसायिक और पारिवारिक सुख-दुखों से जूझते रहे हैं और निराला जी का सारा जीवन संघर्षमय रहा है। जिसका प्रभाव उनके सौंदर्यबोध पर भी पड़ा है। पंत जी की काव्य-प्रवृत्ति के निर्धारक तत्त्व

भिन्न प्रकार के हैं। (1) अल्मोड़ा की प्रकृति की गोद में उनका जीवन बीता है। प्रकृति की रमणीयता ने केवल प्रकृति वर्णन को ही नहीं, मानवीय सौंदर्य तथा जीवन की गतिविधि को भी प्रभावित किया है। (2) जीवन के संघर्षों से दूर, उनका जीवन शांत और आनंदमय रहा है। उसने जीवन-जगत् में नए-नए कोणों से सौंदर्य और प्रेम की सात्विक भावना को देखने के अनेक अवसर प्रदान किए हैं। (3) पंत जी के सौंदर्यबोध की अंतर्मुखता का कारण अंग्रेजी शासन की दमन-नीति और उससे उत्पन्न कुंठा उतना नहीं है, जितना नैसर्गिक जीवन, प्रकृति साहचर्य, सृष्टि के प्रति जिज्ञासा और शांत आनंदमय जीवन है। ऐसा लगता है कि पंत जी प्राचीन भारतीय जीवन-दर्शन और आनंदवादी विचारधारा के कवि हैं, यद्यपि उन्होंने उसे सैद्धांतिक चिंतन-रूप में नहीं, व्यावहारिक धरातल पर ग्रहण किया है। उस व्यावहारिक रूप में भोगवादी दृष्टि के स्थान पर वही भारतीय सात्विक दृष्टि की प्रधानता है। (4) उच्च शिक्षित पंत जी पाश्चात्य नवीन चिंतन धाराओं से उतने प्रभावित नहीं हैं जितने पाश्चात्य काव्य की रोमांटिक चेतना, कल्पना और भावना से हैं। केवल कवि होने के नाते उनकी रचना में स्वतंत्रता, स्वच्छंदता और उन्मुक्तता का अन्य कवियों की तरह बार-बार सैद्धांतिक-शाब्दिक आग्रह नहीं मिलता, यद्यपि उनकी रचनात्मकता या काव्य-प्रवृत्ति में धर्म अवश्य अंतर्लीन व्यक्त हुए हैं। (5) देश की पराधीनता की तरह धार्मिक-सामाजिक रूढ़ियों और शोषण की ओर भी उनकी दृष्टि नहीं रही है जिससे उन्होंने स्वच्छंदता को काव्य का सिद्धांत न बनाकर रचना की स्वच्छंद प्रवृत्ति पर ही अपना ध्यान केंद्रित रखा है। (6) पंत जी का व्यक्तित्व ही अंतर्मुखी भावनाशील और कल्पनाशील था। बहिर्मुखी द्वंद्वात्मकता और संघर्षशीलता से उसका कोई संबंध नहीं था। किसी-किसी समीक्षक ने उनके व्यक्तित्व और रचना को स्त्रैण भी कहा है। पौरुष और ओजस्विता में ही काव्यत्व नहीं है। नारी की कोमलता, भावनाशीलता और कल्पनाशीलता में भी कविता का रमणीय उत्कर्ष हो सकता है। नारी और पुरुष दोनों में कोमलता और शक्तिमत्ता मिली रहती है; संदर्भ के अनुसार एक प्रवृत्ति प्रबल रूप में व्यक्त होती है तथा किसी-किसी के व्यक्तित्व में एक धर्म की अभिव्यक्ति प्रधान होती है। पंत जी के कोमल सौंदर्यबोध ने परिवर्तन के संदर्भों में सशक्त रूप धारण किया है।

छायावादी पंत जी का जीवन-जगत् सौंदर्य से आपूर्ण है। उनकी काव्यवस्तु में श्रीकृष्ण के रूप और लीलाओं की तरह सौंदर्येतर भावों के लिए कोई स्थान नहीं है। शुक्ल जी की दृष्टि में 'परिवर्तन' से 'गुंजन' तक पंत जी की काव्यवस्तु का विकास और विस्तार हुआ है। कवि की भावना अंतर्मुखता से बहिर्मुखी जीवन-जगत् की ओर उन्मुख होती गयी है। लेकिन अंतर्मुखी रोमांटिक कवि जीवन-जगत् को मानसिक सौंदर्यलोक में अंतर्लीन करके सौंदर्य का रूपायन करता है, उसमें संकेत रूप में वस्तु-वैविध्य भी झलकता है, भले ही वस्तुनिष्ठ रूप में उसकी अभिव्यक्ति

न हुई हो। परिवर्तनशीलता और जीवन के सुख-दुख के आयाम पंत जी के कल्पनालोक के सौंदर्य में 'गुंजन' के ही समान विविधता में प्रस्तुत हैं। उसके लिए सौंदर्य के अंदर झाँकने की पैनी दृष्टि चाहिए। वैयक्तिकता से निर्वैयक्तिकता या बहिर्मुखी जीवन की ओर प्रस्थान के उत्कर्ष-अपकर्ष का प्रश्न जटिल है जिसका अंतिम समाधान काव्यशास्त्र आज तक नहीं दे सका है। भावात्मक काव्य आत्माभिव्यक्ति है और सारा मानव जीवन उसमें अंतर्भुक्त अंग है। उसी रूप में कविता कविता है। अन्यथा वह अकविता है या बहिर्मुखी जीवन का निरूपण करनेवाला गद्य का रूप है। केवल कविता को ललित कला मानना आत्मनिसृत रूप-सौंदर्य की सघन अभिव्यंजना के कारण ही है। बाह्यार्थनिरूपक तथाकथित प्रबंध भी अंततोगत्वा आत्माभिव्यक्ति ही है। 'विनयपत्रिका' में कवि की आत्मा प्रत्यक्ष गूँज उठती है तो 'मानस' के विशिष्ट संदर्भों और समष्टि में भी तुलसी की आत्माभिव्यंजना है। पंत जी का सौंदर्यलोक स्थूल दृष्टि से सीमित क्षेत्र है जबकि उसके गर्भ में जीवन के विकास-प्रसार की अनंत संभावनाएँ हैं। सौंदर्य-निरूपण में यह व्यंजना-गर्भिता अन्य छायावादी कवियों में अपेक्षाकृत कम है। इसका रहस्य पंत जी की अभिव्यंजना शैली में है।

स्थूल या सामान्य दृष्टि से छायावादी पंत जी की काव्यवस्तु को प्रकृति, मानवीय रूप, दोनों की भावात्मक प्रतिक्रिया या संवेदना, सृष्टि या प्रकृति के प्रति रहस्यात्मक जिज्ञासा, संसार की अनित्यता और परिवर्तनशीलता तथा जीवन के सुख-दुख—छः वर्गों में बाँट सकते हैं। संदर्भ के अनुसार इनके अनेक उपवर्ग हो जाते हैं। काव्याभिव्यक्ति में वे भिन्न-भिन्न रूप लेते हैं तथा प्रत्येक वर्ग के रूप से सूक्ष्म छाया भेद भी प्रकट होता है। अन्य छायावादी कवियों की तरह पंत जी भी भूत और भविष्यों के मधुर स्वप्नों में, स्मृतियों के माधुर्य में, एकांत-रमणीय-प्रशांत कल्पना-लोकों में, पृथ्वी से ऊपर अप्सराओं के सौंदर्य में, अनंत नील आसमान में—यथार्थ को छोड़कर या उसका आधार मात्र लेकर यूटोपिया में विहार करते रहे हैं। उनकी रचना में एक ही वस्तु, प्रकृति और उसके प्रति प्रेम, प्रकारांतर से भिन्न अनेक रूपों में प्रस्तुत हो जाती है। इसलिए वस्तु के स्थूल वर्गीकरण के आधार पर काव्य के मूल्य का क्या, उसके महत्त्व का भी निर्धारण नहीं हो सकता। वस्तु की सूक्ष्म छाया में सौंदर्य की रंगीन छटा प्रकट होती है, जो काव्य के मूल्यांकन का आधार है। पंत जी का वस्तु-चयन, पल्लवन, प्रसार और विकास सभी सौंदर्य दृष्टि से संचालित हैं। यहाँ यह बात भी ध्यान रखना चाहिए कि काव्य-वस्तु (सबजेक्ट मैटर) रूपायन में जब कथ्य (कंटेंट) बनती है, उसका वही मूल्य हो सकता है, मूल्य बदल सकता है या नए मूल्य का उस पर आरोप भी हो सकता है। कविता में वस्तु साधन मात्र है। पंत जी ने वस्तुगत सौंदर्य का ध्यान ही नहीं रखा है, उसके रूपांतर कथ्य में अपनी कल्पना के बल पर नए सौंदर्यात्मक मूल्यों की अनुभूति देने का प्रयत्न किया

है तथा सौंदर्यानुभूति के अनेक नए मार्गों को खोल दिया है।

सौंदर्येतर मूल्यों से निरपेक्ष पंत जी की छायावादी रचना को शुद्ध कविता की संज्ञा दी जा सकती है। काव्य-रचना के संबंध में स्वयं कवि कहते हैं कि 'कविता हमारे परिपूर्ण क्षणों की वाणी है। हमारे जीवन का पूर्ण रूप हमारे अंतरतम प्रदेश का सूक्ष्माकाश ही संगीतमय है, अपने उत्कृष्ट क्षणों में हमारा जीवन छंद में ही बहने लगता; उसमें एक प्रकार की संपूर्णता, स्वरैक्य तथा संयम आ जाता है।'[6] 'कविता विश्व का अंतरतम संगीत है, उसके आनंद का रोमहास है, उसमें हमारी सूक्ष्मतम दृष्टि का मर्म प्रकाश है।'[7] पूर्णता, संगीत और प्रकाश, भारतीय दार्शनिक दृष्टि में ईश्वरीय विभूतियाँ हैं जिनमें आध्यात्मिक सौंदर्य साकार रूप धारण करता है। 'परिवर्तन' कविता में कवि ने सत्य, सौंदर्य और शिव को अभिन्न माना है। आध्यात्मिक धरातल पर ही यह संभव है। पूर्ण सौंदर्य के साक्षात्कार में ही जीवन की सार्थकता है। पंत जी लौकिक और मानसिक धरातल पर जीवन के उस पूर्ण सौंदर्य की एक झलक पाने की साधना में संलग्न हुए हैं, भले ही उस सौंदर्य की अनुभूति के परिपूर्ण क्षणों को पकड़ न पाए हों। शब्दार्थों के माध्यम से पूर्ण सौंदर्य के परिपूर्ण क्षणों को व्यक्त करना असाध्य साधना है। फिर भी शुद्ध कविता और सौंदर्य की खोज सहस्रों शताब्दियों से कवि, वाणी के माध्यम से करते आ रहे हैं। पंत जी कहते हैं कि ''वास्तव में जो शब्द स्वस्थ तथा परिपूर्ण क्षणों में बने हुए होते हैं उनमें भाव और स्वर का पूर्ण सामंजस्य मिलता है।''[8] कवि की इस शब्द-साधना में पूर्ण सौंदर्य मूर्त्त हुआ हो या न हुआ हो, उनकी साधना इतिहास में अविस्मरणीय होगी।

2. प्रकृति-सौंदर्य

प्रकृति, मानवीय-रूप और भाव-व्यंजना तीनों में पंत जी ने नैसर्गिक और सात्विक सौंदर्य को समान महत्त्व दिया है, लेकिन प्रकृति के प्रति उनके मन में विशेष आकर्षण था। शेष दोनों को प्राकृतिक अप्रस्तुतों और उपादानों के प्रचुर प्रयोग से स्वाभाविक और स्वच्छंद सौंदर्य से रमणीय रूप दिया है। कवि के शब्दों में 'प्राकृतिक चित्रणों में प्रायः मैंने अपनी भावनाओं का सौंदर्य मिलाकर उन्हें ऐंद्रिय चित्रण बताया है, कभी-कभी भावनाओं को ही प्राकृतिक सौंदर्य का लिबास पहना दिया है।'[9] इससे स्पष्ट हो जाता है कि पंत जी का प्रकृति-सौंदर्य निरूपण शुद्ध वस्तुनिष्ठ न होकर भावनाओं के रंग में रंगा हुआ है। वस्तुनिष्ठ विशेषताएँ, भावनाशीलता और कल्पना की रंगीन छटा मिलकर पंत जी के प्रकृति-वर्णन को आकर्षक और सजीव रूप प्रदान करते हैं। इस रूप में मानसिक चेतना के सौंदर्य की अपेक्षा ऐंद्रिय आकर्षण की प्रधानता है। ऐंद्रिय रूप और आकर्षण से ही सौंदर्यानुभूति का आरंभ होता है। पंत जी ने पाँचों इंद्रियों को आकृष्ट करनेवाली प्रकृति के रूप को प्रस्तुत किया है।

पंत जी के प्रकृति-वर्णन में सौंदर्य की अनंत विशेषताओं की ओर संकेत किया गया है जिनमें से कुछ प्रमुख दिशाओं का निरूपण ही इस संक्षिप्त लेख में संभव है।

(1) प्रकृति के प्रति पंत जी का आकर्षण मोह की सीमा पर पहुँचा है–

छोड़ द्रुमों की मृदु छाया
तोड़ प्रकृति से भी माया
बाले तेरे बाल जाल में
कैसे उलझा हूँ लोचना ? (आधुनिक कवि-2 : मोह)

(2) कवि ने प्रकृति के प्रति आत्मीयता और तन्मयता की भावनाओं को भी अनेक स्थानों पर व्यक्त किया है–

हाँ सखि ! आओ, बाँह खोल हम
लग कर गले, जुड़ा लें प्राण,
फिर तुम तम में, मैं प्रियतम में
हो जावें द्रुत अंतर्धान। (पल्लव : छाया)

यहाँ कवि ने मानव जीवन में प्रकृति की भूमिका और सार्थकता की ओर भी संकेत किया है।

(3) पंत जी प्रकृति को अपने सहज निरलंकृत रूप में चित्रित करते हैं। तब भी उसमें आकर्षण और सौंदर्य भरा होता है–

फूट पड़ा कलिका के उर से
सहसा सौरभ का उद्गार,
गंध मुग्ध हो अंध समीरण
लगा थिरकने विविध प्रकार। (पल्लव : अनंग)

इसमें लाक्षणिक प्रयोगों से ऐंद्रिय सौंदर्य को मूर्त्त रूप दिया गया है। प्रस्तुत रूप में भाव-निरूपण की मार्मिकता और उसका महत्त्व द्रष्टव्य है।

(4) पंत जी प्रधानतः कली और अर्द्ध-विकसित फूल के कोमल और सात्विक सौंदर्य के कवि हैं। लेकिन प्रकृति के यौवन के दीप्त सौंदर्य को भी उन्होंने उसी मधुर और सात्विक रूप में चित्रित किया है–

रूप का खिलता हुआ उभार,
मधुर मधु का व्यापार,
× × ×

सहज प्रमुदित गुलाब के फूल!
कहाँ पाया ऐसा जीवन?
सुहृद, ऐसा स्वर्गिक जीवन! (पल्लव : विश्व छवि)

(5) कवि विश्व-प्रकृति के व्यापक सौंदर्य को अपने मानस में मूर्त्त रूप देना चाहता है—

ऐ असीम सौंदर्य सिंधु की
विपुल वीचियों के शृंगार।
मेरे मानस की तरंग में
पुनः अनंग! बनो साकार। (पल्लव : अनंग)

(6) पंत जी ने प्रकृति-सौंदर्य को अपने सहज स्वभाविक रूप में प्रस्तुत करने के अतिरिक्त रंगीन कल्पना के द्वारा अप्रस्तुत-योजना के साथ अनेक छवियों में भी चित्रांकन किया है—

हृदय के प्रणय कुंज में लीन
मूक कोकिल का मादक तान
बहा जब तन मन बंधन हीन
मधुरता से अपनी अनजान। (पल्लव : पल्लव)

अप्रस्तुत की ध्वनि के साथ लाक्षणिकता, माधुर्य, उन्मुक्तता, अनुभूति और प्रभाव की व्यंजना है। पंत जी के प्रकृति वर्णन में एक साथ अनेक विशेषताओं का गुंफन होता है। स्थितिशील रूप का मानवीकरण के साथ कल्पना का चित्रांकन 'नौका विहार' में द्रष्टव्य है—

शांत स्निग्ध ज्योत्स्ना उज्ज्वल।
अपलक अनंत, नीरव भू-तल।
सैकत शय्या पर दुग्ध-धवल, तन्वगी गंगा, ग्रीष्म-विरल
लेटी है श्रान्त, क्लांत, निश्चल।
तापस-बाला गंगा निर्मल, शशि मुख से दीपित मृदु-करतल,
लहरें उर पर कोमल कुंतल।... (आधुनिक कवि-2 : नौका-विहार)

कल्पना के साथ प्राकृतिक शोभा की विशेषताएँ और मानवीकृत रूप में भंगिमा का सौंदर्य भी ध्यातव्य है।

(7) कल्पना का गतिशील प्रकृति-सौंदर्य का उदाहरण एक 'तारा' है—

गंगा के चल-जल में निर्मल, कुम्हिला किरणों का रक्तोत्पल

है मूँद चुका अपने मृदु दल।
× × ×
मृदु-मृदु स्वप्नों से भर अंचल, नव नील-नील, कोमल-कोमल
छाया तरु वन में तप श्यामल। (आधुनिक कवि-2 : एकतारा)

प्रकृति-वर्णन में स्थितिशीलता और गतिशीलता की आँख-मिचौनी, एक से दूसरे में बार-बार परिवर्तन अद्भुत सौंदर्य की सृष्टि करता है।

(8) छायावादी कवियों ने मानवीकरण के द्वारा प्रकृति को सजीव रूप देकर उसमें मानवीय हाव-भावों और चेष्टा-व्यापारों का सौंदर्य व्यक्त किया है। प्रसाद जी और निराला जी ने आलंकारिक मानवीकरण के अतिरिक्त आध्यात्मिक दृष्टि से प्रकृति को चेतन माना है जब कि पंत जी ने प्रधानतः मानवीकरण अलंकार का ही प्रयोग किया है। मानवीकरण में प्रकृति का सौंदर्य सजीव हो उठता है--

मुग्धा की सी मृदु मुसकान
खिलते ही लज्जा से म्लान
स्वर्गिक सुख सी आभास—
अतिशयता में अचिर महान। (पल्लव : वीचि-विलास)

लहर की मुस्कुराहट और लज्जा में विलास का सौंदर्य ही नहीं अतिशय आनंद भी है।

(9) सच्चा सौंदर्य अंतर्मुखी और बहिर्मुखी रूप के सामंजस्य में है—

इस तरह मेरे चितेरे हृदय की
बाह्य प्रकृति बनी चमत्कृत चित्र थी (पल्लव : उच्छ्वास)

इस सामंजस्य में चमत्कार और सौंदर्य की अपूर्वता है जो भीतर-बाहर को मिला देता है।

(10) रूप ससीम है जबकि उससे छलकनेवाला सौंदर्य असीम है। पंत जी ने कल्पना और अप्रस्तुत योजना के माध्यम से विविध रूपों में असीम-अनंत सौंदर्य की व्यंजना की है—

तुम जल थल में अनिलाकार,
अपनी ही लघिया पर वार,
करती हो बहुरूप विहार
× × ×
ओ अकूल की उज्ज्वल हास
अरी अतल की पुलकित श्वास।

महानंद की मधुर उमंग।
चिर शाश्वत की अस्थिर लास। (पल्लव : वीचिविलास)

(11) प्रकृति का यह शाश्वत अनंत सौंदर्य केवल वस्तुनिष्ठ रूप में व्यक्त नहीं हो सकता। पंत जी ने अन्य छायावादी कवियों की तरह अनुभूति और प्रभाव के साथ मिलाकर उसका चित्रांकन किया है–

बहा जब तन मन बंधन हीन
मधुरता से अपनी अनजान,
खिल उठी रोओं सी तत्काल,
पल्लवों की यह पुलकित डाल। (पल्लव : पल्लव)
सुरिभ से अस्थिर मरुताकाश। (पल्लव : पल्लव)
एक भावना, एक रागिनी,
एक प्रकाश मिला मन में। (पल्लव : अनंग)

(12) क्षण-क्षण परिवर्तनशील प्रकृति का रूप नवीन और अपूर्व सौंदर्य की सृष्टि करता है। (क्षणे-क्षणे यन्नवतानुपैति तदेव रूपं रमणीयतायाः।)

पावस ऋतु थी, पर्वत प्रदेश
पल-पल परिवर्तित प्रकृति वेश। (पल्लव : उच्छ्वास)

उस रूप-परिवर्तन में सौंदर्य की अतिशयता अपनी व्यापकता में उदात्त का स्पर्श करने लगती है–

उड़ गया, अचानक लो भूधर
फड़का अपार वारिद के पल।
रव शेष रह गए हैं निर्झर।
है टूट पड़ा भू पर अंबर ! (पल्लव : उच्छ्वास)

कल्पना की कैसी ऊँची उड़ान है।

(13) कवि ने प्रकृति-सौंदर्य-वर्णन में नित्यता, परिवर्तनशीलता और सात्विकता–तीनों भावों को यथा संदर्भ व्यक्त किया है।

(14) सौंदर्याभिव्यक्ति के अतिरिक्त प्रकृति-वर्णन की दो महत्त्वपूर्ण विशेषताएँ प्राकृतिक रहस्यवाद और जग की निष्ठुर परिवर्तनशीलता है। उपनिषदों की तरह प्रकृति के प्रति जिज्ञासा की भावना दार्शनिक-आध्यात्मिक न होकर सूक्ष्म सौंदर्य से आपूर्ण अत्यंत रमणीय है। दार्शनिक और प्रेम प्रधान मधुर रहस्यवाद को सांप्रदायिक कहकर विरोध करनेवाले शुक्ल जी ने भी इस प्राकृतिक रहस्यवाद को अत्यंत स्वाभाविक

कहकर प्रशंसा की है। इस संदर्भ में यह स्मरण रखना चाहिए कि रहस्यात्मकता रोमांटिक प्रवृत्ति की एक विशेषता है जो सौंदर्य में भी अनुभूत होती है। कवि प्रकृति के प्रभातकालीन आलोक में कूकनेवाली बाल-विहंगिनी से सहज-सरल रूप में प्रश्न करते हैं–

प्रथम रश्मि का आना रंगिणि ! तूने कैसे पहचाना ?
कहाँ, कहाँ हे बाल-बिहंगिनि ! पाया तूने यह गाना ?
(वीणा : प्रथम रश्मि)

जिज्ञासा की यह भोली-भाली रहस्यात्मक सौंदर्य की अभिव्यंजना आगे चलकर प्रौढ़ कलात्मक चेतना के साथ प्राकृतिक आभासों के माध्यम से ईश्वरीय संकेत का रूप लेती है–

स्तब्ध ज्योत्स्ना में जन संसार
चकित रहता शिशु सा नादान,
विश्व के पलकों पर सुकुमार
विचरते हैं जब स्वप्न अजान :
न जाने, नक्षत्रों से कौन
निमंत्रण देता मुझको मौन ! (पल्लव : मौन-निमंत्रण)

(15) 'परिवर्तन' पंत जी की श्रेष्ठतम कलाकृति है। उसमें जग की निष्ठुर परिवर्तनशीलता का व्यापक, शक्तिशाली और ओजस्वी निरूपण, उस परिवर्तन में अंतर्लीन सत्य, सौंदर्य और शिव की अभिव्यक्ति विराट कल्पना के बिंबों, प्रतीकों और अप्रस्तुतों की अनुरूप सार्थक योजना तथा संप्रेष्य ओजगुण-संपन्न सजीव भाषिक अभिव्यंजना कविता को सौंदर्यशास्त्रीय अर्थ में 'उदात्त' बनाती हैं–

अहे निष्ठुर परिवर्तन !
तुम्हारा ही तांडव नर्तन
विश्व का करुण विवर्तन !
तुम्हारा ही नयनोन्मीलन,
निखिल उत्थान, पतन
अहे वासुकि सहस्र फन !
लक्ष अलक्षित तुम्हारे चिह्न निरंतर
छोड़ रहे हैं जग के विक्षत वक्षःस्थल पर !
शत शत फेनोच्छ्वसित, स्फीत फूत्कार भयंकर
घमा रहे हैं घनाकार जगती का अंतर !

मृत्यु तुम्हारा गरल दंत, कंचुक कल्पांतर,
अखिल विश्व ही विवर,
वक्र कुंडल दिङ्मंडल। (पल्लव : परिवर्तन)

पंत जी की कविता में सृष्टि और प्रकृति के ऐसे ओजस्वी वर्णन कम मिलते हैं। वे कोमल कल्पनाओं के ही कवि हैं।

3. मानवीय-रूप-सौंदर्य

प्रकृति-वर्णन के साथ तुलना में पंत जी ने मानवीय-रूप-सौंदर्य का कम निरूपण किया है। 'मोह' कविता में प्रकृति के प्रति अपने अधिक आकर्षण को व्यक्त करते हुए भी नारी के बाल जाल, भ्रूभंग, प्रिय स्वर, अधरामृत की मादकता में सौंदर्य को अस्वीकार नहीं किया है। प्रकृति के मानवीकरण में उनके ऐंद्रिय सौंदर्य की इन सब विशेषताओं की व्यंजना है। प्रकृति-सौंदर्य के संदर्भ में नारी की ये विशेषताएँ मानवीय रूप की तरह कामोत्तेजक नहीं होतीं। पंत जी की सात्विक दृष्टि ने यौवन की वासना से बचकर मानवीय रूप-सौंदर्य का वर्णन किया है। अन्य छायावादी कवियों से उनके दृष्टिकोण की भिन्नता में यौवन की अपूर्व सात्विक छटा ही व्यंजित है या बालिका और माँ के रूप ने ही उनके ध्यान को आकृष्ट किया है।

'ग्रंथि' की प्रेमकथा में कुछ संकेतों को छोड़कर पंत जी ने पुरुष के रूप का वर्णन नहीं किया है। नारी के ऐंद्रिय रूप-सौंदर्य की अभिव्यक्ति कल्पनाजन्य और स्मृति रूप में संवेगात्मक न होकर संयमित है। श्रीकृष्ण की लीलाओं के अद्भुत सौंदर्य का यह चित्र देखें–

रूप का राशि राशि वह रास
दृगों की यमुना श्याम,
तुम्हारे स्वर का वेणु विलास,
हृदय का वृंदा धाम। (पल्लव : स्मृति)

इस राशिभूत सौंदर्य में मोह, मादकता और वासना की कोई झलक नहीं है। प्रस्तुत और प्रकृति के मानवीकरण के रूप में अप्रस्तुत, दोनों पद्धतियों में नारी की अपूर्व शोभा, प्रकृति-सौंदर्य से किसी बात में कम नहीं है।

छिपी सीपी सी मृदु मुसकान
छिपी सी, खिंची सखी सी साथ,
उसी की उपमा सी बन, मान
गिरा का धरती थी, धर हाथ। (पल्लव : उच्छ्वास)

यह सौंदर्य अपूर्व ही नहीं अनंत भी है जिसकी प्रतिछवि देखना-दिखाना संभव नहीं है–

एक वीणा की मृदु झंकार !
कहाँ है सुंदरता का पार !
तुम्हें किस दर्पण में सुकुमारि !
दिखाऊँ मैं साकार। (पल्लव : आँसू)

प्रकृति के साहचर्य में नारी का यह अपूर्व रूप नैसर्गिकता, स्वच्छंदता, रहस्यमयता, संस्कारिता, अनंतता आदि गुणों से संपन्न होकर दर्शक मन को तन्मय कर देता है। दो-तीन उदाहरण–

छलकती थी बाढ़ सी सौंदर्य की...
...किसके नयन
हैं नहीं डूबे भटक कर, अटक कर
भार से दबकर तरुण सौंदर्य के ? (अनंत सौंदर्य और आकर्षण) (ग्रंथि)

बालिका के सौंदर्य का यह नैसर्गिक रूप है–

सरलपन ही था उसका मन
निरालापन था आभूषण,
कान से मिले अजान नयन
सहज था सजा सजीला तन। (पल्लव : उच्छ्वास)

वहीं रूप-सौंदर्य के विकास में–

घने लहरे रेशम के बाल,–
धरा है सिर में मैंने, देवि !
तुम्हारा यह स्वर्गिक शृंगार,
स्वर्ण का सुरभित भार !
मलिन्दो से उलझी गुंजार,
मृणालों से मृदु तार
मेघ से संध्या का संसार
वारि से ऊर्मि उभार,
मिले हैं इन्हें विविध उपहार,
तरुण तम से विस्तार ! (पल्लव : उच्छ्वास)

इस सौंदर्य की समस्त प्राकृतिक विशेषताएँ अपूर्व हैं ही कवि की कल्पना

में कोमलता और सुकुमारता पर ही बल है, वासनागर्भित रूप पर नहीं। "सुखद यौवन ! विलास उपवन रमणीय" (उच्छ्वास) कहते हुए भी पंत जी ने प्रसाद जी और निराला जी की तरह यौवन की विलासमय लीलाओं का वर्णन नहीं किया है। भाव सापेक्ष और अनुभूतिमूलक सौंदर्याभिव्यक्ति, उसके प्रभाव का उत्कर्ष करता है—

उसके उस सरलपने से मैंने था हृदय सजाया,
नित मधुर मधुर गीतों से उसका उर था उकसाया। (पल्लव : उच्छ्वास)
नहीं रखती मैं जग का ज्ञान,
और हँस पड़ती हूँ अनजान।
रोकने पर भी तो सखि ! हाय,
नहीं रुकती तब यह मुकसान। (पल्लव : मुसकान)

वास्तव में अंतस्थ लावण्य हो या बहिर्मुखी ऐंद्रिय सौंदर्य, नारी के व्यक्तित्व, चरित्र, मानसिक चेतना एवं शक्तिमत्ता से जो सजीव रूप धारण करता है, उस पर प्रसाद जी और निराला जी की तरह पंत जी का ध्यान नहीं गया है। कहीं-कहीं एकाध संकेत मात्र मिलता है—

शून्य शिराओं में संसृति की
हुआ विचारों का संसार,
नारी के गंभीर हृदय का गूढ़ रहस्य बना साकार। (पल्लव : अनंग)

नारी के इस रहस्यमय हृदय के उद्घाटन में ससीम में असीम सौंदर्य की ओर संकेत किया गया है—

बिंदु में थी तुम सिंधु अनंत
एक सुर में समस्त संगीत,
एक कलिका में अखिल बसंत
धरा में थी तुम स्वर्ण पुनीत। (पल्लव : आँसू)

प्राकृतिक रहस्यवाद की तरह पंत जी ने शिशु के जन्म-रहस्य और उसकी मानसिकता पर भी अत्यंत स्वाभाविक और सौंदर्यमय रचनाएँ की हैं—

कौन तुम अतुल, अरूप अनाम ?
अये अभिनव अभिराम !
× × ×
स्वप्न से निद्रित सजग समान,
सुप्ति में जिसे न अपना ज्ञान।

×   ×   ×

स्वीय स्थिति-से ही है अज्ञान,
दिव्यता का निज तुम्हें न ध्यान !

×   ×   ×

न अपना ही, न जगत का ज्ञान,
न परिचित हैं निज नयन, न कान,
दीखता है जग कैसा तात !
नाम गुण रूप अज्ञान ?   (पल्लव : शिशु)

पंत जी के नारी-रूप-वर्णन की सबसे बड़ी उल्लेखनीय विशेषता उसकी सात्विकता और पवित्रता है। काम्य यौवन के स्थान पर उन्होंने अपनी नायिका की किशोरावस्था और बालापन के सौंदर्य को उभारा है। उस कली के रूप में उन्हें सौंदर्य की अनंत संभावनाएँ दिखाई पड़ी हैं।

शैशव ही है एक स्नेह की वस्तु, सरल, कमनीय।
(पल्लव : उच्छ्वास)

सरल शैशव की सुखद सुधि सी वही बालिका मेरे मनोरम मित्र थी ! (पल्लव : उच्छ्वास) उस सौंदर्य और पावनता का यह रूप है—

वह अजानता की सुंदरता।।
तरल तरंगों सी वह लीला,
निर्विकार भावना लता !
औ' जिनकी अबोध पावनता
थी जग के मंगल की द्वार !   (पल्लव : बालापन)

जहाँ कवि ने नारी रूप के यौवन को अपने समस्त ऐश्वर्य में प्रस्तुत किया है, वहाँ भी सौंदर्य और उसका आकर्षण सात्विक रूप में ही है। वह स्नेहमयी, कल्याणी, देवी, माँ, सहचरी और प्राण है, प्रेयसी नहीं—

तुम्हारी पावनता, अभियान,
शक्ति, पूजन सम्मान;
अकेली सुंदरता कल्याणि !
सकल ऐश्वर्यों की संधान !
स्वप्नमयि ! हे मायामयि !
तुम्हीं हो स्पृहा, अश्रु औ' हास,
सृष्टि के उर की साँस;

× × ×

देवी ! माँ ! सहचरि ! प्राणा ! (पल्लव : नारीरूप)

4. भाव-सौंदर्य

आलंबनों के वैविध्य के अभाव में पंत जी की छायावादी कविताओं में भावात्मक अनुभूति और प्रतिक्रियाओं का क्षेत्र सीमित होना स्वाभाविक है। लेकिन उस सीमित परिधि में भावों का रंगीन रूप और सौंदर्य अत्यंत आकर्षक है। उस रंगीन रूप की व्यंजना में कल्पना और अप्रस्तुतों पर शुक्ल जी ने आक्षेप किया है कि वे भाव को आच्छादित कर देते हैं। डॉ. देवराज ने छायावादी इस प्रवृत्ति में भाव-व्यंजना की तीव्रता और संवेगात्मकता की दुर्बलता को उसके शीघ्र पतन का कारण माना है। भारतीय काव्य-परंपरा से भिन्न रोमांटिक प्रवृत्ति को अपनाने में कल्पना की नवीन क्रियाशीलता और अभिव्यंजना के नए सौंदर्यात्मक प्रयोग स्वाभाविक हैं जिनके अत्यंत रमणीय रूप पंत जी के भाव-निरूपण में मिलते हैं। पंत जी शुद्ध सौंदर्य के कवि हैं जिसकी अनेक झाँकियाँ रूप-वर्णन और भाव-व्यंजना दोनों में समान रंग-ढंग के साथ मिल जाती हैं। कर्म जगत् की ओर कवि की प्रवृत्ति बिल्कुल नहीं है–'कठिन कर्म है, कोमल है मन।' (पल्लव : उच्छ्वास) कोमल मन की कुछ प्रमुख विशेषताओं पर संक्षेप में विचार करेंगे।

(1) पंत जी की भावाभिव्यक्ति में पर्याप्त तीव्रता और अनुभूति की तरलता के साथ सरल-ऋजु और कल्पनाशील दोनों प्रकार के उदाहरण मिल जाते हैं–

वह अजानता की सुंदरता,
× × ×
मेरे अधरों पर वह मा के
दूध सी धुली मृदु मुस्कान। (सीधी अभिव्यक्ति) (पल्लव : बालापन)
रंगीले, गीले फूलों से
अधखिले भावों से प्रमुदित
बाल्य सरिता के कूलों से
खेलती थी तरंग सी नित।
इसी में असीम अवसित ! (रंगीन कल्पना) (पल्लव : उच्छ्वास)

(2) प्रकृति और मानवीय रूप का असीम सौंदर्य मन में रहस्यमय भावनाओं को जन्म देकर अपूर्व सौंदर्यलोकों में पहुँचा देता है। कवि की भावनाएँ, कल्पना, स्वप्न, स्मृति और अज्ञात जगत् में ले जाकर चकित करते हुए अद्भुतपन या अपूर्वता की अनुभूति देती हैं। अनंत की ओर अग्रसर भावनाएँ–

बढ़ा कर लहरों से निज हाथ
बुलाते, फिर, मुझको उस पार। (पल्लव : मुसकान)
न जाने मुझे स्वप्न में कौन
फिराता छाया जग में मौन ! (पल्लव : मौन-निमंत्रण)

स्वप्नलोकों में विहार—

उन स्वप्नों की स्वर्ण सरिता का
शुचि सजनि ! कहाँ जन्मस्थान,
मुसकानों में उछल उछल मृदु
बहती वह किस ओर अजान ? (पल्लव : स्वप्न)

कभी-कभी जन्म का रहस्य भी कवि की कल्पना में भावना को नई दिशाओं में ले जाता है—

कामना-से मा की सुकुमार
स्नेह में चिर साकार,
मृदुल कुड्मल से जिसे न ज्ञात
सुरभि का निज संसार;
स्रोत-से नव अवदात,
स्खलित अविदित पथ पर अविचार;
कौन तुम गूढ़, गहन, अज्ञात ?
अहे निरूपम, नवजात। (पल्लव : शिशु)

(3) सौंदर्य से उत्पन्न प्रधान भावना प्रेम है। प्रकृति के प्रति आकर्षण और उससे विकसित प्रेम-भावना स्वभावतः सात्विक है। मानवीय रूप-सौंदर्य की अनुभूति को भी पंत जी ने निष्काम रूप में ही चित्रित किया है। कवि की कल्पना में प्रेम की छटा अत्यंत रंगीन हो सकती है, मोहक और मादक लग सकती है, लेकिन उसका आदर्श रूप सात्विक है। साहचर्य, पवित्र-भावना और अनोखा रंग उसके अंतरंग और बहिरंग की विशेषताएँ हैं—

विहग बालिका बन हम दोनों
बैठ वहाँ पल भर एकांत,
चल सखि ! स्वप्नों पर कुछ सोचें,
दूर करें निज भ्रांति नितांत। (साहचर्य) (पल्लव : स्वप्न)
त्रिभुवन की भी तो श्री भर सकती नहीं
प्रेयसी के शून्य, पावन स्थान को ! (पवित्रता) (पल्लव : आँसू)
यह अनोखी रीति है क्या प्रेम की,
जो अपांगों से अधिक है देखता। (अपूर्वता) (ग्रंथि)

प्रेम के इस आदर्श के अनुरूप पंत जी ने प्रेयसी को बालिका, देवी, माँ, सहचरी, प्राण आदि कहकर संबोधित किया है। अनेक स्थानों पर प्रेम के स्थान पर स्नेह शब्द का प्रयोग किया है जो संबंध की सात्विकता को प्रकट करता है–

अनिल सा लोक लोक में,
हर्ष में और शोक में,
कहाँ नहीं है स्नेह ? साँस सा सब के उर में ! (पल्लव : आँसू)

(4) रोमांटिक प्रेम में संयोग की अपेक्षा विरह वेदना की ही अधिक अभिव्यंजना दिखाई देती है। प्रेयसी की कल्पना के कारण भौतिक संयोग की संभावनाएँ कम होती हैं। रोमांटिक कवि प्रेम के इस वियोग-वेदना के गीतों को सबसे अधिक मधुर मानते हैं क्योंकि उसमें अपूर्व प्रेम की मादक स्मृतियाँ भरी होती हैं। दो-तीन सुंदर उदाहरण–

हाय ! मेरा जीवन,
प्रेम औ' आँसू के कन।
आह मेरा अक्षय धन,
अपरिमित सुंदरता औ' मन। (पल्लव : आँसू)
करुणतम भग्न हृदय,
नहीं भरता है जिसका घाव। (पल्लव : आँसू)
मिले थे दो मानस अज्ञात,
स्नेह राशि बिंबित था भरपूर;
अनिल सा कर अकरुण आघात,
प्रेम प्रतिमा कर दी वह चूर ! ! (पल्लव : उच्छ्वास)

(5) विरह-वेदना के अतिरिक्त सामान्य रूप से वेदना भी रोमांटिक कवियों का प्रिय विषय रहा है। दुखमय जीवन में वेदना मानवीय संवेदना होने के अतिरिक्त व्यक्ति-मन को सांत्वना देती है। महादेवी जी के आध्यात्मिक ही सही, करुण-क्रंदन से तुलना करते हैं, तो पंत जी की वेदना में माधुर्य की अनुभूति होती है। वेदना के स्वरों में सौंदर्य की छवियों के अतिरिक्त पंत जी ने जीवन में उसकी भूमिका और उसके प्रकार्य की ओर भी संकेत किया है। वेदना काव्य-सर्जना का मूल प्रेरणा स्रोत है–

वियोगी होगा पहला कवि,
आह से उपजा होगा गान,
उमड़कर आँखों से चुपचाप
वही होगी कविता अनजान। (पल्लव : आँसू)

वेंदना विश्वव्यापी सार्वजनीन भावना है—

विश्व वाणी ही है क्रंदन
विश्व का काव्य अश्रुकन। (पल्लव : आँसू)

पंत जी ने वेदना के अनेक अत्यंत तीव्र भाव-चित्र खींचे हैं—

आह, यह मेरा गीला गान !
वर्ण वर्ण हैं उर की कंपन;
शब्द शब्द हैं सुधि की दंशन;... (पल्लव : आँसू)
विरह है अथवा यह वरदान !
कल्पना में है कसकती वेदना !
अश्रु में जीता, सिसकता गान है,
शून्य आहों में सुरीले छंद हैं,
मधुर लय का क्या कहीं अवसान है। (पल्लव : आँसू)

(6) पंत जी की कविता में प्रत्यक्ष तीव्र भाव-व्यंजना के साथ अप्रस्तुतों की भरमार के साथ ललित कल्पना (फैंसी) के भी उदाहरण मिल जाते हैं। उनमें प्रस्तुत और अप्रस्तुत का संबंध दूरारूढ़ कल्पना पर आधारित है और बिंबों में अन्विति का अभाव है जैसे छाया, नक्षत्र, बादल आदि कविताओं में। छाया का एक उदाहरण प्रस्तुत है—

कौन कौन तुम परहित वसना,
म्लान मना, भूपतिता सी,
वात हता विच्छिन्न लता सी
रति श्रांता ब्रज वनिता सी ?

(7) पंत जी की कविता में क्रमशः वैयक्तिक भावनाओं से जीवन-जगत् की परिवर्तनशीलता और सुख-दुख की ओर परिवर्तन लक्षित होता है। व्यष्टि से समष्टि की ओर अग्रसर होने की इस भावना में कवि का जीवन-दर्शन व्यापक होता गया है। 'परिवर्तन' से 'गुंजन' तक का यह रचनाकाल है। इसमें छायावादी दृष्टि और रचना पद्धति बदल गई हो ऐसी बात नहीं है। केवल 'मैं' और 'मेरा' की भावना का तिरोभाव हुआ है। खिला हुआ गुलाब का फूल अंत में धूलि-धूसरित हो जाता है—

विश्व छवि से गुलाब के फूल !
करुण है पर यह परिवर्तन ! (पल्लव : विश्वछवि)

निष्ठुर परिवर्तन का रूप रोमांचकारी और भयोत्पादक है। उसकी व्यापकता और तीव्रता में 'उदात्त' की गंभीर अनुभूति होती है–

अये, एक रोमांच तुम्हारा दिग्भू कंपन,
गिर गिर पड़ते भीत पक्षि पोतों से उडुगन
आलोडित अंबुधि फेनोन्नत कर शत शत फन,
मुग्ध भुजंगम सा, इंगित पर करता नर्तन। (पल्लव : परिवर्तन)

'गुंजन' में सुख-दुख के अतिरेक की ओर संकेत है–

जग पीड़ित है अति-दुख से
जग पीड़ित रे अति सुख से।
मानव-जग में बँट जावें
दुख सुख से औ' सुख दुख से। (गुंजन : सुख-दुख)

इस परिवर्तन में कवि जीवन का आनंद-प्रसार चाहते हैं–

मेरे मन के मधुवन में
सुषमा का शिशु ! मुसकाओ।
नव नव साँसों का सौरभ
नव मुख का सुख बरसाओ। (गुंजन-मानव)

(8) पंत जी की कविताओं में कहीं-कहीं वैदिक आनंदमयी भावधारा, विश्वमानवतावाद और वसुधा की एकता की भावना की झलक भी मिल जाती है–

जग के उर्वर आँगन में
बरसो ज्योतिर्मय जीवन !
बरसो लघु लघु तृण तृण पर
हे चिर अव्यय, चिर नूतन !
(सुमित्रानंदन पंत : आधुनिक कवि-2 : प्रार्थना)

है यह वैदिकवाद,
विश्व का सुख दुखमय उन्माद !
एकतामय है इसका नाद। (पल्लव : उच्छ्वास)

कवि की रचना में स्थान-स्थान पर विश्व की व्यापक सौंदर्यानुभूति, जीवन के सुख-दुख की भावनाओं से ऊपर उठकर समरसता की ओर प्रस्थान, परिवर्तनशीलता और आनंदातिरेक की जो अभिव्यंजना है वह अप्रत्यक्ष वैदिक-उपनिषदिक दृष्टि से प्रभावित है।

(9) छायावादी कवि के रूप में पंत जी ने प्रधानतः जीवन में नव विकास

और आनंद भरते हुए मानवीय संवेदना और नव जीवन की आशा-आकांक्षा प्रकट की है। कथ्य की अपनी सीमित परिधि में जीवन का आख्यान किया है–

जीवन के सुख दुख से सुरभित
कितने काव्य कुसुम सुकुमार,
करुण कथाओं की मृदु कलियाँ
मानव उर के-से शृंगार–
× × ×
विपुल कल्पना से, भावों से
खोल हृदय के सौ सौ द्वार,
जल, थल, अनिल, अपल नभ से कर
जीवन को फिर एकाकार।
× × ×
मोह यवनिका हटा, कर दिया
विश्व रूप तुमने एकाकार। (पल्लव : अनंग)

सृष्टि की इस एकता के स्थापन में प्रकृति-सौंदर्य की अपनी महत्त्वपूर्ण भूमिका है–

जीर्ण जग के पतझड़ में प्रात
सजाती हो मधुऋतु की डाल
उसी का स्नेह स्पर्श अज्ञात
खिलाए मेरे पल्लव बाल। (पल्लव : मुखपृष्ठ)

कुछ अपवादों को छोड़कर पंत जी का भाव जगत् कोमल, सुकुमार, मृदु, मसृण और मधुर अनुभूतियों से भरा है। इस क्षेत्र में वे अद्वितीय हैं। आगे चलकर पंत जी ने छायावादी काव्य-प्रवृत्ति को छोड़कर अन्य दिशाओं में काव्य-रचना की है। उसमें कितना काव्यत्व-रूप-भाव-सौंदर्य तथा कलात्मक चेतना है, वह विचारणीय प्रश्न है।

5. अभिव्यंजना-सौंदर्य

पंत जी शुद्ध कलावादी रोमांटिक कवि हैं जिनकी अधिकांश कविताओं के प्रत्येक छंद में सौंदर्य की कोई न कोई भंगिमा अंकित है। कथ्य के सीमित होने पर अनेक कोणों से विविध रूपों में सौंदर्य का उद्‌घाटन हुआ है। कथ्य के अनुरूप भाषिक अभिव्यंजना में सौंदर्य मूर्त्त हो उठा है। कवि के शब्दों में 'कविता के लिए चित्रभाषा की आवश्यकता पड़ती है, उसके शब्द सस्वर होने चाहिए जो बोलते हों।'[10] पंत जी ने इस परिभाषा का पल्लवन करते हुए लिखा है कि उसमें रस, भाव, झंकार, संगीत, सुगंध, मादकता, माधुर्य, आलोक और सौंदर्य ज्वालामुखी की तरह झकझोर

देने वाले हों। पंत जी शब्द-शिल्पी ही नहीं उसमें प्राण-प्रतिष्ठा आवश्यक मानते हैं। इसी दृष्टि से उन्होंने पल्लव के 'प्रवेश' में काव्य-भाषा के विविध पहलुओं पर विस्तार से विचार किया है। कलात्मक अभिव्यंजना में पंत जी की सौंदर्य-भावना रूप-भाव-निरूपण की तरह, उसके अनुरूप कोमल, सुकुमार, मधुर और स्निग्ध है। शुक्ल जी ने लिखा है कि 'उन्होंने स्पष्ट रूप से कई स्थानों पर सौंदर्य-चयन को अपने जीवन की साधना कहा है,'[11] जैसे–

धूल की ढेरी में अनजान
छिपे हैं मेरे मधुमय गान।
कुटिल काँटे हैं कहीं कठोर,
जटिल तरुजाल हैं किसी ओर,
सुपन दल चुन चुनकर निशि भोर
खोजना है अजान वह छोर
× × ×
मेरा मधुकर का सा जीवन,
कठिन कर्म है, कोमल है मन। (पल्लव : उच्छ्वास)

(1) **कल्पना :** पंत जी की काव्य-कला में महत्त्वपूर्ण भूमिका कल्पना की है जो कथ्य और रूप को मूर्त्त ही नहीं बनाती, उसे रंगीन छटा से भर देने वाली भी है। उनकी कल्पना अंतर्मुखी, सूक्ष्म और कोमलभावमय है जिसका रचना में प्रचुर प्रयोग हुआ है। पल्लव का यह रूप है–

दिवस का इनमें रजत प्रसार
उषा का स्वर्ण सुहाग,
निशा का तुहिन अश्रु शृंगार
झाँझ का निःस्वन राग,
नवोढ़ा का लज्जा सुकुमार,
तरुणमय सुंदरता की आग। (पल्लव : पल्लव)

जैसा पहले कहा जा चुका है पंत जी की कल्पना बीच-बीच में ललित कल्पना या फैंसी के निम्नतर धरातल पर उतर आती है। छाया, नक्षत्र, बादल जैसी कविताओं की फैंसी में भी बीच-बीच में कवि ने रमणीयता की सृष्टि की है–

ऐ सुंदरता के सम्मोहन,
ऐ निर्जनता के आह्वान,
काल कुहू, मेरा दुर्गम मग
दीपित कर दो, हे द्युतिमान। (पल्लव : नक्षत्र)

(2) **बिंब :** प्रायः पंत जी कविता के प्रत्येक छंद या एक ही पंक्ति में एक बिंब की प्रस्तुति होकर उनकी मानसिक अनुभूति में समन्वय होकर, रचना का एक समस्त चित्र मन में खिंच जाता है। कवि ने अपनी रचना में ऐंद्रिय-मानसिक, स्थितिशील-गतिशील, प्रत्यक्ष-व्यंजक सभी प्रकार के बिंबों का एक साथ गुंफन किया है जिसके प्रतिनिधि उदाहरण 'नौका विहार' 'एक तारा' आदि हैं। 'परिवर्तन' में वेग, अनुभूति, संवेदना आदि नए आयाम जुड़कर बिंब मिश्रित भी हो गए हैं। कहीं भौतिक वस्तु-भाव का सीधा मानसिक प्रत्यक्षीकरण है तो अधिकांश रचना में अप्रस्तुत के माध्यम से बिंब खड़ा किया गया है। सभी रूपों में उसका सौंदर्य अपूर्व है।

स्पंदन और जीवन का प्रत्यक्ष बिंब–

मुक्त पंखों में उड़ दिन रात
सहज स्पंदित कर जग के प्राण,
शून्य नभ में भर दी अज्ञात,
मधुर जीवन की मादक तान। (गुंजन : विहग के प्रति)

अप्रस्तुत के साथ गतिशील भावात्मक बिंब–

अंग भंगि में व्योम मरोर,
भौंहों में तारों के झौंर
नचा, नाचती हो भरपूर
तुम किरणों की बना हिंडोर। (पल्लव : वीचि-विलास)

(3) **अप्रस्तुत :** छायावादी कवि-त्रय में पंत जी ने अप्रस्तुतों का सर्वाधिक प्रयोग किया है। उनके द्वारा रूप-भाव-सौंदर्य की सूक्ष्म छायाओं का निरूपण ही नहीं हुआ है, रचना को संवेद्य, रसमय और आनंदमय बनाने में भी उनका योगदान है। उनकी सार्थकता के संबंध में पंत जी ने लिखा है कि "अलंकार केवल वाणी की सजावट के लिए नहीं, वे भाव की विशेष अभिव्यक्ति के द्वार हैं। भाषा की पुष्टि के लिए, राग की परिपूर्णता के लिए आवश्यक उपादान हैं; वे वाणी के आचार-व्यवहार, रीति, नीति हैं, पृथक् स्थितियों के पृथक् स्वरूप, भिन्न अवस्थाओं के भिन्न चित्र हैं।"[12] सम्मूर्त्तन के अतिरिक्त प्रभाव-साम्य के आधार पर अप्रस्तुतों की मार्मिक भाव-व्यंजना और केवल अप्रस्तुतों के द्वारा प्रस्तुत का ध्वनन, पंत जी की कलात्मक चेतना को व्यक्त करते हैं। उनके अप्रस्तुत प्रायः प्राकृतिक और मानवीय रूप-भाव संबंधी हैं। केवल जीवन-जगत् और परिवर्तन के आख्यान में कवि ने कुछ पौराणिक अप्रस्तुतों का आधार लिया है। पहले जितने उदाहरण दिए गए हैं, उन सबमें अप्रस्तुतों का मार्मिक प्रयोग देखा जा सकता है। अप्रस्तुओं की लड़ी का एक रमणीय रूप देखिए–

प्रथम हास-से, प्रथम अश्रु-से
प्रथम पुलक-से, हे छविमान
स्मृति-से, विस्मय-से तुम सहसा
विश्व स्वप्न-से खिले अजान। (पल्लव : अनंग)

(4) **चित्रांकन :** मानसिक बिंब से भिन्न, वस्तु की भौतिक रूपरेखा को चित्र कह सकते हैं, यद्यपि रचना में दोनों का पार्थक्य आसान नहीं है। पंत जी की छायावादी रचना बिंब प्रधान है जबकि प्रगतिवादी अच्छी कविताओं में वस्तु-जगत् के अनेक चित्रों का अंकन हुआ है। नेत्रों के रंग का चित्र–

गहरे, धुँधले, धुले, साँवले,
मेघों-से मेरे भरे नयन। (पल्लव : आँसू)

खिले हुए फूल का सावयव व्यापक चित्र–

झलका हास कुसुम अधरों पर
हिल मोती का सा दाना,
खुले पलक, फैली सुवर्ण छवि,
खिली सुरभि, डोले मधुबाल। (वीणा : प्रथम रश्मि)

इस चित्र में मानवीकरण द्वारा बिंब-योजना का भी योग है। ध्वनि-संयोग के साथ चित्रांकन–

धूम धुँआरे काजर कारे
हम ही बिकरारे बादर। (पल्लव : बादल)

(5) **प्रतीक :** प्रतीकों के द्वारा सौंदर्य का उत्कर्ष, सूक्ष्म भाव-व्यंजना और रचना की अनुभूति एवं प्रभाव में तीव्रता–तीन प्रकार्य संपन्न होते हैं। प्रतीक दार्शनिक, मनोवैज्ञानिक, सामाजिक, प्राकृतिक आदि अनेक प्रकार के हो सकते हैं। पंत जी ने अपने प्रतीकों को प्रायः प्रकृति और मानवीय रूप एवं जीवन से लिया है। प्राकृतिक प्रतीक मानवीय सौंदर्य और विविध भावों को व्यक्त करते हैं–घन-दुख, सूर्य-प्रकाश, शशि-शीतलता, उषा-विकास, कलरव-भाव-स्पंदन, दल-इच्छा, मधु-आनंद, कली-बचपन, फूल-यौवन, ओस और मोती-आँसू, छाया-एकांत, शांति और सौंदर्य, वीचि-जीवन की गति, सरिता-गतिशील जीवन, सागर-गंभीर जीवन, नक्षत्र-आशा, बादल-शांति, बसंत-विकास, काँटा-बाधा आदि। मानव जीवन संबंधित कुछ प्रतीक : मुसकान-विकास और पाधर्य गृह-आश्रय और आनंद, हास-विकास, केश और अलक : अंधकार, मुख-आलोक, शृंगार-सौंदर्य, निःश्वास-वेदना, उच्छ्वास-स्पंदन आदि। 'छाया', 'बादल'

और 'नक्षत्र' कविताओं में एक ही वस्तु का अनेक स्थूल और सूक्ष्म प्रतीकों के रूपों में प्रयोग किया गया है। पंत जी के प्रतीकों में वैविध्य नहीं है और उनकी आवृत्ति भी मिलती है। उनकी व्यंजकता की सीमाएँ भी वस्तु और कथ्य के सीमित क्षेत्र के कारण हैं। मन को रमानेवाला सौंदर्य ही उनकी विशेषता है जो अत्यंत कोमल रूप में अभिव्यक्त हुआ है। निराला जी के प्रतीकों की तरह वे भावावेग के साथ मन को झकझोर देनेवाले नहीं हैं।

(6) **भाषा-शैली, व्यंजकता और काव्य-रूप :** पंत जी काव्याभिव्यंजना के शब्द-शिल्पी हैं। इस संबंध में उनके ये विचार द्रष्टव्य हैं–(1) 'कविता में शब्द तथा अर्थ की अपनी स्वतंत्र सत्ता नहीं रहती, वे दोनों भाव की अभिव्यक्ति में डूब जाते हैं।'[13] (2) भाषा का, मुख्यतः कविता की भाषा का, प्राण राग है। राग ही के पंखों की अबाध उन्मुक्त उड़ान में लयमान होकर कविता सांत को अनंत से मिलाती है।[14] 'राग का अर्थ आकर्षण है, यह वह शक्ति है जिसके विद्युत्स्पर्श से खिंचकर हम शब्दों की आत्मा तक पहुँचते हैं, हमारा हृदय उनके हृदय में प्रवेश कर एकभाव हो जाता है।'[15] (3) 'कविता तथा छंद के बीच बड़ा घनिष्ठ संबंध है, कविता हमारे प्राणों का संगीत है, छंद हत्कंपन है, कविता का स्वभाव ही छंद में लयमान होता है।'[16] 'मुक्त छंद की विशेषता यह है कि इसमें भाव और भाषा का सामंजस्य पूर्ण रूप से निभाया जा सकता है।'[17] इसमें कोई संदेह नहीं है कि पंत जी ने शब्द और अर्थ के सामंजस्य, उसके द्वारा भाव की उचित व्यंजना, लय, राग, संगीत तथा अनुरूप एवं उपयुक्त छंदोबद्ध और मुक्त छंद में अपना अपूर्व कौशल प्रकाशित किया है। उसके सौंदर्य में कोमलता, सुकुमारता और स्निग्धता के गुण-धर्म हैं। लेकिन इस संदर्भ में निराला जी ने अपनी 'पंत और पल्लव' नामक आलोचनात्मक पुस्तक में शिकायत की है कि इस कोमल शब्द-शिल्प में 'परिवर्तन' कविता को छोड़कर अन्य रचनाओं में भावों की सजीवता, शक्तिमत्ता और ओजस्विता नहीं है। कोमलता छूने पर कुम्हिलानेवाले फूल के समान है। उसको अपने स्थान पर अपने सहज रूप में ही देखना चाहिए। तभी उसमें आकर्षण और सौंदर्य का अनुभव होता है। पंत जी की कविताओं में अनेक स्थानों पर अनुभूति की गहराई नहीं है, केवल रूप-रंग की छटा है। प्रत्येक कवि का अपना मार्ग होता है और उसी दृष्टि से उसे देखना चाहिए। कोमल कल्पनाओं और शब्दों के चित्रकार पंत जी का उसी रूप में, छायावाद में उनका विशिष्ट स्थान है। उनकी प्रत्येक कविता और छंद इन विशेषताओं की ओर पाठकों का ध्यान आकृष्ट करता है।

काव्यशास्त्र के मर्मज्ञ समीक्षक शुक्ल जी ने छायावादी लाक्षणिक प्रयोगों की मार्मिकता की प्रशंसा करते हुए पंत जी की कविताओं से भी उदाहरण दिए हैं। उनके अनुसार 'सबसे अधिक लाक्षणिक साहस पंत जी ने अपने 'पल्लव' में दिखाया।' जैसे–धूल की ढेरी में अनजान। छिपे हैं मेरे मधुमय गान। (असुंदर वस्तुएँ सुंदर

वस्तुएँ) मर्म पीड़ा के हास–(हे मेरे पीड़ित मन।) चाँदनी का स्वभाव में वास। विचारों में बच्चों की साँस। (शीतलता-भोलापन।)[18] लक्षणा, व्यंजना और ध्वनि के न्यूनाधिक उदाहरण पुरानी-नई कविताओं में अवश्य मिल जाते हैं। लेकिन आधुनिक कविता की सभी छायावाद और प्रयोग-विशेषता शास्त्रीय परिधि का अतिक्रमण करके भाषा में नई अर्थवत्ता और व्यंजकता की अभिव्यक्ति में है। दो उदाहरण प्रस्तुत हैं–

गिरा हो जाती है, सनयन,
नयन करते नीरव भाषण,
श्रवण तक आ जाता है, मन,
स्वयं मन करता बात श्रवण। (पल्लव : उच्छ्वास)
मुझको भी दे दो मायाविनि,
उर की आँखों का आलोक। (पल्लव : छाया)

स्वकल्पित नए छोरों और मुक्त छंद में लय का माधुर्य भरकर पंत जी ने प्रधानतः दो काव्य-रूपों का ही प्रयोग किया है–गीतिकाव्य और प्रगतिकाव्य जो आत्मभाव केंद्रित हैं। कहीं-कहीं मुक्त छंद में अतुकांत कविता (ब्लैंक वर्स) मिलती है। 'ग्रंथि' भावात्मक कथाकाव्य है जिसमें वस्तु नाममात्र की है। छाया, नक्षत्र और बादल लंबी कविताएँ हैं पर भावसूत्र में बँधी नहीं हैं। एक 'परिवर्तन' को ही भावात्मक एकसूत्रता में आबद्ध लंबी कविता कह सकते हैं।

6. सौंदर्य-चेतना और चिंतन

छायावादी पंत जी की रचनात्मक प्रवृत्ति सौंदर्यात्मक होने पर भी प्रसाद जी और निराला जी की तरह उन्होंने सौंदर्य के संबंध में अपने भाव-विचारों का निरूपण अपनी कविताओं में या लेखों के रूप में स्पष्ट नहीं किया है। आधुनिक कवि पंत की भूमिका में उन्होंने लिखा है कि 'यह कहा जाता है कि मेरी कविताओं से सुंदरम् और शिवम् से भी बड़े लक्ष्य सत्यम् का बोध नहीं होता है, साथ ही उनमें वह अनुभूति की तीव्रता नहीं मिलती, जो सत्य की अभिव्यक्ति के लिए आवश्यक है। ...मुझे लगता है कि शिव में सत्य स्वयं निहित है।'[19] कविता में जीवन का सत्य कवि के जीवन-दर्शन और दृष्टिकोण पर निर्भर रहता है। उसकी व्यापकता के अभाव में कवि की सौंदर्य-दृष्टि में गहराई और प्रसार नहीं हो सकते। जीवन में सार्वजनीन कल्याण-भावना पर ध्यान न होने से सौंदर्य-चेतना गरिमामय और उदात्त नहीं होती। पंत जी में काव्य-सर्जना के लिए आवश्यक महती प्रतिभा और कल्पना अवश्य हैं जिसके कारण वे सौंदर्य के सम्मूर्त्तन में अद्‌भुत सफलता प्राप्त कर सके हैं। लेकिन उस सौंदर्य को व्यापकता, गहराई और गरिमा से जोड़नेवाले सत्य और शिव के आयामों की ओर उनका विशेष ध्यान नहीं था। इसलिए उनकी सौंदर्य-सृष्टि का,

प्रसाद जी और निराला जी के समान गहरा प्रभाव नहीं पड़ता है। जहाँ तक सौंदर्य में सत्य और शिव का, सत्य या शिव में अन्य दोनों तत्त्वों के अंतर्भूत होने का प्रश्न है, वह दार्शनिक उलझन से भरा हुआ है। लौकिक जीवन में उनकी स्वतंत्र सत्ता है, वे जीवन के अलग-अलग मूल्य हैं। केवल आध्यात्मिक दृष्टि से तीनों को ईश्वरीय विभूतियाँ मानने पर उनका समन्वय हो जाता है। 'परिवर्तन' कविता में पंत जी ने इसी समन्वयशील दृष्टि को अपनाया है–

वही प्रज्ञा का सत्य स्वरूप
हृदय में बनता प्रणय अपार,
लोचनों में लावण्य अनूप,
लोकसेवा में शिव अविकार,
स्वरों में ध्वनित मधुर, सुकुमार
सत्य ही प्रेमोद्गार
दिव्य सौंदर्य, स्नेह साकार
भावनामय संसार। (पल्लव : परिवर्तन)

कवि के भावनामय हृदय में मानवता के सभी उदात्त मूल्य एकाकार हो जाते हैं–सब से एक ही प्रकार की दिव्य अनुभूति हो जाती है। अन्यथा जीवन में सौंदर्य की अपनी अलग सत्ता और भूमिका है।

(1) पंत जी ने सृष्टि के कण-कण में, प्रकृति के विभिन्न रूपों में, हास-अश्रुमय जीवन में सर्वत्र सौंदर्य देखा है। जहाँ सौंदर्य नहीं है, जो लौकिक दृष्टि से सौंदर्य का उदाहरण नहीं है, वहाँ भी कवि की कल्पना ने वस्तु-भाव-जगत् को सौंदर्यमय रूप प्रदान किया है। सौंदर्य प्रसारगामी है। रमणीय वस्तु के केंद्र से चारों ओर का वातावरण प्रभावित होकर सब कुछ सुंदर हो जाता है। प्रियतमा के सौंदर्यप्रसार का यहाँ चित्रांकन है–

मुसकुरा दी थी, क्या तुम, प्राण !
मुसकुरा दी थी आज विहान !
आज गृह वन उपवन के पास
लोटता राशि राशि हिमहास। (पल्लवनी : मधुस्मिति)
आज मुकलित कुसुमित सब ओर
तुम्हारी छवि की छटा अपार,
फिर रहे उन्मद मधुप्रिय भौंर
नयन, पलकों के पंख पसार !
तुम्हारी मंजुल मूर्ति निहार।
लग गई मधु के वन में ज्वाल। (पल्लवनी : मधुवन)

(2) पंत जी ने सौंदर्य-निरूपण में उसकी वस्तुनिष्ठ और व्यक्तिनिष्ठ दोनों विशेषताओं की ओर संकेत किया है जिनके आधार पर उसकी एक सामान्य अवधारणा बना सकते हैं।

(अ) कल्पना सौंदर्य की जननी, संवर्धिनी और रूप-प्रदायिनी है। लहर 'सजल कल्पना सी साकार, पुनः पुनः प्रिय, पुनः नवीन' है (वीचि विलास)। पल्लव 'कल्पना के से विह्वल बाल' हैं (पल्लव) उर उर की कंपन में व्याप्त सूत्रधार से कवि की प्रार्थना है–'ऐ असीम सौंदर्य की विपुल वीचियों के शृंगार ! मेरे मानस की तरंग में पुनः अनंग ! बनो साकार।' (अनंग) कल्पना के साथ मन के भावों का संयोग होकर सृष्टि के आरंभ से ही सौंदर्य दीप्त हो उठा है और चारों ओर उसका प्रकाश फैला है–

विपुल कल्पनाएँ लहरों में
× × ×
सुमन हास में, तुहिन अश्रु में
× × ×
एक भावना एक रागिनी
एक प्रकाश मिला मन में। (पल्लव : अनंग)

(आ) अनुराग, वियोग की आग और वेदना में से सौंदर्य का उन्मेष होकर जीवन में उसका आलोकमय विकास-प्रसार होता है–

हाय ! मेरा जीवन,
प्रेम औ' आँसू के कन !
आह मेरा अक्षय धन,
अपरिमित सुंदरता औ' मन। (पल्लव : आँसू)
प्रथम मधु के फूलों का बाण
दुरा उर में, कर मृदु आघात,
रुधिर से फूट पड़ी रुचिमान।
× × ×
नवोढ़ा की लज्जा सुकुमार,
तरुणतम सुंदरता की आग। (पल्लव : पल्लव)
ऐ त्रिनयन की नयन वह्नि के
तप्त स्वर्ण, ऋषियों के गान,
नव जीवन, षट्ऋतु परिवर्तन,
नव रसमय, जगती के प्राण ! (पल्लव : अनंग)

मन की अग्नि-ज्वाला रूप के आच्छादन को भेदकर जब बाहर प्रकाशित होती है, वह आलोक और उसकी रसमय अनुभूति सौंदर्य है। पंत जी की कोमल भावनाओं में सौंदर्य की वह ज्वाला नहीं है जो प्रसाद जी और निराला जी की रचना में है।

(इ) पंत जी की रचनाओं में सौंदर्य के कुछ विशिष्ट धर्मों पर अधिक बल दिया गया है। कवि ने जीवन-जगत् के कोमल रूपों में अनंत सौंदर्य देखा है—एक वीणा का मृदु झंकार ! कहाँ है सुंदरता का पार ! (आँसू) कली में, बालिका के रूप में, दूर नक्षत्रों में जो सौंदर्य है वह ससीम या सीमित रूप में असीम छटा या उसकी संभावनाओं को द्योतित करता है—'ऐ असीम छबि के सावन' (नक्षत्र), 'इसी में था असीम अवसित।' (बालिका का कली रूप) (उच्छ्वास)। बालिका के रूप में सौंदर्य की अन्य विशेषताएँ हैं—मन का सरलपन, निरालापन का आभूषण, सहज सजा-सजीला तन और अबोध नयन जिनमें तन-मन का भोला-सरल सौंदर्य झलक उठता है। इसी भोले मन के कारण वह प्रकृति-बालिका बादलों से घिरे 'उस गिरि को कहती थी बादल घर।' (उच्छ्वास)। इस सरल प्राकृतिक और मानवीय सौंदर्य का अपना आकर्षण है, लेकिन उसमें जीवन-जगत् के अंदर पैठने पर अभिव्यक्त होनेवाली सौंदर्य की गहराई नहीं है।

(ई) सृष्टि 'अपनी ही छवि से विस्मित हो' सुमनों के पलकों से ओस के सात्विक सुख के आँसू बहा रही है। (अनंग) कवि ने उस विस्मय-विमुग्ध करनेवाले सौंदर्य के प्रभाव को अनेक कोणों से प्रत्यक्ष और अप्रत्यक्ष व्यक्त किया है। उसके द्वारा प्रयुक्त विशेषण और क्रियाएँ उस प्रभाव के व्यंजक हैं। अनुभूति और प्रभाव, सौंदर्य-चेतना को सजीव और उज्ज्वल बनाते हैं। नक्षत्र का रूप 'सुदूरता का सम्मोहन' है। (नक्षत्र) सुंदर वस्तु से 'दूरी' मनोवैज्ञानिक दृष्टि से वस्तु रहस्यमय या स्पष्टास्पष्ट लगकर उसके आकर्षण को बढ़ाता है। उसी तरह आलोक का सौंदर्य मन के अंधकार को दूर करके उसे दीप्त करता है। इसलिए कवि कहते हैं कि 'मेरा दुर्गम मग दीपित कर दो, हे द्युतिमान।' और 'अंधकारमय मेरे उर में आओ, छिप जाओ अनजान !' (नक्षत्र) सौंदर्य का प्रभाव अज्ञात रूप से मन में परिवर्तन कर देता है जिसका ग्राहक को ज्ञान ही नहीं होता। 'वीचि विलास' से आनंद-उल्लास—

> अरी सलिल की लोल हिलोर। यह कैसा स्वर्गीय हुलास ?

'पल्लव' में सौंदर्य और हर्ष—

> सुछवि के छायावन की साँस, भर गई इनमें हाव, हुलास !

'पल्लव' से ढँके पर्वत का रूप और प्रभाव—

बादलों के छायामय मेल, घूमते हैं आँखों में, फैल !
अवनि औ' अंबर के वे खेल, शैल में जलद, जलद में शैल !
× × ×
हृदय हरते थे विविध प्रकार, शैल-पावस के प्रश्नोत्तर। (पल्लव : आँसू)

जीवन का स्वर—

बँधे हैं जीवन तार; सब में छिपी हुई है यह झंकार
× × ×
अचल हो उठते हैं चंचल, चपल बन जाते हैं, अविचल,
पिघल पड़ते हैं पाहन दल, कुलिस भी हो जाता कोमल।
(पल्लव : उच्छ्वास)

पंत जी कथ्य का वस्तुनिष्ठ वर्णन करते हुए बीच-बीच में उसकी अनुभूति और प्रभाव की ओर संकेत करते हैं। प्रसाद जी और निराला जी कथ्य को अनुभूति-तरल रूप में प्रस्तुत करते हुए उसके व्यापक प्रभाव का निरूपण करते हैं। इस पद्धति में वस्तु या कथ्य केंद्र में रहकर अपने भावात्मक प्रसार की व्यंजना करता है। शुक्ल जी की वैयक्तिक रुचि भले ही पहले में हो, लेकिन काव्योत्कर्ष और सौंदर्य का सम्मूर्त्तन दूसरे प्रकार की रचनात्मक प्रक्रिया में ही अधिक है।

(उ) पंत जी ने सौंदर्य को नव जीवन, मानवीय संवेदना और भावात्मक एकता या समरसता का आधार माना है। लेकिन प्रसाद जी और निराला जी की तरह न उसका विस्तार किया है और न उसे दार्शनिक-आध्यात्मिक चेतना की नींव पर प्रतिष्ठित किया है। सौंदर्यमय जीवन पंत जी की आशा-आकांक्षा है। 'विश्व वेणु' का स्वर नव जीवन की रमणीय सृष्टि करता है—

हम नभ की निस्सीम हिलोर
डुबा दिशाओं के दस छोर
नव जीवन कंपन संचार
करते जग में चारों ओर,
अमर, अगोचर औ' अविकार। (पल्लव : विश्ववेणु)

प्रकृति के विकास में वसंत का नव पल्लव जीवन को भी विकासशील और गतिवान बनाता है—

पल्लवों की यह सजल प्रभाव,
शिराओं में उर की अज्ञात
नव्य जग जीवन कर गतिवान। (पल्लव : पल्लव)

कवि ने विश्व और उसके सीमित रूप, प्रकृति के साथ एकात्म होने तथा उनके सौंदर्य में तन्मय होने की भावना को संकेत रूप में अनेक स्थानों पर एवं कभी- कभी स्पष्ट शब्दों में व्यक्त किया है। 'अनंग' में विश्व अभिनय के नायक और सूत्रधार से प्रार्थना करते हैं–

विपुल कल्पना से भावों से,
खोल हृदय के सौ सौ द्वार,
जल, थल, अनिल, अनल, नभ से कर
जीवन को फिर एकाकार (पल्लव : अनंग)

लहर 'चिर शाश्वत की अस्थिर लास' है जिसके साथ कवि-मानस की भाव-तरंगें एक लय में अद्वैत चाहती हैं–

मेरे मन की विविध तरंग
रंगिणि ! सब तेरे ही संग
एक रूप में मिले अनंग ! (पल्लव : वीचि-विलास)

यह सौंदर्यानुभूति का चरम साध्य है।

अपनी काव्य परिधि की सीमाओं के बावजूद छायावादी पंत जी अपनी कोमल सौंदर्यमय भावनाओं और कल्पनाओं के लिए चिरस्मरणीय रहेंगे।

संदर्भ संकेत :

1. आचार्य रामचंद्र शुक्ल : हिंदी साहित्य का इतिहास, पृ. 788
2. वही, पृ. 792
3. वही, पृ. 783
4. वही, पृ. 776
5. वही, पृ. 776
6. सुमित्रानंदन पंत : पल्लव-प्रवेश, पृ. 34
7. वही, पृ. 40
8. वही, विज्ञापन, पृ. 12
9. सुमित्रानंदन पंत : आधुनिक कवि पंत (2) –संपादकीय, पृ. 2
10. सुमित्रानंदन पंत : पल्लव-प्रवेश, पृ. 30
11. आचार्य रामचंद्र शुक्ल : हिंदी साहित्य का इतिहास, पृ. 784
12. सुमित्रानंदन पंत : पल्लव-प्रवेश, पृ. 32
13. वही, पृ. 33
14. वही, पृ. 28

15. वही, पृ. 28
16. वही, पृ. 33
17. वही, पृ. 44
18. आचार्य रामचंद्र शुक्ल : हिंदी साहित्य का इतिहास, पृ. 750-751
19. सुमित्रानंदन पंत : आधुनिक कवि पंत (2) —संपादकीय, पृ. 6

सूर्यकांत त्रिपाठी निराला

1. प्रस्तावना

छायावादी कवियों में निराला जी पहले काव्य-परंपरा प्रेमियों के द्वारा सबसे अधिक उपेक्षित और कटु आलोचना के पात्र हुए हैं और बाद को ही उन्हें उचित प्रतिष्ठा प्राप्त हुई है। जीवन और काव्य दोनों में परंपरा के प्रति विद्रोह और क्रांतिकारी भाव-विचार, उसका मुख्य कारण है। यह आश्चर्य की बात है क्योंकि उनकी प्रतिभा अन्य छायावादी कवियों की तुलना में अनेक दिशाओं में बहुत आगे है। पंत जी रूप-सौंदर्य और भाव-व्यंजना की कोमल भावनाओं एवं कल्पनाओं के कवि माने जाते हैं। प्रसाद माधुर्य एवं सौंदर्य के कवि के रूप में लब्ध प्रतिष्ठ हैं तथा महादेवी की रहस्यात्मकता कल्पना के अनंत वैभवपूर्ण रूप में अभिव्यक्त हुई है। निराला जी की कविता में कल्पना कोमल, मधुर और वैभवशाली विशेषताओं के साथ अंतर्मुखी सूक्ष्मता के कारण बहुत प्रभावशाली है। काव्यवस्तु और भाव-जगत् दोनों क्षेत्रों में निराला की काव्य-साधना अन्य कवियों से अपेक्षाकृत अधिक व्यापक है। छायावादी अंतर्मुखी रचनाधर्मिता की दृष्टि से भी वे अन्य कवियों से कुछ भिन्न काव्य-प्रवृत्ति के कलाकार प्रतीत होते हैं। उनकी अधिकांश रचनाएँ बहिर्मुखी वस्तून्मुखता और अंतर्मुखी भावात्मकता की मध्यवर्ती प्रवृत्ति की हैं। उनका काव्योत्कर्ष सौंदर्यशास्त्रीय दृष्टि से सौंदर्य चेतना के स्तर को पार करके उदात्तता की सीमा का स्पर्श करता है और उन्होंने कुछ श्रेष्ठ उदात्त रचनाओं और बिंबों की सृष्टि की है। उसका कारण कवि की ऊर्ध्वगामी दृष्टि, सूक्ष्मता की पकड़ और ओजस्विता है। निराला जी की रचना में मानव जीवन के प्रायः सभी पहलुओं का—आध्यात्मिक, सांस्कृतिक, मानवतावादी, राजनीतिक, सामाजिक, पारिवारिक और व्यक्तिवादी दिशाओं का—न्यूनाधिक निरूपण हुआ है। साहित्यिक दृष्टि से परोक्ष-प्रत्यक्ष, प्राचीन-आधुनिक, अंतरंग-बहिरंग, विद्रोह-समझौता आदि द्वंद्वों की झलक उनकी रचनाओं में मिल जाती है। 'कुकुरमत्ता' के साथ निराला जी की छायावादी प्रवृत्ति ने नया रूप धारण

किया है। कल्पनालोक या 'यूटोपिया' में विहार करने वाले कवि ने जीवन की यथार्थता पर दृष्टि डाली है। यह परिवर्तन पंत जी की तरह बाह्य परिस्थितियों की विषमता में साम्यवाद को चरम लक्ष्य मानने वाले प्रचार के प्रभाव के कारण नहीं था। (बाद को पंत जी फिर अरविंद-दर्शन और अलौकिक-लौकिक के समन्वय की ओर प्रवृत्त हुए।) निराला जी की रचना में परिवर्तन को चाहे तो परिस्थिति-जन्य मोहभंग कह सकते हैं। लेकिन उसके मूल में परिस्थितियों में परिवर्तन न होने के कारण अंतर्गत आत्मावलोकन की प्रेरणा अवश्य है। इसीलिए निराला जी की नई रचना पंत जी की कविता की तरह 'प्रोपगांडा' नहीं लगती। निराला जी की छायावादी रचनाधर्मिता अंतर्मुखी भावात्मक, कल्पनाशील और आदर्शवादी या भाववादी है तो परवर्ती रचनात्मकता बहिर्मुखी, वस्तून्मुख, व्यंग्यात्मक और यथार्थवादी लगती है। पहले में सौंदर्य विधायक मूल्य है तो दूसरे में वह अभावात्मक या निषेधात्मक मूल्य है। निराला जी ने छायावादोत्तर प्रयोगवाद और नई कविता की तरह जीवन की कुरूपता को विधायक मूल्य के रूप में प्रतिष्ठित करने या कुरूपता में या उस पर नए मूल्यों के आरोप का प्रयत्न नहीं किया है। निराला जी की नई रचना को परवर्ती काव्य प्रवृत्ति की भूमिका कह सकते हैं जहाँ सौंदर्य उसके रहित की स्थिति से कुरूपता की ओर प्रस्थान का प्रेरक रूप है।

2. प्रेरणास्रोत और प्रभाव

छायावाद-रहस्यवाद के सौंदर्यबोध के विकास में योग देने वाले प्रेरणा स्रोतों परिस्थितियों और प्रभावों की सामान्य चर्चा पहले हो चुकी है। निराला जी के संदर्भ में उनके विशिष्ट स्वरूप पर संक्षेप में विचार करेंगे जो अन्य छायावादी कवियों से उनके सौंदर्यबोध और चेतना को अलग कर देता है। (1) उनकी प्रधान प्रेरणा प्राचीन भारतीय सांस्कृतिक चेतना की महानता तथा मध्य एवं आधुनिक कालों में उसका पतन है। (तुलसीदास बादल राग आदि) (2) दूसरी प्रेरणा भारतीय अंतर्मुखी शक्ति और कर्मयोग से है। (राम की शक्ति पूजा, राष्ट्रीय गीत और उद्बोधन गीत) इसके मूल में रवींद्रनाथ ठाकुर, स्वामी विवेकानंद और अरविंद घोष के द्वारा उस शक्ति और कर्मयोग के आख्यान का प्रभाव भी है। 'गीतिका' को छोड़कर आध्यात्मिक-रहस्यवादी रचना नहीं मिलती। समीक्षकों ने प्रकृति और प्रेम के गीतों का आध्यात्मिक प्रियतम-प्रेयसी के रूप में खींचातानी करके अर्थ करने का प्रयत्न किया है। (3) राजनीतिक परिस्थितियों और स्वतंत्रता संग्राम ने कवि को अवश्य अंतर्मुखी बनाया है, लेकिन रचना में कुंठा, निराशा और वेदना का स्वर नहीं है। इसके विपरीत राष्ट्रीय-भावना में और प्रेम में भी उत्साह, कर्मठता, हर्षोल्लास की ही व्यंजना है। (4) सामाजिक-पारिवारिक रूढ़ियों के प्रति विद्रोह की भावना ने उन्मुक्तता का आवाहन करते हुए सौंदर्य दृष्टि को परंपरागत रूढ़ियों से मुक्त करके नए उन्मेष के अवसर

प्रदान किए हैं। व्यक्तिगत-पारिवारिक जीवन पत्नी और पुत्री की मृत्यु ने वेदना के स्वरों को झंकृत किया है जिनमें सच्चाई और तीव्रता के साथ स्मृति रूप में सौंदर्य का अत्यंत रमणीय और सात्विक चित्रांकन हुआ है। (5) निराला जी पर पाश्चात्य रोमांटिक प्रवृत्ति का प्रभाव अवश्य पड़ा है—सौंदर्यबोध, अंतर्मुखी भाव-व्यंजना और अभिव्यंजना-पद्धति एवं उसके साधनों पर। लेकिन पंत जी की तरह प्रत्यक्ष प्रभाव बहुत कम है। (6) जीवन का बहुत-सा समय बंगाल में बीतने के कारण उनकी रचना पर बंगला भाषा और साहित्य का प्रभाव दिखाई देता है। अंग्रेजी भाषा और साहित्य का अध्ययन, देश के अन्य प्रदेशों से बंगाल में बहुत पहले आरंभ हुआ है तथा उसके प्रभाव से काव्य-साहित्य में आधुनिक चेतना का जो विकास हुआ है, वह अन्य भारतीय भाषा-साहित्यों पर भी पड़ा है। 'निराला जी पर बंग भाषा की काव्य-शैली का प्रभाव समास में गुंफित पद-वल्लरी, क्रियापद के लोप आदि में स्पष्ट झलकता है।'[1] (7) निराला जी को जीवन में अनेक प्रकार की आर्थिक और पारिवारिक कठिनाइयों का सामना करना पड़ा। असह्य दुख और वेदना में भी वे विचलित नहीं हुए। इनसे उनके मन में दृढ़ संकल्प का विकास हुआ। मन में शक्तिमत्ता और व्यक्तित्व में प्रौढ़ता के साथ वे जीवन भर संघर्ष करते रहे। उनकी अनेक रचनाओं में इस 'संघर्ष' की ओर संकेत मिलता है। जीवन की प्रतिकूल परिस्थितियों में सुदृढ़ आत्मविश्वास के साथ खड़े रहने में निराला जी के व्यक्तित्व में जो ओजस्विता आई है, उनकी समस्त रचनाओं में उसका प्रतिफलन हुआ है। सौंदर्य वर्णन में, कोमल और उग्र भावनाओं की व्यंजना में और मानव जीवन की क्रियाशीलता में सर्वत्र यह ओजस्विता है। इस ओज के अभाव में अन्य छायावादी कवियों की रचना में सर्वत्र वैसी जीवंतता नहीं है। इस ओज को काव्यशास्त्रीय ओज गुण समझने की गलतफहमी नहीं करनी चाहिए जो पौरुष या उग्र भावों या रसों का शैलीगत धर्म है। निराला जी की व्यक्तिगत और रचनागत ओजस्विता, प्रसाद के शब्दों में 'जीवन की प्राणमयी धारा' है। इस ओजस्विता के कारण कुछ समीक्षकों ने निराला जी को 'पौरुष का कवि' कहा है।

3. काव्यवस्तु और प्रवृत्ति

निराला की काव्यवस्तु की विशेषताएँ हैं—विद्रोह, मौलिकता, स्वच्छंदता और नैसर्गिकता। उन्होंने प्राचीन एवं मध्यकालीन समस्त काव्य-परंपराओं और रूढ़ियों से विद्रोह करते हुए ऐसी वस्तु को चुना है या उसे ऐसे रूप में ढाला है कि वह बिलकुल नवीन और मौलिक लगती है। ऋतु वर्णन के अंतर्गत बादलों पर बहुत-सी रचनाएँ हुई हैं, लेकिन 'बादल राग' का रागालापन उन सबसे भिन्न है। उस राग के स्वरों में अनेक नए भावों का स्फुरण हो जाता है। रत्नावली से प्रेम और बाद को वैराग्य की तुलसीदास की कथा लोक प्रसिद्ध है। उसे वैयक्तिक बहिर्मुखी

और अंतर्मुखी चेतना के द्वंद्व के रूप में प्रस्तुत करते हुए कवि ने अंतर्मुखी चेतना के विकास-परिवर्तन को मनोवैज्ञानिक रूप देकर लोक कल्याण के लिए अंतर्मुखता से समाजोन्मुख बहिर्मुखता की ओर प्रस्थान दिखाया है। तुलसी की भक्ति व्यक्तिनिष्ठ, आत्मोद्धारक मात्र न होकर लोकमंगलकारी है। इस रूप में तुलसी की गाथा, नवीन और मौलिक ही नहीं, तुलसी की रचनाधर्मिता के अंतःसाक्ष्य का साक्षात्कार करानेवाली है। प्राकृतिक नैसर्गिकता और स्वच्छंदता छायावाद के सामान्य धर्म हैं। आदिकाल के बाद छायावादी युग में प्रकृति की ओर पुनः प्रस्थान हुआ है। प्रकृति और मानव जीवन दोनों में निराला जी ने नैसर्गिकता और स्वच्छंदता से संतुष्ट न होकर उन्हें सभी प्रकार के बंधनों और नियमों से उन्मुक्त रूप देने का प्रयत्न किया है जिसका प्रभाव काव्य के कथ्य और रूप के सभी पहलुओं पर भी पड़ा है।

छायावादी अंतर्मुखता में वस्तु, भावमय होकर उसका आभास मात्र मिलता है। राम की शक्ति पूजा, तुलसीदास आदि कथा काव्यों को छोड़कर शेष की वस्तु को प्रकृति-सौंदर्य, जीवन का सुख-दुख, मानव मन की विविध भावनाएँ, (प्रेम का विभिन्न रूपात्मक प्रसार), कर्म की ओर प्रवृत्ति और साधना, अतीत और वर्तमान इतिहास आदि सामान्य शब्दों में ही व्यक्त किया जा सकता है। जो वस्तु की ही नहीं, भावों के वैविध्य को भी द्योतित करता है। छायावादी कवियों में सबसे अधिक वस्तु-वैविध्य निराला जी की रचना में है। शुक्ल जी के शब्दों में "बहु-वस्तु-स्पर्शिनी प्रतिभा निरालाजी में है।"[2] अंतर्मुखी भावना की तरह कल्पना ने भी छायावादी वस्तु की यथार्थता और उसके विविध रूपों को आच्छादित कर दिया है। एक निराला जी की कविता में लौकिक यथार्थता का अधिक आभास मिलता है। उनकी कल्पना, लौकिक यथार्थता की आधारभूमि पर खड़ी है। (यमुना के प्रति आदि कुछ कविताओं को छोड़कर) निराला जी की आध्यात्मिक प्रवृत्ति और रहस्यवाद उनकी समस्त रचना पर न छा कर 'गीतिका' आदि अलग रचनाओं के रूप में है। कुल मिलाकर हम कह सकते हैं कि निराला जी की काव्य-वस्तु व्यापक मानव-जीवन का उन्मुक्त रूप है जिसकी अभिव्यक्ति के कुछ उदाहरण देखेंगे।

जब जीवन की स्पंदनशीलता और संवेदना के विविधि आयाम, काव्यवस्तु है, वे कवि के सौंदर्यबोध की आधारभूमि बनते हैं। सुख हर्षोल्लास का व्यंजक होता है तो दुख में सारी सृष्टि मानों स्पंदित हो उठती है। जीवन-स्पंदन और व्यापक संवेदना के उदाहरण—

> स्वर में झर-झर जीवन भरकर ज्यों बोली।। (तुलसीदास)
>
> दुख सुनता है आकाश धीर,
निश्चल समीर,
सरिता की लहरें भी ठहर-ठहर कर।। (विधवा)

जन्म-मरण मानव जीवन के सहज परिणाम हैं। मनुष्य उनके सुख-दुख में स्पंदित ही नहीं होता, दार्शनिक दृष्टि से उनमें जीवन के अनंत प्रवाह और चेतनागत सौंदर्य-ज्योति को देखता है–

पितः पूर्ण–आलोक वरण
करती हूँ मैं, यह नहीं मरण,
'सरोज' का ज्योति : शरण-तरण। (सरोज-स्मृति)

जीवन में सौंदर्य की मधुर अनुभूति ही नहीं है, उसमें एक मानसिक संघर्ष भी है जो जीवन में सौंदर्य की प्रतिष्ठा भी करता है–

होगा फिर से दुर्धर्ष समर
जड़ का चेतन से निशि वासर
कवि का प्रति छवि से जीवन हर, जीवन भर। (तुलसीदास)

'राम की शक्ति पूजा', 'प्रेयसी' आदि में यह संघर्ष बहिर्मुखी कर्म का रूप लेता है। मनुष्य के द्वारा अपनी आत्मा की पहचान उसकी अनंत शक्ति का परिचय देकर उसे कर्म पथ पर आगे बढ़ाती है। कवि उद्‌बोधन करता है–

तुम हो महान्,
तुम सदा हो महान्। (जागो फिर एक बार)

उन्मुक्त जीवन और आनंद, जीवन के चरम लक्ष्य हैं। भारतीय-दर्शन भी मुक्तावस्था और उसके आनंद को मानव-जीवन का अंतिम लक्ष्य घोषित करता है। कवि के शब्दों में–

मुक्त हो सदा ही तुम,
बाधा विहीन बंध छंद ज्यों,
डूबे आनंद में सच्चिदानंद रूप। (जागो फिर एक बार)

मानव मन की चेतना, कर्म की साधना, उन्मुक्तता और आनंद–ये चार प्रधान बिंदु हैं जो निराला जी की काव्यवस्तु और प्रवृत्ति के निर्धारक हैं। इनकी व्यापकता और गहराई के अनुरूप कवि के सौंदर्यबोध का प्रसार और पैनी दृष्टि है।

4. रूप-सौंदर्य

(क) प्रकृति का रूप : छायावादी प्रकृति-सौंदर्य-निरूपण की विशेषताएँ हैं–स्वच्छंदता, नैसर्गिकता, रहस्यमयता, विलक्षणता और अद्‌भुतपन जिनकी अभिव्यक्ति निराला जी के काव्य में भी सर्वत्र दिखाई देती है। इस दिशा में निराला जी की विशिष्टता

उसके अपूर्व प्रभाव की व्यंजना है—

प्रति क्षण मेरा मोह मुलिन मन
उल्लसित चमत्कृत करती हो
अजस्र रस-रूप-धन किरण। (गीतिका)

छायावादी कवियों में पंत जी ने प्रकृति सौंदर्य की कोमलता का वस्तून्मुख वर्णन किया है, प्रसाद जी ने उसके विकसित रूप के यौवनकालीन माधुर्य की अनुभूतिमूलक व्यंजना की है, महादेवी जी ने उसके वैभव-विलास और रहस्यात्मकता का चित्रांकन किया है। तो निराला जी ने प्रकृति के सूक्ष्म सौंदर्य के प्रभाव-हर्षोल्लास को व्यक्त किया है—

बहु सुमन, बहुरंग-निर्मित एक हार।
एक ही हाथ से गुंथा, उर एक शोभा भार।
गंध-शत, अरविंद-नंदन, विस्व-नंदन तार
अखिल उर रंजन निरंजन एक अनिल उदार। (गीतिका)

प्रकृति सौंदर्य के कोमल-मधुर, स्थितिशील-गतिशील रूपों का निराला जी सहित सभी छायावादी कवियों ने रमणीय सम्मूर्तन किया है। निराला जी की विशिष्टता उसके उग्र प्रसारगामी और व्यापक चित्रांकन में है। (पंत जी की कविता 'परिवर्तन' में इनका सफल निरूपण हुआ है। प्रसाद जी और महादेवी जी ने इन रूपगत विशेषताओं की अभिव्यंजना की है, पर अपनी-अपनी अभिरुचि और काव्य-प्रवृत्ति के कारण सफलता प्राप्त नहीं की है।)

छाया ऊपर घन अंधकार
टूटता वज्र वह दुर्निवार
नीचे प्लावन की प्रलय धार, ध्वनि हर हर। (उग्ररूप) (तुलसीदास)
टूटे सकल बंध
कलि के, दिशा-ज्ञान-गत हो बहे बंध। (प्रसार) (वनबेला)
पवन में छिपकर तुम प्रतिपल,
पल्लवों में भर मधुर हिलोर,
चूम कलियों के मुदित दल,
पत्र छिद्रों में गा निशि-भोर,
विश्व के अंतस्तल में चाह
जगा देती हो तड़ित प्रवाह। (व्यापकता) (स्मृति)

'जुही की कली', 'संध्या सुंदरी' 'तुलसीदास' आदि रचनाओं में निराला जी ने अन्यान्य

विशेषताओं के साथ प्रकृति का प्रसारगामी और व्यापक चित्रण किया है जिसका अन्यत्र उद्धरण हुआ है।

छायावादी कवियों ने आलंकारिक रूप में, मानवीय भावनाओं के अनुरूप स्पंदनशील रूप में आध्यात्मिक दृष्टि से चेतन रूप में प्रकृति का मानवीकरण किया है। निराला जी की कविता में उनकी भारतीय आध्यात्मिक दृष्टि के कारण अंतिम रूप अधिक दिखाई देता है। प्रकृति के चेतन रूप में उसके बाह्य आकार-प्रकार का ही नहीं, भावनाशीलता और क्रियाशीलता से युक्त रूप का अपूर्व सौंदर्य झलकता है। मानवीय रूप की तरह वस्तु के सौंदर्य का सारे परिसर पर प्रभाव पड़ता है। वसंत के आगमन से–

भरा हर्ष वन के मन
नवोत्कर्ष छाया।
× × ×
जागी वन में वन यौवन की माया।।

(गीतिका : खुले केश अशेष भर रहे)

निराला जी ने प्रकृति-सौंदर्य के ऐंद्रिय और मानसिक दोनों रूपों का वर्णन करते हुए उससे उत्पन्न हर्षोल्लास एवं आनंद की व्यंजना की है। लेकिन प्रसाद जी की तरह प्रकृति के यौवन के माधुर्य और मादकता की अनुभूति को ऐंद्रियता की चरम स्थिति पर नहीं ले गए हैं। निराला जी ने ऐंद्रियता में संयम का पालन किया है।

प्रकृति का ऐंद्रिय रूप :
रंगमयी पग पग धन्य धरा
हुई जग जगमग मनोहरा।
वर्ण गंध-धर, मधु मरंद भर,
तरु उरु की अरुणिमा तरुणतर
खुली रूप कलियों में पल भर
स्तर स्तर मधुरिमा। (गीतिका)

नारी के रूप में मानवीकरण के साथ प्रकृति का ऐंद्रिय मुक्त हास–

कौन तुम शुभ्र किरण वसना, सीख केवल हँसना, केवल हँसना।
(गीतिका)

ऐंद्रिय रूप में भी कवि ने अनंत वैभव भर दिया है–

सौरभ के फब्बारे छूटे, विहगों के दल के दल टूटे। (कविता)

प्रकृति के अंतर्मुखी भावनाशील चित्रण में व्यापकता के आयाम द्वारा निराला जी ने एक अपूर्व सौंदर्य की सृष्टि की है जो उनकी विशिष्टता है। संध्याकालीन निश्शब्द शांति का सर्वत्र व्यापक प्रसार–

सिर्फ एक अव्यक्त शब्द सा 'चुप-चुप-चुप'
है गूँज रहा सब कहीं–
व्योम मंडल में, जगती तल में–
× × ×
क्षिति में–जल में–नभ में–अनिल-अनल में–
सिर्फ एक अव्यक्त शब्द-सा 'चुप-चुप-चुप'
है गूँज रहा सब कहीं। (संध्या सुंदरी)

इस व्यापक चित्रांकन के बाद चरम सीमा का विपर्यय अद्भुत है–

और क्या है ? कुछ नहीं।।

अन्य छायावादी कवियों की तरह निराला जी ने भी प्रकृति की परिवर्तनशीलता और उसमें प्रकृति के नित्य नवीन रूप-सौंदर्य और उसके आकर्षण को स्वीकार किया है–

क्षण क्षण में परिवर्तित
होते रहे प्रकृति पर।। (जागो फिर एक बार)
पावन करो नयन।
रश्मि, नभ-नील-पर
सतत शत रूप धर
विश्व छवि में उतर। (गीतिका)

भारतीय आध्यात्मिक चिंतन में शाश्वततावादी और परिवर्तनवादी दो विचारधाराएँ मिलती हैं। पहले में आत्मा का सौंदर्य ही सत्य है जबकि दूसरे में सृष्टि और प्रकृति की परिवर्तनशीलता को मिथ्यामात्र न मानकर उसमें सौंदर्य के अस्तित्व को माना है।

'गीतिका' के आध्यात्मिक गीतों में ईश्वरीय आध्यात्मिक-रहस्यमय संकेतों के अतिरिक्त सृष्टि की अनंतता और उसके साथ मानव के संबंध पर भी विचार हुआ है। कवि की अभिरुचि के अनुरूप अनंतता के सौंदर्य और कहीं-कहीं उदात्तता तथा उसके प्रभाव की ओर संकेत हैं–

अमरण भर वरण-गान
वन वन उपवन-उपवन
जागी छवि, खुले प्राण। (गीतिका)

'तुलसीदास' में भी प्रकृति के साथ मानव का संबंध तथा मानव-मन एवं जीवन पर प्रकृति के प्रभाव की अभिव्यक्त की गई है। जड़ प्रकृति के आच्छादन के हटने पर मानव-मन उसमें नव जीवन और सौंदर्य देखता है–

देखो यह धूल धूसरित छवि,
छाया इस पर केवल जड़ सी खर दहता।...
गाओ विहंग सद्ध्वनित गान
त्यागोज्जीवित, यह ऊर्ध्वध्यान, धारा सत्व। (तुलसीदास)

अंततः प्रकृति के सौंदर्य-दर्शन का लक्ष्य इसमें अंतर्निहित रहस्य या उसके मूल स्रोत में पहुँचना है–

पर ले चल मुझको
वहाँ, दिखा मुझको भी निज
गर्जन भैरव संसार।...
इस मरोर से इसी शोर से
सघन घोर गुरू गहन रोर से
मुझे गगन का दिखा वह छोर। (बादल राग)

(ख) मानवीय रूप : प्रकृति की तरह मानवीय रूप को भी निराला ने छायावादी पद्धति में अंतर्मुखी और भावनाशील रूप में ही प्रस्तुत किया है। नख-शिख परंपरा का पालन या अंगों का स्फुट वर्णन नहीं मिलता। समष्टि रूप के प्रभाव, और रूप में अंतर्लीन चेतना की व्यंजना की गई है। इन सब विशेषताओं के प्रतिनिधि उदाहरण–

घेर अंग अंग को
लहरी तरंग वह प्रथम तारुण्य की,
ज्योतिमयि लता सी हुई मैं तत्काल
घेर निज तरु तन। (प्रेयसी)
देखती मुझे तू, हँसी मंद,
होठों में बिजली फँसी स्पंद
उर में भर झूली छवि सुंदर। (सरोज-स्मृति)

मानवीय रूप वर्णन में निराला की अपनी विशिष्टता, उसकी उन्मुक्तता और

व्यापकता है–

खुले केश अशेष शोभा भर रहे
पृष्ठ–ग्रीवा–बाहु–उर तर रहे। (गीतिका)

युद्ध में पराजित होकर लौटे हुए राम के निराशामय रूप की उन्मुक्तता और उस निराशा में भी आँखों की ज्योति में शक्ति की ओर संकेत का चित्र–

दृढ़ जटा मुकुट हो विपर्यस्त प्रति लट से खुल
फैला पृष्ठ पर, बाहुओं पर, वक्ष पर विपुल
उतरा ज्यों दुर्गम पर्वत पर नैशांधकार
चमकती दूर ताराएँ ज्यों हों कहीं पार। (राम की शक्ति पूजा)

नारी के रूप वर्णन में कोमलता और माधुर्य है तो पुरुष के रूप-गठन में संदर्भ के अनुसार ओज, उग्रता और उदात्तता है। प्रसाद जी और निराला जी ने नारी को शक्ति की प्रतीक के रूप में देखकर उसके संकल्प बल से मानव जीवन को संचालित माना है। रत्नावली के कारण तुलसी के मन और जीवन में परिवर्तन होता है। 'प्रेयसी' नायक को सामाजिक बंधनों को तोड़कर जीवन पथ पर आगे ले जाती है। नारी का कोमल मधुर रूप–

छूट-छूट अलस
फैल जाने दो पीठ पर
कल्पना से कोमल
ऋजु कुटिल प्रसार-कामी केश-गुच्छ (जागो फिर एक बार)

पुरुष का तेजोमय रूप–

आयत दृग, पुष्ट देह, गत भय,
अपने प्रकाश में निःसंशय
प्रतिभा का मंद-स्मिति परिचय, संस्कारक। (तुलसीदास)

ऐसा लगता है कि इस तेजस्विता के बावजूद सामान्यतः छायावादी नायक दुर्बल और नारी, जीवन की केंद्र शक्ति है।

रूप के स्थितिशील सौंदर्य की अपेक्षा उसके गतिशील सौंदर्य में अधिक आकर्षण भरा होता है। गतिशीलता भाव-स्पंदन और क्रियाशीलता सापेक्ष है। प्रकृति में मानवीकरण या चेतना के आरोप के द्वारा यह संपन्न होता है जबकि मानवीय रूप का यह सहज धर्म है। भाव-क्रिया-सापेक्ष मानवीय रूप में स्थितिशीलता, जीवंतता या प्राण-संचारिता का धर्म प्राप्त करके अत्यंत आकर्षक बनती है–

यह नहीं आज गृह छाया-उर
गति से प्रिया की मुखर मधुर,
गति नृत्य, ताल शिंजित नूपुर, चरणारुण। (तुलसीदास)

रूप की ऐंद्रियता और मानसिकता के आकर्षण और प्रभाव का प्रश्न जटिल है। रूप की ऐंद्रिय गोचरता उसका स्वाभाविक धर्म है। निराला जी ने ऐंद्रिय रूप को, प्रभाव की परिधि में–सीमा का उल्लंघन होने नहीं दिया है। कहीं-कहीं नारी के पार्थिव रूप का भी मांसल साक्षात्कार हो जाता है–

श्यामल तन, भर बँधा यौवन
नत नयन, प्रिय कर्म रत तन।। (वह तोड़ती पत्थर)

यह उच्चवर्गीय कोमलता के विरोध में श्रमिक वर्ग के रूप का वर्णन है। निराला जी प्रायः चेतनागत सौंदर्य या लावण्य का वर्णन करते हैं। यह व्यक्तित्व और संस्कारिता की सापेक्षता में और अधिक तेजोमय हो जाता है–

विद्या के दृगों में
मिला लावण्य ज्यों मूर्ति को मोहकर। (प्रेयसी)

पहले अध्याय में सौंदर्य और काम के संबंध पर विचार हो चुका है। निष्काम और सात्विक, साक्षीभूत रूप में सौंदर्य का सजीव वर्णन प्रायः बहुत कम मिलता है। सरोज के यौवन में पदार्पण करने पर पिता की दृष्टि में उस सौंदर्य का सात्विक रूप चरम उत्कर्ष पर पहुँच गया है–

कुंज-तारुण्य सुघर
आई, लावण्य भार थर थर
काँपा कोमलता पर सस्वर। (सरोज-स्मृति)

निराला जी के मानवीय रूप-वर्णन में ऐंद्रियता और मानसिक सात्विकता के अतिरिक्त दो बातें विशेष ध्यातव्य हैं।

(1) बाह्य एवं आंतरिक सौंदर्य के साथ समन्वय में मन का ऊर्ध्वगामी प्रसार–

लखोगे, उर-कुंज में निज कुंज में निर्भर
अखिल ज्योतिर्गठित छवि, कच पवन तम विस्तार
बहिर-अंतर एक पर होंगे, खिलेगा प्यार,
ऊर्ध्व नभ-नग में गमन कर जाएगा संसार। (गीतिका)

(2) ससीम रूप में असीम का दर्शन–

मेरी ध्रुव तारा तुम
प्रसरित दिगंत से
अंत में लाई मुझे
सीमा में दीखी असीमता। (रेखा)

यह बाह्यसौंदर्य से अंतःसौंदर्य और वहाँ से आध्यात्मिक सौंदर्य की ओर प्रस्थान का सूचक है जिसके अनेक रूप 'गीतिका' में मिल जाते हैं।

निराला जी ने रूप-सौंदर्य को मूर्त्त बनाने के लिए पंत जी और प्रसाद जी की तरह बिंबों और प्रतीकों का अपेक्षाकृत कम सहारा लिया है। उन्होंने चित्रांकन-पद्धति का अधिक प्रयोग किया है।

5. भाव और कर्म-सौंदर्य

(क) भाव-सौंदर्य : छायावादी कवियों में निराला जी की भाव-व्यंजना का क्षेत्र सबसे अधिक व्यापक और सजीव है। प्रकृति-प्रेम, सौंदर्य के आकर्षण के अतिरिक्त उन्होंने, सुख-दुख, वेदना आदि मानवीय पहलू का, सामाजिक-धार्मिक कुरीतियों का, सामाजिक शोषण का, राष्ट्रीय भावना और क्रांति का, भारत के सांस्कृतिक पतन-उत्थान, भारतीय आध्यात्मिक-साधना और रहस्यवाद का, पारिवारिक क्षेत्र में प्रेयसी, माँ और पुत्री के सात्विक रूप का और भारत की धरती के कण-कण का सफल सौंदर्यात्मक निरूपण किया है। दूसरे शब्दों में मानव जीवन के वैयक्तिक, पारिवारिक, धार्मिक, रहस्यात्मक, सामाजिक, सांस्कृतिक, राजनीतिक, राष्ट्रीय—समस्त पहलुओं की न्यूनाधिक भाव-व्यंजना हुई है। उसकी सौंदर्यशास्त्रीय कुछ विशेषताओं पर विचार करेंगे।

छायावादी कवियों में निराला जी की भाव-व्यंजना की विशिष्टता उसकी चेतनता और ओजस्विता है। चेतनता का अर्थ स्पंदनशीलता, संवेदनशीलता, सजीवता या जीवंतता है और ओजस्विता का अर्थ है स्फूर्ति और शक्तिमत्ता। इनके कारण भाव-व्यंजना निर्जीव न होकर मन को प्रभावित करने में समर्थ होती है। शुक्ल जी ने छायावाद पर आक्षेप किया है कि उसमें भावानुभूति की प्रत्यक्ष अभिव्यक्ति की अपेक्षा कल्पना की क्रीड़ा (अप्रस्तुत विधायिनी कल्पना के अर्थ में) अधिक है।[3] निराला जी ने भाव की व्यंजना की अपेक्षा उसके प्रभाव को ज्यादा अभिव्यक्त किया है। लेकिन कुछ कविताओं को छोड़कर पंत जी और प्रसाद जी की तरह अभिव्यंजना में अप्रत्यक्ष अप्रस्तुत-विधायिनी रूप को कम अपनाया है। अनेक कविताओं में भाव-व्यंजना सीधी है। उसमें कठिनाई भाषा प्रयोग की है। भावों की चेतनता (और उसकी ऋजु अभिव्यक्ति) और उसके प्रभाव के संबंध में स्वयं कवि का कहना है—

सब चेतना जो देखता
स्पर्श में अनुभव रोमांच
हर्ष रूप में—परिचय
× × ×
खींचा उसी ने था हृदय यह
जड़ों में चेतन गति कर्षण मिलता कहाँ ? (रेखा)

निराला की भाव-व्यंजना की ओजस्विता और शक्तिमत्ता वैसे सर्वत्र मिलती है, लेकिन भाव के आवेग, व्यापकता और प्रसार में विशेष द्रष्टव्य है। 'जुही की कली' में प्रेयसी से मिलने के लिए पवन का गतिवेग, 'संध्या सुंदरी' में संध्या की शांति की सारी सृष्टि में व्याप्ति, 'तुलसीदास' में उनके मन का ऊर्ध्वगामी प्रसार, प्रतिनिधि उदाहरण के रूप में ले सकते हैं।

निराला की भाव-व्यंजना प्रत्यक्ष जीवन-सापेक्ष है। कवि की जीवनी, व्यक्तित्व और रचना में जीवन के संघर्षों और द्वंद्वों का गहरा प्रभाव, भाव-व्यंजना पर पड़ा है। इससे उनकी रचना में सुख-दुखात्मक भावों की अनंतता और संवेदनशीलता मिल जाती है। वस्तु-वैविध्य के साथ भावात्मक विविधता की व्यंजना स्वाभाविक है। भावों की व्यंजना वस्तून्मुख न होकर अनुभूतिमूलक है—

दुख का भार कौन ले सके ?
यह दुख जिसका नहीं कुछ छोर है। (विधवा)

'विधवा', 'भिक्षुक' आदि आरंभिक कविताओं के अंत में कवि ने जो आदर्शवादी भावुक समाधान प्रस्तुत किया है, वह जीवन की समस्या का समाधान नहीं है। अनुभूतिमूलक एक और भाव-व्यंजना का उदाहरण लीजिए—

बस तुम्हें देखता रहता
चकित, थकी, चितवन मेरी रह जाती
दग्ध हृदय के अगणित व्याकुल भाव
मौन दृष्टि की ही भाषा कह जाती। (प्रिया के प्रति)

निराला जी की रचना में भाव की प्रभाव-सृष्टि के अनेक मार्मिक और रमणीय उदाहरण मिल जाते हैं। एक उदाहरण प्रस्तुत है—

प्रसवण करते आनंद के चतुर्दिक—
सरते अंतर पुलक राशि के बार-बार
चक्राकार कलरव-तरंगों के मध्य मैं
उठी हुई उवसी-सी (प्रेयसी)

रूप और भावना का अद्भुत सम्मिश्रण है।

निराला जी ने छायावादी प्रवृत्ति के अनुरूप प्राकृतिक और मानवीय रूप-सौंदर्य से उत्पन्न कोमल भावनाओं को ही नहीं, राजनीतिक और सामाजिक परिस्थितियों से अनुभूत उग्र और कठोर भावनाओं को भी व्यक्त किया है। इनके मूल में विद्रोही और क्रांतिकारी कवि का क्रोध है। 'जागो फिर एक बार' 'बादल राग' आदि कविताओं में ही नहीं, सामाजिक गतिविधि से संबंधित सभी कविताओं में कहीं क्रोध, कहीं आक्रोश, कहीं वेदना और कहीं परंपरागत रूढ़ियों के प्रति विद्रोह की भावना है। 'प्रेयसी' में ये भाव उन्मुक्त प्रेम के आग्रह को लेकर हैं तो 'सरोजस्मृति' में वेदना के साथ मिले हुए सामाजिक रूढ़ियों और अंधविश्वासों से संबंधित हैं। निराला का हृदय कोमल है तो मन-मस्तिष्क पौरुषमय है। दो-एक उदाहरण–

भाल अनल धक-धक कर जला,
भस्म हो गया था काल।। (जागो फिर एक बार)
एक साथ जब शत घात चूर्ण
आते थे मुझ पर तुले तूर्ण
देखता रहा मैं खड़ा अपल...
क्रुद्ध युद्ध का रुद्ध युद्धफल। (राम की शक्ति पूजा)

निराला जी की भाव-व्यंजना का सामाजिक पहलू भी क्रांतिकारी है। उन्होंने वर्णभेद और वर्गभेद का विरोध करते हुए 'प्रेयसी' कविता में स्वच्छंद या उन्मुक्त प्रेम का स्पष्ट प्रतिपादन किया है। इस संदर्भ में 'सरोजस्मृति' में कान्यकुब्ज कुल की निंदा भी द्रष्टव्य है।

मनोवैज्ञानिक दृष्टि से भावना की अनुभूति मानसिक है और उसकी अभिव्यक्ति इंद्रियों के माध्यम से होती है। भावना के समग्र स्फुरण के लिए मानसिक और ऐंद्रिय दोनों पहलुओं का सम्मिलित रूप प्रस्तुत होना चाहिए। प्रेम में अनुभूति का यह समन्वित भाव-चित्र है–

दृगों को रंग गई प्रथम प्रणय रश्मि
चूर्ण हो विच्छुरित
विश्व ऐश्वर्य को स्फुरित करती रही
बहु रंग-भाव भर। (प्रेयसी)

किसी काव्य में भाव निरूपण के चार आयाम हैं–दार्शनिक (जीवन-दर्शन), सौंदर्यशास्त्रीय, मनोवैज्ञानिक और सामाजिक। छायावादी प्रवृत्ति में निराला जी ही एकमात्र कवि हैं जिनकी रचना में सभी की व्यंजना हुई है। पंत जी और महादेवी जी की कविता में बहुत करके भाव-जगत् के प्रथम दो पहलू दिखाई देते हैं। प्रसाद

जी की रचना में सामाजिक पहलू बहुत ही दुर्बल है। 'लहर' की ऐतिहासिक कविताओं में तथा 'कामायनी' के संघर्ष और रहस्य सर्गों में उसकी भावात्मक झलक मिलती है। निराला जी ने भावनाओं के चारों पहलुओं को मूर्त्त सौंदर्यमय रूप में प्रस्तुत किया है जिसकी साधक पद्धतियों और विशेषताओं पर आगे विचार होगा।

(ख) कर्म-सौंदर्य : छायावाद की अंतर्मुखी भावात्मक अभिव्यक्ति में मनुष्य की क्रियाशीलता या कर्म के लिए कोई स्थान नहीं है। इस तरह उसमें जीवन का एक महत्त्वपूर्ण पहलू छूट गया है। प्रसाद जी और निराला जी ने कर्म-जगत् की ओर संकेत अवश्य किया है, लेकिन मानव जीवन में कर्म के प्रसार को नहीं दिखाया है। बहिर्मुखी यथार्थ जीवन के निरूपक काव्य में ही यह संभव है। प्रसाद जी ने 'कामायनी' में कर्म को व्यवसायात्मिका बुद्धि का परिणाम मानकर उससे जीवन में होनेवाले संघर्ष और अशांति का निरूपण किया है। अंत में भाव, ज्ञान और कर्म लोकों के समन्वय में कर्म श्रद्धा प्रेरित होने के कारण ही शुभप्रद है। 'लहर' की ऐतिहासिक कविताओं में कर्म या तो राष्ट्रीय भावना प्रेरित है या वासना की उत्तेजना में क्रियाशीलता मानव जीवन को अधःपतन की ओर ले जाती है।

प्रसाद जी के साथ तुलना में निराला जी ने अपनी रचना में कर्म के प्रसार को अधिक दिखाया है और उसके महत्त्व को भी स्वीकार किया है। राष्ट्रीय जागरण गीत, सामाजिक रूढ़ियों और अंधविश्वासों के प्रति विद्रोह की रचनाएँ, मानव कल्याण की ओर प्रवृत्त राम और तुलसी की गाथाएँ—इस बात के प्रमाण हैं कि भाव लोक में डूबे रहने से जीवन की प्रगति संभव नहीं है। ध्यान से देखते हैं तो इन रचनाओं में अंतर्मुखता से बहिर्मुखता की ओर प्रस्थान है। कर्म की प्रेरक शक्ति भावना है और उसमें सफलता की साधिका बुद्धि है। निराला जी की दार्शनिक दृष्टि या जीवन-दर्शन से भी कर्मयोग की ओर प्रवृत्ति की सूचना मिलती है। वे विवेकानंद के दर्शन से प्रभावित थे जिन्होंने अद्वैत को मानव जीवन का चरम साध्य मानते हुए भी कर्म साधना के महत्त्व को स्वीकार किया है। उनकी दृष्टि में जीवन जगत् माया नहीं है। निराला जी ने उसका अनुसरण करते हुए जीवन के आध्यात्मिक, सांस्कृतिक, मानवतावादी, राष्ट्रीय राजनीतिक, सामाजिक, पारिवारिक और वैयक्तिक सभी क्षेत्रों में कर्म के महत्त्व की ओर संकेत किया है। खेद की बात है कि अंतर्मुखी रचना में कर्म के विस्तार-प्रसार की अभिव्यक्ति नहीं हुई है। एक अर्थ में यह कह सकते हैं कि काव्य-विधा में भाव-प्रसार ही उसका धर्म है, उपन्यास की तरह बहिर्मुखी यथार्थ जीवन में कर्म की क्रियाशीलता नहीं है। फिर भी निराला जी ने 'राम की शक्ति पूजा' के आरंभ में कर्म की असफलता की निराशा और 'तुलसीदास' के आरंभ में तामसी मोह के कारण कर्म पथ से पतन दिखाकर अंत तक कर्म साधना के फल की ओर संकेत किया है।

कर्म की प्रेरणा—

स्वर्ग के अभिलाषी हैं वीर,
सव्यसाची से तुम अध्ययन अधीर...
विजय, विश्व में नव जीवन भर
उतरो अपने रथ से भारत। (बादल राग)

कर्म में असफलता से निराशा–

धिक जीवन को जो पाता ही आया विरोध
धिक साधन जिसके लिए सदा ही किया शोध।
(राम की शक्ति पूजा)

तुलसी का कर्म-पथ पर अग्रसर होना–

तम के अमार्ज्य रे तार-तार
जो, उन पर पड़ी प्रकाश धार : ... (तुलसीदास)

निराला जी कर्म की कठोरता और रसहीनता को संवेद्य सौंदर्यमय रूप देने में भी सफल हुए हैं। काव्य में कर्म का मूल्यांकन लौकिक, सामाजिक या नैतिक दृष्टि से नहीं, सौंदर्यशास्त्रीय दृष्टि से करना चाहिए। भाव की कोमलता में सौंदर्य है, कर्म की कठोरता में नहीं–यह सौंदर्यशास्त्रीय गलत धारणा है। कर्म-जगत् की अभिव्यक्ति में निराला जी का रचनात्मक विस्तार उपेक्षणीय नहीं है। जीवन के विविध पहलुओं में कर्ममय जीवन की ओर केवल संकेत मिलने पर भी उसका विस्तार के साथ चित्रण राष्ट्रीय, धार्मिक, सांस्कृतिक-सामाजिक क्षेत्रों में है। विद्रोह, क्रांति और युद्ध कर्म-जगत् में सफलता के साधन हैं। कर्म-पथ के जीवन में कठोरता, उग्रता, क्रोध, आक्रोश आदि की व्यंजना है। उससे संबद्ध भावनाएँ आशा-निराशा, वेदना, उत्साह और स्फूर्ति हैं। कर्म की गतिशीलता में बहिर्द्वंद्व के साथ अंतर्द्वंद्व की भी स्वाभाविक अभिव्यक्ति है। सौंदर्यशास्त्रीय दृष्टि से ओजस्विता, क्रियाशीलता या सजीवता, प्रसारगामिता, व्यापकता, स्फूर्तिमत्ता, उत्साहशीलता, हर्षोल्लास और आनंदमयता कर्म को सौंदर्यात्मक मूल्य ही नहीं, अनेक स्थानों पर उसे उदात्त भी बनाते हैं। कर्म के मुख्य पहलुओं, उसके सभी धर्मों एवं विशेषताओं तथा सौंदर्यपरक-उदात्त मूल्य, 'बादल राग', 'प्रेयसी', 'राम की शक्ति पूजा' और 'तुलसीदास' में चरम उत्कर्ष पर पहुँच गए हैं।

(ग) प्रेम : निराला जी के काव्य में भाव-जगत् और कर्म-जगत् के अंतर्गत प्रेम और आलोक की इतने विस्तार से अभिव्यक्ति हुई है कि उनके स्वरूप पर अलग विचार करना आवश्यक है। सौंदर्य और प्रेम का अन्योन्याश्रित संबंध है। दार्शनिकों में मतभेद है कि कौन किससे उत्पन्न होता है। मनोवैज्ञानिक यौवन के प्रादुर्भाव में काम (प्रेम) से ही सौंदर्य की अनुभूति संभव मानते हैं। निराला जी

की दृष्टि में सौंदर्य के प्रभाव से प्रेम का प्रादुर्भाव होता है। सौंदर्य के आकर्षण, अभिलाषा, वासना आदि का उदात्त रूप प्रेम है। सौंदर्यानुभूति में स्फूर्ति, रस और अद्भुतपन ही नहीं, चेतना की किरण भी प्रेम को जन्म देती है।

प्रति क्षण मेरा मोह मलिन मन, उल्लसित चमत्कृत करती हो
अजस्त्र रस-रूप-धन किरण। (गीतिका)

आध्यात्मिक ज्ञान भी सौंदर्य का कारण बनकर अपने विधान में ज्ञान-सौंदर्य-प्रेम को एकीभूत कर देता है–

ज्ञान सूत्र में मिलकर, स्वर्ग से चढ़े ऊपर,
जहाँ नहीं नर, न अमर-सुंदरता का विधान। (अर्चना)

इस ज्ञान से सौंदर्य और प्रेम तक पहुँचने के लिए ऐंद्रिय अनुभूति से अतींद्रिय प्रेम तक आनंद के अनेक सोपान हैं। प्रेम का आधारभूत ऐंद्रिय सौंदर्य–

पीने को अमृत अंगों से झरता हुआ
कैसी निरलस दृष्टि। (प्रेयसी)
रूप के द्वार पर
मोह की माधुरी
कितने ही बार मूर्छित हुए हो, प्रिय। (प्रेयसी)

सौंदर्य का आकर्षण और लालसा–

हुतासन विश्व के शब्द-रूप-रस-गंध
दीपक-पतंग से अंध थे आ रहे
एक आकर्षण में, और यह प्रेम था,
तृष्णा ही थी सजग मेरे प्रति रोम में। (रेखा)

सौंदर्य के प्रभाव में प्रेम का हर्षोल्लास छा जाता है–

दृगों की कलियाँ नवल खुलीं
रूप इंदु से सुधा-बिंदु लह रह-रह और तुलीं
प्रणय श्वास से मलय स्पर्श से हिल-हिल हँसती चपल हर्ष से।
(स्मृति)

रूप-प्रभाव में जो माधुर्य है वह एक ओर बद्ध है तो दूसरी ओर भावना में उन्मुक्त–

तुम में ज्यों रही मैं बद्ध। (अनामिका)

मधुर प्रभाव ज्यों द्वार पर आए तुम
नीड़-सुख छोड़कर मुक्त उड़ने को संग। (प्रेयसी)

ससीम में असीम रूप-सौंदर्य का दर्शन, आकर्षण और प्रेम का एक प्रधान कारण है–

मेरी ध्रुवतारा तुम
प्रसरित दिगंत से
अंत में लाई मुझे
सीमा में दीखी अनंतता। (रेखा)
दीखी नहीं तब तक
एक मूर्ति में
तन्मय असीमता। (रेखा)

अंत में निराला जी की प्रेम-भावना के स्वरूप को जानने के लिए उसके उदय, सचेत जागरण के साथ प्रियतम का साथ देने, एक-दूसरे में तल्लीन अद्वैत भावना, निष्काम दृष्टि और उसकी सार्वजनीनता एवं महत्ता के प्रतिनिधि उदाहरण प्रस्तुत हैं।

स्पर्श से लाज जगी,
अलक पलक में छिपी छलक
उर में नवदाग जगी।
मधुर स्नेह के मोह प्रखरतर
बरस गए रस निर्झर झर झर
उगा अमर अंकुर उर भीतर। (गीतिका) (प्रेम का उदय)
जागती मैं रही,
गह, बाह बाह में भरकर सँभाला तुम्हें। (प्रेयसी) (जागरण)
बुद्धि बुद्धि में हो लीन,
मन मन में, जी जी में,
एक अनुभव बहता रहे
उभय आत्माओं में। (जागो फिर एक बार) (अद्वैत भावना)
बिना अर्थ की...एक प्रेम ही अर्थ...और निष्काम
मधुर बहाती हुई शांति-सुख की धारा अविराम। (प्रेम के प्रति)
(प्रभाव)
प्रेम सदा ही तुम असूत्र हो उर उर के हीरों के हार,
गुँथे हुए प्राणियों को भी मथे न कभी, सदा ही सार। (प्रेम के प्रति)
(सार्वजनीनता)
चिर समाधि में अचिर प्रकृति जब

तुम अनादि तब केवल तम।
अपने ही सुख संगीत से फिर
हुए तरंगित सृष्टि विषय

× × ×

प्रेम प्रेम की थी छाया। (प्रेम के प्रति) (विश्वव्यापी प्रेम तत्त्व)

प्रेम के उदय का केंद्र नारी-सौंदर्य है जिसकी ओर पुरुष आकृष्ट होकर तन्मय होता है। साथ ही नारी का यह सौंदर्य वासना को उत्तेजित करनेवाला नहीं है, बल्कि पुरुष के लिए प्रेरणामयी होकर प्रेम के द्वारा उसमें स्फूर्ति, उत्साह, शक्ति और कर्मण्यता प्रदान करता है। जैसा कि 'तुलसीदास', 'प्रेयसी', 'राम की शक्ति पूजा' आदि में देखते हैं। निराला जी की दुर्गा आदिशक्ति है।

(घ) कर्म और ज्ञान का आलोक : निराला जी के काव्य में कर्म-जगत् का लक्ष्य और कर्म योग का फल, मानव-मन में और बहिर्जगत् में अंधकार को दूर करके उसमें आलोक का प्रसार करना है। सौंदर्य आलोक-मंडित या आलोकमय है। ऐसी स्थिति में भाव-लोक और कर्मलोक का अंतर समाप्त हो जाता है। आध्यात्मिक दृष्टि से सत्य, शिव और सुंदर ईश्वरीय चिति में समन्वित हो जाते हैं। कर्म, ज्ञान, योग और भक्ति मार्ग भी अंततः ईश्वरीय चिति के धरातल पर एक होकर समान आनंदानुभूति देते हैं। लेकिन लौकिक दृष्टि से सौंदर्य, प्रेम, कर्म को अलग मानना ही पड़ता है, भले ही वे एक-दूसरे के प्रेरक होकर एक सूत्र में संबद्ध हो सकते हैं। निराला जी के काव्य में ऐसा ही हुआ है। और उनको भिन्न इकाइयों के रूप में देखना संभव नहीं है। कवि की सभी छायावादी रचनाओं में सभी का स्वरूप आलोकमय है और लक्ष्य उसका प्रसार करना है।

कर्म-जगत् की ओर ध्यान देते हुए भी निराला जी की कविताओं में कर्म का प्रत्यक्ष निरूपण राम-रावण युद्ध, तुलसी के जीवन के कुछ प्रसंग आदि में ही दिखाई देता है। अंतर्मुखी छायावादी प्रवृत्ति में 'विधवा' 'भिक्षुक' आदि का जीवन भी भाव-प्रतिभा के रूप में है। कवि ने अपनी रचना में कर्म की प्रेरणा की ओर ही अनेक रूपों में संकेत किया है। इस कर्म की प्रेरणा देते समय कवि या पात्र के अंतर्द्वंद्व का सजीव चित्र अंकित होता है और उस द्वंद्व का परिणाम, कर्म की ओर प्रवृत्ति है। कर्ममय जगत् में सफलता के साधन बुद्धि और ज्ञान हैं। इस तरह कर्म या कर्तव्य के निर्वाह के द्वारा जीवन का अंधकार ही दूर नहीं होता, वह आलोक से भरकर नया जीवन आरंभ होता है। कर्म जीवन में विजय का साधन होकर उसमें चेतना, प्रेम और मानवीय स्पंदनशीलता भर देता है। निराला जी ने इस आलोक के प्रसार को प्रत्यक्ष या भौतिक, मानसिक और आध्यात्मिक तीनों दिशाओं में व्यंजित किया है। कर्मयोग का अंतिम लक्ष्य आध्यात्मिक आलोक और आनंद की प्राप्ति

है। मानव जीवन दुख, अशांति, संघर्ष और रोदन के अंधकार से भरा हुआ है—

अंत विराम मरण
अविराम घात आघात
× × ×
यही मेरा, इनका, उनका, सबका, स्पंदन
हास्य से मिला हुआ क्रंदन।
× × ×
रात्रि का मोह, स्वप्न की भ्रांति,
सदा अशांति। (दीन)

इस विराग में भी कवि जीवन का राग, जीने की आशा को समाप्त नहीं होने देता। जीवन में राग-विराग का द्वंद्व चलता रहता है—

जीवन की विजय, सब पराजय,
चिर जीत आशा, सुख सब भय,
सब में तुम, तुम में सब तन्मय,
कर-स्पर्श रहित और क्या है ?
अपलक असार ? (पारस)

इस अंधकार में कवि की प्रार्थना और उद्‌बोधन है कि—

बहा जननि, ज्योतिर्मय निर्झर
कलुष भेद, तम हर, प्रकाश भर
जगमग जग कर दे। (गीतिका)
तम के अमार्ज्य रे, तार तार
जो, उन पर पड़ी प्रकाश-धार
जग-वीणा के स्वर में बहार रे, जागो। (तुलसीदास)

कवि अपनी संवेदना से जीवन के दुख को दूर करके मानवता को जगाना चाहता है और मनुष्य को अमरत्व प्रदान करता है—

ठहरो अहो मेरे हृदय में है अमृत, मैं सींच दूँगा।
अभिमन्यु जैसे हो सकोगे तुम
तुम्हारे दुःख मैं अपने हृदय में खींच लूँगा। (भिक्षुक)

शक्तिपूजा में राम की तरह ज्ञान के द्वारा ही जीवन में सफलता का मार्ग दिखाई देता है—

कर गया भेद वह मायावरण प्राप्त कर विजय,
बुद्धि के दुर्ग पहुँचा विद्युत गति हित चेतन,
राम में जगी स्मृति हुए सजग पर भाव प्रमन।(राम की शक्ति पूजा)

ज्ञान जीवन में कर्म की सफलता का दूसरा साधन है—

समझे युग रागानुराग मुक्त रे—
ज्ञान परम, मिले चरम युक्ति से। (गीतिका)

ज्ञान से जीवन का दैन्य दूर होकर विजय प्राप्त होती है—

जग दिशा ज्ञान,
उगा रवि पूर्व का गगन में नवयान।
× × ×
हारे हुए सकल दैन्य डलमल चले...
जीते हुए लगे जीते हुए गले,
बंद बह विश्व में गूँजा विजय गान। (गीतिका)

आध्यात्मिक धरातल पर ज्ञान का प्रकाश सच्चिदानंद का ईश्वरीय आलोक के रूप में पूरे ब्रह्मांड में फैल जाता है—

फैलता है कोटि सूर्य निंदित सत् चित् प्रकाश। (गीतिका)
इसमें कहाँ मृत्यु, है जीवन ही जीवन। (अधिवास)

प्रकृति से प्रबुद्ध मानव के कर्म-कर्तव्य का कवि ने तुलसी के संकल्प के रूप में यह समग्र चित्र प्रस्तुत किया है—

करना होगा तिमिर पार—
देखना सत्य का मिहिर द्वार—
बहना जीवन के प्रखर ज्वार में निश्चय
लड़ना विरोध से द्वंद्व समर,
रह सत्य मार्ग पर स्थिर निर्भर
जाना, भिन्न भी देह, निज घर निःसंशय। (तुलसीदास)

6. उदात्तता

छायावादी कवियों में केवल निराला जी की कविता में, सौंदर्यशास्त्रीय अर्थ में उदात्तता की व्यंजना हुई है। मध्यकाल में तुलसी और भूषण और पूरे आधुनिक काल में निराला जी ही उदात्तता के कवि हैं। अन्य कवियों की रचना में कहीं-कहीं उसका

स्पर्शमात्र दिखाई देता है। आध्यात्मिक, सांस्कृतिक, सामाजिक, नैतिक या अन्य मूल्यों के आधार पर अनेक कवियों की रचना को उदात्त की संज्ञा दी जा सकती है, सौंदर्यशास्त्रीय दृष्टि और मूल्यों के आधार पर नहीं। 'कामायनी' के विराट फलक पर भी उदात्तता की सफल अभिव्यंजना नहीं हो सकी है। रूप की अनंतता, व्यापकता, प्रसार, वेगवत्ता और शक्तिमत्ता में निराला जी के काव्य की उदात्तता का रहस्य छिपा हुआ है। उनकी काव्य प्रवृत्ति में उन्मुक्तता और ओजस्विता रचना के कुछ प्रसंगों को उदात्त बनाने के कारण हैं। निराला ने 'उदात्त की सृष्टि के लिए अपने युग की आध्यात्मिक-सांस्कृतिक गरिमा का पूरा-पूरा उपयोग कर दिया है। वे व्यक्त रूप के नहीं, रूपगत चेतना के कवि हैं।...भारतीय जीवन-दर्शन की सार्वभौमिकता, भारतीय संस्कृति की शालीनता और भारतीय आत्मवाद की ओजस्वी शक्तिमत्ता से परिचालित होकर, अनुरूप वस्तु के साथ, उसकी सजीव रूप-कल्पना में संलग्न कवि के द्वारा उदात्त की परिकल्पना, आश्चर्य की बात नहीं है।'[4] निराला जी के काव्य में उदात्तता के अन्य प्रेरणा स्रोत, उनके चिंतनशील व्यक्तित्व की गंभीरता और क्रांतिकारी चेतना है जिसने जीवन को सभी प्रकार की रूढ़ियों से मुक्त करने का प्रयत्न ही नहीं किया है, उसमें एक नवीन स्फूर्ति, शक्ति, जागरण और चेतनता को भर दिया है।

पाश्चात्य सौंदर्यशास्त्र में प्रतिपादित उदात्त के सिद्धांत को कुछ समीक्षकों ने भारतीय संदर्भ और परिवेश के अनुसार नवीन आख्यान किया है। जगदीश पांडेय जी ने उदात्त को सूक्ष्मोदात्त, श्रेयोदात्त, परोदात्त और विस्तारोदात्त चार रूपों में विभाजित किया है।[5] भारतीय आध्यात्मिक साधना और अभिव्यक्ति की महानता को उदात्त की परिधि में समेटने या 'फिट' करने का यह प्रयत्न है। हम स्वीकार करते हैं कि आध्यात्मिक सूक्ष्मता और प्रसार में सौंदर्यशास्त्रीय उदात्तता के कुछ पहलुओं का आभास (मात्र) मिल जाता है। 'तुलसीदास' में कवि के मन के ऊर्ध्वगामी प्रसार में रहस्यमय सूक्ष्मोदात्त की झलक मिल जाती है–

> केवल अंबर केवल अंबर फिर देखा,
> धूमायमान वह घूर्ण्य प्रसर
> धूसर समुद्र, शशि-तारा हर
> सूझता नहीं क्या ऊर्ध्व, अधर क्षर रेखा। (तुलसीदास)

भूषण की तरह निराला ने भी पौराणिक प्रसंगों का आधार लेकर उनके विस्तार-प्रसार के द्वारा सांस्कृतिक चेतना की उदात्त सृष्टि की है। 'राम की शक्ति पूजा' में युद्ध असफल राम के वाणों की अपार शक्ति का, सांस्कृतिक-धार्मिक परिवेश में इस तरह का उदात्त वर्णन है–

हो सकती है जिनसे यह संसृति संपूर्ण विजित,
जो तेजःपुंज, सृष्टि की रक्षा का विचार
है जिनमें निहित पतन घातक संस्कृति अपार—
शत-शुद्धि बोध-सूक्ष्मातिसूक्ष्म मन का विवेक,
जिनमें है क्षात्र-धर्म का धृत पूर्णाभिषेक,
जो हुए प्रजापतियों से संयम से रक्षित।। (राम की शक्ति पूजा)

असीम-अनंत रूप और रूप के प्रसार में विस्तारोदात्त है। सौंदर्य ससीम रूप का धर्म है तो असीम-अनंत या प्रसार-विस्तार, बहिर्मुखी रूप संबंधी उदात्त की विशेषता है। 'संध्यासुंदरी' में संध्या का व्यापक प्रसार उदात्त का विधायक धर्म है। 'तुलसीदास' के आरंभ में सूर्यास्त के प्रसार का वर्णन निषेधात्मक आधार पर उदात्त की व्यंजना है जो भारत की सांस्कृतिक ह्रासोन्मुखता को द्योतित करता है—

भारत के नभ का प्रभापूर्य
शीतल स्वच्छ सांस्कृतिक सूर्य
अस्तमित आज रे—तम स्तूर्य दिङ्मंडल...
छाया ऊपर घन अंधकार
टूटता वज्र दह दुर्निवार
नीचे प्लावन की प्रलय धार, ध्वनि हर हर। (तुलसीदास)

भाव-व्यंजना में चेतना या ओजस्विता निराला जी की सभी रचनाओं को जीवंत बनानेवाला सामान्य धर्म है। लेकिन कुछ विशेष प्रसंगों में प्रखर ओजस्विता और शक्तिमत्ता, भाव को उदात्त के धरातल पर पहुँचा देती है। यह रूप की अंतर्मुख चेतना पर आधारित उदात्त है। राम के नेत्रों से टपकते आँसुओं को देखकर हनुमान की आंतरिक शक्ति की क्रियाशीलता का यह रूप है—

उद्वेग हो उठा शक्ति खेल सागर अपार,
हो श्वसित पवन उनचास पिता पक्ष के तुमुल
एकत्र वक्ष पर बहा वाष्प को उड़ा अतुल,
शतघूर्णावर्त, तरंग-भंग, उठते पहाड़,
जलराशि जलराशि पर चढ़ता खाता पछाड़
तोड़ता बंध-प्रतिबंध धरा, हो स्फीत वक्ष
दिग्विजय अर्थ प्रतिपल समर्थ बढ़ता समक्ष,
शतवायु-वेग डुबा अतल में देश-भाव,
जलराशि विपुल मथ मिला अनिल में महारव
वज्रांग तेज घन बना पवन को, महाकाश
पहुँचा, एकादश रुद्र क्षुब्द कर अट्टहास। (राम की शक्ति पूजा)

इसमें ओजस्विता, शक्ति और वेग तीनों का अपूर्व सम्मिश्रण है। केवल वेग भी उदात्त अनुभूति दे सकता है। 'धारा' में–

देखते नहीं ?–वेग से लहराती है–
नग्न प्रलय का-सा ताण्डव हो रहा–
चाल कैसी मतवाली-लहराती है–
प्रकृति को देख, मींचती आँखें,
त्रस्त खड़ी है–थर्राती है।। (धारा)

संक्षेप में असीम या अनंत रूप और रूपगत धर्म–आध्यात्मिकता, सांस्कृतिक गरिमा, ओजस्विता, शक्तिमत्ता और वेग–अपने चरम उत्कर्ष पर उदात्त की सृष्टि करते हैं। असाधारणता, महत्ता, गरिमा और गंभीरता–रूपगत धर्म के प्रभाव को बढ़ाकर रचनाधर्मिता के धरातल को ऊँचा उठा देती है। वस्तु की अलौकिकता-लौकिकता से उदात्त का कोई प्रत्यक्ष संबंध नहीं है।

7. अभिव्यंजना-सौंदर्य

निराला जी की काव्याभिव्यंजना अपने ढंग की निराली है। जीवन के अन्य क्षेत्रों की तरह काव्य के क्षेत्र में भी विद्रोह करते हुए उन्होंने काव्य-परंपरा और काव्यशास्त्र के लक्षणों से मुक्त, काव्य रचना को एक स्वच्छंद नवीन रूप दिया है। परंपरा से ही नहीं, छायावादी अन्य कवियों से भी उनकी रचनाधर्मिता अलग है। इस कारण छायावादी कवियों में पहले उनका सर्वाधिक विरोध हुआ है और कटु आलोचना भी हुई है। उनकी शैली की प्रधान नवीन विशेषताएँ हैं–चित्रांकन, वाच्यार्थ की प्रधानता और मुक्त छंद। रोमांटिक प्रवृत्ति की दो प्रधान दिशाएँ, स्वच्छंदता का आग्रह और विद्रोह की भावना है। प्रधानतः रोमांटिक छायावाद में निराला जी ही एक मात्र कवि हैं जिनकी रचना में दोनों प्रवृत्तियाँ मिल जाती हैं। वास्तव में विद्रोह की नींव पर ही स्वतंत्रता और स्वच्छंदता का भवन खड़ा किया जा सकता है। नवीन सौंदर्य का उन्मेष दूसरे में अवश्य मिल जाता है, पहले से संयुक्त होने पर ही सौंदर्य की चेतना अधिक सजीव और शक्तिशाली लगती है। भाव और रूप विधान दोनों क्षेत्रों में निराला जी के अधिक आकर्षण का यही कारण है। उनके काव्य में दुरूहता के अनेक कारण हैं। उनमें से दो प्रधान कारण कल्पना और रचना-विधान की नवीनता और मौलिकता है।

(1) **कल्पना :** कवि में कल्पना के तीन प्रकार्य हैं--कथ्य का सम्मूर्त्तन, मौलिक उद्भावना और सम्मूर्त्तन के लिए उचित अप्रस्तुतों की योजना। तीनों दिशाओं में निराला जी ने अपनी प्रतिभा दिखाई है। छायावाद पर शुक्ल जी ने यह आक्षेप किया है कि उसमें प्रस्तुत के प्रत्यक्ष कथन की अपेक्षा उसके स्थान पर अप्रस्तुत के द्वारा

भाव-व्यंजना की गई है। यह प्रवृत्ति निराला जी के काव्य में सबसे कम है। इस संदर्भ में यह भी स्मरण रखना चाहिए कि काव्य-परंपरा में नवीन भावों की अभिव्यक्ति की सीमाओं और असामर्थ्य को देखकर यह पद्धति अपनाई गई है। अप्रस्तुतों के द्वारा भाव-व्यंजना की संभावनाएँ ही अधिक नहीं हैं, उनकी व्यंजना गर्भिता में प्रस्तुत संबंधी नवीन धर्मों के ध्वनन की गुंजाइश भी ज्यादा है। छायावाद में बिंबों और प्रतीकों के प्रयोग की भी यही सार्थकता है। छायावादी कल्पना अंतर्मुखी, अनुभूतिमूलक और प्रभाव-व्यंजक है। इस प्रकृति के कारण कभी-कभी वह फैंसी या ललित कल्पना के निम्न स्तर पर पहुँच गई है। निराला जी को छोड़कर अन्य कवियों की रचना में ललित कल्पना के पर्याप्त उदाहरण मिल जाते हैं। निराला जी की कल्पना, वस्तु और भाव के बहिर्मुखी स्वरूप और आंतरिक चेतना का साक्षात्कार करनेवाली है। वह अंतर्मुखता और बहिर्मुखता की मध्यवर्तिनी हैं। छायावादी कल्पना रूप-सौंदर्य के प्रसंगों में अधिक क्रियाशील है। निराला जी के प्रकृति-वर्णन तथा सरोज एवं 'प्रेयसी' के रूप-सौंदर्य की अभिव्यंजना में समष्टि रूप की, अनुभूति और प्रभाव के साथ अभिव्यक्ति में यहे दर्शनीय है। यदि स्वच्छंदता और उन्मुक्तता का सूक्ष्म अर्थ भेद करते हैं तो अन्य छायावादी कवियों के सौंदर्य-निरूपण में व्यापकता या प्रसार दिखाई देता है जबकि निराला जी की उन्मुक्त प्रवृत्ति ने सौंदर्य की व्यापकता के साथ गहराई को भी व्यंजित किया है। उन्मुक्तता में ही गहरी पैठ संभव है।

(2) बिंब-विधान : बिंब रूप का मानसिक प्रत्यक्षीकरण है। उस प्रत्यक्षीकरण में ऐंद्रिय रूप या रूप का भाव (आइडिया) दोनों की अभिव्यक्ति हो सकती है। छायावाद और छायावादोत्तर काव्य प्रवृत्तियों में बिंबों की प्रधानता देखते हुए कुछ समीक्षकों ने बिंबात्मक काव्य को ही कविता मानकर शेष रचना को 'सपाट बयानी' कह दिया है। उस स्थिति में छायावाद के पूर्व की अधिकांश कविता 'अकविता' हो जाएगी। शुक्ल जी ने बिंबात्मकता के सौंदर्य की प्रशंसा करते हुए भी छायावाद में उसके अधिक प्रयोग को देखते हुए एक 'बिंबवाद' की कल्पना करके छायावाद पर उसका प्रभाव देखा है। बिंब अभिव्यंजना के साधनों में सबसे रमणीय और कथ्य रूप या भाव की सूक्ष्म छायाओं को अभिव्यक्त करने वाला है। इसीलिए छायावादी कवियों ने अपने नवीन भावोन्वेष की व्यंजना के लिए उसे अपनाया है। बिंब एकधर्मी संक्षिप्त (जैसे पंत जी की रचना में) और समन्वित बहुधर्मी व्यापक (अन्य छायावादी कवियों की रचना में)–दोनों प्रकार का हो सकता है। अंतर्मुखता के साथ-साथ बहिर्मुखता का ध्यान रखने वाले निराला जी ने बिंबों से अधिक चित्रांकन को महत्त्व दिया है। फिर भी उनकी रचना में बिंब-विधान का अभाव नहीं है। प्रकृति के रूप, मानवीय-रूप और भाव-व्यंजना में ऐंद्रिय-मानसिक बिंबों के कुछ उदाहरण प्रस्तुत हैं। कल्पना के द्वारा बिंबांकन होता है–

फूलते नहीं फूल वैसे वसंत में
जैसे नव कल्पना की डालों पर खिलते हैं। (कवि)

स्थूल ऐंद्रिय बिंब–

प्रथम कनक रेखा प्राची के भाल पर
प्रथम शृंगार स्मित तरुणी वधू का
नील गगन विस्तार केश
किरणोज्ज्वल, नयन नत
हेरती पृथ्वी को। (रेखा)

सूक्ष्म मानसिक बिंब–

अलसता की सी लता
किंतु कोमलता की वह कली,
सखी नीरवता के कंधे पर डाले बाँह,
छाँह सी अंबल पथ से चली। (संध्या सुंदरी)

निराला जी की रचना में गतिशील और व्यापक बिंबों की भी कमी नहीं है।

(3) **प्रतीक योजना :** प्रतीकों का प्रयोग भावों को तीव्र, सशक्त और व्यंजक बनाते हैं। उनसे भाव स्फुरण सूक्ष्म और मर्मस्पर्शी होता है। छायावादी कवियों में निराला जी ने बिंबों की तरह प्रतीकों का भी कम प्रयोग किया है। लेकिन उनकी कविता में आवश्यकता के अनुसार संदर्भोचित, भावगर्भित और व्यंजक प्रयोगों की कमी नहीं है। इन प्रतीकों को चार वर्गों में बाँट सकते हैं :

(1) **पौराणिक और मानवीय :** रावण और राम-हनुमान तामसी तथा सात्विक शक्ति के प्रतीक हैं, दुर्गा ईश्वरीय शक्ति की प्रतीक हैं। तुलसीदास मोह, अज्ञान और अंधकार पर मानवीय रागात्मकता, ज्ञान और आलोक के प्रतीक के रूप में प्रस्तुत हैं। रत्नावली सात्विक वृत्तियों की प्रेरणामयी नारी शक्ति की प्रतीक है।

(2) **प्राकृतिक :** अधिकांश फूल-लताओं और ऋतु के प्राकृतिक प्रतीक हैं जो कोमलता, सौंदर्य, प्रेम, सुख-दुख, हर्षोल्लास, आदि अनेक भावों को व्यंजित करते हैं। स्वच्छंदता, उन्मुक्तता, क्रांति, नव जीवन, स्पंदन और जागृति, प्रगति-विकास, चेतना आदि अनेकानेक भावों के प्रतीक–बादलों के विविध रूप-रंगों के निराला जी ने विशेष प्रयोग किए हैं जो उनके लिए प्रियतम ही नहीं, उनकी आत्माभिव्यक्ति के साधन भी हैं। (बादल राग के गीत)

(3) **आध्यात्मिक :** प्राकृतिक आध्यात्मिक प्रतीक हैं जो अलौकिक आकर्षण, रहस्यात्मकता, और ईश्वरीय प्रेम में संयोग-वियोग को व्यक्त करते हैं। (रहस्यवादी

कविताएँ और 'गीतिका')

(4) **सामाजिक :** सामाजिक यथार्थोन्मुख छायावादी अन्तर्मुखी प्रतीक हैं जो मानवीय संवेदना का संकेत करते हैं।

(4) निराला जी ने बिंबों और प्रतीकों के स्थान पर चित्रांकन-शैली को अपनाया है जो सौंदर्य को गोचर रूप प्रदान करती है। उनकी रचना में तीन प्रकार की चित्रांकन पद्धतियाँ मिलती हैं–

(क) समन्वित सावयव चित्र :

पेट-पीठ दोनों मिलकर हैं एक,
चल रहा लकुटिया टेक
साथ दो बच्चे भी हैं सदा हाथ फैलाए
बाएँ से वे मलते हुए पेट को चलते,
और दाहिना दया दृष्टि पाने की ओर बढ़ाते। (भिक्षुक)

(ख) संक्षिप्त व्यंजक चित्र हैं जो कभी-कभी स्थितिशीलता के अतिरिक्त गतिशीलता को भी मधुर रूप देते हैं–

नम्र मुखी हँसी, खिली
खेल रंग प्यारे संग। (जुही की कली)

(ग) तीसरा ध्वनिचित्र है। निराला जी ने अर्थ की अन्विति के द्वारा ही नहीं, शब्द-चयन, उनकी व्यवस्था, ध्वनियों के आरोह-अवरोह, लय आदि के द्वारा भी शब्द चित्र खींचा है। ध्वनिचित्र के द्वारा अर्थ का चित्र पुष्ट और सजीव होता है। 'जुही की कली' में प्रियतमा से मिलने के लिए पवन के वेग का चित्र अर्थ या भाव की व्यंजना के द्वारा ही नहीं, शब्द-योजना से भी ध्वनित होता है। 'संध्या सुंदरी' का आसमान से धीरे-धीरे उतरने के चित्र में भी शब्द और अर्थ दोनों का योगदान है। 'धीरे' शब्द का तीन बार प्रयोग मंदगमन को सूचित करता है तो 'धीरे-धीरे-धीरे' तीन बार बोलने में रुकना पड़ता है, वेग या तीव्र गति से तीनों को अविराम बोला नहीं जा सकता। 'बादल राग' में अनेक ध्वनि चित्र हैं–

द्रुत समीर कंपित थर थर थर
झरती धाराएँ झर झर झर। (बादल राग)
यों इस प्रवाह में देश भूल खो बहता
छल छल छल कहता यद्यपि जल
वह मंत्र-मुग्ध सुनता कल कल (बादल राग)

(5) **अप्रस्तुत विधान :** निराला जी ने भावानुभूति की तीव्रता में निरलंकृत

कविता की प्रवाहशीलता में काव्योत्कर्ष मानते हुए भी अपनी रचनाओं में अन्य छायावादी कवियों की तरह अप्रस्तुतों का बहुल प्रयोग किया है। अन्यों से अंतर इतना ही है कि वे केवल अप्रस्तुत के द्वारा प्रस्तुत भाव की व्यंजना न करके प्रस्तुत का भी विशद चित्रण करते हैं और दोनों में सुंदर सामंजस्य स्थापित करते हैं। निरलंकृत भावात्मक रचना के आदर्श के प्रतिपादन में भी कवि ने स्वयं अप्रस्तुत का प्रयोग किया है–

> निरलंकार कवित्त अनर्गल
> किसी महाकवि कलित कंठ से
> झरता था जैसे अभिराम कुसुम दल (सिर्फ एक उन्माद)

अप्रस्तुत-योजना में निराला जी ने विरोधमूलक नहीं सादृश्यमूलक प्राकृतिक उपादानों को ग्रहण किया है। विरोध में सौंदर्य का अद्भुतपन चमत्कारी रूप में व्यक्त होता है जबकि सादृश्य, सौंदर्य को उज्ज्वल रूप देता है। कवि की अभिरुचि दूसरे में है जिससे वे भावोद्दीपक चित्रण करने में सफल हुए हैं। निराला जी की सीधी अभिव्यंजना में विरोध, वचनवक्रता आदि के लिए कोई गुंजाइश नहीं है। छायावादी पद्धति में अप्रस्तुत-विधान, रूपसाम्य एवं गुणसाम्य की अपेक्षा प्रभाव साम्य पर आधारित है। अप्रस्तुत की प्रभाव-व्यंजना, प्रस्तुत की अनुभूति को तीव्र और सजीव बनाते हुए भावोत्कर्ष का कारण बनती है। यह प्रभावोत्कर्ष उदात्त की सीमा का स्पर्श करनेवाला होता है। निराला जी की अप्रस्तुत-योजना कहीं-कहीं दृश्यांकन के रूप में भी है। दो उदाहरण–

> चक्राकार कलरव तरंगों के मध्य में
> उठी हुई ऊर्वशी-सी, कंपित प्रतनु भार।
> (यौवन में सौंदर्य का उत्कर्ष और प्रभाव) (प्रेयसी)
> खुले केश अशेष शोभा भर रहे,
> पृष्ठ-ग्रीव-बाहु-उर पर तर रहे,
> बादलों में घिर अपर दिनकर रहे।
> (प्रस्तुत-अप्रस्तुत का समतुल्य दृश्य) (यामिनी जागी)

(6) **भाषा-शैली :** छायावादी भाषा में कोमलता, सुकुमारता, मसृणता आदि का आधिक्य है जिसके कारण कवि कोमल और उग्र दोनों प्रकार की भावनाओं की अभिव्यक्ति में सफल नहीं हो सके हैं। पंत जी का 'परिवर्तन' अपवाद है। निराला जी की भाषा में दोनों की व्यंजना का साम्य है। उनकी भाषा-शैली में समास-बहुलता, क्रियापदों के लोप और कुछ अप्रचलित संस्कृत शब्दों के विलक्षण प्रयोग के कारण अन्वय की कठिनाई और अर्थ-भाव के ग्रहण में बाधा अवश्य हो

जाती है। 'गीतिका', 'राम की शक्ति पूजा' और 'तुलसीदास' में इस काव्य-दोष के कारण प्रसाद गुण का अभाव खटकता है। दूसरी ओर सामान्य रूप में उनकी भाषा-शैली में गतिशीलता और प्रवाहशीलता, काव्य के सौंदर्य को साकार बनाने में सफल हुई हैं। पंत जी ने कविता की भाषा को चित्रभाषा कहा है। यह बात सर्वत्र लागू न हो, छायावादी भाषा के संबंध में अवश्य सार्थक है। चित्रभाषा का अर्थ केवल चित्रांकन न होकर उन सब उपकरणों और साधनों से है जो भाव को मूर्त्त रूप देते हैं। इस दिशा में निराला जी ने अन्य छायावादी कवियों के बिंबों, प्रतीकों, लाक्षणिक प्रयोगों आदि से भिन्न चित्रांकन, ध्वन्यात्मक शब्दचित्र, संगीत, लय, वाच्यार्थ की रमणीयता आदि का सहारा लिया है। निराला जी की भाषा-शैली की एक और विशेषता कथ्य या भाव के अनुसार विस्तार और संक्षेपण है।

शुक्ल जी का कहना है कि 'लाक्षणिक वैलक्षण्य लाने की प्रवृत्ति इनमें उतनी नहीं पाई जाती जितनी प्रसाद और पंत में।'[6] निराला जी की रचना में लक्षणा और व्यंजना का मार्मिक प्रयोग ही नहीं हुआ हो ऐसी बात नहीं है। उनकी भाषा में व्यंजकता के उदाहरण–

हँसते हैं छोटे-पौधे, लघु भार। (बादल राग)

आगे प्रयोगवाद–नई कविता में लघुता या अल्पता की ओर प्रवृत्ति बढ़ गई है। छायावादी संदर्भ सौंदर्य का है तो प्रयोगवादी संकेत कुरूपता की ओर है। कुछ व्यंजक-लाक्षणिक प्रयोग–काँपी भर निज **आलोक भार** (सरोज-स्मृति), भर **बँधा यौवन** (वह तोड़ती पत्थर), देख तुम्हें **जीवन की विद्युत** बढ़ती **शत-तरंग-कंपित** (गीतिका)। निराला जी की कविता में वाच्यार्थ की प्रधानता सब समीक्षक स्वीकार करते हैं। भारतीय काव्यशास्त्र के अनुसार वह अधम कोटि का काव्य है। इस मूल्यांकन का कारण ध्वनि-सिद्धांत का प्रभाव है। जैसा शुक्ल जी कहते हैं, ध्वनन वस्तु या अलंकार का हो सकता है, पर भाव या रस का नहीं, जो बौद्धिक अनुमान के नहीं, अनुभूति के विषय हैं। रस-ध्वनि की समस्या से अपने को बचाने के लिए पंडितराज ने रमणीय अर्थ के प्रतिपादक शब्द को काव्य कहा है। निराला जी की वाच्यार्थ प्रधान कविता में पता नहीं कितनी रमणीय या सौंदर्यमय भाव-भंगिमाएँ भरी हुई हैं।

(7) **काव्य-रूप और छंद :** निराला जी की अधिकांश रचनाएँ लय प्रधान गीति काव्य के रूप में हैं। कुछ आत्म केंद्रित प्रगीत हैं। इनमें संबोधन प्रगीत (यमुना के प्रति) और शोक प्रगीत (सरोज-स्मृति) हैं। अन्य रूपों में लंबी कविताएँ शिवाजी का पत्र, प्रेयसी, यमुना के प्रति आदि हैं। पंचवटी-प्रसंग नाटकीयता युक्त लंबी कविता है। कथा काव्यों में राम की शक्ति पूजा और अंतर्मुखी मनोवैज्ञानिक प्रबंध 'तुलसीदास', उल्लेखनीय हैं। सरोज-स्मृति में शोक-प्रगीत के सभी तत्त्वों का यथोचित और यथा स्थान योजना, 'राम की शक्ति पूजा' में आरंभ-अवरोह-आरोह-चरम सीमा

और अंत का भावात्मक विकास-सूत्र तथा 'तुलसीदास' में आरंभ-प्राथमिक प्रेरणा-मानसिक संघर्ष-अंतर्मुखी मनोवैज्ञानिक परिवर्तन और अंतःशिल्प की दृष्टि से प्रशंसनीय उपलब्धियाँ हैं। गीत और प्रगीत में लय का आरोह-अवरोह अत्यंत मधुर है। भाव की आवश्यकता के अनुसार लयात्मक पंक्तियाँ सुदीर्घ या छोटी हैं। रचना में काव्य और संगीत की अन्विति में एक अपूर्व माधुर्य और सौंदर्य भर गया है। 'संगीत को काव्य के और काव्य को संगीत के अधिक निकट लाने का सबसे अधिक प्रयास निराला जी ने किया है।[7]

निराला जी की रचनाएँ संगीतात्मकता में लय-माधुर्य पर विशेष आधारित हैं। (अ) यह लय शब्दगत और भावगत दोनों प्रकार का है और उनके गीति काव्यों में दोनों की अन्विति से छंदगत लय का अभाव खटकता नहीं है। मुक्त छंद के लय-माधुर्य के लिए निराला जी ने और विशेष पद्धतियों और प्रयोगों को अपनाया है जिनमें विशेष उल्लेखनीय हैं—(आ) भाव के लय के अनुरूप लंबी और छोटी पंक्तियों का प्रयोग और उन पंक्तियाँ को केंद्रीय भाव, विचार और वस्तु-रूप-वर्णन से संबद्ध करना। (प्रेयसी, सरोज-स्मृति तथा छोटे गीत-प्रगीत) (इ) भाव की प्रवाहशीलता और क्रियाशीलता के अनुरूप भाषा-प्रयोग का आरोह-अवरोह और भाषा की मंद-तीव्र गतिशीलता है। (जुही की कली, संध्या सुंदरी, तुलसीदास) (ई) विशेषण-विपर्यय या संज्ञा के बाद विशेषण का प्रयोग, कारक-लोप और समास-रचना, क्रिया का अभाव और कृदंतों की बहुलता आदि वस्तु या भाव के संश्लिष्ट वर्णन के लिए है। (राम की शक्ति पूजा में राम-रावण युद्ध) (उ) 'बादल राग' कविताओं में बादलों के छा जाने, गतिशीलता, कड़कड़ाहट, गरजने, झूमने, धाराप्रवाह झरनों के कलरव आदि की, भाव के अनुरूप ध्वन्यर्थक व्यंजना है। (ऊ) लंबी कविताओं में भाव के अनुसार लयात्मक भाषा का धारा-प्रवाह है। (ऋ) महत्त्व, प्रधानता या बल देने की दृष्टि से निराला जी कर्ता, कर्म और क्रिया के स्थान बदलकर गद्य से कविता को अलग ही नहीं करते, बल्कि एक नाटकीयता या अपूर्वता भी उत्पन्न करते हैं—

देखा उसे मैंने इलाहाबाद के पथ पर,
वह तोड़ती पत्थर। (वह तोड़ती पत्थर)

(ए) लय प्रधान अपने मुक्त छंद में नए भावोन्मेष के लिए कवि ने स्वयं इस तरह प्रार्थना की है—

नव गति, नव लय, ताल छंद नव,
नवल कंठ, नवल जलद मंद रव,
नव नभ के नव विहंग वृंद को
नव पर नव छंद दे। (गीतिका)

छायावादी युग में निराला जी के संबंध में सबसे अधिक विवादास्पद विषय मुक्त छंद है। उन्होंने छंद को कविता में भाव की गति और प्रवाह में अवरोध मानकर कविता को छंद के बंधनों से मुक्त करने का प्रयत्न किया है–

प्रिये ! छोड़कर बंधनमय छंदों की छोटी राह।
गज-गामिनि वह पथ तेरा संकीर्ण, कंकटाकीर्ण।। (प्रगल्भ प्रेम)

आजकल प्रबंध-काव्यों और गीतिकाव्यों को छोड़कर अधिकांश कविताएँ छंदोबद्ध नहीं हैं, वे प्रायः गद्यवत् सपाट हैं। निराला जी ने 'तुलसीदास' और 'गीतिका' में स्वकल्पित नवीन छंदो विधान का प्रयोग भी किया है।

निराला जी की काव्याभिव्यंजना नए मार्गों में नए सौंदर्य की सृष्टि करने में सफल हुई है। उसके आधारभूत तत्त्व चेतना और उन्मुक्तता हैं।

8. सौंदर्यानुभूति

निराला जी ने रूप-सौंदर्य के वस्तुनिष्ठ वर्णन और उसके सामान्य व्यापक प्रभाव का जितना वर्णन किया है, सौंदर्यानुभूति की विभिन्न दशाओं और स्थितियों का उतना सूक्ष्म विश्लेषण नहीं किया है। छायावादी प्रवृत्ति के अनुरूप वस्तुगत भाव की अभिव्यक्ति के साथ वस्तु-जगत् की यथार्थता की ओर भी ध्यान देना उसका मुख्य कारण है। इस ठोस आधार पर रूप-भाव-सौंदर्य की अत्यंत सजीव और सशक्त अभिव्यक्ति हुई है। लेकिन प्रसाद जी की तरह आश्रय या ग्राहक व्यक्तिनिष्ठ अनुभूति और उसकी रंगीन व्यंजना की छटा का निरूपण विस्तार के साथ नहीं हो सका है। न प्रसाद जी की तरह सौंदर्य और उसकी अनुभूति संबंधी कोई निश्चित अवधारणा भी निराला की रचनाओं में नहीं मिलती है। उनकी गोचर रूप और भाव की सौंदर्यानुभूति ऐंद्रिय है। सौंदर्य से भाव-स्फुरण मानसिक है। आत्मगत, सृष्टिगत और ईश्वरीय अलौकिक अनुभूति आध्यात्मिक है। काव्य-वस्तु के अनुसार इन तीनों धरातलों को लेकर विभिन्न प्रकार की रचनाएँ हुई हैं। लेकिन उनकी क्रमिक उत्तरोत्तर परिणति की सूचना नहीं मिलती। प्रकृति और मानवीय रूप वर्णन की कविताएँ प्रधानतः ऐंद्रिय सौंदर्यानुभूति के उदाहरण हैं। प्रेम संबंधी रचनाओं और 'प्रेयसी' आदि लंबी कविताओं में ऐंद्रिय अनुभूति के साथ मानसिक भाव-स्पंदन और चेतना के उन्मेष की अभिव्यंजना है। उनमें उन्मुक्तता, चेतना के विकास और तन्मय होने की भावनाओं का निरूपण है। गीतिका का लक्ष्य आध्यात्मिक सौंदर्यानुभूति का निरूपण है। 'राम की शक्ति पूजा' में लौकिक-मानसिक अनुभूति से आध्यात्मिक अनुभूति के धरातल पर पहुँचने का प्रयत्न हुआ है। कुछ उदाहरण देख लें।

(1) ऐंद्रिय अनुभूति में दर्शन के अतिरिक्त चुंबन, स्पर्श, लालसा आदि भावनाओं की भी व्यंजना है–

दर्शन समुत्सुक युवक पतंग ज्यों (प्रेयसी)
रोम रोम में समाई जहाँ चुंबन की लालसा।। (स्मृति)
मूक आह्वान भरे लाल-सी कपोलों के
व्याकुल विकास पर
झरते हैं शशि के चुंबन गगन से (शेफालिका)
तेरे सहज रूप से रंग का
झरे गान के मेरे निर्झर
भरे अखिल सर
स्वर से मेरे सिक्त हुआ, संसार। (प्रिया से)
मिलन मरु की पहली ही मंजिल में
अस्थिर एक किरण सी झलकी आशा,
मैं क्या जानूँ है यह कितनी सुंदर
भरी हुई उतनी तीव्र पिपासा। (जागी)
बढ़ती भी सुंदर के समाराध्य मुख की ओर
तृप्ति हीन तृष्णा से। (यहीं)

(2) मानसिक सौंदर्यानुभूति में आराधना, भावों का स्पंदन, जड़ से मन की चेतना का विकास, नए जीवन का स्फुरण आदि उल्लेखनीय हैं–

खुले हृदय शतदल के दल सब,
अर्घ्य चढ़ा उनको जो अब तब
आते हैं तेरे मधुपुर में–
वह रूप जगा सुर में। (गीतिका)
प्रेम चमन के उठा नयन नव,
विधु चितवन, मन में मधु कलरव। (गीतिका)
हो गया भस्म वह प्रथम भानु,
छूटा जग का जो रहा ध्यान, जड़िया वह। (तुलसीदास)
देख तुम्हें जीवन का विद्युत
बढ़ती शत-तरंग-कंपित द्रुत। (गीतिका)

(3) आध्यात्मिक सौंदर्यानुभूति प्राकृतिक और मानवीय दोनों माध्यमों से अभिव्यक्त हुई है–

दूर दूर रे चेतन सागर
टलमल शत रश्मि तरंग सुघर
पृथ्वी का लहराता सुंदर
दुकूल सस्वर आकर्षण भर। (गीतिका)

सौंदर्यानुभूति के ऐंद्रिय, मानसिक और आध्यात्मिक पहलुओं की निराला जी ने यथा संदर्भ अनुभूति की विशिष्ट दशाओं की ओर भी संकेत किया है।

(1) सौंदर्य की प्राथमिक अनुभूति आकर्षण है–

देखती ही देखती रही मैं थकी
अलस पग, मग में ठगी सी रह गई।
भर नहीं सके प्राण रूप-बिंदु दान से। (प्रेयसी)

(2) दूसरी स्थिति कुतूहल या जिज्ञासा है–

कौन तुम शुभ्र किरण-वसना ?
सीखा केवल हँसना–केवल हँसना। (गीतिका)

(3) तीसरी दशा बार-बार दर्शन की अभिलाषा और व्याकुलता है–

सुंदर हे, सुंदर।
दर्शन से जीवन भर
बरसे अविनश्वर स्वर (सुंदर हे सुंदर)
व्याकुल होंगे प्राण,
सुप्त स्वरों के छाते सन्नाटे में
गूँजेगा यह भाव। (प्रगल्भ प्रेम)

(4) दर्शन के बाद मिलन ऐंद्रिय न होकर मानसिक है–सौंदर्य के माध्यम से प्राणों का प्राणों से, ज्योति से ज्योति का संयोग है–

मिली ज्योति छवि से तुम्हारी
ज्योति छवि मेरी। (प्रेयसी)

(5) सौंदर्य दर्शन और मिलन में विवशता, मादकता और माधुर्य की अनुभूति होती है–

विवश नमनोन्मदकता हँसकर तकी। (सुंदर हे सुंदर)

(6) जीवन और काव्य में सब प्रकार के बंधनों के प्रति विद्रोही कवि सौंदर्य से बद्ध होने में स्वर्गीय आनंद का अनुभव करते हैं–

श्लथ गात, तुम में ज्यों रही मैं बद्ध हो। (प्रेयसी)
भिन्न सौंदर्य के बंधन स्वर्गीय हैं। (प्रेयसी)

(7) सौंदर्य के ये बंधन जीवन की स्वच्छंदता में बाधक नहीं हैं, अपितु उनमें

उन्मुक्त आनंद हैं। क्योंकि ये रूढ़ियों के बंधन नहीं, स्वेच्छा से स्वीकृत और नैसर्गिक है। स्वच्छंद-उन्मुक्त हर्षानुभूति–

दृगों की कलियाँ नवल खुलीं।
रूप-इंदु से सुधा-बिंदु लह रह-रह और तुलीं।
प्रणय श्वास के मलय स्पर्श से हिल-हिल हँसती चपल हर्ष से। (गीतिका)

(8) विस्मय, आश्चर्य, अद्भुतपन आदि सौंदर्यानुभूति की व्यक्तिनिष्ठ विशेषताएँ हैं जिनका मन, वस्तु पर प्रक्षेपण करके वस्तु-धर्म का रूप देता है–

रंग गई पग पग धरा–
हुई जग जगमग मनोहरा। (गीतिका)
रच गया नव किरणों का रास
खेलने फूल ज्योति का फाग। (गीतिका)
निर्निमेष खड़ी सुघर अयि
चख रही निज शेष। (गीतिका)

(9) सौंदर्यानुभूति में सौंदर्य के प्रभाव से संसार का ध्यान छूट जाता है और प्रणयी प्राण प्राण में मिल जाते हैं–

रूप की सजल प्रभा में आज
तुम्हारी नग्न कांति, नवजात,
मिल गए एक प्रणय में आज,
रुक गया प्रिय तब मेरा गान। (भ्रमरगीत)

(10) सौंदर्यानुभूति में लौकिकता से मुक्त प्राणी अतीत के मधुर स्वप्नों में, और कल्पनालोकों में पहुँच जाता है। छायावादी कविता में वर्तमान से अतीत की ओर उन्मुखता का कारण, मन में स्मृतियों की मधुर अनुभूति है जो वर्तमान की कटुता से मन को बचाती है। 'उसकी स्मृति' आदि आरंभिक कविताओं में सौंदर्य और प्रेम की अनुभूतियों का माधुर्य भरा हुआ है। कवि सौंदर्य को देखकर स्वप्नलोकों में भी पहुँच जाता है–

मेरे कवि ने देखे तेरे स्वप्न सदा अविकार,
नहीं जानती क्यों तू इतना करती मुझको प्यार। (प्रिया से)
वह नयनों का स्वप्न मनोहर
हृदय सरोवर का जलजात
एक चंद्र निस्सीम व्योम का
वह प्राची का विमल प्रभा (यमुना के प्रति)

सौंदर्य के दर्शन और प्रभाव से मन इस पृथ्वी को छोड़कर आसमान के कल्पना-लोकों में विहार करने लगता है—

नीड़ सुख छोड़कर मुक्त उड़ने का संग
किया आह्वान मुझे (प्रेयसी)
निशि-तम-डाल-मौन मेरा खग
उड़ जाता अनंत नग के नग,
रंग देता प्रसुप्त जग के रंग,
गीत जागरण मंजुल अमरण (गीतिका)

यहाँ द्रष्टव्य है कि सौंदर्य मन को ही प्रभावित नहीं करता, बल्कि उस प्रभाव में सारा संसार सौंदर्यमय हो जाता है या दीखता है।

(11) अद्वैत से प्रभावित निराला जी के काव्य में सौंदर्यानुभूति की आध्यात्मिक परिणति की भी अभिव्यंजना है। सौंदर्य के प्रभाव में प्रकृति और मनुष्य दोनों लौकिक-मानसिक धरातल से परे पहुँचने के लिए व्याकुल हैं—

व्याकुल उर, दूर मधुर,
तू निष्ठुर, रह री !
तृण थर-थर कृश तन मन
दुष्कर गृह के साधन। (गीतिका)

अलौकिक प्रिय के हृदय में प्रतिष्ठित होने पर कवि अपनेपन को भूल सारी सृष्टि में व्याप्त ईश्वरीय सौंदर्य की अनुभूति के गीत गाना चाहता है—

गाने दो प्रिय मुझे भूलकर
अपनापन, अपार जग सुंदर। (गीतिका)

सौंदर्य का चरम लक्ष्य जीवन का आनंद है जिसमें सब लौकिक द्वंद्व मिट जाते हैं। तुलसीदास रत्नावली के बाह्य रूप के आकर्षण से मुक्त होकर उसमें लक्ष्मी और सरस्वती का दर्शन करके सौंदर्य और ज्ञान के संयोग में मानसिक संघर्षों और द्वंद्वों से ऊपर उठकर सच्चा आनंद प्राप्त करते हैं—

आनंद रहा, मिट गए सब द्वंद्व बंधन सब। (तुलसीदास)

(12) अंततः सौंदर्यानुभूति की सब दिशाओं में से गुजरकर, विविध स्थितियों को पारकर मनुष्य उन्मुक्त आनंद प्राप्त करता है। जीवन में सौंदर्य का नया उन्मेष, नव जीवन की धारा प्रवाहित करता है। जिसमें सब बंधन, रुकावटें और सीमाएँ समाप्त हो जाती हैं। जीवन धारा का यह प्रचंड वेगमय सौंदर्य है जिसमें—

नव जीवन की प्रबल उमंग,
जा रही मैं मिलने के लिए, पारकर सीमा,
प्रियतम के असीम संग। (धारा)

निराला जी के काव्य में सौंदर्यानुभूति के ऐंद्रिय, मानसिक और आध्यात्मिक पहलुओं का निरूपण होने पर भी उनकी विभिन्न अंतर्दशाओं की ओर उतना ध्यान नहीं दिया गया है। सौंदर्य, उसके प्रभाव और अनुभूति का संश्लिष्ट रूप प्रस्तुत किया गया है। कवि का दृष्टिकोण वस्तुनिष्ठ है। उनकी सौंदर्यानुभूति के संकेतों से सौंदर्य के विधायक धर्मों और लक्ष्य की एक झलक मिल जाती है।

छायावादी सौंदर्य चेतना की एक सामान्य अंतर्मुखी और कल्पनाशील भावभूमि अवश्य है। लेकिन प्रतिभाशाली कवियों ने उस आधार पर, अपनी दृष्टि और अभिरुचि के अनुरूप सौंदर्य की विविध दिशाओं में प्रस्थान किया है। निराला जी की सौंदर्य दृष्टि, उन्मुक्तता और चेतनता की ओर उन्मुख है। फूल की गंध की तरह सूक्ष्म और अपूर्व सौंदर्य सृष्टि, उसके गहन-व्यापक चित्रण, उसके ऐंद्रिय-मानसिक-आध्यात्मिक प्रभाव की व्यंजना, भाव-सौंदर्य के बहुरंगी सजीव एवं ओजस्वी निरूपण, जीवन के विविध आयामों की आशा-उत्साह पूर्ण सौंदर्यात्मक अभिव्यक्ति तथा सौंदर्यशास्त्रीय उदात्तता के चित्रांकन में निराला जी के काव्य की सफलता, छायावादी प्रवृत्ति में अद्वितीय है।

संदर्भ संकेत :

1. आचार्य रामचंद्र शुक्ल : हिंदी साहित्य का इतिहास, पृ. 802
2. वही, पृ. 803
3. द्रष्टव्य, आचार्य रामचंद्र शुक्ल : चिंतामणि-2, काव्य में अभिव्यंजनावाद
4. एस. टी. नरसिंहाचारी : सौंदर्य-तत्त्व-निरूपण, पृ. 235-236
5. जगदीश पांडेय, 'उदात्त सिद्धांत और शिल्पन,' पृ. 13-18
6. आचार्य रामचंद्र शुक्ल : हिंदी साहित्य का इतिहास, पृ. 802
7. वही, पृ. 801

महादेवी वर्मा

1. प्रस्तावना

छायावाद-रहस्यवाद के प्रधान चार कलाकारों में सबसे कम ध्यान आकृष्ट हुआ है, महादेवी वर्मा की ओर। कारण यह हो सकता है कि उनकी काव्य-वस्तु एक विशेष प्रकार के पाठक वर्ग को ही अपील करती है। अन्यथा उनकी काव्य-चेतना अन्य कवियों के समान एक वैयक्तिक विशिष्टता की व्यंजक है। वे नई सौंदर्य-दृष्टि की उतनी ही प्रतिभाशाली कवयित्री हैं। प्रतीकात्मक रूप में कह सकते हैं कि पंत फूल की सात्विक कोमलता के, प्रसाद उसके रूप-रंग के ऐंद्रिय माधुर्य के, निराला उसकी सूक्ष्म सुंगध के और महादेवी उसकी वैभव-विलास-लीला के सौंदर्यात्मक कलाकार हैं।

महादेवी की उपेक्षा के कारण उनकी साहित्य-साधना के अनेक अन्य बिंदुओं का विस्मरण-सा हो गया है। सभी विधाओं में रचना के कारण प्रसाद की सर्वतोमुखी प्रतिभा की पहचान और प्रतिष्ठा की प्रशंसा हुई है जबकि प्रसिद्ध गद्य की विधाओं को छोड़कर रचना करने वाली महादेवी की सर्जनात्मक और आलोचनात्मक सफलता का सही मूल्यांकन नहीं हो सका है। सौंदर्य-चेतना की दृष्टि से उनके रेखाचित्र, संस्मरण, निबंध, समीक्षा आदि में काव्य से भिन्न प्रकार की अनेक सौंदर्यात्मक विशेषताओं का अंकन हुआ है। गद्य-साहित्य के अंतर्गत मानवीय संवेदना, करुणा, भावात्मकता, चिंतनशीलता आदि में यह सौंदर्यान्वेषण होना चाहिए।

रहस्यवादी कवयित्री होने के कारण अन्य छायावादी कवियों से कहीं अधिक, उनकी कविता में कल्पना की क्रियाशीलता दिखाई देती है जो उसके सौंदर्यबोध का प्रधान निर्धारक तत्त्व है। जीवन-जगत् की यथार्थता से दूर कल्पना की क्रियाशीलता रमणीयता की सृष्टि कर सकती है, लेकिन उस सौंदर्य में अनुभूति की तरलता नहीं होती। इसलिए महादेवी और अन्य छायावादी कवियों की कुछ रचनाएँ शुद्ध फैंसी या ऊहापोह प्रतीत होती हैं। महादेवी के सौंदर्यबोध के अन्य प्रेरणा स्रोत :

भारतीय दार्शनिक चिंतन, सांस्कृतिक परंपरा और व्यक्तिगत जीवन की वेदना है। उनकी रचना में दर्शन का कोई व्यवस्थित रूप नहीं है। उसमें वेद-उपनिषदों का प्राकृतिक रहस्यवाद, अद्वैत की सैद्धांतिक विशेषताएँ, प्रेम-साधना और वेदना सभी का सम्मिश्रण है। दर्शन सौंदर्यबोध और चेतना का परिधान लगता है जो सौंदर्य को विस्मयकारी अद्‌भुतपन प्रदान करने के लिए है। भारतीय सांस्कृतिक मान्यताओं की गरिमा से सौंदर्यबोध, मानसिक उन्नयन करनेवाला है। व्यक्तिगत जीवन की वेदना और उससे विकसित व्यक्तित्व की प्रौढ़ता और गंभीरता ने सौंदर्यबोध और प्रेम-भावना दोनों को प्रभावित किया है। महादेवी के सौंदर्यबोध के मूल में कल्पना, चिंतनशीलता, गरिमा और गंभीरता है, पर वस्तून्मुखता और अनुभूति की तल्लीनता का अभाव है।

रहस्यवादी रचना में वस्तु के वैविध्य के अभाव के कारण सौंदर्य चेतना और अनुभूति की अनेक सीमाएँ हो जाती हैं। प्रतीकों, बिंबों और अप्रस्तुतों की विविधता के बावजूद परमात्मा तथा प्रकृति में उसकी अभिव्यक्ति ही, वस्तु और भाव का आलंबन है। दूसरी ओर लौकिकता को पार करने पर अनंतता, आलोकमयता, ऊर्जस्विता और शक्तिमत्ता के विराट एवं उदात्त चित्रांकन की अनेक संभावनाएँ भी हैं। महादेवी की अभिव्यक्ति अलौकिक वस्तु की ओर उन्मुख होने पर भी इन संभावनाओं पर ध्यान नहीं गया है। सौंदर्यानुभूति का विश्लेषण करने पर यह बात और स्पष्ट हो जाती है। रचना में आध्यात्मिक विचार अवश्य मिल जाते हैं, लेकिन अभिव्यक्ति में प्रधानतः सौंदर्य की ऐंद्रिय अनुभूति और कहीं-कहीं मानसिक अनुभूति की व्यंजना ही हुई है। रहस्यवादी साधना में प्राप्त होनेवाली आध्यात्मिक सौंदर्यानुभूति कहीं नहीं होती है। सौंदर्य की अभिव्यंजना में चित्रकार लेखिका को प्रतीकों, बिंबों और अप्रस्तुतों के सम्मूर्त्तन में अपूर्व सफलता अवश्य प्राप्त हुई है। गीतात्मक भाव-व्यंजना में भी चित्रांकन और मूर्त्तता है। महादेवी की रचना का आलंबन अलौकिक या आध्यात्मिक परम सत्ता है। सहज ही वे उसके सौंदर्य को लौकिकता से परे रहस्यमय मानती हैं। लेकिन रचना में सौंदर्य की आध्यात्मिक अवधारणा या परिकल्पना की व्यंजना नहीं है। वस्तु और विचारों की अवधारणा आध्यात्मिक है, पर उनका सौंदर्यांकन तथा उनकी कल्पना और अनुभूति में वह अलौकिक भावना नहीं है।

2. काव्य की आलोचना

सौंदर्यशास्त्रीय दृष्टि से महादेवी वर्मा के काव्य पर विचार करते समय दो महत्त्वपूर्ण प्रश्न उठते हैं। एक आलंबन के सौंदर्य का है। दूसरा उसकी अनुभूति की सच्चाई का है। महादेवी के काव्य का आलंबन निर्गुण निराकार है। आचार्य रामचंद्र शुक्ल के अनुसार 'अज्ञात की 'जिज्ञासा' ही का कुछ अर्थ होता है, उसकी 'लालसा' या प्रेम का नहीं।'[1] रहस्यवाद में आलंबन सिद्धांततः अज्ञात निर्गुण निराकार है। लेकिन

काव्य के क्षेत्र में भाव-विचारों को शब्दों के माध्यम से मूर्त्त रूप देते समय रहस्य-भावना सगुण-साकार की सीमाओं का स्पर्श करने लगती है या उसके माध्यम से प्रतीकात्मक रूप में व्यंजित होती है। ब्रह्म की शुद्ध अद्वैत धारणा और अद्वैत स्थिति की अनुभूति, दर्शन और साधना के विषय हैं। रहस्यवाद में ससीम के द्वारा असीम की ओर, सगुण के द्वारा निर्गुण की ओर संकेत होते हैं। महादेवी के काव्य में भी आलंबन की यही स्थिति समझनी चाहिए। जहाँ तक प्रेम का प्रश्न है, उसे साकार से ही संबद्ध मानना तर्क संगत नहीं है। अनंत मन की भावना में सूक्ष्म-असीम के प्रति आकर्षण और राग असंभव नहीं है। महादेवी की अनुभूति के संबंध में शुक्ल जी को शंका है कि 'कहाँ तक वे वास्तविक अनुभूति हैं और कहाँ तक अनुभूतियों की रमणीय कल्पना है, यह नहीं कहा जा सकता।'[2] स्वयं महादेवी ने स्वीकार किया है कि छायावाद-रहस्यवाद में कवि ने जीवन के सत्य को कल्पना में प्राप्त किया है। महादेवी की भाव-व्यंजना में कल्पना की मात्रा कुछ अधिक है। काव्य के क्षेत्र में अनुभूति की सच्चाई का अर्थ सीमित है, उसे लौकिक-भौतिक अर्थ में ग्रहण नहीं करना चाहिए। काव्य के विवेचन में यह प्रश्न महत्त्वपूर्ण नहीं है कि महादेवी यथार्थ जीवन में साधिका रही या नहीं, उसकी रहस्यात्मक अनुभूतियाँ कहाँ तक प्रामाणिक हैं। अर्द्ध सत्य भी काव्य-कल्पना में रमणीय रूप लेकर संवेद्य बनता है तो वह सहृदय के लिए ग्राह्य है।

महादेवी के काव्य की आलोचना में कुछ महत्त्वपूर्ण तथ्यों को ध्यान में रखना आवश्यक है। (1) आधुनिक वैज्ञानिक युग में उनकी रहस्य-भावना अनंत ब्रह्मांड के प्रति जिज्ञासा और कुतूहल के रूप में सामने आती है। वह सांप्रदायिक साधना से बँधी नहीं है। (2) उनकी काव्य-साधना में अद्वैत दर्शन, मधुर रहस्यवाद और प्राकृतिक रहस्यवाद सभी की झलक मिलती है। अद्वैत-दर्शन के अनुसार माया और जीवन की क्षणभंगुरता को स्वीकार करने पर भी उससे न बँधने के कारण उन्होंने जीवन-जगत् के सौंदर्य की सत्यता को अस्वीकार नहीं किया है। वे सृष्टि की परिवर्तनशीलता और विकासशीलता को भी सत्य मानती हैं। (3) उनके लिए अलौकिक सत्ता से जीवन अधिक आकर्षक है–"मुझे प्रिय जग अपना भाता है।" क्योंकि सुख-दुखात्मक जीवन का अपना राग रंग है–'पुलक पुलक उर, सिहर सिहर तन। आज नयन आते क्यों भर भर।' जीवन की अनंत अनुभूतियों में से गुजरते हुए मन सहज परिणाम के रूप में अव्यक्त की ओर प्रस्थान करता है–

तोड़ दो यह क्षितिज मैं भी देख लूँ उस छोर क्या है ?
जा रहे जिस पंथ से युग कल्प उसका छोर क्या है ?

शुक्ल जी के शब्दों में 'एक पक्ष में अनंत सुषमा, दूसरे पक्ष में अपार वेदना विश्व के छोर हैं जिनके बीच उनकी अभिव्यक्ति होती है–

यह दोनों दो ओरें थीं संसृति की चित्रपटी की,
उस बिन मेरा दुख सूना, मुझ बिन यह सुषुमा फीकी।'[3]

(4) महादेवी के काव्य को केवल आध्यात्मिक दृष्टि से देखना ठीक नहीं है। काव्य को जीवन सापेक्ष रूप में ही देखना और उसी दृष्टि से ग्रहण करना चाहिए। हमें नहीं भूलना है कि महादेवी के काव्य में साध्य से साधक का, सिद्धि से साधना का महत्त्व है। दोनों बातों से स्पष्ट हो जाता है कि उनकी जीवन-दृष्टि की जड़ें जमीन में हैं।

3. आलंबन का रूप-सौंदर्य

महादेवी का आलंबन अज्ञात निर्गुण निराकार है। सहज ही उसकी ओर संकेत मात्र मिलते हैं। आलंबन को आधार मात्र मानकर उन्होंने अपने मन के भाव-विचारों को ही व्यक्त किया है। सभी धर्म-दर्शनों ने ब्रह्म की अनंत शक्तिशाली रूप में परिकल्पना की है। शक्ति के अनेकानेक स्रोतों में आलोक एक है। आलोकमयता में ही सौंदर्य है। रहस्यवादी महादेवी ने शक्ति की अनंतता का वर्णन प्रायः नहीं किया है। रहस्यवादी आलोकमय सौंदर्य से ही आकृष्ट होता है और उससे भावात्मक संबंध स्थापित करता है। अज्ञात के प्रति महादेवी के मन में केवल जिज्ञासा है–

न जिसमें स्पंदन था न विकास, न जिसका आदि न उपसंहार।
सृष्टि के आदि, आदि में मौन, अकेला सोता था वह कौन ?

लेकिन जब 'हुई उसमें इच्छा साकार' और 'बुन लिया अपना ही संसार' तो उस रंगीन सृष्टि के सौंदर्य के प्रति आकर्षण अनुभव करती है। उस आकर्षण में भावों के रंगीन चित्र बनते हैं–

इंद्रधनुष के रंगों से भर धुँधले चित्र अपार,
देती रहती चिर रहस्यमय भावों का आकार।

अज्ञात ही सृष्टि के रंगीन चित्र बनाता है–"मिटाता रंगता बारंबार, कौन जग का यह चित्राधार ?" सृष्टि में रूपरेखाहीन साकार बनता है–

तुम असीम विस्तार ज्योति के, मैं तारक सुकुमार
तेरी रेखारूपहीनता है जिसमें साकार।

इस सृष्टि में अज्ञात, रहस्यमय, अस्पष्ट छायाभास है–'सजनि कौन तम में परिचित सा, सुधि सा, छाया आता ?' अथवा 'रजित रश्मियों की छाया में धूमिल घन सा वह आता' है।

महादेवी का आलंबन 'आलोक प्रतिमा' हैं, 'असीम विस्तार ज्योति के' हैं, 'विधु के बिंब हैं।' यह आलोकरूप कमनीय है, प्रचंड तेजोमय नहीं है। आलोक का सौंदर्य प्रकृति के विविध उपादानों में प्रकट होता है। मानवीय संदर्भ में वह स्मिति की रेखा है—'स्मित तुम्हारी से छलक यह ज्योत्स्ना अम्लान।' कहीं-कहीं अनंत आलोक के सौंदर्य को साकार रूप में बाँधने का प्रत्यन भी हुआ है—'जिन चरणों की नख आभा ने हीरक जाल लजाए।'

4. प्रकृति-रूप-सौंदर्य

रहस्यवादी कवयित्री के रूप में महादेवी ने प्रकृति को चेतन माना है। छायावाद-रहस्यवाद में प्रकृति-वर्णन की सजीवता और सौंदर्यमयता का प्रधान आधार सर्वात्मवाद या प्रकृति की चेतन अभिव्यक्ति है। चेतन रूप में भावात्मक-क्रियात्मक स्पंदनशीलता प्रकृति को आकर्षक और सौंदर्यमय बनाती है।

महादेवी के काव्य में प्रकृति की महती भूमिका है। (1) वह आध्यात्मिक साधना की पृष्ठभूमि है। रात के निश्चल-शांत वातावरण में व्यक्त से अव्यक्त की ओर बढ़कर कवयित्री आत्म-निवेदन करती है। उषा के नव जागरण में नई स्फूर्ति और चेतना का अनुभव करती है। दोनों स्थितियों में प्रकृति का सौंदर्य अनुकूल मानसिक उन्मुखता और सन्नद्धता की भाव-भूमि तैयार करती है। 'बेसुध तम की छाया का तटनी करती आलिंगन' तब 'आया फिर चित्र बनाने प्राची में प्रात चितेरा'। (2) चेतन रूप में प्रकृति मानव-मन के अनुरूप स्पंदनशील संवेदनशील बनती है। सुख-दुख में उसकी स्पंदनशीलता या तो शांत-गंभीर अनुभूति देती हुई सौंदर्यबोध को गरिमामय धरातल पर पहुँचा देती है या सुख-आनंद की लहरों में विभोर कर सौंदर्यानुभूति को मादक बना देती है। एक ओर 'नभ आज मनाता तिमिर पर्व' और 'सजल है कितना सवेरा !' की अनुभूति होती है तो दूसरी ओर मन कहता है 'तरल रजत की धार बहा दे मृदु स्मित से सजनी' की भावना है। (3) महादेवी के काव्य में अनेक स्थानों पर प्रकृति आध्यात्मिक भाव-विचारों की अभिव्यक्ति का साधन है। वह माया का दर्पण है। उससे जीवन की नश्वरता, क्षणभंगुरता, परिवर्तनशीलता, आशा-आकांक्षा, वेदना, वैराग्य आदि अनेक भाव व्यक्त किए गए हैं। यहाँ पहले कवयित्री प्रकृति के सौंदर्य की ओर आकृष्ट होती है, लेकिन आगे बढ़कर प्रकृति में अन्य भावनाओं को व्यंजित पाती है। प्रकृति-सौंदर्य स्वयं क्षणिक है या प्रकृति-सौंदर्य-दर्शन में भाव-परिवर्तन या भाव-परिणति हो जाती है। फूल को 'रूप से भरकर सारे अंग' 'स्वर्ग के हे मोहक संदेश', कहने के बाद अंत में कवयित्री कहती है—'हँसो पहनो काँटों के हार, मधुर भोलेपन के संसार।' यहाँ प्रकृति-सौंदर्य साध्य न होकर साधन है। (4) रहस्यवाद में प्रकृति अज्ञात की अभिव्यक्ति का माध्यम है। यह अभिव्यक्ति पंत जी के प्राकृतिक रहस्यवाद की

तरह प्रकृति में ईश्वरीय संकेतों के दर्शन तक सीमित नहीं है। समस्त सृष्टि या प्रकृति में अव्यक्त अनेक रूपों में भासित होता है। रूपसी-अप्सरा प्रकृति स्वयं अव्यक्त के राग में रंगी हुई है–'राग भीनी तू सजनि निश्वास भी तेरे रंगीले।' परमात्मा के प्रति प्रेम में प्रकृति आत्मा की सह-साधिका या सजनी है। प्रकृति-साधिका में प्रेयसी का सौंदर्य और राग-रंग है। प्रकृति की प्रत्येक वस्तु किसी न किसी रूप में अज्ञात को व्यक्त करती है। कभी-कभी वह संदेशवाहक है–'लाए कौन संदेश नए घन !' पग-पग पर प्रकृति में अज्ञात का आभास मिलता है–

'मुस्काता संकेत-भरा नभ, अलि क्या प्रिय आने वाले हैं ?'
'तड़ित् की मुस्कान में वह कौन है ?'
'पीत पल्लवों में सुन तेरी पद ध्वनि उठती जाग।'

महादेवी का प्रकृति-वर्णन अलंकरण, अतिशयता और वैभव से भरा है। अव्यक्त के अनंत सौंदर्य की अभिव्यक्ति के संदर्भ में यह समीचीन है। छायावादी कवियों में महादेवी के प्रकृति-वर्णन में सर्वाधिक वैभव-विलास और रंगीन छटा की व्यंजना है। उनका सौंदर्यबोध और सौंदर्य-भावन अतिशय कल्पनाशील है। विद्युत के कंकण, स्वर्ण रश्मि, इंद्रधनुषी वितान, परिमल अंचल, किरण-अक्षत, हास-रोली, रजनी अलसित, मोती जलकण, रश्मि वलय, तारक परियाँ आदि प्रयोग उस कल्पना-वैभव को प्रकट करते हैं। इस परिवेश में सौंदर्यानुभूति मधुर ऐंद्रिय संवेदनों से कल्पना-लोकों में पहुँचाने वाली होती है।

5. भाव-जगत् और सौंदर्यात्मक संवेदना का प्रश्न

महादेवी की रचना में वेदना की विवृति बहुत अधिक है। उसके कारण जो भी हों, प्रश्न उठता है कि क्या दुख-पीड़ा के प्रति आकर्षण और राग स्वाभाविक है ? सारे संसार के रोमांटिक कवियों ने, शायद प्रत्यक्ष जीवन में असफलताओं के कारण, अपनी कविता में एक अज्ञात वेदना को मुखरित किया है। एक सीमा तक ही वेदना के गीत मन के अंतरतम तारों को झंकृत करते हैं और वेदना के गीत सबसे अधिक मधुर गीत हो जाते हैं। संवेद्यता और सौंदर्यात्मकता की परिधि में ही वेदना की व्यंजना होनी चाहिए। महादेवी की कविता अनेक स्थानों पर इस सीमा को पार कर जाती है। जब वे कहती हैं–

ऐसा तेरा लोक, वेदना नहीं, नहीं जिसमें अवसाद,
जलना जाना नहीं, नहीं जिसने जाना मिटने का स्वाद।

× × ×

तुम को पीड़ा में ढूँढ़ा, तुम में ढूँढूँगी पीड़ा।

तो यह एक विलक्षण मनःस्थिति हो जाती है। वेदना का अंतिम सोपान मिलन या मिलन की अभिलाषा होनी चाहिए। वेदना या पीड़ा जीवन का साध्य है तो वह आत्मपीड़क (Sadist) मनःस्थिति है। महादेवी की काव्य-साधना में कालांतर में यह भावना उतनी प्रबल नहीं रही। उनकी रचना में वेदना मधुर संवेद्य रूप में भी प्रस्तुत हुई है–

मधुर मधुर मेरे दीपक जल।
युग युग प्रति दिन प्रति क्षण प्रति पल
प्रियतम का पथ आलोकित कर।

इस संदर्भ में हमें यह भी नहीं भूलना चाहिए कि महादेवी के काव्य में पीड़ा या वेदना के अतिरिक्त आध्यात्मिक और जीवन-सापेक्ष अनेक भाव-विचारों का निरूपण हुआ है जो सर्वसाधारण नहीं हैं तो अस्वाभाविक भी नहीं हैं। शुक्ल जी ने भावानुभूति की सच्चाई का भी प्रश्न उठाया है। उसका उत्तर देना कठिन है। रचना में अभिव्यक्ति भावना पाठक के मन को कितना स्पंदित और झंकृत कर पाती है, उस आधार पर हर व्यक्ति को अपना निर्णय कर लेना चाहिए। लोकोत्तर और विलक्षण भावों की अनुभूति, व्यक्ति की मानसिकता पर निर्भर करती है।

6. सौंदर्य की अभिव्यंजना और अनुभूति

काव्याभिव्यंजना में महादेवी के विकसित और प्रौढ़ सौंदर्यबोध को कोई भी इनकार नहीं कर सकता। गीत रचना में कोई छायावादी कवि उनकी समता नहीं कर सकता। गीत-गायन में उनकी लोकप्रियता उसका प्रमाण है। उनकी कल्पना और अप्रस्तुत-योजना अत्यंत उर्वर है। भाव-बिंब प्रस्तुत करने और पूरे गीत में वस्तु, भाव या विचार के चित्रांकन में उनकी प्रतिभा उल्लेखनीय है। संस्कृत तत्सम-बहुल होने पर भी उनकी भाषा-शैली खड़ी बोली की प्रकृति के विरुद्ध नहीं लगती। उसमें अपूर्व लय, प्रवाह और माधुर्य है। 'मैं नीर भरी दुख की बदली', 'धीरे-धीरे उतर क्षितिज से आ वसंत रजनी' आदि कविताओं में गीत रचना का उत्कर्ष दर्शनीय है। उनकी काव्य-रचना में माधुर्य स्थान-स्थान पर मादकता का स्पर्श करने लगता है–

चाँदनी का शृंगार समेट अधखुली आँखों का यह कोर।
× × ×
उषा से छू आरक्त कपोल किलक पड़ता तेरा उन्माद।

कालक्रम में माधुर्य भावना का यह अतिरेक संयमित हुआ है।

महादेवी ने काव्यात्मक भाषिक व्यवस्था और अभिव्यंजना को प्रौढ़तम रूप

दिया है। काव्य-कल्पना के उस वैभव और माधुर्य में हमारा ध्यान भाव-जगत् से कहीं अधिक काव्यात्मक अभिव्यक्ति की ओर अधिक आकृष्ट होता है। उनकी भावना और अनुभूति की सामाजिक और मनोवैज्ञानिक सीमाएँ हो सकती हैं। बौद्धिक धरातल पर रचना का विश्लेषण करते समय कुछ विलक्षणता और सच्चाई की कमी की प्रतीति हो सकती है। लेकिन उनकी काव्याभिव्यंजना का सौंदर्य ऐसा है कि वह मोहमयी कल्पनालोक में पहुँचा देता है। उनका काव्य-सौंदर्य भाव-निष्पन्न से अधिक काव्य-कल्पना-जन्य है। सौंदर्यानुभूति में ऐंद्रिय मादकता अधिक है, सूक्ष्म मानसिक-आध्यात्मिक चेतना या स्फूर्ति कम है।

संदर्भ संकेत :

1. आचार्य रामचंद्र शुक्ल, चिंतामणि-2, पृ. 62
2. आचार्य रामचंद्र शुक्ल, हिंदी साहित्य का इतिहास, पृ. 806
3. वही, पृ. 806

माखनलाल चतुर्वेदी

1. प्रस्तावना

कोमल भावनाओं और कल्पनाओं में ही सौंदर्य देखने की छायावादी प्रवृत्ति का विरोध करते हुए आचार्य रामचंद्र शुक्ल का कहना है कि 'जीवन का सौंदर्य वैविध्यपूर्ण है।'[1] जो लोग शांत और निष्क्रिय सौंदर्य के अलौकिक स्वप्न में ही कविता समझते हैं वे कविता को जीवन के क्षेत्र से बाहर खदेड़ना चाहते हैं।'[2] 'भीषणता और सरसता, कोमलता और कठोरता, कटुता और मधुरता, प्रचंडता और मृदुता का सामंजस्य ही लोक धर्म का सौंदर्य है।'[3]

छायावादी सौंदर्य दृष्टि के विरोध में राष्ट्रीय धारा के कवियों ने जीवन की यथार्थता, कठोरता और विषमता का निरूपण करते हुए एक नए सौंदर्यबोध के विकास का प्रयत्न किया है। इस धारा के प्रतिनिधि कवि हैं—माखनलाल चतुर्वेदी, बालकृष्ण शर्मा 'नवीन' और रामधारी सिंह 'दिनकर'। उन्होंने बहिर्मुखी दृष्टि से जीवन के व्यक्त रूप की राष्ट्रीय और सामाजिक सार्थकता में सौंदर्य का दर्शन किया है। ऐतिहासिक दृष्टि से चतुर्वेदी जी को इस नवीन सौंदर्य चेतना के अग्रगामी कह सकते हैं। पराधीन भारत की परिस्थितियों ने उनके मन को विरोध, संघर्ष, वेदना, कटुता और व्यंग्य से भर दिया है। उन भाव-विचारों की तीव्र अनुभूति ने काव्य-सौंदर्य को कटु यथार्थ के धरातल पर प्रतिष्ठित किया है—

चाँदी सोने की आशा पर अंतस्तल का सौदा
हाथ पाँव जकड़े जाने का आमिषपूर्ण मसौदा।
टुकड़ों पर जीवन की श्वासें कितनी सुंदर दर है
हूँ उन्मत्त, तलाश रहा हूँ, कहाँ बधिक का घर है ?

चतुर्वेदी जी की संवेदना का स्वर केवल विरोधी निषेधात्मक नहीं है। उसमें एक ओर भारतीय धर्म, संस्कृति, इतिहास और प्रकृति-सौंदर्य के प्रति अनुराग की अनुभूति मिली हुई है तो दूसरी ओर प्रेम की कोमल भावना, करुणा और मानवीय संवेदना

भी सम्मिलित है। सबकी समष्टि उनको भारतीय आत्मा घोषित करती है। हम यह नहीं कह सकते कि चतुर्वेदी जी ने भारतीय आत्मा के सौंदर्य के विविध आयामों को व्यंजित किया है, लेकिन उनकी रचनाधर्मिता भारतीय आत्मा के स्वर में स्वर मिलाने की अवश्य है।

साहित्यिक दृष्टि से द्विवेदी-युग की प्रतिक्रिया केवल छायावादी काव्य-रचना के रूप में नहीं हुई है। उस युग की नैतिक मर्यादावादी दृष्टि के विरोध में आध्यात्मिक आत्मवादी भावना, राष्ट्रीय-सामाजिक चेतना और मानवीय संवेदना को केंद्र में रखकर छायावादी, राष्ट्रीय और मानवीय काव्यधाराओं का विकास हुआ है। प्रधानता की दृष्टि से कवियों को अलग-अलग धाराओं के अंतर्गत रखते हुए भी प्रत्येक धारा में तीनों प्रवृत्तियाँ अपने-अपने ढंग से पल्लवित और सम्मिलित हुई हैं। द्विवेदी युग की तथ्यात्मक-इतिवृत्तात्मक काव्य-रचना के स्थान पर एक धारा भावात्मक-कल्पनाशील थी, दूसरी यथार्थोन्मुख-संवेगात्मक और तीसरी सरल-सात्विक-स्वच्छंद। राष्ट्रीय धारा के कवि चतुर्वेदी की सौंदर्य-चेतना कल्पनाशीलता से मुक्त वैचारिक-संवेगात्मक भावभूमि पर आधारित होकर मन को झकझोर देनेवाली है।

2. जीवन-जगत् का सौंदर्य

चतुर्वेदी जी की कविताओं में प्राकृतिक और मानवीय वस्तु-जगत् का वैविध्य मिलता है। उसकी ओर आकर्षण की भी झलक मिल जाती है। लेकिन इस आकर्षण की सौंदर्यात्मक परिणति की ओर कवि का ध्यान नहीं है। वस्तु या आलंबन के मूल रूप और उसके सौंदर्य का शाब्दिक विधान, रचना का लक्ष्य नहीं है। सार्थक विशेषणों और क्रियाओं के द्वारा आलंबन की विशेषताओं की ओर संकेत करके कवि वस्तु जन्य संवेगात्मक अनुभूति और क्रिया-व्यापारों की ओर अग्रसर हो जाता है। ग्रह-नक्षत्र, पर्वत-नदी, पत्र-पुष्प आदि प्राकृतिक वस्तु-समुदाय तथा दूसरी ओर ईश्वर की छटा, नारी-रूप, मातृ-भावना, उन्मद-यौवन, जन्म-मरण, राष्ट्र, महापुरुष, दीन-दरिद्रों की झोंपड़ियाँ, अत्याचार पीड़ित व्यक्ति-वर्ग आदि भारतीय जीवन के सामयिक आलंबन, भाव-विचारों और कर्म-जगत् के निरूपण के माध्यम से सामने आते हैं। कवि ने कुछ कविताओं में प्रकृति और जीवन के चित्रों और छायाचित्रों की बात की है, लेकिन रचना में उनका चित्र खींचने का प्रयत्न कम हुआ है।

पत्नी के वियोग में जो चित्र बना है, उसमें भावना के माध्यम से आलंबन की ओर संकेत मात्र है–

तरुणाई के प्रथम चरण में जोड़ी टूट गई।
फूली हुई रात की रानी, प्रातः रूठ गई।
गंध बनी साँसों भर आई

छंद बनी फूलों पर छाई
बन आनंद धूलि पर बिखरी।

चतुर्वेदी जी की कविता में प्रकृति मानव जीवन सापेक्ष है, वह भाव-विचारों की अभिव्यक्ति का माध्यम है। शस्य श्यामला पृथ्वी, पर्वत-नदी, बादल-बिजली, ग्रह-नक्षत्र 'विद्रोही हैं—ये सब कुछ।' राष्ट्रीय चेतना में सारी प्रकृति अपनी लगती है—'गिरि की एड़ी-चोटी तक बस सब कुछ अपना है।' 'मुक्त गगन मुक्त पवन' स्वतंत्रता का संदेश देता है। पुष्प की सार्थकता साज-शृंगार में नहीं, मातृभूमि पर शीश चढ़ाने वालों के पथ-अर्पित होने में है। कृष्ण भारत के प्रतीक हैं तो कवि राधा है और नर्मदा के रूप में भारत के प्राणों में लहरा रहा है—'बनी नर्मदा मैं उनके प्राणों में नित्य लहराती हूँ।' कवि की कल्पना में सारे भाव-विचार, ऊँची कल्पनाएँ, आशा-आकांक्षाएँ, वेदना, एक ही शब्द में सारा जीवन प्रकृति में समाया हुआ है—

क्या आकाश उतर आया है दूबों के दरबार में ?
नीली भूमि हरी हो आई इस किरणों के ज्वार में।

माध्यम बनने में भी जीवन और प्रकृति की अपनी सार्थकता है, अपना सौंदर्य है। यह सौंदर्य उदात्त मूल्यों की ओर संकेत करने में है।

छायावादी कवियों की तरह प्रकृति का भावनामय-कल्पनामय चित्र अंकित करने पर भी कवि ने यथार्थ परिवेश में ठोस भूमि पर प्रकृति के सौंदर्य का उद्घाटन किया है। हिमालय, गंगा-नर्मदा, पेड़-फूल, बसंत, हरियाली आदि अपने प्राकृतिक रूप में प्रस्तुत हैं। कहीं-कहीं स्थानीय रंग भी भरा हुआ है। प्रकृति में एक मौन शांति है—'मौन फूला है गगन पर। मौन झरता है धरा पर।' 'संध्या आई, कि रात फैल गई' तो उस सौंदर्य के प्रभाव में—

वृंदावन-बासिनी खुल खेल गई
मोहन की जहाँ-जहाँ बेल गई।

जब बदरिया थम-थमकर झरती है, कोमलता का एक शब्द चित्र प्रस्तुत होता है, धरा को जीवनदान भी मिलता है। 'शैल शिखर पर बिखर गई है सुंदर की सुंदरता' कहने वाला कवि उस सौंदर्य पर मुग्ध होकर नहीं रह जाता, जीवन से उसका संबंध भी जोड़ता है। चतुर्वेदी जी प्रकृति-सौंदर्य को निरपेक्ष दृष्टि से नहीं देखते। जीवन-जगत् का सौंदर्य मानव-मन को एक उदात्त भावभूमि पर ले जाने के लक्ष्य से अनुप्राणित है।

3. भाव-सौंदर्य और कर्म-सौंदर्य

राष्ट्रीय धारा के कवियों की विशेषताएँ हैं यथार्थता, सामाजिकता, साधारणोन्मुखता और संवेगात्मक तीव्रता। ये भावपक्ष के सामाजिक और मनोवैज्ञानिक दो आयामों

से संबद्ध विशेषताएँ हैं। तीसरा पक्ष सौंदर्यात्मक है जो काव्य को काव्यत्व प्रदान करता है। कविता को व्यावहारिक प्रयोजना से--राष्ट्रीय--सामाजिक जागरण से जोड़ने के कारण राष्ट्रीयधारा के कवियों ने उस आयाम पर ज्यादा ध्यान नहीं दिया है। शुक्ल जी ने अपने इतिहास में इन कवियों को विविध आंदोलनों से प्रभावित कहा है। उनकी दृष्टि में कवियों को वादों और आंदोलनों से बँधना उचित नहीं है। कवियों को युग-जीवन की सामाजिक यथार्थता का निरूपण अवश्य करना चाहिए, लेकिन कला या साहित्य की सौंदर्यात्मक परिधि में। चतुर्वेदी जी की कविता भी इस दोष से मुक्त नहीं है।

कल्पनालोक से संबंध तोड़कर चतुर्वेदी जी ने कविता को जमीन के रस से जीवंत बनाने का प्रयत्न किया है। जमीन से जुड़कर ही वे आदर्शों के गगन में विहार करते हैं। बादल की तरह–

भूमि खींचती है मुझको भी नीचे धीरे-धीरे,
किंतु लहराता हूँ मैं नभ पर शीतल मंद समीरे।

जीवन के यथार्थ का, मिट्टी के रस का अपना आकर्षण और सौंदर्य है। देखने की आँख और पकड़ने की प्रतिभा चाहिए। चतुर्वेदी जी की दृष्टि साधारण से साधारण की ओर भी गई है। उसमें उन्होंने जीवन का रस देखा है, जीवन की एक सार्थकता महसूस की है। 'मील का पत्थर' कहता है–

मैं गरीब क्या जानूँ उतना बदल-बदल चमकीला होना।
मेरे अंक अमिट होते हैं, बेकाबू है जिनका धोना।

कल्पना में, रंगीन छटा में ही सौंदर्य नहीं है, साधारणता में भी सौंदर्य है। उसका रहस्य स्थिरता में है। चरित्र बल और आदर्श, मनुष्य के भाव-विचारों को स्थिरता और शक्ति प्रदान करते हैं। चतुर्वेदी जी की भाव-व्यंजना की यही आधारभूमि है और इसी भूमि से सौंदर्य के अंकुर प्रस्फुटित हुए हैं।

चतुर्वेदी जी की राष्ट्रीय भावना में अपनेपन की आत्मीयता है, भारतीय सांस्कृतिक गरिमा पर गर्व है, देश की दीनदशा को देखकर वेदना है, संघर्ष करने का जोश है, आत्मबल और आत्मविश्वास से उत्पन्न शक्ति है, आदर्शों से अनुप्राणित मधुर भावना है। संघर्ष और त्याग उनकी राष्ट्रीय भावना के मूलमंत्र हैं। तीव्र भावावेश उनकी राष्ट्रीय भावना को संप्रेष्य, संवेद्य और हृद्य बनाता है। कवि अपनी परंपरा का स्मरण करते हुए आत्मीयता के साथ कहता है–

यही तुम्हारा गोकुल है, वृंदावन है, द्वारिका यही है।
यही तुम्हारी मुरली है, लकुटी है, वे गोपाल यहीं हैं।।

लेकिन पराधीन देश को देखकर मन में संदेह होता है—'क्या कहा कि यह घर मेरा है ?' 'यह तेरा है, यह मेरा है' भेदभाव ही परतंत्रता का कारण है। कवि जवानी में तूफान मचाते हुए, अंगार बरसाते हुए, विद्रोही बनकर, सिपाही होकर रक्त की धारा बहाने का, आत्म त्याग का उद्‌बोधन करता है। यहाँ गाँधीवाद से प्रभावित सत्याग्रह का आंदोलन मात्र नहीं है, भीषण, कठोर, कटु और प्रचंड भावावेश में उत्तेजक बिंबों की सृष्टि है जो सौंदर्य को उग्र रूप देता है—

भुजदंडों की रक्त-वाहिनी उठ सम्हलकर देख,
मेंहदी-सा अपने यौवन को कुचल-कुचल कर देख,
उठ आएँ जी में अनबोली ज्वारों का आवेग
पतवारों-सा बीच धार को चीर के चलकर देख।
× × ×
खून हो जाए न तेरा देख पानी,
मरण का त्यौहार, जीवन की जवानी।

कभी-कभी 'कैदी और कोकिला' की तरह उग्रता में निराशा और वेदना का स्वर गूँजता है और उस मनःस्थिति को पार कर कवि प्रकाश, मधुराई, मादकता, त्याग और शांति की ओर अग्रसर होता है। यहाँ भी विद्रोह का बीज अवश्य है, पर परिवेश कोमल है। चतुर्वेदी जी की राष्ट्रीय भावना के अंतर्गत सौंदर्य गरिमामय, प्रचंड और कोमल तीनों रूप धारण करता है।

राष्ट्रीय धारा के कवियों ने राष्ट्रीय-सामाजिक भाव-विचारों के साथ-साथ सौंदर्य प्रेम, वेदना आदि वैयक्तिक कोमल भावनाओं, को भी अभिव्यक्त किया है। लेकिन उस अभिव्यक्ति में छायावादी कल्पनाशीलता और लाक्षणिकता नहीं है, उनका सौंदर्यबोध अद्‌भुत नहीं लगता। हृदय के कोमल उद्‌गारों की व्यंजना में चतुर्वेदी की सौंदर्य-चेतना सरल, ऋजु और मन को स्पंदित करने वाली है। यौवन मधुर सुनहली छाया है।

वह आया आँखों में, दिल में छुपकर,
वह आया सपने में, मन में, उठकर
वह आया साँसों में से रुक-रुककर।

उस यौवन में प्रियतमा मिली तो 'प्राण में रागिनी छा गई' और उसके चिर-वियोग में 'फूलों-भरी रात की रानी सहसा रूठ गई।' ऐसे कोमल प्रसंगों में कवि कहता है कि 'मिलन युगों का जाना-पहचाना है', 'आशा ने ऐसा रस भर वितान ताना है' और 'किस तरह स्वर की कोमलता झरती है।' सोद्देश्य काव्य-रचना होने के कारण ऐसे प्रसंगों में कोमल-भावनाओं के सौंदर्य का ताना-बाना उतना चिकना

नहीं है, जितना संभव और अभीष्ट है।

4. सौंदर्याभिव्यंजना

राष्ट्रीय धारा के कवियों का सौंदर्यबोध छायावादी कवियों की रचना के साथ तुलना में उतना विकसित और प्रौढ़ नहीं है। किसी विशेष प्रयोजन से अनुप्रेरित रचना में शिल्प-सौंदर्य पर ज्यादा ध्यान नहीं रहता। फिर भी राष्ट्रीय धारा के कवियों ने अपने उद्देश्य के अनुरूप एक विशिष्ट शैली-शिल्प का विकास कर लिया है। चतुर्वेदी जी की भाषा सरल, सीधी और मुहावरेदार है, जो अभीष्ट विषय को ओजस्वी और सशक्त रूप प्रदान कर सकती है। शैली में कहीं उद्‌बोधन है, कहीं भाषण कला की विशेषताएँ हैं तो कहीं-कहीं उपदेशात्मकता की शुष्कता भी है। प्रथम दोनों रूपों में भावोद्वेग अनुरूप शाब्दिक अभिव्यक्ति प्राप्त करता है। कवि युग पुरुष को संबोधित करते हुए कहता है–

उठ-उठ तू, ओ तपी, तमोमय जग उज्ज्वल कर।
गूँजे तेरी गिरा कोटि भवनों में धर-धर।
× × ×
तू युग की हुंकार, अमर जीवन की वाणी,
तेरी साँसों में अमर हो उठे युग-कल्याणी।

संबोधन-शैली आत्मीयता की भावना जगाती है। राष्ट्रीय-सामाजिक संदर्भों में काव्य के संप्रेषण के लिए और वैयक्तिक संदर्भों में 'सखी माँ' आदि कहकर हृद्‌गत भावना की व्यंजना एवं उसका संचार करने के लिए इस शैली का प्रयोग हुआ है। जब प्रकृति संदेशवाहक बनती है, संकल्प-इच्छा-शैली में भावों का सीधा प्रकाशन हुआ है–

आज हिमगिरि की पुकारों में सिंधु सौ-सौ बार बोले,
आज गंगा की लहर में, प्रलय का व्यापार बोले।

कभी-कभी कवि की अभिलाषा, प्रकृति की अभिलाषा के रूप में प्रकट हुई है, जैसे 'पुष्प की अभिलाषा, 'वृक्ष की अभिलाषा' आदि में।

आधुनिक काव्याभिव्यंजना-पद्धति में राष्ट्रीय धारा के कवियों ने भी बिंबों और प्रतीकों का पर्याप्त प्रयोग किया है। लेकिन वे छायावाद की तरह कोमल-मधुर-सुकुमार भावों के व्यंजक न होकर उग्र-कटु-कठोर तीव्र भावावेश को व्यक्त करने वाले हैं। चतुर्वेदी जी ने अपनी रचना में राष्ट्रीय-सामाजिक चेतना उद्‌बुद्ध करने के लिए आग, ज्वाला, चिनगारी, श्मशान, पेड़-पौधे, हिमालय की हुंकार, समुद्र-गर्जन, बादल, अंकुर, हरियाली, पौराणिक प्रसंग, ऐतिहासिक प्रसंग, अमृत-विष आदि नित्य

जीवनपरक, प्राकृतिक और सांस्कृतिक बिंबों और प्रतीकों की योजना की है। लेकिन उनके कलात्मक उत्कर्ष की कुछ सीमाएँ रह गई हैं।

5. सौंदर्य की अवधारणा

चतुर्वेदी जी की कुछ कविताओं में उनकी सौंदर्य दृष्टि की ओर संकेत मिलते हैं। जिनके आधार पर कवि की सौंदर्य-चेतना और सौंदर्यबोध का सम्यक् आकलन हो सकता है। रंगीन कल्पना और ऊँची आदर्शवादिता में सौंदर्य नहीं है–

बात वह नहीं मनुष्य देवता बना फिरे,
या कि राग-रंगियों-घिरा, बना-ठना फिरे।

जीवन में, जीवन की यथार्थता में ही सौंदर्य है–'स्वर्ग की तलाश में न भूमि-लोक भूल-देख।' जीवन में आदर्श के साथ यथार्थ, पूर्णता के साथ अपूर्णता जुड़ी होती है–'संपूरन के संग अपूरन झूला झूलै री।' अपनी समग्रता में ही जीवन का सौंदर्य है। सौंदर्य के भावन में अपूर्णता की उपेक्षा नहीं की जा सकती है। कवि के शब्दों में 'आकाश उतर आया है दूबों के दरबार में।' मनुष्य और मानव-मन ही सौंदर्य का केंद्र है। उसी की सापेक्षता में प्रकृति का सौंदर्य है। मनुष्य और मानव-जीवन का सौंदर्य अद्‌भुत है–'मानव बूँदों की यह प्रतिमा किस जादू से कम है ?' प्रकृति के रूप में, उसकी स्वर-माधुरी में सौंदर्य है, लेकिन यौवन के कठोर श्रम में ही रूप का उत्कर्ष है–

रूप ?
यौवन की कठिनता का पता
क्यों कर उसे हो ?
जिंदगी ढोई नहीं है।

संघर्ष और श्रम से मुक्त कोमल रूप में सौंदर्य का वास्तविक पता नहीं चलता। सौंदर्य कर्मठ जीवन में है। असफल जीवन के सूनेपन में भी सौंदर्य की झाँकी मिल जाती है। कुबड़े पुल पर, उखड़े तट पर, एकांत गगन पर, महाशून्य के उजड़ेपन पर, खोए से पाए बंधन पर, आने से बिछुड़े जीवन पर भी कवि की 'आँखें आज निहाल हो गईं।' कवि की सौंदर्य दृष्टि कहीं-कहीं कोमलता पर है तो प्रधानतः कर्मठ कठोरता पर है। लेकिन कर्मठ जीवन का दूसरा पहलू उजड़ापन और सूनापन भी कवि की दृष्टि से ओझल नहीं है।

आधुनिक कविता ने रूढ़ काव्य-परंपरा से मुक्त होकर नवीनता और स्वच्छंदता में सौंदर्य देखा है। आधुनिक सभी काव्यधाराओं ने अपने-अपने ढंग से नवीन स्वच्छंद सौंदर्य का अनुसंधान किया है। 'विद्रोह' के संदर्भ में चतुर्वेदी जी कहते हैं–'नित

नवीनता के हम हैं, जग के मौलिक उपहार।' 'बोल नए सपने' में कहानी को संबोधित करते हुए उनका कहना है कि प्राणों में एक तूफान सा चल रहा है और पंख खोलकर स्वच्छंद बढ़ें, खेलें और उड़ें–

> व्यक्ति-वामन उठा आ रहा है, पैर ले
> एक रक्खे यहाँ, एक रक्खे वहाँ।
> शृंखला सागरों को पिन्हाता हुआ
> गगन खेल घर का बनाता हुआ।
> पंख खोल अपने।
> कहानी। बोल नए सपने।

यह आधुनिक मानव का विराट रूप है जो आधुनिक काव्य-साहित्य में स्वच्छंद प्रसार पा रहा है।

6. वैयक्तिक भाव पक्ष

राष्ट्रीय धारा के कवियों की रचना में ओजस्विता के अतिरिक्त एक कोमल पहलू भी है जो प्रायः उपेक्षित है। पहली सामयिक चेतना से अनुप्रेरित प्रवृत्ति है तो दूसरी कवि के अन्तस्तल से निकली हुई वैयक्तिक भावना है। मनुष्य केवल सामाजिक प्राणी नहीं है, उसका व्यक्तिगत अपनापन भी है। इसीलिए तथाकथित ओजस्वी और क्रांतिकारी कवियों ने सौंदर्य, प्रेम और वेदना के गीतों को भी रचा है। इस तरह की रचना पर छायावादी प्रवृत्ति का प्रभाव भी परिलक्षित होता है। क्योंकि छायावाद और राष्ट्रीय धारा एक ही युग की दो प्रवृत्तियाँ हैं। पहले की नवीनता, मौलिकता और प्रचार-प्रसार ने एक हद तक दूसरी धारा की रचनाधर्मिता को प्रभावित करते हुए छायावादी शैली या पद्धति की रचना को भी प्रेरित किया है, भले ही उसमें छायावादी काव्योत्कर्ष न हो।

माखनलाल जी की ऐसी अनेक रचनाएँ हैं जिनको राष्ट्रीय धारा की प्रवृत्ति के अंतर्गत नहीं रख सकते। उनमें छायावादी भावनाओं का आभास मिल जाता है। प्रकृति में रहस्यात्मक संकेतों की कविता है 'बीजुरी काजल आँज रही'–

> जीवन गुन-गुन बोल उठा है मानो बोल उठे हों तारे
> विश्वासों पर आते-जाते संदेशे सुन पड़े तुम्हारे।

'वेणु लो गूँजे धरा' में प्रकृति और यौवन की उभार के साथ जीवन में सुख-दुख के द्वंद्व और समन्वय की अभिव्यक्ति है–

> चिर तरुणी क्षिति, चिर नवीन गति
> चिर यौवन की बाढ़ सँभालो

फागुन के फूलों को देकर बरस उठा आषाढ़ सँभालो
जग की अमर उभार को जाने, जग की अगन को पहचाने
जीवन वही कि जो जीवन की अमर तरुण मौलिकता जाने
दुःख पुरुषार्थी की करवट है
सुख श्रम की परिणति का घर है
धूप-छाँह से कैसा झगड़ा
कभी इधर है, कभी उधर है।

जीवन-जगत् के सौंदर्य के संबंध में 'किस-किस छवि पर' कविता में कहते हैं–

किस-किस छवि पर मैं आज धरा का रंग वार दूँ
किस किस शब्द की, दौड़ पड़ूँ, नजरें उतार दूँ ?
कैसी है यह छटा
कि स्वर स्वर बँटा अर्थ मिलाकर आता है
कितने डोरे खुले
कि कितने बँधे। गान हो, शरमाता हो।

लेकिन यह सौंदर्य कलात्मक अभिव्यंजना में प्रस्फुटित नहीं हुआ है। माखनलाल चतुर्वेदी जी की हृद्गत भावनाओं की अभिव्यक्ति में सौंदर्य की वह सजीव ओजस्विता नहीं है जो उनकी राष्ट्रीय भावना की कविताओं की विशेषता है। बहुत करके ये रचनाएँ कवि के कृतित्व की समग्रता को समझने में सहायक हैं। अंततः माखनलाल जी भारतीय आत्मा के सौंदर्य के उद्घाटन में सफल कवि के रूप में ही याद किए जाएँगे।

संदर्भ संकेत :

1. आचार्य रामचंद्र शुक्ल, चिंतामणि : भाग-2, पृ. 51
2. वही, पृ. 51-52
3. वही, चिंतामणि : भाग-1, पृ. 216

रामधारी सिंह दिनकर

1. प्रस्तावना

दिनकर जी छायावादोत्तर काल की बहुमुखी काव्यसाधना के श्रेष्ठ कवि हैं जिन्होंने सभी प्रकार की काव्य-प्रवृत्तियों में नहीं तो अधिकांश काव्यधाराओं में रचना की है। उनकी कविता में भावनाशील, कल्पनाशील और वैचारिक मानव-मन की तीनों वृत्तियों का त्रिवेणी-संगम मिलता है। सामयिक और साहित्यिक परिस्थितियों के अनुसार उन्होंने तीनों प्रकार की काव्य-रचना का प्रयत्न किया है। कहीं रचनाधर्मिता में एक-दो का समन्वय दिखाई देता है तो कहीं-कहीं तीनों के सामंजस्य में काव्य का चरम उत्कर्ष परिलक्षित होता है जैसे 'उर्वशी' में। प्रश्न उठता है कि कवि की यह बहुआयामी रचना कहाँ तक समसामयिक है, अर्थात् केवल समय की आवश्यकताओं की पूर्ति करने वाली है और कहाँ तक कालजयी मानवीय मूल्यों का प्रतिपादक है ? इसमें कोई संदेह नहीं है कि दिनकर की कई कविताएँ सामान्य कोटि की हैं तथा उनके द्वारा उठाई गई कुछ समस्याएँ कालांतर में केवल ऐतिहासिक महत्त्व की रह जाएँगी। उन समस्याओं के माध्यम से कवि ने मानवीय संवेदना को अभिव्यक्त करने का प्रयत्न अवश्य किया है। लेकिन मानव-मूल्यों को ध्यान में रखकर देखने से समसामयिक रचना समय के बदलने पर मूल्यवान नहीं रह जाती है।

कुछ समीक्षकों ने दिनकर जी को युगचारण कवि कहकर एक नया प्रश्न उठाया है।[1] यदि इसका अर्थ वे युग चेतना के प्रति जागरूक हैं, युग की प्रमुख सभी समस्याओं को लेकर रचना की है या अनेक काव्य-प्रवृत्तियों से संबद्ध काव्य-सर्जना की है तो किसी को कोई आपत्ति नहीं हो सकती। लेकिन उनको छायावादोत्तर काल के एकमात्र श्रेष्ठ कवि या प्रतिनिधि कलाकार मानना उचित नहीं है। उनकी रचना में अनेक काव्य-प्रवृत्तियाँ मिल सकती हैं, पर उनके काव्योत्कर्ष या काव्य-सौंदर्य के संबंध में मतभेद हो सकता है। कुछ प्रवृत्तियों या रचनाओं का

मूल्य केवल ऐतिहासिक है। दूसरी ओर छायावादोत्तर काल की एक ही प्रवृत्ति–प्रयोगवाद या नई कविता के कुछ ऐसे कवि हैं जिन्होंने युगीन वस्तु-वैविध्य को अपनी रचनाओं में प्रतिबिंबित न करने पर भी उसकी आत्मा या स्पिरिट को पकड़ा है और युग के विविध संदर्भों की ओर संकेत करते हुए काव्याभिव्यंजना को सार्थक और अत्यंत रमणीय रूप दिया है।

वास्तव में छायावादोत्तर काल सच्चे आधुनिकताबोध का समय है जिसका कवियों ने अपने-अपने ढंग से आख्यान किया है। उसमें वैचारिक भेद स्पष्ट परिलक्षित होता है। आधुनिकताबोध की आधारभूमि वैज्ञानिक दृष्टिकोण, मानसिक चेतना की प्रेरणाओं का मनोवैज्ञानिक विश्लेषण, प्रजातंत्रात्मक भावना या व्यक्तिवाद, उसके साथ अविरोधी रूप में सामाजिक दृष्टि या मार्क्सवाद तथा मानवीय संवेदना हैं। इनका समन्वय या समष्टि रूप में प्रतिपादन कष्टसाध्य है। यहाँ दिनकर जी ने इन बिंदुओं को बहिर्मुखी जीवन के धरातल पर चित्रित किया है, अनेक नए कवियों ने आधुनिकता की स्पिरिट को अंतर्मुखी सूक्ष्म रूप में अंकित किया है। पहला तथ्यात्मक होता है जब कि दूसरा तात्त्वक या सत्यान्वेषक। उर्वशी और कुछ परवर्ती प्रयोगात्मक प्रतीक-रचनाओं में दिनकर जी बहिर्मुखता से अंतर्मुखता की ओर प्रस्थान करते हुए गहरे आधुनिकताबोध के साथ जीवन के सत्यान्वेषण में प्रवृत्त हुए हैं।

दिनकर जी की काव्य-सर्जना में दो अंतर्विरोधी स्वर परिलक्षित होते हैं। (1) एक ओर वे आधुनिकताबोध को अभिव्यक्ति देना चाहते हैं तो दूसरी ओर उनके मन में भारतीय परंपरा के प्रति प्रगाढ़ श्रद्धा और प्रेम है। स्वतंत्रता संग्राम और संघर्ष के कवि, सौंदर्य और प्रेम के तत्त्वान्वेषण में लग जाते हैं। 'हुंकार' के कवि 'उर्वशी' की रचना करते हैं। स्वयं राष्ट्रीय भावना में भारतीय सांस्कृतिक परंपरा और आधुनिक परिस्थितिजन्य वेदना का सम्मिश्रण है। 'कुरुक्षेत्र' में युद्ध और शांति की समस्या केवल आधुनिक न होकर हिंसा और अहिंसा के प्रश्न को उठाती है। सामाजिक समस्याओं को उठानेवाले पौराणिक प्रबंध जन्म, जाति और शोषण के साथ मानवीय संवेदना और मूल्य-व्यवस्था की समस्याओं की ओर संकेत करते हैं। (2) अनेक काव्य-प्रवृत्तियों में रचना करनेवाले दिनकर जी 'शुद्ध कविता की खोज' में लग गए हैं। उसमें सामयिक और शाश्वत मूल्यों और सत्य के सापेक्ष महत्त्व की उलझन है ही, अकविता और कविता पर भी विचार हुआ है। हजारों वर्षों की कविता के इतिहास को देखते हुए उसकी विभिन्न प्रवृत्तियों में कविता की प्रकृति और उसके स्वरूप का निर्धारण करना आसान काम नहीं है। फिर शुद्ध काव्य और काव्येतर मूल्यों के निर्धारण की अनेक ग्रंथियाँ हैं जिनकी गाँठ सुलझती नहीं है। काव्यशास्त्र के आचार्य निरंतर नए-नए सिद्धांतों और वादों का प्रतिपादन करते आए हैं तथा नित्य नवीन प्रश्न उठ रहे हैं। दिनकर जी ने अपनी गद्य-रचनाओं में काव्य-साहित्य संबंधी जो विचार प्रकट किए हैं उनमें कुछ अंतर्विरोध और एकरूपता

का अभाव है। काव्य-संकलनों में कविता की रचनात्मक प्रेरणा, प्रकृति, स्वरूप और प्रयोजन के संबंध में विभिन्न भाव-विचार प्रकट किए गए हैं। रचना की लंबी अवधि में विचार-परिवर्तन और अंतर्विरोध स्वाभाविक है। प्राचीन और नवीन सांस्कृतिक, सामाजिक और मानवीय भावविचारों के संघर्ष से कविता की अवधारणा में विरोधी स्वरों की गूँज अवश्य सुनाई पड़ती है।

एक लंबी कालावधि में विभिन्न काव्य-प्रवृत्तियों में रचना करने वाले दिनकर जी के सौंदर्यबोध को प्रभावित करनेवाली परिस्थितियों और प्रेरणासूत्रों पर समष्टि रूप में विचार करना उचित नहीं लगता। प्रत्येक प्रवृत्ति या धारा के अपने-अपने विशिट संदर्भ हैं और कवि का सौंदर्यबोध भी कालक्रम में विकसित, परिवर्तित और प्रौढ़ होता गया है। यहाँ पर केवल कुछ सामान्य परिस्थितियों और प्रेरणाओं की ओर संकेत किया जा रहा है। (1) स्वतंत्रता संग्राम से प्रभावित राष्ट्रीय भावना की अभिव्यक्ति ओजस्वी है। उसमें सत्याग्रह और अहिंसा की अपेक्षा संघर्ष और क्रांति की भावना पर ज्यादा बल है। स्वतंत्रता संग्राम में असफलता के कारण निराशा और कुंठा का विकास नहीं हुआ है। कविता का स्वर आस्था और आशा से भरा हुआ है। (2) सौंदर्य और प्रेम की कविता आरंभ में पहले की छायावादी रोमांटिक भावनाओं से प्रभावित है, लेकिन अंततः के अपने व्यक्तित्व और व्यक्तिगत अनुभूति से प्रेरित होकर निज सहज मार्ग पर विकसित हुई है। (3) राष्ट्रीय संग्राम के प्रभाव के अंतर्गत समाज के दलित और शोषित निम्न वर्गों के प्रति कवि के मन में जो सहानुभूति जगी है वह आगे चलकर सामाजिक चेतना और भावना के रूप में प्रकट हुई है। नवीन सामाजिक चिंतन और एक हद तक मार्क्सवाद की प्रेरणा से प्रगतिशील रचनाएँ हुई हैं जिनमें जन्म, जाति और शोषण के विरुद्ध आवाज उठाई गई है। यहाँ पर मानवतावादी प्रभाव भी लक्षित होता है। (4) मानव-संस्कृति के विकास, इसमें युद्धों से उत्पन्न विभीषिका और आधुनिक काल में द्वितीय विश्वयुद्ध के महानाश ने कवि को युद्ध और शांति पर विचार करने के लिए विवश किया है। कवि की दृष्टि क्रमशः राष्ट्रीयता से मानवता और उससे अंतर्राष्ट्रीयता की ओर अग्रसर होती गई है। (5) दिनकर जी शुद्ध कविता की खोज में नए-नए रूपात्मक प्रयोग करते गए हैं जिनमें जीवन के विविध पहलुओं और समस्याओं पर कहीं सीधी-सादी भाषा-शैली एवं संरचना में और कहीं प्रतीकात्मक रूप में अभिव्यंजना हुई है। प्रयोगवादी दृष्टि, कथ्य और शिल्प से भिन्न इन रूपात्मक प्रयोगों को आंशिक रूप में ही पाश्चात्य रूपवाद से प्रभावित कह सकते हैं। (6) कवि के मन में भारतीय संस्कृति के प्रति प्रगाढ़ अनुराग था। आधुनिक मनोविज्ञान ने धर्म और संस्कृति के सामने एक प्रश्नचिह्न-सा लगा दिया है। सौंदर्य और काम-संबंध उनका एक महत्त्वपूर्ण पहलू है। भारतीय और पाश्चात्य काम की चिंतनधाराओं के मंथन में 'उर्वशी' का आविर्भाव हुआ है। (7) पारिवारिक कारणों से जीवन के अंतिम दिनों

में दिनकर जी का ओजस्वी और स्पंदनशील व्यक्तित्व विघटित हो गया है जिसकी अभिव्यक्ति 'हारे को हरिनाम' है। इस आत्मकथन में भी आस्था बनी हुई है। समष्टि रूप में हम कह सकते हैं कि दिनकर जी के सौंदर्यबोध के मूल में ओजस्विता, कर्मठता, कोमलता और वैचारिक गहराई हैं जिनके स्रोत इतिहास, परिस्थितियाँ, आधुनिक चिंतन और कवि का प्रौढ़ व्यक्तित्व हैं।

छायावादोत्तर काल में दिनकर जी की काव्य-रचना सर्वाधिक वैविध्यपूर्ण है। इसका कारण अनेक प्रबंधकाव्यों और विभिन्न प्रकार की कविताओं की रचना है। उनके काव्यों में मानव जीवन के आध्यात्मिक, सांस्कृतिक, राजनीतिक, सामाजिक, पारिवारिक, और मानवीय सभी पहलुओं का न्यूनाधिक विस्तार के साथ निरूपण किया गया है। सौंदर्यशास्त्रीय दृष्टि से 'हुंकार', 'रसवंती', और 'रेणुका' में सौंदर्य और प्रेम का आभामय चित्रण हुआ है जबकि 'उर्वशी' में उनका व्यापक और गहरा रूप मिलता है। अन्य रचनाओं में सौंदर्येतर पहलुओं और मूल्यों की सौंदर्यात्मक अभिव्यंजना का प्रयत्न किया गया है।

वस्तु और भावों के वैविध्य को देखते हुए दिनकर जी की काव्य-साधना को छः वर्गों में बाँटकर सौंदर्यशास्त्रीय दृष्टि से उनका विश्लेषण और मूल्यांकन करेंगे। वे वर्ग हैं : 1. राष्ट्रीय धारा 2. सौंदर्य और प्रेम की व्यंजक रचनाएँ, 3. सामाजिक प्रगतिशील और मानवतावादी कृतियाँ, 4. अंतर्राष्ट्रीय दृष्टि का वैचारिक काव्य, 5. नवीन रूपात्मक प्रयोग, 6. कामप्रेम-दर्शन। यद्यपि दिनकर जी अपनी राष्ट्रीय भावना और प्रगतिशील सामाजिक दृष्टि के लिए अधिक लोकप्रिय हैं, उनकी आत्मा व्यक्तिगत सौंदर्य और प्रेम की अनुभूति में है। कवि के शब्दों में 'सुयश तो मुझे 'हुंकार' से मिला, लेकिन आत्मा मेरी 'रसवंती' में बसती है।' लेखक का अंतर्मुखी व्यक्तित्व सौंदर्य और प्रेम की ओर उन्मुख है जबकि उनका बहिर्मुखी व्यक्तित्व जीवन-जगत् के प्रति कर्तव्य की भावना की ओर झुका है।

2. राष्ट्रीय भावना

दिनकर जी की राष्ट्रीय भावना का मूल प्रेरणास्रोत भारत के अतीत की गौरव गाथा और वर्तमान दयनीय स्थिति है।

> डूब गई जो कभी चाँदनी वही यहाँ पर लहराती है,
> उजड़े वन, सूखे समुद्र, डूबे दनमणि मेरी भाती है। (इतिहास के आँसू)

इस इतिहास की वर्तमान दशा कवि के मन में वेदना जगाती है—

> यह कैसी चाँदनी अमा के मलिन तमिस्र गगन म।
> कूक रही क्यों नियति व्यंग्य से इस गोधूलि लगन में ?

× × ×

दिल्ली। तेरे रूप-रंग पर कैसे हृदय फँसेगा ?
बाट जोहती खंडहर में हत कंगलों की रानी। (हुंकार : दिल्ली)

वेदना में कवि निराश न होकर नवजागरण का उद्‌बोधन करता है–

कर आदेश फूँक दू शृंगी
उठे प्रभाती राग महान
तीनों काल ध्वनित हों स्वर में
जागें सुरत भुवन के प्राण। (हुंकार : मंगल आह्वान)

दिनकर जी की राष्ट्रीय भावना को दो भागों में बाँट सकते हैं।

(क) भारत की प्रकृति, संस्कृति और पौराणिक एवं ऐतिहासिक महापुरुषों को संबोधित करते हुए उनके प्रति आकर्षण और अनुराग पर आधारित भावना है। इसमें कवि की आत्मीयता व्यक्त होकर नए भावोन्मेष और सौंदर्य की सृष्टि करती है। इसी आत्मीयता में देश प्रेम की सच्ची नींव है और वर्तमान संदर्भ में कर्तव्य बोध कराने की अद्‌भुत क्षमता है। दोनों भावों के सम्मेलन में अपूर्व शोभा है। कवि आलंबन का अलग वस्तुनिष्ठ चित्र प्रस्तुत न करके उसे भाव-व्यंजना का केंद्र बनाकर समष्टि रूप में सौंदर्य को मूर्त्त बनाता है। 'हिमालय', 'बोधिसत्व' आदि ऐसी कविताएँ हैं।

मेरे नगपति ! मेरे विशाल !
साकार, दिव्य, गौरव विराट,
पौरुष के पुंजीभूत ज्वाल !
मेरी जननी के हिमकिरी !
मेरे भारत के दिव्य-भाल ! (रेणुका : हिमालय)

इस भावात्मक गरिमामय संबोधन के बाद कवि चाहते हैं कि–

तू मौन त्यागकर कर सिंहनाद,
रे तपी, आज तप का न काल।
नव-युग-शंखध्वनि जगा रही,
तू जाग, जाग मेरे विशाल। (रेणुका : हिमालय)

भारतीय सांस्कृतिक प्रतीक हिमालय के माध्यम से यह नवजागरण का संदेश है। देश, जाति या समाज की नई जागृति में ही नवीन सौंदर्य चेतना का विकास होता है।

(ख) दिनकर जी की राष्ट्रीय भावना का दूसरा पहलू स्वतंत्रता संग्राम का प्रत्यक्ष उद्बोधन है। गांधीवाद से प्रभावित होकर भी वे अहिंसा और सत्याग्रह के स्थान पर संघर्ष और क्रांति को ज्यादा महत्त्व देते हैं। उनकी ओजस्वी अभिव्यक्ति में सौंदर्य का दूसरा रूप दिखाई देता है। यह एक प्रकार से कर्म का सौंदर्य है जो राष्ट्रीय मूल्योदात्तता पर आधारित है। कवि के हुंकार में कर्म की शक्तिशाली प्रेरणा है :

ज्योतिर्धर कवि मैं ज्वलित सौर-मंडल का,
मेरा शिखंड अरुणाभ, किरीट अनल का।
× × ×
मैं विभा पुत्र, जागरण गान है मेरा
जग को अक्षय आलोक दान है मेरा।। (हुंकार : आलोकधन्वा)
लेना अनल किरीट भाल पर ओ आशिक होनेवाले।
कालकूट पहले पी लेना, सुधा बीज बोनेवाले।।
(हुंकार : अनल किरीट)
उठ वीरों की भाव-रंगिणी
दलितों के दिल की चिंगारी
युग मर्दित यौवन की ज्वाला
जाग जाग री क्रांति कुमारी।। (रेणुका : कस्मै देवाय)

राष्ट्रीय आंदोलन केवल राजनीतिक नहीं है, उससे आर्थिक और सामाजिक पहलू भी जुड़े हैं। राष्ट्रीय कविताओं की सबसे अधिक दुर्बलता प्रचारात्मकता या उपदेश है। इससे बचने के लिए कवि ने अनल, आलोक और ज्वाला के प्रतीकों का सहारा लेकर सौंदर्याभास की अनुभूति का प्रयास किया है।

राष्ट्रीय धारा की सौंदर्यात्मक अभिव्यंजना की विशेषताएँ हैं : (1) भाव-व्यंजना में संवेगात्मक तीव्रता, ओजस्विता, शक्तिमत्ता, ऊर्जा और स्फूर्ति। (2) कथ्य को प्रभावात्मक बनाने के लिए पौराणिक एवं ऐतिहासिक संदर्भों का उल्लेख, जीवन में प्रचंड एवं शक्तिशाली वस्तु-समुदाय का प्रतीक रूप में प्रयोग तथा सामाजिक अप्रस्तुत-योजना। (3) कहीं-कहीं भावात्मक बिंब-विधान और छंदों में अलग-अलग चित्रांकन का प्रयत्न न करके पूरी कविता को एक समग्र समन्वित चित्र के रूप में प्रस्तुति। (4) भाविक अभिव्यंजना प्रत्यक्ष और सरल-सीधी है। (5) शैली में आत्मकेंद्रित अभिव्यक्ति (प्रगीतात्मक आत्मानुभूति-प्रधान न होने पर भी), आत्मीयता, संबोधन-पद्धति, प्रवाहशीलता और भाषणकला का विधान हैं। इन विशेषताओं के अभाव में अनेक कविताएँ सौंदर्यात्मक न होकर सामयिक उपयोगितावादी हैं।

3. सौंदर्य और प्रेमप्रधान कविताएँ

दिनकर जी की सौंदर्य और प्रेमप्रधान आरंभिक रचनाओं पर छायावादी रोमांटिक सौंदर्य दृष्टि और प्रेम भावना का प्रभाव लक्षित होता है। यहाँ तक कि उसकी प्राकृतिक रहस्यात्मकता की भी कवि ने व्यंजना की है–

चुन अपरूप विभूति सृष्टि की मैंने रूप सँवारा,
× × ×
सोते-जगते मृदुल स्वप्न में सदा किलकते आए।। (रसवंती : गीत-शिशु)
पट पर पट, मैं खींच हटाता,
फिर भी कुछ अदृश्य रह जाता
यह मायामय भेद कौन ?
मन को अब तक समझा न सका मैं।। (रसवंती : शेष गान)

यह छायावादी रूमानी शैली का अनुकरण मात्र है, उसमें सौंदर्य दृष्टि की वह गहराई नहीं है। आगे चलकर दिनकर जी ने अपनी सहज प्रकृति के अनुरूप रचना की है। ग्रामीण प्राकृतिक वातावरण और सृष्टि-संरचना के दो उदाहरण देखिए–

वन-तुलसी की गंध लिए हल्की पुरवैया आती है।
मंदिर की घंटा-ध्वनि युग-युग का संदेश सुनाती है।।
(रेणुका : कविता की पुकार)

नाचो हे नाचो नटवर...
आदि लास, अविगति, अनादि स्वन,
अमर नृत्य गति, ताल चिरंतन,
अंग-भंगि, हुंकृति, झंकृति कर थिरक-थिरक हे विश्वंभर !
ओर-छोर तक सृष्टि भस्म हो,
अर्चिपुंज अंबर को घेरे
रच दो फिर से इसे विधाता, तुम शिव, सत्य और सुंदर ! (रेणुका : तांडव)

प्रेयसी का रूप मोहक अवश्य है, लेकिन वायवी नहीं है। उसका आकर्षण रूप की रहस्यमयता में है–

पुरुष पंखुड़ी को रहा निहार
अयुत जन्मों से छवि पर भूल,
आज तक जान न पाया नारि।।
मोहिनी इस माया का मूल ! (रसवंती : रसवंती)

दिनकर जी प्रेयसी की कल्पना में स्वच्छंदता के बावजूद कुलवधू की पारिवारिक मर्यादा का उल्लंघन नहीं होने देते। रूप के आकर्षण में उसके व्यक्तित्व की महती भूमिका है–

दूर करो मुख से इस पट को, हे कुलवधू पुनीते !
इससे कहीं सघन घूँघट है मनस्तेज की तुम में ! (रसवंती : नारी)

कवि ने सौंदर्य से उत्पन्न प्रेमभाव का ही निरूपण किया है, छायावादी कवियों की तरह अन्य प्रकार के भाव-स्फुरण की ओर संकेत नहीं किया है। लेकिन प्रेम-भावना में वैविध्य है, अनुभूति की तरलता है और सौंदर्य की रंगीन छटा है। सुख-दुख में नारी का रूप ही केंद्र है और उसके प्रति कवि का मन भाव विह्वल है–

तरंगित सुषमाओं पर खेल
करूँगा देवि तुम्हारा ध्यान,
दुखों की जलधाराओं में भीग
तुम्हारा ही गाऊँगा गान।। (रसवंती : रसवंती)

प्रेम का आदर्श रूप–

प्रीति न अरुण साँझ के घन सखि !
पलभर चमक बिखर जाते जो
मना कनक-गोधूलि लगन सखि !
प्रीति नील गंभीर गगन सखि !
चूम रहा जो विनत धरणी को
निज सुख में नित मूक मगन सखि ! (रसवंती : प्रीति)

प्रेम का ज्वालामय रूप सब बंधनों को तोड़कर उन्मुक्त होता है–

बंधनों से होकर भयभीत
किंतु, क्या हार सका अनुराग ?
मानकर किस बंधन का दर्प
छोड़ सकती, ज्वाला को आग।। (रसवंती : रसवंती)

प्रेमी के आल्हा गाने पर प्रेमिका की कल्पनाशील अभिलाषा–

हुई न क्यों मैं कड़ी गीत की विधना ? यों मन में गुनती है।
चोरी-चोरी खड़ी नीम की छाया में छिपकर सुनती है।।
(रसवंती : गीत-अगीत)

प्रेम कालजयी नहीं है, दो क्षणों के संयोग-सुख का चिर वियोग अनिवार्य है–

दो दिन प्रिय की मधुर सेज पर
कर लो प्रणय-विहार सखी
चखना होगा तुम्हें एक दिन
महा प्रलय का प्यार सखी।। (रेणुका : जीवन संगीत)

दिनकर जी का सौंदर्याश्रित प्रेम लौकिक होने पर भी उसमें ऐंद्रिय वासना की अभिव्यक्ति नहीं है।

सौंदर्यशास्त्रीय दृष्टि से सौंदर्य और प्रेम की कविताएँ भावतरल और रसार्द्र अवश्य हैं। लेकिन उनमें परवर्ती 'उर्वशी' के समान सौंदर्याभिव्यक्ति की गहराई और व्यापकता नहीं है। संबोधनात्मक आत्मीयता, संयमित कल्पना, भावपूर्ण बिंब, प्राकृतिक और मानवीय अप्रस्तुत एवं प्रतीक, सजीव चित्रांकन तथा प्रत्यक्ष, सरल और प्रवाहमय भाषाशैली कलात्मक अभिव्यंजना की विशेषताएँ हैं। चित्रांकन का एक उदाहरण जिसमें कुछ अन्य विशेषताएँ भी द्रष्टव्य हैं–

माथे में सेंदुर पर छोटी दो बिंदी चम-चम-सी
पपनी पर आँसू की बूँदें मोती-सी, शबनम-सी
लदी हुई कलियों से मादक टहनी एक नरम-सी
यौवन की विनती-सी भोली, गुम सुम खड़ी शरम-सी।
(रसवंती : बालिका से वधू)

4. सामाजिक, मानवीय और प्रगतिशील रचनाएँ

दिनकर जी की राष्ट्रीय और सौंदर्य दृष्टियों के समान महत्त्वपूर्ण उनकी सामाजिक दृष्टि है। कुछ समीक्षकों ने उनकी रचनाधर्मिता के इस पहलू को अधिक उभारा भी है। समाज में शोषित और दलित सर्वहारा वर्ग की पक्षधरता के साथ उन्होंने संपन्न वर्ग का विरोध किया है–

विद्युत की इस चकाचौंध में
देख, दीप की लौ रोती है
अरी हृदय को थाम, महल के
लिए झोंपड़ी बलि होती है।। (रेणुका : कस्मै देवाय)
रह-रह पंखहीन खग सा मैं गिर पड़ता भू की हलचल में,
झटिका एक बहा ले जाती स्वप्न-राज्य आँसू के जल में।।
(हुंकार : हाहाकार)

आर्थिक विषमता के कारण ही सामाजिक लोक-जीवन में हाहाकार मचा नहीं है, बल्कि सामाजिक व्यवस्था में जाति-पाँति आदि अनेक भेदभावों के कारण भी विरोध और संघर्ष के भाव-विचार बढ़ते जा रहे हैं जिनकी ओर संकेत आधुनिक दृष्टि से लिखे गए उनके पौराणिक प्रबंधों में किया गया है।

इन सब के कारण दिनकर जी प्रगतिशील कवि माने जाते हैं। इस प्रगतिशील दृष्टि में कहीं-कहीं प्रगतिवाद या मार्क्सवाद की झलक भी मिल जाती है–

जय विधायिके अमर क्रांति की ! अरुण देश की रानी।
रक्त-कुसुम धारिणि ! जगतारिण ! जय नव शिवे ! भवानी !
× × ×
जग ज्योति जय जय, भविष्य की राह दिखानेवाली,
जय समत्व की शिखा, मनुज की प्रथम विजय की लाली।
(सामधेनी : दिल्ली और मास्को)

कविता आत्माभिव्यक्ति है। जब तक कवि की आत्मा का समाज के साथ भावतादात्म्य या अद्वैतसिद्धि प्राप्त नहीं होती तब तक सच्ची प्रगतिवादी कविता की रचना नहीं हो सकती। अन्यथा वह छंदोबद्ध अलंकृत या निरलंकृत राजनीति का प्रतिपादन या प्रचार मात्र है। जैसा कि प्रगतिवादी पंत जी ने कहा है कि शिल्प-चातुरी के बावजूद उनकी ऐसी रचनाओं में केवल बौद्धिक सहानुभूति है, आत्मा की गूँज नहीं है। इस तरह की राजनीतिक रचनाओं में केवल धर्म-प्रचार की रचनाओं की तरह सौंदर्यान्वेषण व्यर्थ है।

दिनकर जी की आरंभिक कविताओं में मानवतावादी दृष्टि से प्रेरित दो-चार ऐसी कलाकृतियाँ हैं जिनमें मानवीय संवेदना हृदय को स्पंदित करके भाव-सौंदर्य की सृष्टि में सफल हुई हैं। बोधिसत्व को संबोधित करके कवि कहते हैं–

सिमट विश्व-वेदना निखिल बज उठी करुण अंतर में,
देव हुंकरित हुआ कठिन युग धर्म तुम्हारे स्वर में।
× × ×
पर गुलाब जल में गरीब के अश्रु राम क्या पावेंगे
बिना नहाए इस जल में क्या नारायण कहलाएँगे
मनुज-मेध के पोषक दानव आज निपट निर्द्वंद्व हुए
कैसे बचे दीन ? प्रभु भी धनियों के गृह में बंद हुए। (रेणुका : बोधिसत्व)

पहले उद्धृत पंक्तियों की तुलना में इनमें दलितों के प्रति सहानुभूति और मानवीय संवेदना में अधिक तीव्रता के साथ भावों का नया उन्मेष है। भाव-सौंदर्य की उपेक्षा करके वादों के चक्कर में फँसने से काव्योत्कर्ष को क्षति पहुँचती है।

5. आधुनिक दृष्टि से पौराणिक कथाओं का आख्यान

आधुनिक काल में प्रबंध-काव्य प्राचीन एवं पौराणिक कथाओं को लेकर प्रायः परंपरावादी, सुधारवादी, नवीन आध्यात्मिक आदर्शवादी या सौंदर्य एवं प्रेम के नवीन आख्यानवादी रूप में लिखे गए हैं। आधुनिक संदर्भ में सच्ची नवीन दृष्टि के साथ पौराणिक प्रबंध-काव्य लिखनेवाले कवि दिनकर जी ही हैं। उनके पहले 'नई कविता' में जो दो-तीन प्रयत्न किए गए हैं उनका आधुनिकताबोध पूर्ण रूप से परंपरा से कटा हुआ और समग्र एवं क्रांतिकारी नहीं है। रश्मिरथी में नायक कर्ण जन्म और जाति के आधार पर उपेक्षित और अपमानित, कलंकित मानवता का प्रतीक है। कवि ने उसकी मानसिक वेदना, अंतर्द्वंद्व और जीवन में संघर्ष का निरूपण किया है। कर्ण के ही शब्दों में–

> मैं उनका आदर्श नहीं जो व्यथा न खोल सकेंगे,
> पूछेगा जग, किंतु, पिता का नाम न बोल सकेंगे।
> जिनका निखिल विश्व में कोई कहीं न अपना होगा,
> मन में लिए उमंग, जिन्हें चिरकाल कल्पना होगा।
> × × ×
> कर्ण धर्म होगा पृथ्वी पर बलि से नहीं मुकरना,
> जीना जिस अप्रतिम तेज से, उसी शान से मरना।। (रश्मिरथी)

'परशुराम की प्रतीक्षा' में परशुराम संत, कर्मठ और पौरुषयुक्त नेतृत्व के प्रतीक हैं। 'प्रणभंग' में कृष्ण उग्रवादी मानस के प्रतीक हैं। 'कुरुक्षेत्र' युद्ध और शांति की समस्या का वैचारिक प्रबंध है। पृथ्वी पर शांति अभिलषणीय होने पर भी कभी-कभी युद्ध अनिवार्य हो जाता है जिसके भयंकर परिणामों पर मानव-मन पछताने लगता है। युधिष्ठिर अहिंसा और शांति के प्रतीक हैं–

> जानता कहीं जो परिणाम महाभारत का,
> तब बल को छोड़ मैं मनोबल से लड़ता,
> तप से, सहिष्णुता से त्याग से सुयोधन को
> जीत नई नींव इतिहास की मैं धरता। (कुरुक्षेत्र)

लेकिन मानव जाति का लंबा इतिहास साक्षी है कि किसी न किसी कारण युद्ध के हाहाकार से बचना संभव नहीं है। अधिकांश युद्धों में देश के नाम पर प्रतिशोध के बहाने मनुष्य का रक्त बहाते देखकर कवि, काव्य के आरंभ में अपनी संवेदना प्रकट करते हैं–

वह कौन रोता है वहाँ
इतिहास के अध्याय पर
जिसमें लिखा है, नौजवान के लहू का मोल है
प्रत्यय किसी बूढ़े, कुटिल नीतिज्ञ के व्यवहार का। (कुरुक्षेत्र)

सौंदर्यशास्त्रीय दृष्टि से इन आधुनिकताबोध के पौराणिक प्रबंधों में सौंदर्य की खोज व्यर्थ है। उनमें वस्तु-संविधान और पात्र-परिकल्पना के शिल्प या टेकनिक का ही आकर्षण है। समस्या या विशेष दृष्टि को लेकर लिखे जाने पर भी जहाँ कहीं भाव-व्यंजना का प्रयत्न हुआ है उसके सौंदर्यात्मक प्रसार पर कवि का ध्यान नहीं है। काव्य में वैचारिकता प्रत्यक्ष अभिव्यक्ति न होकर जब चिंतनशील मानसिकता या चेतना का रूप ग्रहण करती है, तभी उसमें रमणीयता होती है। 'उर्वशी' भी आधुनिक दृष्टि से प्रभावित पौराणिक वस्तु का काव्य है, लेकिन प्रवृत्ति की भिन्नता के कारण उस पर अलग विचार किया जाएगा।

6. नए रूपात्मक प्रयोग

दिनकर जी ने 'नील कुसुम', 'कोयला और कवित्व' और 'हारे को हरिनाम' में काव्य रचना को नए रूपों में ढालने का प्रयत्न किया है। प्रत्येक युग में परिस्थितियों के अनुसार कविता का रूप बदलता रहता है। कभी-कभी प्रचलित काव्यभाषा और संरचना को अपने भाव-विचारों की अभिव्यक्ति के लिए अपर्याप्त मानकर कवि नए प्रयोग करते रहते हैं। आधुनिक काल में पाश्चात्य देशों में अनेक रूपात्मक प्रयोग किए गए हैं जिनके प्रभाव से या जिनकी प्रेरणा से हिंदी में रूपात्मक प्रयोगों का आरंभ हुआ होगा। लेकिन साठोत्तर भारतीय परिस्थितियों में जीवन की कटु विषमता ने काव्याभिव्यंजना की नई दिशाओं की ओर प्रस्थान के लिए कवि को विवश किया है। छायावादी मोहभंग के बाद जीवन की यथार्थता की गहरी पैठ के साथ कविता के क्षेत्र में नवीन प्रयोगों का आरंभ निराला जी ने किया है जिसका वस्तु और कथ्य पर भी गहरा प्रभाव था। प्रयोगवाद और 'नई कविता' में नवीन जीवन दृष्टि और नए संवेदनों की व्यंजना के लिए भाषा के स्वरूप को बदलते हुए नए रूपों में संरचना होने लगी है। दिनकर जी ने न पाश्चात्य रूपवाद का अनुकरण किया है और न पहले के प्रयोगों का अनुसरण। उन्होंने कहीं वर्तमान परिस्थितियों के प्रभाव से, कहीं जीवन की नई गतिविधि से और कहीं अपने नए भाव-विचारों के अनुरूप नवीन रूपात्मक प्रयोग किए हैं। उनमें किसी नई प्रवृत्ति की दृष्टि और दिशा का अन्वेषण अनावश्यक और व्यर्थ है। कवि नई आस्था के साथ कहते हैं–

मैं न वह जो स्वप्न पर केवल सही करते,
आग में उसको गला लोहा बनाती है,
और उस पर नींव रखती हूँ नए घर की,
इस तरह दीवार फौलादी उठाती हूँ।। (नीलकुसुम : चाँद और कवि)

वे रचना की इस ऊष्मा में नवीन रूपात्मक प्रयोग को केवल शब्दों का हेर-फेर मानते हैं–

नई बात क्या कहें ? नया हमने क्या सीखा ?
उलट-पुलटकर शब्द खेल जितने दिखलावें ! (नीलकुसुम : भावी पीढ़ी)

शब्दों के इस उलट-फेर से ही नए रूप का जन्म हुआ है।

(अ) नए प्रयोगों में आलंबन का स्वतंत्र रूप में वर्णन न होकर वह भाव-व्यंजना का केंद्र है। रचनाधर्मिता, सौंदर्य के स्वप्नों और आदर्शवादिता से यथार्थोन्मुख हो गई है। भाव-व्यंजना में भावुकता पर बौद्धिकता का अनुशासन दिखाई देता है। आज विज्ञान का विकास और उसी को जीवन का सत्य मानकर बौद्धिकता के बढ़ते प्रभाव को देखकर कवि कहते हैं–

अब भी सब से, सुनो अमृत संतान !
श्रेष्ठ अमरत्व है।
जहाँ नहीं पहुँच सका विज्ञान। (कोयला और कवित्व : पृथ्वी का प्राण)

(आ) बौद्धिकता के अतिरेक को नकारते हुए भी कवि आधुनिकता का विरोधी नहीं है। रूढ़ परंपरा के स्थान पर आधुनिकता का समर्थन करते हुए कहते हैं–

पर, कवि ही क्यों, हँसी-खुशी में जो भी झूम रहा है,
निश्चय ही, अपने अतीत पर परदा गिरा चुका है।।
(कोयला और कवित्व : अपनी कविताओं के बीच)

हिलती वसुंधरा की झाँकी
बुझती परंपरा की झाँकी
× × ×
झाँकी इस नई परिधि की जो
है दीख रही कुछ थोड़ी सी। (नीलकुसुम : दर्पण)

(इ) नए प्रयोगों में उल्लेखनीय प्रतीकात्मक भाव-व्यंजना है जिसमें कवि के आधुनिकताबोध का प्रतिफलन हुआ है। 'व्याल विजय' में सर्प कालुष्य और पशुता का प्रतीक है। कृष्ण लघु मानव है जो अपनी लघुता में भी विराट है। व्याल को जड़ से चेतन बनाना तथा करुणा और शांति के अमृत तत्त्व से मद को दूर करना,

कविता का प्रतिपाद्य है–

यह बाँसुरी बजी **माया** के मुकुलित आकुंचन में,
यह बाँसुरी बजी अविनाशी के संवेग गहन में,
अस्तित्वों के अनस्तित्व में, महाशांति के तल में,
यह बाँसुरी बजी शून्यासन की समाधि निश्चल में
कंपहीन तेरे समुद्र में जीवन-लहर उठाऊँ
तान-तान कण-व्याल कि तुझ पर मैं बाँसुरी बजाऊँ।।

× × ×

मैं हूँ साँपों की पीठ पर कुसुम लादने वाला।।

(नीलकुसुम : व्याल विजय)

काली-मर्दन में नवमानवता की सूचना भी है।

'कोयला और कवित्व' में अपेक्षाकृत अधिक प्रतीकात्मक कविताएँ हैं। 'ओ नदी' में जीवन की संवेदना और अवरोधों की अभिव्यक्ति है–'ओ नदी, सूखे किनारों के कँटीले बाहुओं से डर गई तू।' लेकिन बुद्धि और हृदय का सामंजस्य होने पर–'यह रेत, ये पत्थर सभी रसपूर्ण होते।' 'नदी और पीपल' में नदी गतिशीलता में कालगत सातत्य और पीपल परंपरा, व्यापकता और पुरानेपन के प्रतीक हैं जो जीवन को सुख-शांति प्रदान करते हैं–

यह तपस्वी वृक्ष सब को छाँह का सुख बाँटता है।
छाँह यानी पेड़ की करुणा।
सहेली, स्निग्ध, शीतल वारि की, कपूर-चंदन की।।

(कोयला और कवित्व : नदी और पीपल)

'नदी और पेड़' में यौवन की बाढ़ उतर जाने पर प्रौढ़ व्यक्ति का प्रतीक है और नदी यौवन में वेग से बहनेवाली है। पहले को देखकर दूसरी 'लहू की धार में किरणें कनक की झिलमिलाती हैं।' लेकिन प्रौढ़ व्यक्तित्व किसी न किसी कारण अपनी प्रकृति पर आ जाता है–

मैं न जाने, देख क्या सकुचा गया।
एक पीला पत्र धारा में बहाकर
वृक्ष फिर अपनी जगह पर आ गया।।

(कोयला और कवित्व : नदी और पेड़)

पुरुष स्वभाव और प्रकृति की मार्मिक व्यंजना है।

(ई) 'हारे को हरिनाम' परंपरागत अर्थ में न आध्यात्मिक रचना है और न भक्तिपरक। जीवन की यथार्थ परिस्थितियों में हारकर आलंबन के रूप में हरिनाम

लेकर कवि जीवन में आस्था बनाए रखने का प्रयत्न कर रहा है। एक तरह से यह आधुनिक संदर्भ में भक्ति के माध्यम से जीवन में आस्था और आशा का व्यंजक नया रूपात्मक प्रयोग है जो आत्माभिव्यक्ति के रूप में है–

मैं रेत पर खड़ा हूँ
आगे गरजता हुआ पारावार है
ऐसे में तुम कहाँ हो ?
जिसे मैंने अपना आराध्य माना है ?
अदृश्य के माँझी !
कोई नाव भेजो,
मुझे भी पार जाना है। (हारे को हरिनाम : समुद्र के किनारे)

(उ) दिनकर जी ने साठोत्तर स्वतंत्र भारत की परिस्थितियों को देखते हुए तीखे व्यंग्य भी किए हैं–

टोपी कहती है, मैं थैली बन सकती हूँ।
कुरता कहता है, मुझे बोरिया ही कर लो।
ईमान बचाकर कहता है, आँखें सब की,
बिकने को हूँ तैयार, खुशी हो जो दे दो।
(नीम के पत्ते : पहली वर्षगाँठ)

सौंदर्यशास्त्रीय दृष्टि से नए रूप विधान की प्रतीकात्मक कविताओं में व्यंजकता और अर्थवत्ता से जीवन के सौंदर्य की गूढ़ और व्यापक अभिव्यक्ति हुई है। पुनः-पुनः पाठन से भाव-विचारों में अर्थस्फुरण का नया-नया अनुभव होता है। 'नीलकुसुम' में रोमांटिक सौंदर्याभिव्यंजना की रचनाएँ पहले की 'रसवंती' से अधिक प्रौढ़ हैं। शेष सामान्य कोटि की कविताएँ हैं। कथ्य के अनुरूप कवि ने कल्पना, बिंबों, अप्रस्तुतों और चित्रांकन का बहुल प्रयोग नहीं किया है। जो हैं वे प्रायः अर्थ की दृष्टि या उसके स्पष्टीकरण के लिए हैं। कल्पना का एक रमणीय बिंब–

और मैं दुबली भुजाओं पर उठाए
व्योम का विस्तार एकाकी खड़ा हूँ।
इस भरोसे नहीं, कोई बड़ा पुरुषार्थ है यह,
किंतु केवल, इसलिए, अब और चारा ही नहीं है।
(कोयला और कतित्व : अंतिम पुरुषार्थ)

प्रतीकात्मक कविताओं के अतिरिक्त अन्य रचनाओं में भी प्रतीकों का प्रयोग हुआ है जो जीवन की यथार्थता को प्रकट करते हुए वैचरिक भावभूमि को पुष्ट करता

है। भाषा-शैली प्रायः व्यावहारिक, यथार्थोन्मुख और प्रवाहशील है–

वर्षों का मौसम गया, बाढ़ भी साथ गई,
जो बचा शेष, वह स्वच्छ नीर का सोता है,
अब चाँद और तारे इसमें निज को देखें
आसिन का जल बिल्कुल दर्पण सा होता है। (नीलकुसुम : नीलकुसुम)

अनेक स्थानों पर भाषा-शैली गद्यवत् है। 'कोयला और कवित्व' की प्रतीकात्मक रचनाएँ अर्थ की गरिमा और व्यंजकता से पूर्ण हैं। उनमें सौंदर्य दृष्टि से चिंतनशीलता की प्रधानता है। 'हारे को हरिनाम' की अभिव्यंजना सरल और सीधी है।

7. सौंदर्य और काम-दर्शन : उर्वशी

(अ) उपक्रम : छायावादी युग में 'कामायनी' की तरह परवर्ती काल में 'उर्वशी' सर्वाधिक महत्त्वपूर्ण काव्य है। उसमें जीवन के एक ही पहलू सौंदर्य और काम तत्त्व का प्रतिपादन होने पर भी उसकी गहराई और व्यापकता का समग्र सौंदर्यात्मक निरूपण किया गया है। मानव जीवन में सौंदर्य और काम की महती भूमिका है जो कभी-कभी मनुष्य के मन और जीवन में उलझन भी पैदा करती है। दैहिक-संबंध-रहित (प्लैटानिक) प्रेम को छोड़ दें तो उसके तीन रूप हैं–ऐंद्रिय, मानसिक और आत्मिक। कवि ने भूमिका में कहा है कि 'कामजन्य प्रेरणाओं की व्याप्तियाँ सभ्यता और संस्कृति के भीतर बहुत दूर तक पहुँची हैं।'[2] काम के उदात्तीकृत रूप का प्रभाव समग्र मानव जीवन पर पड़कर उसमें परिवर्तन ले आता है, जीवन के सहज मार्ग पर ले जाते हुए काम और प्रेम, उसमें अपूर्व सौंदर्य, सर्जनात्मकता और पूर्णता की सृष्टि करते हैं। 'अपने स्थूल से स्थूल रूप में भी, प्रेम एक मानव का दूसरे मानव के साथ एकाकार होने का सबसे सहज, सबसे स्वाभाविक मार्ग है, किंतु, विकसित और उदात्त हो जाने पर वह मनुष्य को बहुत कुछ वही शीतलता प्रदान करता है जो धर्म का अवदान है।'[3]

काम के दो रूप हैं–सर्जनाशक्ति और स्त्री-पुरुष लैंगिक संबंध। दोनों के उदात्त और अनुदात्त दो प्रकार हैं। पहले के द्वारा सभ्यता और संस्कृति का विकास तथा मानसिक उन्नयन होता है तो दूसरे से मानव जाति और मनुष्य की अवनति। भारतीय दर्शन में, विशेषतः शैवागमों में कामकला को ईश्वरीय विभूतियों में से एक माना गया है। ईश्वर की शक्ति, माहाचिति काम की आकर्षणात्मक और संश्लेषणात्मक प्रवृत्ति के द्वारा सृष्टि का अभिराम उन्मीलन करती है। मनुष्य की समस्त सर्जनाशील कृतियों का मूल उत्स भी काम ही है। काम आकर्षण है तो उसका परितोष रति है जिनके योग से आनंद उत्पन्न होता है। लौकिक धरातल पर धर्म, अर्थ और काम जीवन के लक्ष्य माने गए हैं। दिनकर जी ने पद्म पुराण से 'धर्मादर्थोअर्थतः

कामः कामाद् धर्मफलोदयः’ उद्धृत करके काम के महत्त्व के प्रतिपादन का प्रयत्न किया है। लेकिन पुरुषार्थों में उन तीनों का क्रम जीवन में उनकी प्रधानता को ही द्योतित नहीं करता, बल्कि प्रथम का शेष दोनों पर अनुशासन की आवश्यकता को भी व्यक्त करता है। तभी काम के द्वारा सौंदर्य, कल्पना, बुद्धि या विवेक, जीवन में सहज प्रवृत्ति और विकास को प्रेरणा मिलती है। काम और प्रेम के इस धर्मबद्ध रूप में ही उनका आध्यात्मिक स्वरूप प्रकट होता है। मध्यकालीन कुछ शाक्त संप्रदायों ने काम की इस आध्यात्मिक भूमिका को स्वीकार किया है, यद्यपि बाद को उनमें लैंगिक विकृतियों का प्रवेश हो गया है। भारतीय दृष्टि में काम और प्रेम की अंतिम परिणति विवाह है। विवाह के अनेक रूप हैं जिनमें प्रधान लौकिक एवं सामाजिक दृष्टि से धर्म, अर्थ और काम के क्षेत्रों में कर्तव्य-निर्वाह की प्रेरणा देकर मनुष्य का कल्याण करने वाला विवाह तथा आध्यात्मिक साधना में साहचर्य का उद्वाह हैं। जो हो, पारिवारिक गार्हस्थ्य-जीवन भारतीय संस्कृति की आधारभूमि है। **‘रघुवंश’** में कालिदास ने ‘प्रजायै गृहमेधिनां’ कहकर प्रेम, विवाह और संतान के क्रम में, गार्हस्थ्य धर्म में उत्तरोत्तर उदात्त अनुभूति की ओर हमारा ध्यान आकृष्ट किया है।

फ्रायड और अन्य मनोवैज्ञानिकों ने भी काम की सर्जनात्मक शक्ति का विश्लेषण किया है। जीवन में यौन-वासना की प्रबलता को स्वीकार करते हुए भी उन्होंने उसके उदात्तीकरण की अपेक्षा नहीं की है। उन्होंने काम के सहज परितोष पर बल दिया है। लेकिन भारतीय आध्यात्मिक एवं धार्मिक दृष्टि और पाश्चात्य यथार्थवादी दृष्टि में पर्याप्त अंतर है।

दिनकर जी ने उपर्युक्त भारतीय दर्शन एवं दृष्टिकोण से भिन्न, उर्वशी की भूमिका और काव्य में काम को आध्यात्मिक साधना, योगमार्ग और समाधि के समान कहकर ‘कामाध्यात्म’ के विवाद को जन्म दिया है। रघुवंश के अनुसार ‘इस दृष्टि से उर्वशी काव्यात्मक प्रयत्न है जिसमें कवि ने शारीरिक सौंदर्य और भावात्मक प्रेम के सूक्ष्म संबंधों को आध्यात्मिक ऊँचाई पर अभिव्यक्त किया है।’[4] इसके विरुद्ध मुक्तिबोध ने उर्वशी के दर्शन से अपनी असहमति प्रकट करते हुए लिखा है—‘कामात्मक इंद्रिय-संवेदनों के जाल में खो जाने के क्षणों में उनका आध्यात्मीकरण नहीं किया जा सकता।’[5] मनुष्य ऐंद्रिय काम और आध्यात्मिक साधना के बीच समरसता स्थापित करने का निरंतर प्रयत्न करता रहता है। ‘स्वर्ग और पृथ्वी के बीच घटित इस निरंतर आवागमन से मनुष्य का निस्तार कभी होगा या नहीं’[6] —इस समस्या को कवि ने छोड़ दिया है। वास्तव में उदात्त काम की प्रेरणा से प्रसाद जी के मनु हिमालयों में पहुँचकर आध्यात्मिक साधना में लग जाते हैं जबकि दिनकर जी के पुरुरवा काम और आध्यात्म के द्वंद्व का समाधान करने में असफल होकर संन्यास ले लेते हैं। दिनकर जी ने अपने काव्य में काम के व्यापक और सर्जनात्मक स्वरूप की ओर कुछ संकेत अवश्य किए थे, लेकिन कथ्य प्रधानतः स्त्री-पुरुषों के

काम एवं प्रेम संबंधी ही रह गया है। इसीलिए वे काव्य के अंत तक पुरुरवा के जीवन में काम की समस्या की उलझन को सुलझा नहीं सके हैं।

उर्वशी को रसवंती का कालक्रम में विकसित रूप मानना उचित नहीं लगता। दोनों की सौंदर्य और प्रेम की प्रवृत्ति में तात्त्विक अंतर है। काल का भी पर्याप्त अंतराल है। दिनकर जी के कलात्मक व्यक्तित्व में आरम्भ से ही बहिर्मुखी और अंतर्मुखी प्रवृत्तियाँ मिल जाती हैं। उनके प्रौढ़ और विकसित अंतर्मुखी व्यक्तित्व की चरम कृति उर्वशी है। कवि के इस अंतर्मुखी व्यक्तित्व में भावनाशील, कल्पनाशील और चिंतनशील प्रवृत्तियों का अपूर्व सामंजस्य स्थापित हुआ है। दिनकर जी की बहिर्मुखी और अंतर्मुखी और किसी रचना में सौंदर्यात्मक और भावात्मक यह गहराई नहीं है।

उर्वशी की काव्यवस्तु पुराणों और कालिदास के विक्रमोर्वशीय से ली गई है। वस्तु और कथ्य दोनों सौंदर्य और प्रेम से आपूर्ण हैं। जहाँ सूर ने सौंदर्य और प्रेम की अनुभूति की सिद्धावस्था पर पहुँचकर हर्षोल्लास और आनंद की व्यंजना की है, दिनकर जी सौंदर्य और प्रेम की अपूर्व छटाओं को दिखाने के बावजूद साधनावस्था में उनको परखने में ही लग गए हैं। मेरा लक्ष्य दो अतुलनीय कवियों की तुलना नहीं है, बल्कि उर्वशी की उपलब्धियों के साथ उसकी सीमाओं की ओर संकेत करना है। अंत में पुरुरवा का संन्यास इस बात का प्रमाण है कि कवि अपने अभीष्ट लक्ष्य तक पहुँच नहीं पाया है। इसीलिए कहा गया है कि ऋषि ही काव्य लिख सकते हैं—नान् ऋषिः कुरुते काव्यं। लक्ष्यसिद्धि हुई हो या न हो, उर्वशी हिंदी के श्रेष्ठतम काव्यों में से है।

(आ) **प्रकृति-सौंदर्य :** प्रकृति का सौदर्य कथ्य के अनुरूप वैभव-विलासपूर्ण है—

फूलों की नाव बहाओ री, यह रात रुपहली आई।
फूटी सुधा सलिल की धारा
डूबा नभ का कूल किनारा
सहज चाँदनी की सुमंद लहरों में तैर नहाओ री,
यह रात रुपहली आई। (अंक-1)

आत्म-विस्मृत करनेवाला प्रकृति का यह अपूर्व सौंदर्य है—

शांति-शांति सब ओर, मंजु, मानों चंद्रिका-मुकुर में
प्रकृति देख अपनी शोभा अपने को भूल गई हो। (अंक-1)

कवि ने प्रकृति के रूप और प्रभाव दोनों का वर्णन किया है। अपूर्व वैभव में भी वह सहज, नैसर्गिक और स्वच्छंद है। अनुभूतिमूलक होने में आलंबन रूप

में प्रकृति-सौंदर्य की वस्तुनिष्ठता और व्यक्तिनिष्ठता का पूरा सामंजस्य स्थापित हुआ है। आलंबन रूप के अतिरिक्त वातावरण-सृष्टि, भावोद्दीपन, अप्रस्तुत रूप में मानवीय सौंदर्य-वर्धन आदि में भी प्रकृति की भूमिका है। पुरुरवा के ये सुंदर कथन देखिए–

मेघों में सर्वत्र छिपी मेरा मन तू हरती थी,
और ओट लेकर विधु की संकेत तू करती थी। (अंक-2)
मैं तुम्हारे हाथ का लीला-कमल हूँ,
प्राण के सर में उतरना चाहता हूँ। (अंक-3)

(इ) **पुरुष-रूप और उसका प्रभाव :** पुरुष का आकर्षण प्रधानतः उसके आकार-प्रकार और व्यक्तित्व में है। पुरुरवा के शारीरिक गठन की दृढ़ता–

यह शिला सा वृक्ष, ये चट्टान सी मेरी भुजाएँ,
सूर्य के आलोक से दीपित समुन्नत भाल
मेरे प्राण का सागर अगम उत्ताल उच्छल है। (अंक-3)

इसमें शारीरिक शक्ति के साथ मन की ओजस्विता का भी समन्वय है। उनके व्यक्तित्व में विविध गुण-धर्मों के प्रौढ़ विकास में पौरुष और कोमलता का अपूर्व सामंजस्य है। (वज्रादपि कठोरानि कुसुमादपि मृदूनि च)

कार्तिकेय सम शूर, देवताओं के गुरु समज्ञानी,
रवि सम तेजवंत, सुरपति के सदृश प्रतापी, मानी,
घन सदृश संग्रही, व्योमवत् मुक्त, जलद-निभत्यागी
कुसुम-सदृश मधुमय, मनोज्ञ, कुसुमायुध से अनुरागी। (अंक-2)

इस रूप और व्यक्तित्व का नारी (उर्वशी) पर प्रभाव–

यह ज्योतिर्मय रूप ? प्रकृति ने किसी कनक-पर्वत से
काट पुरुष-प्रतिभा विराट निज मन के आकारों की,
महाप्राण से भर उसको, फिर भू पर गिरा दिया है। (अंक-3)

पुरुरवा के आकार, व्यक्तित्व और प्रभाव को दिनकर जी ने गरिमामय विराट रूप दिया है। प्राकृतिक और पौराणिक अप्रस्तुत रूप के प्रभाव को बढ़ाने वाले हैं।

(ई) **नारी रूप-सौंदर्य :** दार्शनिक प्रकृति पुरुष और नारी में तीसरे के सौंदर्य को सृष्टि में सर्वाधिक श्रेष्ठ मानते हैं। उर्वशी का कथ्य अप्सराओं के जीवन से संबंधित है। इसलिए उसमें नारी-सौंदर्य का गुणात्मक निरूपण स्वाभाविक है। काव्य में नारी के अपूर्व सौंदर्य के सामान्य कथन भी अनेक मिल जाते हैं–

कुसुम और कामिनी बहुत सुंदर दोनों होते हैं
पर तब भी नारियाँ श्रेष्ठ हैं कहीं कांत कुसुमों से,
क्योंकि पुष्प है मूक और रूपसी बोल सकती है
सुमन मूक सौंदर्य और नारियाँ सवाक् सुमन हैं। (अंक-3)
नारी का सौंदर्य विश्व विजयिनी, अमोघ प्रभा है। (अंक-3)

अप्सराओं का अपूर्व सौंदर्य–

उगी कौन-सी विभा ? इंदु की किरणें लगीं लजाने;
ज्योत्स्ना पर यह कौन ज्योत्स्ना छाई जाती है ? (अंक-1)

सौंदर्य और सौंदर्य के अद्भुत सम्मेलन की यह स्थिति है। कवि ने रंभा, मेनका आदि अप्सराओं के सौंदर्य की विशिष्टता और भिन्नता का भी वर्णन किया है जो विस्तार-भय से छोड़ दिया जा रहा है। वास्तव में पार्थिव ऐंद्रिय रूप-सौंदर्य और सुगंध की तरह वायवी स्वर्गीय कल्पना के सौंदर्य में बहुत अंतर है। उनमें श्रेष्ठता का निर्णय कठिन काम है। अपने संस्कारों और अभिरुचि के अनुसार चयन होता है–

एक स्वाद है त्रिदिव लोक में, एक स्वाद वसुधा पर,
कौन श्रेष्ठ है, कौन हीन, यह कहना बड़ा कठिन है। (अंक-1)

काव्य की नायिका उर्वशी के सौंदर्य की अनेक विशेषताओं और छवियों का कवि ने बड़ा ही रमणीय चित्रांकन किया है जिनमें से कुछ की ओर यहाँ संकेत किया जा रहा है। सौंदर्य-भावन के संदर्भ में उन पर विस्तार से विचार होगा। समस्त सृष्टि, प्रकृति, नारी-रूप और कलागत सौंदर्य का मूर्तिमान रूप उर्वशी है। उसका रूप देशकालजयी है–

मैं देशकाल से परे चिरंतन नारी हूँ। (अंक-3)

उसका सौंदर्य तृषा जगानेवाला आग की ज्वाला प्रज्वलित करनेवाला और रति के परितोष में मन को शीतलता प्रदायिनी और लक्ष्मी का मंगलमय रूप है–

रति की मूर्ति, रमा की प्रतिभा, तृषा विश्वमय नारी,
विधु की प्राणेश्वरी, आरती-शिखा काम के कर की। (अंक-1)

नारायण की समाधि की स्थिति में कल्पना के द्वारा अरूप को रूप देने के प्रयत्न में उसकी उद्भावना हुई है–

अथवा जब अरूप सुषमा को रूपायित करने को
ऋषि सौंदर्य-समाधि बाँध, तन्मय छवि के चिंतन में,

बैठे थे निश्चेत, तभी नारी बन निकल पड़ीं तुम,
नारायण की महाकल्पना से, एकायन मन से ? (अंक-3)

ध्यातव्य है कि कवि ने प्रस्तुत रूप का वर्णन न करके नायिका की सृष्टि, उद्भावना, तात्त्विक स्वरूप, संरचना और प्रभाव के द्वारा सौंदर्य की ओर संकेत किया है। पौराणिक पात्रों और प्रसंगों के द्वारा सौंदर्य की गरिमा और महानता को व्यक्त किया है। बीच-बीच में ही मुख, नेत्र, मुस्कुराहट आदि के सौंदर्य की अभिव्यक्ति है और वह भी अप्रस्तुतों के माध्यम से। रूप-सौंदर्य का यह ऐंद्रिय वर्णन देखिए–

इन कपोलों की ललाई देखते हो,
और अधरों की हँसी कुंद-सी जुही कली सी,
और चंपकयष्टि सी यह देह श्लथ पुष्पाभरण से
स्वर्ण की प्रतिमा कला के स्वप्न-साँचे में ढली सी।। (अंक-3)

(उ) **सौंदर्य और प्रेम** : उर्वशी में अभिव्यक्ति प्रधान भाव, सौंदर्य के आकर्षण से उत्पन्न काम और प्रेम है। कवि ने सौंदर्य, काम और प्रेम को इस तरह मिला दिया है कि आलंबन और भाव-निरूपण समन्वित रूप में ही सामने आते हैं। आकर्षण से ही प्रेम का प्रादुर्भाव होता है। राक्षस से रक्षा के बाद कुछ समय प्रतीक्षा करके उर्वशी अपने आप भूलोक में पुरुरवा के पास दौड़ आती है–

सो तो मैं आ गई, किंतु यह वैसा ही आना है,
अयस्कांत से खींच आयस को जैसे निज बाँहों में।। (अंक-3)

वह तो प्रेम और वीरता के योग में 'रोमांस' चाहती है–

पर इस आने में किंचित् भी स्वाद कहाँ उस सुख का,
जो सुख मिलता उन मनस्विनी वामलोचनाओं को,
जिन्हें प्रेम से विद्वेलित, विक्रमीय पुरुष बलशाली
रण से लाते जीत या कि बल-सहित हरण करते हैं।। (अंक-3)

यह भावना उर्वशी में इतनी प्रबल है कि उसे अन्य रूप में भी अभिव्यक्त करती है–

वही धन्य जो मानमयी प्रणयी के बाहु-वलय में
खिंची नहीं, विक्रम तरंग पर चढ़ी हुई आती है। (अंक-3)

प्रेम उभयनिष्ठ होता है, लेकिन नारी हृदय चाहता है कि पुरुष प्रथम प्रयत्न करें और अपने बल के अधिकार से उसे अपना बना ले। कवि की दृष्टि में प्रथम

वीक्षण में ही प्रेम हो जाता है और नारी-जीवन की अभिलाषा पूर्ण हो जाती है। मदनिका के शब्दों में–

प्रीति जब प्रथम प्रथम जगती है
दुर्लभ स्वप्न-समान रम्य नारी नर को लगती है।। (अंक-2)

× × ×

यही लग्न है वह जब नारी, जो चाहे, वह पाले।। (अंक-2)

(पुरुष-दृष्टि से लिखे हुए इस विचार में स्पष्ट नहीं है कि पुरुष अपने काम की पूर्ति के अतिरिक्त और क्या पाता है।) प्रेम के आरंभ में मन की लालसा अत्यंत तीव्र होती है। उर्वशी सोचती है–

रूप का रसमय निमंत्रण
या कि मेरे ही रुधिर की वह्नि
मुझको शांति से जीने न देती,
हर घड़ी कहती उसे,
इस चंद्रमा को हाथ से धरकर निचोड़ो,
पान कर लो यह, सुधा, मैं शांत हूँगी,
अब नहीं आगे कभी उद्भ्रांत हूँगी।। (अंक-3)

लेकिन सच्चे प्रेम की पिपासा कभी बुझती नहीं है। वासना की प्रकृति ही ऐसी है–

वासनाएँ वर्तिका सी बल रही हैं,
जिस तरह पहले पिपासा से विकल थीं
प्यास से आकुल अभी भी जल रही हैं।। (अंक-3)

लेकिन सौंदर्य और प्रेम की पिपासा संयोग में कभी शांत नहीं होती–

रूप की आराधना का मार्ग आलिंगन नहीं है।। (अंक-3)

प्रथम भेंट के बाद अलग होने पर उर्वशी और पुरुरवा के विरह का सजीव चित्रांकन–

मन खोया-खोया, आँखें कुछ भरी-भरी रहती हैं;
भीगी पुतली में कोई तस्वीर खरी रहती है।। (अंक-1)

× × ×

मेरे अश्रु ओस बनकर कल्पद्रुम पर छाएँगे,
पारिजात-वन के प्रसून आहों में कुम्हिलाएँगे।। (अंक-1)

औशीनरी के शब्दों में प्रेम मानव मन की उलझन है—

कौन कहे ? यह प्रेम हृदय की बहुत बड़ी उलझन है।
जो अलभ्य, जो दूर, उसी को अधिक चाहता मन है।। (अंक-2)

कवि ने प्रेम को ऐन्द्रियता से मानसिकता की ओर प्रस्थान के रूप में चित्रित किया है—

देह प्रेम की जन्मभूमि है, पर उसके विचरण की
सारी लीलाभूमि नहीं सीमित है रुधिर-त्वचा तक।।
यह सीमा प्रसरित है मन के गहन गुह्य लोकों में
जहाँ रूप की लिपि अरूप की छवि आँका करता है,
और पुरुष प्रत्यक्ष विभासित नारी मुख मंडल में
किसी दिव्य अव्यक्त कमल को नमस्कार करता है
× × ×
पहले प्रेम स्पर्श होता है, तदनंतर चिंतन भी,
प्रणय प्रथम मिट्टी कठोर है, तब वायव्य गगन भी।। (अंक-3)

इस तात्त्विक चिंतन से स्पष्ट है कि उर्वशी में प्रतिपादित प्रेम साधारण अन्य काव्यों के शृंगार और प्रेम से भिन्न है। यह मानव और देवी, मर्त्य और गगन के बीच प्रेम की गाथा है जिनकी प्रवृत्तियाँ तथा आशा-आकांक्षाएँ भिन्न-भिन्न प्रकार की हैं—

हम चाहते तोड़कर बंधन उड़ना मुक्त पवन में,
कभी-कभी देवता देह धरने को अकुलाते हैं।। (अंक-1)
मर्त्य नर को देवता कहना मृषा है,
देवता शीतल, मनुज अंगार है।।
देवताओं की नदी में ताप की लहरें न उठतीं
किंतु, नर के रक्त में ज्वालामुखी हुंकारता है।। (अंक-3)

इस अंतर को ध्यान में रखकर दिनकर जी ने उर्वशी और पुरुरवा के प्रेम का चित्रण किया है। 'उर्वशी द्वंद्वों से सर्वथा मुक्त है। देवियों में द्वंद्व नहीं होता, वे त्रिकाल अनुद्विग्न, निर्मल और निष्पाप होती हैं।'[7] उर्वशी देवलोक के गंधजीवी वायवी प्रेम और मर्त्यलोक के ऐंद्रिय सुख का समन्वय चाहती है—

तू मनुज नहीं, देवता, कांति से मुझे मंत्र मोहित कर ले
फिर मनुज-रूप धर उठा गाढ़ अपने आलिंगन में भर ले

मैं दो विटपों के बीच मग्न लतिका-सी सो जाऊँ,
छोटी तरंग सी टूट उरुस्थल के महीध्र पर खो जाऊँ।। (अंक-3)

मर्त्यलोक के 'पुरुरवा के भीतर देवत्व की तृषा है। इसलिए मर्त्यलोक के नाना सुखों में वह व्याकुल और विषण्ण है।...आत्मा का धरातल मनुष्य को ऊपर खींचता है और जैव धरातल का आकर्षण नीचे की ओर है।'[8] 'साकार से ऊपर उठकर निराकार तक जाने की इस आकुलता अथवा ऐंद्रियता से निकलकर अतींद्रिय जगत् में आँख खोलने की इस उमंग का प्रतीक पुरुरवा है।'[9] पुरुरवा के मन की अभिलाषा और लक्ष्य है–

रक्त की उत्तप्त लहरों की परिधि के पार
कोई सत्य हो तो,
चाहता हूँ, भेद उसका जान लूँ।।
पंथ ही सौंदर्य की आराधना का व्योम में यदि
शून्य की उस रेख को पहचान लूँ।। (अंक-3)

उसके मन में देवी प्रेम की लालसा बढ़तीं जाती है और वह इस पृथ्वी पर उर्वशी के साहचर्य के बावजूद द्विधाग्रस्त और चिंतित है–

चाहिए देवत्व, पर इस आग को धर दूँ कहाँ पर ?
कामनाओं को विसर्जित व्योम में कर दूँ कहाँ पर ?
वह्नि का बेचैन यह रस कोष, बोलो, कौन लेगा ?
आग के बदले मुझे संतोष, बोलो, कौन देगा ? (अंक-3)

उर्वशी की भाव-व्यंजना में प्रेम की रंगीन छटा और उसके तात्त्विक चिंतन के अतिरिक्त अन्य प्रकार के भाव-विचारों की अभिव्यंजना के लिए गुंजाइश बहुत कम है। इसका कारण काव्यवस्तु और कथ्य की सीमाएँ हैं। प्रेमेतर उल्लेखनीय भाव-विचार–उर्वशी के मन में प्रेम और मातृ-हृदय का संघर्ष तथा संतान के प्रति वात्सल्य, उर्वशी के प्रति पति के प्रेम को देखकर सहधर्मचारिणी औशीनरी की वेदना, च्यवन और सुकन्या के दांपत्य-जीवन में समन्वयशील आध्यात्मिक एवं लौकिक भाव-विचार तथा उर्वशी की संतान के लालन-पालन में मातृ-हृदय और वात्सल्य की भावनाएँ हैं।

दिनकर जी के उर्वशी काव्य में भाव-व्यंजना का क्षेत्र प्रधानतः प्रेम भावना तक सीमित हो सकता है। लेकिन कवि ने उसकी अनेक छवियों का रंगीन चित्रांकन ही नहीं किया है, उसकी अनुभूति की छायाओं का निरूपण किया है तथा उर्वशी एवं पुरुरवा के आत्ममंथन और मानसिक संघर्ष या अंतर्द्वंद्व को भी व्यक्त किया है। प्रेम के संबंध में सामान्य तात्त्विक चिंतन भी यथासंदर्भ हुआ है। प्रकृति और

मानवीय रूप के सौंदर्य से कम आकर्षक यह प्रेम-भाव-सौंदर्य नहीं है।

(ऊ) **प्रेम के प्रकार** : सामान्य रूप से प्रेम में नारी पुरुष पर एकाधिकार चाहती है। मदनिका के शब्दों में पुरुष-प्रेम की–

उस आतुरता से न ज्वार आता नारी के मन में
रखा चाहती वह समेटकर सागर को बंधन में। (अंक-2)

प्रेम में नारी सुरक्षा और स्थिरता चाहती है। इसके विपरीत पुरुष का चंचल मन अनेक रूपवती स्त्रियों के प्रति आकृष्ट होता रहता है। मदनिका का ही कहना–

उस पर भी नर में प्रवृत्ति है क्षण-क्षण अकुलाने की,
नई-नई प्रतिभाओं का नित नया प्यार पाने की,
वश में आई हुई वस्तु से इसको तोष नहीं है,
जीत लिया जिसको, उससे आगे संतोष नहीं है।। (अंक-2)

दांपत्य जीवन में साहचर्यजन्य सच्चे प्रेम का आदर्श सुकन्या के इन शब्दों में है जो भारतीय संस्कृति को प्रतिबिंबित करता है–

हृदय नहीं त्यागता हमें यौवन के तज देने पर
न तो जीर्णता के आने पर हृदय जीर्ण होता है। (अंक-4)

उर्वशी में तीन युग्मों के प्रेम की गाथाएँ हैं जिनमें प्रधान उर्वशी और पुरुरवा का है जिसका विस्तार से प्रतिपादन किया गया है। यह प्रेम गार्हस्थ्य न होकर प्रेयसी-प्रियतम का है। दोनों में प्रेम के बावजूद उनके दृष्टिकोण भिन्न-भिन्न प्रकार के हैं जिससे यह प्रेम द्वंद्वात्मक हो गया है। देवलोक की उर्वशी पृथ्वी पर आकर अतींद्रिय प्रेम के स्थान पर ऐंद्रिय प्रेम का सुख भोगना चाहती है। पुरुरवा के आलिंगन पाश में बद्ध होकर भी वह अनुभव करती है कि ऐंद्रिय प्रेम में पुरुरवा उसके समान तन्मय नहीं है और उसका मन और कहीं है–

तन से मुझे कसे हुए अपने दृढ़ आलिंगन में,
मन से किंतु विषाण दूर तुम कहाँ चले जाते हो ?
बरसाकर पीयूष प्रेम का, आँखों से आँखों में
मुझे देखते हुए कहाँ तुम जाकर खो जाते हो ? (अंक-3)

उर्वशी से प्रेम करते हुए भी मर्त्यलोक के पुरुरवा का मन ऊर्ध्वगामी है–वह ऐंद्रिय प्रेम के सुख से अतींद्रिय देवलोक के आध्यात्मिक प्रेम का आनंद पाना चाहता है। उसका प्रेम मात्र शरीर के धरातल पर नहीं रुकता, वह शरीर से ऊपर मन और प्राण के गहन, गुह्य लोकों में प्रवेश करना चाहता है। रस के भौतिक आधार

से उठकर रहस्य और आत्मा के अंतरिक्ष में विचरण करना चाहता है। इस तरह प्रेम के इस बंधन में आकर्षण के साथ अवरोध भी है।

पुरुरवा और औशीनरी के दांपत्य जीवन में पति के अन्य नारी पर अनुरक्त होने के कारण प्रेम के लिए कोई स्थान ही नहीं है। परंपरागत आदर्श भारतीय गृहिणी के रूप में वह चुपचाप इस संबंध-विच्छेद को सह लेती है। इस पर उसके मन में अपार वेदना है, लेकिन उसके पति प्रेम और कर्तव्य निष्ठा पर उसका कोई प्रभाव नहीं पड़ता। वह अपना गार्हस्थ्य धर्म का पालन करती रहती है। उर्वशी पुत्र आयु के प्रति अपने मन में अपनी ही संतान की तरह ममता और वात्सल्य है। अपने पति के व्यवहार से असंतुष्ट होकर भी उसके प्रति शुभाकांक्षा ही रखती है। अपने प्रेम को मन में ही छिपाकर धर्म का पालन करती है। औशीनरी का प्रेम एकनिष्ठ है, किंतु पत्नी के रूप में धर्माचरण में कोई त्रुटि नहीं आने देती।

काव्य में च्यवन और सुकन्या के गार्हस्थ्य जीवन में ही प्रेम का आदर्श रूप मिलता है। च्यवन तपस्वी हैं और सुकन्या सहयोगी गृहिणी है। उनके प्रेम में आध्यात्मिक और लौकिक सौंदर्य एवं अनुराग का अपूर्व सामंजस्य है। सौंदर्य और प्रेम के जिस आध्यात्मिक लोक में पहुँचने की साधना में पुरुरवा असफल होकर संन्यास लेते हैं, उसमें च्यवन अपने समन्वयवादी उदार दृष्टिकोण के कारण सफल हो गए हैं। यह सही है कि यह दांपत्य जीवन आश्रमवासी है, सामाजिक नहीं है। भारतीय संस्कृति में दोनों का अपना-अपना स्थान है और पहले को ही आदर्श माना गया है। सुकन्या का प्रथम परिचय का प्रेम है जिसमें शरीर नए आलोक से भर गया है। प्रेम का आधार यौवन नहीं, हृदय है। साहचर्य में विकसित यह सच्चा मानसिक प्रेम है जो हृदय को माधुर्यपूर्ण बनाता है। यौवन के समाप्त होने पर भी हृदय में यह प्रेम बना रहता है। नारी के रूप में वह प्रेरणादायिनी, ममता-मानवता-करुणामयी और उदारचेता है। पत्नी के रूप में प्रेयसी, माता, सहधर्मचारिणी और शांति प्रदायिनी है। गर्भवती उर्वशी को आश्रय देने और उसकी संतान के ममता और वात्सल्य के साथ पालन-पोषण में च्यवन और सुकन्या दांपत्य-जीवन की महानता को प्रकट करते हैं। सामाजिक जीवन के बीच रहने वाली औशीनरी के प्रेम और वात्सल्य से निस्पृह आश्रमवासियों की भावनाएँ निश्चित ही महान् और सार्वजनीन हैं।

कवि ने प्रेम प्रधान इस काव्य में नारी के प्रेयसी, गृहिणी और माता तीनों रूपों का चित्रण किया है। उनकी समष्टि में ही नारी रूप की समग्रता है। काव्य में प्रेयसी उर्वशी के अनेक चित्रों का अंकन हुआ है। निम्नलिखित वर्णन में प्रेयसी का भावमय रूप साकार हो उठता है—

> श्रुति पट पर उत्तप्त श्वास का स्पर्श और अधरों पर
> रसना की गुदगुदी, अदीपित निशा के अँधियाले में

रसमाती, भटकती उँगलियों का संचरण त्वचा पर,
इस निगूढ़ कूजन का आशय बुद्धि समझ सकती है ? (अंक-3)

गृहिणी के संबंध में औशीनरी के शब्द–

गृहिणी जाती हार दाँव संपूर्ण समर्पण करके।। (अंक-2)
नारी ! उठे जो हूक मन में जीभ पर लाओ नहीं।। (अंक-2)
प्रियतम जहाँ भी हों, बिछे सर्वत्र पथ में फूल हों।। (अंक-2)

मातृरूप के संबंध में रंभा कहती है–

तन हो जाता शिथिल, दान में यौवन गल जाता है।। (अंक-1)

लेकिन उस पर मेनका का कथन है–

पर, हो जाती वह असीम कितनी पयस्विनी होकर ?
युवा जनिन को देख शांति कैसी मन में जगती है।। (अंक-1)

(ऋ) कलात्मक अभिव्यंजना : उर्वशी की अधिकांश पंक्तियों में रूप या भाव को रमणीय चित्रांकन शैली में प्रस्तुत किया गया है। इसलिए अभिव्यंजना-सौंदर्य की विस्तार के साथ चर्चा की आवश्यकता नहीं है। दिनकर जी की उर्वर कल्पना ने कथ्य के आभ्यंतर और बाह्य सौंदर्य को व्यापक, गहरा, सूक्ष्म, वैभवपूर्ण और आकर्षक रूप दिया है। जो कभी प्रत्यक्ष है तो कभी अप्रस्तुतों का सहारा लेकर अभिव्यक्त है। अप्रस्तुत सामान्यतः प्राकृतिक और मानवीय हैं तो सौंदर्य को गरिमामय बनाने के लिए मिथकों और पुराणों से भी लिए गए हैं। छायावाद की तरह अप्रस्तुतों में भी चित्रांकन-पद्धति अपनाई गई है जो मार्मिक भाव-व्यंजक है–

खड़ा सिहरता रहता मैं आनंद विकल उस तरु-सा
जिसकी डालों पर प्रसन्न गिलहरियाँ किलक रही हों
या पत्तों में छिपी हुई कोयल कूजन करती हो।। (अंक-3)

पुरुरवा और उर्वशी का रूप-भाव-निरूपण प्रायः सभी स्थानों पर चित्रात्मक है। उसमें कवि अंतर्मुखी होकर पाठक को भावना या चिंतन की गहराई में ले जाकर रचना को तात्त्विक बनाता है। बिंब-संरचना में भी कभी-कभी अप्रस्तुतों का प्रयोग हुआ है। सौंदर्य और प्रेम के पार्थिव और अपार्थिव द्वंद्व में पुरुरवा की मानसिकता का बिंब–

मैं तुम्हारे बाण का बींधा हुआ खग
वक्ष पर धर सीस मरना चाहता हूँ

मैं तुम्हारे हाथ का लीला-कमल हूँ
प्राण के सर में उतरना चाहता हूँ।। (अंक-3)

प्रतीकों का काव्य में उतना बहुल प्रयोग नहीं है। जो हैं, वे प्राकृतिक हैं जो रूप-सौंदर्य और प्रेमभाव की पुष्टि करनेवाले हैं। वैसे पूरा काव्य लौकिक और आध्यात्मिक सौंदर्य एवं प्रेम के द्वंद्व का प्रतीकात्मक काव्य है।

प्रेमपरक गीतिकाव्य के अनुरूप उर्वशी की भाषा-शैली में संवेगात्मक तीव्रता, माधुर्य और संगीत की लय है। भावों की भाषिक व्यंजना सजीव और शक्तिशाली है जो प्रेम के उद्वेग और द्वंद्व को प्रकट करने का सामर्थ्य रखती है। लय का एक सफल उदाहरण—

हम गीतों के प्राण सघन
छूम छनन छन छूम छनन।
बजा व्योम-वीणा के तार,
भरती हम नीली झंकार,
सिहर-सिहर उठता त्रिभुवन।
छूम छनन छन, छूम छनन।। (अंक-1)

उर्वशी के काव्य-रूप के संबंध में विद्वानों में मतभेद है। उसे प्रबंधकाव्य, महाकाव्य, प्रबंधात्मक गीतिकाव्य, नाटकीय प्रबंध आदि अनेक नामों से अभिहित किया गया है। उसमें प्रबंध की एकसूत्रता और अन्विति है। महाकाव्योचित गंभीरता होने पर भी एकार्थी कामतत्त्व के आख्यान में जीवन-दर्शन की व्यापकता नहीं है। वह गीति-तत्त्व प्रधान सुसंबद्ध प्रबंध अवश्य है। आचार्य हजारी प्रसाद द्विवेदी जी के अनुसार 'बहुत कुछ ताजमहल की भांति गठन में महाकाव्यात्मक परंतु मूलतः गीतिकाव्य के प्राण स्वरूप सुकुमार भावों पर आश्रित है।'[10] कवि ने काव्य को नाटक की तरह अंकों में विभाजित किया है। संवादात्मकता के बावजूद काव्य में नाटकीय तत्त्वों की प्रधानता नहीं है। संवादों में आत्म-मानस-विश्लेषण, आत्मानुभूति की व्यंजना और उर्वशी एवं पुरुरवा के अंतर्द्वंद्व की अभिव्यक्ति है। इन विभिन्न विचारों के बीच उर्वशी को प्रबंधात्मक गीतिकाव्य कहना ही उचित लगता है। इसका तात्पर्य काव्य की अतिरिक्त महाकाव्यात्मकता और नाटकीयता की उपेक्षा करनी नहीं है। काव्य का अभिदान प्रधान गुण के आधार पर ही प्रायः किया जाता है।

(ए) सौंदर्य-भावन और दृष्टिकोण : उर्वशी में कवि ने सौंदर्य-भावन संबंधी कुछ मौलिक समस्याओं को उठाया है। (1) पार्थिव ऐंद्रिय सौंदर्य और आत्मिक या आध्यात्मिक सौंदर्य में कौन अधिक आनंददायी और श्रेष्ठ है ? भारतीय परंपरा आध्यात्मिक सौंदर्य की ओर उन्मुख है जबकि आधुनिक यथार्थवादी दृष्टिगोचर सौंदर्य

को ज्यादा महत्त्व दे रही है। देवलोक की अप्सरा उर्वशी सूक्ष्म आध्यात्मिक सौंदर्य और प्रेम से असंतुष्ट होकर भौतिक सौंदर्य और सुख की खोज में पृथ्वी पर उतर आती है। दूसरी ओर पुरुरवा ऐंद्रिय सौंदर्य और प्रेम से मन में संतुष्ट न होकर उससे परे सौंदर्य और प्रेम के मूल उत्स तक पहुँचना चाहता है। (2) गार्हस्थ्य जीवन में सौंदर्य का आकर्षण और प्रेम साहचर्यजन्य और धार्मिक है। जैसा कि सुकन्या कहती है, यौवन के सौंदर्य का आकर्षण समाप्त होने पर भी हृद्गत सौंदर्य का फूल खिला ही रहता है। पुरुष-पति का चंचल मन पत्नी से अधिक सुंदरी प्रेयसी की ओर आकृष्ट होने पर सौंदर्य का प्रतिमान खंडित हो जाता है। वह हृद्गत न होकर बाह्य रूप पर आधारित माना जाएगा। औशीनरी की वेदना का यही कारण है। इसलिए भारतीय सांस्कृतिक दृष्टि ने काम पर धर्म का नियंत्रण आवश्यक माना है। धर धातु से उत्पत्ति मानने पर धर्म शाश्वतता का द्योतक है और धार् धातु से उसका अर्थ जीवन को धारण करनेवाला सारतत्त्व है। दोनों अर्थों में धर्म से अनुशासित न होने पर काम में सौंदर्य क्षणिक शारीरिक आकर्षण है। समस्या है कि पारिवारिक जीवन में सौंदर्य का क्या स्वरूप है और उसकी क्या भूमिका है (3) लौकिक और आध्यात्मिक रूप-सौंदर्य के समन्वय या तालमेल में सौंदर्य की उलझन सुलझ सकती है तो वह मन की व्यापक एवं उदार चेतना में ही संभव है। च्यवन इसके उदाहरण हैं जो एक ओर गृहस्थ जीवन के सौंदर्य का आनंद अनुभव करते हैं तो दूसरी ओर अपनी तपस्या में सौंदर्य की अलौकिक विभा की अनुभूति पाते हैं। साधना के द्वारा ही यह संभव है। सुकन्या इस साधना में उनकी सहधर्मचारिणी है। गर्भवती उर्वशी को आश्रय देना और उनकी संतान के पालन-पोषण में लौकिक सौंदर्य सार्वजनीन रूप ही नहीं लेता, उसे आध्यात्मिक धरातल पर भी पहुँचा देता है। लौकिक सौंदर्य आध्यात्मिक सौंदर्य का अंग बन जाता है। प्रश्न उठता है कि आश्रमवासी जीवन की यह बात सामाजिक दांपत्य जीवन में कहाँ तक संभव है ? आधुनिक सामाजिक जीवन में सौंदर्य की आकर्षणजन्य विषमताओं और उनके कारण दांपत्य-जीवन के विघटन को देखते हुए समस्या का समाधान दुष्कर लगता है। कवि ने द्वंद्वों से परे दार्शनिक दृष्टि का प्रतिपादन किया है। इससे व्यापक धार्मिकदृष्टि और कर्तव्य-निर्वाह के द्वारा सौंदर्यानुभूति का अनुशासन हो सकता है।

सौंदर्याभिव्यक्ति में कवि ने उसके आधार, प्रकृति, स्वरूप, प्रभाव आदि की कुछ विशिष्ट विशेषताओं की ओर ध्यान आकृष्ट किया है। आकर्षण सौंदर्य का आधार है, जिस आकर्षण में न वस्तु का बोध होता है और न आत्मबोध—

> और तब सहसा
> न जाने ध्यान खो जाता कहाँ पर।
> सत्य ही रहता नहीं यह ज्ञान,

तुम कविता, कुसुम या कामिनी हो।। (अंक-3)

यह सौंदर्य आकर्षक ही नहीं विस्मय-विमुग्ध और तन्मय कर देनेवाला है–

जब से हम-तुम मिले, रूप के अगम फुल्ल कानन में
अनिमिष मेरी दृष्टि किसी विस्मय में डूब गई है,
अर्थ नहीं सूझता मुझे अपनी ही विकल गिरा का;
शब्दों में बनती हैं जो मूर्त्तियाँ, तुम्हारे दृग से
उठने वाले क्षीर-ज्वार में गलकर खो जाती हैं।। (अंक-3)

इस स्थिति का कारण सौंदर्य की अपूर्वता है–

रूपसी नारी प्रकृति का चित्र है सब से मनोहर।। (अंक-3)
नारी का सौंदर्य विश्वविजयिनी, अमोघ प्रभा है।। (अंक-3)

यह अपूर्व सौंदर्य मानव-मन की कल्पना को उत्तेजित करता है–

नहीं, उर्वशी नारी नहीं, आभा है निखिल भुवन की,
रूप नहीं, निष्कलुष कल्पना है स्रष्टा के मन की।। (अंक-1)

रूप की अपूर्वता या चरमसीमा उसे रहस्यमय बनाती है–

यह सीमा प्रसरित है मन के गहन, गुह्य लोकों में,
जहाँ रूप की लिपि अरूप की छवि आँका करता है।। (अंक-3)
यह रहस्यमय रूप कहीं त्रिभुवन में और नहीं है।। (अंक-3)
पंथ हो सौंदर्य की आराधना का व्योम में यदि
शून्य की उस रेख को पहचान लूँ।। (अंक-3)

मानव-तन उस अपूर्व रहस्यमय सौंदर्य का भेद समझना चाहता है, पर वह बोधगम्य नहीं है–

मैं तुम्हारी ओर अपलक देखता एकांतमन से
रूप के उद्गम अगम का भेद सुनता हूँ।। (अंक-3)
मुझमें जिस रहस्य-चिंतक को तुमने जगा दिया है,
उड़ चाहता है वह भावुक उस निरभ्र अंबर में।। (अंक-3)

क्या सौंदर्यानुभूति का रहस्य बुद्धिमय है ? इस निगूढ़ कूजन का आशय बुद्धि समझ सकती है ? कवि बुद्धि के महत्त्व को स्वीकार करता है, लेकिन उसके द्वारा अनुभव का रहस्य जाना नहीं जा सकता–

रक्त बुद्धि से अधिक बली है और अधिक ज्ञानी भी
क्योंकि बुद्धि सोचती है और शोणित अनुभव करता है।। (अंक-3)

रक्त की अनुभूति का विषय सौंदर्य है। उसका प्रभाव आलंबन और दर्शक तक सीमित नहीं है। उसका प्रसार सृष्टिव्यापी है या मन की कल्पना सारी सृष्टि में उसके प्रसार को देखती है—

तुम अनंत सौंदर्य, एक तन में बस जाने पर भी,
निखिल सृष्टि में फैल चतुर्दिक कैसे व्याप रही हो ? (अंक-3)
जब से तुम आईं, पृथ्वी कुछ अधिक मुदित लगती है;
शैल समझते हैं, उनके प्राणों में जो धारा है
बहती है पहले से वह कुछ अधिक रसवती होकर।
जब से तुम आईं, धरती पर फूल अधिक खिलते हैं,
दौड़ रही कुछ नई दीप्ति-सी शीतल हरियाली में।। (अंक-3)

दिनकर जी के सौंदर्य-भावन में अंतिम, किंतु प्रधान प्रश्न सौंदर्य के अतींद्रिय और ऐंद्रिय रूपों के आकर्षण, आनंददायी शक्ति और पारस्परिक महत्त्व का है। देवलोक की अप्सराएँ मर्त्य सौंदर्य में ही आकर्षण और रस मानती हैं—

रंभा : अमिट, स्निग्ध, निर्धूम शिखा-सी देवों की काया है,
मर्त्यलोक की सुंदरता तो क्षण भर की माया है।। (अंक-1)
मेनका : रुके गंध तल, वहाँ प्रेम पर यह प्रतिबंध नहीं है।। (अंक-1)
क्या है यह अमरत्व ? समीरों सा सौरभ पीना है।
पर सोचो तो, मर्त्य मनुज कितना मधु-रस पीता है।। (अंक-1)

उर्वशी और मेनका के विचारों में कोई अंतर नहीं है। वह अपने प्रियतम पुरुरवा के साथ मर्त्य सौंदर्य और रस का आस्वादन करने के लिए स्वर्ग से पृथ्वी पर आ जाती है। इसके विपरीत पुरुरवा मर्त्य, सौंदर्य, रस और सुख की अनुभूति से संतुष्ट नहीं है। ऐंद्रिय सौंदर्य से परे अतींद्रिय सौंदर्य की खोज में व्याकुल है। वह क्या है, आध्यात्मिक है या और कुछ, स्वयं उसे उसका पता नहीं है। उनके शब्दों में—

रूप की आराधना का मार्ग आलिंगन नहीं है।। (अंक-3)
रूप की आराधना का मार्ग आलिंगन नहीं तो और क्या है ?
स्नेह का, सौंदर्य का आहार रस-चुबंन नहीं तो और क्या है ? (अंक-3)

पुरुरवा की दृष्टि पृथ्वी से ऊर्ध्वगामी है—

और नीचे भी नहीं संतोष,
मिट्टी के हृदय से
दूर होता ही कभी अंबर नहीं है।। (अंक-3)

उर्वशी और पुरुरवा की ऐंद्रिय-अतींद्रिय सौंदर्य-दृष्टियों का द्वंद्व ही काव्य का प्रतिपाद्य है। औशीनरी और च्यवन-सुकन्या के गृहस्थ जीवन में सौंदर्य, प्रेम और रस की व्यंजना आनुषंगिक है। कवि ने प्रधान द्वंद्व का कोई स्पष्ट समाधान नहीं दिया है। अंत में पुरुरवा का संन्यास लेना समस्या का उत्तर नहीं है। संभवतः कवि ने सोचा है कि ऐंद्रिय या अतींद्रिय सौंदर्य की ओर उन्मुखता व्यक्ति-मन की या मानव जाति की शाश्वत समस्या है जो सदा बनी रहेगी और अभिरुचि के अनुसार बदलती रहेगी।

उर्वशी में दिनकर जी के सौंदर्य-भावन का केंद्र नारी है। सौंदर्य संबंधी सभी भाव-विचार उसी से संबद्ध हैं। वैसे नारी काम्य है ही, प्रकृति-सौंदर्य नारी-सौंदर्य का उद्दीपक है और पुरुष का रूप-गठन और व्यक्तित्व उसके मन की भावनाओं को उत्तेजित करनेवाला है। तीनों के योग में काव्य में सौंदर्य-भावन से अधिक महत्त्वपूर्ण काम-दर्शन हो गया है या दोनों का समन्वय-सा हो गया है।

कवि ने ऐंद्रिय-अतींद्रिय सौंदर्य पर विचार ही नहीं किया हो और दोनों के समन्वय का प्रयत्न ही नहीं हुआ हो, ऐसी बात नहीं है। मनुष्य द्वंद्वों से संघर्ष करते हुए उनसे परे उठने की साधना से संलग्न रहता है। ऐंद्रिय सौंदर्य से अतींद्रिय अनंत की ओर प्रस्थान करते हुए मनुष्य अनुभव करता है—

यह अगाध सुषमा, अनंतता की प्रशांत धारा में
लगता है, निश्चेत कहीं हम बहे चले जाते हैं।। (अंक-3)

देह और आत्मा का, ऐंद्रिय और अतींद्रिय सौंदर्य का संयोजन, साधना के द्वारा असंभव नहीं है—

मध्यांतर में देह और आत्मा के जो खाई है,
अनुल्लंघ्य वह नहीं, प्रभा के पुल से संयोजित है।। (अंक-3)

साधना से अतींद्रिय या आध्यात्मिक सौंदर्यानुभूति प्राप्त करने पर ऐंद्रिय सौंदर्य की लालसा और अतृप्ति दूर हो जाती है। यह लौकिक द्वंद्वों से, सौंदर्य और असौंदर्य से, परे की स्थिति है—

तन का अतिक्रमण, यानी मांसल आवरण हटाकर
आँखों से देखना वस्तुओं के वास्तविक हृदय को।
और श्रवण करना कानों से आहट उन भावों की,

जो खुलकर बोलते नहीं, गोपन इंगित करते हैं।। (अंक-3)
वह निरभ्र आकाश जहाँ गूढ़ छवि पर से अंबर खिसक गया है,
परम कांति की आभा में सब विस्मित, चकित खड़े हैं,
अधर भूलकर तृषा और शोणित निज तीव्र क्षुधा की।। (अंक-3)

द्वैत स्थिति के समाप्त होने पर अद्वैत भावना में नर-नारी की अलग स्थिति न होकर एक अतींद्रिय भाव का सौंदर्य प्रत्यक्ष होता है—

वह निरभ्र आकाश, जहाँ की निर्विकल्प सुषमा में,
न तो पुरुष मैं पुरुष, न तुम नारी केवल नारी हो,
दोनों हैं प्रतिनिधि किसी एक ही मूल सत्ता के,
देह-बुद्धि से परे, नहीं जो नर अथवा नारी हैं।। (अंक-3)

दिनकर जी ने पुरुष और प्रकृति के सांख्य अद्वैत दर्शन का प्रतिपादन किया है जिसमें प्रकृति माया नहीं है, उसका अपना सौंदर्य और आकर्षण है। उन्होंने सांख्य दर्शन के पुरुष को परमपुरुष या ईश्वर माना है। उर्वशी कहती है कि ईश्वर और प्रकृति भिन्न नहीं हैं—

किसने कहा तुम्हें, परमेश्वर और प्रकृति, ये दोनों
साथ नहीं रहते...
और प्रकृति के रस में जिसका अंतर रमा हुआ है,
उसे और जो मिले, किंतु, परमेश्वर नहीं मिलेगा ?
× × ×
किंतु शुभाशुभ भावों से मन के तटस्थ होते ही,
न तो दीखता भेद, न कोई शंका ही रहती है।। (अंक-3)

उर्वशी इन शब्दों से पुरुरवा को प्रकृति की ओर, ऐंद्रिय सौंदर्य और काम की ओर खींचना चाहती है। इंद्रियों और मन की सहज प्रवृत्तियों के अनुसार सौंदर्य का भोग होना चाहिए जो ईश्वरीय सृष्टि या प्रकृति में सहज प्रवृत्ति-मार्ग है—

मुक्त वही, जो सहज भावना से इसमें बहते हैं।। (अंक-3)

लेकिन उर्वशी के शब्दों में कवि का जीवन-दर्शन भी अंतर्निहित है। ईश्वरीय सृष्टि या प्रकृति में मनुष्य की प्रवृत्ति स्वाभाविक है। उसके द्वारा ऐंद्रिय धरातल पर सौंदर्य और आनंद की अनुभूति प्राप्त होती है। लेकिन वही मानव जीवन का लक्ष्य नहीं है। मनुष्य जैव धरातल से ऊपर उठना चाहता है। वह लौकिक द्वंद्वों से परे दार्शनिक या आध्यात्मिक धरातल पर आत्मा और प्रकृति की अद्वैत स्थिति में अलौकिक

सौंदर्य की अनुभूति प्राप्त करने की साधना में तत्पर रहता है। कोई चाहे तो इस आत्मा और प्रकृति के योग को परमात्मा और प्रकृति की अद्वैत-सिद्धि कह सकता है। इस सामान्य संकेत के अतिरिक्त दिनकर जी ने अलौकिक या आध्यात्मिक सौंदर्य-साधना पर कोई विशेष ध्यान नहीं दिया है। प्रश्न या समस्या को उठाना ही कवि का कार्य है, उसका समाधान ढूँढ़ निकालना व्यक्ति-मन या समाज का दायित्व है।

उर्वशी दिनकर जी की सौंदर्य दृष्टि की अपूर्व कलाकृति है। जिसमें कवि ने सौंदर्य संबंधी ऐसे प्रश्न उठाए हैं जो सौंदर्यशास्त्र की उलझन को व्यक्त करते हैं।

संदर्भ संकेत

1. रामधारी सिंह दिनकर, सं. मन्मथ नाथ गुप्त, आज के लोकप्रिय कवि-7, पृ. 12
2. दिनकर : उर्वशी, भूमिका-ङ
3. वही, भूमिका-ङ
4. रघुवंश : समसामयिकता और आधुनिक हिंदी कविता, पृ. 14
5. कल्पना (पत्रिका) जनवरी 1964 (भगवती शरण जी के लेख के संबंध में प्रतिक्रिया)
6. दिनकर : उर्वशी, भूमिका-छ
7. वही, भूमिका-ग
8. वही, भूमिका-च
9. वही, भूमिका-ग
10. सं. वचन देव कुमार : उर्वशी : विचार और विश्लेषण, आचार्य हजारी प्रसाद द्विवेदी : उर्वशी का काव्यात्मक सौकुमार्य, पृ. 1

अज्ञेय

1. प्रस्तावना

अज्ञेय के काव्य में सौंदर्य-असौंदर्य का अलगाव आसान काम नहीं है। एक ही कविता में कवि सौंदर्य का निरूपण करते हुए चिंतनशील होकर जीवन की यथार्थता और असौंदर्य की झाँकियाँ प्रस्तुत करते हैं। यह असौंदर्य आदर्शोन्मुख भावात्मक सौंदर्य से भिन्न, जीवन के यथार्थ के नए मूल्यों का प्रतिपादन करते हुए सौंदर्येतर अनाकर्षक रूप को संवेद्य बनाता है। कुछ ही रचनाओं में असौंदर्य ने बीभत्स और जुगुप्सा जगाने वाली कुरूपता का रूप धारण किया है।

अज्ञेय के काव्य के सौंदर्यशास्त्रीय अनुशीलन में अनेक नए प्रश्न उठते हैं हैं जिनको समझने के लिए उनके काव्य की भूमिका पर विचार करना आवश्यक है। (1) प्रयोगवादी अज्ञेय का काव्य भारतीय परिप्रेक्ष्य में कहाँ तक प्रस्तुत किया गया है और वह कहाँ तक नवीन पाश्चात्य काव्य-प्रवृत्तियों, चिंतन-धाराओं और रचना-विधान से प्रभावित है। विद्यानिवास मिश्र ने 'आज के लोकप्रिय कवि : अज्ञेय' में उनकी रचना को भारतीय चेतना का ही सहज परिणाम और विकास माना है। 'पश्चिम का प्रभाव अज्ञेय को अधिकाधिक भारतीय बनाने में है। और यही उनके जीवन का वास्तविक अंतर्विरोध है।'[1] 'दक्षिण भारत को इन्होंने बचपन के बाद फिर नई समग्र दृष्टि से देखा और अपने चित्त को भारतीय संस्कार की मूर्त्त अभिव्यंजना से परिष्कृत किया। ..कई बार खजुराहो जाकर भारतीय कलाकार की सौंदर्य दृष्टि को समझने का मौका मिला।'[2] 'एक प्रकार से सागर और हिमालय के बीच में उनकी कविता पेंग भरती रही। भारत की प्रकृति से जुड़ने के इस प्रयत्न के साथ-साथ अज्ञेय ने भारतीय समाज में घटित होनेवाले परिवर्तनों को भी बहुत पैनी दृष्टि और भीतरी दर्द से देखा और मूल्यहीनता की नई बाढ़ से आतंक का अनुभव किया।'[3] मिश्र जी ने अज्ञेय के जीवन के जिन तथ्यों की ओर संकेत किया है, वे सत्य अवश्य हैं। लेकिन उनके विचारों और निष्कर्षों के साथ मतभेद हो सकता है।

कवि के भारत-पर्यटन, पर्वत प्रदेशों में प्रकृति-सौंदर्य-दर्शन, भारत के स्वतंत्रता संग्राम में सक्रिय भाग लेना, स्वतंत्रता के बाद भी सामाजिक-शोषण आदि उनकी रचनाधर्मिता के अप्रत्यक्ष और प्रतीकात्मक रूप में ही अंग बन पाए हैं। भारतीय प्रकृति के पेड़-पौधों और फूल-पत्तों का सांकेतिक ही नहीं प्रत्यक्ष वर्णन भी किया गया है। लेकिन उनके काव्य का परिवेश समष्टि रूप में भारतीय नहीं लगता। उसका कारण, पाश्चात्य चिंतन के प्रभाव से जीवन की परिस्थितियों, परिवेश और गतिविधि में व्यष्टि-समष्टि की या वैयक्तिक-सामाजिक उलझनों में मानव जीवन की समस्याओं का समाधान पाने का प्रयत्न है। कवि की रचनात्मकता का निर्णय, कृतित्व के अंतर्भूत लक्ष्यों के आधार पर ही होना चाहिए।

(2) इस संदर्भ में दूसरा प्रश्न यह उठता है कि अज्ञेय के काव्य को भारतीय काव्य-परंपरा का विकास कहाँ तक माना जा सकता है ? किसी तरह खींचतानी करके छायावादी काव्य को भारतीय आध्यात्मिकता, संस्कृति और रचना से जोड़ा गया है। उसके बाद प्रयोगवादी काव्य सच्चे अर्थ में आधुनिकताबोध की रचना है जिसका परंपरा के साथ संबंध नाममात्र का है। काव्य के क्षेत्र में जीवन के अनुरूप आधुनिकता का ग्रहण अवांछनीय या वर्जित नहीं है। टी.एस. इलियट का कहना है कि 'मनुष्य ज्यों-ज्यों प्रौढ़ होता जाता है, उसकी प्रवृत्ति नई विषय-वस्तु के प्रति मुड़ती चली जाती है, दूसरे शब्दों में वह पुरानी वस्तु को ही नए शिल्प में ढालने लगता है।'[4] नए प्रयोगों के बावजूद इलियट परंपरा के महत्त्व को स्वीकार करते हैं। परंपरा के संबंध में अज्ञेय ने भी अपने विचारों को प्रकट किया है जो कहीं-कहीं पर परस्पर विरोधी भी हैं। 'एक तो कवि इसलिए 'मुक्त' है कि वह परंपरा को बदलता चलता है–चल सकता है। यानी वह परंपरा से नहीं, केवल पुरानी परंपरा से मुक्त हो सकता है, परंपरा को निरंतर नया रूप देते रहकर। और जब तक वह यों परंपरा में कुछ जोड़ता चलता है, तब तक वह नया होता चलता है, और मुक्त होता चलता है।'[5] 'मेरा विश्वास है कि नई संस्कृति आएगी, जब वह आएगी तब उसका सांस्कृतिक परंपरा से संबंध भी न केवल होगा बल्कि लक्ष्य होगा, जीवन स्पंदित होगा। पर अभी ? अभी तक का दर्द नई संस्कृति के आविर्भाव का नहीं, पुरानी जकड़ का या उसकी टूटने का ही दर्द है।'[6] अज्ञेय रूढ़ि और परंपरा में अंतर करके पहले का ही विरोध करते हैं। संस्कृति और साहित्य में आंतरिक मनोवैज्ञानिक संबंध है। सांस्कृतिक विकास में ही नए काव्य सौंदर्य का उन्मेष संभव है। अपनी रचना में भी आधुनिकता का समर्थन करते हुए अज्ञेय ने पुरानी रूढ़ियों का विरोध किया है–

अगर मैं तुमको
ललाती साँझ के नभ की तारिका

अब नहीं कहता...
ये उपमान मैले हो गए हैं।
देवता इन प्रतीकों के कर गए हैं कूच
कभी बासन अधिक घिसने से मुलम्मा छूट जाता है।
(हरी घास पर क्षण भर, पृ. 57)

पर कवि परंपरा के महत्त्व को स्वीकार करते हुए उसे नए रूप में ढालता है और आधुनिक नए रूपों को ढूँढ़ता रहता है—

किसी का सत्य था,
मैंने संदर्भ में जोड़ दिया।
कोई मधुकोष काट लिया था,
मैंने निचोड़ लिया।
× × ×
यों मैं कवि हूँ, आधुनिक हूँ, नया हूँ :
काव्य तत्त्व की खोज में कहाँ नहीं गया हूँ?
(अरी ओ करुणा प्रभामय, आज के लोकप्रिय हिंदी कवि अज्ञेय, पृ. 62-63)

अज्ञेय परंपरा के स्वस्थ पहलुओं के ग्रहण के पक्ष में हैं। लेकिन उनका काव्य भारतीय सांस्कृतिक और रचनात्मक परंपरा की अपेक्षा आधुनिक ढाँचे में ही अधिक ढला हुआ है। वाल्मीकि और कालिदास, सूर और तुलसी, प्रसाद और निराला की सांस्कृतिक चेतना, काव्य दृष्टि, कथ्य और रूप के साथ अज्ञेय के काव्य का संबंध-स्थापन असंभव नहीं तो कठिन अवश्य है।

(3) अज्ञेय के काव्य के संबंध में उठने वाला तीसरा प्रश्न आधुनिकता और उसके सौंदर्य का है। प्राचीन परंपरा और पिछले युग की दृष्टि को छोड़कर वर्तमान युग की सभ्यता और संस्कृति के अनुरूप नवीन दृष्टि को अपनाना सामान्य अर्थ में आधुनिकता है। उसमें जीवन और उसकी मूल्य-व्यवस्था की परिवर्तनशीलता अंतर्निहित होती है। नए परिवेश में बुद्धिजीवी वर्ग की चिंतनशीलता के परिणामस्वरूप उसका विकास होता है। भौतिक दृष्टि, भौतिक वस्तु जगत् में ऐंद्रिय आनंद की अनुभूति, अपने अस्तित्व की रक्षा, व्यक्ति की स्वतंत्रता, पूँजीवादी व्यवस्था में शोषण, सामाजिक योगक्षेम, वर्गीय भावना, मानव मन के विश्लेषण के द्वारा जीवन के मूल प्रेरणा स्रोतों का अनुसंधान, धार्मिक परंपरागत दृष्टि का त्याग, सृष्टि के रहस्यों का वैज्ञानिक अन्वेषण, तर्क और प्रयोग के द्वारा सत्य का अन्वेषण, जीवन और उसके विकास के संबंध में मुक्त एवं स्वतंत्र दार्शनिक चिंतन आदि बिंदुओं को आधुनिक सांस्कृतिक चेतना की प्रमुख दिशाएँ कह सकते हैं। संक्षेप में आधुनिकता

की आधारभूमि वैज्ञानिक दृष्टिकोण, मनोवैज्ञानिक अनुसंधान, व्यक्तिवादी मूल्यों की स्थापना, प्रजातंत्रात्मक भावना, मार्क्सवादी भौतिक-चिंतन और उदारतावादी एवं नवमानववादी दृष्टि हैं। इनमें से प्रधानतः व्यक्तिवाद, मनोविश्लेषण, ऐंद्रिय संवेदनों से मानसिक चिंतनशीलता की ओर प्रस्थान, यथार्थवादी जीवन की व्याख्या, नवमानववाद और सृष्टि एवं जीवन के रहस्यों पर दार्शनिक चिंतन—अज्ञेय के काव्य में अभिव्यक्त होकर उनकी रचना को आधुनिक बनाते हैं। काव्यवस्तु और कथ्य की दृष्टि से दर्शन, व्यक्तित्व के पूर्ण विकास एवं उसकी स्वतंत्र सत्ता, प्रकृति का नया आख्यान, जीवन में शोषण की प्रतिक्रिया, यथार्थता और दर्द तथा जीवन में योग एवं आनंद की प्राप्ति की साधना को कवि ने अपनी रचना में महत्त्व दिया है। इस आधुनिक जीवन-दर्शन ने नवीन सौंदर्य दृष्टि की अनेक दिशाएँ खोल दी हैं। उसमें वस्तुवाद, भोगवाद और आनंदवाद का समन्वय है। जीवन की यथार्थता की अभिव्यक्ति में असौंदर्य भी समाविष्ट हो गया है जिसके द्वारा जुगुप्सा और परिवर्तनशीलता पर बल दिया गया है या उस पर नए मूल्यों का आरोप किया गया है जिससे असौंदर्य सौंदर्य न बना हो, लेकिन ग्राह्य और आस्वाद्य हो गया है।

(4) अज्ञेय प्रयोगवादी कवि हैं। कविता के क्षेत्र में प्रयोगवाद नवीन रूपात्मक प्रयोग मात्र नहीं है। प्रत्येक वाद का अपना जीवन-दर्शन या दृष्टि, नवीन कथ्य या भाव व्यंजना और रूपात्मक प्रयोग एवं भाषिक संरचना होती है। अज्ञेय के काव्य को प्रायः व्यक्तिवादी और क्षणवादी कहा जाता है। लेकिन व्यक्ति में पूर्णता और क्षण में अनंतता की खोज उनके काव्य की विशेषता है। उनके जीवन-दर्शन में मैं और हम का, व्यक्ति और समाज का, व्यष्टि और समष्टि का तथा सामान्य और विशेष का संघर्ष और समन्वय दिखाई देता है। भाव-व्यंजना वस्तु-जगत् की अंतःसलिला है जो अनुभूति से अधिक संवेदना और चिंतन को महत्त्व देती है। रूप-संरचना वस्तुनिष्ठ और यथार्थोन्मुख आधार पर नवीन अभिव्यंजना प्रणालियों में है। इस संदर्भ में कवि के अपने विचार द्रष्टव्य हैं—'हम नित्य का प्रयोग दुहरे अर्थ में करते हैं : जो सदैव है और रहेगा वह भी नित्य है, और जो निरंतर बदलता जाता है वह भी नित्य नया है। 'अनित्य' वही है जो एक बार बदलकर फिर नहीं बदलता।'[7] कविता की नित्य प्रवाहशीलता, परिवर्तन और प्रयोग के संबंध में विद्यानिवास मिश्र के विचार भी प्रयोगवादी कवि अज्ञेय के काव्य को समझने में सहायक हैं। अज्ञेय के संघर्षशील और कभी-कभी परस्पर विरोधी भावों पर उनके व्यक्तित्व की छाप है। 'इन विरोधी गुणों के समवाय से कोई 'टाइप' न बनकर व्यक्ति बने, यह कुछ अद्‌भुत जरूर है।'[8] 'अज्ञेय की दृष्टि में व्यष्टि का अभिमान विश्वजन की अर्चना में बाधक नहीं साधक है।'[9] 'वे विरोध वस्तुतः संघर्ष और असंघर्ष में देखते हैं। 'मैं' और 'हम' की एकता और अनेकता में देखते हैं। अज्ञेय के आरंभिक कृतित्व में हल्के रूप में 'मैं' और 'हम' के विरोध का आभास है,

पर बाद की कविता इस विरोध के ऊपर उठ गई है।'[10] सर्जनात्मक भाषा प्रयोग के महत्त्व की ओर संकेत करते हुए अज्ञेय कहते हैं कि साधारण भाषा 'कवि के इस्तेमाल में आते ही वह विशिष्ट हो जाती है—एक-एक शब्द विशिष्ट को जाता है। बल्कि सर्जक प्रयोग वही है जिससे ऐसा हो जाय। जैसे कवि दृष्टि 'आम' आदमी को खास बनाती है, वैसे ही कवि-प्रयोग आम शब्द को खास बनाता है।'[11] कथ्य, रूप और भाषा की यह विशिष्टता ही सच्ची कला या कविता की पहचान है। 'कवि अपने अद्वितीय पात्र की अद्वितीयता को (और अद्वितीयता के बावजूद भी) आम सर्वसंवेद्य और सर्वग्राह्य बना सके तो आपने अपना काम किया और ठीक किया।'[12] छायावाद की तरह प्रयोगवाद के कथ्य और शिल्प पर अनेक आक्षेप किए गए हैं। परंपरा से भिन्न प्रत्येक प्रवृत्ति के प्रयोगों का यह विरोध स्वाभाविक है। छायावादी कवियों ने स्वयं अपनी रचना की पृष्ठभूमि और काव्य दृष्टि पर निबंध लिखकर अपने कृतित्व का समर्थन किया है तो प्रयोगवादियों ने अपने वक्तव्यों और लेखों के द्वारा 'प्रयोग' के काव्यत्व को सिद्ध करने का प्रयत्न किया है।

(5) अज्ञेय की काव्य-रचना छायावादी प्रवृत्ति के कथ्य और शिल्प के ढाँचे को अपनाकर आरंभ हुई है। जब निशि ने घूँघट हटाकर सूर्य को देखा तो चाँद ने उदास होकर—

> प्रियतम से मिलने सत्वर, संभ्रांत चली वह आई,
> उसको निज अंक लगाकर, शशि ने जीवन गति पाई।
>
> (चिंता, द्वि. संस्करण, पृ. 144)

'चिंता' के बाद कुछ कविताओं पर छायावादी अभिव्यंजना-पद्धति का प्रभाव दिखाई पड़ने पर भी कथ्य में नवीन आधुनिकताबोध ही व्यक्त हुआ है। बाद को 'इत्यलम' में प्रयोगवादी दृष्टि, कथ्य और रूप की अभिव्यक्ति में नवीन सौंदर्यबोध का परिचय मिलता है। कथ्य और उसमें अंतर्लीन भाव-विचारों की दृष्टि से विद्यानिवास मिश्र ने अज्ञेय के काव्य को चार चरणों में विभक्त किया है।[13] पहला है विद्रोह और हताश का (चिंता और इत्यलम), दूसरा है अपने भीतर शक्ति-संचय का (हरी घास पर क्षण भर, बावरा अहेरी और इंद्रधनु रौंदे हुए ये), तीसरा है बिना किसी आशा के आत्मकदान में सार्थकता पाने का (अरी ओ करुणा प्रभामय, आँगन के पार द्वार और कितनी नावों में कितनी बार) और चौथा है मानवीय दायित्व-बोध के साथ-साथ भारतीय अस्मिता की पहचान का (क्योंकि मैं उसे जानता हूँ, सागर मुद्रा और पहले मैं सन्नाटा बनता हूँ)। इस विभाजन में भाव-विचारों की एक क्रमिक परिणति दिखाई देती है—बहिर्मुखता से अंतर्मुखता की ओर, उससे आत्मोन्नति और आत्म-प्रसार की दिशा में तथा अंत में सार्वभौमिकता और रहस्यात्मकता की प्रवृत्ति की तरफ। संघर्ष, अंतर्द्वंद्व, प्राप्ति और प्रसार की प्रौढ़ता के अनुरूप सौंदर्य दृष्टि में निखार

स्वाभाविक है। अज्ञेय की कविता 'वह जहाँ कहीं वक्तृता के प्रभाव से या सफाई के आग्रह के मुक्त है, शुद्ध कविता है। ...बिंबों का वैचित्र्य भी ऐसा है जो अपरिचित न होते हुए भी नए परिचय का रस देता है, वही दीप, वही मुकुर, वही कोकनद, वही सागर, वही लहर, वही नैवेद्य, वही आहुति अज्ञेय की कविता में नया प्राण पा जाते हैं।'[14]

(6) अज्ञेय छायावादोत्तर प्रयोगवाद के लब्ध प्रतिष्ठ कवि हैं। 'तार सप्तकों' के संपादन के द्वारा उन्होंने प्रयोगवादी नई कविता का पथ प्रशस्त कर दिया है। प्रयोगवादी कवियों में भी उनका अपना विशिष्ट व्यक्तित्व और रचनात्मक दिशाएँ हैं। लेकिन उनको 'आज का लोकप्रिय हिंदी कवि' कहने में संकोच होता है। समीक्षकों के विरोध की बात छोड़ दीजिए, उच्च शिक्षित वर्ग में भी उनकी कविताएँ लोकप्रिय नहीं लगतीं। यह उनके कृतित्व पर आक्षेप नहीं है, सामान्योन्मुखता के अभाव का द्योतक है जिसके कारण कोई कवि लोकप्रिय बनता है।

अज्ञेय के काव्य पर प्रमुख आक्षेप दुरूहता का है। पहले छायावादी भाव-व्यंजना और रूपविधान पर भी यह आक्षेप हुआ था। लेकिन छायावादी अप्रस्तुतों, बिंबों और प्रतीकों के द्वारा अंतर्मुखी भाव-व्यंजना और अनुभूति को समझने में देर नहीं लगी। क्योंकि वे प्रधानतः प्रकृति से ही नहीं लिए गए हैं, उनकी व्यंजना भी काव्य-परंपरा से बहुत भिन्न नहीं है। अज्ञेय ने भी परंपरा से ही अप्रस्तुतों को लिया है, लेकिन उनकी व्यंजकता बिलकुल भिन्न प्रकार की, नई है। उनके प्रतीकों का गूढ़ार्थ समझने में काफी कठिनाई होती है। उनकी बिंब-संरचना भी कुछ विशिष्ट प्रकार का, नवीन रूप में है। इन सबसे अधिक जटिल अज्ञेय के भाव-विचारों की उलझन है। पता नहीं किन-किन भारतीय स्रोतों और पाश्चात्य नवीन चिंतन से उन्हें ग्रहण करके, आत्मसात् करके अपनी दृष्टि के अनुरूप नवीन ढाँचे में ढाला है और व्यंजक, कलात्मक और भाषिक अभिव्यंजना दी है। अध्ययन और आख्यान के द्वारा कालक्रम में यह दुरूहता दूर होकर काव्य-सौंदर्य का आस्वादन हो रहा है। स्वयं कवि इस कठिनाई और दुरूहता से अनभिज्ञ नहीं है। 'जयतु हे कण्टक चिरंतनः' में कवि कहते हैं—

किंतु कविते ! कुलिश-सी कटुक्लिष्ट
लोह के हे चणक, जय, तेरी सदा जय हो।

× × ×

मुक्त मेरे छंद, भाषा मुंक्ततर, है मुक्ततम मम भाव पागल के।
ज्ञेय हो, दुर्ज्ञेय हो, अज्ञेय निश्चय हो,
अर्थ के अभिलाषियों से सतत निर्भय हो,
असुर दुर्दम, दैत्य-कवि, तेरी सदा जय हो।

(तार सप्तक, अज्ञेय, पृ. 285)

यह अज्ञेय की कविता को अर्थहीन कहनेवाले समीक्षकों और पाठकों का उत्तर हो सकता है, लेकिन अनजाने उनकी कविता की दुरूहता की ओर भी संकेत करता है।

दुरूहता से संबद्ध समस्या संप्रेषण की है। काव्य आत्माभिव्यक्त है या संप्रेषण, यह विवादास्पद विषय है। अज्ञेय की दृष्टि में कविता कवि की आत्मा की पूर्णता को अभिव्यक्त करती हुई भी समाज के प्रति है। सामाजिक दायित्व को निभाना कवि का कर्तव्य है। कवि-कर्म में सामान्य भाषा विशिष्ट बनती है। उसका काव्योचित परिष्कार होकर सृजन-प्रक्रिया में भावाभिव्यक्ति का सार्थक माध्यम बनती है। अज्ञेय कहते हैं—

> आपको, कमपि को, क ख ग को
> अपनी सी पहचनवा सकें,
> रसमय करके दिखा सकें
> शाश्वत हमारे लिए वही है। (इंद्रधनु रौंदे हुए ये, पृ. 44)

अज्ञेय आधुनिक युग को संक्रांति का युग कहते हैं। 'हमारा युग संक्रांति का युग है। सब ओर परिवर्तन एक नियति से हमें खींच लिए जा रहा है।... समाज संगठन में, राज्य व्यवस्था में, साहित्य की ओर आएँ तो...वस्तु और शैली में, तुक और छंद में सर्वत्र घोर परिवर्तन हो रहा है।'[15] इस संक्रांति की स्थिति में भारतीय और पाश्चात्य सभ्यताओं, संस्कृतियों और चिंतन धाराओं का संघर्ष चल रहा है। मानव जीवन उनके द्वारा उत्पन्न अंतर्द्वंद्वों और विषमताओं में से गुजर रहा है। मानव मन की जटिलता और उलझन काव्य में भी प्रतिफलित होकर दुरूहता को बढ़ा रही है। लेकिन संघर्ष, अंतर्विरोध, अंतर्द्वंद्व, जटिलता और उलझन, सौंदर्य भावना को गहराई देनेवाले तत्त्व हैं।

2. सौंदर्यबोध के निर्धारक तत्त्व

अज्ञेय का सौंदर्यबोध वस्तुनिष्ठ और यथार्थोन्मुख है। वस्तुनिष्ठता में अनुभूति से कहीं अधिक वस्तु की प्रतिक्रिया और उससे निष्पन्न संवेदनों तथा चिंतनशीलता दिखाई देती है। यथार्थोन्मुखता में कल्पना और भावना का अधिक महत्त्व नहीं है। परिसर में वस्तु की वास्तविक स्थिति और गतिविधि को देखते हुए सौंदर्य दृष्टि अंतर्मुखी होकर तथ्य से सत्य की ओर अग्रसर होती है। इस सौंदर्यबोध के विकास की मूलभूत परिस्थितियों, प्रेरणा स्रोत और चिंतन धाराएँ बहुमुख हैं। उनके प्रभाव में सौंदर्यबोध का विकास भी होता गया है।

(1) स्वतंत्रता के पूर्व राजनीतिक और धार्मिक परिस्थितियों में संघर्ष और विद्रोह की भावना ने सौंदर्यबोध को परंपरा से काट कर निराशा और अनास्था के

साथ नवीन सौंदर्यबोध के विकास में योग दिया है। (2) स्वतंत्रता के बाद की भ्रष्टाचारिता और मूल्यहीनता ने सौंदर्यबोध में आत्म-शोध को जन्म दिया है। (3) सामाजिक क्षेत्र में व्यष्टि और समष्टि में संघर्ष ने सौंदर्यबोध को व्यक्तिवादी ढाँचे में ढाला है। (4) सांस्कृतिक चेतना में पुराने और नए का; भारतीय और पाश्चात्य दृष्टियों में विरोध और द्वंद्व के कारण सौंदर्यबोध में गहराई आई है। (5) भारतीय जीवन में संपन्न और निर्धन वर्ग भेद और दूसरे के शोषण के कारण उत्पन्न पीड़ा के कारण सौंदर्यबोध ने यथार्थोन्मुख रूप धारण किया है। (6) आधुनिक चेतना को प्रभावित करने वाले प्रधान बिंदु हैं—वैज्ञानिक दृष्टिकोण, मनोविज्ञान एवं मनोविश्लेषण, प्रजातंत्रात्मक भावना, व्यक्तिवाद, भौतिकतावाद तथा मार्क्सवाद। अज्ञेय का सौंदर्यबोध दूसरे और चौथे से ही प्रत्यक्ष प्रभावित है। भौतिक दृष्टि ने क्षण के भोग की ओर प्रेरित किया है और बाद को अंतर्दर्शन ने क्षण के आनंद में शाश्वत अनंत आनंद और सौंदर्य को देखा है। इसी भौतिकतावादी दृष्टि ने ही सौंदर्यबोध को वस्तून्मुख और यथार्थवादी रूप दिया है। (7) आधुनिक काल में दार्शनिक और साहित्यिक क्षेत्र में विकसित प्रधान विचारधाराएँ या वाद हैं—यथार्थवाद, उदारतावाद, मानवतावाद, अस्तित्ववाद और भौतिक भोग या आनंदवाद। अज्ञेय यथार्थवाद और भौतिक वस्तुवाद एवं आनंद से प्रभावित हैं। पहले के अंतर्गत भारतीय जीवन की विषमता, जन-सामान्य का शोषण, पीड़ा और कहीं-कहीं सहानुभूति का निरूपण हुआ है, यद्यपि प्रधानतः उनकी व्यंजना तटस्थ रूप में है। वस्तुवादी चित्रण में उसके सौंदर्य, सार्थकता, उसके तह में जाकर गंभीर चिंतन और आनंद की अभिव्यक्ति है। अज्ञेय ने वाद-विशेष से सैद्धांतिक रूप में न बँधकर स्वतंत्र रूप में अपने अनुभवों को रूप दिया है। इस संदर्भ में ज़ीवन की यथार्थता की अभिव्यक्ति में अज्ञेय के काव्य के कुछ विशेष पहलू भी सामने आए हैं—कालावधि में क्षण के अनुभव को ही महत्त्व देकर उसमें सौंदर्य-दर्शन तथा महानता के साथ अल्पता और लघुता की ओर भी दृष्टिपात करते हुए उनकी सार्थकता की व्यंजना। (8) काव्य-साधना के अंत तक आते-आते उनकी कुछ कविताओं में अंतर्मुखी जीवन-दर्शन में आत्मवाद और रहस्यात्मकता के संकेत मिलते हैं। ये शुद्ध आध्यात्मिक रचनाएँ नहीं हैं, लेकिन काव्य की भूमिका वस्तुवादी न होकर एक अलौकिक आलोकमयता से परिवेष्टित है। 'आँगन के पार द्वार' में अंतर्जगत् और बहिर्जगत् के सामंजस्य का, मौन के माध्यम से विराट के साथ संबंध-स्थापन का तथा जीवन के प्रश्नों के उत्तर पाने की आरंभिक साधना है। 'कितनी नावों में कितनी बार' में 'कितनी डगमग नावों बैठकर, धीर आश्वस्त अक्लांत कवि अपनी इस छोटी सी ज्योति, अनबुझे सत्य की ओर गया है। बाहर के तीखे निर्मम प्रभामंडलहीन प्रकाश में जो कुछ दिखाई देता है वह सत्य नहीं—तथ्य मात्र है।'[16] यह कवि के सौंदर्यबोध के उत्कर्ष की सीमा है।

(9) भारत का ही नहीं, सारे संसार का विस्तृत भ्रमण करनेवाले यायावर कवि के व्यक्तित्व में जिन गुण-धर्मों का विकास हुआ है और व्यक्तित्व में जो प्रौढ़ता आई है, उसका कवि के सौंदर्यबोध पर गहरा प्रभाव स्वभाविक है। आधुनिक कवियों में अज्ञेय जैसा प्रौढ़ व्यक्तित्व शायद ही और किसी कवि का है। उसमें अस्मिता की पहचान और आस्था, पीड़ा को सहने की शक्ति, संघर्षशीलता और विरोध तथा निराशा में भी पौरुष के साथ जीवन का सामना करना, पुराने-नए और भारतीय-पाश्चात्य संस्कृतियों और मूल्य-व्यवस्था के विरोध में अंतर्द्वंद्व, अकेलापन और मौन रहना, व्यापक अनुभूति और गत्वर आवेग, सार्वभौमिक मानवता और मानवीय मूल्य-व्यवस्था का आग्रह, अनासक्ति, मुक्तता, उत्सर्ग, आत्मसमर्पण, जीवन से परे आलोक का अन्वेषण और आनंद—इतने पहलुओं और दिशाओं का विस्मयकारी समन्वय और सामंजस्य है। अज्ञेय के काव्यों को समष्टि रूप में लेने पर ही इस व्यक्तित्व के विकास और प्रौढ़ता से अवगत होंगे। उनकी कविताओं में इस व्यक्तित्व के किसी एक पहलू से प्रभावित सौंदर्यबोध का आभास मिलेगा।

अज्ञेय ने अपने काव्यों में जीवन के संबंध में अनेक प्रश्न उठाए हैं जिनका समाधान भावी मानवता के विकास पर निर्भर करता है। उन्होंने अपनी काव्य-रचना में मानव जीवन का एक उज्ज्वल विजन प्रस्तुत किया है। खेद की बात है कि उन्होंने अपनी जीवन-दृष्टि को एक संबद्ध महाकाव्य का रूप नहीं दिया है।

3. रूप-वर्णन

अज्ञेय ने रूपाभिव्यक्ति में सौंदर्य के अतिरिक्त सौंदर्यहीनता, कहीं-कहीं कुरूपता, रूप के मूल तत्त्वों के विश्लेषण, रूप के प्रभाव और उसके संबंध में चिंतन, रूप की सार्थकता एवं महत्त्व पर भी विचार किया है। उन्होंने रूप-सौंदर्य-निरूपण में परंपरागत काव्य-सीमाओं का उल्लंघन करते हुए यथार्थता और लघुता पर दृष्टिपात करते हुए वस्तु-वैविध्य के अनुरूप रूप के बहुमुखी आयामों की ओर संकेत किया है। यह रूप की यथार्थवादी प्रतिक्रिया है। विशेषतः छायावादी भावात्मक रूप-सौंदर्य की व्यंजना के बाद एक नवीन प्रयोग है।

(क) प्रकृति वर्णन : अज्ञेय ने रूपांबरा की भूमिका में लिखा है—'नई काव्य-प्रवृत्तियों को सामने रखकर एक अर्थ में कहा जा सकता है कि प्रकृति काव्य अब वास्तव में है ही नहीं। एक विशिष्ट अर्थ में यह भी कहा जा सकता है कि छायावाद का प्रकृति-काव्य अपनी सीमाओं के बावजूद अंतिम प्रकृति काव्य था।'[17] लेकिन प्रकृति और मानव जीवन का विच्छेद उतना सरल काम नहीं है। महानगरीय और यांत्रिक सभ्यता के जीवन पर भी प्रकृति का प्रभाव किसी न किसी रूप में रहता है। काव्य के क्षेत्र में प्रत्यक्ष-अप्रत्यक्ष तथा प्रस्तुत-अप्रस्तुत रूप में उसकी व्यंजना होती है। स्वयं अज्ञेय का काव्य इसका प्रमाण है। पुराने और नए रूपों

में अंतर इतना ही है कि पहले में सौंदर्य की प्रधानता है जबकि दूसरे में सौंदर्य के अतिरिक्त प्रभाव, प्रतिक्रिया और चिंतन को महत्त्व मिल रहा है।

अज्ञेय के काव्य में जल, स्थल और अवकाश संबंधी विविध प्राकृतिक वस्तु-समुदाय की ओर संकेत मिलते हैं। पहले के द्वारा गतिशीलता, जीवन-शक्ति, अनंतता आदि प्रकृति-सौंदर्य को गतिशील प्राणमय रूप देते हैं (निर्झर, नदी, सागर, और जलगत मछली, द्वीप आदि)। दूसरे के द्वारा स्थिरता, गंभीरता, महानता, अनंतता आदि के अतिरिक्त सजीवता और क्रियाशीलता आदि प्रकृति-सौंदर्य की शक्तिमत्ता, व्यापकता, ओजस्विता की व्यंजना करते हैं। (पहाड़, जंगल, पेड़-पौधे, फूल आदि)। उदात्त, विराट, व्यापक और रहस्यमय सौंदर्य की सृष्टि करनेवाला तीसरा वर्ग ब्रह्मांड में व्याप्त प्राकृतिक वस्तु समुदाय है (आकाश, सूर्य-चाँद, नक्षत्र आदि)। ये दूरी के कारण छोटे लगते हैं। विराट और लघु, स्थितिशील-गतिशील तथा तीक्ष्ण-शीतल वस्तु के रूप और गुण-धर्मों के साथ सौंदर्य-असौंदर्य का संबंध नहीं है। कवि ने सब के अंतर्दर्शन के साथ मानव जीवन की व्याख्या का प्रयत्न किया है।

पहले अज्ञेय की आरंभिक रचना में छायावादी प्रकृति-सौंदर्य-दर्शन की ओर संकेत किया गया है। प्रयोगवादी कवि के रूप में उनके प्रकृत-सौंदर्य-वर्णन की विशेषताएँ हैं—मानवीकरण, ऐंद्रियता, व्यापकता, पूर्णता, प्रकृति के प्रति सहज भाव तथा स्मृति रूप हैं जिनके कुछ उदाहरण प्रस्तुत हैं—

पीपल की सूखी डाल स्निग्ध हो चली
सिरिस ने रेशम से वेणी बाँध ली
नीम के भी बौर से मिठास देख
हँस उठी है कचनार की कली
टेसुओं की आरती सजा के
बन गई वधू वनस्थली।

(मानवीकरण) (बाबरा अहेरी, पृ. 18)

घिर गया नभ, उमड़ आए मेघ काले,
भूमि के कंपित उरोजों पर झुका सा
विशद, श्वासाहम, चिरातुर
छा गया इंद्र का नील वक्ष—
वज्र-सा, यदि तड़ित से झुलसा हुआ-सा।

(ऐंद्रियता) (तारसप्तक, सावन-मेघ, पृ. 276)

मैंने धूप से कहा : मुझे थोड़ी गरमाई दोगी उधार ?
चिड़िया से कहा : थोड़ी मिठास उधार दोगी ?

मैंने घास की पत्ती से पूछा : तनिक हरियाली दोगी ?
× × ×
मैंने आकाश से माँगी
आँख की झपकी-भर असीमता-उधार (व्यापकता)
(आज के लोकप्रिय हिंदी कवि अज्ञेय, सबेरे उठा तो धूप खिली थी, पृ. 52)

कभी आँगन में अकेले सद्य जागे मुग्ध शिशु जैसा
स्वतः संपूर्ण
तारा चमक आता है। (पूर्णता) (बाबरा अहेरी, पृ. 30)

उस भोली मुग्धा की
कँपती
डाल से विलग न सकी।
जो कली जहाँ है,
जो भी सुख
जिस भी डाली पर
अक्षत, अनाघ्रात, अस्पृष्ट, अनाविल,
हे महाबुद्ध !
अर्पित करती हूँ तुझे। (प्रकृति के प्रति सहज भाव)
(आज के लोकप्रिय हिंदी कवि अज्ञेय, सम्राज्ञी का नैवेद्य दान, पृ. 56-57)

याद : सिहरन : उड़ती सारसों की जोड़ी।
याद : उमस : एकाएक घिरे बादल में कौंध जगमगा गई।
× × ×
कैसे कहूँ कि किसकी याद आई ?
चाहे तड़पा गई। (स्मृति-रूप)
(आज के लोकप्रिय हिंदी कवि अज्ञेय, याद, पृ. 60)

अज्ञेय का यह प्रकृति-सौंदर्य का वर्णन परंपरागत रूप और अभिव्यंजना-पद्धति से बिलकुल भिन्न है। इस सौंदर्य के विरोध में प्रकृति के रूप का यथार्थवादी अंकन और उसकी कुरूपता की व्यंजना है–

सबेरे-सबेरे
नहीं आती बुलबुल
न श्यामा सुरीली
× × ×

जैसे ही जागा
कहीं पर अभागा
अड़ड़ाता है कागा
काँय। काँय। काँय।

(यथार्थ रूप में वर्णन) (हरी घास पर क्षण भर, पृ. 34)

वंचक है चाँदनी सित
झूठ वह आकाश का निरवधि गहन विस्तार–
शिशिर की राका-निशा की शांति है निस्सार।

× × ×

निकट तर धँसती हुई छत, आड़ में निर्वेद
मूत्र-सिंचित मृत्तिका के वृत्त में
तीन टाँगों पर खड़ा नत-ग्रीव
धैर्य धन गदहा।

(सौंदर्यहीनता) (तारसप्तक, शिशिर की राका-निशा, पृ. 280)

और देखा सहसा :
लच्छा-सा डोंडियों का गुच्छा एक फूल का।
हम गुग्ध ताका किए।

× × ×

मिट्टी के नीचे
जहाँ एक बुदबुदाता अंधकार था
कीड़े आँख-ओट बुलबुलाते थे,
रिसता था जिसकी नस-नस में
मैल किस-किस का और कब-कब का

× × ×

मिट्टी के नीचे क्रियमाण थी
पौधे की जड़ :
सृष्टि-शक्ति
आद्य मातृका। (सौंदर्य के विरोध में कुरूपता)

(आज के लोकप्रिय हिंदी कवि अज्ञेय, हमने पौधे से कहा, पृ. 39-40)

प्रकृति-सौंदर्य की तरह यथार्थता, सौंदर्यहीनता और कुरूपता की अभिव्यक्ति में भी अज्ञेय का अपना नया पंथ है जिसमें नवीन चिंतन, अंतर्दर्शन और जीवन का आख्यान मिला होता है।

अज्ञेय ने प्रकृति के रूप-सौंदर्य को लेकर जीवन की जो व्याख्या की है, उसके अंतर्दर्शन का प्रयत्न किया है तथा अद्वैत की स्थिति की व्यंजना की है, वह जीवन में प्रकृति की भूमिका को स्पष्ट करती है। यह सौंदर्य यथार्थ नहीं, एक सपना है—

मत सँजो यह स्निग्ध सपनों का अलस सोना—
रहेगी एक मुट्ठी खाक।
थाक ! थाक ! थाक !

(आज के लोकप्रिय हिंदी कवि अज्ञेय, हरी घास पर क्षण भर, 'पावस-प्रात, शिलड.', पृ. 42)

प्रकृति के साथ कवि का संबंध, मन का विकास करनेवाले अंतर्दर्शन को व्यक्त करता है—

उठ री लजीली भोर-रश्मि, सोई
दुनिया में तुझे कोई
देखे मत, मेरे भीतर समा जा तू
चुपके से मेरी यह हिमाहत
नलिनी खिला जा तू।

(तारसप्तक, अज्ञेय, उषा-दर्शन, पृ. 305)

प्रकृति कवि से अभिन्न होकर मौन के माध्यम से उसे विराट के साथ भी जोड़ता है। नंदा देवी के वर्णन में शिखर, सरसी, बादल, सिहरते कमल को देखकर कवि कहते हैं—

वह तुम। मैं
यह मैं। तुम

(आज के लोकप्रिय हिंदी कवि अज्ञेय, नन्दादेवी-4, पृ. 67)

यह अद्वैत-भावना पराकाष्ठा पर पहुँचती है जब कवि प्रकृति-सौंदर्य से नव जीवन पाकर शांत रूप धारण करता है—

पर सब से अधिक मैं
वन के सन्नाटे के साथ मौन हूँ
क्योंकि वही मुझे बतलाता है कि मैं कौन हूँ,
जोड़ता है मुझे विराट से।

(आँगन के पार द्वार, चक्रांतशिला-2, पृ. 34)

अज्ञेय ने प्रकृति से उत्पन्न प्रतिक्रिया और जीवन पर उसके प्रभाव का अनेक रूपों में वर्णन किया है जिसमें परंपरा से भिन्न आधुनिकताबोध, नवीन अभिव्यंजना-शैली में है। वे प्रकृति के विविध वस्तु-समुदाय से उनकी अपूर्व विशेषताओं से, उनका उधार माँगते हुए कहते हैं–

सब से उधार माँगा, सबने दिया।
यों मैं जिया और जीता हूँ
क्योंकि यही सब तो है जीवन–
गरमाई, मिठास, हरियाली, उजाला,
गंधवाही मुक्त खुलापन, लोच, उल्लास, लहरिल प्रवाह
और बोध भव्य निर्व्यास निस्मीम का :
ये सब उधार पाते हुए द्रव्य।

(आज के लोकप्रिय हिंदी कवि अज्ञेय,
सबेरे उठा तो धूप खिली थी, पृ. 52)

इसी प्रकार का जीवन-दर्शन, प्रकृति से जीवन पाने में है–

शरद चाँदनी, बरसी, अँजुरी भरकर पी लो
× × ×
बरसी, शरद चाँदनी, मेरा
अंतःस्पंदन
तुम भी क्षण-क्षण में जी लो।

(आज के लोकप्रिय हिंदी कवि अज्ञेय,
चाँदनी जी लो, पृ. 72-73)

बंधन मुक्त प्रकृति ने कवि के व्यक्तित्व और जीवन को उन्मुक्तता और हर्ष से भर दिया है। इसीलिए कवि प्रकृति से संबंध जोड़ते हैं–

बंधु हैं नदियाँ
प्रकृति भी बंधु है।

(हरी घास पर क्षण भर, पृ. 52)

अज्ञेय की दृष्टि में सत्य और शिव, रूप-सौंदर्य में ही अंतर्भुक्त हैं–

रूप-सत्य, रस-सत्य, गंध सत्य,
रूप-शिव।

(आज के लोकप्रिय हिंदी कवि अज्ञेय,
हमने पौधे से कहा, पृ. 41)

कभी-कभी अपनी मनःस्थिति, कुंठा और आंतरिक संघर्ष के कारण सौंदर्य एवं भव्यता को कवि वंचना और असत्य भी कहते हैं–

किंतु अब निस्तब्ध संस्कृत
लोचनों का भाव-संकुल, व्यंजना का भीरु,
फटा-सा अश्लील-सा विस्फार–
झूठ वह आकाश का निरवधि गहन विस्तार–
वंचना है चाँदनी सित
शिशिर की राका-निशा की शांति है निस्सार।

(तार सप्तक, शिशिर की राका-निशा, पृ. 281)

जीवन में कवि चाँद के समान अकेलापन का अनुभव करता है–

क्योंकि अकेला हूँ उतना ही
अपनी हिम शीतल दुनिया में, जितने तुम उस दुनिया में हो।

(हरी घास पर क्षण भर, पृ. 53)

महानगरीय जीवन में इसी अकेलापन, गंदगी और असंवेदनशीलता का कारण, प्रकृति से दूर, संबंध विच्छेद है–

क्षणभर भुला सकें हम
नगरी की बेचैन बुदकती गड्ड-मड्ड अकुलाहट

× × ×

नहीं सुने हम वह नगर के नागरिकों से
जिनकी भाषा में
अतिशय चिकनाई है साबुन की
किंतु नहीं है करुणा।

(हरी घास पर क्षण भर, पृ. 60, 63-64)

(ख) मानवीय रूप-वर्णन : अज्ञेय के काव्य में मानवीय रूप-निरूपण को उतना महत्त्व नहीं मिला है जितना मानव जीवन की व्याख्या, उसके भाव-विचारों, मनःस्थितियों, संवेदनों और जीवन-मूल्यों को। पुरुष के रूप-वर्णन में अहं, अस्मिता की पहचान, आत्म-बोध, आत्म-प्रसार एवं समर्पण आदि भावों की ही व्यंजना है। इन भावों के विकास में नारी के रूप की भूमिका है जो भाव-विचारों का केंद्र भी है। आरंभिक कविताओं में नारी के रूप-वर्णन की नख-सिख परंपरा का निर्वाह भी दिखाई देता है–

तुम्हारी देह
मुझको कनक चम्पे की कली है
× × ×
तुम्हारे ओठ–
पर उस दहकते दाड़िम पुहुक को
मूक तकता रह सकूँ मैं... (बाबरा अहेरी, पृ. 35)

परंपरागत अप्रस्तुतों को ग्रहण करने पर भी अज्ञेय ने अपनी कल्पना को नए ढाँचे में ढाला है। आधुनिकताबोध पर आधारित नारी रूप-सौंदर्य की अभिव्यक्ति ही अधिक है जिसमें अभिव्यंजना कभी प्रत्यक्ष है और कभी-कभी अप्रस्तुतों का आधार है। आँख के सौंदर्य का यह सजीव वर्णन है–

तुम्हारे नैन
पहले भोर की दो ओस बूँदें हैं। (बाबरा अहेरी, पृ. 35)
तेरी थीं वे आँखें, आर्द्र, दीप्ति युक्त,
मानों किसी दूरतम
तारे की चमक हो। (इत्यलम्, पृ. 177)

नवीन कल्पना और सौंदर्य के प्रभाव की व्यंजना के साथ स्मृति रूप में नारी वर्णन–

इस सूखी दुनिया में प्रियतम
मुझको और कहाँ रस होगा ?
शुभे ! तुम्हारी स्मृति के सुख से
प्लावित मेरा मानस होगा।
× × ×
उषा से ही उड़ता आया
पर न मिल सकी तेरी झाँकी
साँझ समय थक चला विकल
मेरे प्राणों का हारिल पाखी।
(आज के लोकप्रिय हिंदी कवि अज्ञेय, आज थका हिय हारिल मेरा, पृ. 44-45)

मानवीय रूप-सौंदर्य के प्रभाव की तीन मुख्य दिशाएँ हैं–प्रेम, जीवन का नया स्पंदन और आत्मबोध। रूप के आकर्षण में विकसित प्रेम अपूर्व होता है। कवि कहते हैं–

जिन आँखों को तुमने गहरा बतलाया था

उनसे भर-भर मैंने
रूप तुम्हारा पिया।

× × ×

जो प्यार–कहा था तुमने ही–है सार-तत्त्व जीवन का,
वही अनामय, निर्विकार, चिर सत्व
मैंने तुम्हें दिए। (आँगन के पार द्वार, एक प्रश्न, पृ. 23)

इस प्रेम में वासना के लिए कोई स्थान नहीं है–

वासना से याचना से हम परे थे
सहज अनुरागी।

× × ×

नहीं उमड़ा घुमड़ता साक्षुब्ध उर में वासना का
बुदबुदाता ज्वार। (इत्यलम्, पृ. 200-201)

ऐंद्रिय रूप और बिंबों की सृष्टि करते हुए भी, प्रेम में लौकिक संबंध का महत्त्व मानते हुए भी अज्ञेय ने उसके मानसिक और आत्मगत रूप पर ही बल दिया है। यह प्रेम साधारणतः पुरुष का नारी के प्रति है। लेकिन जैसे ऊपर संकेत हुआ है, वह कभी-कभी उभयनिष्ठ है।

सौंदर्य के आकर्षण और प्रेम में जीवन नए रूप में स्पंदित होता है। वह नवजीवन का संचार करता है–

तुम से पाई ज्योति–शिखा के शुभ्र वृत्त में
मैंने अपना
पल-पल जलता जीवन जिया।
(आँगन के पार द्वार, एक प्रश्न, पृ. 23)

सागर की लहरों के बीच से वह नायिका रूप में (मानवीकरण) कवि को सागर बनने के लिए कहती हुई बोलती है–

देखो न, सागर बड़ा है, चौड़ा है,
जहाँ तक दीठ जाती है फैला है,
मुझे घेरता है, धरता है, सहता है, धारता है, भरता है,
लहरों से सहलाता है, दुलराता है, झुमाता-सुलाता है,
और फिर भी निर्बंध मुक्त रखता है, मुक्त करता है–
मुक्त, मुक्त, मुक्त करता है।
(आज के लोकप्रिय हिंदी कवि अज्ञेय, सागर मुद्रा-2, पृ. 58)

प्रेम बंधन है तो वह जीवन को मुक्त भी करता है।

जीवन में सामाजिक और पारिवारिक कितने बंधन हैं। परिस्थितियाँ और परिवेश बंधनों को और कड़ा बनाते हैं—वे चाहे ग्रामीण हों या नागरिक। दूसरे में कुढ़न ज्यादा है। इन बंधनों से मुक्त होकर आत्मबोध पाना कठिन है। नगर जीवन में परिवारिक बंधनों के संबंध में कवि कहते हैं—

पर पिया न होता
तो घर तो पहचान देता
मगर अपने-आप को नहीं पहचान पाता।
मैं हूँ, मैं कौन हूँ, मैं मैं हूँ,
यही कैसे जान पाता ?

(आज के लोकप्रिय हिंदी कवि अज्ञेय, बड़े शहर का एक साक्षात्कार, पृ. 76)

अज्ञेय ने आलंबन से अधिक उसके संबंध में चिंतन और प्रभाव को अधिक महत्त्व दिया है। उनका जीवन का आख्यान प्रायः प्राकृतिक वस्तु-जगत्, अप्रस्तुतों और प्रतीकों के माध्यम से है।

4. भाव-निरूपण

अज्ञेय के भाव-निरूपण पर विचार करते समय अनेक समस्याएँ सामने आती हैं। जिनका भाव सौंदर्य के साथ संबंध कभी प्रत्यक्ष और कभी अप्रत्यक्ष है। (1) उनकी रचना में भाव के सौंदर्य का रूपात्मक सम्मूर्त्तन है तो अनेक स्थानों पर भाव की सांकेतिक व्यंजकता में सौंदर्य है। दोनों पद्धतियों में भाव-व्यंजना और उसके सौंदर्य का माध्यम प्रकृति है। (2) वस्तुवादी और यथार्थवादी होने पर भी अज्ञेय की मूल सर्जनात्मक प्रेरणा अंतर्मुखी चेतना की है। वस्तु-जगत् के अंतर्दर्शन और यथार्थ जीवन की प्रतिक्रियाओं से इस बात की पुष्टि होती है। कवि स्वयं कहते हैं—

मैं चुप हूँ
वह मेरे भीतर वसंत गाता है। (अरी ओ करुणा प्रभामय, पृ. 88)

बहिर्जगत् से आंतरिक हर्ष उत्पन्न होकर रचना की प्रेरणा मिलती है। उस प्रेरणा में कवि नए के अन्वेषण और नवीन प्रयोगों में लग जाता है—

यौं मैं कवि हूँ, आधुनिक हूँ, नया हूँ
काव्य तत्त्व की खोज में कहाँ नहीं गया हूँ।

(अरी ओ करुणा प्रभामय, पृ. 21)

रूढ़ियों को छोड़कर सौंदर्य के नए स्रोतों में जाना ही सच्चा कवि कर्म है। (3)

जीवन के इस अन्वेषण में अनेक प्रश्न उठते हैं। कवि ने उनको प्रश्न रूप में और कभी संकेत रूप में उठाया है। जीवन के प्रश्नों का उत्तर देना कवि का काम नहीं है। फिर भी आत्म-समर्पण का मार्ग अपनाकर अज्ञेय ने अपने लिए एक मार्ग बना लिया है।

(4) अज्ञेय के भाव पक्ष की सबसे बड़ी समस्या, उनके संवेदनों, चिंतनशीलता और वैचारिकता के काव्यत्व और सौंदर्य की है। इस संबंध में कोई मतभेद नहीं है कि उनकी कविता बौद्धिकता की ओर अधिक झुकी हुई है। केवल संवेदनों में ऐंद्रियता और अनुभव के पहलू भी विद्यमान हैं। पंडितराज ने काव्य को रमणीय अर्थ का प्रतिपादक कहकर रस की परिधि को व्यापक बनाया है–काव्य केवल भावनाओं, संवेगों और अनुभूतियों की अभिव्यक्ति नहीं है। यदि भाषण-कला और प्रचार मात्र न हो तो जीवन जगत् की बौद्धिक प्रतिक्रियाओं में भी रमणीयता या सौंदर्य का अभाव नहीं है। अज्ञेय की चिंतनशीलता और वैचारिक बौद्धिकता में जीवन का तात्त्चक स्वरूप प्रकट होता है। जो मनुष्य को सोचने के लिए और नए अनुभव एवं रस पाने के लिए विवश और उत्तेजित करता है। इसमें रस, सौंदर्य या आनंद नहीं है, यह कहना साहस की बात है। अज्ञेय की चिंतनशीलता में व्यापकता, गहराई और सौंदर्य है--

उस अनदेखे अरूप ने कहा : हाँ
क्योंकि ये ही सब चीजें तो प्यार हैं–
यह अकेलापन, यह अकुलाहट, यह असमंजस, अचकचाहट आर्त अननुभव
यह खोज, यह द्वैत, यह असहाय विरह व्यथा,
यह अंधकार में जागकर सहसा पहचानना कि
जो मेरा है वही ममेतर है।

(आज के लोकप्रिय हिंदी कवि अज्ञेय, सबेरे उठा
तो धूप खिली थी, पृ. 53)

गहराई में जाकर प्रेम के व्यापक स्वरूप का आख्यान करते हुए समष्टि में उसका सम्मूर्त्तन किया गया है।

अज्ञेय की वैचारिकता के मूल में एक ओर कुंठा है तो दूसरी ओर संघर्ष है। आज के कवि की 'सौंदर्य चेतना भी इससे (कुंठा) आक्रांत है। उसके उपमान सब यौन प्रतीकार्थ रखते हैं।'[18] 'इस आंतरिक संघर्ष के ऊपर जैसे काठी कसकर बाह्य-संघर्ष भी बैठा है, जो व्यक्ति और व्यक्ति का नहीं, व्यक्ति-समूह और व्यक्ति-समूह का, वर्गों और श्रेणियों का संघर्ष है। व्यक्तिगत चेतन के ऊपर एक वर्गगत चेतना भी लदी हुई है और उचितानुचित की भावनाओं का अनुशासन करती है, जिससे एक दूसरे प्रकार की वर्जनाओं का पुंज खड़ा होता है और उनके साथ

ही उनके प्रति विद्रोह का स्वर जागता है।'[19] अज्ञेय के विचारों की प्रेरणा प्रायः अहं, काम और संघर्ष से है। तीसरे का ओजस्वी मूर्त्त रूप–

नूतन प्रचंडतर स्वर से
आततायी, आज तुझको पुकार रहा मैं–
रजोद्यत दुर्विवार ललकार रहा मैं–
कौन हूँ मैं ?
तेरा दीन-दुखी पददलित पराजित
आज जो कि क्रुद्ध सर्प-से अतीत को जगा
'मैं' से 'हम' हो गया !
'मैं' के झूठे अहंकार ने हराया मुझे
तेरे आगे विवश झुकाया मुझे
किंतु आज मेरे इन बाहुओं में शक्ति है।

(तारसप्तक, अज्ञेय, जनाह्वान, पृ. 274)

केवल विचार प्रेरित रचना में काव्यत्व या सौंदर्य का आभास मात्र मिलता है।

(5) प्रयोगवाद और अज्ञेय के काव्य के संबंध में उठने वाला एक और प्रश्न 'रस' संबंधी है। केदारनाथ सिंह कहते हैं कि नई कविता में 'रस की सत्ता से इनकार करना काव्य की सत्ता से ही इनकार करने के समान है।'[20] प्रभाकर माचवे के अनुसार 'कविता का मुख्य कार्य आज के युग में रूढ़ अर्थों में रसोद्रेक मात्र न रहकर 'प्रभाव' डालना हो गया है।'[21] जगदीश गुप्त के मतानुसार 'आज कविता का आग्रह भाव-सौंदर्य की अपेक्षा भाव-सत्य की ओर अधिक है। सौंदर्य वही है जो जीवन के व्यापक भाव सत्य को प्राप्त करने में बाधक न बने।'[22] छायावादी कविता को ही शास्त्रीय अर्थ में रस प्रधान न मानकर भाव प्रधान कहते हैं तो प्रयोगवाद और नई कविता में रस की चर्चा सामान्य अर्थ में आस्वाद्य, सौंदर्यात्मक या आनंदात्मक मानना चाहिए। अज्ञेय की समीक्षा और कविता में भी रस शब्द का परंपरागत शास्त्रीय अर्थ में नहीं, व्यापक सामान्य अर्थ में प्रयोग हुआ है। कवि जीवन-जगत् की अपनी पहचान को (अंतर्दर्शन को) रसमय बनाकर पाठकों तक पहुँचाता है–

अपनी सी पहचनवा सके
रसमय करके दिखा सके
उनके लिए यही शाश्वत है। (इंद्र धनु रौंदे हुए वे, पृ. 44)

वास्तव में आज का कवि जीवन के अपने किसी भी अभीष्ट पहलू को संवेद्य और रमणीय रूप में प्रस्तुत करता है। जीवन के निषेधात्मक पहलू–कुरूपता, असत्य और अशिव मूल्य-परिवर्तन के साथ ग्राह्य रूप धारण करते हैं।

(6) अज्ञेय के काव्य का कथ्य स्थूल दृष्टि से परंपरागत ही लगता है—वही प्रकृति, प्रेम, जीवन की यथार्थता, संवेदना या करुणा, राष्ट्रीयता, अज्ञान के प्रति आकर्षण, जीवन की जिज्ञासा आदि। लेकिन उनको जिस रूप में प्रस्तुत किया गया है वह बिलकुल भिन्न और नवीन है तथा उसी रूप में वह वास्तव में कथ्य है। प्रकृति के द्वारा जीवन का आख्यान और उसके संबंध में आधुनिक प्रश्न उठते हैं। प्रेम में ऐंद्रियता के साथ आत्मदान का अपूर्व योग एक प्रकार से उसे एकपक्षीय या आत्मकेंद्रित बना देता है, जिसके कारण उसमें पीड़ा और जो स्वयं कुंठा का परिवर्तित या उदात्तीकृत रूप है। ऊपर के दोनों पहलू आत्मदान और पीड़ा-असंपृक्त हैं जबकि जीवन की यथार्थता में विषमता और पीड़ित-शोषित के प्रति संवेदना में आसक्ति है। यथार्थता के अंतर्गत नगरीय जीवन की कृत्रिमता, यांत्रिकता और वर्गीय संघर्ष की झलक भी मिल जाती है। वर्ग और श्रेणी के भेदों से ऊपर समता और समरसता पर आधारित राष्ट्रीय भावना है। बहिर्मुखी जीवन की यथार्थता में अनुत्तरित अनेकानेक प्रश्नों को लेकर आत्म-मंथन के बीच कवि की अंतर्मुखता अज्ञान के प्रति उन्मुक्त होती है और अंत में जाकर अज्ञात विराट के प्रति आत्मसमर्पण में ही अपने प्रश्नों का उत्तर पाता है। अज्ञेय के काव्य का कथ्य स्पष्ट करता है कि वस्तुवाद और यथार्थवाद काव्य की अंतिम मंजिल नहीं है। उनके कथ्य की विशेषता सूक्ष्म अंतर्दर्शन, प्रश्न, बौद्धिक चेतनता, अर्पण की भावना और पूर्ण आत्मसमर्पण है। उसमें बाह्य और अंतर मिलकर एक रूप हो जाते हैं जिसकी प्रक्रिया का स्पष्टीकरण 'असाध्य वीणा' में है।

(7) इस कथ्य की प्रकृति और उसके स्वरूप को समीक्षकों ने 'संवेदन' की संज्ञा दी है। जीवन-जगत् के दर्शन, उसमें विभिन्न घटनाओं और सन्निवेशों में से गुजरना 'अनुभव' है, उसकी तीव्र भावनाशील और संवेगात्मक मानसिक प्रतिक्रिया 'अनुभूति' है, उससे उत्पन्न ऐंद्रिय और बौद्धिक संचलन 'प्रभाव' है तथा उससे ऐंद्रिय, भावोत्पादक (आइडिया) और चिंतनशील बनने की प्रक्रिया 'संवेदन' है। वस्तु जगत् के निरीक्षण में प्रायः तीसरा और चौथा मिले रहते हैं तथा पहले और दूसरे का कुछ आधार भी ग्रहण करते हैं। अज्ञेय के आरंभिक रचना-संग्रहों में छायावाद के प्रभाव से अनुभूति की कुछ अधिक तीव्रता है। 'बाबरा अहेरी' संग्रह में कवि की 'अनुभूतिप्लवन का सांद्र घन बनकर उमड़ पड़ी है' (बाबरा अहेरी, पृ. 11-12)। 'अरी ओ करुणा प्रभामय' के प्रथम भाग 'रूपयित्री' में अज्ञेय कहते हैं—

अच्छे
अनुभव की भट्ठी में तले हुए कण-दो कण
अंतर्दृष्टि के
झूठे नुस्खेवाद, रूढ़ि, उपलब्धि परायी के प्रकाश से
रूप-शिव, रूप-सत्य की सृष्टि के। (अरी ओ करुणा प्रभामय, पृ. 16)

'प्रभाव' और 'संवेदन' अज्ञेय के काव्य के मूल स्वर हैं। इस संदर्भ में विद्यानिवास मिश्र लिखते हैं–'अज्ञेय ने आधुनिक साहित्य की संवेदना को मार्गदर्शन दिया और यह सिद्ध किया कि वह संवेदना केवल अनुभव को ग्रहण करने में नहीं, सतह और विरोध की गहराई को हल करने में है। अज्ञेय का कवित्व विस्तार के नए आयाम से पारदर्शी चिंतन के आलोक से और अधिक प्रस्फुटित हुआ है।'[23] वस्तु जगत् के अंतर्दर्शन और सूक्ष्म संवेदनों की अभिव्यक्ति की कठिनाई के कारण प्रायः प्रतीकों, अप्रस्तुतों, बिंबों, चित्रांकन और नवीन भाव-व्यंजक शब्दों का सहारा लेना पड़ा है। इससे कविता के अर्थ-भाव-ग्रहण में शिक्षित पाठक वर्ग को भी कठिनाई होती है और भाव का विकासक्रम बोधगम्य नहीं होता या वे अपने-अपने संस्कारों और काव्यानुशीलन के अनुसार भिन्न-भिन्न प्रकार का अर्थ ग्रहण करते हैं। संवेदनों की अभिव्यक्ति की प्रतिक्रिया का स्तर पाठक की मानसिक चेतना के अनुसार होता है।

(8) अज्ञेय के काव्य के कथ्य के संदर्भ में उठाए गए दो महत्त्वपूर्ण प्रश्न व्यक्तिवाद और संप्रेषण को लेकर हैं। जैसा पहले कहा जा चुका है, अज्ञेय का व्यक्तिवाद, व्यक्ति और समाज में, व्यष्टि और समष्टि में कोई विरोध या संघर्ष स्वीकार नहीं करता। सृजन व्यक्ति की मानसिक प्रक्रिया है और कवि समाज का अंग होने के नाते अपने सामाजिक दायित्व को भुला नहीं सकता। 'नदी के द्वीप' में भी नदी (समाज) द्वीप (व्यक्ति) को आकार देती है और उसमें विलीन होने के बाद व्यक्तित्व का नया आकार बनता है। समष्टि में व्यष्टि के आत्म-समर्पण के अनेक उदाहरण अज्ञेय के काव्य में मिल जाते हैं–

> नहीं सकुचा हूँ कभी समवाय को देने स्वयं का दान
> विश्व जन की अर्चना में नहीं बाधक था कभी इस व्यष्टि का अभिमान।
> (हरी घास पर क्षण भर, पृ. 14)
>
> भीड़ का मन हो, डटा रह मगर
> द्विग्विद पान्थ के समुदाय से तू
> अकेला मत छूट। (अरी ओ करुणा प्रभामय, पृ. 52)

अज्ञेय समाज से संबद्ध होकर भी अपने अलग व्यक्तित्व पर बल देते हैं। वे संप्रेषण को भी रचनात्मक प्रक्रिया का अंग मानते हैं। जो सामाजिक है वह रचना में कवि का अपना कथ्य होकर फिर अभिव्यंजना में पाठक समाज का हो जाता है। 'कविता एक घटना है।...क्या हुआ मात्र नहीं, कैसे किस क्रम से हुआ, इसका गहरा प्रभाव कविता के समग्र आस्वाद्य पर पड़ता है।...रचना भी घटना है, संप्रेषण भी घटना है, आस्वादन भी घटना है, तीनों की संयुक्त संरचना, उसका नियमन, रचना-प्रक्रिया में ही तीनों का सूक्ष्म बोध और निष्पादन...।'[24]

अज्ञेय के भाव-निरूपण की इन समस्याओं और पहलुओं का भाव-सौंदर्य के साथ गहरा संबंध है–वे सौंदर्य को व्यापकता और गहराई देते हैं और कभी-कभी सौंदर्य में उलझन भी पैदा करते हैं। अब कवि के भाव-निरूपण की मुख्य दिशाओं की ओर संकेत करेंगे। (1) अज्ञेय की काव्य-वस्तु के अनुरूप भाव-व्यंजना में भी वैविध्य, व्यापकता और गहराई है। उन्होंने अपनी कविता में पार्थिव जगत् की समग्रता का निरूपण किया है। 'उसमें जीवन-रस का आचमन हाथों से नहीं होठों से करने का भाव है, इसीलिए वे रोजमर्रा की जिंदगी से, लोक-जीवन और प्रकृति से, मानव के नए आयाम से सजीव बिंब ग्रहण करते हैं और चालू अर्थ में अध्यात्मवादी न होते हुए भी उन बिंबों के माध्यम से एक भीतरी वास्तविकता का बोध जगाते हैं।'[25] इन शब्दों में विद्यानिवास मिश्र ने अज्ञेय के भाव-जगत् की व्यापकता और गहराई के सौंदर्य की ओर मार्मिक संकेत किया है। (2) यह पहले कहा जा चुका है कि अज्ञेय सच्चे अर्थ में आधुनिक भावबोध के कवि हैं जिन्होंने रूढ़ परंपराओं को तोड़कर कविता के क्षेत्र में अपना नया मार्ग बना लिया है–

मैं आस्था हूँ
तो मैं निरंतर उठने की शक्ति हूँ।
मैं व्यथा हूँ
तो मैं मुक्ति का श्वास हूँ।
× × ×
और जन-जीवन की अजस्र प्रवाहमयी नदी जिसके नीचे से बहती है
मुड़ती, बल खाती
नए मार्ग को फोड़ती
नए करारे तोड़ती
चिरपरिर्वतनशीला, सागर की ओर जाती, जाती, जाती...

(आज के लोकप्रिय हिंदी कवि अज्ञेय,
मैं वहाँ हूँ, पृ. 84-85)

इसी परिवर्तनशीलता में आधुनिकताबोध बदलता जाता है।

(3) अज्ञेय के भावबोध की और एक महत्त्वपूर्ण दिशा मुक्तता है। यह रूढ़ परंपरा से मुक्ति नहीं, भाव-विचारों में उन्मुक्त उन्मेष और प्रसार है। कवि ने इस शब्द का जीवन के सभी पहलुओं के संबंध में प्रयोग किया है। लेकिन वास्तविक मुक्ति नए भाव के नवीन उन्मेष में राग-रंग और सौंदर्य-रस भर देने में है–

पहले मैं एक सन्नाटा बुनता हूँ।
उसी के लिए स्वर तार चुनता हूँ।
ताना-ताना मजबूत चाहिए : कहाँ से मिलेगा ?

पर कोई है जो उसे बदल देगा,
जो उसे रसों में बोर कर रंजित करेगा, तभी तो वह खिलेगा।

(आज के लोकप्रिय हिंदी कवि अज्ञेय,
एक सन्नाटा बुनता हूँ, पृ. 42)

(4) अज्ञेय के भाव-निरूपण में बहु-चर्चित विषय क्षणवाद है। उसे नश्वरतावादी या भोगवादी दृष्टि समझने की गलतफहमी नहीं करनी चाहिए। कवि ने एक क्षण में अंनत भाव को, एक बूँद में उन्मोचन को, ससीम में असीम को देखने का प्रयत्न किया है। 'अज्ञेय क्षण के आग्रही हैं पर क्षणिकता के नहीं। उनकी दृष्टि में क्षण भाव जीवन की अखंडता-का प्रत्याख्यान नहीं बल्कि समर्थन है। अज्ञेय की कविता में वस्तुतः मृत्यु का ही प्रत्याख्यान है।'[26]

भीतर ही भीतर सरे पत्तों के साथ गलता
और जीर्ण होता रहता हूँ
नए प्राण पाता हूँ...

(आँगन के पार द्वार, चक्रांतशिला-2, पृ. 34)

अज्ञेय की दृष्टि में क्षण नव सर्जना के होते हैं–

लंबी सर्जना के क्षण कभी भी हो नहीं सकते।

(इंद्रधनु रौंदे हुए ये, पृ. 101)

किंतु मेरी छाती फोड़कर अंकुर एक फूटेगा
और माली गर्व भरी आस्था से निहारेगा,
तब उस एकमात्र क्षण में
× × ×
नव सर्जना में जो
अपने को होम कर होते हैं आनंद मग्न
उनकी तो दृष्टि और होती है। (इंद्र धनु रौंदे हुए ये, पृ. 23-24)

(5) अज्ञेय के काव्य में लौकिक स्तर पर विशेष उल्लेखनीय भाव विचार-अहं, आस्था, मुक्तता, गतिशीलता या प्रवाहशीलता, आशा-निराशा, संघर्ष, द्वंद्व-पीड़ा, शून्य भाव, मृत्यु-नवजीवन, रस-आनंद, मानवीय संवेदना और राष्ट्रीय भावना हैं जिनमें प्रथम तीन महत्त्वपूर्ण हैं। अहं केंद्रित प्रथम रचनाओं से ऊपर उठकर कवि क्रमशः मैं और हम को एक-दूसरे में विलीन करते हैं या दोनों में एक मानवीय संबंध स्थापित करते हैं–

मैं सेतु हूँ
किंतु शून्य से शून्य तक का सतरंगी सेतु नहीं,
वह सेतु
जो मानव से मानव का हाथ मिलने से बनता है
जो हृदय से हृदय को...।

(आज के लोकप्रिय हिंदी कवि अज्ञेय,
मैं वहाँ हूँ, पृ. 84-85)

आस्था जीवन का केंद्र बिंदु है जिसकी परिधि में शेष सब मानवीय भाव-विचार आ जाते हैं। आस्था के बिना जीना दुर्भर है, वह मृत्यु है। आस्था कल्याणकारी है—

दो, दो, खुले हाथ से दो :
कि अस्मिता विलय
एक मात्र कल्याण है। (इंद्र धनु रौंदे हुए ये, पृ. 49)

उसे और भी उदात्त रूप देते हुए कवि कहते हैं—

आस्था न काँपे तो मानव फिर मिट्टी का भी, देवता हो जाता है।
(इंद्र धनु रौंदे हुए ये, पृ. 51)

कवि प्रकृति में, अपने अंदर और बाहर जगत् में मुक्ति या उसके लिए छटपटाहट देखता है। आत्मदान से ही मानव बंधनों से मुक्त हो जाता है—

दान कर दो खुले हाथ से, खुले उर से होम कर दो
स्वंय को समिधा बनाकर—
शून्य होगा, तिमिरमय भी, तुम यही जानो कि
अनुक्षण मुक्त है आकाश।

(तारसप्तक, मुक्ति, पृ. 293)

सागर का उदाहरण देकर कवि कहते हैं कि सहलाने, दुलराने और झुमाने-झुलाने के बावजूद वह 'फिर भी निर्बंध मुक्त रखता है, मुक्त करता है।'

(आज के लोकप्रिय हिंदी कवि अज्ञेय, सागर-मुद्रा-2, पृ. 58)

लौकिक जीवन में (क) कवि बहिर्मुखी और अंतर्मुखी भाव सामंजस्य चाहते हैं जिसकी प्रतीकात्मक अभिव्यक्ति 'असाध्य वीणा' में हुई है। विद्यानिवास मिश्र उसे 'एक अत्यंत कर्मठ और संवेदनशील व्यक्तित्व के द्वारा भीतरी गहराई के अन्वेषण को छूना'[27] मानते हैं। (ख) कवि जीवन के तथ्यों के नहीं, सत्य के अन्वेषण में लगा हुआ है।

जहाँ नंगे अँधेरों को
और भी उघाड़ता रहा है
एक नंगा, तीखा, निर्मम प्रकाश—
जिसमें कोई प्रभामंडल नहीं बनते
केवल चौंधियाते तथ्य, तथ्य-तथ्य
सत्य नहीं, अंतहीन सच्चाइयाँ....

(आज के लोकप्रिय हिंदी कवि अज्ञेय,
कितनी नावों में कितनी बार, पृ. 113)

'सत्य तो बहुत मिले' कविता में कवि कहते हैं कि सत्य वही है जिससे व्यक्ति का रागात्मक संबंध हो। वही सत्य है जो अनुभव से प्राप्त होता है। शेष 'बहुत सत्य' केवल जीवन के तथ्य हैं। इंद्र धनु रौंदे हुए ये, पृ. 17-18 (ग) कवि की दृष्टि में जीवन का ध्येय रस और आनंद पाना है।

जीवन की अंतःसलिला को—
...जब-जब जहाँ भी जिसने कुरेदा
नमी पाई : और खोदा—
हुआ रस-संचार :
रिसता हुआ गड्ढा भर गया।

(आज के लोकप्रिय हिंदी कवि, अंतःसलिला, पृ. 111)

जीवन में आनंद आसक्ति में नहीं, व्यक्तित्व की पूर्णता में है—

आसक्ति नहीं, आनंद है संपूर्ण व्यक्ति की
अभिव्यक्ति।

(बाबरा अहेरी, पृ. 61)

(6) जीवन के अलौकिक पहलू के अंतर्गत अज्ञेय ने अज्ञात के स्वरूप, रहस्यमयता, साधना और आत्मसमर्पण संबंधी भाव-विचारों को अभिव्यक्त किया है। अगोचर का अलौकिक विराट रूप—

रूपों में एक अरूप सदा खिलता है
गोचर में एक अगोचर, अप्रमेय,
अनुभव में एक अतींद्रिय...

(आँगन के पार द्वार, चक्रांतशिला-1, पृ. 33)

जोड़ता है मुझे विराट से
जो मौन, अपरिवर्त है, अपौरुषेय है
जो सबको समोता है। (आँगन के पार द्वार, चक्रांतशिला-2, पृ. 34)

संसार के आँगन के द्वार हीन द्वार के पार जाने पर वह रसधार बरसाने वाला आलोकमय मिलेगा–

मिलेगा आलोक,
झरेगी रस धार

(आज के लोकप्रिय हिंदी कवि अज्ञेय, द्वार हीन द्वार, पृ. 108)

अज्ञात के प्रति कवि की रहस्य-भावना सांप्रदायिक या आध्यात्मिक अर्थ में रहस्यवाद नहीं है–

मैं भी एक प्रवाह में हूँ
लेकिन मेरा रहस्यवाद ईश्वर की ओर उन्मुख नहीं है।
मैं उस असीम शक्ति से
संबंध जोड़ना चाहता हूँ
अभिभूत होना चाहता हूँ
जो मेरे भीतर है।

(इत्यलम्, पृ. 93)

इस आरंभिक कथन के बाद 'आँगन के पार द्वार' में कवि द्वारहीन आँगन में पहुँच कर उस महाशून्य में साधना-तत्पर हो जाते हैं। पहले कवि अपने को साधना के लिए अपूर्ण समझता है जो भावना उनकी आरंभिक रचनाओं में मिलती है, लेकिन 'आँगन के पार द्वार' तक आकर वे दृढ़तापूर्वक कहते हैं–

चलने की है यही प्रतिज्ञा
पहुँच सकूँगा मैं
प्रकाश के पारावार तक।

(आँगन के पार द्वार, चक्रांतशिला-18, पृ. 53)

इस साधना का मार्ग आत्मसमर्पण है–

दिया सो दिया–
उसका गर्व क्या, उसे याद भी किया नहीं।

(कितनी नावों में कितनी बार, पृ. 83)

कवि कहते हैं कि–

'साँस, स्पंदन, ध्यान, और मेरा मुग्ध यह स्वीकार, सब ...तुम्हारे हैं।'

(कितनी नावों में कितनी बार, पृ. 44)

(7) अज्ञेय की भाव-व्यंजना पर एक प्रधान आक्षेप यथार्थवाद के नाम पर

नग्न यथार्थता की अभिव्यक्ति है। उन्होंने प्रकृति के माध्यम से यौन बिंबों की सृष्टि की है, और प्रेम में यौन संबंध के महत्त्व को स्वीकार भी किया है—'निराशा और कुंठा से धैर्यपूर्वक लड़ता हुआ, किंतु विश्वास की निष्काम अवस्था के कुछ नीचे—आज के प्रेम का सर्वोत्तम संभव रूप यही है।'[28] बाद को वे अपने विचार में थोड़ा-सा परिवर्तन करते हुए कहते हैं।—'यदि प्रेम आज भी 'विश्वास की निष्काम अवस्था से कुछ नीचे है' तो कहूँ कि कुछ ही नीचे है, अधिक नहीं। और उतना नीचे भी किसी आत्यंतिक निर्बलता या असमर्थता के कारण नहीं, बल्कि इसलिए कि उससे ऊपर जो प्रेम होता है वह मानवीय नहीं होता, केवल देवता के प्रति हो सकता है।'[29] इन विचारों के बावजूद अज्ञेय के काव्य में उदात्त प्रेम के स्वरूप और जीवन में उसकी अनेक झाँकियाँ मिल जाती हैं। 'प्रेम स्वच्छंद वरण है।' (आज के लोकप्रिय हिंदी कवि अज्ञेय, समुद्र-मुद्रा-12, पृ. 122) प्रेम में 'खो देना तो दे देना नहीं होता—भूल जाना और उत्सर्ग है और बात' (आँगन के पार द्वार, अँधेरे अकेले घर में, पृ. 24) जरा और मरण से बँधा कवि कहता है कि 'एक जो प्यार है न, उसी के द्वारा जीवनन्मुक्त मैं किया गया हूँ।' (आँगन के द्वार पार, साँस का पुतला, पृ. 30) इन आदर्शों को लेकर जो रचना हुई है उसमें सौंदर्य और प्रेम का उन्मुक्त रूप ही प्रस्तुत किया गया है। यथार्थवाद पर दूसरा आक्षेप, जुगुप्साजनक और कुरूप दृश्यांकन को लेकर है जिसके उदाहरण कम ही मिलते हैं। मनुष्य मिट्टी का पुतला है तो कहीं न कहीं उसे मैलापन लगेगा ही। फूल और पौधे की जड़ें मिट्टी के नीचे कीचड़ में से रस ग्रहण करते हैं तो कीचड़ की कुरूपता के अस्तित्व को अस्वीकार नहीं किया जा सकता। कवि की दृष्टि में वह सर्जनाशील मृत्तिका है, मातृत्व का आदिरूप है।

अज्ञेय ने अपने भाव-विचारों को बिंबात्मक सम्मूर्त्तन से अधिक भाव-विचारगत क्रियाशील चेतना, उनके अन्तर्दर्शन और गहराई से तथा उनकी अभिव्यक्ति में भाषा-शैली की व्यंजकता से सौंदर्यमय रूप दिया है। माध्यम का यह सशक्त और सफलतापूर्वक प्रयोग और उपयोग है।

5. सौंदर्य, यथार्थ और कुरूपता

सौंदर्य वस्तु के रूप के भावात्मक आदर्शीकरण में है और साधारणतः उच्चवर्गीय संस्कारिता में अनुभूत होता है जैसे छायावाद में। सामान्य जनता को एक सीमित परिधि में उसकी अनुभूति होती है। इसके विपरीत जीवन की यथार्थता में सौंदर्य वस्तून्मुख वास्तविकता में है। कभी-कभी यथार्थ में सौंदर्यहीनता और कुरूपता का ही बोध होता है। प्रयोगवादी कविता में वस्तून्मुख सौंदर्य, असौंदर्य और कुरूपता तीनों की अभिव्यक्ति दिखाई देती है। यह छायावादी कल्पनाशील भावात्मक सौंदर्य दृष्टि की प्रतिक्रिया मात्र न होकर भारतीय जीवन की परिस्थितियों में परिवर्तन

और नई दृष्टि के विकास के कारण भी है। 'चिंता' और 'इत्यलम्' से लेकर 'सागर मुद्रा' और 'पहले मैं सन्नाटा बुनता हूँ' तक, प्रयोगवादी कवि अज्ञेय की काव्य-साधना में अन्य प्रयोगवादी कवियों से भिन्न वस्तून्मुख और बौद्धिक स्तर पर सौंदर्य की स्वीकृति हुई है। पहले की ऐंद्रिय और मानसिक सौंदर्य की अवधारणा कालक्रम में अंतुर्मखी और आत्मिक रूप में परिणत हो गई है। पूरी काव्य-साधना की अंतर्वाहिनी के रूप में यथार्थवाद का अस्तित्व अवश्य है। लेकिन प्राथमिक और माध्यमिक रचनाओं में यथार्थ के अंतर्गत संघर्ष, पीड़ा, वेदना और अंतर्द्वंद्व ने जीवन में असौंदर्य या सौंदर्यहीनता की ओर संकेत किया है तो अंतिम रचनाओं में अहं का तिरस्कार, आत्मसमर्पण और विराट को पहचानने की साधना में बौद्धिक और आत्मिक या रहस्यमय आध्यात्माभास के सौंदर्य का साक्षात्कार होता है। यहाँ असौंदर्य के लिए कोई स्थान नहीं है, यदि कहीं उसका अस्तित्व दिखाई देता है तो प्रश्न-चिह्न के साथ। यथार्थ के अंतर्गत अज्ञेय ने उसको निखारने और प्रभविष्णु बनाने के लिए कुरूपता को भी उभारा है।

लौकिक स्तर पर अन्य प्रयोगवादी कवियों की तरह अज्ञेय ने असौंदर्य और कुरूपता के अस्तित्व को स्वीकार किया है। वह विरोध में सौंदर्य को चमकाने वाला न होकर जीवन का अपरिहार्य अंग है। उससे विकर्षक जुगुप्सा और बीभत्स की भावनाएँ अवश्य जगती हैं, लेकिन उन्हीं के द्वारा कवि प्रत्यक्ष-अप्रत्यक्ष रूप में मानवीय संवेदना, करुणा, वेदना आदि भावों को जगाने का प्रयत्न करते हैं। कभी-कभी उनके साथ आत्मीयता का संबंध स्थापित करके, मूल्य-परिवर्तन करके उन्हें ग्राह्य और संवेद्य रूप देते हैं। तब असौंदर्य और कुरूपता भी सौंदर्य की तरह औचित्यपूर्ण काव्य-वस्तु बन जाते हैं। अज्ञेय की रचना में अधिकतर उनका यथार्थ-स्वरूप और बौद्धिक विवेचन मिलता है। रचना में उनके सामने प्रश्नचिह्न लगाकर अज्ञेय जीवन में असौंदर्य और कुरूपता के संबंध में सोचने के लिए विवश कर देते हैं। जीवन में इस असौंदर्य और कुरूपता के बहिर्मुखी कारण, जीवन की परिस्थितियाँ और मनुष्य का स्वार्थपरक एवं अहंवादी दृष्टिकोण हैं तो उनका तात्त्विक आधार द्वंद्वात्मक स्थिति, मूल्यहीनता, अपरिष्कृत मानवीय चेतना और जीवन के आदर्शों से दूर यथार्थ को ही सत्य मानने की मनोवृत्ति है। अज्ञेय ने अपनी कविताओं में इन सबकी ओर संकेत किया है।

अज्ञेय की सौंदर्य दृष्टि समझने के लिए युगीन परिस्थिति का आकलन आवश्यक है। उन्हीं के शब्दों में कवि के लिए 'एक मार्ग यौन स्वप्न-सृष्टि का– दिवा-स्वप्नों का– है, उसे वह अपनाना नहीं चाहता। फिर वह क्या करे ? यथार्थ-दर्शन केवल कुंठा उत्पन्न करता है। वास्तव की बीभत्सता की कसौटी पर चाँदनी खोटी दीखती है।...निराशा और कुंठा से धैर्यपूर्वक लड़ता हुआ, किंतु विश्वास की निष्कम्प अवस्था के कुछ नीचे–आज के प्रेम का सर्वोत्तम संभव रूप यही है। अंधकार और

आलोक का अनुक्रम, धृति और गति का सामंजस्य, वासना और विवेक का संयोग, उदासी और खंडन के बीच में विश्वास का मुक्त स्वर जो सबल कई बार हो उठता है पर निष्कम्प कभी नहीं हो पाता।'[30]

वासना युक्त होने पर भी सौंदर्य बिजली की तरह कौंध जाता है–

जबकि सहसा तड़ित के आघात से घिर कर
फूट निकला स्वर्ग का आलोक। (तार सप्तक, सावन मेघ, पृ. 276)

अज्ञेय ने सौंदर्य के इस आलोक को अनेक कोणों से देखा है–

पहले सागर आँक :
विस्तीर्ण प्रगाढ़ नीला,
ऊपर हल चल से भरा,
पवन के थपेड़ों से आहत,
शत-शत तंरगों से उद्वेलित,
फेनोर्मियों से टूटा हुआ, किंतु प्रत्येक टूटने में
अपार शोभा लिए हुए,
चंचल, उत्सृष्ट,
–जैसे जीवन। (आँगन के पार द्वार, बना दे चितेरे, पृ. 8)

हवा का एक बुलबुला-भर पीने को
उछली हुई मछली
जिसकी मरोड़ी हुई देह-वल्ली में
उसकी जिजीविषा की उत्कट आतुरता मुखर है।
× × ×
अपनी इयत्ता की सारी आकुलता के साथ उछली हुई
एक अकेली मछली। (आँगन के पार द्वार, बना दे चितेरे, पृ. 9)

यह रूप जो केवल मैंने देखा
यह अनुभव अद्वितीय, जो केवल मैंने जिया,
सब तुम्हें दिया। (आँगन के पार द्वार, भीतर जागा दाता, पृ. 11)

सौंदर्य में जीवन की अनेकरूपता, जिजीविषा, आकुलता और अपूर्वता है तो उसके अनुभव में अद्वितीयता, जीना और समर्पण की भावना है। 'नदी के द्वीप' में व्यक्तिवादी दृष्टि से द्वीप के पता नहीं, सौंदर्य के कितने कोण हैं। सौंदर्य के प्रति परंपरा से भिन्न यह नया दृष्टिकोण है।

यथार्थवाद के प्रभाव से कवि सौंदर्य में असौंदर्य देखते हुए रचना के अंत

तक जीवन की व्याख्या करते हैं जिसमें दोनों का सामंजस्य हो जाता है–

मैं ही वह मीनार-शिखर का प्रार्थी मुल्ला–
मैं वह छप्पर-तल का अहंलीन शिशु-भिक्षुक–
× × ×
मैं हूँ ये सब, ये सब मुझमें जीवित–
मेरे कारण अवगत-मेरे चेतन में अस्तित्व-प्राप्त।

(तार सप्तक, उषःकाल की भव्य शांति, पृ. 279)

'शिशिर की राका-निशा' में सित चाँदनी, आकाश के गहन विस्तार और राका निशा की शांति को निस्सार मानते हैं क्योंकि अब निस्तब्ध, संस्कृत लोचनों का भाव संकुल है। जीवन में असौंदर्य के मूल में अकेलापन और उदास है। रात को अँधेरे घर में अकेलापन–

और मुझे घेरे रही
अँधेरे अकेले घर में
अँधेरी अकेली रात। (आँगन के पार द्वार, पृ. 25)

प्रियतमा की प्रतीक्षा में :

तृषित, श्रांत, तम-भ्रांत और
निर्मम संझा-झोंकों से ताड़ित–
दरस-प्यास है असह, वही पर
किए हुए उसको अनुप्राणित।

(आज के लोकप्रिय हिंदी कवि अज्ञेय, आज़ थका हिय हारिल मेरा, पृ. 45)

अकेलेपन में प्रतीक्षा की इस वेदना के अतिरिक्त कभी-कभी उदासी का भी अनुभव होता है। संध्या के समय कवि प्रकृति के अनुरूप अपने मन में एक सूनेपन और उदासी का अनुभव करता है–

उदास है, पर सच्ची है :
इसी की साँवली छाँह में कुछ देर रहूँगा
इसी की साँस की लहर पर बहूँगा।
× × ×
'यों न जाने कब कहाँ यह साँझ ओझल हो गई' तो
और मेरे लिए यह

सूने न रहने की
रीते न होने की
बाझ अनुकरण समाज को
कितनी बोझिल हो गई।
(आँगन के पार द्वार, सूनी-सी साँझ एक, पृ. 21-22)

जीवन के अंधकार में दीप जलाने पर भी
अर्थहीन आकारों की यह
अर्थहीनतर भीड़–
निरर्थकता का संकुल–
निर्जल पारावार न-कारों का
यह उमड़ आया। (आँगन के पार द्वार, अंधकार में दीप, पृ. 12)

यह जीवन के नकारात्मक पक्षों का चित्र है। जीवन की व्यक्तिवादी चेतना में अकेलेपन, सूनेपन, निराशा, उदासी आदि के साथ कवि ने आस्था और आशा की भी व्यंजना की है। इनके बिना यथार्थ का रूप समग्र नहीं होगा और न वह विकासशील एवं प्रगतिशील होगा। व्यक्त न कहने पर भी प्रकृति के संकेतों से जीवन सुलझा हुआ हो जाएगा क्योंकि मन में आस्था है।

तू नहीं कहेगा ?
मैं फिर भी सुन ही लूँगा।
किरन भोर की पहली भोलेपन से बतलावेगी,
× × ×
निर्मम प्रकाश से सब कुछ पर सुलझा सब कुछ लिख जावेगा।
× × ×
आस्था है,
नहीं अनमना हूँगा तब–
मैं सुन लूँगा। (आँगन के पार द्वार, चक्रांतशिला-12, पृ. 45)

उदासी साँझ में आशा–

हाँ, कोई आकर निश्चय दिया जलाएगा।
दिपता झिपता लुब्धक सूने में कभी उभर आएगा।
नंगी काली डाली पर नीरव
धुँधला उजला पंछी भँडराएगा।
हाँ, साँसों ही साँसों से रीत गया
अंतर भी भर आएगा। (आँगन के पार द्वार, एक उदास साँझ, पृ. 19)

व्यक्ति-मन के भाव-विचारों को कभी प्रत्यक्ष असौंदर्य के रूप में चित्रित किया गया है तो कभी प्राकृतिक रूप के माध्यम से आशा-आस्था की व्यंजना की गई है।

यथार्थवादी भूमिका पर असौंदर्य का बहिर्मुखी वास्तविक अंकन नगरीय जीवन, औद्योगिक बस्तियों, श्रमिक वर्ग के शोषण, वर्ग-भेद आदि में दिखाई देता है। नगरीय जीवन में मुर्दापन, पहचान का अभाव और बंदी छटपटाहट :

यह : जिसके टोप और अखबार के बीच से भवें दीखती हैं—
इसकी आँखों में एक नगर की मुर्दा आबादी है;
× × ×
और यह—जिसकी आँखें
सब की आँखों से टकराती हैं, पर जिसकी दीठ
किसी से मिलती नहीं, उसका चेहरा
और एक किलेबंद शहर का पहरे-घिरा परकोटा है।

(आज के लोकप्रिय हिंदी कवि अज्ञेय,
कई नगर थे जो हमें, पृ. 74-75)

नगरी जीवन का रूप और उसमें पहचान या आत्मबोध का अभाव—

अधर में लटका हुआ,
भारी ठोस कंथा।
कसैले भूरे कोहरे में
झिपती-दिपती
प्रकाश की अनगिन थिगलियाँ।
× × ×
उन सत्ताईस सौ थिगलियों में कौन-सी मेरा घर है,
कोई कैसे जान सकता ?
मैं भी कैसे पहचान सकता ?
होश में भी पहचान सकता तो पहले पीता क्यों ?

(आज के लोकप्रिय हिंदी कवि अज्ञेय,
बड़े शहर का एक साक्षात्कार, पृ. 75-77)

नगरी जीवन की उच्चवर्गीय कृत्रिमता में सच्चा सौंदर्य और प्रेम का प्रतीक 'बिछली घास है या शरद की साँझ के सूने गगन की पीठिका पर डोलती कलगी अकेली' है। (कलगी बाजरे की)

औद्योगीकरण ने वातावरण को कलुषित और जीवन को विषम बनाने के अतिरिक्त मानव-मन की मुक्तता और आशाओं को भी धूमिल कर दिया है—

पहाड़ियों से घिरी हुई इस छोटी सी बस्ती में
ये मुँहझौंसी चिमनियाँ बराबर धुआँ उगलती जाती हैं।
भीतर जलते लाल धातु के साथ
कमकरों की दुस्साध्य विषमताएँ भी तप्त उबलती जाती हैं।
बँधी लीक पर रेलें लादे माल
चिहुँकती और रँभाती अफराए डाँगर-सी ठिलती चलती जाती हैं।
उद्यम की कड़ी-कड़ी में बँधते मुक्ति काम
मानव की आशाएँ ही पल-पल उसको छलती जाती हैं।

(आज के लोकप्रिय हिंदी कवि अज्ञेय,
औद्योगिक बस्ती, पृ. 81-82)

पूँजीवादी व्यवस्था में श्रमिक वर्ग के प्रति कवि की संवेदना—

यह जो गदहे हाँकता है,
यह तो तंदूर झोंकता है,
यह जो कीचड़ उलीचती है,
× × ×
जो भी जहाँ भी पिसता है
पर हारता नहीं, न मारता है—
पीड़ित श्रमरत मानव
अविजित दुर्जेय मानव
कमकर, श्रमकर, शिल्पी, स्रष्टा—
उसकी मैं कथा हूँ।

(आज के लोकप्रिय हिंदी कवि अज्ञेय,
मैं वहाँ हूँ, पृ. 83)

समाज में ब्राह्मण, मौलाना, कायस्थ, अहीर आदि सभी वर्ग चोर, दुश्मन, आवारे, बनजारे और घसियारे हैं—

सहमे हुए सब, उनकी जान लूँ न लूँ
इनसानियत जरूर नकार दूँगा।

और इस तरह विभक्त और विषम वर्गों के समाज से राष्ट्र कैसे बनेगा ?

तू किस किस को रोएगा ?
कब बनेगा तो राष्ट्र
कब तू अपनी नियति को पकड़ पाकर

तकिया लगाकर सोएगा ?

(आज के लोकप्रिय हिंदी कवि अज्ञेय,
अहं राष्ट्री संगमनी जनानाकम्, पृ. 88-89)

यथार्थवादी आधार पर असौंदर्य की तुलना में अज्ञेय के काव्य में कुरूपता के उदाहरण बहुत कम हैं जो जुगुप्सा और बीभत्स के भावों को जगाते हैं। कवि फूल के सौंदर्य को देखकर उस पौधे की जड़ों के नीचे क्रियाशील अंधकार, कीड़े, मैल, आदि के भी नीचे जाकर सृष्टि-शक्ति आद्य मातृका देखते हैं। सृजन की आधारभूमि माता के गर्भ में मल-मूत्र सिंचित रूप में है। इस रूप-सौंदर्य को फूलने के लिए कवि कहता है कि खाद के रूप में सड़ा, गला, पचा, कचरा, असुच और उच्छिष्ट हो--

वह तो है सृजन रत
उसे सब रस हैं

(आज के लोकप्रिय हिंदी कवि अज्ञेय,
हमने पौधे से कहा, पृ. 40)

यही कीचड़, फूल, घास-फूस, डाल-पात, लता, औषधि-वनस्पति और द्रुमाली की सृष्टि करती है। इसी से रूप का विकास होता है जिसमें गंध, रस, सौंदर्य, सत्य और शिव का साक्षात्कार होता है।

अज्ञेय के काव्य में व्यंजना-गर्भित सौंदर्य की अनेक झाँकियाँ मिल जाती हैं। अंतिम संग्रहों में विराट के प्रति आत्मसमर्पण का दीप्त सौंदर्य है। लेकिन उनकी रचना का मूल स्वर अस्मिता, अस्तित्व और विषमता है जो यथार्थवादी दृष्टि से असौंदर्य या वस्तून्मुख रूप के दृश्यों को प्रस्तुत करता है। इन यथार्थ चित्रों में कहीं-कहीं कुरूपता का भी अंकन है। सौंदर्य रचना के आशावादी स्वर में है।

6. कलात्मक अभिव्यंजना

काव्य-परंपरा के विशुद्ध प्रयोगवादी नई कलात्मक योजना का समर्थन करते हुए अज्ञेय स्वयं लिखते हैं--'आज का कवि पाता है--अगर नहीं पाता तो मैं कहूँगा कि उसे पाना चाहिए--कि व्यंजना के पुराने साधन पर्याप्त नहीं हैं। कवि नई सूझ, नई उपमाएँ, नया चमत्कार भाषा में लाता है। वे धीरे-धीरे परिचित होकर हमारी भाषा को संपन्नतर बनाते हैं।'[31] विद्यानिवास मिश्र अज्ञेय की कलात्मक अभिव्यंजना के संबंध में कहते हैं कि 'वे चमत्कारवादी नहीं हैं, पर वे रचना-कौशल को गर्वपूर्वक कवि-कर्म कहते हैं। इसीलिए उनकी रचना में से एक सजग कलाकार बराबर झाँकता रहता है। यह कलाकार रचना को आस्वाद्य बनाने में बराबर साधक रहता है।'[32] अपनी कविता में अज्ञेय ने नवीनता, अन्वेषण और प्रयोग को अपना लक्ष्य माना है--

यों मैं कवि हूँ, आधुनिक हूँ, नया हूँ
काव्य-तत्त्व की खोज में कहाँ-कहाँ गया हूँ ?
(अरी ओ करुणा प्रभामय, नया कवि : आत्म-स्वीकार, पृ. 21)

(1) प्रतीक : इस भूमिका पर अज्ञेय की कला पर विचार करते हैं तो सबसे प्रधान और आकर्षक तत्त्व प्रतीक है। प्रतीक की तीन विशेषताएँ मानी जाती हैं–व्यंजकता, प्रेषणीयता और सौंदर्य–

मैंने देखा
एक बूँद सहसा
उछली सागर के झाग से–
रंग गई क्षण-भर
ढलते सूरज के आग से।

(आज के लोकप्रिय हिंदी कवि अज्ञेय,
मैंने देखा : एक बूँद, पृ. 47)

एक छोटी-सी बूँद की रंगीन छटा में अपूर्व सौंदर्य भर दिया गया है। कविता में अनेक भाव-विचारों की प्रतीकात्मक अभिव्यक्ति है–बूँद क्षण है, सागर अनंत काल है, सहसा उछलना अचानक क्षण की ओर ध्यान आकृष्ट होना है, देखना क्षण का साक्षात्कार है, झाग क्षण की क्षणिकता या नश्वरता है, रंग जाना क्षण के सौंदर्य का आकर्षण है, क्षण भर में अनुभूति का अपनापन है, सूरज ज्ञान है, आग प्रकाश है तथा ढलना ज्ञान में डूबना है। पूरी कविता से क्षण की अनुभूति में उन्मुक्तता की व्यंजना है। क्षण में भाव-विचारों की उलझन को उसके चित्रांकन के द्वारा ग्राह्य, प्रेषणीय रूप में प्रस्तुत किया गया है। प्रेषणीयता पर बल देते हुए अज्ञेय ने लिखा है–"प्रतीक वास्तव में ज्ञान का एक उपकरण है। जो सीधे-सीधे अभिधा में नहीं बँधता, उसे आत्मसात करने या प्रेषित करने के लिए प्रतीक काम देते हैं।"[33]

अज्ञेय के प्रतीकों को विषय-वस्तु की दृष्टि से प्राकृतिक-आध्यात्मिक और सामाजिक, रूप की दृष्टि से मूर्त्त और अमूर्त्त तथा व्यंजना की दृष्टि से ऐंद्रिय और मानसिक या सूक्ष्म वर्गों में विभाजित कर सकते हैं। उनमें प्राकृतिक, मूर्त्त और ऐंद्रिय प्रतीकों का अधिक प्रयोग हुआ है। कथ्य और भाव-विचारों के अनुसार विभिन्न प्रकार के प्रतीकों का ग्रहण किया गया है। कुछ प्रतीक परंपरागत हैं जिनका नवीन अर्थ में प्रयोग किया गया है। कुछ कवि-कल्पना-प्रसून निजी प्रतीक हैं। पुराने प्रतीकों का नए अर्थ में प्रतीक के उदाहरण-साँप दुष्ट व्यक्ति के स्थान पर आधुनिक सभ्यता की विकृति और मूल्यहीनता का प्रतीक है। (साँप) पक्षी मुक्त स्वतंत्रता के स्थान

पर आधुनिक व्यक्ति जीवन में दिन भर काम करके रात को घर लौटनेवाले का प्रतीक है। (रात होते-प्रात होते) नए प्रतीक : द्वीप सामूहिक चेतना से टकराकर अपनी पृथक् सत्ता की प्रतिष्ठा का, व्यक्तिवादिता का प्रतीक है। (यह दीप अकेला)। बाबरा अहेरी किरणों के जाल में फँसाकर नक्षत्रों को समाप्त करनेवाले सूर्य का प्रतीक है। (बाबरा अहेरी)। 'इतिहास की हवा' में युद्ध आदि में भैंस (पाशविकता का प्रतीक) की तरह व्यर्थ नाश तथा अपव्यय से होनेवाली कवि की व्यथा का प्रतीकत्व है। अज्ञेय की अधिकांश कविताओं में नए-पुराने प्रतीकों का ऐसा प्रयोग है जो साधारण पाठक के लिए दुरूह लगता है। इस दुरूहता की सीमा पर रचना उलटवासी सी लगती है।—'कहाँ चला ले जाल अभी, पहले मछलियाँ पकड़ तो ला।' (पहेली)। प्रकृति के माध्यम से उत्तेजक यौन-प्रतीकों की योजना की गई है जैसे 'सावन-मेघ', 'हरी घास पर क्षण भर', 'जब पपीहे ने पुकारा' आदि में। कहीं-कहीं क्लिष्टता और दुरूहता के बावजूद अज्ञेय के प्रतीकों में सार्थकता, व्यंजकता और सौंदर्य है।

(2) **अप्रस्तुत योजना :** छायावादी कवियों की तरह अज्ञेय ने भी अप्रस्तुतों का बहुत प्रयोग किया है, लेकिन भिन्न प्रयोजन के लिए और भिन्न लक्ष्य की पूर्ति में। शुक्ल जी के अनुसार प्रभाव साम्य के आधार पर रूप-सौंदर्य और भावानुभूति की व्यंजना के लिए यह प्रयोग किया गया है। अज्ञेय के काव्य में जीवन-जगत् में वस्तु-रूप के विविध पहलुओं एवं कोणों के उद्घाटन तथा नए भाव-विचारों की अभिव्यक्ति के लिए अप्रस्तुतों की व्यंजकता और सौंदर्य को दृष्टि में रखकर उनका चयन हुआ है। इस तरह छायावादी और प्रयोगवादी दोनों की अप्रस्तुत-योजना के लक्ष्य भिन्न हैं—एक की दृष्टि सौंदर्य और प्रभाव पर है तो दूसरे की दृष्टि प्रधानतः व्यंजकता और प्रतिक्रिया या भाव-विचारों के नए स्फुरण पर। अज्ञेय कहते हैं कि परंपरागत 'ये उपमान विषैले हो गए हैं। देवता इन प्रतीकों के कर गए हैं कूच।' (हरी घास पर क्षण भर, पृ. 57) जितना भी नया हो वह परंपरा से कहीं न कहीं जुड़ता है। अज्ञेय ने नए उपमानों को अवश्य चुना है, लेकिन परंपरागत उपमानों को लेकर उनसे बिलकुल नए भाव विचारों को व्यंजित भी किया है।

अज्ञेय के अप्रस्तुतों को चार वर्गों में बाँट सकते हैं—प्राकृतिक, मानवीय, आध्यात्मिक या रहस्यमय और सामाजिक। चारों में जहाँ भौतिक ऐंद्रिय रूप के आकार-प्रकार का वर्णन है वे मूर्त्त हैं। और जहाँ भाव-विचारों को व्यंजित किया गया है वे अमूर्त्त हैं। अज्ञेय ने अनेक स्थानों पर मनुष्य के रूप और भाव-विचारों को भी उपमान के रूप में प्रस्तुत किया है। आत्मिक या आध्यात्मिक अप्रस्तुत सूक्ष्म, अमूर्त्त और रहस्यमय हैं। अप्रस्तुतों का अपना व्यंजक सौंदर्य है ही, बिंबात्मक, चित्रांकन और प्रतीक शैली में उनकी अभिव्यक्ति से सौंदर्य का उत्कर्ष हुआ है। तीन-चार उदाहरण लें—

न जाने मछलियाँ हैं या नहीं
आँखें तुम्हारी
किंतु मेरी दीप्त जीवन चेतन निश्चय नदी है...
(अरी ओ करुणा प्रभामय, पृ. 89)

परंपरागत प्राकृतिक अप्रस्तुत को लेकर कवि ने उसके साथ नदी की चेतना, गति, कंपन और रश्मियों के आलोक को जोड़ा है।

चेतना की मेखला सी
जीवनानुभूतियों की पहाड़ियों बीच मेरी
विनत कृतज्ञता
फैल गई खुले आकाश-सी। (इत्यलम्, पृ. 177)

प्राकृतिक मूर्त्त अप्रस्तुतों द्वारा चेतना की प्रकृति, अनुभूतियों के रूप और कृतज्ञता के अनंत विस्तार की मूर्त्त रूप में नवीन कल्पना है। मानव का अप्रस्तुत रूप में प्रयोग—

बीती रात, प्रात-शिशु को चिपटाए आई उषा। (चिंता, पृ. 138)

नदी की गति के लिए अमूर्त्त उपमान—

झर उमड़ा हुआ नदी का जल
ज्यों क्वारपने की केंचुल में
यौवन की गति उद्दाम प्रबल। (बावरा अहेरी, पृ. 221)

विस्तार से बचने के लिए बिंबात्मक और चित्रांकन के अप्रस्तुत नहीं दिए गए हैं। पहले उदाहरण में उस पद्धति के सौंदर्य की ओर संकेत है। वास्तव में प्राकृतिक और रहस्यात्मक अप्रस्तुतों में सौंदर्य की अधिक व्यंजना है। अज्ञेय की अप्रस्तुत-योजना में छायावादी परंपरा से भिन्न आधुनिक भावबोध की अभिव्यंजना अवश्य हुई है, पर कहीं-कहीं व्यंजना समझने में कठिनाई भी है।

(3) **बिंब-विधान :** बिंब वस्तु, भाव या क्रिया का, स्मृति एवं कल्पना के द्वारा प्रस्तुत मानसिक रूप है जो मूर्त्त, व्यंजक और सौंदर्यात्मक होता है। छायावाद के साथ कविता में बिंब-सृष्टि कविता का अंग बन गई है। छायावादी बिंबों में कल्पना अधिक क्रियाशील है जबकि प्रयोगवाद में उनकी संरचना वस्तून्मुख ठोस आधारभूमि पर है। अज्ञेय के बिंब-विधान के संबंध में विद्यानिवास मिश्र लिखते हैं कि उनकी कविता में 'बिंबों का वैचित्र्य भी ऐसा होता है जो अपरिचिति न होते हुए भी नए परिचय का रस देता है, वही दीप, वही मुकुर, वही कोकनद, वही सागर, वही लहर, वही नैवेद्य, वही आहुति अज्ञेय की कविता में नया प्राण पा जाते

हैं।'[34] इन वस्तुओं के सौंदर्यमय सम्मूर्त्तन और उनकी नवीन प्राणवत्ता के संबंध में मतभेद नहीं हो सकता, लेकिन उन बिंबों की व्यंजना समझने में कठिनाई अवश्य होती है।

अज्ञेय की कविता में सभी प्रकार के बिंब मिल जाते हैं। मंदिर के भग्नावशेष पर बैठे हुए दो पक्षियों के वर्णन में वस्तु, भाव और क्रियाशीलता के बिंबों का समन्वय होकर मन में एक यौन-बिंब भी बन जाता है–

चंचुद्वय की मंजुल क्रीड़ा
हर चुकी कपोती की व्रीड़ा,
जागी अपूर्णता की पीड़ा। (इत्यलम्, पृ. 96)

बिंबों के रूप के आधार पर स्थितिशील, गतिशील और व्यंजक तीन वर्गों में बाँटा जा सकता है। अज्ञेय ने सार्थक विशेषणों के द्वारा स्थितिशील रूप का और क्रियाओं के द्वारा गतिशील रूप का सम्मूर्त्तन किया है। निस्पंद भ्रमर की स्थिति का स्मृति-बिंब–

गंध लोभी व्यस्त मौना
कोष करके बंद
पड़ी होगी मौन
समेटे पंख, खींचे डंक,
मोम के निज भौन में निस्पंद।
(आज के लोकप्रिय हिंदी कवि अज्ञेय, वहाँ-रात, पृ. 69)

चिड़िया के उड़ जाने पर पत्ती के वर्णन में गति और स्थिति–

उड़ गई चिड़िया
काँपी, फिर थिर
हो गई पत्ती। (अरी और करुणा प्रभामय, पृ. 76)

नदी का द्वीप स्थितिशील होकर भी नदी के प्रवाह में क्या-क्या आकार-प्रकार धारण करता है–

वह हमें आकार देती है।
हमारे कोण, गलियाँ, अंतरीप, उभार, सैकत-कूल
सब गोलाइयाँ उसकी गढ़ी हैं।
(आज के लोकप्रिय हिंदी कवि अज्ञेय, नदी के द्वीप, पृ. 92)

व्यक्तिवाद की व्यंजना है–समाज में हर व्यक्ति के व्यक्तित्व का अपना वैशिष्ट्य है। व्यंजक बिंब प्रधानतः भावों की उलझन, सूक्ष्म भाव-विचारों और अज्ञात एवं

रहस्यमय के प्रति आत्मसमर्पण की भावना से संबंधित है। प्रकृति की दृष्टि से अज्ञेय के बिंब ऐंद्रिय, मानसिक और अंतर्मुखी सूक्ष्म तीन प्रकार के हैं। ऐंद्रिय बिंब केवल यौन ही नहीं हैं, प्रकृति और मानवीय रूप के ऐंद्रिय सौंदर्य संबंधी भी हैं–

तुम्हारी पलकों का कँपना।
तनिक सा चमक खुलना फिर झँपना।
तुम्हारी पलकों का कँपना
मानों दीखा तुम्हें लजीली किसी कली के
खिलने का सपना।
(आँगन के पार द्वार, पलकों का कँपना, पृ. 18)

अज्ञेय के मानसिक बिंबों में भाव की गहराई है–

अनुपस्थित केवल वे
हेरते, अगोरते
लोचन दो
निहित निजीपन जिनमें
सब चेहरों का
ठहरा। (आँगन के पार द्वार, अंतरंग चेहरा, पृ. 16)

अंतर्मुखी सूक्ष्म बिंब जो लौकिक से अलौकिक की ओर उन्मुख है और जिसमें बिंबों की संश्लिष्टता है–

पर सबसे अधिक मैं
वन के सन्नाटे के साथ मौन हूँ–
क्योंकि वही मुझे बतलाया है कि मैं कौन हूँ
जोड़ता है मुझे विराट् से
जो मौन, अपरिवर्त है, अपौरुषेय है
जो सबको समोता है। (आँगन के पार द्वार, चक्रांतशिला-2, पृ. 34)

अज्ञेय के बिंबों में नवीनता, अंतर्मुखी भाव-व्यंजना और सूक्ष्म सौंदर्य के साथ कुछ दुरूहता भी है जिसके कारण संप्रेषण कभी-कभी कठिन हो जाता है।

(4) **चित्रांकन :** बिंब वस्तु-जगत् (कथ्य) का मानसिक प्रतिरूप है जबकि चित्र उसका बहिर्मुखी अंकन है। रचना में मानसिक और वस्तून्मुख रूपों का सम्मिश्रण स्वाभाविक है। छायावादी भावात्मक कविता की प्रतिक्रिया में अज्ञेय और अन्य प्रयोगवादी कवियों की रचना बौद्धिक और वस्तून्मुख हो गई है। सहज ही अज्ञेय

के काव्य में चित्रांकन की प्रधानता है। कभी ये चित्र सावयव विस्तृत हैं तो कभी एक-दो पंक्तियों में सार्थक विशेषणों और क्रियाओं के द्वारा संक्षिप्त। विस्तार के साथ चित्रांकन :

निविडांधकार को मूर्त्त रूप दे देने वाली
एक अकिंचन, निष्प्रभ, अनाहूत अज्ञात द्युतिकिरण
आसन पतन–
अस्पृष्ट किंतु अनुभूत–
दो अपलक अनयक-द्युति ग्रह में बह तारक युग्म
अपलक-द्युति, अनथक-गति, बद्ध-नियति। (इत्यलम्, पृ. 28-29)

सार्थक विशेषणों और कृदंतों के द्वारा चित्रांकन शुद्ध वस्तून्मुख न होकर भावात्मक शैली में प्रस्तुत है। एक वस्तून्मुख संक्षिप्त चित्र–

मेरे घोड़े की टाप
चौखटा जड़ती जाती है
आगे के नदी व्योम, घाटी-पर्वत के आस-पास
मैं एक चित्र में
लिखा गया सा आगे बढ़ता जाता हूँ। (अरी ओ करुणा प्रभामय, पृ. 64)

अनुरणात्मक शब्द-प्रयोग के द्वारा भी अज्ञेय ने ध्वनि-चित्रों को खींचा है–

झंझा की फुफकार, तप्त
पेड़ों की अररा का टूट टूट कर गिरना
आले की कर्री चपत। (आँगन के पार द्वार, पृ. 72-73)

अज्ञेय के काव्य में चित्र-भाषा का बहुल प्रयोग हुआ है। कभी-कभी कविता की एक-एक पंक्ति में एक चित्र प्रस्तुत किया गया है जो भाव-विराम पर समन्वित हो जाते हैं, जैसे 'शरद' में (हरी घास पर क्षण भर)।

(5) **भाषा-शैली :** काव्य भाषा व्यावहारिक और गद्य-साहित्य की भाषा से भिन्न होती है। संक्षिप्त, कसी हुई भाषा में भाव-व्यंजना, सौंदर्य की मूर्त्त अभिव्यक्ति और संप्रेषण की समस्या को दृष्टि में रखकर है। प्रत्येक युग और नई प्रवृत्ति में नवीन अनुभूति और चिंतन को रूप देने के लिए कवि भाषा के अनुरूप संस्कार करते हुए भाषा का प्रयोग करता है। छायावादी/परिष्कृत और संस्कृत भाषा-प्रयोग की तुलना में प्रयोगवादी कवियों ने अपेक्षाकृत अधिक यथार्थोन्मुख और अनगढ़ भाषा में वस्तुवादी बौद्धिक रचना की है। इसके संबंध में अज्ञेय के ये विचार ध्यातव्य हैं–जैसे कवि-दृष्टि आम आदमी को खास बनाती है, वैसे ही कवि-प्रयोग आम शब्द को खास बनाता है।'[35] 'भाषा मनुष्य की सबसे मूल्यावन सृष्टि है क्योंकि

सच्चाई को पहचानने, अपना लेने, 'नाम देने' का वही एक साधन हमारे पास है।'[36] 'हर भाषा की अपनी एक गंध होती है।...और गंध से वातावरण मँज जाता है।'[37] अज्ञेय ने काव्य भाषा की विशिष्टता, भाषा में सच्चाई के प्रतिफलन और भाषा की प्रकृति के अनुरूप प्रयोग करते हुए उसकी गंध या सौंदर्य पर बल दिया है। भाषा की व्यंजकता और उसके माध्यम से संप्रेषण की समस्या पर भी उन्होंने विस्तार के साथ अपने विचार प्रकट किए हैं।

अज्ञेय के काव्य में प्रसंग के अनुसार संस्कृत के तत्सम और तद्भव, देशी, उर्दू तथा कुछ ग्रामीण या बोलियों के शब्दों का प्रयोग किया गया है। शैली की प्रधान विशेषता उसकी व्यंजकता है। कहीं प्रत्यक्ष और कहीं अप्रत्यक्ष यह व्यंजकत्व संपन्न हुआ है। शब्द के अर्थ से नया शब्दार्थ निष्पन्न होता है। उदाहरण के लिए एक आँख के वर्णन को लें तो 'साँझ के घिरने' का अर्थ आँखों के आगे अंधकार छा जाना है, 'सूरज का डूबना' आँखों के प्रकाश का दूर होना है और 'जल पंछियों के धुँधला पड़ने' का तात्पर्य आँखों में जल भर आना है। भारतीय काव्यशास्त्र के अनुसार अज्ञेय के ऐसे अनेक प्रयोगों को खींचातानी करके लक्षणा-व्यंजना सिद्ध कर सकते हैं। लेकिन अज्ञेय की भाषा-शैली की व्यंजकता इससे बहुत व्यापक है। उसका लक्ष्य अभीष्ट भाव की सशक्त अभिव्यक्ति और उसे सौंदर्यमय रूप प्रदान करना है।

भाषा-शैली की दूसरी विशेषता व्यंग्य है जो आरंभिक रचनाओं में अधिक दिखाई देता है। नगरीय जीवन की सभ्यता एवं संस्कृति की कृत्रिमता, रूढ़ साहित्यिक परंपरा की मान्यताओं आदि पर व्यंग्य हुआ है। (साँप, महानगर : रात, हवाई यात्रा, ऊँची उड़ान आदि कविताओं में)। 'ऊँची उड़ान' में यांत्रिक जीवन की घुटन और व्यथा है–

खड़ा मिलेगा
वहाँ सामने तुमको
अनपेक्षित प्रतिरूप तुम्हारा
नर, जिसकी अनझिप आँखों में नारायण की व्यथा भरी है।

(इंद्रधनु रौंदे हुए ये, पृ. 62)

अज्ञेय की भाषा-शैली की तीसरी विशेषता सार्थक विशेषणों और क्रियाओं का प्रयोग है जिससे कथ्य को मूर्त्तता और सौंदर्य प्राप्त होता है। रूप की अनेक विशेषताओं को प्रकट करने के लिए विशेषणों का गुंफन हुआ है तथा उसकी क्रियाशीलता के विविध पहलुओं और उनके समन्वय से वस्तु के गतिशील प्रसार को व्यक्त करने के लिए अनेक क्रियाओं की एक साथ योजना की गई है। अनेक क्रियाओं का प्रयोग–

विश्वदेव यदि एक बार,
पाकर तेरी दया अपार,
हो उन्मन्त, भुला संसार–
मैं ही विकलित कंपित होकर–
नश्वरता की संज्ञा खोकर–
हँसकर, गाकर, चुप हो, रोकर–
क्षण भर झंकृत हो–विलीन हो–होता तुझसे एकाकार।

(इत्यलम्, पृ. 24)

अज्ञेय की भाषा-शैली की कुछ अन्य उल्लेखनीय विशेषताएँ हैं–संश्लिष्ट, चुस्त भाषा का प्रयोग, समास-संरचना, क्रियाओं का लोप, यथार्थवादी प्रसंगों में मुहावरों का प्रयोग तथा कुछ कविताओं में गद्य का-सा विन्यास। शब्दों, पद-समूहों और उपवाक्यों को तोड़कर कविता के रूप में लिखने पर भी उनको जोड़ने पर गद्य का वाक्य बन जाता है। जैसे–

झरोखे में से बहती हवा का एक झोंका
इतराता आता है
और इतिहास के पन्नों को उड़ाता हुआ चला जाता है।

(इंद्रधनु रौंदे हुए ये, पृ. 31)

इन पंक्तियों को किसी तरह के परिवर्तन के बिना गद्य के रूप में लिखा जा सकता है।

प्रयोगवाद और अज्ञेय की रचना का एक महत्त्वपूर्ण अंश विराम चिह्नों और भाव के स्पष्टीकरण के लिए कोष्ठकों का प्रयोग है। अज्ञेय ने इस संबंध में लिखा है कि 'भाषा को अपर्याप्त पाकर विराम-संकेतों से, अंकों और सीधी-तिरछी लकीरों से, छोटे-बड़े टाइप से, सीधे या उलटे अक्षरों से, लोगों और स्थानों के नामों से, अधूरे वाक्यों से–सभी प्रकार के इतर साधनों से कवि उद्योग करने लगा कि अपनी उलझी हुई संवेदना की सृष्टि को पाठकों तक अक्षुण्ण पहुँचा सके।'[38] तो समीक्षक प्रयोगवाद को केवल रूप संबंधी रचना समझने लगे। नई संवेदना, अभिव्यंजना की नई भाषा-शैली और मुक्त छंद ने इस बात को पुष्ट किया है कि प्रयोगवाद, कविता के क्षेत्र में केवल रूपात्मक प्रयोग है। वास्तव में प्रयोगवाद छायावादी प्रवृत्ति और भाषा-शैली की प्रतिक्रिया में विकसित नवीन प्रवृत्ति है। जिसका जीवन-दर्शन कथ्य, शिल्प और भाषा-शैली बिलकुल भिन्न प्रकार की है।

7. छंद और काव्य-रूप

अज्ञेय के अनुसार 'छंद : भाषा की ध्वनियों का संगठन या नियमन।...स्वरों की रंगत भावना की रंगत है। अतः छंद के द्वारा स्वर अर्थ की वृद्धि करते हैं। छंदमय उक्ति हमें शब्दार्थ भर नहीं देती ! रंजना-विशिष्ट भावार्थ देती है। छंद काव्य-भाषा की आँख है।'[39] इस भाव का विस्तार करते हुए वे अपनी एक कविता में लिखते हैं–

छंद है यह फूल, पत्ती प्रास।
सभी कुछ में है नियम की साँस।
× × ×
स्वयं रजित होते रहो, मेरे गीत ! (हरी घास पर क्षण भर, पृ. 67)

छंद के बंधनों को स्वीकार करते हुए भी अज्ञेय स्वच्छंद और मुक्त छंद के लय-प्रयोग में कवि और काव्य को स्वतंत्र मानते हैं। छंद को बंधन मानकर उससे मुक्त स्वच्छंद कविता (फ्रीवर्स) लिखने वालों को इस नए युग में अज्ञेय के विचार पुराने लग सकते हैं। लेकिन वे छंद के प्राण तत्त्व लय पर बल दे रहे हैं जो उनकी रचनाधर्मिता का प्रधान स्वर है।

अज्ञेय ने आरंभिक रचनाओं में परंपरागत छंदों का, दो के मिश्रित छंदों का और नवीन कल्पित मात्रिक छंदों का, भावानुरूप विविध लयों में प्रयोग किया है। लेकिन उनकी परवर्ती अधिकांश रचनाएँ मुक्त छंद में हैं। कवि कहते हैं–

मैं, मौन मुखर सब छंदों में
उस एक अनिर्वच, छंद मुक्त को गाता हूँ
(आँगन के पार द्वार, पृ. 33)

अज्ञेय के छंदोबद्ध और मुक्त दोनों प्रकार की रचनाओं का प्रधान गुण लय है। शब्द और अर्थ दोनों में प्रवाहशीलता, गत्यवरोध, मंदगति, आरोह-अवरोह आदि पर आधारित लय का माधुर्य, दोनों के समन्वय और सामंजस्य में काव्य-सौंदर्य को चरम उत्कर्ष पर पहुँचा देता है।

अज्ञेय के काव्यों को मुक्तक और मुक्त गीति दो रूपों में बाँट सकते हैं। आरंभिक कुछ छंदोबद्ध रचनाएँ मुक्तक हैं। अधिकांश रचनाएँ मुक्त-छंद के गीति काव्य हैं। दो-चार पंक्तियों की मुक्त रचनाओं में संवेदनों की घनीभूत व्यंजना है। सबसे अधिक लंबी कविता 'असाध्य वीणा' है जिसको कुछ समीक्षकों ने प्रबंध गीति काव्य या खंड काव्य भी माना है। लेकिन रचना की व्यंजना को देखते हुए उसे प्रतीकात्मक लंबी कविता कहना ही अधिक उचित लगता है। उसमें कवि ने कथा

के माध्यम से अंतर्जगत् और बहिर्जगत् के सामंजस्य का, आत्मा के स्वर का सृष्टि के स्वर के साथ समरसता स्थापित करने का प्रयास किया है।

8. निष्कर्ष

अज्ञेय ने कविता के क्षेत्र में अनेक नए प्रयोग किए हैं। वे व्यक्तिवादी होने के नाते कविता में आत्माभिव्यक्ति को प्रधानता देते हुए भी सामाजिक दायित्व और प्रेषणीयता की उपेक्षा नहीं करते–'मेरी प्रतिभा एकांत निरपेक्ष भाव से मेरी नहीं है, न एकांत मेरी सृष्टि या उपलब्धि है। जितना मैं स्वयं अपना परिवेश और समाज हूँ, उतना ही मैं अपने परिवेश और समाज का अंग भी हूँ।'[40] 'अज्ञेय किस अर्थ में असामाजिक हैं ? क्या वह समाज विमुख है ? सामाजिक यथार्थ व्यक्तित्व में से छनकर संप्रेषित होता है, तभी वह 'कृति' का अंश है, सर्जनात्मक संप्रेषण है।'[41] सर्जना का अंग न बनने पर सामाजिकता 'प्रोपगांडा' हो जाती है। उसी तरह सर्जना या कृतित्व के संबंध में उसके अंग रूप में यह प्रश्न जरूर उठता है कि 'कस्मै देवाय'।

अज्ञेय-साहित्य में सौंदर्य पर सैद्धांतिक विचार बहुत कम हुआ है। लेकिन उनके काव्य में नए प्रयोगों ने सौंदर्य-दृष्टि की अनेक नवीन दिशाएँ खोल दी हैं।

संदर्भ संकेत :

1. सं. विद्यानिवास मिश्र, आज के लोकप्रिय हिंदी कवि अज्ञेय, परिचय, पृ. 4
2. वही पृ. 16
3. वही, पृ. 20
4. टी. एस. इलियट, सेलेक्टड प्रोज, पृ. 88
5. सं. विद्यानिवास मिश्र, आज के लोकप्रिय हिंदी कवि अज्ञेय, भवंती से, पृ. 132
6. सं. अज्ञेय, तार सप्तक, अज्ञेय, पुनश्च, पृ. 303
7. वही, पृ. 304
8. सं. विद्यानिवास मिश्र, आज के लोकप्रिय हिंदी कवि अज्ञेय, परिचय, पृ. 3
9. वही, पृ. 31
10. वही, पृ. 31
11. वही, अंतरा से, पृ. 131
12. वही, अंतरा से, पृ. 131
13. वही, परिचय, पृ. 33-34
14. वही, परिचय, पृ. 34
15. अज्ञेय, त्रिशंकु, पृ. 49-50
16. अज्ञेय, कितनी नावों में कितनी बार, पृ. 15

17. सुमित्रानंदन पंत, रूपांबरा, अज्ञेय की भूमिका, पृ. 13
18. सं. अज्ञेय, तार सप्तक, अज्ञेय, वक्तव्य, पृ. 272
19. वही, वक्तव्य, पृ. 272-273
20. सं. अज्ञेय, तीसरा सप्तक, केदारनाथ सिंह, वक्तव्य, पृ. 115
21. सं. अज्ञेय, दूसरा सप्तक, प्रभाकर माचवे, वक्तव्य, पृ. 178
22. जगदीश गुप्त, शब्द दंश, आदिशब्द, पृ. 5-6
23. सं. विद्यानिवास मिश्र, आज के लोकप्रिय हिंदी कवि अज्ञेय, परिचय, पृ. 30
24. वही, अंतरा से, पृ. 137
25. वही, परिचय, पृ. 30
26. वही, परिचय, पृ. 30
27. वही, परिचय, पृ. 31
28. सं. अज्ञेय, तारसप्तक, अज्ञेय, वक्तव्य, पृ. 273
29. वही, पुनश्च, पृ. 303
30. वही, वक्तव्य, पृ. 273
31. अज्ञेय, आत्मनेपद, पृ. 32
32. सं. विद्यानिवास मिश्र, आज के लोकप्रिय हिंदी कवि अज्ञेय, परिचय, पृ. 32-33
33. अज्ञेय, आत्मनेपद, पृ. 45
34. सं. विद्यानिवास मिश्र, आज के लोकप्रिय हिंदी कवि, परिचय, पृ. 34
35. वही, अंतरा से, पृ. 131
36. वही, भवंती से, पृ. 134
37. वही, अंतरा से, पृ. 133-136
38. अज्ञेय, त्रिशंकु, पृ. 195
39. सं. विद्यानिवास मिश्र, आज के लोकप्रिय हिंदी कवि अज्ञेय, भवंती से, पृ. 133
40. वही, पृ. 136-137
41. वही, पृ. 137

संदर्भ ग्रंथ

(क) हिंदी :

1. आज के लोकप्रिय हिंदी कवि अज्ञेय, सं. विद्यानिवास मिश्र, 1975
2. आज के लोकप्रिय कवि-7, रामधारी सिंह दिनकर, सं. मन्मथनाथ गुप्त, 1978
3. आत्मनेपद, अज्ञेय, 1960
4. आधुनिक कवि-2 सुमित्रानंदन पंत, 1964
5. उदात्त सिद्धांत और शिल्पन, जगदीश पांडेय, 1964
6. उर्वशी, रामधारी सिंह दिनकर, 1975
7. उर्वशी, विचार और विश्लेषण, सं. वचन देव कुमार, 1977
8. एक घूँट, जयशंकर प्रसाद, 1958
9. कामायनी, जयशंकर प्रसाद, 1943
10. काव्य और कला तथा अन्य निबंध, जयशंकर प्रसाद, 1958
11. कितनी नावों में कितनी बार, अज्ञेय, 1967
12. गोस्वामी तुलसीदास, रामचंद्र शुक्ल, 1965
13. चिंतामणि-1, रामचंद्र शुक्ल, 1951
14. चिंतामणि-2, रामचंद्र शुक्ल, 1945
15. तारसप्तक, सं. अज्ञेय, 1943
16. त्रिशंकु, अज्ञेय, 1945
17. तीसरा सप्तक, सं. अज्ञेय, 1979
18. दूसरा सप्तक, सं. अज्ञेय, 1951
19. द्वापर, मैथिलीशरण गुप्त, 1970
20. पल्लव, सुमित्रानंदन पंत, 1963
21. प्रसाद की कहानियाँ...प्रवृत्ति मूलक विश्लेषण, एस. टी. नरसिंहाचारी, प्रथम संस्करण
22. प्रसाद ग्रंथावली, खंड-4, जयशंकर प्रसाद, 1986

23. प्रसाद जी की कला, सं. गुलाब राय, द्वितीय संस्करण
24. भ्रमरगीत सार, सं. रामचंद्र शुक्ल, 1947
25. महाकवि सूरदास, नंददुलारे वाजपेयी, 1952
26. यशोधरा, मैथिलीशरण गुप्त, 1943
27. रस-मीमांसा, रामचंद्र शुक्ल, 1949
28. रूपांबरा, सुमित्रानंदन पंत, 1960
29. वाङ्मय-विमर्श, विश्वनाथ प्रसाद मिश्र, 1950
30. शब्द-दंश, जगदीश गुप्त, 1959
31. समसामयिकता और आधुनिक हिंदी कविता, रघुवंश, 1972
32. साकेत : एक अध्ययन, नगेंद्र, 1945
33. सूरदास, रामचंद्र शुक्ल, 1943
34. सूरदास की लालित्य-योजना, परेश, 1972
35. सूरसागर, सं. ब्रजेश्वर वर्मा, 1988
36. सूर-साहित्य, हजारी प्रसाद द्विवेदी, 1956
37. सूर : संदर्भ और समीक्षा, सं. त्रिभुवन सिंह, 1981
38. सौंदर्य-तत्त्व निरूपण, एस. टी. नरसिंहाचारी, 1977
39. हिंदी साहित्य का आलोचनात्मक इतिहास, रामकुमार वर्मा, 1958
40. हिंदी साहित्य का इतिहास, रामचंद्र शुक्ल, 1942
41. हिंदी साहित्य का वैज्ञानिक इतिहास : गणपति चंद्र गुप्त, 1965
42. हिंदी साहित्य : बीसवीं शताब्दी, नंददुलारे वाजपेयी, 1942

(ख) संस्कृत :

1. अभिज्ञान शाकुंतल, कालिदास
2. उज्ज्वल नीलमणि, रूप गोस्वामी
3. काव्यानुशासन, हेमचंद्र
4. काव्य प्रकाश, मम्मट
5. किरातार्जुनीय, भारवि
6. कुमार संभव, कालिदास
7. दृष्टांतकलिका शतक, कुसुम देव
8. भगवद्गीता
9. शिशुपालवध, माघ

(ग) अंग्रेजी :

1. A History of Aesthetic, Bernard Bosanquet, 1960
2. Art and Social Life, G.L.Phlekhanov, 1953
3. Collected papers Vol-IV, Frued, Translated by Alex Strechary
4. Dictionary of world literature, J. T. Shipley, 1960
5. Kant, S.Korner, 1955
6. Mansions of Philosophy, Will Durant, 1929
7. Philosophy of Croce, Wildon Carr
8. Selected prose, T.S. Eliot, 1955
9. The making of literature, Scot James, 1956
10. What is art and essays on Art, Tolstoy, Translated by Aylmer Maude, 1955.

(घ) पत्रिकाएँ :

1. इंदु, जनवरी, 1927
2. कल्पना, जनवरी, 1964

□□□